KB203863

대원불교
학술총서

14

대원불교
학술총서
14

불교 윤리 1

초기불교 전통에서
서구의 모더니즘 불교까지

다니엘 코조트(Daniel Cozort) &
제임스 마크 쉴즈(James Mark Shields) 편집
이동수 옮김

운주사

발간사

오늘날 인류 사회는 4차 산업혁명을 통해 완전히 새로운 세상을 맞이하고 있습니다. 전통적인 인간관과 세계관이 크게 흔들리면서, 종교계에도 새로운 변혁이 불가피하게 되었습니다. 이런 상황에서 대한불교진흥원은 다음과 같은 취지로 대원불교총서를 발간하려고 합니다.

첫째로, 현대 과학의 발전을 토대로 불교를 현대적으로 재해석할 필요가 있습니다. 불교는 어느 종교보다도 과학과 가장 잘 조화될 수 있는 종교입니다. 이런 평가에 걸맞게 불교를 현대적 용어로 새롭게 이해할 수 있도록 하려고 합니다.

둘째로, 현대 생활에 맞게 불교를 이해할 필요가 있습니다. 불교가 형성되던 시대 상황과 오늘날의 상황은 너무나 많이 변했습니다. 이런 변화된 상황에서 부처님의 가르침을 제대로 이해할 수 있도록 하려고 합니다.

셋째로, 불교의 발전과정을 종합적으로 이해할 필요가 있습니다. 북방불교, 남방불교, 티베트불교, 현대 서구불교 등은 같은 뿌리에서 다른 꽃들을 피웠습니다. 세계화 시대에 부응하여 이들 발전을 한데 묶어 불교에 대한 총체적 이해가 가능하도록 하려고 합니다.

대원불교총서는 대한불교진흥원의 장기 프로젝트의 하나로서 두 종류로 출간될 예정입니다. 하나는 대원불교학술총서이고 다른 하나는 대원불교문화총서입니다. 학술총서는 학술성과 대중성 양 측면을 모두 갖추려고 하며, 문화총서는 젊은 세대의 관심과 감각에 맞추려고 합니다.

본 총서 발간이 한국불교 중흥에 조금이나마 기여할 수 있기를 바랍니다.

불기 2568년(서기 2024년) 2월

(재)대한불교진흥원

서문

다니엘 코조트 Daniel Cozort & **제임스 마크 쉴즈**James Mark Shields

불교가 인도에서 아시아의 다른 지역으로 퍼지면서 철학과 스타일이 다른 많은 형태의 불교가 등장했다. 그러나 그 모든 불교의 형태에는 하나의 도덕적 또는 윤리적 핵심이 구현되어 있고, 그 핵심은 놀라울 만큼 지속되어 남아 있다. 역사적 붓다의 첫 번째 설법에서 분명히 밝힌 이 도덕적 핵심은 의도와 행위가 개인에게 미래의 결과를 가져온다는 업의 개념에 기반을 두고 있으며, 팔정도八正道의 여덟까지 요소 가운데 세 가지인 바른 말(正語), 바른 행위(正業), 바른 생활(正命)로 요약되는 것이다. 비록 바른 말, 바른 행위, 바른 생활의 개념은 나중에 다양한 방법으로 정교하게 다듬어지거나 해석되기도 했지만, 이러한 핵심적 원리 중 어느 것도 버려지지 않았다. 불교의 이상이 인간완성 또는 완벽 가능성에 있다는 점을 고려한다면, 윤리는 불교의 중요한, 어쩌면 중심적 관심사다. 그렇지만 이 점은, 초기 경전들 역시 열반의 성취에는 의식의 변형 또는 의식의 정화가 수반되어야 한다고 지적하고 있고, 윤리가 명상, 인식론, 그리고 심지어 형이상학과도 깊이 관련되어 있다는 사실 때문에 간단하지 않다.

불교의 역사는 곧 출가 승가, 즉 비구와 비구니들이 이끄는 전통의 역사였다. 불교가 여느 종교와는 달리 윤리적 행동을 매우 강조하는 이유를 거기서 일부 찾을 수 있다. 승가는 일련의 정교한 계율의 지침에 따라 운영된다: 상좌부불교에서는 수계受戒한 비구에게 227개의, 그리고 비구니에게는 311개의 계율을 준다. 승가는 총체적으로 불교의 도덕적 규범이다. 윤리가 불교에서 특히 중요한 것으로 여겨지는 이유는, 불교의 종교적 이상이 어떤 특정 신에게 복속하거나 순종하는 데에 있다기보다는 덕행의 완성과 깨달음의 성취에 있기 때문이다. 이런 이유로, 비록 많은 불교도가 실제로는 단순하게 오계五戒를 (악행에 반대하는) 지키며, 승가의 물질적 필요를 지원하지만, 그들은 더 높은 윤리적 기준을 찬탄하고 열망한다. 현대에 와서 더욱 명확한 '재가불교'의 형태가 아시아와 서구의 여러 지역에서 출현했다. 여기서도, 비록 서구 불교 윤리에서 종종 '권리' 그리고 '사회적 정의'에 관한 담론을 포함하는 새로운 형태를 취하거나, 아니면 적어도 새로운 용어를 채택하기는 하지만, 윤리는 불법佛法의 생활화에서 핵심적 측면으로 간주된다.

불교의 학문적 연구는 서구에서 수 세기 전부터 있었고, 불교가 융성한 여러 아시아 지역에서는 그보다 훨씬 더 긴, 아마도 2천 년 전부터 이루어져 왔다. 특히 지난 40년 동안 서구와 아시아 양쪽 학계에서 불교에 관한 학문적 연구가 활발하게 이루어졌다. 아울러 불교에서 윤리가 중요하다는 점이 인식되었는데, 하지만 적어도 최근까지는, 그 인식이 전문적인 학술 연구로 연결되지는 않았다. 그러나

지난 20년 사이에 불교 윤리학의 하위 분야가 방법론적 시야의 폭과 연구의 깊이를 확장해 왔다.[1]

학자들은 인권, 여성의 권리, 성생활, 전쟁, 테러, 폭력, 사회, 경제, 응보적 정의뿐만 아니라 생의학과 환경윤리에 관한 다양한 문제를 포함한 여러 현대 논란들을 분석하기 위해 불교 자료를 사용해 왔다. 한 가지 괄목할 만한 발전이 이루어진 영역은 명상이 뇌에 미치는 영향을 과학적으로 연구한 것인데, 이는 불교사상과 수행을 심리 치료나 심리학에 좀 더 일반적으로 연결하는 연구의 성장과 함께 이루어졌다. 비록 이 연구가 여전히 진행 중이지만, 벌써 대단히 흥미로운 결과를 산출하였고 그중 많은 것들은 윤리에 직접 적용될 수 있는 것들이다. 마지막으로, 철학이나 윤리에 적용되는 것 외에도, 인류학자 그리고 사회학자들은 아시아의 다양한 문화에 끼친 불교의 영향을 연구해 왔는데, 우리는 이 연구 분야가 좀 더 넓은 불교 윤리 영역에 포함되어야 한다고 느끼고 있다.

선불교 또는 티베트 불교와 같이 어떤 특정 종파 또는 특정 전승의 관점에 의해서 쓰인 수많은 비학문적 책들은 차치하고, 불교에서

1 이 분야 학문을 위한 중요한 무대의 하나인 '불교 윤리 저널'(Journal of Buddhist Ethics)이 찰스 프레비시Charles Prebish와 대미언 케이온Damien Keown에 의해 창간되었는데, 온전히 이 주제에 전념하는 첫 번째 학술지다. '불교 윤리 저널'은 꾸준히 성장해 왔고 지금은 불교 연구 분야의 가장 큰 학술지 가운데 하나가 되었다. 이 책 '불교 윤리: 초기불교 전통에서 서구의 모더니즘 불교까지'의 편집인 두 명 모두 이 학술지에 폭넓게 일해오고 있다. 코조트Cozort는 2006년부터 편집장으로서, 쉴즈Shields는 2002년부터 2006년까지 서평 편집인으로, 그리고 2012년부터 부 주필로서 일하고 있다.

전승되어 온 윤리를 비교문화적으로나 범종파적으로 분석을 시도한 책은 거의 없다. 불교 윤리에 대해서 초기에 영어로 쓰인 두 권의 책은 윈스턴 킹Winston King의 '열반의 소망'(In the Hope of Nibbana: La Salle, 1964년 출간), 그리고 싱할리[2] 학자이자 승려인 함말라와 사다팃사Hammalawa Saddhattissa의 '불교 윤리'(Buddhist Ethics: Boston, 1970년 출간; 1979년 재출간)가 있다. 그러나 킹의 책은 상좌부불교(그리고 특히 버마 불교)에 전적으로 초점을 맞추었고, 사다팃사의 책은 비록 그 이전에 쓰인 어떤 책보다 포괄적이긴 해도 주된 관심을 초기불교에 두었다. 두 책 다 현대의 사안들을 취급하거나, 전문적이거나, 역사적인 학문의 관점으로는 다루지 않았다.[3] 대미언 케이온Damien Keown의 책 '불교 윤리의 특성'(The Nature of Buddhist Ethics: Basingstoke, 1992 출간; 2001년 약간의 수정과 함께 재간행)이 철학적 관점에서 볼 때 불교 윤리에 대한 소개서로서는 아마도 최고의 단행본일 것이다. 그러나 저자는 이 책에서 주된 관심을 불교 윤리의 '구조'에 관한 설명에

---

2 역주: 스리랑카 부족의 일파.

3 이 책보다 사십 년 전에, 코마자와 대학(駒澤大學)의 팔리어 및 초기불교학 교수였던 일본인 학자 타치바나 슌도橘俊道(1877-1955)가 쓴 '불교의 윤리'(The Ethics of Buddhism: Oxford, 1926)가 불교 윤리에 초점을 둔 첫 영어판본일 개연성이 다분히 있다. 서문에서 타치바나 교수는 자신의 책 이전에 독일어로 출판된 두 권의 책, 파울 달케Paul Dahlke의 '종교와 도덕으로서의 불교'(Buddhismus als Religion und Moral: Breslau, 1914) 그리고 볼프강 본Wolfgang Bohn의 '불교 심리학과 윤리학'(Die Psychologie und Ethik des Buddhismus: Munich/Wiesbaden, 1921)에 대해서 언급했다. 타치바나는 팔리어 불교만이 도덕률을 지혜로 받아들인다고 주장했다. (타치바나는 대승불교는 철학적 요소를 중시하며 대승불교의 윤리의 뿌리는 범신론에 있다고 말했다.)

두었기 때문에 현대의 도덕적, 윤리적 사안들은 다루지 않았다. 케이온의 다른 저서들 가운데 '불교 윤리: 짧은 입문서'(Buddhist Ethics: A Very Short Introduction: Oxford, 2005)는 탁월하다. 그러나 너무 짧은 개관/안내이다.

피터 하비Peter Harvey의 저서 '불교 윤리 개론'(An Introduction to Buddhist Ethics: Cambridge, 2000)은 이 분야의 표준이다. 이 책은 많은 사회적, 생의학적 사안들과 그밖의 윤리적 사안들을 다루고 있다. 그렇지만 이 책의 제목이 개론서라는 점이 시사하듯이, 이 책은 불교 윤리 주제의 복잡성에 깊이 들어가지 못하고 있다. 또한 이 책이 발간된 지 이제 17년이 지났기에 최근의 학문 연구가 빠져 있다. 그밖의 주목할 만한 불교 윤리에 관한 최근의 책들로서는 윤리의 특정 하위 분야에 특화한 것들이 있다.[불교와 생명윤리(Buddhism and Bioethics), 불교와 인권(Buddhism and Human Rights), 선불교 그리고 환경윤리(Zen Buddhism and Environmental Ethics) 등]

이 책 '불교 윤리: 초기불교 전통에서 서구의 모더니즘 불교까지'는 하비Harvey의 책뿐만 아니라 위에서 언급된 책들과 다음과 같은 면에서 다르다. 첫째, 이 책은 포괄적 구성을 추구한다. 다양한 분야의 총 31편의 에세이 안에 불교 윤리의 중요한 주제에 대해서 전부는 아니더라도 거의 모든 것을 담아내고 있다. 예를 들면 하비가 다루지 않았던 주제들 가운데, '불교와 도덕적 판단의 심리학', '불교 윤리와 인지과학', 그리고 '탄트라 윤리'가 담겨 있다. 둘째, 이 책의 주제들은 입문서에서 다룰 수 있는 것보다 훨씬 더 깊은 내용을 담고 있다. 셋째, 이 책에 담긴 많은 주제는 최근에 발전된 상황들로 업데이트되었는데, 예를 들면 아시아에서의 사회 정의, 그리고 환경 보호 운동이나 티베트의 소신공양燒身供養, 그리고 비구니 승가 부활 등이다. 넷째, 이 책은 불교 전통의 테두리 안에서 구성된 게 아니고, 전통을 뛰어넘고 시간을 초월하는 주제를 다룰 수 있는 중요한 화제 영역들로 짜였는데, '불교 윤리 저널'에서 성공적이었던 모델에서 채택되었다. 끝으로, 이 책은 단일 저자가 불교 전통 전체를 통달하려고 시도한 저작이 아니고, 자기에게 할당된 분야의 전문가들이면서 불교 연구 분야에서 최고 수준의 학문을 대표하는 29명 저자들의 공동 작업물이다.

우리는 이 책이 불교 윤리와 비교-도덕철학 분야를 연구하는 전 세계의 학자들에게 큰 관심거리가 되길 희망한다. 그렇지만, 이 책의 넓은 범위 때문에, 이 책이 현대의 윤리적 문제와 종교 교리의 사회적, 심리학적, 경제적, 정치적 파급 효과에 관심이 있는 누구에게도 역시 흥미를 주게 될 것이다. 또한 이 책은 생의학 윤리와 같은 특정 주제에 관해 다양한 종교의 시각들을 비교하는 데에 관심이 있는 누구에게도 불교적 관점을 제공해줄 수 있다고 본다. 이 책 '현대 불교 윤리'는 21세기의 두 번째 10년에 즈음한 현재의 불교 윤리 분야의 양상에 대한 포괄적 개요를 담아내려고 했다.

제I부 불교 윤리의 토대

제II부 윤리와 불교 전통

〈2권〉

제Ⅲ부 비교 관점

제Ⅳ부 불교와 사회

약어 목록

AKB	*Abhidharmakośa-bhāṣyam* 아비달마구사론阿毘達磨俱舍論
AN	*Aṅguttara Nikāya* 앙굿따라 니까야(증지부增支部)
AN-a	*Aṅguttara Nikāya commentary* 앙굿따라 니까야 주석
Ap i	*Therāpadāna* 장로전長老傳
Asl	*Atthasālinī* 의탁월론義卓越論; 법집론法集論(Dhammasaṅgaṇī) 주석
BCA	*Bodhicaryāvatāra* 입보리행론入菩提行論(입보살행론入菩薩行論)
CWS	*Collected Works of Shinran* 신란親鸞문집
D	*Derge edition* 티베트 데르게 판 입보리행론 주석
D	*ĀDīrgha-āgama* 장아함경長阿含經
Dhp	*Dhammapada* 법구경法句經
Dhs	*Dhammasaṅgaṇī* 법집론法集論 또는 법취론法聚論
Dīp	*Dīpavaṃsa* 디파밤사—불교중심 스리랑카 역사서, 전체 22장의 게송으로 구성
DN	*Dīgha Nikāya* 디가 니까야(장부長部)
DN-a	*Dīgha Nikāya commentary* 디가 니까야 주석
It	*Itivuttaka* 본사경本事經
Jat	*Jātaka and commentary* 본생담本生談과 그 주석
Khp	*Khuddakapāṭha* 소송경小誦經(쿠다까 니까야Khuddaka Nikāya의 첫 문집)
Khp-a	*Khuddakapāṭha commentary* 소송경小誦經 주석
KN	*Khuddaka Nikāya* 쿠다까 니까야(소부小部)
Kvu	*Kathāvatthu* 논사論事
MECW	*Marx/Engels Collected Works* 맑스/엥겔스 문집
Mhv	*Mahāvaṃsa* 마함밤사(5세기 작성된 스리랑카 사서)
Miln	*Milindapañha* 나선비구경那先比丘經
MMK	*Mūlamadhyamakakārikā* 중론中論
MN	*Majjhima Nikāya* 맛지마 니까야(중부中部)

MN-a	*Majjhima Nikāya commentary* 맛지마 니까야 주석
Ms	*Mahāyāna-saṃgraha* 섭대승론攝大乘論
Mvs	*Mahāvastu* 대사大事 또는 불본행집경佛本行集經
Pati	*Paṭisambhidāmagga* 무애해도無礙解道
Peṭ	*Peṭakopadesa* 장석론藏釋論
PPMV	*Prasannapadā Madhyamakavṛtti* 쟁명구론淨明句論 중관견中觀見
PS	*Pramāṇasamuccaya* 집량론集量論
Pv	*Petavatthu* 귀신 이야기; 아귀사경餓鬼事經
PV	*Pramāṇavārttika* 양평석量評釋
PVin	*Pramāṇaviniścaya* 양결택量決擇
Q	*Peking edition* 베이징 본
SN	*Saṃyutta Nikāya* 상윳따 니까야(상응부相應部)
Sn	*Sutta-nipāta* 숫타-니빠타(경장經藏)
Sp	*Samantapāsādikā* 선견률善見律
Ss	*Śikṣā-samuccaya* 대승집보살학론大乘集菩薩學論(학처요집學處要集)
T	*Taishō shinshū daizōkyō* 대정신수대장경大正新脩大藏經
Tha	*Theragāthā* 장로게長老偈: 비구 승가 시 모음
Thig	*Therīgāthā* 장로니게長老尼偈: 비구니 승가 시 모음
TSN	*Trisvabhāvanirdeśa* 삼자성게三自性揭
Ud	*Udāna* 자설경自說經
Uss	*Upāsaka-śīla Sūtra* 우바새계경優婆塞戒經
Vibh	*Vibhaṅga* 빕항가(분별론分別論)
Vibh-a	*Vibhaṅga commentary* 빕항가 주석
Vims	*Viṃśatikā-kārikā* 유식이십론唯識二十論
Vin	*Vinaya Piṭaka* 율장律藏
Vin-a	*Vinaya Piṭaka commentary* 율장 주석
Vism	*Visuddhimagga* 청정도론清淨道論
Vv	*Vimānavatthu* 천궁사경天宮事經
Vv-a	*Vimānavatthu commentary* 천궁사경天宮事經 주석

제I부

불교 윤리의 토대

제1장 업(Karma)

피터 하비Peter Harvey

서론: 불교사상에서 업과 환생 관념의 중심점

붓다 시대에는 업과 환생에 대한 믿음이 브라만교와 자이나교의 일부로서는 흔했지만, 보편적이지는 않았다: 아지비카(Ajivika)[1] 종파 사람들은 환생이 개인의 업에 의해 일어나는 것으로 여기지 않고 거역할 수 없는 운명의 힘에 내몰려 이루어진다고 믿었고, 물질주의자들은 업과 환생을 부인했으며, 회의론자들은 어느 쪽을 찬성하거나 부정할 근거가 없다고 보았다.

업과 환생에 대한 믿음은 불교의 중심 논제다. 그러나 붓다는 업과 환생을 단순히 문화적 환경으로부터 수용하지 않고, 명상을 통해서

1 역주: 사명외도邪命外道.

스스로 업과 환생의 지식을 얻은 것으로 묘사되어 있다. 붓다가 정각正覺을 이룬 밤에 업과 환생의 원리를 깨달았다고 알려졌다.(MN I.247-249) 붓다는 적정삼매寂靜三昧, 마음챙김, 그리고 감수성이 고조된 상태에서 세 가지 지식을 깨우쳤다: 무수한 그의 전생에 대한 기억, 다른 존재들 각자의 업에 따라 일어나는 환생을 투시, 마음을 깨달음에 이르지 못하도록 하여 환생을 되풀이하게 만드는 마음속 깊숙이 자리 잡은 정신적 오염을 깨부숨으로써 마침내 불사 열반을 성취하게 되었다.

각자가 지은 행업의 질에 따라 이루어지는 중생들의 환생은, 선행은 상대적으로 더 즐거운 환생으로 이어지고, 생로병사를 비롯한 많은 다른 형태의 고苦(Skt. duhkha, Pali. dukkha)를 경험하는 중생들의 수많은 영역 안에서 그들이 어떻게 반응했는가를 보여준다: 육신과 정신의 고통이, 그것이 잠재된 것이든 아니면 명백한 것이든, 집착이나 혐오로써 반응했을 때 특히 잘 보여준다. 갈애와 무지가 한 사람의 환생을 결정한다면, 그 사람이 어떻게 환생하는가는 그의 업, 즉 그의 의도적인 행위로 좌우되는 것처럼 보인다. 좋든 나쁘든 업은 중요하다. 왜냐하면 업은 성격과 삶의 시나리오와 다음 환생을 형성하는 마음에 자국을 남기기 때문이다.

붓다는 해탈 지혜의 경지에 이르지 못한 중생이라면, 윤회에서 좋은 운명으로 이끌어줄 바른 견해의 전형을 취하라고 설법했다:

> 선물이 있고, 공물이 있습니다. (자기)-희생이 있습니다.(이것들은 가치가 있습니다.); 선행과 악행이 익어가는 열매가 있습니

다. 이 세계가 있습니다. 저 너머에 한 세계가 있습니다.(이 세계는 비현실적이 아닙니다. 죽은 후에 가는 다른 세계입니다.); 부모님이 계십니다.(여러분을 이 세상에 세워 주신 부모님을 공경하는 것은 좋습니다.); 저절로 생기는 존재들이 있습니다.(천상계처럼 부모 없이도 생겨나 윤회하는 것들도 있습니다.); 이 세계에는 바르게 행하고 바르게 정진하며 자기들의 높은 지식으로 이 세계와 저 너머 세계를 깨달았노라고 선포하는 출가자들과 브라만들이 있습니다.(MN III.72)

유물론자 아지타 케사캄발리Ajita Kesakambali가 그랬듯이(DN I.55), 이를 부정하는 것은 잘못된 견해의 전형이다.(MN I.402)

업의 본질

붓다의 가르침에서, 자기의 업 또는 행위(Pāli. kamma, Skt. karma)를 이해하고 개선하는 것은, 다음 사항을 돕는다: (1) 현생의 삶을 더 행복하게 살기, (2) 인간 이하[2]로 환생하는 것을 피하고, 그 자체로 더 행복하고, 영적 발전을 얻는 더 많은 기회가 생기는 인간계나 천상계로 환생, (3) 모든 환생의 윤회를 끊어 버리는 지혜를 바탕으로 정신적 행위를 계발.

이 모든 것 안에 윤리가 중심이 된다. 붓다는 행위 이면에 있는 윤리적 충동의 특질이 선과 악을 가르는 열쇠가 되며, 브라만교에서처

2 역주: 축생, 아귀, 지옥, 아수라 영역.

럼 의식儀式이나 계급 규범을 따르는 것이 선악을 결정할 수 없다고 했다.(Gombrich 2006: 67-70; 2009: 19-44) 의식은 건전한 정신 상태를 발전시키는 데 도움이 될 때만 도움이 된다. 따라서 절을 하고 불교 경전을 외우는 것 등은 역할을 한다. 더욱이 붓다는, 자이나교와는 대조적으로, 업을 본질에서 정신적인 것으로 보았다. 업은 자발적인 결의의 충동 또는 행위 이면에 있는 의도라고 보았다. '비구들이여, 내가 업이라고 부르는 것은 의도(cetanā)입니다; 육신과 말, 또는 마음을 통하여 어떤 행위를 하는 것은 "의도"입니다.'(AN III.415) 어떤 나쁜 행위를 단지 생각만 하는 것 그 자체가 악업(정신적)이다. 특히 그런 생각을 흘려보내지 않고 그런 생각에 에너지를 쏟아부을 때 그렇다. 의도적으로 그런 생각을 흘려보내는 것은 좋은 정신적 업이다. 어떤 행위 이면에 있는 심리적 충동이 '업'인데, 이는 유쾌하거나 불쾌한 업과로 절정에 이르는 일련의 원인을 설정한다. 업과가 생성되려면 행위가 의도적이어야 한다. 자이나교와는 달리 실수로 곤충을 밟는 행위는 업보를 짓지 않는다.

의도의 본질

'의도(Cetanā)'[3]는 영어로 will(의지, 뜻함), volition(결의), 또는 intention(의도)으로 번역된다. 그러나 'cetanā'는 다른 조건화된 정신 상태

---

3 역주: cetanā는 의도, 의지, 생각의 방향을 뜻하는데, 동아시아에서는 전통적으로 '생각한다'라는 뜻의 '사思'로 번역해 왔다. 그러나 이는 cetanā가 지닌 원래의 뜻인 의도 또는 의지와는 거리가 있다고 생각되어 여기서는 '의도'로 번역했다.

외부에 존재하는 완전히 '자유로운' 요소로서의 '의지(will)'가 아니라 그 자체로 조건화되어 있고, 조건화되어 가고 있다. 즉시 행위로 이어지는 충동이기에 계획이라는 관점에서 intention(의도)이 아니다. 의도는 미래에 무엇을 하겠다는 결심인데 실제로는 행위가 일어날 수도, 일어나지 않을 수도 있기에 그렇다. (나의 의도는 오늘 그를 방문하는 것이었지만 무슨 일이 생겨서 방문할 수 없었다.) 즉 미래에 어떤 행위를 하기로 결심하는 것 그 자체가 현재의 정신 행위이고 그것 고유의 'cetanā'를 갖는다. 마리아 하임Maria Heim은 'cetanā'를 intention(의도)으로 번역했지만, 'cetanā'가 미래행위에 대한 'intention(의도)'을 의미하지 않는다는 데에 동의했다.(2014: 42) 'Volition(결의)'은, cetanā의 관련 동사 ceteti를 번역하기 위해 'wills'와 함께, 일반적으로 실행 가능한 번역이다. 'Volition(결의)'은 'intention(의도)'이 내포하고 있는 뭔가 목표 지향성이 부족하고, 반면에 'intention(의도)'은 'volition(결의)'의 추진력이 부족하다.

나선비구경那先比丘經[4]은 다음과 같이 말한다: '의지/의도가 있다(cetayita-)'에는 'cetanā(의도)'의 특성이 있고 하나의 특질이 만들어진다.(abhisankharaṇa-) 비유해서 설명한다면, 어떤 사람이 독을 만들거나, 마시면 즐거워지는 음료를 만들어 그것을 마시는 사람을 괴롭히거나 즐겁게 한다면, 그 사람은 '결의'를 통하여 불건전하거나 건전한 의지(cetanāya cetayitvā)를 가지는데, 이는 곧 그 사람을 지옥 또는 천상계에서 환생하도록 하는 요인이다; 같은 방식으로 행하려고 영감

---

4 역주: Milinda Pañha, BC.100~AD.200에 편찬된 상좌부불교 경전, 인도-그리스 왕 Menander I세(Pali. Milinda)와의 문답으로 구성.

을 받은 사람에게도 이 법칙이 똑같이 적용된다. 바로 'cetanā'는 미래 업보를 가져다주는 모든 요인을 하나의 행위 안에 가져오는 것이다.

상좌부불교 주석가 붓다고사Buddhaghosa는 'cetanā'를 다음과 같이 정의한다.

> '뜻하는 것(cetayatī ti)'은 'cetanā(의도)'이다; 'cetanā'는 '함께 만든다(abhisandahatī ti)'를 뜻한다. 'cetanā'의 특질은 'cetanā' 상태이다. 'cetanā'의 기능은 아유하나(āyūhana, 集)[5]를 지향한다. 'cetanā'는 협응(saṃvidahana-)으로 나타난다. 'cetanā'는 상급 학생이나 우두머리 목수가 하는 것처럼, 'cetanā' 본래의 역할과 다른 요소들의 역할을 함께 성취한다. 그러나 'cetanā'는 위급한 일이나, 기억해야 하는 일과 연관된 상태의 자극(ussāhana-bhāvena)이 일어날 때 확실하다.(Vism. 463)

즉 'cetanā(의도)'는 다양한 정신적 특성들을 함께 모으고 조직하여 하나의 행위로 이루어진 특정 목표로 인도한다.(Heim 2014: 41 n.18 참조) 하임은 'cetanā'를 다음과 같이 요약한다. 'cetanā는 어떤 상태, 결정, 선택, 또는 성향이 아니고, 집합하고 활기를 주는 역동적인 행위이다.'(2014: 105) 그러므로 'cetanā'는

---

5 팔리어 경전 파티삼비다마가Patisambhidamagga에서는 아유하나āyuhanā를 '조건화된 동시 형성(saṅkhāras)'의 두 번째 연결 고리와 동일시한다.

대단히 많은 다른 정신적 요인들을 조화시키는 문제이다. … 합리적인 신중함이나 다양한 욕구의 힘에 국한되지 않고 감성, 동기 부여의 근원, 재능, 적성, 에너지, 기능을 불러일으키는 복잡한 방식으로 도덕에 관한 생각과 행위자에 이바지한다. 이런 표현은 믿음과 욕망 그리고 그 둘 사이에 있는 일종의 관계가 조합되어 구성된 '의도'라고 해석되는 현대적 개념을 훨씬 뛰어넘는다.(2014: 106)

팔리 니까야들은 5온五蘊[6] 중 네 번째 상카라saṅkhārā, 즉 '구성 행위들'을 'cetanā(의도)'의 측면에서 정의한다: 여섯 가지 상세타나(sañcetanā-: 육사六思), 즉 시각 형태, 소리, 냄새, 맛, 촉각, 사유-대상들은 감각 접촉(phassa)으로 (즉시) 조건화된 상태(cetanāsbeing)이다.(SN III. 63) 그러나 아비달마(Abhidhamma)[7]에서는 '구성 행위들'은 (복수 형태임을 주시하라) 행위를 시작하고, 지시하고, 틀을 만들고, 성격에 형태를 부여하는 수많은 과정과 함께 'cetanā'로 설명된다고 말한다.(예: Bodhi 1993) 이들 가운데 감각 접촉이나 주의와 같은 모든 정신 상태의 구성요소인 에너지, 기쁨 또는 하고자 하는 욕구와 같은 정신 상태를 강화하는 과정이 있는데, 마음챙김과 도덕적 진실성과 같은 윤리적으로 '건전'한 것과; 탐욕, 증오, 망상과 같은 '불건전'한 과정이 있다.(예: Bodhi 1993: 76-91) 이러한 상태들의 선택은 'cetanā'

---

6 역주: Pali. khandhas, Skt. Skandhas: 존재의 다섯 가지 구성요건 ① 색(色, rūpa) ② 수(受, vedanāl) ③ 상(想, saññā) ④ 행(行, saṅkhārā) ⑤ 식(識, viññāṇa).

7 역주: Skt. Abhidharma, BC 3세기경부터 전해오는 고대 불교 경전.

가 행위, 즉 업을 수행할 때 함께 가져오는 것이다.

더 나아가, 상좌부불교(Bodhi 1993: 77-78)와 설일체유부說一切有部(Sarvāstivāda: AKB II.24)의 아비달마에서 'cetanā(의도)'는 보편적 정신 요소이기에, 더는 과거의 업과로 새로운 업을 짓지 않는 아라한의 상태를 포함한 모든 마음의 상태에 나타난다고 말한다. 따라서 모든 'cetanā'는 의도적인 무언가를 지향하지만 어떤 형태의 'cetanā'는 업보 생성을 위한 요소들을 모으고 지향하는 점이 없다. 의탁월론義卓越論(Atthasālinī)[8]에서는 다음과 같이 설명한다:

> 'cetanā(의도)'의 기능은 아유하나(āyuhanā, 集)를 지향한다; 존재의 네 가지 양상에는 (아라한의 행위를 포함) 의도(cetayita-)를 가지지 않은 성질의 'cetanā'는 없다. 'cetanā'의 모든 양상에는 의도의 성질이 있으나, 오직 의도가 지향하는 방향이 건전한가 아니면 불건전한가의 관계로서만 기능한다; 건전한 쪽이나 불건전한 쪽으로 지향하는 (연합된 상태) 역할이 달성되고 나면, 나머지 연합된 상태를 위한 부분적인 역할만 있다. 그러나 결의를 뜻할 때 cetanā는 지나치게 활력이 넘쳐서 이중의 자극(diguṇa-ussāhā-)과 이중의 노력(diguṇa-vāyāmā)을 만든다.

이것은 추수할 때 경작자가 힘센 사람들을 부리거나, 수좌首座나 장군이 스스로 행함으로써 사람들을 격려하는 비유로 'cetanā(의도)'

---

8 역주: 붓다고사Buddhaghosa가 편찬한 법취론法聚論(Dhammasaṅgaṇi)의 주석 텍스트.

를 설명할 수 있다.(Asl. 111-112)

행위의 업과와 행위의 윤리적 평가 사이의 관계

나쁜 행위는 나쁜, 즉 불쾌한 업과들을 초래한다고 보이지만, 이러한 업과들을 갖는 것이 그 행위를 '나쁜' 것으로 만드는 것은 아니다. 따라서 다음과 같은 이야기가 있다.(MN I.389-391, cf. DN I.163, SN V.104):

(1) '어둡고 어둡게 익어가는 행위(kammaṃ kaṇhaṃ kaṇha-vipākaṃ)': 괴로움(sabyābajjahaṃ)을 주는 말이나 괴로움을 주는 마음(saṅkhāraṃ abhisaṅkharoti)의 업을 지으면, 그로 인해 괴로운 접촉과 괴롭고 아픈 느낌을 주는 지옥 같은 고통스러운 세계에 환생한다. 앙굿따라 니까야(AN II.234)에서 살생, 도둑질, 사음, 거짓말, 음주 등의 나쁜 행위를 설명한다.

(2) '밝게 익는 밝은(sukkaṃ) 행위': 괴로움을 주지 않는 행위를 하면 그로 인해 천상계와 같이 괴로움 없는 세계에 환생한다. 앙굿따라 니까야(AN II.234)는 살생과 악한 행위를 포기함으로써 얻는 좋은 행위를 설명한다.

어떤 행위의 업보가 무르익는 성질이 그 행위의 성질과 일치하지만, 업과가 행위의 본질을 결정하지는 않는다는 것은 분명하다. '어두운' 행위는 어두운 업보를 초래한다는 이유로 행위가 어두운 것이라고 간주해서는 안 된다. 오히려 그 행위의 결과 그 자체가 어두워서 어두운 것이고 지금 여기의 괴로움을 만드는 근원이 된다. 행위의 어두운 업과가 있는 것은 업과의 어둡고, 고통스럽고, 불건전한 성질의 표시이지만, 어두운 업과가 처음부터 그 행위의 불건전함의 기준은 아니다. 그렇기는 하지만, 다른 구절들은 즐겁거나 불유쾌한 경험의 형태로서 업과에 대한 언급을 게을리하지 않는다. 이는 아마도 좋은 행위에 대한 추가적인 동기 부여 또는 나쁜 행위에 대한 의욕 상실 요소로서, 그리고 물론, 타자와 자기에 대한 즉각적인(비-업보적) 행위의 효과에도 관심을 두고 언급하는 것으로 보인다.

건전한 행위와 불건전한 행위 그리고 그 근원

불교에서는 현자로부터 비판을 받는 행위를 피해야 한다고 하며(AN I.89), '좋은' 행위는 일반적으로 유익함(Pāli. kusala, Skt. kuśala)으로 언급된다: 좋은 행위란 지혜로 정보를 얻고 따라서 행위자에게 고양된 정신 상태를 생성하기에 '숙련'을 의미한다. 그리고 건강한 정신 상태를 포함한다는 점에서 '건전함'을 뜻한다.(Cousins 1996; Harvey 2000: 42-43) 나쁜 행위는 해로운(akuśaladlek) 것이다: 불건전/미숙련이다. '불건전'한 행위의 핵심 기준은 자신, 타자, 또는 둘 다에 해를 끼치는 것이며(MN I.415-416), 직관적 지혜를 파괴하고, 괴로움과 연관되어 열반에 도움이 되지 않는다.(MN I.115) 이에 상응하여, 건전한 행위는 그러한 위해를 초래하지 아니하며, 건전한 마음 상태로 성장하는 데 이바지한다.(MN II.114) 여기서 말하는 자신에 대한 '해로움'은 정신적인 해악이거나, 만약 이것이 자기혐오에서 발생한다면 물질적인 해악이다. 다른 측면에서 보면, 자기에게 물질적 손해를 끼치고 타자에 이익이 되는 행위는 확실히 건전하다. 그러므로 불건전한 의도(akusala-sañcetanikā)로써 고통스러운 결과(dukkhudrayā)를 초래하는 퇴폐적이고 해로운 행위(sandosa-vyāpatti), 즉 고苦의 업보(dukkha-vipākā)가 익어가는 행위를 삼가야 하며, 행복한 결과를 얻게 되고 행복이 익어가는, 건전한 의도의 유익한 행위를 해야 한다.(AN V. 292-297)

내가 팔리어 경전에서 불건전/미숙련 행위에 관련된 요소들을 2011년에 자세하게 분석 조사한 내용을 아래와 같이 요약한다(Harvey 2011):

1. 분별없는 관심, 동물 사육
2. 집착/욕심/탐욕, 증오/적의, 망상/무지 둘 다 불건전하며 이를 지속하는 근원
3. 불건전: 육신, 말, 마음 등이 짓는 특정 행위
4. 불건전한 결의 그리고 불건전한 의도로 짓는 행위
5. 어둡고, 퇴폐적이고, 흠/비난받을(sāvajjam) 행위(현자로부터), 왜냐하면
6. 자기 자신과 타자에게 고통과 상처를 주기에
7. 고통과 상처를 주는 상태를 바른 인식으로 즉각 예측할 수 있는 상황에서 하는 행위
8. 자신이 당하고 싶지 않은 행위를 타자에게 가하는 행위

9. 현자로부터 비판받는 행위
10. 해서는 아니 되는 행위
11. 그런 행위는 그 업보로 현생과 내생에서 암울한 피해와 고통을 받을 뿐만 아니라
12. 불건전한 성격을 이루는 경향이 있고,
13. 지혜를 가리고 열반의 길에서 멀어지게 한다.

건전한 행위에는 반대되는 특성이 있다.

바른-견해-경(Sammādiṭṭhi Sutta)[9]과 「MN I.46-47」에서 불건전(akusala)과 건전(kusala)한 행위를 식별하고 그런 행위의 뿌리에 무엇이 놓여 있는지 명확하게 말하고 있다:

> 벗들이여, 어떤 존귀한 제자가 불건전함(akusalaň)과 불건전함의 뿌리(akusal-mūla)와 건전함과 건전함의 뿌리를 이해한다면 그로 인해 그 사람은 바른 견해를 갖게 되며 그의 견해는 곧고 법(Dhamma, Skt.: Dharma)에 대한 완전한 확신으로써 진정한 불법에 도달할 것입니다.
> 그렇다면 불건전함은 무엇인가요? … 살생이 불건전함입니다; 주어지지 않은 것을 취하는 것이 불건전함입니다; 감각적 쾌락으로 지은 사음邪淫이 불건전함입니다; 거짓된 말이 불건전함입니다; 이간질하는 말이 불건전함입니다; 거친 말이 불건전함입니다. 경솔한 잡담이 불건전함입니다; 탐심이 불건전함입니다;

9 역주: 바른 견해(正見)에 관해서 논설한 팔리 텍스트.

> 악의가 불건전함입니다; 그릇된 견해가 불건전함입니다. 이런 것들을 불건전함이라고 말합니다.
> 그렇다면 불건전함의 뿌리는 무엇일까요? 욕심이 불건전함의 뿌리입니다; 증오가 불건전함의 뿌리입니다; 미혹이 불건전함의 뿌리입니다. 이런 것들을 불건전함의 뿌리라고 말합니다.
> 그렇다면 건전함이란 무엇일까요? 앞에서 말한 열 가지 행위를 하지 않는 것을 건전함이라고 말합니다.
> 그렇다면 건전함의 뿌리는 무엇일까요? 욕심내지 않음이 건전함의 뿌리입니다; 미워하지 않음이 건전함의 뿌리입니다; 미혹에서 벗어남이 건전함의 뿌리입니다. 이런 것들을 건전함의 뿌리라고 말합니다.

이 구절에서 '불건전함'은 타자에게 해롭다고 널리 인식되는, 몸이나 말로 짓는 특정 행위, 그리고 나중에 그러한 해로운 행위로 이어질 가능성이 있는 정신 상태로 구성되는 것으로 설명된다. 여기서 욕심, 증오, 미혹은 '불건전함'의 내재 원인으로서 제시되었지만, 어떤 것을 '불건전함'이라고 표시하는 분류 기준은 아니다. 그렇긴 해도 욕심, 증오, 미혹은 그 자체로 불건전함이다.(AN I. 201)

욕심, 증오, 미혹의 본질에 관하여: (1) 욕심(lobha)은 가벼운 갈망에서부터 심한 정욕, 탐욕, 명성 추구, 이념에 대한 독단적 집착에 이르는 다양한 상태를 포괄한다; (2) 증오(Pali. dosa, Skt. dveṣa)는 가벼운 짜증에서부터 타오르는 분노와 원한을 포괄한다; (3) 미혹(moha)은 어리석음, 혼란, 당혹, 둔한 마음 상태, 뿌리 깊은 오해,

도덕적·정신적 문제에 대한 의심, 실상에 베일을 씌워 실상을 외면하는 행위로 표현된다.

이것의 반대에 관해서는: (1) 무욕(alobha)은 작고 넉넉한 욕구에서부터 세속적 쾌락을 포기하려는 강한 충동 상태를 포괄한다. (2) 증오하지 않음(adosa)은 크나큰 도발에 직면할 때 관용을 통한 우의로부터 모든 중생에 대한 깊은 자애와 연민을 포괄한다. (3) 불혹(amoha)은 실상에 대한 깊은 통찰을 통한 마음의 명료함을 포괄한다. 이상 세 가지는 먼저 서술된 부정적인 것들에 반대 개념으로 표현되었지만, 단순히 반대되는 개념이 결여하는 것 이상을 지니고 있다. 무욕(관용과 포기), 증오하지 않음(자애와 연민), 그리고 불혹(지혜)의 형태는 긍정적 상태이다.[10]

업과적 행위

선한 행위는 아름답다(kalyāṇa)라고 얘기되거나, 또는 '공덕(Pali. puñña, Skt. puṇya)의 특성이 있다', 또는 '공덕을 얻다'로 얘기되는데, 이 말은 형용사 또는 명사로 쓰인다. 형용사로 쓰일 때, 랜스 카진즈 Lance Cousins는 공덕을 '행운을 부르는' 또는 어떤 행위의 상서로운 성질로 보았고(1996:153), 이 말을 명사로 쓸 때는 행운을 부르는 행위로서나 그런 행위에 따르는 미래의 행복한 결과에 적용한다고 했다.(1996:155) 그럼 우리는 아래 구절을 보자:

10 법집론法集論(Dhs. 32-34)에서 이들을 긍정적인 존재로 취급한다는 사실에서 알 수 있다.

> 비구들이여, 공덕을 두려워하지 마십시오. 공덕은 행복, 즐거운 것, 매력적이고, 사랑스럽고, 유쾌한 것의 지칭이며, 말하자면 선과입니다. 저 자신은 오랫동안 익은 공덕이 오랫동안 즐겁고 매력적이고, 사랑스럽고, 유쾌한 것으로 경험된다는 것을 알고 있습니다.(It. 14-15, cf AN IV.88-89)

보통 공덕(puñña)은 좀 더 유연하게 형용사 '공덕이 있는' 또는 명사 '공덕'으로 번역된다. '공덕이 있다'라는 말은 보상, 칭찬, 또는 감사를 받을 자격이 있음을 뜻하지만, 공덕은 공덕 자체에 내재한 자연스러운 힘으로 행복한 결과를 낳는 것이고; 어떤 누군가에 의해 그 받을 자격이 부여되는 것에 의존하지 않는다. 기독교 신학에서 '공로'는 은혜로운 신에게 미래의 보상을 요구하는 선행으로 보는데, 이는 불교에 맞지 않는 생각이다. 공덕 행위는 '상서로운', '다행한' 또는 '결실이 풍부한' 행위인데, 마음을 정화하여 미래의 행운으로 이어진다.(McDermott 1984:31-58) 산스크리트어로 공덕을 푸냐(puṇya)라고 쓰는데, 아마도 '번창하다', '번성하다', '번영하다', 또는 '깨끗하게 하다', '맑게 하다', '밝게 하다'라는 뜻의 어근 pus에서 파생했다고 보인다. 따라서 상좌부불교 주석은 '공덕(puñña)이 생명의 연속성을 정화하고 깨끗하게 한다'고 해석한다.(Vv-a.10; Bodhi 1990, cf AKB IV.46a-b) 공덕을 영어의 'merit(공로)'로 번역할 때의 효과는 불교의 고양되고 찬탄할 만한 행위의 측면을 전달하기보다는 무미건조하고 의기소침한 이미지를 생성한다. 공덕만으로는 깨달음을 얻지 못하고, 그러려면 여기에 지혜가 필요하다고 인정하지만,

공덕은 깨달음을 위한 기반을 준비하는 데 도움이 된다.

명사로서의 공덕(puñña)은 미래의 행복한 열매를 위한 씨앗으로서 선행의 힘을 뜻하므로, 적절한 번역은 (어떤 행위의) '선과善果'로, 형용사로서는 '선과와 같은'이 되겠다. 승가는 공덕을 이루는 최상의 밭이라고 설명된다. 즉 좋은 결과로 이어지는 공물을 심기에 가장 좋은 무리의 사람들이 있는 곳이고, 밭은 아라한으로, 공물을 주는 사람은 농부로 설명된다. 공물은 씨앗과 같아서 이것에서 열매가 생긴다.(Pv I.1) 위의 번역을 변호하기 위해 덧붙인다면, 업과는 선행과 악행의 결과 모두에 적용되지만, 공덕은 선행에만 관련된다. 영어에서 '열매(fruit)'라는 말은 사과처럼 즐거운, 먹을 수 있는 것에만 쓰이고 불쾌한, 먹을 수 없는 것에는 쓰이지 않는 것처럼. 누군가는 '업보에 유익한'이라고 번역할 수는 있겠으나 이때는 고무적인 느낌의 어조가 부족하다.

Puñña(공덕)의 반대는 apuñña인데 따라서 '업에 해가 되는' (행위) 또는 '업에 해로운' (행위)로 번역될 수 있다. 즉 즐거운 열매는 맺지 않고 쓴 열매만 맺는다는 의미로 볼 수 있다. 그런데 apuñña의 동의어는 pāpa이며 종종 '악' 또는 '나쁜'으로 번역되지만 실제로는 '불임', '불모', '유해한'(Cousins 1996: 156), 또는 '불운을 가져오는 것'을 의미한다.

불교도들은 선업 쌓기를 열망한다; 물질적 재화와는 달리 공덕은 잃어버릴 수 없는 보물이기에 그렇다.(Khp 7) 초기 경전들은 업과가 일어나는 세 가지 기반(puñña-kiriya-vatthus)에 대해서 언급한다: 보시報施(dāna: 특히 사원에 자선을 베푸는 행위), 계戒(sila: 윤리적 규율), 그리고 건전한 특질의 명상 수행.(DN II.218) 나중에 나온 텍스트들에서는 다음과 같이 덧붙인다. 존중, 도움이 되는 행위, 선과善果 공유, 타자의 선과에 기뻐하기, 법을 가르치기, 법을 듣기, 자신의 견해 바로잡기.(DN-a III.999) 어떤 보시행도 선과를 맺는 것으로 간주하며, 심지어 대가를 바라는 마음으로 주거나 보시의 선한 업을 얻기 위해 주는 것도 선과로 이어진다고 본다. 그러나 더 순수한 동기는 더 좋은 선과를 가져오는 것으로 간주한다. 따라서 거룩한 삶의 방식을 지원하는 데 도움이 되는 공물, 또는 보시가 자연적으로 가져오는 고요함과 기쁨에 대한 감사와 같은 동기에서 주는 것이 특별히 좋다.(AN IV.60-63) 큰 공물이 일반적으로 작은 공물보다 상서로운 것으로 여겨지지만, 마음의 순결은 공물이 작은 것도 보전할 수 있다. 왜냐하면 거기에는 고요한 마음과 즐거운 믿음이 있기에 그렇다. 어떤 공물도 작은 것이 아니다.(Jat. II.85) 실제로 보시할 것이 없는 사람도 다른 사람이 베푸는 것을 단지 기뻐하는 것으로 상서로운 행위를 하는 것이다. 물론 같은 원리로 다른 사람의 불건전한 행위를 말이나 마음으로 칭찬하면 그 자신도 불건전한 행위를 하는 것이다. 업과의 다른 측면에 대해서는 하비Harvey(2000: 17-23) 참조하라.

선행과 악행의 중력

아마도 보시는 업과를 생성하는 가장 전형적인 행위일 것이다. 그러나 결실의 정도는 주는 사람의 마음의 순수성과 받는 사람의 덕성에 달려 있다.(MN III.255-257) 짐승에게 베풀면 백 배, 덕이 없는 사람은 천배, 평범한 선한 사람은 십만 배, 그리고 존귀한 현자는 한량없는 선과가 열린다는 말이 있다. 받는 사람의 미덕과 영적 발달은, 그들에게 보시하는 것이 건전한 상태의 구현에 활기찬 연결을 만들고, 보시하는 사람에게 큰 기쁨을 주어 강력한 정화 효과가 있기에 이처럼 배가 효과가 있는 것으로 보인다. 대승불교 문헌에서는 부모나 병든 이에게 공양하는 것은 특히 유익하다고 덧붙인다.[11]

이에 상응하여, 더 유덕한 존재에게 의도적으로 해를 끼치면 더 나쁜 업보를 생성하는 것으로 간주한다.[12] 또한 작은 개체보다 더 큰 개체의 곤충, 새, 짐승을 죽이면 더 불건전하다고 말하는데, 이 행위에는 더 많은 힘과 의지가 필요하기 때문이다. 사람을 죽이는 행위는 더 나쁘고, 그중에서도 덕이 있는 사람을 죽이는 것이 더 나쁘다. 어쨌든 어떤 행위 배후에 더 강한 불결함이 있으면 더 나쁜 행위가 만들어진다. 불건전한 행위는 그 행위가 구현하는 의도의 힘이나 사악함에 따라 더 나빠진다고 요약할 수 있다.(Harvey 2000:52)

가장 극악무도한 행위는 고의로 자기 어머니나 아버지 또는 아라한을 죽이고 붓다의 피를 흘리거나 승가에 분열을 일으키는 것이다. 그러한 행위는 분명히 다음 생에 지옥에 영원히 갇히게 된다.[13] 이는 그런 행위가 크게 존경받아야 할 사람들에게 해를 끼치기 때문으로 보아야 한다.

악행의 다른 측면은 그 행위의 심각성과 업에 끼치는 영향이다.

---

11 대반열반경大般涅槃經,(Mahāparinirvāṇa Sūtra): T 12,374,38,549b29-50b18)

12 MN-a I.198, Kph-a 28-29, Asl 97, Vibh-a 382-383, AKB IV.73a-b, Uss. 165

13 Vibh. 378, MN-a IV.109-110; Harvey(2000: 24-25)

악행에는 의도가 수반된다.(Harvey 1999, 2007) 악행이 자신을 완전히 통제할 수 있을 때 이루어지면 더 나쁘다. 중생이 해를 입은 것인지가 불확실하거나 잘못 알고 있을 때는 덜 나쁘다. 자신의 행위가 해로운 영향을 준다는 사실을 충분히 알면서도 그 행위를 잘못으로 보지 않고 주저하지 않거나 그 행위를 후회하지 않을 때 가장 나쁘다.(Harvey 2000: 52-58) 나쁜 (또는 좋은) 행위를 후회하고 다시는 그런 행위를 하지 않기로 결심하는 것은, 그 행위의 심리적 자극을 줄여주기 때문에 업보가 감소된다.(Harvey 2000: 26-28) 그렇지만 과거의 어떤 행위에 대한 고통스러운 느낌은 그 행위의 결과일 수 있다. 무거운 죄책감은 자기혐오 그리고 분노 상태와 연관되는 것으로 보여 평온함, 명료함, 그리고 영적 향상에 도움이 되지 않는다.

공덕의 공유

모든 불교의 전통은 선행의 유익한 효과, 즉 선과善果 또는 공덕을 다른 사람들과 공유할 수 있다는 생각을 받아들인다. 보통 공덕의 공유는 사원 승가에 대한 관대한 행위로 얻은 공덕을 죽은 친척과 공유함으로써 이루어진다.

상좌부불교에서 선업은 다른 사람의 상서로운 행위에 공감(anumodanā)함으로써 수행될 수 있을 뿐 아니라, 행위의 상서로운 특성(patti, 얻은 것)이 다른 존재에게 전이되거나 공유됨으로써 이루어질 수 있다. 한번은 붓다가, 죽은 친척에게 전달되기를 바라는 마음으로 브라만에게 공양하는 것이 실제로 죽은 자들에게 도움이 되는지에 대해, 한 브라만으로부터 질문을 받았다. 붓다는 죽은 사람은 아귀餓鬼(Pali. petas, Skt. pretas)라고 알려진 귀신 상태로 다시 환생할 때만 혜택을 받을 거라고 했다. 왜냐하면 이들은 자신들의 영역의 부패한 음식이나 아니면 친척들이나 친구들이 공양한 음식으로 살아가기 때문이라고 대답했다.(AN V.269-272, cf Milin. 294) 페타바투(Peta-vatthu)[14]는 고통받는 아귀의 이름으로 공양을 올려 그 공덕으로 아귀가 신으로 환생하게 되는 수많은 경우를 기술하고 있다. 그러므로 죽은 사람을 위한 상좌부불교 의식은 승려에게 공양하고, 공덕을 죽은 이에게 이전하거나, 또는 다른 조상들이 아귀일 경우 이들의 아귀로서의 운명을 완화하거나 그들이 더 나은 환생을 갖는 데 도움을 주는 의식을 포함하고 있다.

또 다른 초기 문헌에는 붓다가 '승려를 지원하고 지역 신들에게 공양하고 그리하여 그들이 보시한 사람들을 호의적으로 보게 하는 것은 현명하다'라고 설했다.(DN II.88) 신들은 스스로 상서로운 행위를 할 기회가 적은 것으로 간주되지만, 양도된 공덕으로부터 그들이 신으로의 환생을 유지하는 혜택을 입을 수 있다. 그 대가로 신들은 그들이 가진 모든 힘을 불교와 보시한 사람을 돕고 보호하기 위해 사용하도록 기대를 받는다. 행자나 승려로 수계 받은 어떤 소년은 그 공덕을 그의 어머니와 공유할 것이다. 여기서 어머니의 공덕은 아들을 승려로 내어준 행위와 상서로운 행위의 기쁨 모두에서 비롯한다.

---

14 역주: 쿠다카 니까야(Khuddaka Nikaya)에 수록된 유령 이야기.

누구든지 오직 자신의 행위에 의해서만 업을 짓는다는 생각을 강조하는 불교의 가르침을 고려한다면, '공덕의 이전'이라는 생각은 잠재적으로 변칙이다. 그런 변칙을 피하고자 상좌부불교 주석은 정통 해석을 발전시켰고 티베트-불교도 같은 생각을 하고 있다. 이는, 업보는 실제로 이전되지 않지만, 승려에게 음식이나 기타 공물을 공양하는 것은 상서로운 보시를 하는 사람의 조상이나 신들에게 봉헌하는 것이고, 이렇게 해서 조상이나 신들을 대신해서 자기들의 재물로 보시하는 것이다. 보시하는 사람들이 대리 보시를 기뻐하고 이에 동의한다면 그들 자신의 공덕을 생성한다. 다른 사람의 행위를 좋다고 확인하는 살아 있는 존재에 의해, 특히 그 행위가 자신을 대신하여 수행되는 경우, 그들은 직접적으로 자신들의 긍정적인 정신적 행위를 수행하는 것이다.

공덕을 공유한다는 생각은 은행에 있는 비-실물화폐처럼 사람들이 공덕을 축적하도록 장려하는 업의 교리에 있는 경향을 수정하는 데 도움이 된다. 공덕은 타자와 공유할 수 있고 또 그래야 한다. 예를 들면, '주는 행위'는 공덕을 생성한다; 공덕을 남과 나누면 또 다른 관대한 행위가 생겨 더 많은 공덕을 생성한다; 공덕을 많이 나누면 나눌수록 그 공덕은 더 많아진다. 그리고 돈이나 물질적 재화와는 달리, 세상의 행복은 증가한다! 공덕을 나누는 것은, 선의의 제스처로서, 선행의 유익함을 다른 사람들에게 전파하는 방법이다. 공덕의 공유를 설명하기 위해 전통적인 직유로 표현한다면: 하나의 등으로부터 많은 등을 켜는 것이다.

대승불교 전통은, 보살십지 열 가지 단계 중 첫 번째 단계의 보살들에게 자신과 다른 사람들의 미래 성불에 그들의 공덕을 바칠 것을 촉구한다. 그런 공덕의 회향迴向(pariṇāmanā)은 공덕이 본질에서 '공空'하여 어떤 특정 존재에 '속하지' 않기 때문에 가능한 것으로 간주한다. 대승 전통에서 그런 열망은 일반적으로 모든 중생과 공덕을 공유하고 중생들이 깨달음을 얻도록 돕는 것이다. 인간은 다른 인간들과 불행한 환생의 존재들을 위해 공덕을 회향(이전)해야 한다. 또한 자신의 완전함과 덕을 키우는 관점에서, 공덕을 불보살들에게 회향해야 한다.(Ss. 205-206) 이에 대해서 불보살들은 신심을 가지고 도움을 구하는 신도들에게 결국은 그 공덕을 다시 회향하는 것으로 간주한다. 산티데바[15]는 그의 입보리행론入菩提行論(Bodhicaryāvatāra)의 마지막 장(X)에서 공덕의 회향을 찬탄했다. 그가 이 시를 지음으로써 생성된 공덕에 의해서 인간과 다른 중생들이 여러 가지 괴로움에서 벗어나 도덕, 신심, 지혜, 자비심을 타고나도록 열망한다. 산티데바는 56절(cf. Ss. 256-257)의 시에서, 세상의 고난이 그 자신 안에서 무르익도록 기도하기까지 한다: 자신의 공덕을 다른 사람들에게 주는 것에 그치지 않고, 다른 사람들의 나쁜 업보를 떠맡아야 한다고 읊고 있다. 어떻게 이게 가능할까? 아마도 악한 업을 지은 사람에게 완전히 공감함으로써 그의 행위에 동조하게 되고, 자기 자신에게 악업을 생성할 수 있을 것이다; 그리고 원래 악업을 지은 사람은 자기가 누구에게 이해되고 공감되었다는 경험이, 그 자신이 과거에 지은 악행을 비추어 보고 반성하게 되어 그 악행의 업보를 가볍게 하는 데 도움이 될 수 있을

15 역주: Śāntideva, 적천寂天. 8세기 인도 승려 철학자. 나가르주나의 중관파 철학 지지.

것이다.

깨달음을 얻는 데 이상적 조건이 있다고 여기는, 붓다가 다스리는 정토에서 환생을 얻는다고 생각하는 대승사상 또한 공덕의 회향 사상에 의존한다. 정토는, 개인적인 업에 따라, 천상계를 포함한 정상적인 환생 체계 밖에 있는 것으로 간주한다. 정토에 환생하기 위해서는 자신의 공덕을 이 목적으로 봉헌하는 것뿐만 아니라, 정토를 다스리는 붓다가 이들의 독실한 기도에 감응하여 보내 주는 엄청난 양의 공덕도 회향되어야 한다. 이 회향은 아마도 정토불의 위대한 덕을 크게 기뻐하는 독실한 신도에 의해서 이루어진다고 할 수 있고, 이는 곧 큰 공덕의 정신적 행위가 된다.

집단적 업이 있나?

업이 행위 당사자 개인에 한정되지 않고 집단과 어느 정도까지 연관될 수 있을까? 업과를 생성하려면 자발적 참여가 필요하므로, 다른 사람들의 행위에 대해서는, 어떤 개인이 다른 사람들의 행위를 승인하거나 어떤 식으로든 그것에 관여하는 경우에만 그 사람 개인의 업보가 될 수 있다.(Payutto 1993: 68) 이는 정신적 행위도 행위의 한 종류이기 때문이다. 따라서 다른 사람이 행한 나쁜 행위나 좋은 행위를 승인하는 경우, 이에 상응하는 업보를 짓는 의도적 행위다. 비록 물리적 행위를 하는 사람들만큼 강하지는 않지만.

누군가에게 어떤 행위를 하라고 명령하면 그 행위를 하는 사람과 업의 인과가 얽히고, 직접 행위를 한 사람보다 어쩌면 더한 업보를 짓게 된다. 다시 말하면, 한 그룹의 사람들이 공동의 목표를 위해 함께 일하는 경우, 예를 들어 은행을 털 때, 그들은 이 집단행동의 업보를 공유한다. 즉 강도질 도중 누군가가 살해되면 이 가능성을 알고 있는 사람들만이 살생의 업보를 짓게 된다. 이것은 군대에 의한 살생과도 결부된다. 바수반두Vasubandhu[16]는 설일체유부說一切有部(Sarvāstivāda) 학파의 견해를 취하여, 군대가 살인할 때 모든 군인이 직접 살인을 저지른 군인만큼 업보를 짓는다고 했다. 왜냐하면 군인들 모두 서로를 선동한 목표(여기서는 살인의 의무)를 공유했기 때문이다. 그중 어떤 사람이 강제로 군인이 되었다고 해도, 그 군인이 '비록 내 생명을 지켜야만 할 때도 나는 절대로 살생하지 않겠다'라고 미리 결심하지 않는 한 업보를 짓는다고 한다.(AKB IV. 72cd) 즉 방어적 폭력은 공격적 폭력만큼은 나쁘지 않으며, 교전 규칙에 반하여 살인이 수행되는 경우에는 이런 종류의 살인을 수행하거나 승인하는 사람들에게만 업보가 지어진다.

또한 집단적 업은 개인의 행위들이 그 개인과 연관된 사람들의 행위들(cf AN II.158), 또는 그 전체 사회의 행위들 때문에 어떻게 영향을 받는가와 관련이 있다. 다른 사람의 나쁜 영향을 받는 결과로, 어떤 사람은 그 사회 집단에서 흔히 볼 수 있는 일종의 나쁜 행위를 하기 쉽다.

위의 내용은 '국가 업보'라는 것이 있는지에 대한 함의를 갖는다. 예를 들어, 누군가가 자기 나라 군대의 과거 나쁜 행위를 승인하면

16 역주: 세친世親, 4-5세기 인도 승려, 아비달마 주석가.

자신에게 나쁜 업보를 생성할 것이다. 또한, 물론 인간으로 다시 태어난 사람들은 같은 나라의 과거 세대 구성원의 환생일 수도 있다.

업의 씨앗과 그 열매가 열릴 때

어떤 행위가 어떻게 세세한 항목의 업보를 짓게 되는가는 너무나 복잡해서 붓다가 아니면 생각할 수 없는 것으로 간주되지만(AN IV.77), 어떤 일반 원칙은 논의할 수 있다. 상좌부 아비담맛타-상가하Abhidhammattha-saṅgaha[17] 주석은 다음에 대해서 말한다: a) 극악무도한 악행과 같은 '무거운 업' 또는 선정禪定(jhāna, Skt. dhyāna)의 성취와 같은 강하며 건전한 업; b) 죽음이 가까울 때 이루어지거나 회상되는 '임사'업; c) 자주 행해지거나 자주 곱씹게 되는 '습관적 업'; d) 그렇지 않으면 '유효한' 업. a)에서 d)까지의 순서는 사후 어떤 종류의 업이 먼저 익어가는가에 대한 우선순위로 간주한다. 또한 어떤 업은 이번 생에서, 어떤 것은 다음 생에서, 어떤 것은 나중에, 업연이 닿을 때 익는다. 그러나 어떤 사소한 업은 성숙할 연을 얻지 못한다.(Bodhi 1993: 203-205; Wijeratne과 Gethin 2002: 174-177)

이는 업보가 단지 습관에 관한 것만을 암시하는 것 같지 않다. 왜냐하면 습관에서 비롯된 업은 그저 여러 업 가운데 하나이기 때문이다. 행위는 씨앗과 비슷하다. 씨앗은 다소 강력할 수 있으며, 조건이 맞을 때, 성숙하는 데 시간이 걸린다. 그러나 일반적으로 씨앗은

17 역주: 8세기 스리랑카 승려 Ācariya Anuruddhad의 저술, 아비담(달)마를 체계적으로 서술.

서로 영향을 미치지 않기 때문에 '씨앗'의 비유에는 한계가 있다. 반면 앙굿따라 니까야(AN I.249-253)에서는 같은 악행을 저질렀어도 덕이 부족한 사람은 후덕한 사람보다 나쁜 업보를 받는다고 하는데, 한 줌의 소금을 컵에 넣을 때 갠지스강에 넣을 때보다 훨씬 짠 것과 같은 이치다. 이는 선한 행위가 악업을 희석할 수 있고, 적어도 악업의 '씨앗'을 덜 강하게 만든다는 점을 시사한다. 대승 전통에 다양한 영향을 끼쳤던 설일체유부(Sarvāstivāda)와 경량부經量部(Sautrāntika)의 업의 견해에 대한 상세한 논의는 아비달마구사론(AKB IV.1-127)을 참조하라.

환생 종류의 범위

환생의 주기는 광대한 시간에 걸쳐 무수한 삶을 포함하는 것으로 간주한다. 무수한 삶은 다양한 종류의 영역에 있을 수 있다. 사람으로 환생하는 것은 비교적 드문 것으로 간주한다(AN I.35); 사람의 수가 늘어나는 동안 여전히 더 많은 다른 생물이 있다. 대승불교에서는 존귀한 인간계 환생을 얻는 것에 대해 얘기하며(Guenther 1971: 14-29; DN III.263-264 참조), 사람으로 환생하는 것을, 다른 존재들을 존중하고, 영적 성장을 위한 놀라운 기회로 여겨 슬기롭게 써야 한다고 말한다. 사람으로 사는 삶은 죽음에 의해 언제든지 갑자기 끝날 수 있기에 낭비해서는 안 된다. 사람으로 다시 태어나기 위해서는 과거의 선한 업이 필요하다.

축생으로의 환생은 물고기, 새, 육지 동물과 함께, 곤충처럼 단순한 지각 생물이 포함된다. 식물은 촉각에 반응하는 형태의 매우 초보적인 의식을 가지고 있는 것으로 보이지만 축생 환생의 유형으로 포함되지 않는다.(Vin I.155-156)

귀신(peta, Skt. preta)으로의 환생은, 귀신(peta)이 문자 그대로 '떠났다'라는 뜻이 있고, 강한 세속적 애착으로 인해 인간 세계의 주변에 거주하는 좌절한 존재이기에 서구 문학에서 나오는 유령들과 별반 다르지 않다. 배고픈 귀신으로 일반적으로 알려진 귀신의 한 형태인 '아귀餓鬼'는 커다란 위장과 가느다란 목을 가져 음식물을 거의 통과시키지 못해 배고픔으로 괴로워하는 존재로 묘사된다.

최악의 영역은 수많은 끔찍한 환생들로 구성된 지옥(niraya)이다. 이 끔찍한 환생은 태워지거나, 잘리거나, 얼거나, 산 채로 먹히는 경험을 포함하는 것으로 설명되지만, 이런 끔찍한 경험을 다시 겪기 위해 소생된다.(MN III.183) 소생된 다음 고문당한 의식이 끔찍한 악몽을 경험하고, 감각의 모든 대상이 혐오스럽고 추하게 보이는 영역이다.(SN IV.126) 어떤 지옥은 다른 지옥보다 더 나쁘지만, 모든 지옥은 지옥을 초래한 악행에 합당한 것으로 간주한다. 지옥에서의 삶은 수백만 년으로 측정되지만 어떤 환생도 영원하지 않기에 지옥에 있는 존재는 시간이 지나면 인간의 수준에 다시 도달한다.

축생, 귀신, 지옥 영역은 인간의 영역보다 더 고통을 받는 낮은 환생이다. 붓다는 그러한 환생으로 이끄는 행위의 위험을 사람들에게 경고함으로써 자비롭다고 여겨진다. 더 높고 더 운이 좋은 환생의 영역은 인간과 천신(devas), 범천 또는 신의 세계이다. 위의 모든 환생은 다섯 영역을 구성한다. 때때로 여기에 교만하고 사나우며 권력에 굶주린 신성한 존재(이들 가운데 낮은 환생 영역)로 여겨지는 아수라를 추가하여 여섯 가지가 된다.

신들은 스물여섯 개의 천상 세계에 산다고 하며, 이 천계는 세 부분으로 이루어진 유형으로 분류된다. 이들 중 가장 낮은 영역은 '욕계(kāmadhātu)'이며, 여기에는 여섯 개의 가장 낮은 천계를 포함하여 지금까지 언급된 모든 환생이 포함된다. 욕계의 모든 영역의 존재는 특히 바람직하거나 바람직하지 않은 특성을 알아차리는 방식으로 감각 대상을 인식한다.

욕계의 영역보다 더 미묘한 것은 '색계(rūpa-dhātu)'이다. 여기에는 일반적으로 범천(brahmās)으로 알려진 더 품위 있는 신들이 거주하며, 이들은 여섯 가지 낮은 하늘에 맞는 천신(devas)과 대비된다. 색계에는 순차적으로 점점 더 깨끗하고 더 고요한 십육천十六天이 있다고 한다. 이 수준의 존재는 감각적 욕망이 없는, 순수한 방식으로 대상을 인식하고, 촉각, 미각, 후각이 없다. 그렇지만 그들도 다른 애착과 한계로 고통을 받는다.

색계보다 더 정제된 것은 '무색계(Pāli. arūpa-dhātu, Skt. ārūpya-dhātu)'인데, 가장 정제된 네 가지 환생 유형으로 구성된다. 그것들은 어떤 미묘한 모양이나 형태도 없는 순전히 정신적 영역(āyatana)이며, 무색계에서 환생한 범천들의 특징적인 의식 상태의 이름을 따서 명명되었다. 첫째, 범천들은 '무한한 공간', 즉 무한하게 펼쳐진 광활한 공간에 아무것도 없는 공간을 경험한다. 둘째, 무한한 공간을 관조할 수 있는 '무한한 의식'에 대해 숙고한다. 세 번째, 범천들은 그들 존재 수준의 명백한 '무'를 경험한다. 마지막으로, 그들의 의식의 적정寂靜 상태는 너무나 미묘하기에 '지각'도 '무지각'도 아니다. 이 마지막 환생, '존재의 정상'은 84,000겁의 거대한 수명을 가진 우주에서 가장 높고 가장 미묘한 삶의 형태이다. 그러나 이마저도 결국 죽음으로 끝난다. 이 모든 환생 영역은 인간의 환생으로 이어지는 정신 상태 및 행위의 종류와 유사하다. 따라서 불교는 일종의 '심리우주론(psycho-cosmology)'을 갖고 있다.(Gethin 1997; 1998: 112-132)

현생과 그 밖의 생의 업과

윤리적 삶을 사는 것은: 근면을 통한 부; 좋은 평판; 비난이나 처벌에 대한 두려움 없이 모든 종류의 모임에서의 자신감; 불안 없는 죽음; 좋은 세계에서 환생에 이어진다고 한다.(DN I.35) 불건전한 행위는 반대의 결과를 낳는다. 덕은 또한 선정禪定(jhāna)의 명상적 고요함을 발전시키는 좋은 기반을 제공하고, 선정 발전에 상응한, 천계로 환생하는 경향과 통찰력을 위한 마음을 갖게 한다. 열반 적정을 얻기 위해 사람은 초월적 행위를 수행해야만 하는데, 즉 그것은 실상에 대한 깊은 통찰력을 얻는 것이다.(AN II.230-232)

환생 사이에서 중생들의 움직임은, 중생들은 자신들이 행한 행위의 상속자라는 원칙으로부터 지배되는 것으로 여겨진다.(MN II.203) 티베트 전통[18]에 따르면 증오와 폭력 행위는 지옥 환생에, 미혹과 혼돈에 얽힌 행위는 축생으로, 탐욕스러운 행위는 귀신 환생으로 이르는

18 감포파(Gampopa; 11-12세기 티베트 고승)의 '해탈의 보석 장식'에서 용수(Nāgārjuna)의 '라트나발리Ratnavali 공주 이야기' 인용.(Guenther 1971: 79)

경향을 보인다고 한다.

어떤 사람의 행위는 의식을 형성하여, 특정 종류의 사람을 만들고, 죽을 때 그의 외형이 발달한 본성에 상응하게 되는 경향이 있다. 만약 악행이 낮은 단계의 환생에 이를 정도로 심각하지 않거나, 이미 낮은 단계의 환생을 거친 다음에는, 인간 환생의 본성에 영향을 준다: 인색은 가난으로, 중생을 다치게 하면 잦은 병을 부르고, 화를 내면 흉하게 되는데, 화내는 사람은 이번 생에서도 점점 추한 몰골로 변해가는 과정의 연장선상에까지 놓인다.(MN III.203-206) 가난하거나 아프거나 못생긴 사람들은 현재 자신의 상태에 대해 비난받을 수 없다. 하지만 그 이면에는 전생의 행위가 있고, 중요한 것은 그들이 어떻게 행동하고 다른 사람들이 지금 어떻게 그들을 대하는가다. 그러나 악업이 가난에 이르게 할 수 있다고 해도, 가난이 다른 이유로 생길 수 없다고 말하는 것과는 다르다.

모든 것이 업보 때문인가?

업보는 부분적으로 세상의 사건들과 다른 사람들의 행위를 통해 그 효과를 가져오는 것으로 여겨진다. 이 말은 모든 것이 업보 때문이라는 것을 의미하는가? 그 답은, 상좌부불교 전통으로는 '아니오'이다: 생물과 무생물 세계에 있는 사물 대부분은 비록 다른 방식으로 조건화되어 있기는 해도, 업에 기인하지 않은 것으로 보인다.

앙굿따라 니까야(AN V.109-110)에서 육신의 고통은 다음이 포함된다고 한다:

> … 담즙, 가래, 바람, 또는 이들의 조합으로 인한 질병(ābādhā); 계절적 변화 때문에 발생하는 질병(utu-pariṇāma-jā); 부주의한 행동 때문에 생긴 질병(visama-parihāra-jā); 과로로 생긴 질병(opakkamikā)[19]; 또는 업의 결과로 생긴 질병(kamma-vipākāni-jā) …

상윳따 니까야(SN IV.229-231)에서 이것들을 (불쾌한) 감정(vedayitāni)의 다양한 원인으로 열거하면서 '이 사람이 겪는, 즐거운 것이든 아니면 고통스러운 것이든, 또는 즐겁지도 괴롭지도 않은 모든 경험이 예전에 이루어졌던 행위 때문이다'라고 말하는 것은 잘못이라고 말한다.

이 구절은 나선비구경那先比丘經(Milindapañha 134-138)에서 논의되며, 여기서 밀린다왕은 경험하는 모든 것은 업에 뿌리를 두고 있다고 잘못 생각하는 것으로 묘사된다. 승려 나가세나Nāgasena는 위와 같이 감정의 다양한 원인을 지적하고 업이 모든 것의 밑바탕에 있다는 것을 부인한다. 예를 들어, 육체적인 바람은 많은 물리적 원인 때문에 발생할 수 있지만, 일부는 과거의 업보로 발생하기도 한다. 그는 일반적으로 '작은 감정'은 업이 익어감에 생기고 '큰 감정'은 나머지 이유로 생긴다고 말한다.(135) 물론 사람의 질병에 걸리기 위해서는 사람으로 환생해야 하고, 이에 관한 업이 있어야 하므로, 일반적으로 모든 병에는 어느 정도의 업보가 있다. 그리고 특히 유전병은 불교에서

---

19 AN II.87의 AN-a III.114에서 말한 대로 다른 사람의 노력, 폭행을 의미할 수도 있다. 그러나 질병에 관해서는 개인의 노력을 의미할 가능성이 더 크다.

는 업보로 인한 것으로 보아야 한다. 사람은 부모로부터 유전자를 받지만, 부모가 누가 되는지는 자신의 업보의 결과이기 때문이다.

상좌부불교 아비달마에는, 세상에는 업에 기인하지 않은 많은 사건이 있다는 생각과 잠재적으로 부딪히는 견해가 있다. 어떤 감각 경로이든, 예를 들어, 시각에는 감각 의식이 있고, 그것에 곧바로 이어지는 대상을 이해하고 반응하는 마음의 의식이 있다. 여기서 중요한 것은, 처음 느끼는 눈의, 귀의, 코의, 혀의, 몸의 의식이 모두 과거 업의 결과로 보인다는 것이다. 그들이 의식하는 것이 일반적으로 과거 업으로 인한 것이 아닌 것으로 여겨지면 어떻게 이게 가능할까?[20] 세 가지 가능한 답을 조합하는 것이 적절해 보인다:

1. 업은 누군가가 어떤 존재로 환생할 것인가를 결정하며, 환생하는 존재의 종류에 따라 감각기관의 종류가 다르므로, 즉 사람의 시력은 파리나 독수리에 비해서 다르므로, 환생하는 존재의 의식 형태는 업의 영향을 받는다.
2. 어떤 시각적 장면은 과거 업보 때문이 아닐 수 있지만, 어떤 사람이 어떤 특정 장소에서 그 장소를 보기 위해 있는 것은, 아마도 과거 업 때문으로 보일 수 있다.
3. 같은 장소에 두 사람이 있다고 해도, 그들은 그들이 볼 수 있는 것의 서로 다른 측면에 주목한다. 예를 들어 한 사람은 즐거운 면을, 다른 한 사람은 불쾌한 면에 주목하는 경향이

---

20 Dhs 431, 556 또한 Miln. 65, Vism. 488 그리고 Harvey 1995; 151-152-255 참조.

> 있다. 이런 의미에서, 그들의 감각 의식은 과거 업의 결과로 볼 수 있다. 그것은 특별하게 편집된 하이라이트만 주목하는 경향이 있도록 주변 환경에 대한 인식을 걸러낸다.

세 번째 설명은 어떤 텍스트에도 명시적으로 나타나 있지 않지만 다른 불교사상과 잘 맞는다. 이는 상윳따 니까야(SN I.91-92)의 한 구절에 의해 뒷받침되는데, 이 구절은 전생에 연각불緣覺佛(pacceka-buddha)께 보시를 한 연유로 부자가 되었던 한 구두쇠가, 나중에 그가 보시한 것을 후회했기 때문에 부를 누릴 수 없었다는 이야기를 들려준다. 여기에서 과거 업은, 그 사람이 세상의 불쾌하고 매력적이지 않은 측면에만 주목하는 것을 수반한다고 말할 수 있다. 상윳따 니까야(SN I.62)에서 암시하듯이, 어떤 사람의 경험한 세계는 그 사람의 업이 형성한 성격에 의해 형성된다.

> 헤아릴 수 없는 이 사체들 속에는 지각과 마음이 있고, 내가 말하노니, 거기에는 세계와 세계의 발생과 세계의 소멸과 세계의 소멸에 이르는 행로가 있다.

즉 어떤 사람이 외부 세계에서 주목하는 것, 그리고 모든 것이 자신에게 '세계'가 되는 이것에 대해 어떻게 꼬리표를 붙이고 생각하는가는 자신이 어떤 사람인지에 따라 형성되는 구조이며, 이는 갈망과 집착과 업에서 비롯된다.

대승철학의 학파 중 하나인 유식유가행파唯識瑜伽行派(Yogācāra)에서는 모든 것이 업에 기인하는 것인지에 관한 질문을 다른 맥락에서 설정한다. 이렇게 하는 이유는 그것이 해석되는 방식에 따라 a) '오직 정신 현상만 존재'하거나 b) '우리가 접근할 수 있는 모든 것은 물질세계의 개념이 투영된 구성에 관한 경험의 흐름일 뿐이다'에 따라 달라지기 때문이다.

해석 a)에 따라 물질세계가 존재하지 않는다면, '몸'의 경험은 차치하고 물리적 몸은 존재하지 않는다. 따라서 여기에는 감정이나 질병의 비정신적 원인이 될 수 있는 몸이나 환경의 물리적 원인이 있을 수 없다. 이 해석은 이러한 원인을 과거 업보로 보게 만드는 가장 그럴듯한 것이다. 실제로 유가행파에서는 경험의 흐름을, 자신의 이전 행위로 형성되어서 아라야식(ālaya-vijñāṇa: 무의식 수준의 마음의 배경을 저장하는 의식 창고)에 저장된 업의 씨앗이 정신적 구조에 뿌리내린 집착 때문에 생성된 바사나(vāsanās)[21]의 미묘한 영향에 의해서 익어가는 것으로 본다.[22] 그런데도 '새로운' 행위의 일부인 경험은 과거 업의 결과가 아니며, 경험은 다른 마음의 흐름 행위에서도 발생할 수 있는데(Vims. vv.18-20), 즉 다른 존재들의 행위에서 발생할 수 있다. 해석 b)에서, 몸과 질병은 과거 업의 결과이기 때문에 우리는 몸과 병에 대해서 정신적 경험 외에는 아무것도 알 수 없다. 우리는 마음과 독립하여 겪는 질병을 일으키는 '몸 그 자체'의 인과적 순서를 알 수 없다. 그리고 의학적 지식은 오직 '약'과 '몸의 유기적 과정'의 경험 가능태에만 연관된다.

---

21 역주: 습관적 경향 또는 기질.

22 Harvey 2013: 127-138; Williams 2009: 97-100; Waldron 2003.

그렇지만 유가행파는 우리 모든 존재가 완전히 국한된 세계에서 따로 살고 있다고 주장하지 않는다. 비록 인간은 강을 몸을 씻거나 마시는 원천으로 보고, 물고기에게 강은 단지 그들의 서식 환경이고, 아귀에게 강은 그들의 극심한 갈증을 달래줄 수 없는 고름과 배설물의 흐름이라고 보이는 것처럼, 다른 유형의 존재들이 동일한 대상을 매우 다르게 인식하는 것으로 보여도, 인간들의 업과業果가 유사하다는 점은 우리 존재들의 '세계'가 많은 공통점을 가지고 있음을 내포한다.(Ms. 2.4) 이런 생각은 다르게 인식되고 있는 외적인 '무엇인가'가 있다는 것을 암시하며, 이는 해석 b)를 지지한다.

과거의 업이 현재 행위의 자유를 없애나?

불교에서는 과거의 업이 현재의 새로운 업을 어느 정도까지 결정한다고 보는가? 인격은 과거 행위의 산물로 폭넓게 여겨진다는 점과 인격은 행위에 영향을 미치는 경우가 많다는 점이 현재 행위의 자유를 제한하는가? 여기 관련된 구절이 맛지마 니까야(MN III.169-171)인데, 지옥에서 다시 환생하는 존재는 인간 환생을 다시 얻는 데에 매우 오랜 시간이 걸린다고 말한다. 비유해서 눈먼 거북이가 백 년에 한 번 떠올라서 바다에 떠다니는 고리에 목을 집어넣기보다 더 어렵다고 한다. 인간으로 환생을 얻었더라도, 그 사람은 가난하고, 못생기고, 병들고, 기형이 되고, 그리고 지옥으로 돌아가기 위해 나쁘게 처신한다. 이와는 대조적으로 맛지마 니까야(MN III.177-178)에서는, 윤리적 계율을 지키는 지혜로운 사람은 하늘에서 환생하고 아주 오랜 시간만에 한 번 사람으로 태어난다고 한다. 사람으로 환생하면 그는 부자가 되고, 잘 생기고 등등 … 덕스럽게 처신하고, 그래서 하늘로 돌아가게 될 것이다. 두 경우 모두에서 업의 영향은 매우 오래 지속되는 것으로 보이며 심지어 선행과 악행의 패턴도 오래가는 것처럼 보인다. 따라서 이러한 행위를 유발하는 성격 특성도 유사하게 반복되며, 성격의 형태와 지향성은 오랜 세월이 흘러도 계속되는 것으로 보인다.

그런데도 상윳따 니까야(상응부相應部, SN I.93-96)의 구절은 다른 점을 강조한다. 추방된 사람으로 태어났거나, 사냥꾼, 가난한 사람, 굶주린 사람, 못생긴 사람, 병에 걸린 사람, 또는 장애인(과거 업보가 상대적으로 나쁘기에)도 악을 행하거나 선을 행하여 지옥이나 하늘에서 환생할 수 있다고 주장한다. 마찬가지로 지옥이나 천상에서 브라만으로 태어난 사람이나 귀족이나 부자나 잘생긴 사람도 악을 행하거나 선을 행하여 지옥이나 하늘에서 환생할 수 있다고 한다. 이것은 사람이 악을 행하거나 선을 행하는 것에 붙잡히지 않는 것을 의미한다. 위 구절들은, 함께 모아 보면, 과거에 악을 행한 사람은 악행을 계속할 성향이 있다는 것을 암시한다. 그러나 그 패턴은, 살인마 앙굴리말라 Aṅgulimāla가 붓다와 만난 후 아라한이 되는 길로 들어섰던 것처럼, 아마도 나쁜 사람도 다른 사람의 좋은 영향으로 바뀔 수 있다.(역도 성립한다)(MN II.97-105) 그것은 또한 어떤 사람의 현재 성격의 성향이 허용하는 최선의 방식으로 일관되게 행동함으로써 바꿀 수 있다. 한 사람의 성격은 건전한 행위와 불건전한 행위 특유의 스펙트럼으로 표현되는 경향이 있는 것으로 생각할 수 있다. 시간이 지남에 따라, 어떤 사람이 스펙트럼 한쪽 끝에 있는 건전한 행위를 많이 하면 할수록 그의 성격이 더 건전한 방향으로 발전하여, 그의 영역은 더 강한 건전한 행위를 포함하고 건전하지 않은 행위가 덜 포함하는 쪽으로 스펙트럼이 이동한다. 스펙트럼의 다른 쪽 끝에 있는 불건전한 행위에 집중하는 것은 반대 효과가 있다. 사람은 한 생애 안에서, 그리고 생에서 생으로 이어지는 동안 자기 자신을 만드는 그런 사람이 된다.

아라한은 오직 건전한 스펙트럼에서만 활동하고, 불건전한 행위가 일어날 수 있는 뿌리를 잘라버린 사람이다. 실제로 장로니게경長老尼偈經(Thig. 400-447)[23]에서는, 이전에 일련의 나쁜 환생을 지옥이나 축생계에서 겪었지만, 비구니가 되고 그 후 해탈한 사람 아라한이 된 한 여성에 대해서 이야기한다. 과거 행위가 만들어 낸 오래된 성격 형성을 계속 유지하는 경향이 있지만, 이런 패턴에서 벗어날 수도 있다. 만약 새로운 업이 단순히 과거 업의 결과라면, 이는 과거의 잘못을 영원히 반복하도록 정죄 받게 될 것이고, 자신의 행위에 책임지지 않을 것이다.

붓다는 실제로 행위에 대한 책임이라는 개념을 훼손하는 모든 이론을 비판했다. 여기에는 다음이 포함된다.

1. 두 가지 형태의 숙명론은 모든 경험(즐거운, 불쾌한, 또는 중립)과 관련된 행위를 각각 과거 업보(pubbe katahetu) 또는 신의 창조(Issara-nimmāna-hetu)로 본다.
2. 모든 경험을 어떤 원인이나 조건(ahetu-appaccayā)이 없는

23 역주: Therīgāthā, 장로게경(Theragāthā)과 더불어 비구니와 비구들의 게송집.

순수한 우연으로 간주하는 일종의 비결정론.(AN I.173-175; cf MN II.214)

붓다는 이런 각각의 견해가 모든 행위를 함축하고 있다고 보았다. 즉 살인마가 된 것은 과거 업보(cf. Kvu 545-546)나 신의 행위 또는 우연에 기인한다는 생각이 들어 있는데, 아마도 그런 행위에 따르는 감정의 기반 때문일 거라고 보았다. 붓다는 이렇게 아끼리야(akiriya)[24]를 지지하는 생각이 있는 사람들도 보았다: 자신의 행동에 책임이 없다면, 불건전한 방식이 아닌 건전한 방식으로 행동하려는 의지가 마비된다. 그러나 사람은 대체로 항상 어느 정도의 선택권이 있다.

그러나 어떤 사람의 업을, 때로는 다른 사람의 행위를 통해 다른 사람의 업에 '따라가는' 것으로 보는 불교의 견해가 문제 되는가?(Thig 400-447, AN II.32) 어떤 사람의 과거 업보는 그 사람이 살해당하거나, 상처를 입거나, 모욕당하거나, 또는 좋거나 변변치 못한 공양을 올리는 원인이 될 수 있다. 그렇다면 이 생각은 어떤 사람의 악업을 '전달'한 사람의 자유와 더 나아가 그 책임을 절충하는가? 예를 들어 어떤 살인자에 대해 말한다면, 그의 희생자의 죽음은 희생자 자신의 악업에 기인한 것인가? 나는 그렇게 생각하지 않는다. X라는 사람이 X 자신의 업 때문에 Y에 의해 살해당했을 경우 Y의 자유는 다음과 같은 경우 유지될 수 있다:

---

24 역주: 무작용견無作用見; 선행이나 악행은 아무런 결과를 가져오지 않는다는 견해.

a) X의 성격은 그의 과거 업의 결과이며 쉽게 화를 내는 Y를 자극하여 그를 살해하도록 만들거나, 또는

b) X는 자신의 업으로 인해 무의식적으로 Y가 자기를 죽이는 것이 유리하다고 느끼는 위치에 자기 자신을 놓는다: 목련존자[25] 살해는 자기네 종파 사람들을 개종시킨 데 성공한 그를 질투한 금욕주의자들의 명에 의해 이루어진 것으로 여겨진다는 점에 주목하라.(Jat. V.126) 또는

c) Y는 불특정 사람(들)을 죽이려는 의도(예: 광기, 전쟁 또는 테러리즘으로 인해)가 있고, X의 업이 살해당하는 사람이 X라는 사실을 결정할 경우.

세 가지 경우 모두에서 Y가 스스로 선택한 행동(미치지 않은 한)은, 살인이 일어난 것처럼, Y가 X의 업을 능동적으로 실현했고, Y는 X의 업을 열매 맺게 해주는 수동적이고 떳떳한 대리인이 아니다. 따라서 어떤 사람의 행위가 때로는 다른 사람의 과거의 업에 의해서 결정된다고 볼 타당한 이유가 없다.

불교에서는 특정 행위의 업보가 실제로 다양하게 변하는 것으로 보기 때문에, 과거 업이 기계적인 방식으로 생성된 고정된 결과를 융통성 없이 결정하지 않는다. 고의적인 행위만이 업보를 가져오고, 그것도 그 행위를 하는 사람의 성품에 따라 결과가 달라질 수 있으며,

---

25 역주: 마하목건련으로 번역되기도 한다. 그는 나이 84세 때 경쟁 종파에 의해서 살해되었다. 그의 폭력적 죽음에 대해 경에서는 그가 전생에 자신의 부모를 죽인 업보 때문이라고 얘기한다.

도덕적으로나 정신적으로 미숙한 사람은 그 결과가 더 나쁘다(AN I.249-253; 대반열반경, T 12, 374, 38, 549b29-50b18): 이 경우, 악한 행위는 희석되지 않은 많은 선한 행위와 같은 다른 행위와 함께, 말하자면 '굴절'된다. 이러한 유연성이 없으면 거룩한 삶을 살 수 없고 고통을 완전히 소멸할 기회도 없을 것이라고 주장한다.(AN I.249) 후회는 과거 행위(좋든 나쁘든)의 업보를 감소시킬 뿐만 아니라, 어떤 사람이 열반의 첫 번째 경지인 수다원[26]에 도달했을 때, 그 사람은 인간계 이하의 세계에 환생하지 않는다.(SN V.357) 이것은 부분적으로 그가 지금부터 언제나 도덕적으로 행동한다는 사실에 기인하는 것은 틀림없지만, 그것은 또한 나쁜 환생으로 이끌 수 있었던 이전의 악업이 이제 더는 그렇게 할 수 없다는 것을 뜻한다. 따라서 업과는 과거 업만으로 융통성 없이 결정되지 않으며, 업의 생성을 촉진하기 위한 협력 조건도 필요하고, 그리고 이러한 조건은 업의 발생 형태와 시기를 조정할 수 있다.(Ṭhānissaro 1996: I부 B, cf. Vism 601-602)

---

26 역주: 수다원; Pali. sota-āpanna; Skt. srota-āpanna의 음사. 상좌부불교에서 네 단계의 수행목표(向)와 그 도달경지(果)를 가리키는 말. 수다원(須陀洹:.入流), 사다함(斯陀含:.一來), 아나함(阿那含:.不還), 아라한(阿羅漢:.無學道)의 넷에 각각 향과 과를 배정하여 여덟이 된다. 수다원은 입류入流라고 번역. 욕계·색계·무색계의 견혹見惑을 끊은 성자. 처음으로 성자의 계열에 들었으므로 입류라고 함. 이 경지를 수다원과/입류과, 이 경지에 이르기 위해 수행하는 단계를 수다원향/입류향이라 함.

자유의지의 문제

결의를 포함한 모든 마음의 상태를 '조건'으로부터 일어난다고 보는 맥락에서 불교가 '자유의지'를 수용하는가 하는 더 폭넓은 주제에 관해서 충분히 검토하기에는 여기에 지면이 없다. 만약 무조건적 의지나 자아가 있다면, 그것은 영속적이고 불변할 것이고, 따라서 행위에 대한 충동이 일어나는 것은 '변화'이기 때문에, 어떤 행위도 할 수 없다고 말하는 것으로 충분하다. 그러나 조건화된 존재는 어느 정도 자기 주도성을 가질 수 있으며, 이러한 특성은 '마음챙김'이 증가함에 따라 성장할 수 있고 정신적 번뇌를 약화하는 데 도움이 된다.(Harvey 2007b, 2016)

업과 열반

불교도들은 악행을 피하고 선행을 추구하지만, 선행이 인도하는 좋은 환생도 여전히 괴로움과 죽음을 수반하는 존재들의 영역 조건에 있다는 점에서 선행의 한계가 있다. 그러나 열반은 탄생, 죽음, 환생, 고통을 초월한 상태이다. 따라서 이상적인 업은 밝고 좋은 업/행위의 영역 저편에 있다. 맛지마 니까야(MN I.390)에서 어둡거나 밝거나, 또는 혼합된 행위 저편에 있는 행위는, 어둡지도 밝지도 않게 익어가는 어둡지도 밝지도 않은 행위로서, 그것은 업장 소멸로 이끄는 행위라고 말한다: 후자의 세 가지 행위는 '의도의 포기'이다. 앙굿따라 니까야(AN II.236)에서는 이러한 행위를 성스러운 팔정도의 요소로 설명하고, 다른 절(AN I.263)에서는 탐욕이 없고 미움이 없고 망상이 없는 마음에서 생겨난 행위를 환생의 중단으로 이끄는 것으로 본다. 또 다른 절(AN III.384-385)에서는 나쁘거나 좋은 환생이 없다는 점에서 열반이 어둡지도 밝지도 않은 것으로 본다. 따라서 건전한 행위는 일반적으로 더 즐거운 환생으로 이끌지만, 어떤 업은 모든 환생과 다양한 형태의 고통을 초월할 수 있는 잠재력이 있다.

인용 문헌

Bodhi, Bhikkhu (1990) Merit and spiritual growth. In: *Nourishing the roots: essays on Buddhist ethics*. Kandy: Buddhist Publication Society, 13-17. Available from: http://www.bps.lk/olib/wh/wh259.pdf

Bodhi, Bhikkhu(ed.) (1993) *A comprehensive manual and Abhidhamma: the Abhidhammattha Sangaha: Pali text, translation and explanatory guide*. Kandy: Buddhist Publication Society.

Cousins, L. S. (1996) Good or *skilful? kusala* in canon and commentary. *Journal of Buddhist ethics*, 3, 136-164.

Gethin, R. (1997) Cosmology and meditation: from the *Aggañña Sutta* to the Mahāyāna. *History of religions*, 36, 183-219.

Gethin, R. (1998) *The foundations of Buddhism*. Oxford and New York: Oxford University Press.

Gombrich, R. F. (2006) *Theravāda Buddhism*, second edition. London and New York: Routledge. Karma 27

Gombrich, R. F. (2009) *What the Buddha thought*. London: Equinox.

Guenther, H. V. (1971) *The jewel ornament of liberation*. Berkeley: Shambhala.

Harvey, P. (1995) *The selfless mind: personality, consciousness and nirvana in early Buddhism*. London: Curzon Press.

Harvey, P. (1999) Vinaya principles for assigning degrees of culpability. *Journal of Buddhist ethics*, 6, 271-291.

Harvey, P. (2000) *An introduction to Buddhist ethics: foundations, values and issues*. Cambridge: Cambridge University Press.

Harvey, P. (2007a) Avoiding unintended harm to the environment and the Buddhist ethic of intention. *Journal of Buddhist ethics*, 14, 1-34.

Harvey, P. (2007b) 'Freedom of the will' in the light of Theravāda Buddhist teachings. *Journal of Buddhist ethics*, 14, 35-98.

Harvey, P. (2011) An analysis of factors related to the kusala/akusala quality of actions in the Pali tradition. *Journal of the International Society of Buddhist Studies*, 33, 175-210.

Harvey, P. (2013) *Introduction to Buddhism: teachings, history and practices*, second edition. Cambridge: Cambridge University Press.

Harvey, P. (2016) Psychological versus metaphysical agents: a Theravāda Buddhist view of free will and moral responsibility. In: R. Repetti (ed.), *Buddhist perspectives on free will: agentless agency?* London and New York: Routledge, 158-169.

Heim, M. (2014) *The forerunner of all things: Buddhaghosa on mind, intention and agency*. Oxford: Oxford University Press.

McDermott, J. P. (1984) *Development in the early Buddhist concept of kamma/karma*. Delhi: Motilal Banarsidass.

Payutto, P. A. (1993) *Good, evil and beyond: kamma in the Buddha's teaching*. Bangkok: Buddhadhamma Foundation Publications. Available from: http://www.buddhanet.net/pdf_file/good_evil_beyond.pdf

Thanissaro (1996) *The wings to awakening: an anthology from the Pali Canon*. Barre, MA: Barre Center for Buddhist Studies.

Waldron, W. S. (2003) *The Buddhist unconscious: the ālaya-vijñāna in the context of Indian Buddhist thought*. London and New York: RoutledgeCurzon.

Wijeratne, R. P., and Gethin, R. (2002) *Summary of the topics of Abhidhamma and exposition of the topics of Abhidhamma*. Oxford: Pali Text Society.

Williams, P. (2009) *Mahāyāna Buddhism: the doctrinal foundations*, second edition. London and New York: Routledge.

추천 도서

Cousins, L. S. (1996) Good or skilful? kusala in canon and commentary. *Journal of Buddhist ethics,* 3, 136-164.

Gethin, R. (1998) *The foundations of Buddhism*. Oxford and New York: Oxford University Press, esp. 112-132, 140-146, 215-218.

Harvey, P. (2000) *An introduction to Buddhist ethics: foundations, values and issues. Cambridge*: Cambridge University Press, esp. 8-66.

Harvey, P. (2011) An analysis of factors related to the kusala/akusala quality of actions in the Pali tradition. *Journal of the International Society of Buddhist Studies*, 33, 175-210.28 Peter Harvey

Heim, M. (2014) *The forerunner of all things: Buddhaghosa on mind, intention and agency*. Oxford: Oxford University Press.

Nagapriya (2004) *Exploring karma and rebirth*. Birmingham: Windhorse.

Payutto, P. A. (1993) *Good, evil and beyond: kamma in the Buddha's teaching*. Bangkok: Buddhadhamma Foundation Publications. Available from: http://www.buddhanet.net/pdf_file/good_evil_beyond.pdf.

제2장 보살계

폴 그로너Paul Groner

서론

비나야(Vinaya, 계율)는 불교 역사를 통해서 상대적으로 변하지 않았지만, 그 계율의 실행은, 어느 때는 비나야에 기술된 계율을 무시하거나 강조함으로써 진화하였다. 계율의 실행이 진화한 중요한 방법의 하나는 보살계의 발전을 통한 것인데, 그 발전을 붓다의 덕으로 돌리는 대승 경전들에서 발견된다. '대승계', '도덕의 완성', '원돈계', '보살계' 같은 규칙이나 태도에 대해서 언급한 용어들은 대승 수행자들이나 보살들에게 동기 부여된 것들이다. 대승불교 텍스트에는, 어떤 것은 단순하고 모호한 법규로서, 다른 것은 매우 자세하게 적시한, 대단히 다양한 규칙들이 나타나 있다. 이렇게 매우 다양한 규칙 그리고 중국 경전을 포함한 원전들을 기술하고 분석한 포괄적 연구가 오노 호도(大

野法道, 1883-1985)의 '대승 계율(Mahāyāna Prātimokṣa) 연구'에서 발견된다.

그렇지만 우리는, 이 모든 경우에서 행동의 처방으로서 해석하는 것과 사람들이 실제로 어떻게 행동했는지에 대한 설명 사이의 차이를 인지해야 한다. 비록 인도의 경우, 우리는 통상 얼마나 널리 이러한 계율들이 적용되었는지 모르고, 또는 어떤 텍스트가 얼마나 특정 장소와 시간에 영향을 끼쳤는지 모르지만, 중국과 일본에서는 그 상황이 더 명확해진다: 이 때문에, 이 연구에서는 이러한 계율이 중국과 일본에서 어떻게 해석되었는가에 초점을 둘 것이다. 이 연구는 두 부분으로 나뉜다: 첫 번째 부분은 인도의 유가행파(Yogācāra) 텍스트에서 발견된 것에 중점을 둔 보살계의 다양한 설정에 관한 연구, 그리고 출처가 불분명한 텍스트(중국에서 편찬되었으나 인도에서는 사라진)에 대한 연구이다. 두 번째 부분은, 특히 일본 천태종에 중점을 두면서, 보살계 해석이 제시한 몇 가지 윤리적 주제에 관한 것이다. 내가 천태종에 중점을 두는 이유는, 천태종 승려들이 가장 기본적인 계율들을 위반하며 계율에 대한 불교의 전통적 견해에 엄청난 도전을 보이고 있기 때문이다. 그들이 계율을 위반하긴 했어도, 어떤 진지한 천태종 승려들은 그들의 행위가 어떻게 정당화될 수 있을까에 관심을 두어 우리에게 불교 윤리에 대한 통찰력 있는 분석을 남겼다.

보살계 개관

유가사지론瑜伽師地論(Yogācāra-bhūmi śāstra), 보살지품菩薩地品(Bodhisattva-bhūmi), 그리고 우바새계경優婆塞戒經(Upāsaka-śīla sūtra) 같은 유가행파 텍스트는 때로는 재가불자와 사원 수행자를 위한 보살계를 명확하게 구분한다. 이와는 대조적으로, 출처가 불분명한 범망경梵網經(Brahma's Net Sūtra)과 보살영락본업경菩薩瓔珞本業經(이하 본업경 표기)과 같은 일부 중요한 경전은 재가불자와 승려의 계율을 함께 혼용하고 있다. 이러한 차이는 동아시아에서 이런 계율이 어떻게 사용되고 전파되는지에 영향을 미쳤다. 독자가 보살계를 온전히 이해할 수 있도록 몇 가지 다른 출처를 간략히 언급해야겠다. 보살계의 가장 초기 세트 중 하나는 보살십선계이다.(아래에서 논의됨) 대승불교의 열반경은 업보를 짓지 않고 불교의 적들을 죽인 이야기를 다루고 있다. 진 리브즈Gene Reeves는 이 책의 다른 곳에서 법화경에 대해서 논의하는데, 그는 법화경의 이야기에서 추정된 행동으로써 계율을 식별하는데, 이는 고금의 법화경 옹호자들이 설법에 사용하는 접근법이다. 텍스트가 중세 천태종에서 어떻게 사용되었는지에 대한 초점은 그로너(Groner 2014)를 참조하라.

계율에 대한 대승과 소위 소승의 태도 사이의 마찰이 이러한 텍스트 중 일부에 나타난다. 대승 수행자들이 불상에 꽃과 음악을 공양해야 한다는 요구는 승려를 위한 비나야의 규칙과 충돌했다. 일부 대승 텍스트는 소승의 목표를 열망하는 것보다 지옥에 떨어지는 것이 더 낫다고 시사한다. 범망경의 규칙에 따르면 대승에서 소승으로 절대

돌아가지 않아야 한다.(T 24:1005c05-7) 이 계율에 대한 극단적인 해석을 인용하기 위해, 천태종 번역 주석가 안넨安然(841-?)은 대승 텍스트를 인용하여 사람들이 보살계를 따르기 위해 비나야를 무시할 수 있다고 주장한다.(b.841)

> 대반야경에 따르면, 만약 어떤 보살이 갠지스강의 모래와 같은 수많은 오감의 욕망을 억겁을 통해 갖는다고 하여도 그것은 보살계를 어기는 것이 아니다. 어떤 보살이 단 한 순간이라도 소승小乘의 생각을 하게 되면 그것은 보살계를 어기게 된다.[1]

열반경에서는 불교를 보호하기 위한 재가불자의 살인을 정당화한다. 이 경은 어떤 소승 그룹을 일천제一闡提(icchantika)[2]와 동일시하고, 심지어 불법(dharma)의 적과 같은 존재로 여기며 그들은 죽임을 받아도 된다고 시사하는 것으로 보인다. 이 경은 특히 전답이나 동물, 수레, 보석, 은, 금 및 사치품과 같은 재물을 모으기 위해 불교를 이용하는 것을 비판한다. 아래에서 논의하겠지만, 이런 구절에서

---

1 보통수보살계광석普通授菩薩戒廣釋(T 74: 77 8a05-9). 이 구절은 대현大賢과 법장法藏의 범망경 주석에도 나온다.(T 40: 638a15-17)

2 일천제라는 말은 다양하게 정의되지만, 일반적으로 깨달음을 결코 실현할 수 없는, 미혹하고 탐욕스러운 존재의 의미가 있다. 그러나 열반경은 일천제가 열반을 실현할 수 있는지에 대한 격렬한 논쟁의 중심에 있다. 이에 덧붙여, 일부 동아시아 유가행파의 법상종法相宗 학자들은 보살은 모두가 깨달음을 얻을 때까지 열반을 미루어 두기 때문에, 보살을 큰 자비의 일천제라고 부를 수 있다고 주장한다.

발견되는 독설에도 불구하고, 대승 수행자들은 나중에 보살계와 함께 비나야 계율을 사용하고 따랐다.

따라서 보살계는 대승의 정체성을 확립하는 데 중요한 역할을 했다. 히라카와 아키라平川彰와 같은 일부 현대 학자는 대승의 발흥에 대한 계율의 역할을 강조했는데, 그는 일련의 계율을 따르는 스투파(불탑)에서 수행하는 준 재가자 집단이 독립적인 대승 전통을 확립하는 데 결정적일 수 있었다고 시사했다.(1990: 302-308) 그는 시간이 지나면서 비나야와 보살계를 조화롭게 결합하는 방법들이 나타났다고 주장했다. 비록 히라카와의 가설이 일본과 서구의 많은 학자들에 의해 신랄한 비판을 받았고, 여기에 더해 얀 나티에르Jan Nattier와 폴 해리슨Paul Harrison 같은 학자들이 초기 대승 전통에 대한 우리의 이해를 개선했음에도 불구하고, 우리가 대승의 사회적 배경을 논의할 때 그가 사용한 보살계는 여전히 영향력을 발휘해 왔다. 나는 동아시아에서 가장 영향력 있는 보살계 몇 가지를 아래와 같이 살펴보았다.

1) 보살십선계菩薩十善戒

이 목록은 아함경(Āgama)에서 기원한 좋은 환생을 가능하게 하는 업과를 가져올 열 가지 덕행(Skt. da-śa-kuśala-karma-patha)으로 구성되었으며, 따라서 승려에게나 재가불자 모두에게 적용할 수 있는 것이다.(예를 들어 중아함경 T 1: 440a-c 참조) 그러나 초기 대승 경전, 특히 '반야경'에서는, 때로 열 가지 덕행을 (덕행이라기보다는) 열 가지 계율이라고 했으며, 이를 자기 자신의 함양에만 적용하는 것이 아니고, 다른 사람들을 이롭게 하는 노력에도 적용되는 것을 강조하며 보살행 완성의 본질적인 부분으로 해석했다. 이 열 가지 계율은 때로는 도덕의 완성에 해당한다고 여겨진다.(예를 들어, 마하반야바라밀다경, T 8:250a13-16 참조) 십선계, 또는 금지된 행위 목록은: (1) 살생; (2) 도둑질; (3) 음행; (4) 거짓말; (5) 이간질; (6) 험한 말; (7) 경솔한 발림 말; (8) 탐심; (9) 성냄; (10) 잘못된 견해이다. 얀 나티에르Jan Nattier(2005)가 대승의 설립에 영향을 주었다고 주장한 법경경法鏡經(Ugraparipṛcchā) 같은 일부 텍스트에는, 내용 대부분이 중첩되는 다섯 가지 재가불자 계율이 결합한 열 가지 계율과 거기에 알코올을 금하는 계율이 추가되어 열한 가지 계율로 이루어졌다.

보살십선계와 비나야의 계율을 비교해 보면 많은 대승 계율의 특징을 알 수 있다.

첫째, 보살십선계 목록의 시작 부분에 있는 세 가지 계율은 육체적 행위에 관한 것이고, 다음 네 가지는 언어 행위에 관한 것이며, 마지막 세 가지는 정신 행위에 관한 것이다. 정신 상태를 계율에 포함하면 계율의 윤리적 차원이 심화한다. 이와는 대조적으로, 비나야는 객관적으로 관찰하고 판단할 수 있는 육체적, 언어적 행위에 주로 관심을 기울였다. 생각은 의도와 명상 수행에 관련된 것으로서 비나야의 계율보다 더 강조되었다.

둘째, 전통적으로 비나야에서는 본질적으로 윤리적이지 않은 계율과 비록 윤리적 위반을 초래할 수는 있어도 문화적 규범에 기반을 두고 있는 계율로 구분했다. 전자는 살인과 절도가, 후자는 음주나 지나친 숫자의 예복이 포함될 수 있다. 성행위도 이 후자의 범주에 포함할 수 있다. 왜냐하면 결혼한 부부에게는 성교가 허용되는 등,

처지에 따라서 제한되기 때문이다. 의복, 숙박, 의식 수행과 같은 불교의 문화적 측면에 대한 제한은 보살십선계에서 중요한 역할을 하지 않는다. 보살십선계의 윤리적 의미는 행위에 대한 단순한 금지 이상의 의미로 해석되었다. 그릇된 행위를 삼가는 것뿐만 아니라 선을 행하고 다른 사람에게 이로움을 주는 것을 기대한다; 이 세 가지 유형의 행위를 순수한 계율의 세 가지 모음(삼취정계三聚淨戒)이라고 하며 다음에서 논의한다.

셋째, 보살십선계는 지나치게 광범위하다. 예를 들면, 비록 사람을 죽이는 것과 동물이나 곤충을 죽이는 것이 그 범행의 무게가 다른 것처럼 보일지라도, 모든 살생, 절도, 또는 거짓말은 금지되는 것으로 보일 것이다. 그러한 행위가 허용될 수 있는 경우의 사례는 때때로 다른 맥락에서 제기되기는 하지만, 일반적으로 금지 사항과 함께 논의되지는 않는다. 예를 들어, 벌레를 죽이는 것, 사람을 죽이는 것, 성인을 죽이는 것뿐만 아니라 비신자를 죽이는 행위들의 차이에 관한 것은 열반경에서 논의된다. 보살십선계의 모호하거나 넓은 측면은 비나야에서 발견되는 뚜렷하고 더 구체적으로 공식화된 계율과는 대조적으로, 다른 모든 계율을 포괄하는 선행과 같은 일반적인 규정으로서 말해질 때는 뚜렷해진다.

넷째, 보살십선계는 이를 집행할 제도적 근거가 거의 또는 전혀 없었다. 예를 들어 재가불자와 승려의 행위 사이에 거의 구별이 없었다. 축출이나 지위의 정지와 같은 구체적인 처벌은 명시되지 않았다. 비록 재가불자 보살 및 사원 보살과 같은 용어가 청중에 대한 설명으로서 일부 대승 경전의 시작 부분에 나타나지만, 보살십선계와 관련된 것은 기껏해야 모호할 뿐이고, 수행자를 위한 제도에 관한 것은 거의 반영되지 않았다. 수계식은 어떻게 집행되었나? 위반에 대한 벌칙은 어떻게 부과되었나? 대부분 모든 처벌은 업으로 여겼고, 일부 텍스트에서는 어떤 특정 위반 또는 특정 일탈을 어떤 특정 환생과 동일시했다.

2) 삼취정계

초기 형태의 이 개념은 아마도 화엄경(Avataṃsaka Sūtra)에 처음 나타난 것으로 보이지만, 바수반두(Vasubandhu, 세친世親)의 초기 주석 십지경론十地經論에서 명확해졌다. 특히 유가행파 전통 텍스트 보살지품(Bodhisattva-bhūmi) 그리고 유가사지론 등의 텍스트에서 발전되었다. 삼취정계三聚淨戒는: (1) 악행을 막는 계율(섭률의계攝律儀戒); (2) 건전하거나 좋은 자질을 축적하는 계율(섭선법계攝善法戒); (3) 중생을 이롭게 하는 계율(섭중생계攝衆生戒)로 구성된다.(보살지지경 T 30: 9120b-c) 이것들은 별도의 컬렉션으로, 또는 같은 계율의 개별 측면으로 등, 다양한 방식으로 해석될 수 있다.

완전한 체계적 정리가 처음에는 유가행 텍스트에서 발견되었지만, 체계화된 정리가 나중에 많은 대승 텍스트에서 사용되었다. 보살지품에 따르면, 악행을 방지하는 계율은 비나야의 계율과 같다. 이것은 재가불자와 수행승 모두를 위한 계율을 포함하는데, 이것을 보살-비나야라고 하며, 이는 비나야의 계율이 대승의 것으로 간주할 수 있음을 나타낸다.〔보살선계경菩薩善戒經(Gunavarman, 구나발마求那跋摩)의 보살지품 번역본) T 30: 982c-983a〕 이 정리로 인해 동아시아 대부분에서 비나야와 보살계가 조화롭게 결합하였다. 비나야의 가장 권위 있는 중국학자 도선道宣(596-667)은 법장부 사분율(Dharmaguptaka Vinaya)의 의미가 대승과 조화를 이룬다고 주장했다.(Si-fenlu xingshi chao, T 40: 26b6-10; Sifenlu suichi jiemo shu, Shinsan Zokuzokyo 41: 261a) 이는 법장부 사분율의 특성이 부분적으로 대승의 특성과 같다고 보는 많은 비나야 학자들에 의해 요약된 입장이다. 도선은 또한 비나야 율법을 악행을 방지하는 계율 컬렉션과 동일시했다.(Sifenlu xingshi chao, T 40: 149b8) 번역가 의정義淨(635-713)은 근본설일체유부 비나야(Mūlasarvāstivādin Vinaya)를 찾아 인도에 가서 그것을 번역했는데, 그의 여행일지에 소승 수행자와 대승 수행자 모두 비나야를 사용했다고 언급했다.(T 54: 205c10-11) 오늘날 많은 동아시아 승려들은 다층 건물을 오르는 것과 유사한 일련의 수계를 받는다. 재가불자 계율로 시작한 후, 행자를 위한 계율로 발전하여, 승려의 완전한 계율로 진행하며 보살계로 끝맺는다.(Welch 1967: 285-301) 누군가 가장 높은 계율로 직행하려고 시도한다면, 먼저 낮은 층을 거치지 않고 높은 층으로 도약하는 것과 같을 것이다.(보살선계경, T 30: 1013c-14a)

삼취정계의 두 번째 컬렉션 섭선법계는, 윗사람에게 문안, 경의를 표하는 명상, 공양, 병자 간호, 중생에게 공덕 봉헌, 삼보에 귀의, 자기의 행위에 어떤 소홀함도 허용하지 않음 등 일상생활을 포함하는 것으로, 깨우침을 얻는 모든 선행에 관한 것이다. 이 컬렉션과 세 번째 컬렉션에서 중점을 두는 것의 하나는 다른 존재를 이롭게 하는 데 초점을 맞추는 것이다. 비나야는 대부분 자신의 함양에 중점을 두지만, 보살 수행에서는 남을 돕는 일은 자기-함양과 동일시된다. 악행을 막아야 하는 것뿐만 아니라, 다른 사람들이 악행에 빠지지 않도록 환경을 조성해야 한다.

세 번째 컬렉션 섭중생계는, 질병과 자연재해로 고통받는 사람들을 돕는 행위; 위험한 동물, 악마, 왕, 도적을 두려워하는 사람들을 보호; 불교의 길로 인도하기 위해 다양한 방편을 통한 설법 등 중생에게 이익을 주는 행위를 포함한다. "은인을 알고 은혜를 갚는다. 재난을 겪거나, 사랑하는 사람을 잃거나 궁핍한 사람들을 위로한다. 가난한 사람들에게 나누어준다. 불법을 들으면 찬양하고 즐거워한다. 비판은 관용으로써 맞는다. 진지하게 수행하고 배우는 사람들과 교제한다. 선을 행하는 사람을 칭찬하고 악을 행하는 자를 자비로써 나무란다." 이러한 수행은 동아시아 승려들의 일부 사회 복지 활동의 기초가 되었다. 일본 각지에 무리를 이끌고 교량, 제방, 관개수로, 댐, 부두, 연못, 사찰을 건설한 일본 승려 교키行基(668-749)와 같은 경우에는 지역민들이 그를 '보살'이라고 불렀다. 그는 보살계의 본보기로 여겨졌다. 승려들의 정통 수계의식이 일본에 아직 전해지지 않았음을 알고 있을 때 그가 활동했기에, 그의 추종자들은 아마도 어떤 다른 형태로든 보살계를 받았을 것이다.

이러한 일반적인 범주 외에도 보살지품에는 사원 보살에 대한 몇 가지 더 구체적인 계율이 포함되었다. 계율의 수는 번역본에 따라 다르다; 최초의 한문 번역본인 보살지지경菩薩地持經은 네 가지 주요 계율을 언급한다. (1) 자신을 칭찬하지 말고 남을 깎아내리지도 말라. (2) 법이나 재물에 인색하지 말라. (3) 화내거나 분하게 여기거나 남의 사과 받기를 거부하지 말아야 한다. (4) 보살 경전을 비방하지 않는다.(T30: 913b1-12) 이들 다음에 42가지의 비교적 사소한 계율들이 뒤따른다.(T30: 913c-916c) (뒤에 나오는 번역본에는 43가지가 있다.) 구나발마가 번역한 보살선계경이 약간 나중에 나왔는데 여덟 가지 주요 계율〔비나야에서 4개의 바라이죄波羅夷罪(Pārājika)를 지지경에서 발견된 4개에 추가〕, 그리고 42개의 작은 계율로 되었다.〔후에 현장玄奘(602-664)의 유가사지론 번역본에서는 48개로 확대〕 다르마크쉐마[3]는 서기 426년 재가불자 보살만을 위한 우바새계경을 번역했으며, 여기에는 6가지 주요 계율, 즉 (1) 살생, (2) 도둑질, (3) 거짓말, (4) 음행, (5) 불교도 비방, (6) 알코올 판매, 그리고 28가지의 작은 계율(태만에 관한 계율이 포함되었는데: 음주, 법회 결석, 부모나 스승에게 공양하지 않는 일, 병자 미방문, 먹다 남은 음식 사원에 공양, 비구니 사원에서 숙박 등)로 구성되어 있다.(우바새계경, T 24: 1949a-1050b; Shij 1994: 78-83) 이 텍스트는 재가불자를 위한 수행 지침이었고, 궁극적인 출가 승려 수계를 목표로 하지 않았다. 이 텍스트에서 제시된 수계에는 전통적인 사원 수계보다 많은 올바르게 수계를 받은 스무 명의 재가불자가 필요했다.(T 24: 1049a4-5)

이러한 일련의 계율과 삼취정계 사이의 관계는 일반적으로 명확하게 설명되지 않는다. 재가불자 수행자들은 다음 항에서 논의되는 것을 포함하여 다양한 보살계를 사용할 수 있다. 보살 수계는 재가불자들을 불교 조직과 동일시할 수 있게 해주었다.(Getz 2005; Harr 2001; Meeks 2009) 어떤 무리의 사람들은 자신들의 선행과 악행을 책으로 기록하기도 한다. 보살계는 특히 전근대 동아시아 여성들에게 인기가

3 역주: Dharmakṣema, 385-433, 담무참曇無讖이라고 한역.

있었다.(Yan 2012)

3) 출처 불분명 텍스트

우리는 인도 보살계의 사회적 역사에 대해서 거의 알 수 없기에, 보살계의 사회적 영향을 이해하는 데 중국에서의 초기 보살계 역사가 도움이 된다. 중국 승려들은 완전한 비나야의 번역을 얻기까지 수 세기를 기다려야 했다. 구마라집(Kumārajīva, 344-413)은 대승 텍스트와 설일체유부(Sarvāstivāda) 비나야 전체를 번역했는데, 이 모든 일이 중국에 결정적인 영향을 끼쳤다.

소승의 비나야가 어떻게 대승의 가르침과 결합하여야 하는가에 관한 문제는 승려들의 주요 관심사였다.(Funayama 2004; Heirman 2008) 5세기 전반에 걸쳐 전체 비나야 중 네 가지의 번역이 완료되었다. 거의 같은 시기에 다르마크쉐마(385-433)와 구나발마(367-431)가 보살지품을 번역했다. 후에 그 텍스트는 현장玄奘(602-664)이 번역한 유가사지론에 포함되었다.

같은 시기에 여러 출처 불분명한 텍스트들이 작성되었다. 이들 중 가장 영향을 끼친 것은 범망경(Brahma's Net Sūtra)인데, 구마라집이 산스크리트어 원본에서 번역했다고 전해지지만, 대부분의 현대 학자들은 그가 죽은 지 수십 년 후에 중국에서 편찬되었다고 믿고 있다. 비록 오늘날 이 텍스트가 출처가 불분명한 것으로 여겨지지만, 인도 경전에서 상당한 영향을 받았음을 나타내고 있다. 범망경은 삼가야 하는 열 가지 주요 계율을 열거한다: (1) 살생; (2) 도둑질; (3) 음행; (4) 거짓말; (5) 술 판매; (6) 남의 흠 찾기; (7) 자신을 칭찬하고 남을 폄하; (8) 자기 소유물에 인색하며 남에게 불교를 가르치려는 행위; (9) 화냄; (10) 삼보三寶를 비방. 다음으로 48개의 작은 계율이 뒤따르는데, 육식과 다섯 가지 자극적인 향초를 금하고; 동물들의 방생을 격려하고; 무기 보관을 금지하는 계율을 포함하는데 그중 몇 가지는, 동아시아 불교에 중대한 영향을 미쳤다. 이 범망경 텍스트의 몇 가지 중요한 측면은 언급할 가치가 있다. 재가불자와 사원 수행자 모두에게 적용되는 계율이 이 텍스트에 혼합되어 있다. 자비와 효가 강조되었는데 효는 중국의 전형적인 덕행이다.

범망경의 계율은 원시 법신 비로자나불에서 유래하여 역사적 석가모니 붓다, 그다음에는 보살과 속인들에게 전승되었다고 한다. 따라서 범망경의 계율을 받는 사람들은 붓다의 깨달은 마음을 반영한 붓다의 계율을 지닌다고 한다; 따라서 범망경의 계율은, 초기불교 교단이 문제에 직면했을 때 역사적 붓다가 그의 종단에 대한 규칙을 공식화하면서 발생했다고 하는 비나야와는 근본적으로 다르다고 말한다. 보살계 수계는 수계를 받는 사람에게 고귀한 상태를 수여한다고 하며, 어떤 종파에 입문하는 수계식과는 다르다면서 범망경은 다음과 같이 주장한다. '중생이 부처님의 계율을 받으면 부처님의 경지에 들어가게 되며; 중생의 경지는 대각을 이룬 이와 같고; 그들은 참으로 부처님의 자손이라.'(T 24: 1004a20-21) 보살계를 받은 사람의 고귀한 상태는 저명한 승려들에 의한 왕과 대신들의 보살계 수계로 이어졌다.(Janousch 1999) 일본 천태종에서는 수계를 현재의 육신으로 불도를 성취하는 것과 자주 동일시했는데, 이는 반드시 완전한 깨달음을 의미하지 않지만, 여전히 비나야 율법 수계보다는 더 고귀한 것으로

믿어졌다.(Groner 1990: 266-268)

보살영락본업경 역시 출처 불분명한 텍스트인데, 보살지품에서 보이는 견해와 상당히 다른 삼취정계의 견해를 개진했다. 본업경의 악행을 막는 계율들은 열 가지의 바라이죄波羅夷罪(pārājika)[4]와 동일시되는데(T 24: 1021a), 파라지카는 범망경의 열 가지 주요 계율과 종종 연관되는 용어이다. 선을 추구하는 계율은 불교의 84,000 가르침과 동일시되고, 중생을 이롭게 하는 계율은 자애, 자비, 공감하는 기쁨, 평정으로 묘사된다.(때로 사범주四梵住 또는 사무량심四無量心이라고 칭함: T 24: 1020b29-c3) 중생을 이롭게 하는 계율의 사회적 측면은 자비에 대한 대승의 관심을 반영한다. 이 공식을 따르면, 비나야 율법은 보살계에서 아무런 역할을 하지 않는다. 이 점은 일본 천태종에서 비나야를 거부하고 도덕에 관한 독특한 해석을 개발하는 데 사용되었다.

비나야를 삼취정계 일부로 간주하였는지는 중요한 점이기에 강조되어야 한다. 중국과 일본 승려 모두 범망경의 계율을 사용하여 수계를 행했지만, 그들은 그것들을 매우 다른 방식으로 해석했다. 중국인들은 일반적으로 어떤 사람이 비나야에 명시된 계율을 받은 후에 보살계를 수여했다. 따라서 보살계는 비나야의 율법에 대승적 의미를 부여하는 것으로 여겼다. 비록 소승과의 접촉을 금지하는 계율을 포함하고 있음에도 범망경은 비나야와 어긋나지 않는다고 해석했다.

이와는 대조적으로, 일본 천태종과 많은 가마쿠라시대鎌倉時代 불

---

4 역주: 실패라는 뜻으로, 위반하면 승가에서 추방당하는 규칙.

교 종파는 단순히 범망경의 계율을 사용하여 승려와 재가불자 모두를 수계하고 비나야를 거부했다. 그 결과 전통적인 불교 사원 규율에 대한 느슨한 태도가 자주 나타났다. 결국 범망경의 계율도 필요할 때는 무시할 수 있는 방편으로 여겨졌다. 따라서 일본 승려들은 때로는 술 마시고, 고기 먹고, 성행위 따위의 행동을 했다. 현대 일본 사원은 종종 아버지에서 아들(아니면 종종 딸, 양자, 또는 기타 친척)로 대물림된다.

4) 보살 수계

일본에서 보살계를 받을 때 전부는 아니지만 많은 사람이 자신을 '보살 수계 제자' 또는 '보살승'이라고 칭한다. 재가불자들도 때로 법명을 받았다. 중국 최초의 보살 수계에 대한 간략한 고찰은 텍스트의 번역과 편찬이 보살계에 미친 영향을 시사한다. 도진道進(?-444)은 보살지품의 번역가인 다르마크쉐마로부터 보살계를 받기를 원했다. 다르마크쉐마는 도진이 준비가 되지 않았다며 거절했다. 삼 년 동안의 참회와 참선 끝에 도진은 붓다로부터 계시를 받고, 다르마크쉐마에게 이 소식을 전하러 갔다. 도진이 말하기도 전에 다르마크쉐마는 도진이 수계를 했다고 외치고 그 내용을 설명하기 시작했다. 수계를 불교 수행자의 승단에서 하지 않고, 붓다로부터 직접 받은 것이기 때문에, 이 이야기는 중요하다. 그런 방식의 수계의 위험성은 다양한 수행자들이 계율을 계속 변경할 수 있다는 것이다. 범망경의 다음 구절은 보살계의 절차와 문제를 요약하고 있다.

> 오, 부처님의 자녀들이여. 부처님께서 입멸하신 후에, 선을 행하고자 하는 마음이 있고 보살계를 받고자 한다면 부처님이나 보살의 형상 앞에서 서원하여 스스로 계율을 수여할 수 있다. 7일 동안 부처님 (형상) 앞에서 참회해야 한다; 만일 부처님의 징표를 경험한다면 그대는 수계한 것이다. 징표가 보이지 않으면 2주, 3주, 또는 1년 동안 더 (수행)해야 한다. 그동안 반드시 징표를 받을 것이다. 징표를 받은 후에 부처님이나 보살의 형상 앞에서 수계한다. 징표를 받지 못하면 수계했어도 실제로 받지 못한 것이다. (올바로) 수계한 스승에게 직접 계를 받으면 징표를 받을 필요가 없다. 왜? 계율은 이미 여러 스승을 통해 전해졌기 때문에 징표가 필요 없다. 그대는 엄숙하게 계율을 받아야 한다. 천 리 안에서 계를 수여할 자격이 있는 스승을 찾지 못하면, 그대는 부처님이나 보살의 형상 앞에 나아가 계를 얻어야 한다. 이때 그대는 징표를 받아야 한다.(이 경우에는 부처님으로부터)(T 24: 1006c)

마침내 도진道進은 자격을 갖춘 교사(수탁 수계)로서 많은 사람에게 보살계를 수여했다. 이러한 유형의 수계는 자기 스스로 수계하는 것보다 수행자 적통과 수행을 위한 제도적 기반을 제공했기 때문에 선호되었다. 사실 인도 문헌과 거의 모든 중국 문헌에서는 자격을 갖춘 스승을 찾을 수 없을 때 보살계를 자기 스스로 수여하는 것을 제한했다. 인도의 문헌에서는 스스로 비구나 비구니가 되는 것을 허용하지 않았다.〔예를 들면 유가사지론瑜伽師地論(Yogācāra-bhūmi의 중국어 번역본, 유가론, T 30: 589c22-28)] 그러나 또 하나의 출처 불분명한 텍스트 점찰선악업보경占察善惡業報經에서는 자격을 갖춘 스승을 찾을 수 없을 때 스스로 하는 수계를 통해 완전한 비구계와 비구니계를 허용한다.(T 17: 904c5-a3) 이 텍스트는 일본 승려들이 종종 끊어진 사원의 적통을 확립하거나 재건할 때 권위를 주는 것 중 하나의 역할을 했다. 예를 들어, 일본에 정통 수계의식을 들여온 간진鑒眞(699-763)에 의해서, 사원의 정통 적통이 없는 간진 이전의 일본 승려들에게도 정식 승려의 자격을 보장하는 권위의 하나로 이 텍스트를 인용하고 있다. 가끔은 천태종 승려들이 그들의 수계 적통이 정통으로 시작되었다고 주장하기 위해 이 텍스트를 인용하곤 했다.

자격을 갖춘 스승에게서 받는 수계는, 몇 년이 걸릴 수도 있는, 붓다의 징표를 받을 때까지 참회하고 참선하는 일보다 확실히 쉬웠다. 사실 본업경은 자격을 갖춘 스승의 수계가 자기-수계보다 선호된다고 시사했다.(T 24: 1020c04-14) 이러한 입장을 뒷받침하는 근거 중 하나는 아마도 자기-수계하는 사람들이 붓다가 그들에게 새로운 계율을 주었다고 주장할 가능성에 대한 두려움이었을 것이다. 예를 들어 일본 진언율종眞言律宗 창시자인 에이손叡尊(1201-1290)은 비나야로부터 완전한 수계 적통을 확립하기 위해 자기-수계를 사용했지만, 그가 장로로부터 수계를 행사할 자격을 부여받자마자 즉시 다른 사람들이 자기-수계를 이용할 가능성을 닫았다.(Groner 2005)

중국 육조 시대에서는 다양한 텍스트를 바탕으로 많은 수계 지침서가 만들어졌지만, 범망경과 보살지품이 가장 중요했다. 당唐 왕조 시대에는 천태종 조사 담연湛然(711-782)이 체계화한 범망경 계율의

12단계 수계의식이 가장 큰 영향을 미쳤다. 이 수계의식은 그 후 일본 천태종 창시자 사이초最澄(767-822)에 의해 채택되었다. 이 의식은 자격을 갖춘 스승이 사람들에게 보살계 수여를 위해 사용됐지만, 석가모니불, 문수보살, 미륵보살께서 의식을 주재하도록 초청되고, 붓다의 징표를 경험하는 데 전념하는 절차와 같은 자기-수계의 요소를 포함한다. 이런 요소는 법화경의 속편으로 간주하는 텍스트인 관보현보살행법경觀普賢菩薩行法經에서 왔다. 붓다와 상급 보살들은 일반 수행자의 눈에는 보이지 않기에, 눈에 보이는 수계를 행하는 사람은 계를 수여하는 붓다와 구별된다. 비록 본업경은 재가불자 수행자들이 계율을 전수하도록 허용했지만(T 24: 1021b), 범망경은 그것을 수계한 보살이라고 명시했다.

담연湛然[5]과 사이초最澄와 같은 인물의 수계 지침서에 따르면, 계를 수여하는 내용은 삼취정계이지만, 나중 수계식에서는 범망경의 10대 계율을 설명하고 계를 받는 사람들에게 계율 하나하나를 지킬 수 있는지 물었다. 비나야의 완전한 수계의식 절차의 요소로서 수계의 장애에 관하여 물었는데, 극악무도한 악행(범망경에 따르면, 친모 살해, 친부 살해, 아라한 살해, 붓다의 유혈, 교단의 분열, 계를 수여한 사람 살해, 스승 살해)을 저지른 자만이 보살계를 받지 못하도록 했다. 나중에 안넨(安然, 841-889?)은, 범망경에 대한 통일신라 주석에서 추론하여, 특정 다라니를 암송하면 악행으로 생긴 업보를 지울 수 있고, 보살계를 받을 수 있다고 시사했다.(T 74:759b)

---

5 담연湛然 711~782, 중국 당대唐代 천태종天台宗을 중흥시킨 제6조(祖)이다. 저서에 법화현의석첨法華玄義釋籤가 있다.

비나야에 근거한 수계는 바라이죄波羅夷罪(pārājika)를 어기거나, 그 계율을 포기하는 현생이 끝날 때까지만 연장되지만, 보살계 수계는 종종 최고의 깨달음을 얻을 때까지 여러 생애에 걸쳐 지속된다고 한다. 그러한 수계는 불성 또는 본질에 근거한 것이라고 했다. 범망경에서는 보살계가 불성 또는 금강석과 동일시될 수 있는 본질을 가지고 있다고 말한다. 어떤 텍스트에는 계율을 불변하는 본질에 기초한 것이라는 해석과 그것이 전승되고 함양된 일련의 규범적 관행이라고 해석하는 것 사이의 긴장이 있다. 예를 들어 일본 천태종 수계에 대한 권위 있는 주석서의 저자인 안넨은 세 가지 유형의 계율이 존재한다고 주장한다: (1) 스승으로부터 전해지는 계율들, (2) 올바른 의식을 통한 수행자로부터 부름을 받은 계율들, (3) 모든 사람에게 타고난 계율들.(T 74: 767a16-19) 그의 견해는, 계율이 개인의 종교적 능력에 따라 다르게 적용되는 방편이라고 주장하면서, 계율을 느슨하게 준수하는 데 이바지했다. 그는 불교를 전파하는 데 살생과 성적 비행을 방편으로 사용한 여러 가지 예를 경전에서 찾아 인용했다; 여기에는 데바닷타Devadatta[6], 앙굴리말라Aṅgulimāla[7], 그리고 아자타샤트루Ajatashatru[8]가 포함되며, 이들은 일부 불교 텍스트에서는 살인마 악당으로 묘사된 인물들인데, 어떤 대승 텍스트들에서는 선한 불교도가 된 사람들로도 묘사되었다. 창녀 바수미트라Vasumitrā는 그녀의 성적 책략을 통하여 사내들을 불교로 인도한 것으로 기술되었다.(T 74:

---

6 역주: 붓다의 사촌이자 매부.

7 역주: 희대의 살인마 후에 붓다의 제자가 됨.

8 역주: BC 5세기 동인도 왕, 아버지를 옥에 가두고 왕위 찬탈.

765c-766a; 지의智顗의 마하지관摩訶止觀, Donner, Stevenson 1993: 308-309)

수계와 불성佛性 사이의 연관성 또한 안넨과 그 후 천태종 승려들을 수계와 다단계 도道의 성취와 연계하도록 이끌었다. 다단계 도의 성취를 현재의 육신에서 성불을 실현하는 것으로 통합했는데, 수계가 완전한 깨달음을 의미하지는 않지만, 자신의 본성 또는 어느 정도까지는 성불을 실현했다는 공식 안에서 통합했다. 가마쿠라시대에 이르러, 승단 입문을 나타내는 첫 보살계와는 구별되는 고급 단계의 수계의식이 히에이산比叡山에서 장기간 안거와 함께 거행되었다; 히에이산에서 쿠로다니黑谷 문벌에 의해 관정灌頂 수계가 사용되었으나, 다른 천태종 지파들에 의해서는 받아들여지지 않았다. 이 수계식에서는 제자와 스승이 머리 위에 덮개가 있는 연단에 나란히 앉아 법화경에서 묘사된 장면, 즉 사리탑 안에서 다보여래 옆에 앉았던 석가모니불을 재현했다. 이 의식에서 제자와 스승이 손과 손을 뒤얽고, 발바닥과 이마를 맞대고, 승복을 맞바꾸며 합장(간청의 제스처로 손을 맞댐)하는데, 제자는 그도 역시 붓다라는 확고한 믿음을 얻는다.(Groner 2009) 이 같은 의식의 변형된 형태가 조동종曹洞宗의 법 전등식傳燈式에서 이어져 사용되었다.(Licha)

5) 위반에 대한 속죄

승려의 비나야 계율 위반은 승단의 제재 결정에 달렸는데, 축출, 자격정지, 일정 수의 승려 앞에서 고백, 또는 스스로 반성 등을 포함했다. 처벌은 제도적 기준에 따라 주어졌다; 비나야는 위반 여부를 결정하는 수많은 절차를 기술한다. 계율에는 정확하게 무엇이 위반을 구성하는지를 자세하게 기술한 내용이 포함된다. 계율에서 사용되는 용어의 정의만큼이나 위반이 이루어졌을 때 의도가 있었는가의 문제 같은 것이 세밀하게 고찰되었다.

이와는 대조적으로, 보살계를 위반하는 것은 승단의 결정 사항이라기보다 통상 업보의 지배를 받는 것이었다. 보살지품이나 범망경 같은 텍스트에서는 보살계의 위반은 보통 고백과 함께 속죄되는 것이지, 승단 승려들이 결정할 일이 아니라는 것이었다. 대신, 악업에 대한 두려움이 위반자에게 자신의 비행에 대해 속죄하도록 만들었다. 많은 경우, 보살계는 중요한 계율과 사소한 계율의 범주로 나누어지는데, 비나야에 있는 범주들보다 상당히 모호하다. 사소한 계율을 위반했을 때 다른 사람에게 고백함으로써 속죄할 수 있다. 중요한 계율은, 때로 비나야에서 빌려온 용어 바라이죄波羅夷罪로 불리는데, 바라이죄의 위반은 비구나 비구니 지위에서 평생 축출을 수반한다. 그렇지만 셰인 클락Shayne Clarke의 최근 조사에 의하면, 많은 승가에서 성행위에 관한 계율 위반에 대하여, 위반자의 승직 박탈에 그치고 승가에서 축출하지는 않는 처분을 보여준다.(Clarke 2000) 범망경에 따르면, 중요한 계율 위반은 수계의 상실을 수반한다. 그러나 불상 앞에서 참회하고 참선하여 붓다로부터 초자연적인 징표를 받으면 수계의 복원으로 이어질 수 있다고 했다. 징표를 받지 못한 사람은 수계를 복원할 수 없다. 그렇지만 범망경은 수계를 복원하는 방법으로 재-수계의 가능성을 열어 두었다(T 24:1008c18); 그렇긴 하지만, 일곱 가지 극악무도한 죄를 어기면 평생 수계를 상실한다. 하지만 일본 천태종 주석가 안넨은 다라니 암송이 그런 악행의 업보를 소멸시킬 수 있다고 주장했다.

보살계의 한쪽 맨 극단의 스펙트럼에서, 본업경은 보살계는 위반될 수 있지만 상실될 수는 없다고 선언한다. 보살계는 받을 수는 있지만, 보살계를 더는 따르지 않겠다고 말하며 버릴 수는 없다는 것이다.(T 24: 1021b07) 더구나 비나야 수계가 수계인이 죽으면 효력이 끝나는 것과는 달리, 보살계는 세세생생 이어진다고 말한다.(T24: 1021b2) 보살계를 받고 나서 파계하는 것이, 보살계를 받지 않고 보살계를 따르는 것보다 낫다고 한다. 앞의 경우는 아직도 불자인데 뒤의 경우는 이단이기 때문이다. 이런 경우들에서 보살계는 불성과 동일시되는데, 실제로 영구히 지속되는 성질이다. 그런 입장을 취했을 때는, 비록 보살계의 내용이 윤리적일 수 있다고 얘기할 수 있어도, 보살계는 정말 윤리적 행위보다는 정신적 잠재력의 확신과 더 가깝게 연관된 것이었다.

보살계의 윤리적 문제

보살계가 어떻게 윤리적인 주장으로써 사용되었는지에 관한 인식은 범망경의 첫 번째 중요한 계율, 불살생을 고찰함으로써 얻어질 수 있겠다.

> 오, 붓다의 자녀들이여, 그대 자신이 살생하거나, 남에게 살생을 교사하거나, 살생에 필요한 것을 준비하거나, 살생을 찬양하거

> 나, 살생을 목격하며 즐거움을 얻거나, 심지어 주술에 의한 살생에 이르기까지, 이것들은 살생의 원인이고, 조건이며, 방법이고, 그리고 행위이니라. 어떤 생명체도 의도적으로 살생해서는 아니 된다. 보살은 영원히 자비와 함께 살아야 하며, 효도하며 순종해야 하며, 중생을 보호하는 모든 수단을 써야 한다. 반대로, 욕심과 분노로 살생한다면 이는 보살의 파라지카 위반이니라.[9] (T 24: 1004b16-20)

이 계율은 확실히 이상적이지만 또한 비현실적이다. 왜냐하면 중요한 제도적 지원을 포함하지 않고 매우 높은 기준을 설정했기 때문이다. 즉시 일어나는 의문들 가운데 하나는, 곤충이나 짐승을 죽이는 것이 사람을 죽이는 것과 동등한가이다. 범망경의 초기 주석들 가운데 하나인 천태종 조사 지의智顗(538-597)의 보살지의소菩薩地義疏에 따르면, 계율의 위반은 세 가지 범주로 나뉜다. 가장 중대한 위반은 붓다, 성인, 부모, 스승을 죽이는 행위로, 극악무도한 죄를 포함한 것이다.(범망경, T 24: 1008c1-3; 보살지의소, T 40: 571c) 중간 수준의 위반은 신이나 인간의 목숨을 빼앗는 행위이며, 가장 낮은 단계의 위반은 제일 밑에 있는 네 가지 환생(지옥, 아귀, 축생, 아수라)에 있는 중생을 죽이는 행위다. 이러한 분류는 뒤 이어서 대승 열반경의 구절에서도 발견되는데(T 12: 460b11-13), 이는 보살계의 간결한 조항에 대한 해석을 확대하기 위해서 다른 경전의 주석을 사용하는 전형적인

---

9 나는 이 계율의 해석을 천태종 조사 지의智顗(538-597)의 보살지의소菩薩地義疏 주석을 따랐다.

방법이다. '중요한 계율'이 이런 범주로서 분류될 수 있다면, '중요한 계율'이라는 용어가 실제로 무엇을 의미하느냐는 물음에 관한 생각을 불러일으킨다. 확실히 보살계의 '중요한 계율'은 비나야의 바라이죄에서 사용한 의미와 다르다.

또 다른 쟁점은 살생이 정당화될 수 있는 상황, 즉 남을 보호할 때와 같은 사정이 있을 때는 어떻게 하느냐이다. 범망경의 계율에서는 확실히 어떤 예외나 설명이 없다. 그러나 욕심과 분노로 인한 살생의 금지는 명시했다. 자비의 동기로 살생한다면 어떤가? 이 논의에 대하여 보살지의소의 저자는 만약 어떤 사람이 종교적 능력이나 중생구제의 추동력을 고려했다면 그 살생은 허용될 수 있다고 결론내렸다.(T 40: 571b22) '종교적 능력을 본다'라는 문구는 어떤 사람의 종교적 감수성과 관계있는데, 이는 평생 수행의 결과 아니면 타고난 자질이다. 이 문구는 보살지의소에 여러 번 나오는데 보살계의 더 함축적인 해석의 가능성을 열어두고 있다. 보살지의소에서 중요한 계율에 대한 언급은 살생이 1회, 도둑질이 2회, 그리고 사소한 계율, 즉 음주에 관한 계율이 2회, 비-대승 교리 가르침 15회, 별개의 식사 초대 응낙이 27회 나온다. 우리는 이런 계율들을 남을 이롭게 할 목적으로 위반하는 경우를 쉽게 생각할 수 있다. 예를 들면, 음주 금지에 대한 예외는, 이것이 어떻게 해석될 수 있었는지에 대한 느낌을 준다. 프라세나지트Prasenajit[10]의 부인 말리카Mallikā 이야기가 인용되었다. 프라세나지트가 자기 요리사에게 화가 나서 그를 죽이고자 했을 때, 말리카가

10 역주: BC 6세기 사위국舍衛國(Srāvastī/Sāvatth)의 군주, 붓다의 추종자, 바사닉왕波斯匿王으로 음사.

남편의 화가 가라앉을 때까지 그녀와 함께 술을 마시도록 부추겨 결국 요리사의 목숨을 구하게 되었다는 이야기다. 나중에 붓다께 그녀가 음주의 계율을 위반했는지 여쭈었을 때, 붓다께서는 아니라고 하셨다.[11]

지의가 죽고 수십 년이 지나서, 현장이 인도에 갔다 돌아오면서 주요 유가행파 텍스트를 가지고 와서 번역했다. 유가사지론의 한 구절은 살생계에 대한 기본적 문제를 제시한다:

> 이는 마치 어떤 보살이 재물에 대한 욕망으로 많은 사람을 죽이고 싶어 하는 어떤 강도를 보는 것과 같다. 그 강도는 장로, 성문(Śrāvaka), 연각불(Pratyekabuddha), 보살들에게 해를 끼치기를 바랄지도 모른다. 아니면 그는 구제 불능의 즉각 응보로 이어지는 악행을 저지르고 싶을 수도 있다. 보살이 이를 깨달아 생각하기를 '만약 내가 저 악한 중생의 목숨을 끊어 버린다면(끝내겠다는 의지), (나는) 지옥에 떨어지리라. 내가 만약 끊어 버리지 않는다면, 구제 불능의 응보의 업이 생겨나 저 악한 중생은 큰 고통을 받으리라. 나는 그를 죽여 나 자신은 지옥에 떨어지지만, 그에게는 구제 불능의 응보가 생기지 않을 것이다.' … 이렇게 이 보살은

---

11 나는 보살지의소의 짧은 언급에 대한 주홍袾宏(1535-1615)의 설명을 따랐다. 주홍은 아마도 술을 약으로 쓸 때 허용한다는 비나야에 있는 구절을 따랐을 것이다. 당나라 백과사전 편집자이며 비나야 전문가 도수道邃 (?-683)는 '말리카의 행위는 좋았으나 순수하지는 않았다. 하지만 남을 돕는다는 종교적 수행의 의미가 있다'고 시사했다.(법원주림法苑珠林 T 35: 971b-c)

… 이 상황을 알고, 보살이 미래에 대해 깊은 참회를 하고, 엄청난 자비심으로 강도의 생을 끝내야 한다는 점을 이해한다. 이 경우, 이 보살은 계율을 범하지 않고, 많은 공덕을 짓는다.(유가사지론 T 30: 517b6-17)

이 구절은 일본 천태종과 정토종의 사이잔(西山) 지파의 주요 번역 해석가 중 한 사람이었던 짓수도 닌구實導仁空(1309-1388)에게 많은 의문을 남겼다. 닌구는 지의의 범망경 주석에 대해서 가장 폭넓은 재해석을 썼다. 닌구가 일으킨 의문 가운데, 그런 행위는 상급 수행자만이 할 수 있는가와, 속인도 그런 행위를 할 수 있는가였다. 닌구는 보살계의 해석을 번뇌로 가득 찬 세상에 사는 보통 사람에게 적용하려고 분투했다. 그는 아주 특별한 경우의 계율 위반은 허용될 수 있어도 지나친 허용은 경계했다. 몇몇 중요한 사찰의 주지로서, 그는 계율을 강화하는 사찰 율법을 만들었다. 닌구와 다른 해석가들은 살생과 같은 심각한 위반이 재가 보살들에게만 제한되어야 하는지, 또는 승려 보살들은 그것을 범해도 되는지 물었다. 재가불자들에게는 거의 모든 위반이 제한되었다. 이러한 논의를 위해 대승 열반경에 있는 한 흥미로운 사례연구가 있다.

그때 거기에는 악한 중들이 있었는데, '승려는 노예나 소, 양들을 소유할 수 없다'는 설법을 듣고, 그들은 나쁜 마음을 먹게 되어 검을 들고 법사를 위협했다. 그때, 거기에는 바바다타Bhavadatta라는 이름의 왕이 있었는데, 이 소식을 듣고 법사에게 달려와

> 악한 중들과 싸워 법사가 해를 입지 않고 도망가도록 도왔다. 그러나 왕은 많은 상처를 입게 되었다. 그때 승려 붓다다타Buddhadatta는 왕을 칭송하며, '훌륭하십니다! 훌륭하십니다! 왕께서는 진정한 법의 수호자이십니다. 당신의 몸은 한량없는 법을 구현하는 수레가 되실 겁니다.' 이 말을 듣고 왕은 기쁨이 넘쳤다. 그리고 왕은 운명했으며, 아촉불(Akshobhya) 세계에 환생하고 거기에서 아촉불의 수제자가 되었다. 왕의 백성들, 신하들, 전사들 모두 기뻐했고, 아무도 깨달음의 열망에서 물러나지 않았다. 이들 모두도 죽고 나서 아촉불 세계에 환생했다. 붓다다타가 죽자 그도 아촉불 세계에 환생하여 붓다의 두 번째 성문(Śrāvaka) 가섭(Kāśyapa)이 되었다. … 나는 그때의 왕이었고 그대는 그때의 법사였다.(T12:623c-624a)

열반경은, 불법과 진정한 가르침을 지키기 위해서는, 비록 그 폭력이 다른 승려들을 향한다고 해도 살생을 정당화했다. 이 텍스트에는 구제 불능의 계층, 일천제(icchantika)는 죽일 수 있다고 말하는데, 붓다가 전생의 속인 수행자일 때 그런 행위를 했고 그에 대해서 보상을 받았다는 것이다. 불법을 수호하기 위한 폭력은, 지의의 스승 혜사慧思(515-577)의 보살계의 다른 버전이라는 법화경의 안락행품에 관한한 텍스트에서 언급되었다.(Stevenson 2006: 298) 그렇지만 열반경에 있는 폭력 에피소드는 아마도 그것이 지나치게 폭력적이어서인지 불교 저술에서 자주 인용되지는 않는다.

수많은 대승 교리들은 비나야의 엄격한 계율이 허용할 수 있는 해석보다 더 미묘한 해석을 하도록 이바지했다. 삼취정계에 이 점을 적용한다면, 보살이 선행과 중생을 이롭게 하는 데 필요한 어떤 상황에서는 살생할 수도 있다. 많은 사람을 구하기 위해서는 한 사람 또는 적은 수의 사람을 죽이는 게 필요할 수도 있다. 이 같은 설명은 삼취정계가 말하는 우선순위와 그에 대한 평가가 선행되어야 하는 점을 바탕으로 한 것이다.

인드라의 그물이라는 은유를 적용한 또 다른 접근 방식은, 별들은 인드라 신의 그물에 매달린 하늘의 보석과 같은데, 각각의 보석은 서로 다른 보석을 반사하는 이미지이다. 각각의 요소는 저마다 구별되는 정체성을 가지고 있지만, 서로 간의 반사를 통하여 보강된다. 닌구는 만약 어떤 사람이 올바른 이유로 계율을 어기게 된다면, 다른 삼라만상이 그 피해를 벌충하도록 돕게 되는데, 이는 모든 것이 인과로 얽혀 있기에, 악행은 선한 다양한 중생들이 행하는 선행 때문에 덜 심각하게 된다고 시사했다.

> 만약 한 성문(Śrāvaka)이 (비나야의 중대한 계율을) 위반하면, 그는 승려의 지위를 영구적으로 잃게 된다. 보살계에서는 세세생생 계율을 잃지 않는다. 그러나 이것은 성문의 율법이 무겁고 보살 계율이 가볍다는 뜻이 아니다. 만약 우리가 보살계의 위대한 힘에 대하여 논한다면, 어떤 사람이 살생을 금하는 계율을 받들 때, 그 사람은 온 법계의 중생을 죽이지 않는 공덕을 얻는 것이다. 만약 그 사람이 한 사람, 또는 두 사람, 또는 백 명 아니면 천 명을 죽인다고 해도, 이것은 바다에 물 한 방울 떨어뜨

> 리는 것과 같다. 나머지 중생들의 찬란한 계율의 공덕이 흠없이 깨끗할 것이기 때문이다. 달리 말하면, 계율을 받드는 공덕은 위대하고 계율을 범하는 상실은 작다. 말할 것도 없이, 중요한 열 가지 계율은 무궁무진한 열 가지 계율과 동일하다. 하나의 계율에는 무궁무진한 계율이 담겨 있다; 한량없는 계율의 준수에는 하나의 계율이 담겨 있다. 하나의 중요한 계율이 위반되어도 다른 계율들이 그것을 완성한다. 인드라의 그물처럼 서로 돕는 것이다. 이와 대조적으로, 성문의 계율은 서로 분리되어 있다. 어떤 사람이 한 계율을 어기면 다른 계율들이 그것을 도울 힘이 없다. 만약 어떤 사람이 한 사람을 죽이면 다른 모든 사람의 불살생 공덕이 이를 돕는 효과가 없다.(천태종종전간행회天台宗宗典刊行會 15: 240a)

이와 같은 주장들은, 일본 불교를 세웠다고 믿어지는 쇼토쿠 태자聖德太子(574-622) 같은 인물이 누구를 죽일 수 있느냐는 의문을 제기한 해석가들에 의해서도 사용되었다. 그의 전기에 의존하여 살펴보면, 쇼토쿠 태자는 젊은 시절 불교의 적 모노노베 노 모리야物部守屋(?-587)를 멸하는 의식을 거행했거나, 또는 실제로 활을 쏘아 죽였다. 쇼토쿠는 자비의 보살, 또는 붓다, 관음觀音의 현신이라고 간주하였기 때문에, 어떻게 그런 신성한 인물에 의한 살인이 정당화되거나 또 설명될 수 있는지에 의문이 제기되었다. 1314년경에 승려 호구法空가 편찬한 상궁태자습유기上宮太子拾遺記에는 쇼토쿠의 살인 행위에 대한 많은 설명이 제시되어 있는데, 이는 이 문제가 승려들에 의해 논의되었을 가능성이 있음을 나타낸다. 살인에 대한 많은 구실은 위에서 논의한 것과 유사하지만, 몇 가지 다른 근거가 제안되는데, 예를 들면, '살인은 오직 가르치는 방편일 뿐 실제로 발생하지 않는다'; 또 다른 설에 따르면 '비록 중생은 살생을 보도록 만들어졌지만, 진정으로 아무도 죽이지 않으며 죽임을 당하지도 않는다. 붓다와 보살의 방편은 다 이와 같다.'(스즈키鈴木 학술재단 1972: 71, 212a)

반야바라밀다의 가르침은 때때로 계율에 적용되었다. 선과 악이 공하다고 볼 수 있으므로, 어떤 상급 보살은 계율을 지키지 않아도 될지 모른다. 그러한 가르침은 때때로 행위에 대한 느슨한, 또는 사실상 존재하지 않는 제한으로 이어졌다. 다른 때에는 잘못에 대한 죄책감에 마비될 사람을 자유롭게 하는 데 사용될 수 있다. 쇼토쿠의 살인이 고려되었을 때, 호구는 다음과 같이 제안했다.

> 또 다른 설명은 바로 이러한 번뇌가 곧 깨달음이라는 것이다; 그러므로 악업과 번뇌를 버릴 필요가 없다. 윤회(samsara)는 열반과 동일하며 추구할 깨달음의 경지가 없음을 의미한다. 따라서 유마 거사의 구원은 62개의 (잘못된) 견해에서 세워졌다. 어린 선재동자善財童子의 동지들은 윤회 안에 있다. 바수미트라는 음탕하면서도 순결하다; 앙굴리말라의 살인은 자비다. 이것이야말로 대자대비의 심오한 표현이요, 훌륭한 보살들의 행위가 아니겠는가?(스즈키 학술재단 1972: 71, 212b)

그러한 구절은 아마도 지의의 '포행布行이나 좌선 밖의 삼매'에 의한 것인데, 나쁘게도 해석될 수 있는 것이다.(Donner and Stevenson 1993: 305-318) 상급 수행자를 위한 이 의식에서는 행위와 업이 공허하다는 것을 깨닫는 데 중점을 두었다. 이러한 구절이 모든 살인을 정당화하는 데 사용되지는 않았지만, 사원을 짓고 승려를 지원하기 위한 국가의 지원에 의존하는 전통에는 중요했다. 통치자들은 자신을 경건한 불교도로 묘사하기 위해 많은 노력을 기울였다. 그 대가로 불교 승려들은 행위로 인해 발생할 수 있는 나쁜 업보로부터의 자유와 지지를 보증했다. 동시에, 많은 대승 불교도들은 불교가 살인을 허용하지 않는다는 것을 예리하게 알고 있었다.

계율에 대한 일반적인 예외

일본 천태종은 다른 계율들과 도덕에 대한 느슨한 태도로 잘 알려져 있다. 승려들은 결혼하고, 고기를 먹고, 술을 마셨는데, 이 모든 행위는 비나야와 보살계 모두에서 금지된 것이다. 비록 이러한 활동은 메이지 시대에 정부에 의해 인정되었지만, 이러한 활동의 많은 예는 초기에도 찾아볼 수 있다.(Jaffe 2010) 이러한 문제 대부분은 천태종 수계에 관한 안넨의 영향력 있는 주석에 요약되어 있다. 그는 이 텍스트 거의 말미에서 계율을 준수해야 하는 10가지 근거를 논한다. 첫 번째는 모든 계율을 준수하는 것인데, 이는 비나야 율법을 포함하는 전례이다. 하지만 그 나머지는 위반이 정당화될 수 있는 상황에 대한 고찰이다. 위반이 정당화될 수 있는 상황의 많은 경우를, 안넨은 통일신라의 주석가 대현大賢(8세기 경)과 중국 화엄 학자 법장法藏(643-712)의 구절을 인용하고 있는데, 이러한 정당화는 동아시아 전역에서 때때로 사용되었을 수 있음을 나타낸다. 그러나 중국과 한국의 승려들은 대개 보살계를 비나야와 결합했다; 일본의 많은 승려는 그렇지 않았다. 이러한 근거 중 몇 가지는 논평할 가치가 있다.

계율은 사람들을 불교로 인도하려는 방편으로 볼 수 있지만, 너무 엄격하게 해석하면 사람들이 불교를 포기할 수 있다. 안넨은 말하기를 '예를 들어, 고기 잡을 때 물고기는 강하고 낚싯바늘이 약하면 물고기와 낚싯바늘 모두 잃게 된다. 낚싯바늘과 줄을 느슨하게 하면 물고기를 잡을 것이다.'(T 74: 777c18-19; 지의의 마하지관摩訶止觀을 도너Donner와 스티븐슨Stevenson이 의역 1993: 311 312) 따라서 불교가 신자를 잃을 것이기에 계율을 엄격하게 시행해서는 안 된다.

수행자는 우월한 것과 일치되어야 한다. 계율을 엄격히 준수하는 것과 지혜를 추구하는 것 사이의 잠재적인 충돌의 측면에서, 안넨은 계율에 대한 엄격한 준수보다 지혜가 우선한다고 주장하는 열반경의 한 구절을 인용한다. 천태종 논의에서 계율을 지켜 지혜를 해치는 사람은 소승인이 된다. 대조적으로, 유마거사維摩居士(Vimalakīrti)는 계율의 엄격한 준수보다 지혜를 강조하는 사람의 예가 될 것이다. 또 다른 예는 법화경의 한 구절로, 경전을 지키는 것(즉 외우고, 암송하고, 전파하는 것)이 계율을 지키는 것과 같다고 강조한다.(T 9:34b15-17) 급기야, 천태종 주석가 손슌尊舜(1451-1514)은 천태종의 수계는 법화경을 소지하는 것 외에는 없다고 시사하기에 이르렀다.(천태종종전간행회 1973: 9, 225a) 그밖의 다른 입장들은, 계율을 문자 그대로 고수하는 것을 넘어서, 진여眞如와 자비 같은 교리를 추앙했던 것으로 보인다.

열 번째이자 마지막 논거는 계율을 진여의 실현이라는 관점에서 고찰한다. 보살이 만물의 실상을 깨달을 때 준수와 위반의 구분을 초월한다. 주로 반야바라밀다경을 포함한 많은 경전을 인용한 후 안넨은 다음과 같이 결론지었다:

> 원승圓乘 보살에게는 모두 법이 진여임을 알아야 한다. 남자도 없고 여자도 없고, 나와 너라는 의식이 없으며, 계율의 준수도 위반도 없다. 이것을 참으로 계율을 지킨다고 말한다.(T 74: 778a18-20)

안넨(安然)은 범망경의 계율을 강조하지 않았다. 사실 그는 밀교 문헌의 관점에서 볼 때 범망경 계율은 초보적이라고 기술했다.(보통수보살계광석普通授菩薩戒廣釋, T 74: 764b9; T 39: 808a22 인용) 계율에 대한 그의 주요 작업은 수계를 강조하고, 실제 계율에 대해서는 거의 언급하지 않았다. 범망경에는 그에게 중요한 계율이 있었을까? 안넨은 비나야와 범망경의 계율 모두 밀교 삼매 계율에서 나왔다고 주장한다.

그는 석가모니불이 깨달음을 이루기 위해 노력했지만, 여러 붓다가 오셔서 밀교 수행을 베풀기 전까지는 이룰 수 없었다는 금강정경金剛頂經(Vajraśekhara Sūtra)의 구절을 인용한다.(Geibel 2001, 23-25) 안넨에게 이것은 밀교 삼매야계三昧耶戒(samaya)와 동일시되었다.

> 옛날에 석가모니 보살이 6년 동안 수행한 후 깨달음의 자리에 앉았지만 무상 정각을 이루지 못하셨다. 모든 붓다가 오셔 그에

> 게 삼마야계를 내리셨다. 그때 성불의 다섯 단계(오상성불五相成佛)를 넘어, 세존께서 곧바로 붓다의 길에 들어 불국토에 들어가셨다.(T 74: 764b12-15)

천태종 신임 수계자들은 자신의 수계식에서 이 과정을 반복한다. 안넨에게 이것은 천태종 수계의 본질이며, 수계는 바로 이 육신으로 성불을 실현하는 한 형태[12]라는 그의 주장을 뒷받침한다. 금강정경에는 그 당시 삼매야계를 받는다고 명시하지 않지만, 안넨은 모호한 '성불 실현의 다섯 단계'를 불신佛身의 다섯 가지 측면으로 해석했을 수 있으며, 그중 첫 번째는 계율이다. 이것은 금강정경에서 발견되는 수계 형식이다.

밀교의 계율은 천태종이 소중히 여기는 또 다른 밀교 경전인 대비로자나성불경大毘盧遮那成佛經(Mahāvairocana Sūtra)에 언급되어 있다. 18장 '방편 수행 조례 수계'에는 4개의 파라지카와 십선계가 나열되어 있지만, 각각의 규칙에 대한 예외가 언급되어 있다. 전형적인 것은 살생 금지 계율이다.

> 신비의 신이시여, 그 보살들은 살아 있는 동안에는 살생하지 않겠다는 계율을 지킵니다. 칼과 채찍을 버리고 살의가 없어야 하며 남의 생명을 자기 생명처럼 여겨야 합니다. (또) 다른 방편이 있습니다: 어떤 중생을 그의 악행에 따르는 응보에서 해방하기 위해 (때때로) 그 중생의 목숨을 취할 수도 있으나,

---

12 역주: 즉신성불卽身成佛.

적의나 반감을 품지 않습니다.(Geibel 2005: 166-167)

안넨에 따르면 비나야 계율과 보살십선계와 범망경 계율은 모두 밀교 계율에서 파생된 방편이다. 안넨은 말하기를: '보살-논장 계율은 모든 붓다의 삼매야계라고 말한다. 전체적으로 4개의 파라지카, 10개의 주요 계율, 4개의 심각한 악행 및 10개의 방편이 포함된다.'(T 74 : 764b10-12) 숫자 4와 10의 반복은 대비로자나성불경에서 4개의 파라지카와 십선계를 방편으로 해석하는 방식을 의미한다. 삼매야계에 관한 다양한 정의가 존재한다. 그리고 안넨은 보통수보살계광석普通授菩薩戒廣釋에서 삼매야계를 정의하지 않았지만, 일반적으로 그 정의들은, 더 상세한 계율이 나오는 깨달음의 마음이라는 다소 모호한 기준에서, 그 깨달음의 마음을 버리지 않는 데 중점을 둔다.

지면 제약으로 인해 정토종과 일련종日蓮宗에서 보살계가 어떻게 다루어졌는지 조사할 수 없지만, 붓다의 권능과 더불어 현세를 쇠퇴의 시대로 묘사함으로써, 승가의 계율을 과소평가하거나 거부하는 결과를 낳았다.

결론

서구 언어권에서는 보살계의 여러 측면에 대해 상대적으로 적게 기록되어 있으므로 내가 이 장을 쓰게 된 데에 두 가지 목표가 있었다. 첫 번째는 대승 경전에서 발견되는 다양한 계율 컬렉션을 소개하는 것과 대승 계율이 비나야와 상호 작용하는 방식을 소개하는 것이다.

계율을 언급하는 대승 경전의 숫자는, 인도와 중국의 많은 대승 수행자들이 비나야 율법에 더 미묘한 해석이 필요하다고 느꼈음을 시사한다. 동시에, 우리는 대다수 인도 대승 수행자들이 실제 어떻게 수행했는지에 대해 거의 알지 못하기 때문에, 인도의 보살 계율은 수행에 대한 실제 설명이라기보다는 규정된 행동 방식으로 보아야 한다. 더욱이 우리는 이 에세이에 언급된 많은 텍스트가 인도에서 널리 사용되었는지, 어느 시대에 인기가 있었는지 알 수 없다. 상황은 중국과 일본에서 더 명확하므로 이 분야를 이 에세이에서 중점적으로 다루었다.

보살계에서 나타나는 주요 문제 중 일부는 계율을 준수하는 방법에 대한 보다 미묘한 이해다. 이러한 텍스트들의 편집자 중 일부를 사로잡은 문제 중 하나는 불교를 적들로부터 방어할 수 있는지와, 그 방법, 그리고 불교도에 의한 살생이 정당화될 수 있는지였다. 계율은 비나야의 문자적 의미를 초월하여 윤리적으로 선한 행동을 하고 다른 사람들에게 이익이 되도록 수정될 수 있었다. 즉 수행자의 의도가 강조되었다. 동아시아에서 불교도의 주요 지표로 작용한 일부 관행, 특히 채식주의는 대승불교에서 자비를 강조하는 점에 기반을 두었으며, 비나야의 율법과 다르다. 계율이 종종 붓다와 직접적인 연결을 제공하는 것으로 간주하는 것만큼이나 계율 위반을 없애기 위한 참회 수행에 대한 초점의 증가는 인상적이다. 마지막으로 범망경 같은 출처 불분명한 텍스트가 동아시아를 대승불교로 개종시키는 데 중요한 역할을 했다. 보살계는 재가불자에게 수행의 초점을 제공해 주었다. 그리고 보살 수계는 종종 더 큰 그룹과의 일체감을 제공해 주었다.

이 장의 두 번째 부분은 수행자들이 윤리적 문제에 대해 좀 더 미묘한 관점을 가질 수 있게 만드는 보살계의 몇 가지 방법에 초점을 맞췄다. 나는 일본 천태종에 초점을 맞추었는데, 그 이유는 일본 천태종이 가장 극단적이고 흥미로운 불교 수행 형태 중 하나이며, 또 내게 가장 친숙한 전통이기 때문이다. 이 장은 중국불교나 한국불교 또는 일본의 다른 불교 종파에 초점을 맞추었다면 상당히 달랐을 것이다. 덧붙인다면, 보살계의 사용은 시간이 지남에 따라 바뀌었는데, 어떨 때는 부각되기도 하고, 어떨 때는 비나야 율법의 중요성이 강조되면서 감소하기도 했다. 현대화되는 세계의 요구와 맞닥뜨리는 불교는 윤리와 업보에 대한 견해에 계속 영향을 미치고 있다. 이러한 변화를 추적하려면 특정 텍스트를 검토해야 한다; 이것은 주석의 번역과 연구와 함께 시작되었지만, 아직 해야 할 일이 많이 남아 있다.(Muller 2012; Park 2003)

보살계가 불교 윤리의 해석에 이바지한 가장 중요한 몇 가지 항목은 삼취정계에서 찾을 수 있다. 악행을 삼가는 것보다 남을 이롭게 하는 선행이 더 강조되었다. 비나야 율법은 적절할 때는 따를 수 있지만, 상황에 따라서 보다 자유로운 해석이 필요할 때는 위반할 수 있는 방편으로 볼 수 있다. 불교 사원을 방어해야 할 필요성으로, 때로는 경쟁 불교 기관에 대항하기 위하여 무기를 보관하고 때때로 그것을 사용할 필요가 생겼다. '공空'과 같은 교리의 적용은 일부 사람들에게 계율과 윤리 규정이 지속적 의미가 없는 관습적인 개념에 불과하다는 점을 시사했다. 대조적으로, 계율은 불성에 기초한 것이며 따라서 사람이 무엇을 하든 여러 생애에 걸쳐 유지된다는 주장은 때때로 승려의 규율에 대한 느슨한 해석으로 이어졌다. 참회의 매개변수로 정의하는 다라니의 낭송과 염불, 악업을 없애는 이들의 힘 또한 계율 준수에 상당한 영향을 미쳤다. 동시에, 진지한 승려들은 불교 승려가 된다는 것이 무엇을 의미하는지 정의하고, 불교 수행을 더 정확하게 설명하려고 노력했다.

인용 문헌

Clarke, S. (2000) The existence of the supposedly non-existentŚikṣādattā -śramaṇerī: a new perspective of parajika penance. *Bukkyō kenkyū*, 29, 149-176.

Donner, N., and Stevenson, D. (1993) *The great calming and contemplation: a study and annotated translation of the first chapter of Chih-i's mo-ho chih-kuan*. Honolulu: University of Hawai'i Press.

Funayama T. (2004) The acceptance of Buddhist precepts by the Chinese in the fifth century. *Journal of Asian history*, 38, 97-120.

Geibel, R. (trans.) (2001) *Two esoteric sūtras*. Berkeley: Numata Center for Buddhist Translation and Research.

Geibel, R. (trans.) (2005) *The Vairocanābhisaṃbodhi Sūtra*. Berkeley: Numata Center for Buddhist Translation and Research.

Getz, D. (2005) Popular religion and pure land in Song-dynasty Tiantai bodhisattva precept ordination ceremonies. In: W. Bodiford (ed.), *Going forth: visions of Buddhist vinaya*. Honolulu: University of Hawai'i Press, 161-184.

Groner, P. (1990) The Fan-wang ching and monastic discipline in Japanese Tendai: a study of Annen's Futsū jubosatsukai kōshaku. In: R. Buswell (ed.). *Buddhist apocryphal literature*. Honolulu: University of Hawai'i Press, 251-290.

Groner, P. (2005) Tradition and innovation: Eison, Kakujō, and the re-establishment of orders of monks and nuns during the Kamakura period. In: W. Bodiford (ed.), *Going forth: visions of Buddhist vinaya*. Honolulu: University of Hawai'i Press, 210-235.

Groner, P. (2009) Kōen and the 'consecrated ordination' within Japanese Tendai. In: J. A. Benn, L. R. Meeks, and J. Robson (eds), *Buddhist monasticism in east Asia: places of practice*. New York: Routledge, 178-207.

Groner, P. (2014) The Lotus Sutra and the perfect-sudden precepts. *Japanese journal of religious studies*, 41 (1), 103-132. The Bodhisattva Precepts 49

Haar, B. T. (2001) Buddhist-inspired options: aspects of lay religious life in the lower Yangzi from 1100 until 1340. *T'oung pao*, 87 (1-3), 92-152.

Heirman, A. (2008) Indian disciplinary rules and their early Chinese adepts: a Buddhist reality. *Journal of the American Oriental Society*, 128 (2), 257-272.

Hirakawa A. (1990) *A history of Indian Buddhism from Śākyamuni to early Mahāyāna*. Honolulu: University of Hawai'i Press.

Jaffe, R. (2010) *Neither monk nor layman: clerical marriage in modern Japanese Buddhism*. Honolulu: University of Hawai'i Press.

Janousch, A. (1999) The emperor as bodhisattva: the bodhisattva ordination and ritual assemblies of emperor Wu of the Liang Dynasty. In: J. P. Mcdermott (ed.), *State and court ritual in China*. Cambridge: Cambridge University Press, 112-149.

Licha, S. K. (forthcoming) Dharma transmission rituals in Sōtō Zen Buddhism. *Journal of the International Association of Buddhist Studies*.

Meeks, L. (2009) Vows for the masses: Eison and the popular expansion of precept-conferral ceremonies in premodern Japan. *Numen*, 56, 1-43.

Muller, A. C. (2012) *Exposition of the sutra of Brahma's net*. Seoul: Jogye Order of Korean Buddhism.

Nattier, J. (2005) *A few good men: the bodhisattva path according to the Inquiry of Ugra (Ugrapariprccha)*. Honolulu: University of Hawai'i Press.

Ōno H. (1954) *Daijō kaikyō no kenkyū*. Tokyo: Risōsha.

Park, J.-Y. (2003) Wŏnhyo's writings on bodhisattva precepts and the philosophical ground of Mahayana Buddhist ethics. *International journal of Buddhist thought and culture*, 2, 147-170.

Shih H.-C. (trans.) (1994) *The Sutra of Upāsaka Precepts*. Berkeley: Numata Center for Buddhist Translation and Research.

Shinsan zokuzōkyō (Xuzangjing). In: CBETA Chinese electronic tripitaka collection version 2014. Taibei: Zhonghua dianzi fodian xiehui.

Stevenson, D. B., and Kanno H. (2006) *The meaning of the Lotus Sūtra's course of ease and bliss: an annotated study of Nanyue Huisi's Fahua jing anlexing yi*. Tokyo: International Research Institute for Advanced Buddhology.

Suzuki gakujutsu zaidan (ed.) (1972) *Dainihon Bukkyō zensho*. Tokyo: Suzuki gakujutsu zaidan.

Tendai shūten kankōkai (ed.) (1973) *Tendaishū zensho*. Tokyo: Daiichi shobō.

Welch, H. (1967) *The practice of Chinese Buddhism: 1900-1950*. Cambridge, MA: Harvard University Press.

Yan Y. (2012) Buddhist discipline and the family life of Tang women. *Chinese studies in history*, 45 (4), 24-42.

추천 도서

Groner, P. (1990) The Fan-wang ching and monastic discipline in Japanese Tendai: a study of Annen's Futsū jubosatsukai kōshaku. In: R. Buswell (ed.), *Buddhist apocryphal literature*. Honolulu: University of Hawai'i Press, 251-290.

Groner, P. (2017) Medieval Japanese Tendai views of the precepts. In: Susan Andrews, Jinhua Chen, and Cuilan Liu (eds), *Rules of engagement: medieval traditions of Buddhist monastic regulation*. Hamburg: Hamburg University Press, 137-162.

Schlütter, M. (2017) The transformation of the formless precepts in the Platform Sūtra(Liuzu tanjing). In: Susan Andrews, Jinhua Chen, and Cuilan Liu (eds), *Rules of 50 Paul Gronerengagement: medieval traditions of Buddhist monastic regulation*. Hamburg: Hamburg University Press, 411-450.

Taehyeon (2012) *Exposition of the Sutra of Brahma's Net*, edited and translated by Charles A. Muller. Seoul, Korea: Jogye Order of Korean Buddhism.

Yamabe, N. (2005) Visionary repentance and visionary ordination in the Brahmā net sūtra. In: William M. Bodiford (ed.), *Going forth: visions of Buddhist Vinaya: essays presented in honor of Professor Stanley Weinstein*. Honolulu: University of Hawai'i Press, 17-39.

Shih, Heng-ching (1994) *The Sutra on Upāsaka precepts*. Berkeley, CA: Numata Center for Buddhist Translation and Research.

제3장 윤리, 명상, 지혜

저스틴 S. 휘태커Justin S. Whitaker & 더글라스 스미스Douglass Smith

서론

붓다의 가르침은 단순히 이해하거나 받아들여야 할 철학적 체계가 아니라, 수행하고 완성해야 할 구원론적 길(magga)이다. 이 길의 보편적 초기 공식 중 하나는 윤리(sīla; 계戒), 명상(samādhi; 정定), 지혜(paññā; 혜慧)의 삼학三學이다. 또 다른 일반적인 공식은 팔정도八正道(이 책의 4장 참조)이다. 이 두 공식은 상당히 중복되지만 약간 다른 관점에서 나타났다.

팔정도는 붓다의 첫 가르침으로 받아들여지는 (초)전법륜경(初)轉法輪經(Dhammacakkappavattana Sutta)에 제시되어 있다는 자부심이 있다.(SN V.420) 그러나 우바새(남성 재가자) 위사카Visākha가 이 두 가지 공식의 우선순위에 관해 물었을 때, 비구니 담마디나Dhammadinā

는 붓다의 승인을 받아 이렇게 대답했다. '세 가지 범주 계, 정, 혜는 팔정도에 따라 정해진 것이 아니고, 팔정도가 계, 정, 혜에 따라서 마련된 것입니다.'(MN I.299; Keown 2001: 38) 케이온Keown은, 이 대답으로부터 우리가 일차적으로 중요하게 생각해야 할 것은 팔정도 목록이 아니라 삼학의 수행이라고 추측할 수 있다고 제안한다.

케이온이 논증했듯이(2001), 초기 경전에서는 삼학에 대한 언급이 일관되지 않고 이 세 가지 수행 각각에 사용된 용어가 다양할 뿐만 아니라 명상을 완전히 생략한 여러 버전이 있다. 후자의 예는 종덕경種德經(Soṇadaṇḍa Sutta; DN I.111)에 있으며, 여기서는 윤리와 지혜만 위인을 정의할 때의 특징으로 논의된다. 아마주경阿摩晝經(Ambaṭṭha Sutta; DN I.87)에서는 수행(caraṇa)과 더 높은 지식(vijjā)은 완성되어야 하는 이중 요소라고 말한다.

그러나 윤리, 명상, 지혜의 조합은 팔리어 경전에 많이 나타난다.(DN I.47, AN II.1, AN IV.100, Itika 50, Thag 65, Ap i 302, Pet para 100) 이 윤리, 명상, 지혜 트리오 공식은 아비달마(Abhidhamma), 그리고 비나야(Vinaya)와 숫타(suttas)에 대한 주석에서도 나타난다. 그뿐만 아니라, 이 삼학 공식은 바로 상좌부불교에서 가장 영향력 있는 주석인 붓다고사Buddhaghosa의 '청정도론(Visuddhimagga)'의 구조 일부이다. 따라서 우리는 이 버전의 경로에 관심을 기울이는 동안 초기 텍스트에서 다른 맥락과 다른 목적으로 다양한 체계가 사용되었음을 명심해야 한다.

윤리, 명상, 지혜의 체계화는 아마주경(Ambaṭṭha Sutta; DN I.110)의 경우와 같이 다양한 방식으로 확장되며, '점진적 가르침(anupubbikathā)'으로 더 세분된다. 즉 보시(dāna)로 시작하여 계(sīla)에 대하여, 천계(sagga)[1]에 대해서, 그리고 명상에 초점을 맞춘 가르침이 뒤따르고, 관능의 단점(kamā; 업장)과 포기의 이점(nekkhamma), 마지막으로 불교의 독특한 지혜인 연기緣起(paticcasamuppāda)로 이어진다.

닦음-경(Sikkhā Sutta; AN I. 231-235, 1.236-239, III. 444, DN III.219, MN I.324 및 KN에서 다양하게)에서는 위와 같은 세 부분으로 구성된 구조에서 명상을 마음(citta)으로 바꿔서 제시한다. 여기에서 윤리, 명상, 지혜는 '고등 윤리 수행(adhisīlasikkhā)', '고등 마음 수행(adhicittasikkhā)', '고등 지혜 수행(adhipaññāsikkhā)'으로 가르친다. 비구와 비구니를 대상으로 하는 고등 윤리 수행에는 승려의 규율 바라제목차婆羅提木叉(pāṭimokkha)[2]에 따른 생활이 포함된다. 고등 마음 수행은 명상적 몰입 상태인 선정(jhāna)이 평정(upekkhā)과 마음챙김(sati)에서 절정을 이룬다는 설명과 함께, 관능에서 벗어나는 것에 대해 조언을 계속한다. 마지막으로, 고등 지혜 수행은, 고통을 실제 있는 그대로 알아차리는 것으로 구성된다(dukkhanti yathābhūtaṃ pajānāti); 이와 마찬가지로 괴로움(苦)의 발생(集), 소멸(滅), 그리고 고통의 소멸에 이르는 길(道)을 있는 그대로 인식한다. 즉 고등 지혜 수행은 사성제四聖諦를 있는 그대로 완전히 이해하는 것을 포함한다.

길을 따라가는 사람은 누구나 자신의 출발점에서 시작하여, 길이 인도하는 목적지로 향한다. 목적지는 깨달음(bodhi)이며, 특정 경전의 기준을 충족하지만 완전한 설명을 거부하는 경험적 지식이다.

---

1 역주: 수미산 위에 있다는 일곱 개의 천상계 중 하나.

2 역주: 승가의 계율, 줄여서 목차 또는 계본戒本이라고도 한다.

또한 출발점은 여행자마다 다르므로 못 박아 고정하기 어렵다. 길을 따라가는 방향은 사람에 따라 어느 정도 다를 수 있지만, 붓다는 길에 대한 일반화된 설명뿐만 아니라 깨달음을 얻지 못한 사람을 설명하는 광범위한 범주를 제공한다. 이 삼학 트리오는 실제로 복잡한, 그리고 항상 전적으로 개인적인 여정을 일반화한 것이다.

우리에게 출발점이 있고, 깨닫지 못한 상태에 있고, 삼학의 길이 있고, 깨달음이라는 목표가 있다면 어디서부터 시작해야 할까? 한 가지 분명한 출발점은, 깨어나지 않은 존재로서 우리가 있는 바로 이곳이다. 붓다는 그러한 존재에 대해 무엇을 가르치셨나?

길의 시작: 평범한 사람

그 길은 매우 중요한 이분법으로 시작된다: 평범한 세속인의 혈통(puthujjana-gotta)과 깨달음의 네 단계 중 하나에 도달한 고귀한 이의 혈통(ariya-gotta)이 그것이다. 평범한 세속인은 승려일 수도 있고 재가불자일 수도 있다. 수행 경험이 전혀 없거나 많은 수행을 했어도 깨달음의 첫 단계인 '흐름에 들어감(入流)'이라고 불리고, 환생의 윤회로 묶는 열 가지 족쇄(saṃyojana) 중 첫 부분 세 가지 족쇄에서 벗어난 수다원須陀洹(sotāpanna)[3]의 경지에 도달하지 못할 수 있다. 족쇄는 보통 다음과 같이 나열된다. (1) 자기 정체성 관점(sakkāya-diṭṭhi); (2) 의심(vicikiccha); (3) 규칙과 의식儀式에 대한 집착(sīlabbata

3 역주: Sans, srotāpanna, 소타빤나를 음사하여 수다원須陀洹: 입류入流로 번역, p.62 역주 참조.

-parāmāsa); (4) 관능적 욕망(kāma-rāga); (5) 악의(vyāpāda); (6) 물질적 존재에 대한 욕망(rūpa-rāga); (7) 비물질적 존재에 대한 욕망(arūpa-rāga); (8) 자만심(māna); (9) 초조(uddhacca); (10) 무명(avijjā). 불교의 길을 가다 보면 대략 위에 열거한 순서로 족쇄를 풀게 된다.

이러한 족쇄에 묶인 세속인의 경험은, 연기緣起의 수레바퀴의 첫 번째 단계인 무명(avijjā)에 의해 움직이기 때문에, 붓다가 다루어야 할 분명한 주제다. 붓다는 '무지한 자(assutavā)'에 대한 가르침에서, 무지하고 평범한 중생(assutavato puthujjana)은 지쳐서 육신이 자아(atta)가 아니라고 인식하면서 육신에서 분리될 수 있다고 말한다.(SN II.94) 몸은 그 요소나 구성의 흥망성쇠를 보는 것이 비교적 쉬운 대상이기 때문이다. 음식과 물이 우리 몸을 통해 들어오고 통과한다는 점에서, 우리 몸의 어떤 부분이 죽고, 오늘날의 물리적 '우리'가 몇 년 전의 '우리'의 어떤 부분이 아니었던 것으로 구성될 수 있도록 계속해서 연속적으로 대체된다는 점에서, '우리'는 우리 '몸'이 아님을 쉽게 알 수 있다. 그러나 붓다는, 비록 마음이 몸보다 훨씬 더 빠르게 변하는데도 불구하고, 평범한 중생은 마음(citta), 생각(mano), 의식(viññāṇa)에 있는 이와 같은 본성을 알아차리지 못하는 것 같다고 지적한다.(SN II.94- 95) 따라서 무지하고 평범한 중생은 종종 '이것은 내 것, 나는 이것, 이것은 나의 자아(etaṃ mama, esohamasmi, eso me attā)'라는 마음, 생각, 의식에 집착한다. 이것이 우리가 속인으로서 불도에 들어서기 전 우리 자신을 발견하는 상태이다.

평범한 세상 사람들에게 집착을 극복하는 길은 보시(dāna, cāga)에서 시작된다. 보시는 사문과경沙門果經(Sāmaññaphala Sutta; DN 1.47)과 같은 텍스트에 예시된 전통적인 점진적 수행(anupubbasikkhā)의 사실상 일부로 간주할 수 있지만, 명시적으로 언급되지는 않는다. 이것은 아마도 점진적인 수행에 대한 설명이 맥락상 승려를 목표로 하기 때문일 것이다: 이 수행은 속인이 붓다에 대한 믿음을 얻고 노숙자[4]의 길로 떠날 때 시작된다. 반면에 보시는 재가불자 상황에 국한된 관행이다. 왜냐하면 (담마의 공양은 제쳐두고) 재가불자만 공양할 소유물이 있기 때문이다. 따라서 실제로 보시는 보통 점진적 수행에서 발견되는 윤리(sīla; 계) 수행과 별개로 간주한다.

보시의 중요성에 관한 사례는 시하경(Sīha Sutta; AN III.38)[5]에서 찾을 수 있다. 재가불자인 시하는 자이나교의 수장인 스승 마하비라(Mahāvīra, 팔리어 경전에서는 니간타 나타풋타Nigaṇṭha Nātaputta로 알려짐)에 대한 항의로 붓다를 찾아온다. 시하는 빠르게 불교로 개종하지만, 붓다는 그가 이전처럼 자이나교를 계속 지원한다는 조건으로 그를 받아들인다. 이렇게 이 경전은 지금 바로 여기(sandiṭṭhikaṃ)에서 볼 수 있는 보시의 이로움을 찬탄한다. 이러한 이로움에는 사람들에게 사랑스럽고 매력적으로 되며, 선한 사람들로부터 칭송받고, 좋은 평판이 멀리 넓게 퍼지고, 사회에서 무안당하지 않고 참여하며, 내세에 천계로 환생하는 것이 포함된다.

---

4 역주: 출가자.

5 역주: 앙굿타라 니카야(AN: Aṅguttara Nikāya, 증지부增支部)에 해당하는 한역본 평행 계정(완전히 일치하지는 않지만, 내용이 거의 유사한) 증일아함경增壹阿含經에서는 종종 사자경獅子經이라고 번역.

또한 보시의 이로움은 현생에서도 자기 자신에게 돌아간다. 관대한 마음 중 하나는 인색에 찌든 때에서 벗어나는 것이다(AN II.66); 즉 소유에 집착하는 탐욕을 줄이기 위한 작업이 시작된다. 참으로, '어떤 한 고귀한 불제자가 그의 보시를 회상할 때, 그의 마음은 욕망, 분노, 망상에 사로잡히지 않았다.'(AN II.286) 이런 식으로 보시는 수행에 올바른 기초가 되며, 승가에 꾸준히 음식, 의복, 주거와 같은 물질을 지원하여 승가가 유지할 수 있게 만든다.

보시의 개발에서, 다음 개발 단계인 계(sīla), 즉 세상과 더 넓은 윤리적 관계를 발전시키는 방향으로 간다. 이 개발은 점진적인 수행이다. 비록 몇몇 예외가 있지만, 발전이란 즉시 이루어지기보다는 천천히 꾸준히 이루어진다고 예상되기 때문이다.(Udāna 48)

이 길에는 두 가지 버전이 있는데, 보통(lokiyal)과 초월(lokuttara) 또는 고귀(arya) 버전이다. 이 두 가지 버전의 차이는, 이 단계의 길에서 파악하는 바른 견해(sammā diṭṭhi)의 특성과 관계가 있다. 일반적으로 속인은 보통 수준의 이해에서 자기의 윤리 개발을 시작한다. 그 사람은 바른 견해에 대하여 일반적이고 개념적인 이해로 시작한다: 즉 몸, 말, 마음의 측면에는 공덕과 비-공덕(puñña, apuñña)이 있고; 건전한 행위와 불건전한 행위(kusala, akusala)가 있으며; 건전한 행위는 공덕의 업을 짓고 미래의 선과로 익는다; 불건전한 행위는 악업을 지어 미래의 슬픔으로 익는다. 이러한 개념들이 윤리 행위의 배경을 만든다.

초월 수준에서, 바른 견해는 사성제의 변형된 직관적 통찰이라고 말할 수 있고, 적어도 열반에 대한 일별이다.(MN I 48; Harvey 2013:

28-83) 이 통찰은 집착을 포기하는 결과를 가져온다는 점에서 변형적이다. 즉 이것은 행위자가 어떤 견해의 특정 내용에서 벗어나 견해를 유지하는 방식에 대한 뚜렷한 변화, 다시 말해 '무착無著'이 이루어진다.(Fuller 2001; Collins 1982: 85-144)

윤리

지금까지 우리는 팔리어 실라sīla라는 용어를 단순히 '윤리'로 번역해 왔다. 윤리는 대부분 상황에서 유용하고 정확한 정의를 갖는다. 그렇지만 이 번역의 더욱 완전한 어원과 방어가 필요하다. 이 용어의 초기 영향력 있는 어원은 붓다고사의 '청정도론(Visuddhimagga)'에서 왔는데, 거기에서 sīla의 의미는 '머리'라는 뜻의 siras와 '차가운'이라는 뜻의 sītala에서 연유했다고 한다.(Vism 1.19, Keown 2001: 49 번역, 인용) 따라서 덕과 윤리를 함양하는 사람은 문자 그대로 냉철한 머리를 함양하는 것이다. 이 점은 인간의 생리학적 분노와 반대되는 마음 상태와 관련된 초-문화적 경험을 가리킨다.(Kövecses 1986: 11-38; Lakoff and Johnson 1999) 바수반두Vasubandhu 역시 산스크리트어 sīla가 '상쾌함' 또는 '냉각 효과'가 있다는 의미의 어근 sī에서 나온 것으로 설명한다.(Keown 2001:49) 서늘한 공기의 중요성은 불교도의 목표인 '열반은 탐, 진, 치의 불을 끄는 것'이라는 유명한 '불의 설법'(SN IV.19)에서 묘사된 은유와 함께 공명한다.

이러한 의미에서, sīla는 주로 행위자의 내적 정신 상태 또는 의도라는 관점에서 윤리를 설명하는 서양철학과 유사한 방식으로 보아야 한다. ethic이 '도덕적 기질; 습관적 성격; 성향'을 뜻하는 그리스어 ethikos와 ethos에서 파생되었다는 점을 상기하라. 그렇더라도 이 점은 외적 행위를 형성하는 sīla에 의해 설명되는 것과 같은 내적 상태다. 법구경(Dhammapada)의 첫 번째 게송에서 묘사된 것처럼:

> 마음이 모든 경험에 앞선다.
> 마음이 이끌고
> 마음이 만들고
> 때 묻은 마음에는
> 괴로움이 따른다.
> 수레바퀴가 소의 발굽을 따르듯.
> (Fronsdal 2005: 1)

이런 점에서, sīla(계)를 완전히 터득한 사람은 당연히 덕 있는 사람이라고 할 수 있다. 비록 일상적 용법에는, 실제로 전문화된 철학적 논의에서조차도, 덕은 열거할 수 있는 어떤 개별적인 특성들의 집합으로 자주 이해되고 있지만(Honderich 1995: 900), 불교에 그런 집합이 있다는 것은 완전히 명확하지 않다. 드레퓌스(Dreyfus: 1995: 44)는 아비달마에 있는 '다섯 가지 기능(indriya)', 즉 믿음, 에너지, 마음챙김, 집중력, 지혜가 불교의 덕목으로 작용할 수 있다고 제안한다. 그렇지만 그가 지적했듯이, 선택할 수 있는 다른 비슷한 목록이 있다.

불도에서 계의 중요성에 대해 많은 경전과 주석에서 모든 입신출세의 기초라고 묘사하며 강조하고 있다. 붓다고사Buddhaghosa는 계를 모든 성공의 근원으로, 열반을 그 열매로 묘사했다.(Keown 2001 : 50) 계는 후회의 부재(avippaṭisāra)를 제공하는데, 마음을 흐리게 하는 것이 후회이기 때문이다.(AN V. 312) 나선비구경(Milindapañha)에서는 계를 길(magga) 자체와 마음챙김의 나타남(satipaṭṭhāna)을 포함한 '모든 선한 것의 기초이며 표시'라고 불렀다.(satipaṭṭhāna의 어원에 관한 논의는 Anālayo 2006: 236 참조) 더구나 계는 언제나 단순히 더 중요한 일을 하기 위한 초석으로만 생각되었던 것은 아니다. 붓다고사가 '천상계로 올라가는 계단이 계 말고 또 어디에 있는가?' 아니면 '열반의 도시로 들어가는 대문이 계 말고 또 어디에 있는가?'라고 말했듯이.(Keown 2001: 53) 붓다고사에게는 계는 단지 길을 통과하기 위한 단계가 아니고 성스러운 삶을 사는 구성 요소였다. 따라서 붓다가 자신을 스스로 '나는 최상의 도덕 맨 앞에 선 사람이다(adhisīla)'라고 말한다.(DN I.174)

계는 비록 열반 성취를 목적으로 함양하지 않더라도 매우 가치가 있다. 계는 천상계의 환생을 보장할 뿐만 아니라 현생의 재화에도 인도한다. 붓다에 따르면, 재가불자에게 주어지는 계의 첫 번째 이로움은 '많은 재산(bhogakkhandhaṃ)'이다.(DN II. 86, III. 236, and Vism I. 23, Keown 2001: 45 참조) 아마도 이는 정직과 정의가 사업에 좋기 때문일 것이다. 그러나 정직과 정의가 그 자체로 재산이기도 하다: 계는 또한 도덕적 수치심(hiri) 그리고 도덕적 두려움(ottapa)의 두 가지 핵심 정신적 특성과 함께 일곱 가지 재산 중 세 가지로 간주된다.(AN IV.5) 실제로 계는 '세상을 보호하는 두 가지 밝은 특성'(AN

I.51)으로서 도덕적 수치심과 도덕적 두려움을 요구하며, 이것이 없으면 도덕적 억제가 불가능하다.

붓다는 계의 요소에 대한 몇 가지 목록을 제공한다. 가장 널리 알려진 것은 재가불자를 위한 살생, 도둑질, 음행, 거짓말, 음주를 피하는 오계이고, 이에 상응하는 사원 승려를 위한 점진적인 수행이 있는데, 또 여기에 무기, 생물, 고기, 술 또는 독극물의 거래와 같이 해로운 생업을 피하는 것이다.(AN III.208) 그러나 때때로 붓다는 더 넓은 그림을 제시한다. 예를 들어(AN IV.281), 재가불자 디가자누 Dīghajāṇu로부터 '현세와 내세에서 우리의 복지와 행복에 이르는 방법'으로써의 불법을 가르쳐달라는 요청을 받았을 때, 붓다는 재가불자를 위한 여덟 가지 행위, 즉 현생에서 복지와 행복으로 이어지는 네 가지와 내세에서 더 나은 삶을 보장하는 네 가지 행위에 대해 자세히 설명한다. 현생에서 잘 살기 위해서는 능숙하고 부지런히 생계를 꾸려야 하고, 재물을 성실하게 지키고, 좋은 사람들과 사귀고, 지출과 수입의 균형을 맞추어야 한다. 내세의 좋은 삶을 위해서는 붓다를 깨달은 존재로 믿고, 오계에 따라 행동하고, 관대하고 너그러우며, 지혜를 추구해야 한다.

지혜의 성취는 결국 괴로움(dukkha)의 끝과 관련된 깨달음 상태로 이어지기 때문에 계는 수행 전체를 포괄하는 것으로 볼 수 있으며 아라한이 될 때까지 완성되지 않는다. 그 시점까지 계의 수행은 노력을 기울여 개념적으로 수행하는 훈련이다.(예: MNI.446)

붓다는 또한 포살布薩(Uposatha) 날[6]에 재가불자를 위한 8계의 확장된 계율목록을 권했는데, 여기에는 성행위를 삼가고, 하루에 한 끼만 먹고, 오락과 높은 침상을 피하는 것이 포함된다.(AN IV.248-251) 이것은 재가불자들에게 승려 생활의 맛을 제공하는 금욕의 확장된 수행이다. 따라서 이것은 일부 사람들을 승려 생활로 끌어들이기 위한 작은 발단이 되는 기능을 할 수 있다. 붓다에 따르면, 재가불자의 삶으로는 윤리적으로 살기 어려우므로 이것이 최선이 될 것이다. '재가자의 삶은 먼지투성이 길이다. … 집에 사는 사람이 반짝거리는 나팔처럼, 완전무결한, 완전하게 정화된 거룩한 삶을 살기가 쉽지 않다.'(DN 1.63)

수행 중인 승려도 규칙을 따르지만, 그 규칙은 더 엄격하고 복잡한 바라제목차婆羅提木叉(Pāṭimokkha) 규칙에 따르는 '고등 윤리 수행(adhisīlasikkhā)'의 일부이다. 여기에는 재가불자 생활의 특정 행위 가운데 가장 유명한 성행위 및 돈 취급을 포기하는 것뿐만 아니라 춤, 쇼 관람, 게임, 호화로운 침구와 화려한 옷 즐기기, 화장하기, 점치기 등이 포함된다.(DN I.63 -69; Bodhi 1989: 13) 또한 '고등 윤리 수행'은 '탐욕과 슬픔과 같은 사악하고 불건전한 상태'를 조장할 수 있는 상황에서 스스로 물러남으로써 자신의 행위를 보호하는 감각 억제를 포함한다.(DN I.70) 말하자면, 그러한 규칙은 실제로 모든 불교 수행에서 찾아볼 수 있는 윤리적 규칙으로서, 총체적인 사회적 수준에서 해를 줄여 괴로움을 최소화하는 것을 목표로 한다.

비록 규칙이 윤리 훈련의 중심 부분을 구성하지만, 거기에는 규칙에 교조적으로 집착할 수 있는 위험이 도사리고 있다.(Analayo 2003:

---

6 역주: Skt. Upavasatha, 붓다 시대부터 현재까지 지켜온 불법 준수의 날. 이 날 재가불자와 사원 수행자 모두 마음을 정화한다.

220 n.12) 규칙이 윤리 훈련의 본질이라고 믿는 것은 관능적 욕망에 해가 없다고 주장하는 것만큼이나 극단적이다.(Ud 71) '규칙과 의식儀式에 대한 집착(sīlabbata-parāmāsa)'의 족쇄는, 윤리적 행위를 통해 더 높은 환생을 열망하는 사람들(MN I.102), 또는 출가자들이 해탈을 얻기 위해 개나 소처럼 행동하는, 개나 소의 노역 의식으로 고행하는 사람들에서 그 예를 찾을 수 있다.(MN I. 387ff.)

명상

삼학 중 두 번째 훈련은 명상, 삼매(samādhi), 마음(citta) 또는 함양(bhāvanā) 등으로 다양하게 언급된다. 이 팔리어 용어들은 최근 비구 붓다다사Buddhadasa(1989: 26)[7]에 의해 '성공에 가장 도움이 되는 조건에 놓이도록 마음을 잡는다'라는 말로 함께 결합한다. 이 말은 윤리와 지혜의 훈련을 연결하는 정신 수행으로서 초기불교 명상의 본질을 지적하고 있다. 이 배치 덕분에 일부 학자들(특히 Keown 2001: 38)은 불교의 구원론을 윤리(sīla)와 지혜(paññā)라는 '이원적 모델' 측면으로 설명할 수 있게 해주었으며, 분명히 명상을 그 모델 한편으로 치워놓았다. 그렇더라도 케이온Keown은 지혜의 발전을 선정禪定(jhāna)과 명상적 통찰의 상태를 명시적으로 연결하는 종덕경種德經(Soṇadaṇḍa Sutta; DN I.124ff.)에 의존한다. 이 텍스트에서 붓다는 브라만 소나단나의 불법에 대한 이해를 끌어오려고 노력한다. 따라서

---

7 역주: 1906-1993, 태국의 승려.

붓다가 '윤리와 지혜가 홀로 세상에서 가장 고귀한 것을 구성한다'라고 동의한 것을 교육적 소개의 맥락으로 보아야 하고, 계, 정, 혜 세 가지를 비교하여 명상(정定)의 상대적 가치에 대한 결정적 설명으로 보아서는 안 된다.

다른 사람들(Dreyfus 1995; Mills 2004)은, 다양한 종류의 명상의 상대적인 중요성에 대한 논란이 계속되고 있음에도 불구하고, 불도에서 명상이 중요한 역할을 한다고 본다.(Analayo 2016b, 아래 참조) 경전 텍스트들은 수행할 수 있는 몇 가지 명상의 유형뿐만 아니라 선정(jhāna)을 통해 도달할 수 있는 상태에 대한 여러 용어를 사용한다. 그러나 우리는 여기에서 삼매로 시작하는 '세 가지 훈련' 모델에 가장 두드러진 용어 중 몇 가지만 논의할 것이다.

1) 명상과 윤리

윤리는 명상에 어떤 영향을 미치는가? 계(sīla)는 무해를 목표로 하는데, 그 이로움 중 하나는 성공적인 명상 수행에 장애가 될 수 있는 후회를 방지하는 것이다. 후회 없는 상태(avippaṭisāra)는 개방적이고 명확하며 집중된 마음챙김 개발에 중요하다.(AN V.312) 선정을 이루려면 감각적 욕망, 악의, 불안, 나태, 의심의 다섯 가지 장애를 극복해야 하므로, 후회 없는 상태는 올곧은 집중에도 필수적이다.(AN III.428-429) 특히 남에게 해를 끼치는 행동을 하면 불안감이 증가하게 되는데, 이는 도덕적 수치심(hiri)이 마음을 어지럽히고 도덕적 두려움(ottappa)이 비윤리적인 행동의 결과를 걱정하게 하기 때문이다. 불안하고 근심하는 마음은 집중에 도움이 되지 않으므로 선정에 도움이 되지 않는다.

바히야경(Bāhiya Sutta; SN V.165-166)에서, 윤리, 그리고 올바르고 명확한 견해가 건전한 상태의 기반을 형성한다고 한다. 고행자 바히야가 윤리와 바른 견해를 마음챙김 명상 수행으로 가져갔을 때 깨달음에 이르게 된다. '건전한 상태(kusaladhamma)의 시작은 무엇입니까?' '철저히 정화된 윤리와 올바른 견해를 가지는 것이다.' 이 설법에서 바히야는 사념처四念處(satipaṭṭhāna)[8]를 수행하도록 가르침을 받고, 그렇게 함으로써 완전한 깨달음을 얻어 아라한이 된다.

그러면 반대로 명상은 윤리에 어떤 영향을 미칠까? 케이온(Keown 2001: 77-78)은 마음을 진정시키는 명상(samatha-bhāvanā)이 감각적 욕망과 악의를 억제함으로써 '도덕적 덕성을 함양'한다고 생각한다. 물론 마음을 진정시키는 명상에는 약간의 윤리적 자각이 필요하다. 왜냐하면 윤리적 자각이 없으면 고요함에 다가설 수 없기 때문이다. 그리고 동시에 집중 수행은 감각적 욕망과 악의에 사로잡혀 비윤리적으로 행동하는 경향을 줄여준다. 밀즈Mills는 고요 명상이, 특히 사무량심四無量心(brahmavihāras) 수행을 통해 윤리적 관심이 함양된다고 주장한다.(2004) 즉 밀즈는 선정 상태를 방해하고 자기 자신과 남을 해치는 것으로 연결되는 불건전하고 비윤리적인 마음 상태를 버리기 위해 작용하는 것은 사무량심四無量心, 즉 자무량심慈無量心(mettā), 비무량심悲無量心(karunā), 희무량심喜無量心(muditā), 사무량심捨無量心(upekkha)일 수 있다고 시사했다.

---

8 역주: 마음을 깨어 있게 하는 네 가지 수행법으로 신념처身念處, 수념처受念處, 심념처心念處, 법념처法念處를 말함.

이와 유사하게 자무량심에 초점을 맞춰, 곰브리치Gombrich는 붓다가 사무량심이 수행자에게 해탈을 가져오는 힘이 있다고 가르쳤다고 주장한다.(선정에 대한 Lance Cousins과 Anālayo의 토론 참조) 곰브리치는 '붓다는 자비를 해탈의 수단, 즉 붓다의 언어로 말하면, "열반 성취"의 수단으로 보았다'라고 말했다.(2009: 76) 곰브리치는 초기불교 문헌뿐만 아니라 붓다가 친숙했을 가능성이 있고, 그러므로 붓다가 그렇게 대답했을 가능성이 있는, 우파니샤드(Upaniṣads; Bhad-aranyaka and Chandogya)에 대한 이전 연구의 분석을 기반으로 이러한 주장을 했다.(1996: 58-64; 1998) 겟인Gethin은 이 해석을 '뭔가 수수께끼 같은 것'이라고 불렀다.(2012) 곰브리치의 주장은 사무량심의 성취가 해탈의 성취보다 낮은 단계라는 몇몇 경전 구절과 모순되며(예: MN 1.38, MN I.351, AN 1.180-185), 따라서 상좌부불교 전통에서 벗어났다는 비판을 받아왔다.(Bodhi: 1997)

2) 정진

일반적으로, 정진(vāyama)은 불도에서 명상의 영역에 속한다. 왜냐하면 정진은 건전한 상태를 적극적으로 함양(bhāvanā)하는 것이며 불건전한 상태를 회피하는 수행이기 때문이다. 그러나 정진과 명상은 윤리와 명상에서처럼 상호 관계가 있다. 정진은 또한 윤리와도 관련이 있다. 분석경(Vibhaṅga Sutta; SN V.8ff.)은 바른 정진의 네 가지 측면을 이야기한다: (1) 사악함(pāpakā)과 불건전한 성질(akusalā dhammā)이 일어나지 않도록 의욕(chanda) 등등을 발동한다. (2) 사악함과 불건전한 성질을 버리기 위해 의욕 등등을 발동한다. (3) 건전한 성질이 일어나도록 의욕 등등을 발동한다. (4) 일어난 건전한 성질을 함양(bhāvanā)하고 미혹이 없는 상태를 유지하기 위해 의욕 등등을 발동한다. 이러한 의미에서, 바른 정진은 명상과 관계된 문제만큼이나 윤리적인 문제이다. 선과 악 그리고 건전함과 불건전함에 관한 관념의 계발이 없다면, 바른 정진은 지혜와 깨달음을 낳는 바른 목적을 달성하는 데 빗나가거나 효과가 없을 것이다.

바른 정진에 대한 두 번째 설법에서는 명상이라는 주제를 전면에 내세운다. 손나경(Sona Sutta; AN III.374)에서, 비구 손나는 은둔(paṭisallīna)하여 명상에 힘썼지만 어려움을 겪고 있었다. 붓다는 그에게 비유로써, 류트를 연주할 때 현이 너무 느슨하거나 너무 팽팽하면 조율하기 어렵고 연주하기 쉽지 않다고 지적한다.

> 손나여, 류트를 연주할 때처럼 지나친 정진은 불안으로 이어지고 느슨한 정진은 게으름을 낳는다. 그러므로 손나여, 너는 마땅히 이와 같은 이치를 알고 바른 정진을 결정하고, 다섯 가지 기능[9]을 조율하여 (명상의) 대상을 파악해야 하느니라.

여기에서 붓다는 바른 정진과 명상의 장애, 특히 불안-초조(uddhacca-kukkucca)와 나태-무기력(thīna-middha)을 연관짓는다. 모든 정진, 특히 집중적(jhānic) 명상은 이러한 장애를 극복하여 몰입

9 역주: 'Indra에 속한'이라는 뜻의 Indriya인데, 여기서는 다섯 가지 정신적 기능을 말한다. 즉 확신(saddhā), 에너지 또는 고집(viriya), 마음챙김(sati), 삼매(samādhi), 지혜(paññā)다.

에 들어갈 만큼 아주 명료하고, 통일되고, 집중된 마음을 갖는 것이 필요하다. (실제로 이러한 장애 중 불안-초조는 온전한 깨달음을 성취할 때까지 완전히 버려지지 않는다.) 따라서 정진의 강도를 측정하는 것은 불도 진척의 중요한 측면이다.

명상은 또한 정진을 강화한다. 정식 명상에 유익한 어떤 마음 상태는 일반적으로 올바른 정진에도 유익하다. 마음챙김 명상(sati) 수행은 '앞으로 갈 때와, 돌아올 때, 앞을 보거나 눈길을 돌릴 때, 먹고, 마시고, 배변하고, 소변을 볼 때, 걷거나, 서거나, 앉거나, 잠들거나, 깨어나거나, 말할 때나, 침묵할 때 … (등등)'의 경우 언제나 완전한 의식을 가지고 행위를 하려는 노력을 포함한다.(MNI.57) 즉 마음챙김에 집중하는 숙련된 자질을 기르기 위해 근본적으로 평생 노력하는 것이다. 따라서 바른 정진이란 계속되고 지속하는 것을 이상으로써 이해해야 하며, 일반적으로 정식 명상, 즉 마음챙김으로 간주하는 수행에서도 바른 정진이 이루어져야 한다는 것을 알아야 한다.

명상적 노력이나 함양(bhāvanā)은 집중이나 마음챙김의 수행을 넘어 확장된다. 카진즈Cousins(1996: 41)는 '불법을 공부하거나 가르치는 것과 같은 승려 활동뿐만 아니라 경을 외우거나 게송(gāthā)을 읊는 것이 함양의 한 형태일 수 있다'라고 지적한다. 이와 유사하게, 겟힌Gethin(2004: 215)은 염불과 묵상 수행을 정식 명상 수행의 예로서 경전에서 찾아 지적한다. 따라서 재가불자의 명상 참여는 일부 학자들이 생각하는 것보다 더 널리 퍼졌을 수 있다. 왜냐하면 전통적인 함양의 범주는 매우 융통성이 있기 때문이다.

요약하자면, 바른 정진은 정식 마음챙김 명상의 경우, 그리고 경전

공부나 염불 또는 묵상과 같은 더 넓은 사회적 수행의 경우 모두에서, 우리가 일반적으로 짐작하는 것보다 더 넓은 수행 분야라는 것을 알 수 있다. 바른 마음챙김(正念)에 몰두하는 승려의 경우 아낌없는 정진이 이상적으로 이루어져야 한다. 재가불자 수행자의 경우에는 오계 또는 팔계 같은 윤리적 절제의 실천뿐만 아니라, 더 경건한 정취를 지닌 명상 수행이 포함될 수 있다. 최근에는 현대 미얀마에서 레디 사야도Ledi Sayadaw가 시작한 위파사나 운동의 출현(Braun 2013)으로, 재가불자를 위한 정진은 대부분의 전통적인 마음챙김 수행을 포괄하도록 확장되었다.

3) 선정

붓다의 처음 명상 경험에 관한 기록은 장미-사과나무 아래 있는 어린 소년이었을 때였다. 그곳에서 붓다는 '감각적 쾌락과 불건전한 상태와는 아무런 관련이 없는 쾌락'인 첫 번째 선정(Jhāna)을 경험했다고 말한다.(MN 1.246 247) 이후 붓다는 깨달음을 얻기 전 방랑과 실험을 하던 때에 두 스승인 알라라 깔라마Āḷāra Kālāma와 우따까 라마풋따Uddaka Rāmaputta에게서 깊은 집중 명상법을 배웠다고 말한다. 이 스승들이 자이나교의 기법인지(Bronkhorst 2009: 49-56), 아니면 브라만교의 기법(Wynne 2007)을 가르쳤는지는 학계에서 의견이 일치하지 않지만, 붓다가 그 가르침들을 해탈이라고 생각하지 않았다는 것으로는 충분하다. 어쨌든, 이 역사적 삽화는 집중 명상 기법이 불교 이전 환경에서도 드문 일이 아니었음을 보여준다. 집중 명상의 기법들은 인도 출가자의 길에서 필수적인 측면으로 간주하였을 수도 있다.

붓다는 집중적 명상인 선정禪定을 '사선정四禪定(jhāna)' 또는 '사색계四色界 (rūpa)'로 가르쳤다.(SN V.10) 이것들은 그가 붓다가 되기 전 보살로서 두 스승에게서 배운 경전에서 '감각의 영역(āyatanas)'[10]이라고 알려진 집중 명상의 기법과는 달리, 마음에 미묘한 경험을 유지하는 더 고요하고 미묘하며 더 즐거운 마음 상태로 점진적으로 집중하는 과정을 구성한다. '무형의 영역'은 후기 전통에서 선정의 상태로도 알려지게 되었지만, 경전에서는 항상 선정과 별도로 취급되므로 초기 전통에서 함께 다루어져서는 안 된다.(예: Norman 1997: 31; Gethin 2001: 347) 실제로 '무형의 영역' 명상이 역사적 붓다에 의해 수행되었는지(예: Gethin 2001, Wynne 2007), 아니면 그것이 나중에 덧붙여진 것인지(Bronkhorst 1985; Vetter 1988: xxii)에 대해서는 학계에서 이견이 있다.

각 선정 상태는 건전한 쾌락을 포함한다는 점에서 '초인적 상태(uttari manussa dhammā), 고귀한 사람에게 합당하는 지식과 통찰력의 구별'로 간주된다.(MN I.207ff.) 사문과경沙門果勁(Sāmaññaphala Sutta; DN 1.47ff.)에서는, 붓다의 깨달음은 4선정 중 네 번째 평정 상태인 사념청정정捨念淸淨定을 끝내자마자 곧바로 이루어졌다고 한다. 다른 텍스트에서와 마찬가지로 사문과경에서, 네 번째 선정(jhāna)은 세속적인 (lokiya) 능력을 만드는 데 필요한 정신력, 즉 모습을 감추거나, 벽을 통과하거나, 일반적으로 들리지 않는 것을 듣는 능력, 마음을 읽는

10 역주: āyatanas; 동아시아 한문 문화권에서는 보통 육입六入, 육처六處로 번역한다. 즉 감각기관 안眼 이耳 비鼻 설舌 신身 의意 그리고 이런 감각기관의 대상인 색色, 성聲, 향香, 미味, 촉觸, 법法이다.

능력, 전생을 기억하는 능력, 그리고 업보의 결과를 볼 수 있는 능력을 제공한다고 한다.(Ñāṇamoli and Bodhi 2009: 37) 더 중요하게는, 네 번째 선정의 성취는 종종 열반에 해당하는 번뇌(āsavas)의 소멸을 아는 초현세(lokuttara; 출세간出世間)적 능력에 선행한다는 것이다.

깨달음을 얻기 위해 선정의 성취가 실제로 필요한지 아닌지, 또는 실제로 어느 정도까지 필요한지에 대한 의문이 있다.(Vism I.6, Gunaratana 1980: 17, Analayo 2015: 13, Cousins 1984, 1996) 예를 들어오하분결경五下分結經(Mahāmālunkya Sutta; MN 1.435)에서 붓다는 초-선정의 달성만 요구하는 것으로 보이는 깨달음의 과정을 설명한다. 수시마경(Susima Sutta; SN II.119ff.)은 이것을 뒷받침하는 것으로 보이는데, 이는 일반적으로 네 번째 선정을 달성한 결과라고 여겨지는 세속적인 초능력이 없는 많은 아라한 비구들을 염두에 둔 때문일 것이다. 이것이 어떻게 가능하냐는 질문에 그들은 '지혜로 해탈(paññavimuttā)되었다'라고 대답한다. 이것은 그들이 선정에 대한 경험이 완전히 부족했다는 입증은 아니고, 선정이 그들의 정진의 초점이 아니었고, 또 아마도 그들이 특히 네 번째 선정에 이르는 길을 완전하게 만들지 못했을 수도 있음을 시사한다. 이것은 소위 '마른 통찰'의 길, 아니면 적어도 어떤 선정의 완성이 없는 깨달음의 길일 것이다. 그러나 아날라요Analayo가 지적한 바와 같이, 수시마경의 어떤 버전도 '적어도 선정에 이르는 경계 수준의 고요함을 함양하지 않고 순수한 지적인 접근만으로 완전한 깨달음에 이르게 할 수 있다는 가정을 지지하지 않는다.'(2015: 13)

아날라요 역시 선정(jhāna)에 잠재적인 단점이 없는 것은 아니라고 언급한다.(2016: 45) 선정의 즐거움에 대한 집착은 도에서 멀어지게 할 수 있다. 또한 선정 상태를 깨달음의 상태로 착각할 수 있다. 이것은 범동경梵動經(Brahmajāla Sutta)에서 잘못된 견해라고 언급된 '지금 여기 열반의 교리(diṭṭhadhammanibbānavāda)' 중 두 가지에 해당한다.

4) 마음챙김

마음챙김(sati)은 아마도 붓다가 제안한 것 중 가장 유명한 수행일 것이다. 마음챙김은 호흡 명상을 중심으로 하는 수행 모음으로 가장 잘 알려져 있다. 이것은 호흡기억경(Ānāpānasati; MNIII.78), 염처경念處經(Satipaṭṭhāna Sutta; MN I.55), 대념처경大念處經(Mahasatipaṭṭhāna Sutta; DN II.290)에서 네 가지 일반 범주[11]로 설명되어 있다.

첫 번째는, 몸에 대한 마음챙김[12]이다. 이것은 호흡을 따라가며 자신의 몸과 몸의 위치, 자세, 움직임, 그리고 실제로 일상의 모든 활동을 알아차리는 것을 말한다. 그것은 심지어 내장을 포함한 신체 부위에 대한 인식, 신체의 네 가지 요소에 대한 인식, 아홉 가지 다양한 납골당, 사체와 유골에 대한 묵상 등을 포함한다. 특히, 비록 마음챙김이 종종 현재 순간에 대한 비-개념적 자각의 수행으로 특징지어지지만, 이러한 신체 지향적인 수행 중 몇 가지는 능동적이고 심지어는 창조적인 명상을 포함한다. 자신의 콩팥과 내장, 또는 신체의 고체와 기체 부분에 대해 명상하는 것, 또는 자신의 몸이 결국 부풀어

---

11 역주: 사념처四念處.

12 역주: 신념처身念處.

오른 시체가 될 것이라는 사실에 대한 명상은 자신의 신체를 물리적이고 시간적인 것으로 분석하는 능동적이고 개념적으로 매개되는 과정에 참여하는 것이다.

마음챙김 수행의 두 번째 범주는 느낌(vedanā)[13] 수행이다. 이 단계에서 느낌을 유쾌하거나 고통스럽거나 중립적으로 인식하게 된다. 연기緣起 도식에서 느낌은 갈애(taṇhā)에 선행하며, 이는 결국 괴로움(Dukkha)의 가장 가까운 원인이다. 수행의 핵심 목표 중 하나가 느낌과 느낌이 생성하는 갈애 사이의 연결 고리를 끊는 것이기 때문에, 느낌이 일어나는 즉시 그 느낌을 알아차리는 것이 숙련된 습관을 개발하는 데 핵심이다.

마음챙김 수행의 세 번째 범주는 마음[14] 수행이다. 즉 이 단계에서 자기 마음이 욕심, 욕정, 증오, 혼란으로 가득 차 있는지 자기 마음의 성격을 알아차리게 되는 것이다. 이러한 특성에서 자유로운가? 여기서 우리는 위에서 인용한 법구경(Dhammapada)의 구절을 생각할 수 있다. 타락한 마음으로 말하거나 행동할 때 괴로움이 따르지만, 평화로운 마음으로 말하거나 행동할 때 행복이 따른다는 충고를 활용하려면 자신의 정신 상태에 주의를 기울이는 수행을 해야 한다: 자신의 마음의 특성을 알지 못하면 그 나쁜 영향을 완화할 수 있는 능력이 없을 것이다.

마음챙김 수행의 마지막 범주는 법(dhammas)에 대한 마음챙김[15]을

---

13 역주: 수념처受念處.

14 역주: 심념처心念處.

15 역주: 법념처法念處.

포함하는데, 이에 관한 연구는 난나몰리Nanamoli와 보디Bodhi가 '마음-대상'(2009), 겟힌Gethin이 번역한 '육체와 정신적 과정'(1998: 195)이 있고, 아날라요Analayo(2006)는 번역되지 않은 상태로 두었다. 이것은 본질적으로 불교 범주에 따라 현상을 보도록 자신을 훈련하는 것을 포함하는 광범위한 수행 묶음(DN II.290ff.에서 다소 확대됨)이다. 아날라요가 다음과 같이 말했듯이.(2006: 186)

> 담마dhamma에 대한 성찰은 조건부의 담마(원리)를 이해하고 모든 담마(현상) 중 가장 높은 담마(열반)를 실현하기 위해 명상하는 동안 담마(붓다의 가르침)에서 가르친 담마(분류 범주)에 능숙하게 적용된다.

특히, 수행자가 법(dhammas)에 대한 마음챙김을 수행할 때 명상 수행에 대한 다섯 가지 정신적 장애를 알아차리도록, 즉 그것들이 있을 때와 없을 때를 알아차리도록 자신을 훈련한다. 바른 정진으로 그 장애들을 제거하고 다시 생기지 않도록 할 수 있다. 이와 유사하게, 오온五蘊과 그 오온의 발생과 소멸을 알아차리도록 자신을 훈련한다; 여섯 가지 감각 기반과 그것들이 만드는 족쇄, 욕망의 대상에 대한 집착, 깨달음을 수반하는 요인들; 그리고 사성제 그 자체를 알아차리는 것이다. 이러한 유형의 마음챙김에서 우리는 단지 현재의 순간만을 자각하는 것이 아니라는 점은 다시 주목할 만하다. 수행에는 깨달음과 관련된 범주에서 현상을 분석하고 분류하는 강력한 개념적 덧씌움이 작동한다.

네 가지 마음챙김 범주[16]의 수행은 부수적인 후렴구와 함께 설명된다: 하나는, 당면한 문제를 내부적으로, 외부적으로, 그리고 내부적, 외부적인 문제를 함께 성찰하는 것이다. 하나는 문제의 발생, 소멸, 그리고 발생 소멸을 함께 성찰하는 것이다. 하나는 최소한의 지식과 지속적인 마음챙김에 필요한 정도까지만 그것을 알아차리는 것이다.(ñaṇamattāya paṭissatimattāya) 하나는 이 모든 것을 '세상의 어떤 것에도 집착하지 않고, 독립적으로' 행하는 것이다.(anissito ca viharati, na ca kiñci loke upādiyati) 이러한 모든 지침은, 수행을 세계 경험의 보편적 특성을 나타내는 것으로 간주하고, 수행에 대해 객관적인 태도를 취해야 한다는 것을 시사한다. 하나는, 또한 생각의 확산이나 집착의 의존에 휘둘리지 않는다는 의미에서 수행에 대한 객관적인 태도를 취해야 한다.

5) 마음챙김과 통찰

초기 텍스트에서는 명상 수행을 가장 일반적으로 마음챙김 또는 집중의 관점에서 설명한다. 19세기 후반부터 미얀마 상좌부불교 승려 레디 사야도Ledi Sayadaw가 위파사나 명상의 재활성화를 시작했다.(Braun 2013) 비록 초기 텍스트가 종종 통찰력의 관점에서 명상을 이야기하지만, 레디의 목표는 통찰 수행을 정진의 초점으로 만드는 것이었다. 이러한 강조의 미묘한 변화는 서구식민주의와 관련해서 일어났다. 레디는 기독교 개종과 경쟁하기 위해 사원과 재가불자의

16 역주: 사념처.

광범위한 청중에 맞는 길을 촉진할 것을 목표로 삼았다. 그는 이를 위해 실재實在의 무상, 불만족, 무아적 본성에 대해 직접적으로 알아차리도록 선정(jhāna)을 강조하지 않았다. 그는 또한 가르침을 모국어로 번역하고, 재가자와 승려의 구분을 적절하게 낮추어 평준화하는 등, 불교를 활성화하는 데 중점을 둔 여러 가지 미묘한 혁신을 했다.(Braun 2013: ch. 3) 그런데도 브라운이 언급한 바와 같이(139), 불교 명상에 대한 레디의 접근 방식은 경전에 근거를 두고 있다. 본질에서 그는 '마른 통찰' 수행, 즉 선정의 이로움 없이 (또는 최소한 덜 강조하면서) 깨달음을 추구하는 수행을 지지하고 있었다.

몇 가지 초기 텍스트는 통찰력을 설명한다. 예를 들어, 킴수카-나무-경(Kiṃsuka Tree Sutta; SN IV.191ff.)에서 붓다는 사람을 감각에 해당하는 여섯 개의 문이 있는 성벽으로 둘러싸인 도시에 비유한다. 문지기는 마음챙김(sati)으로, 누구를 도시에 들어가도록 허용해야 할지 말아야 할지를 인식한다. 문지기는 도시의 주인인 의식(viññāṇa)에게 정보를 제공하는 외부의 두 전령인 고요함(samatha)과 통찰(vipassanā)을 받아들인다. 우리는 '고요함'이 집중 수행을 말하고 '통찰'이 마음챙김 수행을 통해 얻은 지혜를 의미한다고 가정할 수 있다.(예: Cousins 1984: 58 참조) 그렇다면 이 전령들도 명상(samādhi)과 지혜(paññā)에 해당한다고 볼 수 있다. 전령이 가는 길은 팔정도이며 전령이 전하는 메시지는 깨달음 그 자체다.

이 비유는 고요함과 통찰 사이, 그리고 이 둘과 마음챙김 사이의 긴밀한 상호관계를 시사한다: 마음챙김은 통찰뿐만 아니라 고요함의 발전을 허용하고, 고요함과 통찰은 같은 길에 도달한다. 그래서 예를 들어, 우리는 '직접 지(abhiññā)에 의해 계발되어야 할 것들'(SN V.52, AN II.247)로 나열된 한 쌍의 '고요(samatha; 지止)와 통찰(vipassanā; 관觀)'을 발견한다. 이러한 의미에서, 초기 텍스트에서 통찰은 수행이라기보다는 그 수행의 결과라고 보아야 한다. 따라서 마음챙김이 수행이라면 통찰은 그 목표, 즉 지혜 자체와 본질에서 같은 것으로 볼 수 있는 목표이다. 레디의 소위 '통찰력 수행'은 세부 사항에 있어 규범적이었지만, 그 이름에는 모순적인 풍미가 있다. 그런데도 그의 목표는 그가 지혜를 증진하는 데 가장 직접적인 목표를 둔다고 본 (경전에서 권장되는) 수행, (예를 들어) 선정수행 그 자체라고 하기보다는, 실재의 무상하고 불만족스럽고 무아적 본성에 주의를 기울이는 수행을 지향했다.

지혜

붓다는 불도에서 지혜(paññā)가 가장 중요하다는 것을 설명하기 위해 많은 은유를 사용한다. '비구들이여, 동물 중에서 사자가 우두머리라고 선언된 것처럼, 깨달음에 이바지하는 상태들 가운데에는 지혜의 능력이 우두머리라고 선언됩니다. 즉 깨달음의 성취를 위한 것입니다.'(SN V.228) '비구들이여, 걸어 다니는 모든 중생의 발자국이 코끼리 발자국 안에 맞출 수 있는 것처럼 … 마찬가지로 … 지혜의 능력이 깨달음의 우두머리라고 선언됩니다.'(SN V.231) '심재수心材樹도 마찬가지입니다.'(SN V.231) '많은 다양한 나무들도 그들의 영역에서 우두머리입니다.'(SN V.237-239)

초기불교에서 지혜가 정신 능력이라면, 그것은 또한 그 능력을 강화하거나 보강하기 위한 일련의 수행이기도 하다. 그중에는 레디 사야도Ledi Sayadaw가 강조한 현상의 발생과 소멸에 대한 경험의 통찰과 같은, 염처경念處經(Satipaṭṭhāna Sutta)에서 권장하는 이른바 '마른 통찰'이라고 불리는 수행이 있다. 수행자는 그러한 수행을 통해 지혜로워지며, 이 수행의 즉각적인 경험을 통해 사성제의 진리에 대해 완전히 이해할 수 있게 된다. 즉 괴로움이 존재하는 것을 알고 이해할 뿐만 아니라 괴로움의 원인이 갈애이며, 갈애와 그에 따른 괴로움의 경로를 따라가는 적절한 발전으로 소멸할 수 있다는 것도 알게 되고 이해하게 된다. 이처럼 알고 이해하는 것은 단순히 개념적인데 그치지 않고 변형적이어야만 한다.

지혜의 목적을 물었을 때, 사리불舍利弗(Sāriputta)은 '지혜의 목적이 직접지(abhiññā)이고, 직접지의 목적은 완전한 이해(pariññā)이며, 완전한 이해의 목적은 버림(pahāna)'이라고 대답한다.(MN 1.293) 표준 인용구에서 '지혜는 발생과 소멸로 향하는 능력(indriya)'이며, 괴로움을 관통하여 완전한 소멸로 이끄는 고귀한 능력이다.(예: SN V.197) 이것은 사성제 각각[17]을 '실제 있는 그대로(yathābhūtaṃ)' 완전히 이해하는 것이다.(SN V.199) 이러한 설명은 비록 지혜가 그러한 지식 소유와 양립할 수 있지만, 지혜가 단지 명제적 지식의 한 형태가 될 수 없음을 함께 암시한다. 대신, 지혜는 본질에서 해방적이다. 진정으로 지혜로운 사람은 갈애를 버린다. 그렇게 함으로써 지혜로운

---

17 역주: 고苦, 집集, 멸滅, 도道.

자는 괴로움을 없앤다.

지혜는 세상을 '있는 그대로' 인식하는 능력이지만, 반면 (평범한) 지각(saññā)은 업의 잔여물에서 비롯된 무지에 의해 왜곡된다.(Bausch 2015: 166, 170) 지혜는 무상한 것을 영구적인 것으로, 괴로움을 즐거움으로, 무아를 자아로, 매력 없는 것을 매력적으로 인식하는 지각의 네 가지 도착倒錯 또는 왜곡을 관통한다. 오히려 지혜는 '바른 견해의 획득(sammādiṭṭhisamādānā)'으로 세상을 있는 그대로 인식한다. 이런 식으로 세상을 보는 사람들은 현자(sappaññā)로 간주한다.(AN II.52)

지혜는 또한 속세를 초월한 바른 견해의 한 형태이다. 즉 모든 조건화된 현상은 무상하므로 그런 세속적 견해에 집착하지 않는 바른 견해의 명제적 형태를 아우르는 것이다. 성도경聖道經(위대한-마흔-가지-경, Mahācattārīsaka Sutta; MN III.72)에서 지혜는 고귀하고, 때 묻지 않고, 속세를 초월하며, 불도의 요소인 바른 견해(sammādiṭṭhi ariyā anāsavā lokuttarā maggaṅgā)로 설명된다. 즉 지혜는 폴 풀러Paul Fuller(2005)가 정의한 대로, 모든 견해에 대한 집착을 버림으로써 모든 견해를 초월하는 일종의 바른 견해이다. 지혜는 모든 집착이 숙련되지 않고 고통을 생산한다고 꿰뚫어 보아 그것을 소멸시키는 능력으로 간주할 수 있다. 조건화된 모든 것이 무상하다는 것을 실제로 직접 보는 사람은 집착을 멈출 것이다. 왜냐하면 (적어도 붓다의 관점에서) 모든 중생은 괴로움을 피하기를 원하기 때문이다.(SN 1.75 참조)

1) 지혜와 윤리

우리가 언급했듯이, 배우지 못한 속인의 지혜(paññā)의 첫 번째 희미한 빛은 소위 세속적 바른 견해로 구성된다(MN III.72; Nanamoli 1991:47): 세속적 바른 견해는, 어떤 행위는 미래에 좋은, 혹은 나쁜 업과를 초래한다고 본다. 세속적 바른 견해는, 업과를 초래하는 윤리적 행위 같은 것은 존재하지 않는다는 아지타 케사캄발리Ajita Kesakambali[18](MN 1.402, DNL.55)와 같은 사상가의 '허무주의적' 또는 '영혼멸절주의적' 견해를 거부하는 이해이다. 그렇다면, 윤리적 효력에 비례하는 견해는 세상에서 올바른 행위를 지지하는 것 중 하나가 된다. 세속적 지혜의 이러한 첫 번째 희미한 빛은 윤리적 행위의 초기 토대가 된다.

반대로 윤리적으로 행동하는 것은 지혜의 토대를 마련한다. 윤리적 행동은 불법을 깨달을 수 있는 조건이 있는 곳으로 환생하는 가능성을 포함하는 유익한 업보를 낳는다고 주장한다. 실로 사람으로 태어나는 것은 지극히 희귀하고 특별한 것으로 여겨지기 때문에(SN II.263, SN V.456-457), 인간으로의 환생을 성취하는 데 필요한 업은 상당해야 한다. 현생에 불법을 접하고 수행에서 성공하기 위해 요구되는 업은 더욱 그러해야 한다.

바른-견해-경(Sammādiṭṭhi Sutta)에서 사리불은 바른 견해 중 하나로서 '불건전한 것, 불건전한 것의 뿌리, 건전한 것, 건전한 것의 뿌리를 이해하는 고귀한 제자'와 동일시한다.(MN 1.46) 이러한 윤리적

---

18 역주: 기원전 6세기경 고대인도 유물론적 쾌락주의자.

이원성과 탐욕, 증오, 미혹의 불건전한 뿌리를 완전히 이해하는 사람은, 건전함을 계발하기 위한 지속적인 노력을 통해 이러한 뿌리를 완전히 잘라버려야 함을 이해한다.(MN I.47) 그 버림 안에 지혜가 있다. 왜냐하면 자기 주도적인 자만심을 버림으로써, 그리고 궁극적으로 모든 형태의 집착을 버리도록 인도하는 팔정도의 완전한 습득을 통해 탐욕과 증오를 버리기 때문이다.

2) 지혜와 명상

다양한 정신 함양(bhāvanā) 수행은 또한 지혜를 위한 마음을 준비하게 한다. 이 과정에서 정진(vāyama), 마음챙김(sati), 삼매(samadhi)가 필요하다. 윤리적 행동의 기반이 주어지면, 그러한 집중 수행을 방해하는 여러 가지 장애물을 극복할 수 있으므로 수행의 집중이 유지된다.

집중 수행과 궁극적으로 선정(jhāna) 수행은 마음을 진정시키고 집중시키며, 이는 마음을 '정화하고, 흠이 없고, 불완전함을 없애고, 유연하고, 다루기 쉽고, 꾸준하고, 침착한 상태에 이르게 하는 것'을 목표로 하는 과정이다.(MN I.22) 마음을 이렇게 완성하면 마음챙김 수행이 더 명확하고, 더 쉽고, 더 정확하고, 더 효과적으로 된다. 이 설명은 집중 성취의 완성을 의미하지만, 완성은 단지 궁극적인 목표일 뿐이다. 수행 과정은 완벽함이 도달할 수 없는 동안 항상 시작되고 지속될 것이다.

그러한 수행으로 마음이 유연하고, 다루기 쉽고, 꾸준해지면, 감각 경험에 나타난 대로 마음챙김으로써 세계를 관찰하고 조사할 수 있다. 수행자가 이 경험에 직면할 때, 현상 세계의 불안정성, 그 끊임없는 발생과 소멸, 무상, 통제적 자아의 결여를 인식하게 된다. 나아가 괴로움을 만드는 갈애와 집착의 역할을 깨닫게 된다. 무상, 무아, 그리고 괴로움의 근원과 생성을 결합한 인식은 통찰(vipassanā)을 구성한다. 그리고 궁극적 깨달음으로의 돌파구를 위한 초석을 마련한다. 그러나 케이온Keown이 지적한 바와 같이(2001: 80) 이렇게 얻은 지혜는 단순히 사실에 대한 지식으로 얼버무릴 수 없다. 대신 그것은 본질에서 윤리적 변화, 즉 정신 함양의 수행을 통해 세상을 능숙하게 보고 행동하도록 훈련받는 과정을 포함해야 한다.

문제를 되돌려보면, 지혜(ariyañāṇa)의 성취는 또한 마음챙김과 삼매를 점진적으로 안정시킨다고 한다.(SN V.28) 그러나 이 공식에서 지혜는 아마도 현명한 명제적 지식에 더 유사하게 되도록 의도된 것일 수 있다: 만일 어떤 사람이 모든 것은 변한다거나, 번뇌가 집착에서 생긴다는 것을 지적으로 안다면 명상 수행의 현상에 더 잘 대처할 수 있을 것이다.

수행의 통일 아니면 불일치?

서양 학자들은 초기불교의 수행 형태가 통일된 길로 구성되었는지, 아니면 사실상 두 가지 경쟁 경로, 즉 선정(jhāna)과 지적인 통찰(paññā)로 구성되어 있는지에 대해 이견이 있다. 오래된 텍스트에 두 가지 경쟁 경로가 있다는 주장은 분명히 드라벨레 뿌생de La Vallée Poussin으로 거슬러 올라간다.(Anālayo 2016b: 39) 그리고 이 주장은 최근에 슈미트하우센Schmithausen(1981), 베터Vetter(1988), 폴랙

Polak(2016) 등에 의해 뒷받침되었다. 브롱크호스트Bronkhorst(1986: 77)는 '오래된 설법'(Bronkhorst 2009: 130; and Norman 1997: 29)에서 슈미트하우센(1981: 204)에 이어, 해탈이 네 번째 선정에서 일어난다고 주장했다. 이 주장은 원래 선정 명상이 집중 명상 그 자체의 방법이라기보다 어떤 '신비적 차원'(Bronkhorst 2009: 55)에 대한 접근으로 더 이해되었을 가능성을 높인다. 이것이 옳다면, 해탈 통찰의 내용에 대한 설명이 될 수 있다. 예를 들면, 사성제에 대한 이해로서, 연기에 대한 이해로서, 또는 살아 있는 현상의 불안정하고 불만족스럽고 무아적 특성으로 이해되는 것은 후에 가필된 것이 된다.(Bronkhorst 2009: 36) 원래 해탈은 '단순하며, 지적이지 않은 것'(Wynne 2007:124)으로 간략하게 설명되거나 아예 설명되지 않았을 수 있다. 그렇다면 해탈 지식의 내용은 나중에 체계화되었을 수 있으며, 심지어 붓다의 입멸 후에, 아마도 경쟁 철학-종교 이데올로기의 그러한 지식에 관한 이론에 대한 응답으로 만들어졌을 수 있다.(Bronkhorst 2009: 36, 43 n.81, 57) 그 경우에, 표현된 불교 지혜(paññā)의 복잡한 이론적 체계는 사실 붓다 자신의 깨달음에 필수적인 역할을 하지 않았을 수 있으며, 심지어 일종의 쓸데없는 사후 합리화로까지의 보일 수 있다는 것이다

이에 반해, 그중에서도 특히 스웨어러Swearer(1972: 369), 겟힌Gethin(2004: 209), 카진즈Cousins(2009), 아날라요Analayo(2015, 2016b) 등은 선정의 집중 기법과 마음챙김 통찰을 아우르는 명상 수행의 길은 근본적으로 통일된 것이라고 주장한다. 두 가지 모두 깨달음 달성에 필요한 것으로 보인다. 어느 정도의 집중이 없으면 (정확한 정도는 논쟁의 여지가 있지만) 통찰 지혜를 결실로 보는 데 필요한

탐사 작업을 효과적으로 수행할 수 없다. 아날라요(2016: 41)는 수행의 불일치에 대한 우려로써, '서양에서 있는 사상가와 신비주의자 사이의 잘못 투영된 대비'는 고대인도에서는 존재하지 않았다고 거슬러 올라간다. 또한 윤리, 명상, 지혜의 세 가지 구분은, 일부 승려들이 자신들을 불도의 한 측면 또는 다른 측면에 특화한 것으로 여김으로써, 후기 불교 역사에서 더 엄격한 수행의 차이로 굳어졌을 수도 있다.(Analayo 2016a: 18; Cousins 2009)

초기불교에서 수행의 통일성에 대한 이 그림이 옳다면, 우리가 언급했듯이, 그러한 수행에서 얻은 통찰력은 특정 명제에 대한 단순한 지적 수용으로 이해될 수 없다.(Analayo 2003: 90) 깨달음은 실제로 명제를 수용하는 결과를 초래할 수 있지만, 이는 깨달음 상태를 구성하는 지적 발견이 아니라, 아날라요(Analayo 2016: 44) 용어대로 '깨달음 상태에 대한 회고적 설명'으로 이해되어야 한다. 이것은 붓다의 깨달음에 대한 초기의 설명이, 후기 설명의 참 또는 거짓과 필연적으로 관련되지 않고, 실제로 빈약하고 비지성적이었을 가능성을 열어 놓고 있다. 사실 붓다의 원래 깨달음 경험의 정확한 특성과 상관없이, 초기불교의 체계처럼 복잡하고 심오한 체계를 완전히 설명하는 데 많은 시간이 걸렸으리라고 상상하는 것은 어렵지 않다.

길의 끝: 가치 있는 사람(아라한)

삼학 수행의 절정은 깨달음을 구성한다. 팔리어 경전에서는 깨달음의 네 단계로, 흐름에 들어가는 사람이라는 뜻의 입류入流(수다원;

sotāpanna), 한 번 돌아온 사람이라는 뜻의 일래一來(사다함; sakadāgami), 돌아오지 않는 사람이라는 뜻의 불환不還(아나함; anāgāmi), 그리고 아라한阿羅漢(arahant)이 있다. 이 수준 중 하나를 달성한 모든 사람은 고귀한(ariya) 승가의 구성원이 된다. 그 수준은 순차적이며, 위의 범인(puthujjana) 부분에서 언급한 바와 같이, 아라한의 상태는 깨달음(bodhi) 또는 열반으로 가는 도중에 일련의 다섯 가지 하위 족쇄와 다섯 가지 상위 족쇄에서 벗어나는 것을 포함한다.

지혜의 초기 성취와 관련하여 입류(수다원)에 이르는 수행은 네 가지다:

> 윗사람들과의 교제는 … 입류(수다원)의 요소다. 참된 법을 듣는 것은 입류의 요소다. 세심한 주의는 입류의 요소다. 법에 따른 수행은 입류의 요소다.(SN V.347)

'입류'에 들어선 사람은 '법의 안목' 또는 '점안點眼(dhammacakkhupaṭilābha)'을 얻는다고 한다.(SN II.134) 열반에 대한 이러한 시각은 도의 효력을 분명히 하여 의심을 없애준다. 그것은 또한 '자아 정체성 관점'과 '규칙과 의식에 대한 집착'이라는 다른 두 가지 하위 족쇄를 벗긴다고 한다. 요컨대 고귀한(ariya) 승가의 일원이 되려면 불도의 타당성에 대한 의심을 버려야 하고, 실재하는 자아가 있다는 모든 견해를 버려야 하고, 깨달음이 규칙 준수나 의식 봉행에서 나온다는 관념을 버려야 한다.

'일래'에 들어선 사람은 추가로 관능적 욕망, 악의 및 무명이 상당히 감소할 것이다. '불환'에 들어선 사람은 감각적 욕망과 악의를 버리고 무명을 더욱 줄인다.(DN I.156) (따라서 '불환'은 다섯 가지 하위 족쇄에서 벗어나고, 다섯 가지 상위 족쇄의 하나인 무명을 약화했다.) 마침내 아라한은 나머지 다섯 가지 물질 존재(rūparāgo)에 대한 욕망의 상위 족쇄, 그리고 비물질적 존재에 대한 욕망(arūparāgo), 자만심(māna), 불안(uddhacca), 무명(avijjā)에서 완전히 벗어나게 될 것이다.

위에서 살펴본 대로 수행 진행 상황을 밑에서 위로 고려하는 것은 유익하지만, 위에서 아래로 고려하는 것도 또한 이해를 돕는다. 예를 들어, 아직 완전한 깨달음에 이르지 못한 모든 고귀한 승가의 구성원은 여전히 자만심, 불안, 어떤 형태의 환생에 대한 욕망 등을 나타낼 수 있다. 덧붙이면, '입류'와 '일래'는 관능적인 욕망과 악의를 나타낼 수 있다. 이것은 초기불교의 도道의 점진적인 특성을 강조한다: 상대적으로 고귀한 승가의 상위 구성원이라 할지라도 미숙한 정신 상태를 갖고 미숙한 언어적, 신체적 행동이 나타날 수 있다는 것을 예상해야 한다.

이 진행의 마지막 단계는 붓다 자신이 예시한 아라한의 단계이다. 실제로, 점진적 수행의 첫 번째 단계는 다음과 같이 설명되는, 바로 깨달음을 얻은 붓다의 출현을 포함한다:

> (여기) 여래(Tathāgata)께서 세상에 나타나시어, 성취하시고, 정각을 이루시고, 진정한 지식과 행실이 완전하고, 숭고하고, 세상을 아시고, 온유한 사람들의 비길 데 없는 지도자, 신들과 사람들의 스승, 깨달은, 축복받은 존재. 그는 이 세계는 신,

> 마라(Māras), 범천(Brahmās)으로, 이 세대는 은둔자와 브라만, 군주와 백성과 함께 있다고 선언한다. 이는 그가 직접지로 깨달은 것이다. 그는 올바른 의미와 어법으로 시작도 좋고 중간도 좋고 끝도 좋은 법을 가르치고, 아주 완전하고 순수한 거룩한 삶을 계시한다.(MN I.179)

도에 정통한 사람은 어느 정도까지 주체 의식을 버리며, 어디까지 윤리를 완전히 초월할까?(Finnigan 2011, Garfield 2011 참조) 몇몇 경전 구절은 깨달음을 얻은 사람들을 위한 주체 의식의 종식을 시사한다. 두 가지 경전 구절은 깨달은 사람은 '어떤 새로운 행위도 하지 않는다(navañca kammaṃ na karoti)'라고 말한다.(AN I. 21; AN II.198) 그러나 이 경전에는 붓다, 또는 그의 제자들이 자이나교도와 이야기하는 내용이 포함되어 있다; 실제로 브롱크호스트Bronkhorst(2009: 48-49)는 두 경우 다 자이나교의 영향을 받은 불교 추종자들에 의해 나중에 덧붙여진 것일 수 있다고 믿는다. 유사한 구절을 앗타카왁가(Aṭṭhakavagga)[19](Sn 953)에서 찾을 수 있다:

> 아는 사람, 동요하지 않는 사람에게는
> 쌓임이 없다.
> 행위를 자제하고,
> 어디에서나 안전을 본다.(2016 Fronsdal 번안)

---

19 역주: Aṭṭhakavagga, 숫따니빠따의 여덟 게송의 품.

이 구절에 대한 전통적인 해석은, 깨달은 존재가 행위를 '한다'라는 것이고, 즉 '주체'가 있으나 업장이 없는 상태에서 행위를 한다는 것이다. 따라서 보디Bodhi는 'navañca kammaṃ na karoti'를 '그는 새로운 업을 만들지 않는다'로 번역하고 프론스달Fronsdal은 '쌓임'과 '행위' 앞에 '업'을 가필한다. 아마도 이렇게 번역한 것은 '쌓임'이 어떤 미묘한 자만심이나 존재에 대한 욕망과 관련된 망상 의지 형성을 동반하는 행위에 의존하기 때문일 것이다. 지혜가 미혹을 뿌리 뽑고 모든 교묘한 자만심이 제거되면 그 행위에는 더는 업의 효력이 없으므로 업보가 쌓이지 않는다.

이것이 옳다면, 그러한 구절은 깨달은 사람이 주체 의식이 없거나 윤리를 초월했다는 것을 암시하지 않는다. 실제로 그러한 입장은 경전에 나오는 신중하고 단호하며 윤리적으로 행동하는 붓다의 사례와 상반되는 것이다. 그의 행위는 규칙이나 이상에 대한 계산된 준수에서 나온 것이 아니고, '자발적으로 이루어진 도덕적 행위'이다.(Analayo 2003: 258) 붓다는 밧달리-경(Bhaddāli Sutta; MN 1.437)에서 순종 수망아지의 직유로써 이것을 설명한다. 망아지 조련사는 순종 수망아지의 입에 재갈을 물리는 것으로 시작한다. 처음에는 불편하지만 결국 망아지는 진정되고 평화롭게 재갈을 받아들인다. 그런 다음 조련사는 하네스(마구)를 소개한다. 다시 한번 망아지는 약간의 불편함을 나타내지만, 그것을 받아들이게 된다. 마지막으로 조련사는 망아지가 '왕의 자격'이 될 때까지 일련의 발전 단계를 통해 망아지를 인도한다. 망아지는 결코 재갈이나 마구를 버리거나 초월하지 않는다. 같은 방식으로 비구는 깨달음을 향해 훈련을 받는데, 여기서 윤리적 규칙은 재갈이나 마구이다. 따라서 '불도의 최고선(summum bonum)은 윤리로부터의 도피가 아니라 윤리와 함께 완벽하게 사는 것이다.'(Smith and Whitaker 2016: 529) 그러한 윤리의 구현은 케이온 Keown(2001: 83-105)에 의해서 길게 다루어진다. 거기에서 케이온은 윈스턴 킹Winston King이 자신과 유사한 해석을 제안한 것을 인용한다:

> 비록 명상 생활이 진전됨에 따라 단순한 도덕 차원을 넘어선다는 이야기가 있지만, 윤리가 먼저 완성되었다가 그다음 삼매나 지혜(paññā)의 경지에 이르면 윤리가 뒤에 남겨진다고 말할 수 없다. 명상하는 성인조차도 그의 행위에 도덕이 남아 있기 때문이다. 실제로 그의 숭고함은, 적어도 부분적으로는, 외적 기준의 단순한 준수에서 내적 미덕의 자발적 실행으로 전환한 그의 도덕의 완전성에 있다. 따라서 도덕률은 결코 뒤로 처지지 않는다.(1964a: 188) (Keown 2001:90)

케이온은 계속해서 '번뇌-반열반煩惱般涅槃(kilesa-parinibbāna)[20]의 상태에서 붓다는 도덕적 주체이자 도덕적 공동체의 구성원으로 남아 있다'라고 말한다.(91) 케이온은 '(붓다의 동시대 사람들이) 도덕적 행위자로서 붓다와 상호 작용을 통해 불교 윤리가 세워졌다'라고 지적한다.(91) 예를 들어, 붓다는 그릇된 견해를 가진 고집스러운 승려를 꾸짖었다.(예: MN I.130ff.)

윤리적 모범이 되는 붓다의 역할에도 불구하고, 초기 문헌에서는

---

20 역주: 번뇌가 완전히 소멸한 열반.

붓다의 인간적 특성을 알아볼 수 있게 보여준다. 그는 심한 육체적 고통을 겪는다.(DN II.127-128) 붓다는 불교에서 의심과 그밖의 부정적인 감정을 의인화한 마라의 방문을 받는다.(DN II.104) 붓다는 또한 어느 시점에서 승려 집단이 내는 소음 때문에 그들을 내쫓았다.(MN I.457) 비록 붓다의 행동을 일종의 윤리적 완전함을 예시하는 것으로 이해해야 하지만, 초기 문헌에서는 그를 일종의 이상화된 이론적 요소 또는 자동 장치라기보다는 오히려 한 인간으로 묘사하고 있다.

결론

이 장에서 우리는 윤리(戒), 명상(定), 지혜(慧)의 세 가지 수행(tisikkhā, 삼학三學)의 본질을 조명하기 위해 초기불교와 상좌부불교에서 나온 팔리어 자료에 초점을 맞추었다. 이러한 훈련은 다른 불교 학파에서도 볼 수 있지만, 이 연구의 범위를 벗어난다.

삼학은 불도에 대한 완전하고 간결한 설명으로 구성된다. 윤리는 명상과 지혜의 발전에 필요한 토대를 형성하고, 명상은 지혜의 고취를 목표로 하는 일련의 복잡한 정신 수행을 구성하지만, 세 가지 중 어느 것이든 길을 건너면서 언제든지 함양될 수 있다. 미덕이 서양의 윤리학에서 하는 것처럼, 삼학의 윤리, 명상, 지혜가 함께 개인의 성격을 형성하고 영향을 준다. 따라서 우리는 삼학을 초기불교 문헌에 따라 성스러운 삶(brahmacarya)의 구성 요소로 생각할 수 있다. 어느 것이든 강조될 수도 있고 따로 발전될 수도 있지만, 좋은 삶을 성공적으로 추구하기 위해서는 어느 것도 빠뜨릴 수 없다.

대반열반경(Mahāparinibbāna Sutta; DN II.81)의 한 구절은 윤리에서 명상, 지혜(sila, samadhi, paññā)에 이르기까지 세 가지 수행을 따라 진행하는 것이 선형적임을 시사한다:

> 이것이 윤리, 이것이 명상, 이것이 지혜이다. 명상은 윤리와 함께 함양할 때 큰 열매와 이로움을 가져온다. 지혜는 명상과 함께 함양할 때 큰 열매와 이로움을 가져온다. 지혜로 함양된 마음은 마음의 유입, 즉 음욕의 유입과 생성, 그릇된 견해와 무지의 유입에서 완전히 자유로워진다.

수행 경로의 초기 부분에서 개발된 윤리는 단순히 규칙 기반으로 보일 수 있지만 이러한 규칙을 정기적으로 시행하면 개인의 성격 일부가 된다. 윤리는 또한 명상에서 함양된다. 사무량심四無量心(brahmavihāras)과 같은 윤리적 행위에 도움이 되는 상태를 개발할 때, 즉 모든 중생을 대상으로 하는 긍정적인 정신 상태를 촉진하여 중생에 대한 감정적 반응과 행동을 변화시키는 상태에서 윤리가 함양된다. 지혜의 더 높은 단계에 도달함과 아울러 자신의 윤리적 발전 영역을, 무아를 깨닫고 세상의 모든 존재와의 연결(크건 작건)에 도달하는 것을 포함하는 최종적인 해탈 통찰까지 확장한다. 붓다고사Buddhaghosa는 이것을 자애에 대한 명상의 성공적인 결과로 '(자신과 타자 사이) 장벽 허물기'라고 썼다.(Vism9.40-43) 그는 모리파군나경牟梨破群那經(Kakacūpama Sutta;톱 비유 경 MN L.122)을 인용하는데, 거기에서 붓다는 승려들에게, 승려 중 한 사람의 목숨을 희생하라고 요구하는 도적들에게 습격을 당하면, 자신을 포함한 승려 무리 중 누구도 희생되도록 선택할 수 없어야 한다고 말한다. 이런 식으로 자애에 관한 명상은 무해의 윤리적 목표와 무아의 철학적 지혜를 연결한다. 브라만 소나단다Soṇadaṇḍa의 비유에 따르면 윤리, 명상, 지혜는 세 개의 손이 서로를 씻겨주는 것과 같으며, 이 조합이 '세상에서 가장 높은 것'이라고 말할 수 있다. 우리는 그것들을 따로 분리해서 분석하고 정의할 수 있지만, 윤리, 명상, 지혜는 수행자의 삶에서 복잡한 방식으로 함께 온다.

인용 문헌

Anālayo, Bhikkhu (2003) *Satipaṭṭhāna: the direct path to realization*. Cambridge: Windhorse.

Anālayo, Bhikkhu (2006) Mindfulness in the Pali nikayas. In: D. K. Nauriya, M. S. Drummond, and Y. B. Lal (eds), B*uddhist thought in applied psychological research*. New York: Routledge, 229-249.

Anālayo, Bhikkhu (2015) Brahmavihāra and awakening, a study of the Dīrgha-āgama parallel to the Tevijja-sutta. *Asian literature and translation*, 3 (4), 1-27.

Anālayo, Bhikkhu (2016a) The gradual path of training in the Dīrgha-agama, from senserestraint to imperturbability. *Indian international journal of Buddhist studies*, 17, 1-24.

Anālayo, Bhikkhu (2016b) A brief criticism of the 'two paths to liberation' theory. *Journal of the Oxford Centre for Buddhist Studies*, 11, 38-51.

Bausch, L. (2015) *Kosalan philosophy in the Kāṇva Śatapatha Brāhmaṇa and the Suttanipāta*. PhD, University of California, Berkeley.

Bodhi, Bhikkhu (1989) *The discourse on the fruits of recluseship*. Kandy: Buddhist Publication Society.

Bodhi, Bhikkhu (1997) *Review*: How Buddhism began. Journal of Buddhist ethics, 4, 293-296.

Bodhi, Bhikkhu (2000) *The connected discourses of the Buddha*. Boston: Wisdom Publications. 〔SN〕

Bodhi, Bhikkhu (2012) *The numerical discourses of the Buddha*. Boston: Wisdom Publications. 〔AN〕

Braun, E. (2013) *The birth of insight*. Chicago: University of Chicago Press.

Bronkhorst, J. (1985) Dharma and Abhidharma. *Bulletin of the School of Oriental and African Studies*, 48 (2), 305-320.

Bronkhorst, J. (1986) *The two traditions of meditation in ancient India*. Stuttgart: Steiner Verlag.

Bronkhorst, J. (2009) *Buddhist teaching in India*. Boston: Wisdom.

Buddhadasa, Bhikkhu (1989) *Me and mine: selected essays of Bhikkhu Buddhadasa*. Albany: SUNY Press.

Collins, S. (1982) *Selfless persons: imagery and thought in Theravāda Buddhism*. Cambridge: Cambridge University Press.

Cousins, L. S. (1984) Samatha-yāna and Vipassanā-yāna. In: G. Dharmapala, R. Gombrich, and K. R. Norman (eds), *Buddhist studies in honour of Hammalava Saddhātissa*. Nugegoda, Sri Lanka: Hammalava Saddhātissa Felicitation Volume Committee, 56-68.

Cousins, L. S. (1996) The origin of insight meditation. *The Buddhist forum*, 4, 35-58.

Cousins, L. S. (2009) Scholar monks and meditator monks revisited. In: J. Powers and C. S. Prebish (eds), *Destroying Māra forever: Buddhist ethics essays in honor of Damien Keown*. New York: Snow Lion, 31-46.

Dreyfus, G. (1995) Meditation as ethical activity. *Journal of Buddhist ethics*,

2, 28-54.

Finnigan, B. (2011) How can a Buddha come to act? The possibility of a Buddhist account of ethical age. *Philosophy east and west*, 61 (1), 134-160.

Fronsdal, G. (2005) *The dhammapada*. Boston: Shambhala.

Fronsdal, G. (2016) *The Buddha before Buddhism*. Boulder, CO: Shambhala.

Fuller, P. (2005) *The notion of diṭṭhi in Theravāda Buddhism: the point of view*. New York: RoutledgeCurzon.

Garfield, J. (2011) Hey, Buddha! Don't think! Just act!—a response to Bronwyn Finnigan. *Philosophy east and west*, 61 (1), 174-183.

Gethin, R. M. L. (1998) *Foundations of Buddhism*. Oxford: Oxford University Press.

Gethin, R. M. L. (2001) *The Buddhist path to awakening*. Oxford: Oneworld Publications.

Gethin, R. M. L. (2004) On the practice of Buddhist meditation. *Buddhismus in Geschichte und Gegenwart*, 9, 201-221.

Gethin, R. M. L. (2012) Review of Richard F. Gombrich, *What the Buddha thought. H-Buddhism, H-Net Reviews*. January.

Gombrich, R. (1996) *How Buddhism began: the conditioned genesis of the early teachings*. London: The Athlone Press.

Gombrich, R. (1998) *Kindness and compassion as means to Nirvana*. Available from: http://ocbs.org/wp-content/uploads/2015/09/gonda.pdf.

Gombrich, R. (2009) *What the Buddha thought*. Sheffield, UK: Equinox.

Gunaratana, H. (1980) *A critical analysis of the jhanas*. PhD, The American University.

Harvey, P. (2013) *An introduction to Buddhism: teachings, history and practices*. Second edition. Cambridge: Cambridge University Press.

Honderich, T. (ed.) (1995) *The Oxford companion to philosophy*. New York: Oxford University Press.

Keown, D. (2001) *The nature of Buddhist ethics*. London: Palgrave.

Kövecses, Z. (1986) *Metaphors of anger, pride, and love: a lexical approach to the structure of concepts.* Philadelphia: John Benjamins Publishing Company.

Lakoff, G., and Johnson, M. (1999) *Philosophy in the flesh: the embodied mind and its challenge to western thought.* New York: Basic Books.

Mills, E. (2004) Cultivation of moral concern in Theravāda Buddhism. *Journal of Buddhist ethics*, 11, 21–45.

Ñāṇamoli, Bhikkhu (1991) *The discourse on right view.* Revised edition. Kandy, Sri Lanka: Buddhist Publication Society.

Ñāṇamoli, Bhikkhu, and Bodhi, Bhikkhu (2009) *The middle length discourses of the Buddha.* Fourth edition. Boston: Wisdom. 〔MN〕

Norman, K.R. (1997) *A philological approach to Buddhism.* London: University of London School of Oriental and African Studies.

Polak, G. (2016) How was liberating insight related to the development of the four jhānas in early Buddhism? A new perspective through an interdisciplinary approach. *Journal of the Oxford Centre for Buddhist Studies*, 10 (5), 85–112.

Schmithausen, L. (1981) On some aspects of descriptions or theories of 'liberating insight' and 'enlightenment' in early Buddhism. In: K. Bruhn and A. Wezler (eds), *Studien zum Jainismus und Buddhismus: Gedenkschrift für Ludwig Alsdorf.* Wiesbaden: Franz Steiner Verlag, 199–250.

Smith, D., and Whitaker, J. (2016) Reading the Buddha as a philosopher. Philosophy east and west, 66 (2), 515–538.

Swearer, D. (1972) Two types of saving knowledge in the Pāli suttas. *Philosophy east and west*, 22 (4), 355–371.

Vetter, T. (1988) *The ideas and meditative practices of early Buddhism.* Leiden: Brill.

Walshe, M. (1995) *The long discourses of the Buddha.* Boston: Wisdom. 〔DN〕

Wynne, A. (2007) *The origin of Buddhist meditation.* London: Routledge.

추천 도서

Anālayo, Bhikkhu (2016a) The gradual path of training in the Dīrgha-agama, from senserestraint to imperturbability. *Indian international journal of Buddhist studies*, 17, 1-24.

Bodhi, Bhikkhu (1984) The noble eightfold path. *Wheel publication*, 308/311. Kandy: Buddhist Publication Society.

Gethin, R. M. L. (1998) *Foundations of Buddhism*. Oxford: Oxford University Press, especially ch. 7.

Gethin, R. M. L. (2001) *The Buddhist path to awakening*. Oxford: Oneworld Publications.

Gombrich, R. (2009) *What the Buddha thought*. Sheffield, UK: Equinox, especially pp.60-160.

Goodman, C. (2009) *Consequences of compassion*. New York: Oxford University Press, especially chs 3 and 6.

Keown, D. (2001) *The nature of Buddhist ethics*. London: Palgrave.

제II부

윤리와 불교 전통

제4장 본생담, 전생록, 팔리 니까야의 도덕 발전

마틴 T. 아담Martin T. Adam

서론

도덕성이라는 용어를 가치 체계 또는 행동 강령과 일치하는 개인의 자질을 지칭하는 것으로 이해한다면, 도덕 발전의 개념은 그 체계나 규범에 따라 생활할 수 있는 개인의 능력 발전을 지칭하는 것으로서 이해될 수 있다. 이 장에서 우리는 불교 전통이 개인의 도덕 발전을 개념화하는 방식을 조사할 것이다. 특히 초기불교 문헌의 세 가지 중첩된 유형, 본생담(jātakas), 전생록(avadānas) 및 팔리 니까야(Pāli Nikāyas)에서 표현되는 방식을 검토할 것이다. 불교도들은 개인이 도덕적으로 살 수 있는 능력의 성장을 어떻게 이해하는가? 이 능력은 어느 정도, 그리고 어떤 의미에서 완벽할 수 있나? 무엇을 근거로? 어느 정도까지 자신의 통제하에 있는가?

이 장은 본생담과 전생록이 붓다가 정각을 이룬 밤, 세 번의 경계에서 얻은 세 가지 종류의 지식(tivijjā/trividyā; 삼달지三達智) 중 앞의 두 가지를 유용하게 나타낸 것으로 볼 수 있다고 시사한 오누마Reiko Ohnuma로부터 힌트를 얻었다.(2003: 36-39) 첫 번째 경계에서 세존께서는 반복되는 탄생과 죽음을 통해 고군분투하고 탐구하며 자신의 무수한 전생을 회상했다고 한다. 두 번째 경계 동안, 그는 모든 존재는 자신의 행위에 따라서 죽고 다시 태어나는 윤회(saṃsāra)의 우주적 시각에서 업의 작용을 더 일반적으로 봤다고 한다. 이러한 상응 관계를 참작하면, 니까야의 비-서사적이고 체계적인 담론을, 붓다가 사성제를 직접 깨달아 그가 오랫동안 추구하던 목표를 성취한 것과 결부하여 세 가지 경계의 마지막으로 본 오누마의 생각이 자연스러울 수밖에 없다고 보인다. 본생담과 전생록이 붓다의 비할 데 없는 심령적 초능력을 설명한 것이라면, 니까야의 체계적 담론은 붓다의 깨달음을 보여준다.

논의는 세 부분으로 나뉜다. 첫 번째 목표는 이 텍스트들에 나타난 범주 안에서 불교도 스스로가 도덕 발전을 이해한 방식에 대한 개요를 제공하는 것이다. 두 번째 목표는 논의된 도덕 발전 교리 근저에 있는 개념의 틀에 대한 더 깊은 분석을 제의하는 것이다. 끝으로 우리는 도덕 발전의 끝에 있는 종교적 이상, 아라한의 형상에 대한 설명으로써 마감할 것이다. 세 부분 모두에서 설명되는 용어들은 위 텍스트들에서 가져온 것이다.

이 장 전반에 걸쳐, 우리는 불도(magga/mārga)의 점진적 특성을, 그 길의 서열 개념에 대한 지속적인 주시로써 주제화하는 매우 독특한 렌즈를 통하여 자료를 들여다볼 것이다. 우리는 서열 아이디어가 암시된 자료의 측면을 지적할 것이다. 즉 이것이 영적 행위자의 다양한 범주와 관련이 있는지, 목표나 공덕 분야를 지향하는 경로에 따르는 성취단계인지, 아니면 다른 도덕과 관련된 감각인지를 말할 것이다. 서열은 초기불교사상에서 중요한 특징인데도, 아마도 그것이 마땅히 받아야 할 만큼은 주목받지 못해 온 것 같다. 많은 사람이, 붓다의 가르침(Dhamma/Dharma)이 당시의 가치 체계, 예를 들면, 사회계층과 젠더 문제에 대한 급진적 평등주의를 함축한다고 옳게 지적했다.(Gombrich 2009: 195; 또한 Adam 2013 참조) 동시에 우리는 붓다의 가르침이 서열의 구조와 관점을 계속해서 사실로 가정한 측면을 확인할 것이다.

개요: 본생담, 전생록, 니까야에 있는 도덕 발전

1) 배경

초기불교의 도덕관념은 윤회(samsāra)와 고苦(dukkha/duḥkha)로부터 개인적 해탈을 지향한 실질적인 제도의 일부라고 이해할 필요가 있다. 고대 인도의 다른 제도(예: 자이나교, 우파니샤드)의 경우에서처럼, 순환하는 윤회적 존재가 현생의 미래와 내생의 미래에 겪을 경험의 씨앗 효과를 주는 개개인의 행위(kamma/karma)에 의해서 끊임없이 일어나는 것으로 이해된다. 최종 해탈(mokkha/mokṣa)은 오직 깨달음 또는 해탈 진리의 지식(ñāna/jñāna)을 통해서만 가능하다. 그러한 지식 달성은 성격과 행실의 정화가 요구되기에, 따라서 도덕적 요소가 필요하다고 생각된다. 지식의 전제조건으로서의 이런 도덕관은 적어도 도덕과 인식론적 성취를 별개로 보는 서구 사고방식에서는 직관적으로 명백하지 않을 수 있다. 인도의 제도들은 도덕성과 지식이 서로 얽혀있는 것으로 간주하는 경향이 있는데, 특히 불교의 경우 명백한 관점이다.(DN 4 진정한 브라만의 자질; Walshe 1995:131) 이 사상은, 우리가 연구하고 있는 자료들과 우리 자신에 내재하는 문화적 추정 기반을 해석학적으로 확인하는 것이 필수적이라는 점을 상기시킨다.

해탈 지식의 내용에 대한 불교의 이해는 인도의 다른 제도들과 어떤 공통 개념의 기반을 공유하는데도 불구하고 매우 독특한데, 적어도 중요한 한 가지 점에서 그렇다. 지식이 해탈로 이어지는 숨겨진 '자아'의 존재를 가정하기보다는, 정확히 그 반대가 유지된다. 환생과 괴로움의 뿌리에 놓여 있다고 말해지는 것은 바로 그러한 실체에 대한 믿음이다. 자아가 있다는 착각은 자기중심적인 갈애를 일으킬 수 있고, 그로 인해 개인들이 집착을 갖게 되고, 괴로움을 겪고 환생한다. 도덕성 함양을 포함한 불교 수행은 따라서 일종의 개인적 수행이자 정신 정화로 인식되며, 자기-통제력을 높이고, 궁극적으로 해탈 지식의 실현으로 이어진다. 이 지식의 목표는 보통 사성제四聖諦 또는 환생과 번뇌를 통해 일어나는 인과의 고리로 생각되는 연기緣起(paṭiccasamuppāda/pratītyasamutpāda)의 측면에서 표현된다. 여기서 우리의 초점은 불교가 어떻게 이 연기 고리의 사슬을 끊는 도덕성의 역할을 이해하는가에 관한 것이다.

2) 계 (악을 행하지 말라)

불교 어휘에서 도덕률과 가장 가깝게 연계되는 용어는 실라śīla이다. Śīla는 또한 도덕적 행위, 미덕, 좋은 습관, 도덕적 훈련, 윤리 등등으로 번역될 수 있다. 이 단어는 니까야 전체에서 긍정적 가치 행위, 즉 해탈 지식 달성을 가능하게 한다고 생각되는 행위, 그리고 동시에 다른 중생들에게 이로움을 주는 행위를 가리키는 많은 목록의 범주에서 나타난다. 잘 알려진, 몸으로 짓는 행위, 말로 짓는 행위, 정신적 행위를 가리키는 인도의 분류를 따라가 보면, śīla의 기술적인 의미는 몸과 말의 도덕 행위를 뜻하는 것으로 이해된다. 그렇지만 불교에서는 행위 개념을 그 저변에 정신적 의지 또는 의도(cetanā)가 수반된 것으로 이해한다. 붓다의 유명한 말처럼: '비구들이여, 내가 행위(kamma)라고 부른 것은, 곧 의도입니다. 의지가 있으므로 몸의, 말의, 마음의 행위를 하는 것입니다.'(AN 6, 63, Bodhi 2012: 963) 그러므로 모든 행위는 그것이 몸의 행위이든, 말의 행위이든, 또는 정신적 행위이든, 행위자의 의도가 깔린 상태로 해석되어야 한다. 이에 따라 śīla에는 더 깊은 정신적 요소가 포함된다.

용어 śīla의 활용 대부분은 어떤 훈련된 자제 개념을 공유하는데, 어떤 특정 방법으로 행위를 하지 않겠다는 지속적인 노력(충동적 행위의 반대)이고, 보통 규칙이나 계율의 준수를 통한다. 이를 받아들인 행동 방식은 자제하는 다양한 행위, 자제를 일으키는 데 도움이 되는 행위, 그리고 갈애하는 마음이 쉴 수 있고 마음을 통제할 수 있는 측면으로 설명된다. 자제 수행자를 위한 일련의 많은 중요한 목록이 있다. 복잡성, 난이도, 그리고 준수해야 하는 금지 측면에 따라 자제 달성도가 다르다. 이 목록 가운데 가장 유명한 것은, 재가불자를 위한 오계(pañcasīla)로서 일상 행위를 다스리는 다섯 가지 도덕률이다. 이 오계는 약속이나 서원을 나타낸다:

1. 저는 살생을 삼가는 계를 지키겠습니다.
2. 저는 주어지지 않은 물건을 취하지 말라는 계를 지키겠습니다.
3. 저는 음행을 삼가는 계를 지키겠습니다.
4. 저는 거짓된 말을 삼가는 계를 지키겠습니다.
5. 저는 경솔함의 원인이 되는 음주를 삼가는 계를 지키겠습니다.

초기불교의 동시대 다른 인도 전통에서도 유사한 기본 도덕률 목록을 찾아볼 수 있는데, 특히 자이나교와 요가학파(yamas)의 오계가 그것이다. 명확한 마음가짐과 그에 따른 영적 통찰력의 출현 가능성으로 여겨지는 것 외에도, 일련의 도덕률의 공식적 이행은 업과業果에 아주 유익한 행위이고 그 자체로도 유익하다고 간주한다. 이러한 행위는 정확하게 영적인 길에 들어서고 거기에 머물도록 허용되는 것이다.

불교 전통에서 오계의 낭송은 공식 의례로 이루어지는데 각자의 신심을 나타내며, 보통 또 다른 의례인 불·법·승 삼보-귀의례(saraṇagamana) 다음에 낭송된다.

저는 부처님께 귀의합니다.(Buddhaṃ saraṇaṃ gacchāmi)
저는 불법에 귀의합니다.(Dhammaṃ saraṇaṃ gacchāmi)

저는 승가에 귀의합니다.(Saṅghaṃ saraṇaṃ gacchāmi)

〔AN 8;39, 여기서 삼보와 오계는 집합적으로 '8가지 공덕의 흐름'이라고 한다.(Bodhi 2012: 1173-1174)〕

불교도가 삼보에 귀의하는 것은, 불도를 따르겠다는 신중하고 자의식적 결의를 나타내는, 개인의 도덕 발전을 명백하게 함축한 가장 존경받는 상징적 제스처이다. 비록 불교의 가르침이 비-불교도가 도덕적으로 발전한다는 점을 부정하지 않지만, 불교도에게는 맨 처음 귀의례를 거행하는 행위는 습관적인 부정적 성향과 생활 방식의 중단이 필요하다는 인식을 나타낸다. 또한 귀의례는 붓다와 붓다의 가르침, 그리고 붓다의 가르침을 받드는 비구, 비구니 공동체에 대한 자기의 믿음 또는 신뢰(saddhā/śraddhā)의 의지를 나타낸다. 집단이 함께하는 삼보귀의례와 오계의 낭송은 불도에 헌신하겠다는 각오를 다지는 것이다. 〔유사한 기능을 포살布薩(posatha)[1] 의식 거행 중 승가의 바라제목차婆羅提木叉(āṭimokkha)[2] 낭송 같은 다른 계율의 거행에서도 볼 수 있다.〕 우리가 도덕 발전의 개념을 고찰할 때, 출발을 염두에 두어야 하며, 불교도로서의 출발점은 붓다가 가르친 불도에 서원하는 행위로 표시된다.

1 역주: 붓다 시대부터 현재까지 지켜온 불법 준수의 날. 이 날 재가불자와 사원 수행자 모두 마음을 정화한다.

2 역주: 승가의 계율.

3) 도 (숙련된 것을 개발하기 위한)

그러한 서원 행위들이 그 자체로 공덕이 있고, 칭찬할 만하다는 사실은 불교 경전에서 수행되고 있는 가치의 더 깊은 척도를 가리키는데, 이는 오계의 외적 수행 목록 등에 포착되지 않는 것이다. 인도 사상에서는 일반적으로 좋은 환생을 이끄는 행위가 좋은 행위로서의 자격을 얻는다. 그러한 행위는 푸냐(puñña/puṇya)라고 불리는데, 이 말은 '칭찬받을 만한, 업과業果적' 또는 명사로는 '공덕' 또는 '업과'로 이해된다. 니까야 전체에서는 그런 칭찬받을 만한 행위는 '숙련' 또는 '건전함(kusala)'이라고 부르는데 최상선, 즉 해탈에 이르는 길의 방향을 지칭한다. 뒤에 논의하겠지만, 이는 이 말들의 저변에 깔린 의도가 소위 불건전한 세 가지 뿌리, 즉 탐貪(lobha), 진瞋(dosa), 치痴(moha)로부터 자유로운 정신 상태에 기반을 두고 있기 때문이다. 이들은 무착(alobha), 사랑(adosa/metta), 지혜(pañña)의 건전한 뿌리에 기초한 것이다.

최상선으로 인도하는 길은 숙련되고 업과적 요소로 구성되었다는 생각은 많은 도식으로 나타났는데, sīla(계戒)라는 용어가 그 요소의 한 형태이다. 니까야에 나타난 이러한 초기 도식 중 공덕을 짓는 세 가지 기본(puñña-kiriya-vatthus)이 있다: 즉 보시(dāna), 도덕률(sīla), 명상(bhāvanā)이다.(DN 33, Walshe 1995: 485) 여기서 dāna와 sīla는 별개의 항목으로 나타나는데, 이는 다시 한번 sīla가 의미론적 범위에서 영어의 morality를 공유하지 않는다는 것을 암시한다. 왜냐하면 관행으로서의 '주다'는 sīla에 내포되기 때문이다. 불교도들이 또한 보시를 도덕적으로 칭찬받을 만한 행위로 거리낌 없이 생각한다는 사실은, 경전에서 적어도 두 가지 도덕률이 작용하고 있음을 분명히 가리킨다. 즉 sīla와 연계된 좁은 의미와 일반적으로 더 칭찬받아야 할 행위(puñña, kusala)를 아우르는 넓은 의미가 있다. 전자는 외적 행위와 연계되어 있고 후자는 내적 상태로서의 도덕성을 가리킨다.

이러한 공덕을 짓는 세 가지 기본은 보시의 실천을 시작 단계로 하여, 계의 도덕률을 훈련하고, 그다음 명상으로 진전하는 것으로 볼 수 있다. 겟힌Gethin은 이 순서의 이유를 요약했다:

> 네 가지 진리[3]를 보기 위해서는 마음 상태가 깨끗하고 고요해야 한다. 고요하기 위해서는 마음이 족해야 한다. 족하기 위해서는 마음이 회한과 죄의식에서 벗어나야 하고, 깨끗한 의식이 필요하다. 깨끗한 의식의 바탕은 관대함과 선행이다.(1998: 83)

4) 팔정도

계(sīla)와 연계된 더 잘 알려진 두 가지 초기 불도의 개요 중 하나는 니까야 전체에서 볼 수 있는, 아라한과로 이끄는 팔정도八正道(ariyāṭṭhangikamagga)와 다른 하나는 우리가 본생담(jātakas)에서 나타난 것을 볼 수 있는, 성불로 이어지는 보살도이다. 가장 유명한 불도에 관한 공식은 팔정도인데, 이는 붓다가 가르친 사성제의 네 번째 가르침(도)에 관한 것이다.(DN 22, Walshe, 1995: 348-349) 팔정도는 자기중심적이고 속세-지향적인 태도에서 벗어나게 이끌고, 최종 목표인 열반(표

3 역주: 사성제를 의미. 즉 고, 집, 멸, 도.

4.1)을 향한 명확하고 돌이킬 수 없는 궤도에 올려놓는다고 알려진 함양 요소들의 완전한 집합이다.

표 4.1 팔정도	
1. 바른 견해(正見, sammā-diṭṭhi)	업과 환생의 실상을 이해. 사성제를 본다.
2. 바른 사유(正思, sammā-sankappa)	무욕, 호의, 무해
3. 바른 말(正語, samma-vāca)	거짓말 삼가, 이간질 삼가, 악담 삼가, 한담 삼가
4. 바른 행동(正業, sammā-kammanta)	중생에 해 끼침을 삼가 주어지지 않은 물건 취득 삼가 음행 삼가
5. 바른 생계(正命, sammā-ājiva)	남에게 해를 끼치는 생업 삼가
6. 바른 노력(正精進, sammā-vāyama)	불건전한 마음이 일어나지 않게 막고, 그런 마음이 이미 일어났다면 이를 버리며, 선하고 건전한 마음을 일으키고, 일으킨 건전한 마음을 굳힌다.
7. 바른 의식(正念, sammā-sati)	몸을 묵상 느낌을 묵상 마음을 묵상 정신 내용 묵상
8. 바른 명상(正定, sammā-samādhi)	사선정(jhānas) 수행

여덟 요소는 사물의 있는 그대로의 상황에 합당한 응답으로서 적절하다는 실용적 의미에서 '바른(sammā)'이라고 부른다. 말하자면, 팔정도는 환생과 번뇌의 종식을 유발하는 데 효과적이라고 간주한다. 모든 종류의 도덕 상대주의를 초기불교 윤리에 귀속시키는 견해와는 달리, 붓다의 가르침은 사건이 전개되는 방식, 즉 더 구체적으로는

환생과 번뇌가 어떻게 생기고 소멸하는가를 지배하는 객관적 도덕률(Dharma)이 있다고 주장한다. 어떤 사람이 번뇌를 종식하고자 한다면 맨 먼저 그 사람은 자신의 몸과 말과 마음을 통제할 수 있어야 한다. 이처럼 가장 어려운 과업을 성취하기 위해서는 어떤 종류의 수행들은 효과가 있지만, 어떤 다른 수행들은 단순히 효과가 없을 수 있다. 일반적으로 극단적인 행위는 피해야 한다. 그러므로 팔정도는 또한 중도(中道, majjhima-paṭipadā)로도 알려졌으며, 극단적이고 반대되는 삶의 방식, 즉 감각에 빠진 방종한 삶(일반 세속적 존재와 관련)과 가혹한 자기 부정적 고행의 삶(다른 금욕 전통과 관련)의 무익함을 가리키는 별칭이다. 중도의 실천은 결국 자기의 의지를 법(Dharma)과 조율하는 효과가 있어 진전을 이룰 수 있다.(SN 1.1, Crossing the Flood, Bodhi 2012: 89-90)

따라서 이 여덟 가지 요소는 해탈에 이르는 통찰과 도덕적 순수성을 가져오는 숙련되고 건전한 수행의 길이라고 생각될 수 있다. 길에 대한 일반적인 분석은 그 길의 여덟 가지 요소를 세 그룹의 수행(sikkhā)으로 나누는데, 계(sīla)로 구성된 것(3-5)을 시작 단계에 놓고, 삼매 또는 명상으로 구성(6-8)된 것을 그다음에, 그리고 마지막으로 지혜(pañña)로 구성(1-2)한다.(DN 10, Walshe 1995: 171-174) 공덕을 짓는 세 가지 그룹의 많은 관련 요소 가운데 sīla(계)로 구성된 요소를 맨 앞에 놓은 이유는, 먼저 자신의 행위를 자제하지 못하면 명상이나 지혜의 단계로 전진할 수 없기 때문이다. 그리하여 계에 의해서 자신의 행위를 자제함으로써 마음이 혼란과 방해로부터 즉각적으로 해방될 수 있다. 계를 통하여 마음은 자각과 집중할 기회를 얻는다. 이를 바탕으로 통찰력이 나타날 수 있다. 이렇게 하여 계는 팔정도 전체의 기반으로 생각할 수 있다. 고귀한 사람들(ariya-puggala; 뒤에 논의) 사이에서 계(sīla), 삼매(samādhi), 지혜(paññā)는 입류(수다원), 불환(아나함), 아라한에 의해 각각 완성된다.(AN I. 231-232, Harvey 2013: 61)

그렇기는 하지만, 팔정도 도식에서 바른 견해와 바른 사유를 계의 구성 요소보다 먼저 배치한 데에는 합당한 이유가 있다고 폭넓게 인식되고 있다. 계를 첫 번째 자리로 만드는 노력의 필요성을 바르게 이해하지 못하면 계는 뿌리를 내릴 수 없다. 계와 삼매 수행을 통하여 세속의 얽매임에서 자신을 해방하겠다는 적절한 결의를 형성하는 것은 오직 업과 환생에 예속된 존재의 실상을 이해함으로써만 가능하다. 여기까지 우리는 일종의 팔정도 진행 순서 논리, 즉 각 항목의 분기는 선행하는 분기와 특별한 인과관계가 있다는 것을 알 수 있다.(DN 18; Walshe 1995: 299) 팔정도에 관해서 가장 폭넓게 이해되고 있는 점은, 여덟 가지 각각의 요소는 다른 요소의 조건이거나 그것을 돕는 요소로 간주하는 것이다. 팔정도의 요소는 순차적인 수행의 개별 단계 또는 무대라고 간주하지 않고, 자신의 도덕성, 자각, 이해를 점차 증진하도록 설계한 통합체계의 구성 요소로서 각각의 요소가 상호 보강된다고 간주한다. 이 요소들은 함께 함양되는 것이다.

그런데 팔정도의 함양 자체가 수행의 초기 단계를 유지하는 것으로 여겨질 수 있다는 중요한 의미가 있다. 이를 이해하기 위해서는 중요한 차이를 고려해야 한다. 팔정도의 발전이 궁극적으로 영적 통찰로의 중추적 전환의 순간을 초래한다고 알려졌다. 이런 인생을 바꿀 만한 사건의 내용은 여러 가지 다른 용어나 여러 가지 다른 맥락으로 설명되고 있지만, 우리의 목적은 팔정도의 함양이 사성제의 직접적 초기 경험으로 판명될 수 있다는 데 있고, 또한 '성스러운 바른 견해'(사성제를 경험하지 않고 개념적으로만 이해하는 세속적 바른 견해와는 대비되는)가 일어나는 경험이라고 밝히는 데 있다.(AN 5.57, Bodhi 2012: 686-688) 이 경험의 순간이 팔정도의 바른 시작을 나타낸다. 또한 이 팔정도는 초기에 수행하는 세속적 길(lokiya-magga)과 대조되는 출세간도出世間道(lokuttara-magga)라고 언급된다.(Bodhi 1999: 105) 출세간도에 들어서면, 수행자 자신은 근원적 영적 전환이 일어났음을 나타내는 '고귀한(ariya)'이라는 명칭을 받는다. 전에는 불도를 따르는 평범한 사람(puthujjana)이라고 간주된 사람이 이제 고귀한 사람(ariya-puggala) 또는 고귀한 제자(ariya-sāvaka)로 지칭된다. 좀 더 정확히 말하면, 고등 수행 제자(수행자, 학습자; sekka)로 불린다.

수행자가 이러한 고등 수행 단계를 달성하면 열반의 실상을 처음 일별한 것으로 간주한다. 여전히 정진이 필요하다는 사실에도 불구하고 그 사람은 최종 목표에 도달할 수밖에 없는 흐름에 들어선 것이다. 이 단계에 들어선 사람은 더는 낮은 영역 가운데 하나로 환생하지 않는다. 이 순간이 수행자의 정신에 미치는 영향과 그에 따른 도덕적 발달에 미치는 영향을 과소평가하기는 어렵다. 이 시점에서 의심(vicikicchā)이 사라졌기 때문에, 그의 삼보에 대한 믿음은 흔들리지 않게 된다. 이것은 사성제의 직접 체험에 기인하며, 또한 이는 자아의 환상(sakkāya-diṭṭhi)을 처음으로 꿰뚫어 보도록 허용하는 경험이다. 따라서 이 순간은 세상을 완전히 다른 방식으로 살아가는 시작을 상징한다. 즉 진정한 이타주의의 기반을 세우는 것이다. 흥미롭게도, 규칙과 의례(sīlabbata-parāmāssa)에 대한 집착이 떨어져 나간다고 하는 시점이 바로 이 단계라고 한다. 이것은 주목할 만한데, 이 순간부터 그의 계(sīla)의 외형이 완벽하다고 말하기 때문이다. 이 상황에서도, '나는(māna)'이라는 모호한 느낌을 포함한 약간의 정신적 번뇌가 남아 있다. 이러한 느낌, 그리고 다른 미묘한 정신적 족쇄(samyojana)는 마음이 완전히 정화되고 그리하여 해탈한 존재 아라한이 될 때까지는 완전히 없어지지 않는다.

5) 불교의 서사 문학

따라서 보통 사람이 속세에서 팔정도를 걸을 때, 그의 도덕 발전은 삶의 다양한 측면, 즉 몸과 말 그리고 정신의 통제를 점진적으로 확대하는 과정으로 이해할 수 있다. 그것은 어떤 사람이 팔정도, 즉 윤회에서 곧바로 빠져나오도록 인도하는 길을 발견할 때, 수많은 생에 걸쳐서 일어난다. 그렇지만 중생 대부분에게는 윤회하는 존재의 우여곡절이 끝나지 않는다. 마음이 통제되지 않고 미혹되어, 존재의 여섯 영역[4]에서 자신의 행위에 따른 끝없는 죽음과 환생의 방황을 되풀이한다. 도덕적으로 선한 행위(puñña)는 천상도나 인간도의 환생으로 나타나고, 도덕적으로 악한 행위(apuñña, pāpa)는 낮은 영역으로 인도된다. 신들조차도 결국 그들의 선한 업을 소진하고 높여진 위치로부터 떨어지게 된다. 한 중생이 반복되는 윤회적 존재에서 빠져나오도

---

4 역주: 육도六道; 깨달음을 얻지 못한 무지한 중생이 윤회전생輪廻轉生하게 되는 6가지 세계 또는 경계. 지옥도, 아귀도, 축생도, 아수라도, 인간도, 천상도.

록 인도하는 길을 찾는 경우가 지극히 드물다. 일반적으로 불교 전통은 그러한 성취를 이루려면 붓다의 가르침을 만나야 한다고 주장한다. 이상적으로는 붓다의 명시적인 가르침을 통하거나 혹은 그의 순수한 존재를 통해 수행하도록 영감을 주는 붓다와의 만남의 형태로 이루어진다. 이러한 수행 없이도 도덕적 진전은 가능하지만, 일시적으로 높은 영역에 환생하는 효과에는 한계가 있다.

본생담(jātakas: 출생 이야기)과 전생록(avadānas: 영광스러운 행위)으로 알려진 불교의 서사 문학 장르에서 우리는 다채로운 세부 사항들로 묘사된, 많은 생애에 걸친 도덕적 발전에 관한 생각을 본다. 본생담은 붓다가 자신이 여러 전생에서 아직 깨달음을 열망하는 존재, 보살이었을 때 일으킨 행위의 기억에 관한 것이다. 본생담은 붓다 자신이 서술한 것인데, 현재의 사건과 상황은 전생들 가운데 한 생에서 일으킨 행위로 거슬러 올라간다. 여기에 나타나는 인물들 가운데 적어도 하나는 보통 주인공인 보살이다. 반면에, 전생록은 주로 붓다의 제자들이나 신도들의 칭찬할 만한 행위에 관한 것이다. (비록 붓다가 될 사람들의 행동에 초점을 맞춘 것들도 있지만, 기술적으로 이것들은 또한 본생담의 성격도 있다.) 두 장르 사이의 일반적 대비 점은 주인공들 각각의 목표의 측면에서 도출될 수 있다. 본생담에서는 보살이 완전한 깨달음(sammā-sambuddha)을 목표로 하는데, 전생록에서는 주인공이 아라한과를 위해 분투한다. 여기 전생록에서는 비록 고귀한 존재를 향한 신심과 보시에 중점을 두었지만, 니까야의 체계적 논문과 동일한 이상을 공유한다.

따라서 양쪽 문학 장르 모두 도덕적으로 의미 있는 행위와 그 열매에 대한 설명에 관한 것이다. 도덕적 권면으로서 이 장르들이 담고 있는 이야기들은, 업과 환생의 실상을 수용하는 데 이바지하는 것으로 이해될 수 있다. 말하자면, 속세적 바른 견해이다. 이 이야기들은 니까야의 많은 부분을 특징짓는 일종의 체계적 설명과 실용적 교육과는 대조적으로 청중에게 도덕적 모범과 영감 그리고 재미를 준다. 이 이야기들과 재가불자 문화 사이에는 명백하고 강한 연계가 있다. 예를 들면, 본생담의 몇 가지 이야기는 불교 경전에서 다듬어지고 통합되기 이전에도 유명한 인도 민담으로서 유포되고 있었다.(Ohnuma 2003: 37) 이 이야기들의 많은 부분이 승가를 지원하는 신도들을 끌어들일 명시적인 목적으로 만들어진 개연성이 있는데, 특히 승가에 헌신하는 공덕을 정기적으로 찬탄하는 전생록의 경우는 사실인 것으로 보인다.

본생담

본생담(Jātakas)의 서문 인연담(Nidānakathā)[5]에서 말한 것처럼, 붓다의 보살로서의 경력은 고행자 브라만 수메다Sumedha의 이야기로 시작되는데, 수메다는 이전 붓다인 연등불(Dīpaṅkara)이 람마(Ramma) 시를 지나갈 때 만난다.(Rhys Davids 1878: 91-97) 신심에 고무된 젊은 구도자는 연등불이 자기를 밟고 가도록 진흙 길에 몸을 눕히며 자신도 언젠가는 붓다가 되리라고 서원한다. 그때 연등불은 그의 미래의 성불을 예언한다. 수메다의 염원(abhinīhāra)의 순간은

5 역주: jātaka의 서문 인연담; 5세기 붓다고사Buddhaghosa가 저술했다고 추정.

그의 깨달음으로 가는 여정의 출발점을 나타낸다. 따라서 본생담은 이 운명적인 서원 이후에 발생하는 고타마의 전생 여정만 기록하는데, 아무튼 엄청난 숫자다.(Ohnuma 2003: 46; Appleton 2014: 108) 쿳다카 니까야(Khuddaka Nikāya: 소부小部)의 본생담 컬렉션 하나에만도 547가지의 이런 이야기가 담겨 있다.

그 보살은 그의 우주적 여행에서 무수히 많은 형상을 띠고 모든 영역의 중생들, 지옥에 떨어진 중생부터 신들에 이르기까지 모든 존재와 소통한다. 이 보살이 종종 낮은 영역의 중생들과 소통하는 것으로 묘사되고 있지만, 어떤 주석들은 보살 자신이 낮은 영역으로 환생하는 게 아니라고 주장하는 점을 주목해야 한다.(Appleton 2010: 93-97) 여기에는 고등 수행을 하는 제자의 경로와 수많은 구조적 유사성이 언급될 수 있다. 깨달음에 이르는 보살도가 일어나는 순간과 아라한과로 이어지는 출세간도의 성취가 일어나는 순간 모두는 낮은 단계의 영역으로 환생할 가능성을 영구히 제거하는 효과로서 이해된다. 덧붙인다면, 고등 수행하는 제자와 보살은 각자의 목표를 달성할 수 있다는 확신을 공유하는데, 보살의 경우는 연등불의 예언으로 생긴 것이다. 물론 여기에는 몇 가지 차이가 있다. 출세간도의 성취 순간과 연계된 확실성은 통찰이 바탕이라고 특징짓는다면, 다른 한편으로 그 보살의 확실성은 연등불의 정직성에 대한 보살의 보기 드문 결의와 믿음이 바탕이 된 것이라고 특징짓는다.(Rhys Davids 1878: 100) 그리고 입류入流로서 고등 수행하는 제자는 일곱 생애가 채 되기 전에 목표 달성이 확실히 이루어진다고 알려졌지만, 보살이 붓다가 되는 데에는 몇 생애가 걸린다고 명시되지 않았기 때문에,

보살이 붓다가 되는 길이 훨씬 길다는 것은 분명하다.

너무나 많아서 헤아리기 어려운 이야기 속에서 그 보살은 많은 다양한 인간의 역할과 직업을 갖는다. 예를 들면, 선생, 곡예사, 상인, 벌목꾼, 왕자 등이다. 그 보살은 종종 영적 형태로 나타나는데, 높은 곳에 있는 신 아니면 겸손한 나무 요정으로 나타난다. 다른 이야기에서는 동물로 나타난다. 사슴, 사자, 원숭이, 앵무새이거나 아니면 다음 이야기에서 보여주는 물고기로 나타난다.

> **'어망 안의 두 마리 물고기'** — 이 이야기는 큰스승께서 기원정사(Jetavana)에 계실 때 두 명의 나이 든 장로에 대해 말씀하신 것이다. 우기 동안 숲에서 지낸 뒤, 두 장로는 큰스승을 뵈러 떠나기로 작정하고 함께 여행을 위한 식량을 준비했다. 그러나 그들은 출발을 하루하루 연기하며 한 달을 보냈다. 그러자 또 새로운 식량을 준비하는 사이 두 번째 달과 세 번째 달이 지나갔다. 게으름과 꾸물거림으로 석 달을 보내고 나서야 출발해 기원정사에 도착했다. 휴게실에 발우와 법복을 놓아두고 큰스승을 뵈러 갔다. 도반들이 그들이 큰스승을 뵌 지가 오래됐다고 말하며 이유를 물었다. 두 장로는 여행 준비에 관해 이야기했고 대중들은 늦어진 이유가 두 장로의 게으름 때문이라고 알게 되었다.
>
> 법당에 모두 모여 도반들은 이 일에 관하여 얘기했다. 이때 큰스승께서 들어오시며 그들이 논의하는 얘기를 들으셨다. 두 장로는 그들이 너무 게을렀던 게 아니냐는 질문에 자기들의

잘못을 시인했다. 큰스승께서 말씀하시기를, '도반들이여, 그들은 전생에 지금과 마찬가지로 자기 집을 떠나는 데 게으르고 꾸물거렸습니다.'라고 하시며 전생 이야기를 하셨다.

옛날에 브라마다따가 벤나레스를 통치할 때, 벤나레스 강에는 지나친-생각, 깊은-생각, 모자란-생각이라는 이름의 세 마리 물고기가 살고 있었습니다. 세 마리의 물고기는 야생지역으로부터 강물을 따라 사람들이 거주하는 곳까지 내려오게 되었습니다. 여기에 이르자 깊은-생각이 다른 두 마리에게 '여기는 어부들이 그물, 통발, 덫 같은 것으로 물고기를 잡는 위험하고 험악한 이웃이 있는 곳이다. 다시 야생 지역으로 떠나자.' 그러나 다른 두 마리의 물고기는 너무나 게으르고 욕심 사나워 떠나기를 하루하루 미루다가 석 달이 지나게 되었습니다. 이때 어부가 그물을 던졌습니다; 먹이를 찾으며 헤엄치고 있던 지나친-생각과 모자란-생각은 어리석게도 그물 안으로 맹목적으로 돌진해 들어갔습니다. 뒤에 있던 깊은-생각은 그물을 발견하고 다른 두 마리의 운명을 직감했습니다.

깊은-생각은 '내가 저 게으른 바보들의 목숨을 구해야 하겠다'라고 생각했습니다.

그래서 그는 맨 먼저 그물을 재빨리 돌아 그물 앞 물 위에 철썩 떨어져 마치 물고기가 그물을 뚫고 나와 물속으로 도망가는 것처럼 보이게 했습니다. 이를 본 어부들은 물고기들이 그물을 찢고 모두 도망쳤다고 생각하고 그물 한쪽을 끌어당길 때 그물 안에 있던 그 두 마리는 도망쳐 나와 다시 물속으로 들어가게 되었습니다. 이리하여 그 둘의 목숨은 깊은-생각에 빚지게 되었습니다.

붓다의 이야기에 따르면, 큰스승은 붓다로서, 자신의 이야기를 게송으로 낭송하셨다:

그때 어부의 그물에 갇혔다가
깊은-생각이 구해줘 다시 자유롭게 된
두 마리의 물고기는 지금의 두 장로였다네.

큰스승의 수업이 끝나고, 사성제를 설하시며(두 장로가 '첫 번째 도'의 결실을 얻은 마지막 부부에서), '이 두 분의 장로는 그때의 지나친-생각과 모자란-생각이었고 저는 깊은-생각이었습니다' 라고 큰스승께서 출생을 확인하셨다. (Mitacini-Jātaka: Jat 114; Chalmers 1895)

우리는 이 짧은 본생담 이야기에서 이 장르의 많은 특징적 형태를 알아볼 수 있다. 이야기 말미에서 붓다 자신이 등장인물의 하나로 밝혀진다. 이것은 필수적이다. 또한 현재의 다른 인물들도 확인된다. (그렇지만 이 요소는 모든 본생담 이야기에서 발견되지는 않는다.) 이 이야기를 듣는 업의 영향, 아니면 이어지는 설법(보통 사성제에 관한)을 듣는 업의 영향, 그리고 청중들에 미치는 업의 영향에 대해서 언급된다. 다시 말하자면 이것은 표준이다. 전부는 아니라도 많은 경우에서 붓다의 말씀을 듣는 효과는 높은 경지의 정신, 종종 출세간도를 성취하는 것으로 묘사된다. (이는 니까야 전반에 걸쳐, 숫타suttas의 마지막에 나타나는 보편적 주제다.)

본생담을 통해서, 장래의 붓다가 자신의 행위와 개인의 자질 함양을 통한 업의 씨앗을 심어 마침내 고타마 붓다로서 완전한 깨달음을 성취하는 것을 볼 수 있다. 상좌부불교 전통에서는 이러한 자질을 바라밀(pāramitās/pāramīs)로 알려진 열 가지 특정 미덕과 동일시한다: 보시바라밀(Dāna pāramī), 지계 바라밀(Sīla pāramī), 금욕 바라밀(Nekkhamma pāramī), 반야(지혜) 바라밀(Paññā pāramī), 정진 바라밀(Viriya pāramī), 인욕 바라밀(Khanti pāramī), 진실 바라밀(Sacca pāramī), 결정 바라밀(Adhiṭṭhāna pāramī), 자애 바라밀(Mettā pāramī), 평정 바라밀(Upekkhā pāramī). 십바라밀에서 묘사되는 특성이 일반적으로 본생담 자체에서 이름이 붙여지지 않은 사실 때문에, 십바라밀 특성 중 어떤 특성이 표시되고 있는지 항상 명확하지는 않다. 애플리턴 Appleton은 확신을 갖고 십바라밀의 정교한 지시문은 후기 주석의 편향이라고 주장한다. 우리는 여기에서 이 도식의 역사적 발전에는 관심이 없지만, 십바라밀의 출현과 대승불교 초기 발전 단계와의 관련성은 아주 확실해 보인다.(Appleton 2010: 98f)

숙련된 자질의 특성으로서, 각 바라밀은 많은 생애를 통해 발전되고 완성되는 도덕적으로 유익한 공덕(puñña)의 저장 또는 축적으로 이해된다. 십바라밀은 본생담에서 공표된 가장 독특한 가치들로서 뚜렷하게 나타나며, 텍스트 편찬자들이 이를 구성원리로 사용했다. 사실 십바라밀은 쿳다카 니까야의 본생담 부분 전체의 틀로서 보여질 수 있다. 붓다밤사 (Buddhavaṃsa)[6]에서 보살로서의 수메다의 이야기는 보시 바라밀로 시작되는 십바라밀 각각을 차례로 이행하겠다는 일련의 연속된 결의로써 시작한다.(Rhys Davids 1878: 101-108) 본생담 컬렉션의 끝부분 열 가지 이야기(Jat 538-547)에서 십바라밀을 다시 설명하면서, 도입부에서 언급한 보시 바라밀의 완성으로 끝난다. 〔이는 모든 본생담 이야기들 가운데 확실하게 가장 유명하고 경이적인 이야기라고 하는 베싼타라 본생담(Vessantara Jātaka)이다. Ohnuma 2007 참조〕

바라밀 외에도 다양한 본생담 이야기에서 공표된 다른 가치 중에서 주목되는 것은 자비(Jātakamālā 1 The Tigress)와 무해다; 특히 무해는 브라만교 전통과 연계된 동물 희생의 어리석음을 보여주는 이야기로써 주목된다. 술책 같은 세속적 미덕 또한 때때로 증거가 된다.(Jat 318 Kanavera Jātaka) 어떤 경우에는 보살이 불교적 가치와 일치하기 어려운 방식으로 묘사된다. 애플리턴이 지적했듯이, 실제로 부도덕한 보살행을 공개적으로 보여주는 일부 본생담도 있다.(Appleton 2010: 26-28) 이런 악업 이야기들은 역사적 붓다의 생애 동안, 예를 들면, 개인적인 부상이나 질병으로 나타난 부정적 사건들을 설명할 때 쓰인다.

전생록

본생담과 전생록(avadānas) 사이의 기본적 차이 가운데 하나는 전생록에서 헌신적 기풍이라고 부르는 실재가 나타나는 점이다. 학자들은 십바라밀 자체가 전생록의 초점이 아니라는 점에 주목했다. 대신 우리는 붓다와 승가로 향하는 헌신 행위의 공덕을 찬양하는 것을

---

6 역주: 쿳다카 니까야의 제14권에 수록된 붓다 연대기, 고타마 붓다의 생애와 고타마 이전 24위 붓다들의 고타마 성불 예언을 수록.

볼 수 있다:

> 본생담이 그 보살(붓다의 전생)의 어떤 도덕 완성의 힘든 함양을 보여주는 것이라면, 전생록은 불교도의 헌신적 맥락으로 일어난 것, 그리고 제자들과 재가불자들의 헌신적 행위의 성과가 포함된 것을 얘기한다. 요컨대 본생담은 완전함에 대해서, 전생록은 헌신에 관한 이야기라고 말할 수 있겠다.(Ohnuma 2003: 41)

그렇지만 오누마가 일찍이 지적한 바와 같이, 이러한 일반화에는 주목할 만한 예외가 있다. 수메다와 연등불 이야기 자체는 본생담도 강력한 헌신적 기풍이라는 점을 증명한다. 그렇긴 하지만, 전생록은 헌신적 장르의 풍미가 분명하고, 이 장르의 이야기에서 전제되는 상황, 즉 세상에 계시는 붓다의 현존과 분명히 연결된다. 이러한 상황에서 봉헌 행위, 승가에 보시하는 행위 등등의 완전히 새로운 범주의 칭송받을 행위들이 가능하게 된다. 그러한 모든 행위는 물론 공덕이 있는 업이고, 여기서 넓은 불교적 의미에서 도덕성을 유지한다고 간주한다.

뒤에 나오는 장로 소파카Sopāka가 서술하는 전생 이야기는 이러한 많은 특징을 보여준다. 고행자로 태어난 소파카는 싯하타Siddhattha라는 이름의 먼 과거불을 만나 공경한다. 과거불은 소파카를 가르치기 시작한다.

> 숲속 가장 높은 산 나의 동굴을 청소하고 있을 때, 싯하타라는

이름의 신성한 분께서 내 근처에 오셨다. 붓다께서 도착하시는 것을 보고, 나는 그 존귀한 분, 세상에서 가장 높은 분께 깔개를 준비하고 꽃으로 만든 자리를 드렸다. 꽃으로 만든 자리에 앉으시며 나의 자질을 파악하신 싯하타, 세상의 지도자께서 무상을 설하셨다:

생멸에 지배받는 형상은 참으로 무상하다. 태어나는 것은 죽는다. 생사 적멸寂滅은 즐겁다.

이 말씀을 마치시고, 전지자이며 세상에서 가장 높은 분, 사람들의 우두머리, 영웅께서는 하늘의 거위들의 왕처럼 공중으로 떠오르셨다. 나는 나의 견해를 버리고 무상관을 계발했다. 하루만에 무상관이 계발되자 나는 거기서 죽었다. 두 번의 좋은 영역(천상계와 인간계)의 삶을 경험한 후, 순수한 출발점으로 내밀려, 내 최후의 환생이 도달했을 때, 천민의 자궁에 들어갔다. 출가하여 나는 집 없는 처지로 떠났다. 일곱 살 때 아라한과를 얻었다. 힘을 쏟아 덕행에 집중하여 정진하고, 위대한 사람을 기쁘게 하여 완전한 계를 받았다. 94겁 전, 그때 나는 이를 행했다. 그 이후 나는 나쁜 영역으로 환생한다는 것을 알지 못한다. 이것은 꽃(자리)을 드린 공덕이다. 94겁 전, 그때 나는 무상관을 계발했다. 무상관을 계발하면서 나는 더러움의 소멸을 달성했다. 나는 네 가지 분석적 통찰, 여덟 가지 해탈지견과 육바라밀을 깨닫게 되었다. 붓다의 가르침이 성취되었다.

이와 같이, 존귀한 소파카(천출) 장로는 이러한 게송을 낭송했다. 장로 소파카의 전생록은 여기서 끝난다.

_ 소파카Sopāka(번역 Clark 2015: 232-233; 재구성)

소파카 이야기에서 우리는 붓다에게 꽃으로 만든 자리로써 공경하는 단순한 행위가 높은 단계의 환생의 열매를 산출한다는 것을 발견한다. 동시에 더러움의 최종 소멸로 이끄는 것, 아라한의 조건은 무상관이라는 점에 주목해야 한다. 공덕은 이 이야기와 전반적인 전생록뿐만 아니라 본생담의 핵심 주제이다. 기본적인 가르침은 명확하다: '업(행위)은 백 겁이 지나더라도 사라지지 않는다. 업(행위)이 완료되어 때가 되면 중생에 열매 맺힌다.'(Avadānaśataka 15, 16, 18-20 Appleton 2013) 슈파이어Speyer도 아래와 같이 보았다:

> 찬집백연경撰集百緣經(Avadānaśataka)을 구성하는 백 개의 텍스트 중 절반과 불설미륵하생경佛說彌勒下生經(Divyāvadāna)의 여러 부분의 결론은, 검은 행위는 검은 열매, 하얀 행위는 하얀 열매, 그리고 섞인 행위는 섞인 열매를 맺는다는 성구成句로 되어 있고, 검은 행위나 섞인 행위는 피하거나 내버려 두고 오직 하얀 행위만을 하려고 노력하라는 권고로 되어 있다. …
> (Speyer 1909: 1)

도의 경험적 설명

우리의 논의는 이제까지 팔리 니까야, 본생담, 전생록에 비친 도덕 발전의 길이 묘사되는 방식에 관한 객관적이며 일반적인 개요를 제공하는 것을 목표로 했다. 의도(cetanā) 개념의 중요성을 지적하며 우리는 이미 도의 '주관적' 차원을 내비쳤다. 그렇지만 이 측면을 자세하게 탐구하지 않았다. 그렇다면 여기서 우리는 이 일반적 설명의 기저에 깔린 개념적 틀에 관한 더 깊은 분석을 제시할 것이며, 이는 다른 부류의 영적 행위자에 의한 경험 그대로의 도덕 발전에 초점을 둘 것이다. 나는 이전의 저술(Adam 2005, 2008)에서, 세 가지 범주의 행위자 계층이 불교 도덕 담론을 일반적으로 해석하는 데 아주 중요한 열쇠를 제공한다고 주장했다. 세 가지 범주는 평범한 사람(puthujjana), 고등 수행 제자(sekha), 그리고 해탈한 존재 아라한으로서 위에서 소개되었다.(Bodhi 1992: 14-15) 이 항에서 우리는 세속의 길을 가는 보통 사람의 도덕 발전 경험과 출세간도를 가는 고등 수행 제자의 마음 정화로서의 도덕 발전 경험과의 사이에 있는 차이를 도출할 것이다. 우리는 아라한의 독특한 도덕 경험의 짧은 논의와 함께 끝낼 것인데 이는 개념적 어려움 투성이인 과업이다. 어려움의 일부는, 아라한 단계에서는 더는 도덕 발전을 이루는 것이 엄밀하게는 불가능하기 때문이다.

초기불교사상의 도덕 발전은 도덕적 행위자의 내적 경험의 측면에서 적절하게 해석되어야 한다는 점은, 전통이 행위자의 의도를 강조한 점을 고려할 때 아주 명확하다. 위에서 살펴본 바와 같이, 붓다가 업과 의도를 동일시한 것은, 고대 인도 사상과 문명의 도덕 행위 개념에 근본적 영향을 끼쳤다. 이는 동물 희생제 문화의 발밑에 있는 카펫을 걷어냈을 뿐만 아니라, 출생에 따라 고귀함이나 순수성이 정해지는 인도 4대 신분 계급(varṇa) 개념 기반을 약화하는 효과도 있었다. 붓다의 가르침은 이 개념을, 물려받은 신분의 측면에서보다는, 지혜와 도덕의 측면에서 재정립했다. 그렇긴 해도 고귀함의 개념이 붓다의 가르침 속에서 지속된 점을 인지하는 것은 중요하다. 우리는 이 개념의 많은 적용 사례를 안다. 걸어온 길, 걸어가는 길, 경험한 관점, 그리고 실제로 깨달은 진리 등에 적용되었다. 붓다 시대의 허공에 떠돌았던 많은 개념과 함께 해로운 관념이 전복되어 역사적 붓다에 의해서 좋은 용도로 쓰이게 되었다. 붓다는 기존 관념을 이런 식으로 세련되게 변형하는 데에 특별한 재능이 있었던 것으로 보인다.(Gombrich 2000 참조)

따라서 '귀족'은 사회적 계급이나 직업이 아니라 통찰력과 도덕적 순수성에 기반을 둔 위계에 위치한다. 바르나varṇa 체계의 사회-정신적 위계는, 한편으로는 내적 기질에 기반한 정신적 위계로, 다른 한편으로는 평신도와 승려의 구분에 기반을 둔 새로운 사회적 구분으로 대체된다. 우리는 여기서 후자의 구분이나 정신적 행위자들의 위계질서와의 관계에 대해서는 자세히 논의하지 않을 것이다. 두 도식 사이에 상당한 중복이 있음은 분명하지만, 승려와 평신도를 각각 귀족과 일반인과 동일시한다면 명백한 잘못이 될 것이다. 텍스트들은 종종 일부 승려를 평범한 사람으로, 일부 평신도를 귀족으로 묘사한다.

우리는 평범한 사람의 도덕 발전 경험과 고등 수행 제자의 경험 사이에 있는 차이를 이해하기 위해서, 붓다 자신이 업의 본질을 설명하기 위해 사용했던 개념 도식을 이용할 필요가 있다. 견서계경犬誓戒經(Kukkuravatika Sutta; MN 57 The Dog-duty Ascetic)에서 붓다는 네 가지 종류의 기본 행위의 개요를 제시하고 있다:

1. 어두운 행위는 어두운 결과
2. 밝은 행위는 밝은 결과
3. 어둡고 밝은 행위는 어둡고 밝은 결과
4. 어둡지도 밝지도 않은 행위는 어둡지도 밝지도 않은 결과를 낳고 이 행위는 행위(업)의 소멸로 이어진다.(Bodhi 1995: 495 참조)

처음 세 가지 행위 범주는 슈파이어가 찬집백연경(Avadānaśataka; 위 참조)에서 관찰한 것과 정확하게 일치한다. 이는 그들이 의도한 청중을 윤회로부터 더 높은 영역으로의 환생을 목표하도록 격려하는 의도적 맥락으로 사용되었던 것이 확실해 보인다. 따라서 이 용어들은 공덕이 있는 행위와 공덕이 없는 행위(puñña와 apuñña)를 가리키는 것으로 보인다. 그러나 범주 4가 숫타에는 포함되어 있고 전생록의 구절에는 없는 점을 어떻게 생각해야 하는가? 범주 4가 행위(업)의 소멸을 가리킨다면 그것은 열반으로 인도하는 행위를 말하는 것으로 보이고 따라서 탁월한 숙련된 행위(kusala)이다. 왜 범주 4가 슈파이어가 주목한 권고 사항에서 빠졌는가? 이 범주는 누구의 행위를 말하는 것일까?

다른 곳에서, 나는 이 범주 4의 행위는 다름 아닌 고등 수행 제자에 속한다고 주장했다.(Adam 2005, 2008) 어떻게 그런가를 알려면, 어떤 행위의 도덕적 질을 결정하는 핵심 요소로 여겨지는 사람의 의도(cetanā)를 특징짓는 마음 상태에 관한 고찰에 무게를 둘 필요가 있다. 중요한 것은, 여기에서 '밝음'과 '어두움'(sukka and kaṇha / śukla and kṛṣṇa)으로 번역된 긍정과 부정의 용어들은 더 확실한 도덕적 함축성뿐만 아니라 강력한 인식론적 함축성을 가진다: 밝음과 어두움, 백과 흑, 순수와 불결, 선과 악.

어두운 행위는 고통스럽고 미숙한 정신 형성(예를 들면 세 가지 불건전한 뿌리 탐, 진, 치에 의한)에 바탕을 둔 행위다. 따라서 어두운 행위는 사성제에 대한 통찰을 방해한다. 어둡지 않은 행위는 숙련된 정신 형성(무욕, 화내지 않음, 비-망상)에 바탕을 둔 행위다. 밝은 행위는 그러한 통찰을 막거나 어둡게 만들지 않는다. 평범한 사람에게는 그러한 행위는 '밝음'으로 여겨진다; 따라서 범주 4에 기술된 설명 '어둡지도 밝지도 않은 행위는 어둡지도 밝지도 않은 결과를 낳고 이 행위는 행위의 소멸로 이어진다'와는 확실히 맞지 않는다. 다른 한편으로, 아라한의 행동도 또한 범주 4에서 기술된 행위와 딱 들어맞지 않는다. 아라한의 행동이, '행위(업)의 소멸로 이끄는 행위'라고 정확하게 특징지을 수 없다. 왜냐하면 아라한은 해탈한 존재로서 이미 행위(업)의 소멸을 달성했기 때문이다.

따라서 범주 4의 행위는 보통 사람과 아라한의 중간 위치에 속한 사람으로서 아직 열반의 마지막 해탈을 성취하지 못한 사람에게 필요한 것이다. 그 사람은 고등 수행 제자이다.(Adam 2005; Ñāṇamoli & Bodhi 1995: 1258; Payutto 1999: 76) 위에서 논의한 바와 같이, 고등 수행 제자가 걷는 출세간도는 열반으로 직접 인도한다; 그 길은 숙련된 행위의 구현이다. 이 점을 이해하면, 슈파이어가 논의한 전생록 구절에서 범주 4가 빠진 이유가 명확해진다: 전생록이 담고 있는 권고는 아직 속세의 길에서 수행하는 보통 사람을 위한 것이다. 이 해석은 불교 서사 문학의 의도된 청중에 관한 우리의 초기 관점을 엄밀하게 하는 데 도움이 된다. 서사 문학은 단순히 재가불자를 위한 것이라기보다는, 속세의 길에 있는 승려를 포함한 평범한 사람을 지향한다고 이해할 수 있다.(Appleton 2010: 11-12)

평범한 사람은 영원한 자아라는 미혹으로 인해 나타나는 관심에 동기 부여된다.(예. 높은 단계의 환생, 쾌락의 전망 등등) 이 행위자의 정신 상태는 윤회적이다. 그러나 어떤 사람이 일단 출세간도에 들어서면 그의 행위는 열반의 암시로 지워지지 않게 표시되며, 이때부터는 최종 목표에 대한 변함없는 인식에 따라 노력을 기울인다. 사성제의 실상에 관한 계속 깊어지는 경험적 통찰이 아상我相의 잘못된 믿음을 관통한다. 이 행위자의 정신 상태는 해탈이다.

도덕 발전 면에서 이 두 부류 행위자의 도덕 행위의 경험적 질은 완전히 다르다. 그들은 윤회와 열반의 두 양극에 관해 근본적으로 다른 의도적 구조를 나타낸다. 윤회적 성향이 있는 사람들의 경우 긍정적이거나 부정적인 결과를 염두에 두고 행위를 수행한다는 의미에서, 그들의 행위는 집착과 함께 긍정적 또는 부정적으로 '충전'된 것으로 보일 수 있다. 그 행위는 밝거나 어둡거나 둘 다일 수 있다.

열반 성향의 사람에게는 결과에 집착하는 긍정적 또는 부정적으로 '충전'된 행위가 없다. 그 행위는 밝지도 어둡지도 않다. 그들은 집착하게 되는 자아라는 잘못된 견해가 없기에 그러한 '충전'을 비웠다. 그 행위자는 열반에 끌릴 수밖에 없다고 느끼지만, 역설적으로, 잘못 상상한 '자아'의 목표 달성에 동기 부여되지 않는다. 그 행위자의 행위가 그의 환생에 계속해서 의도하지 않은 영향을 미치지만, 이러한 전망은 그의 동기 부여 일부를 형성하지 않는다.

최종 목표로 가는 길에 있는 고등 수행 제자의 '무-행위자' 경험에도 유사한 고려 사항이 적용된다.(Adam 2010) 정도가 다른 해탈 느낌은 고등 수행 제자의 다양하게 세분된 각 단계와 연계될 수 있다. 자기의 삶과 운명을 통제하지 못하는 존재라는 생각이 반복되는 평범한 사람의 경험과는 다르게, 고등 수행 제자의 경험은 그러한 압박감에서 해탈한다. 번뇌와 번뇌의 원인에서 돌이킬 수 없는 방향으로 가기 때문에, 그런 사람은 자기가 원하는 바를 성취하는 일관된 욕구를 갖는다고 특징지을 수 있다. 그런 사람에게는 내면의 조화가 점진적으로 이루어진다; 우리는 그의 의지가 법(Dharma)과 일치되고 있다고 말할 수 있다. 흥미롭게도 서양 철학 관점에서 보면, 그 행위자가 자기의 궁극적 열반 성취를 위한 행위를 지속하지 않고는 못 배기는 것으로 보인다. 밖으로는 그의 윤리(sīla)가 완벽하고, 안으로는 그의 마음을 끊임없이 정화한다. 고등 수행 제자의 집착과 해탈의 경험과 함께 우리는 정진에 관한 느낌에서도 유사성을 인지할 수 있다. 출세간도에 오르면 내적 고뇌는 줄어들고 덕행에 필요한 노력은 부담이 덜 되고 자연스럽게 된다. 자신이 해야 할 일을 즐겁게 한다. 마침내 길의 끝에 도달하면 더는 노력이 필요 없게 된다. 도덕의 거장이 된 것이다.

더 이상의 견해도 더 이상의 길도 없다

위에서 살펴본 바는, 불교 전통이 평범한 사람과 고등 수행 제자 사이의 내적인 도덕적 삶에는 근본적인 차이가 있다는 인식을 시사한다. 그러나 이제까지 우리는 세 번째이자 마지막 단계 행위자, 해탈한 존재, 아라한에 관해서 거의 말하지 않았다. 평범한 사람과 고등 수행 제자 사이의 정신 상태와 외적 행위에 큰 차이가 있다면, 실제로 최종 목표를 달성한 사람의 경우에는 그 차이가 더할 것이다. 사실 체계적인 니까야는 아라한의 내적 삶과 아직 길에 있는 사람의 내적 삶은 근본적으로 달라야 한다고 인식하고 있는 것으로 보인다. 실제로 아라한은 다시는 환생하지 않는 존재이기 때문에, 업이라는 말이 그에게는 적용될 수 없다. 견서계경(Kukkuravatika Sutta)에 있는 네 가지 행위 도식은 철저한 것으로 여겨지며, 그러기 때문에 거기에는 아라한의 행위가 들어설 곳이 없다.

그러기에 이 텍스트에서 아라한의 행위와 의식意識(kiriya-citta)을 '도덕을 고수하지만, 도덕률로 가득 차 있지 않은(sīlavā이지만 sīlamaya는 아닌) 것'으로 설명했다. 이 설명의 함의는 집착을 완전히 비운 상태이다. 따라서 공덕(puñña)이나 악행(pāpa) 모두의 저편에 있다. 확실한 것은, 이 텍스트에는 아라한의 행위 뒤에 놓인 내면의 실체를 어떻게 최상으로 특징지을까 하는 긴장이 있다. 한편으로 아라한은 정신적 완성, 종교적 이상, 얻으려고 노력할 가치가 있는 모든 것의 살아 있는 본보기로 표현된다. 이처럼 아라한은 길(道)에서 계발한 긍정적 자질의 화신이 된다. 다른 한편으로 아라한은 모든 이원론적 단정 저편에 놓여 있는 가치, 열반의 실현을 나타낸다. 이처럼 아라한의 행위와 연계된 의식은 불확정적이라고 한다(avyākata).

> 그리고 어디에서 이러한 건전한 습관(kusala sīla)이 남김없이 그치는 것일까? 그들의 그침은 다음과 같다: 여기에 어떤 유덕한(sīlavā) 비구가 있다. 그러나 그는 자신과 자신의 덕을 동일시하지 않으며(no ca sīlamaya), 이러한 건전한 습관이 남아 있지 않고 멈추는 마음의 해탈과 지혜로 인한 해탈을 있는 그대로 이해한다.(MN 2.27; 번역 Ñāṇamoli & Bodhi 1995: 651)

아라한의 역설적 상태를 문자 그대로 설명하는 데 어려움이 있음에도 불구하고, 우리는 붓다가 가르친 지식, 도덕 정화, 무착, 해탈의 길에서 우리가 계발하며 발견하는 정신적 자질의 완성으로 의인화된 인물이 아라한이라는 것을 알 수 있다. 아라한의 무아적 행위 뒤에 있는 내면의 세계는 최상선의 실현에서 나오는 순수하고 통합된 적정寂靜의 상태가 있다.

인용 문헌

Adam, M. T. (2005) Groundwork for a metaphysic of Buddhist morals: a new analysis of puñña and kusala, in light of sukka. *Journal of Buddhist ethics*, 12: 62-85.

Adam, M. T. (2008) Classes of agent and the moral logic of the Pali canon. *Argumentation: special volume: Buddhist logic and argumentation*, 22: 115-124.

Adam, M. T. (2010) No self, no free will, no problem: implications of the Anattalakkhaṇa sutta for a perennial philosophical issue. In: M. T. Adam (ed.), *Indian Buddhist metaethics*. Panel proceedings from the 2008 IABS Meeting. *Journal of the international association of Buddhist studies*, 33: 239-265.

Adam, M. T. (2013) Buddhism, equality, rights. *Journal of Buddhist ethics*, 20: 422-443.

Appleton, N. (2010) *Jātaka stories in Theravāda Buddhism*. Farnham, UK: Ashgate Publishing.

Appleton, N. (2013) The second decade of the Avadānaśataka. *Asian literature and translation*, 1 (7): 1-36.

Appleton, N. (2014) *Narrating karma and rebirth: Buddhist and Jain multi-life stories*. Cambridge: Cambridge University Press.

Bodhi, Bhikkhu (1992) *The discourse on the root of existence: the Mūlapariyāya sutta and its commentaries*. Kandy: Buddhist Publication Society.

Bodhi, Bhikkhu (1999) *The noble eightfold path: the way to the end of suffering*. Available from: www.buddhanet.net/pdf_file/noble8path6.pdf [accessed 1 April 2016].

Bodhi, Bhikkhu (trans.) (2000) *The connected discourses of the Buddha: a new translation of Saṃyutta nikāya*, 2 volumes. Boston: Wisdom Publications [SN].

Bodhi, Bhikkhu (trans.) (2012) *The numerical discourses of the Buddha: a translation of the Aṅguttara nikāya*. Boston: Wisdom Publications [AN].

Chalmers, Robert (trans.) (1895) Mitacinti-Jātaka. In *The Jataka: or stories of the Buddha's former births*. Cambridge: C. J. Clay and Sons, 256.

Clark, C. (2015) *A study of the Apadāna, including an edition and annotated translation of the second, third and fourth chapters*. PhD, University of Sydney. Available from: ses.library. usyd.edu.au//bitstream/2123/13438/1/Clark_C_thesis.pdf 〔accessed 1 April 2016〕.

Dhammajoti, Bhikkhu (trans.) (2012) *Pubbakammapilotika-buddhāpadānaṁ: the traditions about the Buddha (known as) the connection with previous deeds, or why the Buddha suffered*. Available from: www.ancient-buddhist-texts.net/Texts-and-Translations/Connection with-Previous-Deeds/index.htm 〔accessed 1 April 2016〕.

Gethin, R. (1998) *The foundations of Buddhism*. Oxford: Oxford University Press.

Gombrich, R. (2009) *What the Buddha thought*. Sheffield, UK: Equinox.

Harvey, P. (2013) The saṅgha of noble sāvakas, with particular reference to their trainee member, the person 'practising for the realization of the stream-entry-fruit'. *Buddhist studies review*, 30 (1): 3-70.

Ñāṇamoli, Bhikkhu, and Bodhi, Bhikkhu (trans.) (1995) *The middle-length discourses of the Buddha: a new translation of the Majjhima nikāya*. Boston: Wisdom Publications.

Ohnuma, R. (2003) *Head, eyes, flesh, and blood: giving away the body in Indian Buddhist literature*. New York: Columbia University Press.

Payutto, P. A. (1999) *Good, evil and beyond: kamma in the Buddha's teachings*. Bangkok: Buddhadhamma Foundation.

Rhys Davids, T. W. (1878) *Buddhist birth-stories (Jataka tales): the commentarial introduction entitled Nidāna-kathā, the story of the lineage*. London: George Routledge & Sons. Available from: archive.org/stream/buddhistbirth00daviuoft#page/n15/mode/2up 〔accessed 1 April 2016〕.

Speyer, J. S. (1909) *Avadānaśataka: a century of edifying tales*. Available from: https://archive. org/details/avadanacatakacen00avaduoft 〔accessed 1 April

2016].

Walshe, M. (trans.) (1995) *The long discourses of the Buddha: a translation of the Dīgha nikāya*. Boston: Wisdom Publications.

추천 도서

Appleton, N. (2014) *Narrating karma and rebirth: Buddhist and Jain multi-life stories*. Cambridge: Cambridge University Press.

Ohnuma, R. (2003) *Head, eyes, flesh, and blood: giving away the body in Indian Buddhist literature*. New York: Columbia University Press.

Rotman, A. (2008). *Divine stories: Divyāvadāna part I*. Boston: Wisdom Publications.

Shaw, S. (2006) *The Jātakas: birth-stories of the bodhisatta*. New Delhi: Penguin.

Strong, J. (2012) Explicating the Buddha's final illness in the context of his other ailments: the making and unmaking of some Jātaka tales. *Buddhist studies review*, 29: 17-33.

Tatelman, J. (2004) Avadāna. *Encyclopedia of Buddhism*, 36-37.

제5장 비나야

찰스 프레비쉬Charles S. Prebish

서론

현대 불교학 연구는 초기불교 문헌에 관심을 집중한 많은 학자의 생산적인 연구에 힘입어 최근 몇 년간 확장되었다. 확실한 것은, 불교의 역사적, 종교적, 철학적 그리고 사회적 차원의 이해에 관한 가장 유망한 시도 중 하나로서 텍스트 원문에 접근하여 '텍스트 스스로 텍스트에 관해서 말하도록 허용'하고 있다는 점이다. 그렇기는 하지만, 여러 다양한 불교 국가와 언어에서 검토해야 할 다른 많은 측면 때문에, 어마어마하게 집성된 문헌을 정리하는 일은 연구자의 딜레마이자 서지학자의 악몽으로 판명되었다.

이런 형태의 불교학 연구 사업은 반드시 기본과 함께 시작해야 한다는 게 나의 주장이다. 그리고 이 점에서 삼장三藏(Tripiṭaka)보다 더 중요한 불교 문헌은 없다. 삼장 안에서 니까야 불교 전통의 첫 번째 컬렉션인 율장律藏(Vinaya Piṭaka)은, 개인 수준의 비구와 비구니를 위한 수행 규칙과 규율, 그리고 제도적 수준의 승가 규정에 대한 지침으로 구성된다. 찰스 핼리시Charles Hallisey는 '경전 컬렉션으로서의 율장은 상좌부불교 전통에서 발견되는 것 외에도 니까야 불교 전통의 다섯 가지 다른 종파의 버전, 즉 대중부大衆部(Mahāsāṃghika), 설일체유부說一切有部(Sarvāstivāda), 근본설일체유부根本說一切有部(Mūlasarvāstivāda), 법장부法藏部(Dharmaguptaka), 화지부化地部(Mahīśāsaka) 버전으로 남아 있다'라고 말한다.(2007: 810) 비나야 연구에 내재한 모든 문제를 역사적, 비교학적으로 그리고 인도 불교 종파 운동의 입장에 관한 견해를 가지고 요약하는 것은 이 연구와 관련되지 않는다. 그러나 다른 곳의 연구에서 명확하게 서술되었다. 불교학자 마이클 캐리더즈Michael Carrithers가 '승가 없는 불교 없고 규율 없는 승가 없다'라고 말한 것으로 인용된다.(1984:133) 달리 말하면, 사원과 재가불자 공동체에서 최고 수준의 윤리적 행위가 효과를 얻으려면 개별 징계 조항이 제정되어야 한다. 사원 공동체의 경우, 이 징계 조항은 비나야(Vinaya)라고 알려진 경전의 일부 형태를 취했다. 의심할 여지없이, 비나야 문헌 연구의 핵심은 텍스트 편집, 번역, 그리고 이차적인 의미에서 텍스트 연구를 포함한 경전 그 자체에 있다. 그렇지만 경전이 진공 상태에서 나오는 게 아니기에, 경전의 전조이자 원형 역할을 하는 조형적 근원 텍스트 검토를 포괄하는 연구가 필수적이다. 더 나아가, 다양한 니까야 경전이 완료되자, 이에 대한 주석 전통이 불교에서 활발하게 확산하였고, 적어도 어느 정도는 아직도 활발하다.

적절하게 말한다면 율장, 즉 비구와 비구니의 사원 생활 규정 부분의 불교 경전은 세 부분으로 구성되었다: (1) 경분별부經分別部(Sūtravibhaṅga), (2) 건도부犍度部(Skandhaka), (3) 부록이다. 그렇지만 불교 사원 규율의 고찰은 경전화된 사원법 부분뿐 아니라, 비나야 문헌 전반에도 중점을 두어 넓은 관점으로 이루어져야 한다. 그리하면 우리는 붓다의 입멸 후 처음 몇 세기 동안 초기 인도 불교 공동체 안에서 이루어진 발달 과정을 조망할 기회를 얻게 된다. 결과적으로, 우리는 비록 엄밀한 의미에서 경전이라고 생각하지 않지만, 유사-비나야 경전 문헌이라는 표제로 바라제목차(Prātimokṣa/patimokkha)[1], 카르마바카나(Karmavācanās)[2], 그리고 비-경전 비나야 문헌이라는 표제 아래의 주석 텍스트, 부록을 포괄할 수 있다. 이렇게 하여 아래와 같이 정리되었다:

외-비나야 경전 문헌
- 바라제목차(Prātimokṣa)
- 백갈마白羯磨(Karmavācanā)

비나야 경전 문헌
- 경분별부(Sūtravibhaṅga)
- 건도부(Skandhaka)

---

1 역주: 프라티목사Prātimokṣa의 음사. 승려가 지켜야 할 계율에 관한 조항을 모아둔 것으로 목차木叉로 줄여 부르거나, 계본戒本이라고도 한다.

2 역주: 한역은 백갈마白羯磨, 승가의례 절차의 일부.

비-경전 비나야 문헌
  주석
  기타 문헌

이제 우리는 이러한 범주의 탐구를 진행할 수 있다.

외-비나야 경전 문헌

1) 바라제목차

바라제목차(Prātimokṣa)는 비구와 비구니의 행위를 다스리는 규칙 위반 목록이다. 많은 학자가 바라제목차의 어원학적 의미를 설명하려고 시도했으나 이러한 추구는 대부분 추측만 남겼다. 바라제목차는 포살布薩(Poṣadha)[3]일마다 낭송되었다. 낭송의 기능에 관하여 미스 오너Miss Horner가 예리하게 말했다.

> 이러한 낭송은 비구와 비구니 마음속에 계율준수를 새롭게 유지하고, 계율을 반복하여 낭송하는 동안, 사원 공동체 개개인이 저지른 규칙 위반을 자백할 기회를 제공하는 이중적인 목적을 수행했다.(1938-1966: I, xii)

각각의 규칙 위반에는 거기에 합당한 징계처분이 명시되었다. 바라

---

3 역주: 흩어져 수행하던 승려들이 이 날 동일 장소에 모여 계율을 설하고, 자신의 범계犯戒를 드러내 반성하는 자율적 참회 절차.

제목차가 비구와 비구니에 관한 것이기에 두 가지(비구계와 비구니계)로 구분되어 있다. 비구계는 죄의 경중에 따라 부여된 여덟 가지 항목의 규칙 위반이 담겨 있다. 비구니계는 비구계와 같은 범주를 다루는데 셋째 항목 부정법不定法(Aniyata) 위반이 빠진다. 이제 우리는 이러한 여덟 가지 항목의 규칙 위반 범주를 열거하고 설명할 수 있다.

바라이죄波羅夷罪(Pārājika-dharmas)

여기에서의 네 가지 위반은 승려가 저지를 수 있는 가장 심한 것이다. 여기에는 (1) 성교, (2) 도둑질, (3) 살생(인간), (4) 초인적 능력의 허위 선포가 포함된다. 여기에 언급된 네 가지 위반은, 다른 팔리 계율에서 볼 수 있는, 예를 들면 바라제목차나 경분별부와 구별되지 않는다. 바라이죄에 있는 규칙 중 어느 한 항목만 위반해도 승가로부터 영구히 추방된다. 바라이죄(pārājika)라는 용어가 수수께끼로 남아 있다는 점에 유의해야 한다. 미스 오너Miss Horner는 라이즈 데이비드즈Rhys Davids와 올덴버그 토마스Oldenberg E. J. Thomas가 '붓다고사Buddhaghosa가 바라이죄波羅夷罪(pārājika)를 "고통스런 패배"[4]라고 해석했다'라고 말한 것, 그리고 근본설일체유부에서도 그렇게 해석한 것에 따라서 바라이죄가 '패배'라고 제시했다.(1963: 16 n.2) 그런데 보다 최근에, 구스타프 로스Gustav Roth가 실뱅 레비Sylvain Lévi가

---

4 역주: 바라이죄波羅夷罪(pārājika)를 붓다 자신과 그 후 붓다고사를 비롯한 많은 학자들이 '패배敗北'라는 용어로 규정하고 있다. 패배는 승단에서 추방되는 중죄를 뜻한다.

이 용어의 초기 형태를 파라시카pārācika라고 제안한 것을 흥미롭게 다시 연구한 점은 이 주제에 약간의 빛을 던져 주었다.(1968: 341-343)

승잔법僧殘法(Saṃghāvaśeṣa-dharmas)[5]

여기 13가지 위반은 바라이죄 다음으로 승가 규율에 대한 가장 심각한 위반을 나타낸다. 다섯 가지는 성적인 위반에 관한 것이고, 두 가지는 거주 지역, 두 가지는 무고, 둘은 분파 행동, 하나는 말이 잘 통하지 않는 비구, 또 하나는 가족을 파탄시킨 비구의 위반에 관한 것이다. 이들 중 처음 아홉 가지 사항은 범하는 즉시 위반으로 되고, 나머지 네 가지는 세 번의 경고 끝에 위반으로 된다. 승잔법 부분은 바라제목차 규칙 위반 중 유일하게 특정 징계 조항을 포함했다는 점이 독특하다. 어떤 비구가 승잔법 계율을 범했을 때, 그는 죄를 은폐한 날만큼의 별거(parivāsa)를 해야 한다. 위반 사실을 즉시 고백하면 별거 기간이 없다. 근신 기간이 끝나면 마나트바mānatva라고 부르는 근신 기간을 더 보내야 한다. 비나야의 건도부(Skandhaka)의 모든 항목(vastu), 즉 파리바시카-바스투(Pārivāsika-vastu)에서 이러한 문제에 전념하고 있다는 것은 흥미롭다. 바라이죄(pārājika)처럼 승잔법, 즉 saṃghā-vaśeṣa라는 용어도 문제가 있다. 이 용어에 관한 어원학적 해석은 그다지 의미가 있는 것 같지 않다. 그렇지만 구스타프 로스Gustav Roth(1968: 343-345)와 실뱅 레비Sylvain Lévi(1912: 503-504)는 대중부-설출세부大衆部-說出世部(Mahāsāṃghika-Lokottaravādin) 텍스트 산스

5 역주: Saṅghādisesa(승잔죄)와 동의어.

크리트 버전에서 발견되는 다양한 승잔법의 존재 가능성을 강조하며 승잔법의 용어를 주의 깊게 논의했다. 미스 오너는 승잔법 위반 종류에 대해 통찰력 있게 언급한다:

> 실제로 전체 승가의 하위 부분이었던 다양한 승가가, 승잔법 급의 규율을 위반할 때만 개별 구성원에 사법권을 행사하고, 나중에 가서야 모든 등급의 위반에 사법권 행사를 한 것이 불가능하지 않았다. 만약 그랬다면, 내가 생각하기로는, 우리는 승잔법 급의 위반만 처음에 그렇게 했을 가능성을 수반하는 승잔법의 형식을 강조하는 것이 온당하다고 생각한다. 이 방법을 통해 초기 승단의 어떤 특징을 염두에 둘 수 있기 때문이다.(1938-1966: I, xxxii)

부정법不定法(Aniyata-dharmas)[6]

여기 두 가지 규칙 위반은, 신뢰할 수 있는 여성 재가불자 신봉자에 의해 고발되어 그녀의 지시에 따라 처리될 수 있는 경우를 포함한다. 사례 1) 만약 어떤 비구가 성행위를 하기 좋은 은밀한 장소에서 여성과 자리를 같이한다면, 실제 일어난 경위에 따라, 그는 바라이죄, 승잔법, 또는 파일제법波逸堤法(skt. pāyantika, pali. pācittiya 뒤에서 논의) 위반으로 피소될 수 있다. 사례 2) 만약 어떤 비구가 어떤

6 역주: 이 규칙은 명확하거나 고정된 처벌을 지정하지 않고 대신 불확실한 상황에서 비구가 범죄를 저질렀다고 비난받을 때 공동체가 판결을 내릴 수 있는 절차를 제공한다. 여기에는 두 가지 규칙이 있다.

여성과 성행위에 탐닉하기에는 적합하지 않지만 외설적인 말을 건네기에 좋은 장소에서 자리를 함께한다면, 그는 승잔법, 또는 파일제 위반으로 피소될 수 있고 바라이죄의 음행 위반에서는 제외된다. 이 범주를 '부정법(즉 미확정; aniyata)' 위반이라고 부르는 이유는 비구가 사원 규칙을 위반할 때 피소당할 수 있는 방식이 다양하기 때문이다. 이 범주의 두 가지 위반 사항은 여성 재가불자 신봉자에 대한 탁월하고 다소 놀라운 신뢰를 반영한다.

사타-파일제법捨墮-波逸堤法(Niḥsargika-Pāyantika-dharmas)

이 범주에는 서른 가지의 위반 사항이 있는데 제목에서 볼 수 있듯이 속죄와 몰수를 요구한다. 미스 오너는 '내부 증거를 통해 보면, 파일제법(pāyantika/pācittiya)은 자백해야 하는 가벼운 위반(āpatti desetabbā, Skt. āpatti deśayitavyā)이고, 자백은 모든 사타법捨墮法(Nissagiyas/Niḥsargika) 위반에 공통으로 적용되는 것이다'라고 말했다.(1938-1966: II, vii) 사타법은 3개 항으로 정리되며 각 항에는 10개의 규율이 있다. 토마스E.J. Thomas의 분류를 사용하면 아래와 같다(1963: 19):

a. 가사에 관련된 열 가지 규칙

이 규칙은 여벌의 가사를 보유, 수선, 교환하는 데 걸리는 기간과 가사의 공양에 관한 것이다. 분실하지 않은 한, 재가불자에게 가사를 요청할 수 없고, 어떤 가사를 받을 것인지 제안할 수도 없다.

b. 좌복과 돈의 사용에 관한 열 가지 규칙

> 좌복은 규정된 소재로 만든 것이어야 하며 6년간 사용되어야 한다. 비구는 어떤 특정 조건에서는 규정 외의 좌복 소재를 수락할 수 있다. 금이나 은은 받아서도, 그것을 거래로 사용해서도, 사거나 팔아서도 아니 된다.
>
> c. 발우, 의약품, 가사에 관한 열 가지 규칙
>
> 비구는 그의 여분의 발우를 열흘이 넘도록 보유할 수 없고, 발우가 다섯 군데 이하로 부서지지 않았을 경우 교환할 수 없다. 약품(기[7], 버터, 기름, 꿀, 원당)은 7일 넘게 저장할 수 없다. 우기에 관한 가사와 가사의 직조에 관한 특별 규칙이 있다. 승단에 공양된 어떤 물건도 비구 자신의 용도로 적용해서는 아니 된다.

위반 사항을 표로 만들면, 우리는 16개가 가사에 관한 것이고, 5개는 좌복, 4개는 돈과 승가 재산의 유용, 2개는 양털, 2개는 발우 그리고 하나는 약품에 관한 것임을 알게 된다. 이것은 니까야에서 시행되었던 다양한 숫자 체계가 바라제목차에서 크게 분화된 일급 위반 사항이다. 미스 오너는 몰수와 자백의 특질에 관하여, 그리고 이러한 처벌 형태의 일반적 가치에 관해서 다음과 같이 말했다:

> 일반적으로 파다바자냐(Padabhājaniya; 옛 주석)는 몰수와 자백은 승단의 주도로 이루어져야 한다고 말한다. 여기서 승단이란 전체 승단의 일부이며, 같은 경계(sīmā) 또는 하나의 주거(āvāsa)에서 사는 다섯 명 이상의 비구이거나; 두 명에서 네 명 사이의

7 역주: ghee, 물소 젖으로 만드는 액체 버터.

> 집단(gana)의 비구이거나; 또는 개인이라고 설명한다. 물건이 압수되고 자백이 이루어지면, 첫 번째와 두 번째 입장 표명에서, 경험 많고 유능한 비구에 의해서 위반으로 인정된다; 세 번째 입장 표명에서는, 물건이 압수되고 자백한 비구가 죄를 인정해야 했다. 이때 압수한 물건은 이를 부당하게 취득했다가 압수당한 비구에게 돌려준다.
>
> 사타-파일제법(Nissaggiya pācittiya; Skt. Niḥsargika-pāyantika) 유형의 벌칙이 갖는 가치는, 내가 생각하기로는, 바라제목차의 틀을 만든 사람의 시각에서 보면, 유사한 위반 행위의 억제 효과가 있고, 특정 위반자 개인을 구제하는 데 있다. 위반에 대한 벌칙이 자백과 인정으로 소멸하는 특성과 함께, 부정하게 취득한 물건에 대한 이런 상징에 지나지 않는 몰수를 고려하면 확실해진다. 이 규율에는 어떤 형식이 포함되었지만, 이 위반이 위반자가 부당하게 취득한 물건의 영구적인 상실의 사유가 될 만큼 나쁘다고 여기지 않았던 것은 확실하다.(1938-1966: II, xii, 괄호는 필자 첨부)

용어 사타법(niḥsargika)과 파일제법(pāyantika)이 몇 가지로 다르게 읽히는 점을 짚고 넘어가야 하겠다. 사타법(Niḥsargika)은 nissargika, naissargika, naisargika, naiḥsargika로도 읽히고, 파일제법(pāyantika)은 pāyattikāḥ, papattikā, pāpantikā, pācittiyakā, pātayantika, prāyaścittikā, pācittiya, payti, pāyacchitika, pācchita, pācattika로도 읽히고 있는 것을 발견했다.

파일제법波逸提法(Pāyantika-Dharma/Pācittiya-Dhamma)

이 범주에는 속죄가 요구되는 90개 위반 사항이 있다.[8] 비록 이 범주 규칙들의 숫자 패턴이 다양한 니까야에서 광범위하게 다르게 나타나고 있지만, 규칙의 내용을 조사해보면 놀라운 결과가 만들어진다. 대다수의 규칙(74개)은 다섯 가지 주요 제목으로 묶을 수 있다:[9]

a. 도덕률: 23개 규칙
b. 여성 관련 품행: 14개 규칙
c. 음식과 술: 16개 규칙
d. 법(Dahrma), 율(Vinaya), 그리고 이들의 적용: 11개 규칙
e. 필요 물품 사용: 10개 규칙

나머지 규칙(16개)은 세 가지 범주로 묶을 수 있는데, 각 범주에는 더 적은 수의 항목을 포함한다.

a. 출가 수행자의 주거(vihāra) 내 행동: 6개 규칙
b. 여행 규정: 5개 규칙
c. 다양한 파괴 유형: 5개 규칙

---

8 팔리어와 한문판 대중부(Mahāsāṃghika)에는 각각 92개의 규칙이 있는데, 한문판 화지부(Mahīśāsaka) 버전에는 90개가 있다. 산스크리트와 한문 근본설일체유부(Mūlasarvāstivādin) 텍스트에는 제각기 92개와 90개가 있다.

9 이 제목들은 토마스Thomas가 윤곽을 만든 것을, 내가 그가 만든 규칙의 배치를 과감히 벗어나 여러 가지 범주에 다시 배치했다.

이러한 범주들에 들어간 규칙의 배치는 필연적으로 다소 임의성이 있고, 규칙 중 일부는 더 엄밀하게는 공통 경계를 갖는다. 다양한 바라제목차 텍스트에는 보통 열 개의 규칙을 수치로 구분하여 함께 묶어 놓았다. 어떤 텍스트에서는 각 열 개의 규칙 말미에 요약을 해 놓았는데, 짐작건대 비구들의 기억을 돕기 위해서일 것이다. 어떤 대중부-설출세부(Mahāsāṃghika-Lokottaravādin) 버전의 텍스트에는 모든 항의 끝에 요약을 표시하기도 했다. 토마스E.J. Thomas는 무엇보다 비하라(vihāra; 수행자의 주거)라는 용어의 사용과 승가에 공통으로 쓰이던 가구의 이름을 가지고 추정해 보면 다음과 같다고 생각했다.

> 이 항목에 있는 몇 가지 규칙은 승잔법 규칙에 내포된 것보다 더 발전된 후기 승가 공동체 생활을 보여주며, 따라서 여기의 모든 항목은 아마도 이전 규칙보다 나중에 수집되었거나 구체화 하였을 것이다.(1963: 20)

제사니법提舍尼法(Pratideśanīya/Pāṭidesanīya-dharma)

이 항에는 자백해야 할 네 가지 직접적인 위반이 들어 있다. (1) 비구니의 개입으로 얻은 음식 먹기, (2) 음식이 제공되는 동안 비구니의 주문(음식에 관한)을 책망하지 않음, (3) 수행이 진행되는 동안 가족으로부터 음식 수납, (4) 사전에 발표하지 않고(비구가 병이 나지 않는 한), 위험한 환경에서 생활하면서 음식 취득.

유학법有學法(Śaikṣa-dharma)

이 규칙 그룹은 전체 바라제목차 규칙 가운데 가장 이질적이다. 사익사-다르마의 숫자가 한문 버전의 대중부(Mahāsāṃghika) 텍스트에는 66개, 한문 버전 설일체유부(Sarvāstivādin) 텍스트에는 113개로 다양하다. 패쵸 박사Dr. Pachow는 이 범주를 다음과 같은 방식으로 설명했다:

> 이 규칙의 본질은 근본적으로 비구의 일상 행위와 예의범절에 관한 것이다. 즉 걷기, 전진과 후퇴, 주시, 복장, 친교, 스트레칭 등등이다. 이 규칙들은 위반이나 침해에 대한 어떤 제재나 처벌이 가해질 수 없는 만큼이나 처벌 조항도 없다. 이 범주의 어떤 규칙 위반도 범죄 행위로 여기지 않고 단순히 행실이 나쁜 것으로 생각되었다.(1954: IV. 2, 69)

바라제목차의 이 부분은 가장 초기 종파 운동에서 나온 개별 불교 종파의 특정 관습의 서술에 관한 것을 가장 잘 드러낸 것으로 보인다.

멸쟁법滅諍法(Adhikarana-Samatha-dharma)

여기 일곱 가지 규칙은 위반을 해결할 수 있는 체계를 나타낸다. 첫 번째 현전비니現前毘尼(saṃmukhavinaya)는 문자 그대로 '~앞에서'라는 뜻이다. 팔리 비나야 멸쟁편滅諍篇(Samathakkhandhaka)은 이를 '개인, 승가, 다르마, 비나야(Vinaya) 앞에서'라고 설명한다. 두 번째 억념비니憶念毘尼(smṛtivinaya)는 문자 그대로 '기억에 근거한 평결'이라는 뜻이다. 그렇지만 멸쟁편은 이는 무죄 평결임을 분명히 하고, 이 결정에는 다섯 가지 선행 조건이 있다고 설명한다: (1) 비구는 깨끗하고 흠이 없어야 하고 (2) 고발되어야 하며 (3) 비구가 혐의 기각을 요청해야 하며 (4) 승가의 무죄 평결과 (5) 승가의 종결을 필요로 한다. 세 번째 불치비니不痴毘尼(amūḍhavinaya)는 문자 그대로 과거의 광기에 대한 평결을 뜻한다. 멸쟁편은 이 범주의 무죄 평결의 기준 세 가지를 말한다: (1) 위반 사항이 기억나지 않을 때, (2) 위반 사항을 기억하고 자백했을 때, (3) 비구가 정신 이상 상태일 때. 네 번째 다어비니多語毘尼(yadbhūyaṣikīya)는 문자 그대로 다수결이다. 그러나 멸쟁편은 다수결에 의해 결론이 나지 않을 때 다른 거주지 승려들(āvāsa)과 상의할 수 있다고 말한다. 다섯 번째 죄처소비니罪處所毘尼(tatsvabhāvaiṣīya)는 문자 그대로 특별한 기질(고발당한 비구)을 뜻한다. 멸쟁편은 이 행위를 저지른 비구의 세 가지 경우를 말한다. 그 비구가 (1) 싸움을 걸었는지, (2) 말다툼을 벌였는지, (3) 논쟁을 시작했는지에 대해서 말한다. 여섯 번째 초복지비니草覆地毘尼(tṛṇaprastāraka)는 문자 그대로 '풀로 덮는다'를 뜻한다. 멸쟁편은 비구들이 논쟁할 때 많은 부적절한 말을 할 수 있다고 설명한다. 이 경우 경험이 풍부한 비구의 지시에 따라 논쟁을 벌인 비구들이 함께 모여 공동의 잘못을 자백하는데, 다만 저지른 행위가 심각하지 않거나 재가 신도와 관련되지 않았을 때 이 절차를 시행해야 한다. 일곱 번째 자언비니自言毘尼(pratijñākāraka)는 문자 그대로 자백의 효력으로 이루어지는 평결을 뜻한다. 멸쟁편은 비구 자신이 인정하지 않으면 평결이 내려져서는 안 된다고 충고한다. 멸쟁법은 수쿠마르

두트Sukumar Dutt의 책 '초기불교 사원 생활'에서 길게 논의되고 있다.(1960: 113-145) 기이하게도 우리는 맛지마 니까야(Majjhima Nikāya; 숫타 104)의 사마가마-경(Sāmagāma-sutta)에서도 이 범주의 규칙에 대한 설명을 찾을 수 있다.

이러한 일곱 가지 부류의 규칙들은 비구들의 바라제목차-경(Pratimokṣa-sutta; 율경)을 구성한다. 이 텍스트 맨 앞에는 규율 있는 생활을 찬양하는 일련의 게송, 그리고 의식의 공식이 나온다. 종종 법구경(Dhammapada)과 우다나-품(Udānavarga)[10]의 게송과 유사한 일련의 게송과 함께, 이 텍스트 고유의, 석가모니 고타마 직전 여섯 붓다와 고타마 붓다를 한결같이 언급하는 것으로 구성되어 있다.

비구니 바라제목차-경은 비구계 텍스트 범주 규칙과 같은데, 위에서 언급한 대로 부정법不定法(aniyata-dharmas)이 빠져 있다. 비구니계의 숫자는 비구계보다 상당히 많은데 특별히 여성만을 위한 많은 규율이 삽입되어서 그렇다. 비구니계의 비교 연구는 찻수만 카빌싱Chatsumarn Kabilsingh에 의해 1984에 출판되었는데, 파쵸Pachow의 비구계 연구와 거의 유사한 구조와 형식으로 되어 있다. 카빌싱의 책은 아주 유용한 도표와 목록뿐만 아니라 도움이 되는 참고 문헌이 수록되어 있다.

백갈마白羯磨(Karmavācanā)

승가 공동체 생활에 관련된 모든 거래는 승가조례(Saṃghakarmas)에

---

10 역주: 1,100개의 게송과 33장으로 구성된 붓다와 제자들의 경구.

따라 결정된다. 승가조례 적용은 다음 두 가지 방법의 하나로 발생할 수 있다.(Dutt 1960: 225)

1. 요청에 따라
2. 분쟁 때문에

백갈마에 관하여 지난난다 박사Dr. B. Jinananda는 다음과 같이 설명했다:

> 백갈마(Pali. kammavācā)라고 칭하는 공식은 승가조례를 수행하기 위해 사용되었다. 의결에 도달하는 데에는 두 가지 형식이 있다. (i) 첫 번째 판독으로 의결이 도출되는 즉결심판(Jñaptidvitīyakarma), (ii) 세 번째 판독에 의한 의결(Jñapticaturthakarma).(1961: 3)

헤르베르트 해르텔Herbert Härtel은 팔리경전의 몇 부분에서 백갈마에 관한 최초의 형적形跡을 발견했다. 그리고는 허먼 올덴버그Herman Oldenberg를 아래와 같이 인용했다:

> 경분별經分別(suttavibhaṅga)의 경우 그 기초가 되는 전례 바라제목차가 별도의 형태로 보존되어 있지만, 건도부(Khandakas, Skt. Skhandakas)의 공식은 일부 예외를 제외하고는 아직 발견되지 않고 있다. 주요 예외는 대품大品(Mahāvagga)의 첫 번째 건도부

에서 전체적으로 반복되는 비구-수계식(Upasampadā-kamma-vācā)이다.(1956: 16)

해르텔은 그가 인용한 책이 1881년에 출간되었기에, 몇 가지 백갈마의 새로운 독립적 사례들이 팔리어 버전뿐만 아니라 산스크리트와 한문 버전에도 있다고 조심스럽게 지적했다. 해르텔과 지난난다 박사 모두 14개의 백갈마를 인용한다(Jinananda 1961:3; Härtel 1956: 8):

1. 승단 입문 허가(pravrajyā)
2. 비구 수계(upasaṃpadā)
3. 자백 의식 거행(poṣadha)
4. 초대 의식 거행(pravāraṇā)
5. 우기 때 거주 의무(varṣopagamana)
6. 가죽 제품 사용(carman)
7. 약품 사용과 조제(bhaiṣajya)
8. 가사 수여식(kaṭhina)
9. 규율
10. 비구들의 일상
11. 침구와 좌복, 즉 주거(śayanāsana)
12. 승단의 불화(saṃghabheda)
13. 제자와 스승의 상호 의무
14. 비구니 규율

지난난다는 백갈마에 대한 논평에서 다음과 같이 관찰한다.

> 불교 공동체 생활사에서 이 공식의 중요성은 매우 크다. 이 공식은 우리가 최고 수장이 없는 불교 사원 조직을 엿볼 수 있게 한다. 전체 조직은 민주주의 정신에 가득 차 있으며 의회 방식을 따르고 있다.(1961: 3)

승가-조례(Saṃghakarma)는 승가 공동체의 합법적 기능에 매우 중요하기 때문에, 비나야에 적용되는 부분을 특히 강조하여 더 충분히 설명되어야 한다. 유효한 승가-조례는 아래 요건으로 구성된다(Dutt 1960:125):

1. 자격을 갖춘 정족수의 비구
2. 부재자 투표 용지(chana)의 전달
3. 제안 중인 발의(jñapti)
4. 백갈마의 적절한 선포

수쿠마르 두트Sukumar Dutt는 그의 저서 '초기불교 사원 생활'(1960: 125-142)에서 승가-조례에 대하여 탁월한 설명을 제시한다. 이에 대한 요약을 여기에 만들었는데, 원문의 팔리어 부분은 좀 더 친숙한 산스크리트어로 바꿨다. (그리고 적절한 곳에 페이지 참조도 제공했다.) 두트 박사는 분쟁과 규율에 관한 승가-조례를 다뤘다. 우리는 먼저 분쟁에 관한 것을 검토하겠다.

분쟁(adhikaraṇas)은 네 가지 항목이다(pp.126-127):

1. 비바다히카라나(Vivādādhikaraṇa): 법(Dharma), 율(Vinaya), 여래(Tathāgata)에 관한 문제 및 승려의 범죄 특질에 대한 분쟁
2. 아누바다드히카라나(Anuvādādhikaraṇa): 비구의 일반적 품행에 관한 분쟁
3. 아파띠아드히카라나(Āpattyadhikaraṇa): 바라이죄(pārājika), 승잔(saṃghāvaśeṣa), 파일제법(pāyantika), 향피회向彼悔(pratideśanīya), 경죄輕罪(duṣkṛta; 돌길라突吉羅), 중죄重罪(sthūlātyaya), 악설죄惡說罪(durbhāṣita) 위반으로 기소된 비구의 분쟁
4. 크르티아드히카라나(Krtyādhikaraṇa): 승가-조례(Saṃghakarma)의 절차 또는 승가의 책임에 관한 분쟁

다음 단계가 요약되어 있다(pp.125-126):

1. 분쟁(예비)
   a. 고발과 부인, 또는
   b. 자백, 또는
   c. 견해 차이
2. 절차
   a. 발의(jñapti)
   b. 백갈마(Karmavācanā)의 선언
   c. 멸쟁滅諍(Adhikaraṇa-Śamatha)

3. 승가의 결정

승가의 결정은 원래의 발의(jñapti)의 관점에서 이루어져야 한다. 만약 발의가 무죄 또는 면책에 대한 것이라면 기각되었다. 만약 발의가 유죄 판결을 위한 것이면 징계 승가-조례가 요구되고 두 번째 형태의 승가-조례 검토로 이어진다.

어떤 위반의 죄로 고발된 비구는 여섯 가지로 항변할 수 있다.(pp.136-138)

1. 과거의 광기
2. 위반 사실을 기억하지 못함
3. 자백 거부
4. 자백
5. 항변 포기
6. 기소된 위반이 아닌 다른 위반의 자백

만약 첫 번째 항목의 탄원이 받아들여지고, 승가가 그것에 만족한다면, 피고는 불치비니不痴毘尼(amūḍhavinaya)를 요청하고 위에 요약된 승가의 규율에 따라 처리된다. 만약 승가가 만족하지 않는다면, 피고는 잘못을 자백하지 않아 자격이 정지될 수 있거나, 별거(parivāsa) 또는 근신(manātva) 처벌이 선고될 수 있다. 두 번째 항목의 항변은 피고인의 기억이 믿을 만할 때만 허용되며 진행은 위와 같이 된다. 세 번째 항목의 경우는 비구가 자백하지 않으므로 자격이 정지될 수 있거나, 적절하고 합법적인 방법으로 선고될 수 있다. 이때 피고발자는 결코 면책되거나 무죄로 평결될 수 없다. 네 번째 항목 탄원에서는 비구는 자신의 위반 사항을 자백하고 근신 규율을 청해야 한다. 이때 발의가 시작되고 백갈마가 실행되며 비구에게 공식적으로 선고된다. 다섯 번째 항목 탄원의 경우 비구가 자신의 완고한 성품에 맞는 처벌을 요청해야 한다. 여섯 번째 항목의 탄원에 관한 자백은 받아들여질 수 없다. 그는 자신이 저지른 위반에 대해서만 자백할 수 있다. 두트 박사Dr Dutt는, 가장 신중한 과정이 두 번째 항목의 탄원으로 변경하는 것으로 생각한 듯하다. 물론 여기에는 원래 자백한 범죄에 대해 나중에 기소할 가능성은 열어두었지만.

여러 가지 위반에 대한 처벌은 아래와 같이 시행된다(pp.138-142):

1. 별거(parivāsa)

별거 처벌은 승잔법의 위반에 대해 시행된다. 포살 의식 참여 또는 승가에 거주하는 것과 같은 비구의 권리가 중단되는 근신 기간을 포괄한다. 별거 기간은 다음 네 가지 방법의 하나로 결정된다:

a. 아프라티카나(Apraticchanna): 위반 사실이 즉시 자백 되었을 때. (별거 기간이 없어진다.)

b. 프라티카나(Praticchanna): 위반 사실을 은폐했을 때, 은폐한 날부터 평결이 선고될 때까지 며칠이 지났는가에 따라 별거 기간이 정해진다.

c. 슛딴티카(Śuddhāntika): 위반을 범한 날을 결정하기 어려울

때는 비구가 수계한 날부터 평결이 선고되는 날까지를 별거 기간으로 정한다.

d. 사모다나(Samodana): 별거 기간 중 새로운 위반을 저질렀을 때는 새로운 별거가 시작된다. (첫 번째 또는 두 번째 위반 때보다 긴 별거 기간이 부여된다.)

2. 근신(manātva)

근신 기간은 별거와 함께 부과되는데, 별거가 결정되면 즉시 이행한다. 별거와 근신 사이의 다른 점은, 근신은 6일로 날짜가 정해졌다는 점이다.

3. 견책(Tarjanīyakarma)

이 처벌은 바라이죄 또는 승잔법 위반 이외의 위반에 부과된다. 비구에게 법적 무자격이 부여되는데, 비구가 복권을 요청하고 승인이 날 때까지 무자격이 유지된다.

4. 절복죄折伏罪(Nigarhanīyakarma)

이 처벌은 승잔법 위반을 반복적으로 범하는 비구에게 부과되는 신중한 관찰이 요구된다.

5. 프라바사니야카르마(Pravāsanīyakarma)

이 처벌은 추방으로 구성되었는데, 스캔들을 일으킨 비구에게 가해진다.

6. 프라티삼하라니야카르마(Pratisaṃharaṇīyakarma)
이 조치는 어떤 비구가 어느 가구주를 화나게 했을 때, 그 가구주에게 용서를 구하는 것을 요구한다. 만약 용서를 구하지 못하면 도반들, 승가가 용서를 구한다. 그리고 그 비구는 그 가구주 앞에서 다시 겸허하게 죄를 고백한다.

7. 우트크쉐빠니야카르마(Utkṣepaṇīyakarma)
이 처벌은 잘못을 자백하지 않을 때, 잘못을 참회하지 않을 때, 또는 부적절한 교리를 포기하지 않을 때 평가된다. 이 처벌은 자격정지를 포함한다.

8. 브라마단다(Brahmadaṇḍa)
이 처벌은 사회적 (종교적으로는 아닌) 파문의 결과로 이어진다.

외-비나야 경전 문헌의 구조를 상술하고, 그리고 사원 규율의 비나야 체계의 관리를 검토함으로써, 우리는 경전 율장 문헌(Canonical Vinaya Literature)의 구조와 내용을 고찰할 수 있다.

비나야 경전 문헌

1) 경분별

경분별經分別(Sūtravibhaṅga)이라는 말을 문자 그대로 번역하면 '경經(sūtra)의 분석'이다. 따라서 경분별은 바라제목차-경(Prātimokṣa

-sūtra; 율경)에 기록된 위반 사항에 관한 상세한 분석이다. 예상할 수 있듯이 경분별은 바라제목차-경에서처럼 여덟 항목이 있다. 바라제목차-경의 각 항목 규율에 관하여 경분별은 사중구조로 되어 있다:

1. 규칙이 공표되는 상황을 설명하는 이야기(또는 이야기들)
2. 실제 바라제목차 규칙
3. 규칙 하나하나의 주석
4. 규칙의 예외 또는 처벌의 일탈이 발생할 수 있는 상황 완화를 가리키는 이야기

바라제목차 위반 사항에 더하여, 경분별 텍스트에서 몇 가지 새로운 징계 용어들이 발견된다. 여기에는 경죄(duṣkṛta), 중죄(sthūlātyaya), 그리고 부적절한 언행 위반인 악설죄(durbhāṣita)가 포함되어 있다. 미스 호너Miss Horner는 이러한 위반의 특성을 다음과 같이 설명했다:

> 이러한 위반 사항 중 어떤 것들은, 특정 바라제목차 규칙 위반으로 지정된 행위에 가깝게 일어난다고 하지만, 정상 참작이 되는 어떤 상황 때문에, 또는 처벌의 집행이 다른 점 때문에, 규칙 자체를 위반했다고 판단할 만큼 심각하지는 않다.(1938-1966: I, xxxv)

올덴버그Oldenberg는, 왜 새로운 위반 사항들을 간단하게 일반적인 제목에 포함하지 않고, 이러한 새로운 용어를 사용했는지 그 이유를

설명하면서 다음과 같이 언명했다:

> 파일제법波逸提法(Pācittiya/Pāyantika)을 구성하는 위반의 범위는 완성된 형태로 후기에 나타났고; 바라제목차에서 명시하지 않은 사항을 위반했을 경우 처벌을 하려고 했을 때, 파일제법이라는 표현 사용을 피했다. 왜냐하면 그리했을 때, 예전에 확정된 바라제목차의 조례에 공인되지 않은 새로운 조례를 첨가하는 것으로 될 수 있기 때문이었다. 따라서 이런 종류의 어떤 위반 사항도 그것이 가벼운 것이면 경죄(Dukkata/Duṣkṛta), 중대한 것이면 중죄(Thullaccaya/Sthūlātyaya)라는 용어를 사용했다.(1964: I, xx)

바라제목차에서와 같이 비구 경분별(Mahāvibhaṅga)과 비구니 경분별이 있다.

2) 건도

건도犍度(Skandhaka) 에는 승가 조직과 관련된 규정이 포함되어 있다. 건도는 백갈마(Karmavācanās)에 의해 지시된 행위나 의식을 바탕으로 기능한다. 유추로써 두 문장을 만들 수 있겠다:

1. 경분별이 각 비구나 비구니에 해당하는 것을 나타낸다면 건도는 승가에 해당하는 것을 나타낸다.
2. 바라제목차가 경분별에 해당하는 것이라면 백갈마는 건도에

해당하는 것이다.

건도에는 스무 개의 장이 있고 각 장은 바스투(vastu)라고 말한다. 이제 여기서 각 장의 특징을 짧게 요약한 목록을 만든다.[11]

1장. 프라브라쟈-바스투(Pravrajyāvastu; 출가사出家事)

이 바스투(vastu)는 승단 입문 허락(pravrajyā), 비구 수계식(upasaṃpadā), 행자 입문 허락(śrāmaṇeras), 큰스님(upadhyāya) 또는 스승(ācārya)에 대한 처신과 관련된 규정, 그리고 승단 입문 허락에 대한 실격 사유의 개요를 담고 있다.

2장. 포살-바스투(Poṣadhavastu)

포살-바스투는 매월 가지는 자백 의식의 개시부터 종결까지의 형식을 논의하고, 포살 의식과 관련된 규칙의 윤곽에 관해서 설명한다. 포살 의식은 불교가 아닌 다른 종파의 의식을 관찰한 것을 바탕으로 빔비사라Bimbisarā 왕의 제안으로 도입되었다. 처음에는 1일, 8일, 14일, 15일에 거행하다가, 나중에는 8일에 거행하는 의식은 빼고 격주로 거행했으며, 붓다가 포살-의식 때 바라제목차-경이 낭송되어야 한다고 선언했다. 이 장의 마지막에는 많은 규칙이 나오는데, 고해 의식이 어떻게 발표되어야 하는지 그리고 어떻게 승려들을 소집할 것인지, 포살 낭송은 어떻게 시작해야 하는지, 포살-의식은 어떻게 진행되어

---

11 이 요약은 부분적으로 Frauwallner 1956: 68-129을 인용했다.

야 하는지, 다양한 종류의 자백 의식, 의식 절차 자체, 위반에 대한 참회, 의식이 진행되는 동안 도착하는 비구들을 어떻게 다룰지, 의식의 방해를 막는 약속 등을 논의하고 있다.

3장. 바르샤-바스투(Varṣāvastu)

세 번째 장은 우기 때 준수해야 하는 규칙을 제시한다. 이 장은 붓다가 우기에는 비구들이 고정된 장소에서 안거해야 한다고 결정하도록 이끈 사건들의 이야기로 시작한다. 우기 안거는 3개월로 정해졌고, 우기 안거는 언제부터 시작하는지, 안거하면서 허용되거나 금지되는 주거에 대하여, 방과 가구의 배분 등에 관한 논의가 뒤따른다. 우기 안거지를 포기해야 하는 조건이 주의 깊게 설명된다. 끝으로, 어떤 비구가 우기 동안 어떤 재가불자의 처소에서 지내기로 약속한 우기 안거를 포기할 때, 그 위반 사실과 비위반 사실의 개요를 논의한다.

4장. 프라바라난나-바스투(Pravāraṇāvastu)

이 장은 우기가 끝나면 거행되는 초대 의식 프라바라난나Pravāraṇā를 다룬다. 이 의식은 승가 공동체의 불화를 막기 위해서 고안되었으며, 각각의 비구는 다른 비구를 초대하여 자기가 책망받을 일은 하지 않았는지, 준비는 잘하고 있는지는 물론이고 적절하게 배상해야 할 것이 있는지에 대해 말한다. 의식 거행의 세밀한 절차, 즉 의식 준비의 정의, 의식을 어떻게 시작하는지 등에 대해서 정의한다. 다양한 종류의 프라바라난나-의식에 쓰이는 식량의 개요와 위험할 때 어떻게 축소된 의식을 거행할지를 논의한다. 인가받지 않은 사람은 의식에서 배제된다고 기록되어 있다. 배상하는 방법이 요약되어 있고, 배상하지 않은 비구는 의식에 참여할 수 없다고 강조한다. 끝으로 몇 가지 예외에 대해서 논의하고 있다.

5장. 카르마-바스투(Carmavastu)

카르마-바스투는 가죽 사용(특히 신발)에 대한 규칙을 다루고 있다. 이 장은 쉬로나 코티빔사Śroṇa Koṭīviṃśa에 관한 얘기로 시작하며, 이 장의 제목에 대한 자세한 얘기가 이어진다. 그리고 전설적인 쉬로나 코티카르나Śroṇa Koṭīkarṇa의 이야기로 끝난다.

6장. 바이샤쟈-바스투(Bhaiṣajyavastu)

이 장은 비구에게 허용되는 음식과 의약품에 대한 규칙을 논의한다. 의약품의 정의와 그것을 언제 어떻게 사용해야 하는지 설명하기 위해서 몇 가지 얘기를 사용한다. 음식에 관한 규칙은 엄격한데, 어떤 공양 음식을 받아야 하는지, 어떻게 초대를 다루어야 하는지, 어떻게 공양 음식을 준비해야 하는지, 그리고 어떻게 저장실(kalpikaśālā)을 사용해야 하는지를 기술한다. 어려운 시기에는 이러한 규칙의 완화가 허용된다. 몇 개의 전설로써 이 장은 마무리된다.

7장. 시바라-바스투(Cīvaravastu)

이 장에서는 승려의 의복에 관한 규칙을 다루고 있다. 의사 지바카Jīvaka의 전설은 붓다가 승려들이 재가불자로부터 가사를 받을 수 있도록 허용하면서 긴 얘기가 끝난다. 착용 가능한 가사와 착용할 수 없는 가사에 관한 규칙, 가사의 재단과 재봉, 가사의 변형, 그리고 가사의 숫자에 관한 규칙이 명시되었다. 의복의 분배에 관한 많은 규칙이 설명되어 있다. 사망한 비구의 물품 분배에 관해서도 길게 다루고 있다.

8장. **카티나-바스투**(Kaṭhinavastu)

이 장은 우기 안거를 지낸 비구들의 열악한 의복 조건에서 시작된 비구들의 가사 제조와 분배에 관련된 규칙을 제시한다. 실제 진행 절차를 고려한 다음, 언제 가사 제조와 분배 진행이 적절하게 이루어지는지와 언제 잘못 진행되는지에 관한 설명으로 이어진다. 비구의 카티나(kaṭhina) 특전[12]이 정지되는 경우도 이러한 경우를 세분화하여 설명하고 있다.

9장. **코삼바카-바스투**(Kośambakavastu)

코삼바카-바스투는 코삼비(Kauśambī)[13]에서 어떤 비구의 추방에 관하여 두 그룹의 비구 사이에서 발발한 논쟁에 관한 짧은 장이다. 처음에 분쟁을 종식하려는 붓다의 노력이 헛수고가 된다. 코삼비 재가불자들이 공양 올리는 것을 취소했고, 이에 따라 승려들이 사위성舍衛城(Śrāvastī)[14]으로 가야 했다. 붓다는 바른 행동에 관한 세심한 가르침을 승가 공동체에 내린다. 마침내 추방된 비구가 자신의 잘못을

12 역주: 가사 수령권.

13 역주: 고대인도 밧사Vatsa 왕국의 수도.

14 역주: 고대인도 코살라 왕국의 수도.

자백하고, 그를 다시 받아들였고, 그리고 조화가 회복되었다.

10장. **카르마-바스투**(Karmavastu)

이 장은 승가의 다양한 종류의 집회와 그 집회가 기능할 수 있는 행위를 강조하며, 승가 공동체가 이행하는 행위에 대해서 논의한다. 또한 유효한 절차와 무효한 절차의 개요를 설명하고 있다.

11장. **판둘로히타카-바스투**(Pāṇḍulohitakavastu)

이 장은 사원의 징계 조치에 관해 설명한다. 다섯 가지가 언급되었는데, 처음 항은 이 장의 제목이 된 두 명의 개인에 대해 나타낸다:

a. 시비 걸기를 좋아하는 그들의 성격 때문에 판두카Pāṇḍuka와 로히타카Lohitaka는 축출(Tarjanīyakarma)[15] 처분이 선고되었다.

b. 계속되는 위반으로 슈리야카Śreyaka는 준수-요구(Nigarhanīyakarma) 처분이 내려졌다.

c. 스캔들을 일으킨 아슈바카Aśvaka와 푼나르바스카Punarvasuka에게는 추방(Pravāsanīyakarma)이 선고되었다.

d. 재가불자에게 규율을 위반한 우타라Uttara에게는 프라티상가라니야카르마Pravāsanīyakarma, 즉 재가불자 당사자 및 승가에 용서를 구하라는 선고가 내려진다.

e. 위반 사실을 인정하지 않고 배상을 거부한 찬다Chanda에게는

---

15 역주: '패배'로 불리는 바라이죄波羅夷罪(pārājika) 위반에 대한 처벌 이름, 배상으로 해결되지 않는 죄에 대한 처벌.

자격-정지(Utksepanīyakarma)[16]가 선고되었고, 잘못된 교리를 포기하지 않은 아리스타Ariṣṭa에게도 같은 처벌이 내려졌다.

12장. 푸드갈라-바스투(Pudgalavastu)

이 장은 우대이Udāyī라는 이름을 가진 비구의 행위가 촉발한 승잔법 위반을 다룬다. 별거(parivāsa)와 근신(manātva)의 처분에 대해서 상세히 기술하고 있다. 아울러 복권 의식의 정식 법률 제정에 대해서도 말한다.

13장. 파리바시카-바스투(Pārivāsikavastu)

이 장은 별거와 근신 기간 중 지켜야 하는 품행의 기준에 대하여 논의하고 있다.

14장. 포살-바스투(Poṣadhasthāpanavastu)

이 장은 어떤 비구의 포살 의식 참여 금지에 대해서 논의하고 있다. 이 장은 아난다의 거듭된 요청에도, 거기 모인 사람 중 불순한 비구 하나 때문에 붓다가 바라제목차 낭송 의식을 거부하면서 시작된다. 그 비구가 나가자 붓다는 앞으로 승가 스스로(붓다가 아닌)가 포살 의식을 거행하고 바라제목차를 낭송해야 한다고 발표한다. 게다가 위반의 죄를 범한 비구들은 의식에서 배제된다.

16 역주: 적절한 배상이 이루어질 때까지의 자격정지 처벌.

15장. 샤마타-바스투(Śamathavastu)

이 장은 두 부분으로 나누어졌는데, 첫 부분은 법률문제(adhikaraṇas) 결의 절차에 대해서 말한다. 일곱 가지 멸쟁법滅諍法(Adhikarana-Samatha-dharma)이 논의되고 아울러 네 가지 단계의 분쟁도 다룬다. 두 번째 부분은 다양한 조정 절차의 동기에 관한 것이다.

16장. 상가베다-바스투(Saṃghabhedavastu)

이 장은 승가의 분열에 대해서 논의한다. 이 장의 많은 부분은 데바닷타 Devadatta[17]의 전설이 차지하는데, 다음 사항을 강조한다:

a. 데바닷타는 위대한 힘[18]을 갖게 되고 아자따삿뚜Ajātasattu 왕자[19]의 후원을 얻는다.

b. 목건련(Maudgalyāyana)이 데바닷타의 계획(붓다의 승가 통솔권을 탈취)을 알게 되어 붓다에게 이 사실을 말씀드린다.

c. 데바닷타는 붓다에게 그의 요구대로 승가를 떠날 것을 요구한다.

d. 거부되자 데바닷타는 자신의 승가를 만들려고 시도한다.

e. 데바닷타는 아자따삿뚜에게 왕위 찬탈을 도울 테니 붓다를 없애라고 청한다.

f. 아자따삿뚜는 그의 말을 따라 부왕 빔비사라의 자리에 오른다.

---

17 역주: 고타마 붓다의 사촌이자 처남.

18 역주: 투시력.

19 역주: 데바닷타의 꾐으로 부왕 빔비사라를 옥에 가두고 왕위를 찬탈한다.

g. 데바닷타가 사람들을 보내 붓다를 살해하려고 했으나 붓다는 그 사람들을 개종시킨다.

h. 데바닷타가 바위로 붓다를 죽이려 했으나 상처만 낸다.

i. 데바닷타가 성난 코끼리를 붓다에게 보냈으나 붓다는 그 코끼리를 순하게 길들인다.

j. 데바닷타가 500인의 비구를 꾀어 붓다를 떠나게 만들어 실질적으로 새로운 승가를 세운다.

k. 사리불과 목건련이 500인의 비구를 다시 붓다에게 인도한다; 데바닷타가 죽는다.

데바닷타의 전설에 뒤이어 일반적인 승가의 분열에 대해서 논한다.

17장. 사얀나산나-바스투(Śayanāsanavaastu)

이 장은 승가의 주거에 관한 것이다. 라자그라Rājagṛha[20]의 어떤 가구주에 의해 만들어지는 승가 주거 건물에 관련된 얘기를 소개한 후, 기원정사(Jetavana)를 승가에 보시한 사위성舍衛城의 부유한 상인, 급고독장자給孤獨長者, 아난다핀다다Anāthapiṇḍada의 전설이 얘기된다. 여러 가지 악용 사례들로 인해 붓다가 어떤 비구에게 다른 비구들의 주거와 가구 배치의 책임을 맡도록 허락하게 만든다. 다른 비구들에게는 건물 관리자 또는 의복 배급자 같은 역할을 준다. 승려들을 각 건물에 상주시켜 보시받은 건물들의 노후화를 방지하는 방안도 마련된다.

---

20 역주: 인도의 고대 도시.

18장. **아카라-바스투**(Ācāravastu)

이 장은 행실에 관한 부록이다. 탁발과 재가불자와의 식사와 관련된 품행, 새로 도착한 비구와 숲에 거주하는 비구들의 태도 또한 논의의 주제들이다.

19장. **크수드라카-바스투**(Kṣudrakavastu)

크수드라카 장은 그다지 중요하지 않은 규칙 목록인데, 이 규칙의 특성상 다른 곳에 적절하게 배치할 수 없는 것들이다. 이쑤시개나 욕실 가구 같은 이야기가 논의되고 있다.

20장. **비구니-바스투**(Bhiṣuṇīvastu)

제목에서 분명히 알 수 있듯이, 이 장은 비구니를 위해 특별히 고안한 규칙을 다룬다. 이 장은 여성을 승가에 받아들이게 된 이야기와 관련된 것으로 시작한다. 비구니의 승가 입회식, 고해 의식, 그리고 초대 의식의 논의와 아울러 비구니의 남성 승가 구성원에 대한 품행에 관한 규칙도 논의한다. 사소한 규정들로써 이 장은 끝난다.

건도에는 20개 장 이외에 붓다의 계보, 탄생, 삶의 역사에서부터 사리불과 목건련의 개심에 이르기까지를 논의하는 서론 부분과 붓다의 입멸, 라자그라Rājagṛha 평의회, 조사들의 역사, 바이살리毘舍離(Vaiśālī) 평의회가 담긴 종결부도 있다. 따라서 우리는 건도의 구조를 다음과 같은 도식으로 요약할 수 있겠다:[21]

a. 서론: 붓다의 초기 생애와 이력
b. 불교 사원 제도(1장-4장)
c. 비구들의 일상적 필요(5장-8장)
d. 사원법(9장-10장)
e. 징계 절차(11장-13장)
f. 부록(14장-20장)
g. 결론: 붓다의 입멸과 그 이후

3) 부록

몇 개의 비나야에 증보 형식으로 부록이 첨가되었다. 부록은 두 가지 기본적인 기능을 제공한다(Lamotte 1976: 183):

1. 경분별(Sūtravibhaṅga) 건도(Skandhaka)에서 발견되는 규칙의 요약을 제공한다.
2. 사원 역사의 흥미로운 단편을 제공한다.

비-경전 율장 문헌

1) 주석

다행스럽게도 폭넓고 다양한 비나야 주석이 보존되어 있고, 비나야

---

21 그룹 b. c. d. e.는 Frauwallner(1956: 70, 89, 104, 107)가 제안한 것이고 a. f. g.는 내가 합리적인 개요(Frauwallner가 제안하지 않은 부분)를 제기하기 위해 덧붙인 것이다.

문헌을 공부하는 학생에 대한 그것의 중요성을 여기서 강조할 필요는 없겠다. 가장 완전한 주석이 상좌부불교 전통(팔리어)과 근본설일체유부根本說一切有部(Mūlasarvāstivādin) 전통(티베트어)에 보존되어 있다. 많은 인도 불교 니까야에 대한 한문 율장 주석 번역도 가지고 있다. 단지 현대의 주석 텍스트만 부족할 뿐이다.

2) 기타 문헌

이 범주 안에 우리는 두 가지 종류의 텍스트를 놓을 수 있다. 첫째, 번역본으로만 남아 있고 어떤 특정 니까야와 일치하지 않는 텍스트들은 이 범주에 놓여야만 한다. 둘째, 애매한 형태의 텍스트 그룹, 즉 비록 엄밀한 의미에서는 비나야 문헌으로 분류되지는 않지만, 확실히 비나야와 관련이 있고 몇 가지 니까야의 비나야 전통에 영향을 준 텍스트들이다.

이제까지 비나야의 구조, 내용, 적용 등을 검토함으로써 우리는 지금 1800년 이후 출판된 광범위한 비나야 문헌의 인용에 중점을 두며 우리의 탐구를 지속할 수 있는 처지가 됐다. 비나야 문헌의 특성과 중요성에 대한 가장 주목할 만한 요약은 미스 오너Miss Horner의 평가에 남았는데, 그녀의 팔리어 버전 율장(Vinaya Pitaka)의 번역 출판본 첫째 권 서문에 수록되었다:

> 그러나 다른 텍스트들과 마찬가지로, 비나야에도 고타마 승단의 게으르고, 해이하며, 욕심 많은 비구 비구니들이 나타나는데, 그들은 사치를 사랑하고 환락을 좇는 사람들이고 불화를 만드는

사람들이었음을 보여준다. 그렇지만 만약 우리가 그 승단을 스캔들과 학대, 그리고 사소한 형태의 잘못으로 가득 차 있었다고 주장한다면 크게 잘못된 것이다. 비나야 문헌에 이러한 사례들이 분명히 존재했다는 점은 의심의 여지가 없지만, 단순히 기록되었다는 이유만으로 그 빈도를 과장하거나 고타마 시대의 많은 비구의 정직성과 영적 헌신에 대해서 축소하는 것은 정당화될 수 없다. 이러한 사례의 기록은 니까야의 장로-장로니게(Thera-therī-gāthā)에서 발견된다. 그러나 너무나 많이 간과되고 있지만, 비나야 문헌에는 다른 동료 비구들의 비행에 대해 화가 나고, 수치스럽고, 불평하는 도덕적이고 온건한 승려들이 있다. 역사가로서 우리는 이처럼 반드시 있게 마련인 타락한 사람들에게 감사해야 하겠다. 왜냐면 그들의 타락은 바라제목차(Pātimokkha)의 유산이기 때문이다. 붓다의 승단이 단지 바르고 양심적인 비구나 비구니만으로, 즉 브라만 생활의 확고부동한 목표를 세운 사람들과 그 상황에서 잘못하는 사람들에 대한 자신들의 짜증을 표명하는 사람들만으로 채워졌다면, 비나야, 규율, 바라제목차들은 존재하지 않았을 것이며, 우리는 초기 승가 역사의 많은 부분을 오로지 경장經藏(Sutta-Pitaka)의 간접적이며 단편적인 방식으로써 밖에는 알 수 없었을 것이다.(1938-1966:I. xviii)

결론

이제까지 비나야 문헌의 주요 부분을 살펴보면서 명확하고 예측 가능한 몇 가지 관측이 가능해졌다. 1900년대까지는 예비 기간 같은 것이라 해야겠다. 거의 모든 출판물은 텍스트의 편집이나 번역 또는 양쪽 모두를 제공했고, 이 출판물의 대략 4분의 3이 상좌부불교 전통을 다뤘다. 유럽에서는 상좌부 전통 니까야의 탐구에 크게 초점을 두었기 때문이었는데, 주로 라이스 데이비즈Thomas W. Rhys Davids, 올덴버그Herman Oldenberg, 그리고 칠더스Robert Childers 같은 학자들에 의해서 추진되었고, 이러한 초점은 확실히 예상되지 못한 것은 아니었다.

비나야 연구 책자가 1900년에서 1930년 사이에, 거의 이전의 백 년 동안에 출판된 수만큼 출판되었다. 그러나 그 초점은 두 가지로 바뀌었다: 첫째, 우리는 원문 텍스트 연구와 거의 같은 숫자의 이차적인 연구(주로 논문)와 번역을 볼 수 있다. 둘째, 관심이 상좌부 전통으로부터 멀어져 변하기 시작했고, 이제 전체 출판물의 대략 3분의 1만 차지하고 있다. 주로 레비Sylvain Lévi, 피노Luois Pinot, 그리고 푸생La Vallée Poussin 같은 학자들의 연구를 통해서 설일체유부說一切有部 전통이 독립 연구 단위로서 부상하기 시작했다. 물론 다양한 컬렉션으로 나타난 비나야 산스크리트어 필사본의 추가 발견이 이러한 운동에 추진력을 더했다. 1930년과 1950년 사이에는 바로 직전 몇 년간의 출판물보다 약간만 상회하는 수준이었고, 이 가운데 대략 3분의 1이 상좌부 니까야 연구였는데, 이차적인 연구를 일차적인 연구와 동등하게 중점을 두고 있음이 드러났다. 이차적인 연구에는 책자보다는 논문집이 아직 압도적 다수를 차지하기도 했다. 우리는 이 시기가 1950년대와 1960년대에서 출현하는, 복잡한 비나야 문제에 대한 통합과 추가 정의의 붐을 예고하는 휴지기를 나타냈다고 말할 수 있겠다. 길깃Gilgit[22]과 티베트에서 발견된 필사본은 비나야 연구에 새롭고 활기찬 추진력을 주었고, 오늘날까지 우리가 그것을 경험하고 있다.

1950년부터 비나야 연구는 눈부신 성장세를 보였다. 한때 거물이었던 상좌부 비나야 연구는, 아마도 일반적 불교 연구의 보편적 상황과 동시에 일어난 현상이라고 보이는데, 유행에서 벗어난 것으로 보이며, 현재 대략 시장의 6분의 1만 이에 반응하고 있다고 느껴진다. 이 기간에 대중부-설출세부大衆部-說出世部와 근본설일체유부根本說一切有部 니까야가 대다수의 학술적 연구에 가치가 있었다. 비나야 전편을 다루는 연구는 이제 동등한 기반에서 짧은 논문들과 경쟁하고 있고 이러한 두 가지 출판 형태의 특성 모두가 단순히 구체적인 정보를 제공하기보다는 일반적이고 해석적으로 변해가고 있다. 이제야 우리는 비나야 연구가 성년이 되었다고 확신을 두고 말할 수 있다.

인용 문헌

Carrithers, M. B. (1984) 'They will be lords upon the island': Buddhism in

22 역주: 파키스탄 산악지대의 도시.

Sri Lanka. In: H. Bechert and R. Gombrich (eds), *The world of Buddhism: Buddhist monks and nuns in society and culture*. New York: Facts on File, 133–146.

Dutt, S. (1960) *Early Buddhist monachism*. Revised edition. Bombay: Asian Publishing House.

Frauwallner, E. (1956) *The earliest vinaya and the beginnings of Buddhist literature*. Serie Orientale Roma 8. Rome: Instituto Italiano per il Medio ed Estremo Oriente.

Hallisey, C. (2007) Vinayas. In: D. Keown and C. Prebish (eds), *Encyclopedia of Buddhism*. London: Routledge, 807–810.

Härtel, H. (ed. and trans.) (1956) *Karmavācanā*. Berlin: Deutsche Akademie der Wissenschaften zu Berlin, Institut für Orientforschung.

Horner, I. B. (trans.) (1938–1966) *The book of discipline*. 6 vols. London: Luzac.

Jinananda, B. (ed.) (1961) *Upasaṃpadājñaptiḥ*. Tibetan Sanskrit Works 6. Patna, India: Kashi Prasad Jayaswal Research Institute. Journal of the Gaṇgānāth jhā Research Institute 10 (1–4): Appendix, 1–48.

Kabilsingh, C. (1984) *A comparative study of the bhikkunī pātimokkha*. Varanasi: Chaukambha Orientalia.

Lamotte, É. (1976) *Histoire du Bouddhisme indien*. Louvain, Belgium: Institut Orientaliste.

Lévi, S. (1912) Sur une langue précanonique du Bouddhisme. *Journal asiatique*. Série X Tome XX (Nov.–Déc.): 505–506.

Roth, G. (1968) Terminologisches aus dem Vinaya der Mahāsāṃghika-Lokottaravādin. *Zeitschrift der deutschen morgenländischen Gesellschaft*, 118: 334–348.

Thomas, E. J. (1963) *The history of Buddhist thought*. 2nd edition, reprint. London: Routledge and Kegan Paul.

추천 도서

Dutt, S. (1957) *The Buddha and five after centuries*. London: Luzac & Company.

Frauwallner, E. (1956) T*he earliest vinaya and the beginnings of Buddhist literature*. Serie Orientale Roma 8. Rome: Instituto Italiano per il Medio ed Estremo Oriente.

Holt, J. C. (1981) *Discipline: the canonical Buddhism of the Vinayapiṭaka*. Delhi: Motilal Banarsidass.

Kabilsingh, C. (1984) *A comparative study of the bhikkunī pātimokkha*. Varanasi: Chaukambha Orientalia.

Pachow, W. (2000) *A comparative study of the prātimokṣa (on the basis of Chinese, Tibetan, Sanskrit and Pali versions)*. Revised edition. Delhi: Motilal Banarsidas.

Prebish, C. S. (1994) *A survey of Vinaya literature*. Taipei, Taiwan: Jin Luen.

제6장 비구니 수계

비구 아날라요 Bhikhu Anālayo

서론

불교 공동체는 원칙적으로 사부대중으로 구성되며, 승려와 재가불자로 되어 있는데 각각 남성 또는 여성 구성원을 가질 수 있다. 오늘날까지 살아남은 사원 전통의 3분의 2, 히말라야 지역의 근본설일체유부根本說一切有部(Mūlasarvāstivāda)와 남아시아 및 동남아시아의 상좌부불교 전통은 완전하게 수계한 비구니 승가가 없고, 따라서 거기에는 삼부대중만 있다. 동아시아의 법장부율法藏部律(Dharmaguptaka Vinaya) 전통에서만 아직 비구니 승가가 있다.

비구니 승가 부활 문제는 논란거리인데, 이러한 불교 전통에서 여성들을 그들의 남자 도반들과 마찬가지로 사원 생활에 완전하게 참여할 수 있게 함으로써 여성의 입장을 개선해야 하는 절박한 필요성과 사원 전통의 기본적인 법적 원칙을 존중해야 한다는 의무 사이의 갈등을 내포한다.

그 법적 문제의 복잡성과 그 가능한 해결에 빛을 던지기 위해, 법장부, 근본설일체유부, 그리고 상좌부 비나야에서 발견한 방법을 가지고 비구니 승가 설립에 관한 얘기로 시작하겠다. 이 세 가지 비나야는 공통으로 마하프라자파티 고타미Mahāprajāpatī Gautamī[1]가 '존중해야 할 원칙'인 여덟 가지 구루다르마(gurudharma: 무거운 법)를 수용한 것이 불교 전통에서 첫 번째 비구니가 된 그녀의 수계를 형성했다는 보고에 일치한다. 다음으로 나는 이러한 구루다르마의 하나에서 출현한 비구니 수계와 관련된 법적 매개변수, 그리고 어떻게 이 세 가지 비나야에 따라서 후속 비구니 수계가 이행되었는지를 살펴볼 것이다. 그런 다음 나는 현재 상황을 이해하는 틀을 만들기 위해서 현대에 이르기까지의 비구니 수계 법통의 전승에 눈을 돌릴 것이다.

나의 연구 과정에서 다룰 주제는 다음과 같다:

- 마하프라자파티의 수계
- 여덟 가지 구루다르마
- 비구니 수계에 관한 구루다르마
- 비구니 수계 절차
- 스리랑카의 비구니 수계 전승
- 중국의 비구니 수계 전승

---

1 역주: 음사하여 마하파사파제摩訶波闍波提 구담미瞿曇彌 또는 대애도大愛道라고 한역.

- 수계의 유효한 법적 요구 사항
- 비구니 수계의 부활

마하프라자파티의 수계

마하프라자파티 고타미의 수계로 이어지고 그로 인해 비구니 승가 설립으로 이어진 사건들이 다양한 텍스트에 기록되었다.(Anālayo 2011: 269-272) 다음에서 나는 이러한 텍스트들 가운데 현대까지 남아 있는 세 가지 사원 전통의 비나야만 채택한다.

법장부, 근본설일체유부, 그리고 상좌부 전통은 마하프라자파티 고타미가 붓다에게 다가가서 붓다의 체제 안으로 여성이 들어갈 수 있게 허락을 구하는 사건을 전하고 있다. 세 가지 비나야 모두 붓다가 이 요청을 거절했다는 데 일치한다.

이 거절은 이러한 동일한 전통들의 현존하는 다른 텍스트들에서 나타난 기록과는 대조를 이루고 있다. 법장부의 장아함경(Dīrgha-āgama)에 보존된 대반열반경大般涅槃經(Mahāparinirvāṇa-sūtra) 버전과, 근본설일체유부의 산스크리트어 파편, 그리고 상좌부 전통의 디가-니까야(Dīgha-nikāya, 장부長部)에서 대조되는 기록을 찾을 수 있다. 이 세 버전은 붓다가 깨달음을 얻은 후 곧바로, 이름하여 비구, 비구니, 우바새, 우바이의 사부대중을 세우리라는 계획을 공표한다는 데에 일치한다.(DĀ 2 at T I.15c2, Waldschmit 1951: 208, 15; DN II.104, 18)

한편으로는 이 세 가지 전통의 담론에서는 붓다가 처음부터 사부대중을 갖기를 원했다고 기록했는데, 같은 세 가지 전통의 비나야에 따르면 왜 붓다가 비구니 승가 설립을 거절해야 했는지 쉽게 이해되지 않는다. 왜냐하면 붓다가 거절한 바로 그때에는 비구니가 빠진 다른 삼부대중이 이미 존재해 있었고, 마하프라자파티 고타미의 청원으로 인해 사부대중을 이루는 결과를 가져올 수 있었기 때문이다.

근본설일체유부 비나야의 산스크리트어 파편 버전에는 마하프라자파티 고타미의 청원에 대한 붓다의 응답은 다음과 같은 형식을 취한다(Schmidt 1993: 242,5; 3a2): '이렇게 하여, 고타미는 머리를 깎고, 가사(saṃghāṭī)를 입고, 전적으로 완전무결한 성스러운 삶을 위해 평생토록 수행하도록 하여라.'

이것은 붓다와 마하프라자파티 고타미 사이의 두 번째 교류 사례다; 첫 번째 사례는 이 파편에 보존되어 있지 않다. 이 두 번째 사례의 한문 버전에서는 다음과 같이 기록한다(T 1451 at T XXIV. 350b27): '마하프라자파티야, 너는 머리를 깎고, 누더기 가사를 입고, 완전무결하고 하나같은 마음으로 네 평생토록 성스러운 삶을 일구어 나가야 한다.'

이 두 번째 사례를 티베트 버전에서는 이렇게 읽는다(D 6 da 101a6 or Q 1035 ne 981b1): '이렇게 하여, 고타미는 머리를 깎고, 누더기 가사를 입고, 평생토록 전적으로 완벽하고, 전적으로 순수한 성스러운 삶을 수행하거라.'

이 허락의 첫 번째 사례에서 한문과 티베트어 버전에서는 가사 대신 흰색 옷을 입는다고 말하고 있다.(T 1451 at T XXIV. 350b15; D 6 da 100b2; Q 1035 ne 97b4) 다른 버전에서도 줄곧 이와 같은 허락

사례가 나오기 때문에, 이는 나중에 바꾸어진 형태로 보인다.

근본설일체유부 비나야와 유사한 표시는 어떻게 비구니 승가가 설립되었는지에 대한 두 가지 담론 버전(MĀ 116 at T I. 605a17; T 60 at da 100b2; Q035 ne 97b4)과 화지부化地部(Mahīśāsaka) 비나야에서, 삭발과 가사의 착용은 집에 머무를 때 마쳐야 한다는 추가 사양이 발견된다.(T 1421 at T XXII. 185b28)

이것은 붓다의 거절이 고대인도에서 여성들이 자유롭게 배회하는 삶으로의 진입과 더 특별히 관련되었었다는 점을 시사한다. 비나야 문헌의 다른 곳의 기록에서 비구니에 대한 겁탈과 그 밖의 학대가 자주 나타나는 점으로 볼 때, 근본설일체유부 비나야뿐만 아니라 다른 버전에서 기록된 붓다의 응답은 여성들에게 덜 위험한 선택, 말하자면 더 안전하게 보호되는 환경인 집에서의 출가 생활을 제의한 것으로 보인다.

비록 법장부와 상좌부 비나야에서는 붓다에 의한 그러한 허락을 말하고 있지 않지만, 두 가지 담론 버전에 따르면 마하프라자파티 고타미와 그녀를 따르는 무리는 진짜로 삭발하고 가사를 입었다.(T 1428 at T XXII. 922c18; Vin II.253,22 = AN 8.51 at AN IV.274.30)

만약 이 텍스트들이 말하는 곧이곧대로 생각한다면, 이것은 거의 공공연한 반항처럼 읽을 수도 있다. 하지만 그렇게 읽는 대신, 위 근본설일체유부 비나야 구절은 법장부와 상좌부 비나야에서 묘사한 사건의 배경을 참작해서 해석해야만 한다.(Anālayo 2011, 2016a) 이 가정하에서라면 마하프라자파티 고타미와 그녀를 따르는 무리가 삭발하고 법복을 입은 것은 자연스럽기만 한 것이다.

이런 방식으로 나타난, 마하프라자파티 고타미의 청원에 대한 붓다의 응답에 관한 대안적 관점은, 위에서 얘기한 세 가지 사원 전통의 담론 문헌과 더 일치한다. 즉 붓다는 처음부터 비구니 승가를 구상했던 것이다. 여성이 그의 체제에 들어오는 청원을 단순히 거절했다기보다는 붓다는 더 보호받는 환경에서의 대안적 출가 생활을 제안한 것으로 보아야 한다.

여덟 가지 구루다르마

마하프라자파티 고타미의 실제 수계는 그녀가 여덟 가지 존중해야 하는 원칙(구루다르마)을 받아들임으로써 이루어졌다고 전해진다. 어쩌면 구루다르마의 가장 유명한 부분은 경의를 표하는 것과 관련된 듯하다. 법장부 비나야 구루다르마 버전은 다음과 같이 기록한다(T 1428 at T XXII.923a28): '새롭게 수계한 비구를 볼 때, 백 살이 된 비구니라고 할지라도, 일어서서 그를 환영하고, 경의를 표하고, 깨끗한 자리를 준비해서 그를 청해 거기에 앉도록 해야 한다.'

근본설일체유부와 상좌부 비나야에도 유사한 구루다르마가 있다.(Schmidt 1993: 246,8; 6a1, T 1451 at T XXIV.351a16, D 6 da 103a3; Q1035 ne 100a4; Vin II 255,6 = AN 8.51 at AN IV.276.22) 구루다르마의 함의를 이해하기 위해서는 일반적으로 승려들 사이에서 수계한 순서에 따라 경의를 표한다는 것을 언급할 필요가 있겠다.

상좌부 비나야는, 마하프라자파티 고타미가 수계한 후, 붓다에게 성별의 구분을 넘어서 연공 순위에 따라 경의를 표할 것을 허락해

주십사 청원했다고 전한다. 붓다가 거절하면서 다른 사원 전통에서도 여성에게 경의를 표하는 것이 허용되지 않는다고 설명했다는 것이다.(Vin II.258,2) 사실 나중에 자이나교 출전에서 여성 승려에게 같은 품행을 요구하는 것을 볼 수 있다. 야니Jani(1991: 168)는 우파데사말라 Upadeśamālā[2]를 다음과 같이 인용했다: 비록 어떤 여승이 입문한 지 백 년이 되었고 어떤 남승이 오늘 입문하였다고 하더라도, 그 남승은 그 여승으로부터 숭배하는 마음이 넘치는 인사, 경례, 절 같은 존경을 나타내는 행위로써 숭배받을 자격이 있다.

이렇게 순종적인 자세를 요구하는 것은, 고대인도의 환경에서 통용되었던 사회적 규범이 반영되었다는 점을 시사한다.

구루다르마의 처신 에티켓은 '존중해야 할 원칙'일 뿐만 아니라 명백한 차별의 요소도 포함하고 있다. 다른 구루다르마에서는 비구니가 비구를 비판하거나 꾸짖도록 허용하지 않고, 반면 비구는 비구니를 비판하도록 허용하도록 규정하고 있다.

다른 구루다르마는 다양한 공동 거래去來 이행에 관한 것이다. 비구니는 우기 안거 때 비구가 있는 곳에서 해야 한다.(비구에게는 그러한 요구 사항이 없다.) 우기 안거가 끝나면 비구니들은 비구와 비구니 양쪽 공동체 앞에서 자신의 결점을 지적해 달라고 요청하는 프라바라나(pravāraṇā)라고 하는 공식 초대 의식을 이행해야 한다.(비구는 오직 비구 대중 앞에서만 초대 의식을 치른다.) 어떤 비구니가 심각한 위반을 범했을 때는 비구와 비구니 대중 앞에서 참회(mānatva)해야

2 역주: 자이나교 경전.

한다.(비구는 오직 비구 대중 앞에서만 한다.) 비구니는 격주에 한 번씩 비구로부터 가르침을 청해야 한다.(비구에게는 그런 요구가 없다.) 다른 구루다르마에서는 수계의식을 규정하고 있는데, 더 자세한 연구는 다음 항에서 할 것이다.

요약하면, 여덟 가지 구루다르마에서 비구니는 서열상 낮은 위치에 놓여 있고, 비구에게 의존하도록 만들어졌다는 것은 확실하다. 그러한 낮은 서열의 위치는 구루다르마만의 특징이 아니고, 비나야 전반의 규정에 널리 퍼져 있다.

패배敗北의 규칙, 즉 바라이죄波羅夷罪(pārājika)[3]는 실증적 예를 제공한다. 비구에게는 네 가지의 바라이죄가 있지만, 비구니에게는 여덟 가지가 있다. 비구니는 음탕한 마음으로 단순히 남자에게 몸을 만지도록 허용하는 것만으로도 바라이죄를 범할 수 있다. 이런 바라이죄 계율은 다른 비나야에서도 일반적인 것으로 보인다.(Kabilsingh 1984: 55) 이와는 대조적으로, 비구가 음탕한 마음으로 여자와 접촉해도 덜 심각한 승잔죄僧殘罪(saṃghāvaśeṣa) 위반을 범할 뿐이다. 이런 승잔죄 규칙은 다른 비나야에서도 일반적이다.(Pachow 1955: 79f)

이런 식으로, 여자에게는 완전하게 수계한 승려 자격을 돌이킬 수 없는 상실로 이끄는 바라이죄 위반이(Analayo 2016b pace Clarke 2009), 남자에게는 단지 일시적 자격 정지만을 초래하는 승잔죄 위반이 되는 것이다. 이것은, 비록 구루다르마를 고려하지 않더라도, 세 가지 비나야 전통 어디에서나 비구니가 되는 것이 완전한 양성평등

---

3 역주: 승가에서 추방되는 엄한 처벌, p.100, p.197 역주 참조.

을 가져오지 못한다는 몇 가지 사례 가운데 하나만 보여주는 것에 지나지 않는다.

그럼에도 불구하고, 비구니보다 비구가 불이익을 받는 예도 있다는 것, 그리고 비구가 비구니를 이용하는 것을 방지할 목적으로 만든 몇 가지 규칙이 있었다는 것은 언급할 필요가 있겠다.

비구니 수계에 관한 구루다르마

여덟 가지 구루다르마 가운데 하나는 비구니 수계에 관한 것이다. 세 가지 비나야 전통에서 비구니 수계에 해당하는 부분은 아래와 같은 형식을 취한다:

> 법장부 비나야(T 1428 at T XXII. 923b8): 계율 수행을 마친 식차마나니式叉摩那尼(śikṣamāṇā)[4]는 비구 승단으로부터 더 높은 상위 수계를 청원해야 한다.
>
> 근본설일체유부 비나야(Schmidt 1993: 244,21; 4b5): 여자는 비구 앞에서 더 높은 상위수계, 그리고 비구니가 되는 것을 기대해야 한다.
>
> 상좌부 비나야(Vin II.255,19 = AN 8.51 at AN IV. 277,9): 여섯 가지 원칙으로 2년간 수행한 여자 사미니는 비구 승단, 비구니 승단 모두로부터 더 높은 상위 수계를 구해야 한다.

---

4 역주: 산스크리트어 śikṣamāṇā를 음사하여 식차마나니式叉摩那尼, 또는 정학녀正學女, 학법녀學法女라고 번역, 사미니에서 비구니가 되기 전 수행하는 예비 비구니.

이러한 세 가지 구루다르마 공식 사이에서 주목할 만한 차이점은 법장부와 상좌부 버전에서는 식차마나니로서의 수행 필요성을 추가로 언급한 점이다. 이런 수행 필요성의 언급은 근본설일체유부 비나야의 다른 곳에서도 찾을 수 있는데, 성공적인 2년간의 수습 수행은 더 높은 상위 수계가 주어질 때 확인하는 조건 가운데 하나이다.(Schmidt 1993: 253,26; 16b4) 근본설일체유부 사원 전통에서는, 이러한 모든 필수 조건이 충족되었는지 확인하는 것은 더 높은 상위 수계 후보자로서의 공식적 승인을 나타내는 '인가(brahmacaryopasthānasaṃvṛti)'로 이어진다.(Kishino 2015) 그렇지만 근본설일체유부의 구루다르마 수계 버전에는 사미니 수행에 관해서 언급되어 있지 않다.

각각의 구루다르마에서 수습 수행을 언급한 위 두 가지 비나야는 비구니 승가가 이미 존재할 때 만들어진 한 평결에 관해서도 말하고 있다. 이 평결은 어떤 임신한 여성이 수계했을 때 야기되는 파장에서 계기가 되었다. 위 두 가지 비나야는 수습 수행의 요구 조건 가운데 하나로 2년간 금욕 생활의 준수를 얘기한다.(T 1428 at T XXII. 924b7; Vin IV.319.26) 2년간의 수습 수행을 성공적으로 완수하고서도 아직 임신 중이라는 것은 불가능했을 것이다. 이것으로 미루어 보면, 비구니 승가가 설립되었을 때 수습 수행이 이미 제도화되었을 가능성은 작다.

누군가가 구루다르마에서 규정한 수습 수행의 허술한 준수 때문에 임신한 수계 후보자에게 수계 수여가 일어난 것이라고 상상한다고 해도, 이 경우에 대한 논리적인 대응은 그러한 허술한 준수를 방지하는 평결이 선포되었을 것이며, 따라서 임신을 초래하지 않는 금욕에 대한 위반도 포괄했을 것이다. 대신에, 법장부와 상좌부 비나야는 비구니가 임신한 여성에게 상위 수계의 수여를 중지하라는 평결에 관해서 얘기한다.(T 1421 at T XXII. 92b3; Vin IV.317.20) 이 사실은 결국, 두 가지 구루다르마 버전에서 사미니에 관해 위에서 설명한 부분은 나중에 첨가되었을 가능성이 매우 크다는 점을 시사한다.

이렇게 나중에 첨가되었음이 확인되는 점은, 구루다르마 버전에 있는 형식이, 비구니 승가가 존재하게 되었을 때 일어난 것을 그대로 기록했다기보다는, 전통적으로 내려온 구루다르마 문헌 형식으로 만드는 절차의 최종 결과라는 사실을 반영한다.

그렇지만, 이런 역사 비평적 관점과 더불어, 어떤 특정 비나야 전통에서 수계한 승려의 경우, 최종 텍스트가 법적 목적과 관련되었다는 점을 염두에 두어야 한다. 경전 기록에서 현재 발견되는 방식의 규칙 버전은 학술적 관점에서 역사적으로 타당해 보일 수 있는 것이 아니라, 사원에서 수행하는 수계 및 기타 법적 행위에 대한 법적 근거를 형성한다.

특히 비구니 수계의 법적 상황의 복잡성을 검토할 때 법적 해석과 역사 비평적 해석의 차이를 염두에 두는 일은 중요하다. 비구니 수계의 부활을 둘러싼 논쟁에서 이 두 가지 형태의 해석은 쉽게 뒤얽힌다. 비구니 수계를 반대하는 전통주의자들은 종종 그들이 신봉하는 특정 비나야가 붓다 시대에 일어난 일을 정확하게 반영한다는 점을 그들의 출발점으로 삼는다. 비구니 수계를 찬성하는 사람들은 종종 어떤 특정 평결과 그것의 존재에 대해 역사 비평적으로 해석하는 것이 법적 결정의 근거가 될 수 있다고 가정하는 경향을 보인다. 두 유형의 충돌은 모두 같은 근본적 문제를 안고 있고, 상호 관념적 구조의 충돌로 이어지며, 대화의 시도는 쉽게 서로 다른 목적으로 얘기하는 상황으로 이어져 어느 쪽도 상대방의 입장을 뒷받침하는 것이 무엇인지 이해할 수 없게 된다.

비구니 수계 절차

비나야에는, 마하프라자파티 고타미가 구루다르마의 수용을 통해서 수계한 것에 이어서, 다음 단계인 비구니 수계의 진화, 즉 그녀의 추종자들과 그밖의 후보자들에 관해서 전하고 있다.

법장부 비나야에서, 여덟 가지 구루다르마를 수용하는 행위는 마하프라자파티 고타미의 500인의 여성 추종자 무리를 수계하는 데에도 동일하게 적용된다. 계속해서 법장부 비나야는 다른 여성 후보자들을 위한 수계 절차에 대한 붓다의 선포에 관해서 얘기한다. 이 발표에 의하면, 수계를 받으려는 여성 비구니 후보자들을 인솔하고 비구에게 가야 했던 길에서 비구니들이 강도들에게 폭행당했다고 전한다.(T 1428 at T XXII.923c13) 이 사건에 대한 반응으로 붓다는 여성 후보자(행자와 사미니 수계를 먼저 받고, 수습 수행 기간을 완료한 후보자)는 먼저 비구니 승단으로부터 상위 수계를 받고 그런 다음 수계의 완료를 위해 비구 승단으로 갈 것을 선포했다.

수계의 완료를 위해 여성 후보자들이 여전히 비구 승단에 가야만 하기 때문에 뒤이은 이 절차가 이 문제를 피할 수 없다는 점은 아마도 주목할 가치가 있다. 비나야는 나중에 비구니들이 강도들에게 폭행당했고, 이에 대해서 붓다가 메신저를 통해서 수계 받는 절차를 선포했음이 전해진다고 말했다.(T 1428 at T XXII.926b8) 먼저 설명한 표준 절차는 강도들의 폭행 가능성 문제를 해결하지 못했던 반면, 이 절차는 그런 문제를 해결할 수 있었을 것이다. 이 폭행 가능성이 또한 상좌부 비나야에서의 메신저를 통한 수계 규칙을 만드는 동기를 제공했다.(Vin II.277, 3) 근본설일체유부 비나야는 이 절차에 관련된 다른 이야기를 한다.(Yao 2015)

근본설일체유부 비나야는 여덟 가지 구루다르마의 수용이 마하프라자파티 고타미의 수계뿐만 아니라, 그녀의 추종자들 수계에도 이바지했다는 데에 동의한다.(Schmidt 1993: 248,6; 9b1; T 1451 at T XXIV.351c1; D6 da 105a1; Q 1035 ne 102a4) 근본설일체유부 비나야의 한문 버전은, 다른 여성 후보자들은 어떻게 수계해야 하는가의 문제에 대한 답변으로 붓다가 합당한 절차를 선포했다고 얘기를 계속한다.(T 1451 at T XXIV.351c5) 이 합당한 절차는 산스크리트어 파편뿐 아니라 티베트어 버전의 근본설일체유부 비나야에서 상세하게 설명하고 있는데, 상위 수계는 비구니 승단과 함께 비구 승단으로부터의 허락이 필요하다는 것이다.(Schmidt 1993: 256.8; 18b5; D6 da 111a2; Q 1035 ne 107a8)

이런 방식으로, 법장부 비나야에는 두 개의 별도 법 조례가 있는데, 첫 번째로 비구니 승단에 의해 인정을 받는 상위 수계와, 이를 뒤따르는 두 번째 상위 수계는 비구 승단으로부터 수여된다고 말하고 있다. 근본설일체유부 비나야에서는 비구 비구니 종단이 함께 모여 상위 수계 의식을 합동으로 거행한다고 말한다.(Kieffer-Pülz 2010:233)

상좌부 비나야에서는 이미 그 말부터 구루다르마gurudharma/가루담마garudhamma로 다르다. 상좌부 가루담마에서는 여성 후보자의 상위 수계의식은 양쪽 공동체, 즉 비구 공동체와 비구니 공동체 모두에서 거행되어야 한다고 규정한다. 다른 두 가지 버전에서는 비구 공동체 참여의 필요성에 대해서만 언급하고 있다.

상좌부 비나야에 있는 또 다른 차이점은 여덟 가지 가루담마의 수용이 오직 마하프라자파티 고타미의 수계에서만 역할을 하고 그녀의 추종자에게는 역할을 하지 않는다는 점이다. 이것은 마하프라자파티 고타미가 붓다로부터 그녀가 이행하기 어려운 규정을 수용하도록 요청받은 상황을 초래한다. 비구니 혼자로서 그녀는, 가루담마 규칙의 규정에 따라 비구 공동체와 협력하여 그녀의 추종자들에게 수계를 해줄 수 있는 비구니 공동체 구성요건의 정족수를 구성할 수 없었다.

상좌부 비나야는 계속해서 그녀가 붓다에게 그녀의 추종자들에 관해서는 어떻게 진행해야 하는지 여쭈었다고 말한다. 이에 대해 붓다는 다음과 같이 말했다: '나는 비구에게 비구니의 상위 수계 수여의 권한을 위임한다.'(Vin II.257.7) 이 규정은 붓다가 비구니 승단이 존재하지 않는 상황에서 비구만이 비구니 수계를 할 수 있도록 한 점을 보여주고 있기에 상당히 중요하다. 이 평결과 그 선포의 근거를 설명하는 이야기의 맥락은 상좌부 전통에서 비구니 승가를 법적으로 유효하게 부활시킬 수 있게 해주는데, 나는 아래에서 이 주제를 가지고 다시 돌아올 것이다.

상좌부 비나야는 계속해서 여성 수계 후보자들이 상위 수계 적합성에 관한 비구들의 심문을 부끄러워했다고 이야기한다. 그러한 심문에는 몇 가지 질문에 대답하는 것이 요구되는데, 그중 일부는 다소 개인적인 성격을 띠고 있었다. 후보자들이 당혹스러워했다는 소식을 듣고 붓다는, 여성 후보자는 먼저 비구니에게 심문과 수계를 받은 후 비구들에게 수계를 받는 절차를 공포했다(Vin II.271,34): '나는, 비구 공동체에게 비구니 공동체에서 한쪽 상위 수계를 마친 사람에게 상위 수계를 승인할 권한을 위임한다.' 이것은 법장부 비나야의 절차와 유사하다.

상좌부 비나야는 비구니들에게 이미 계를 받았지만 아직 비구들에게는 계를 받지 않은 여성 후보를 일컫는 특정한 용어가 있다. 그녀는 '한쪽 수계자, 즉 에카토-우파사마빠나(ekato-upasamapannā)'로 여겨지는데, 이는 동일한 비나야의 다른 구절에서 완전히 수계한 비구니와 동등하지 않은 낮은 승려 지위를 의미한다는 것을 보여준다.

예를 들어, 어떤 비구가 관련 없는 '한쪽 수계자'에게 가사를 세탁시키면 두까타dukkata[5] 만 초래하지만, 관련 없는 비구니에게 똑같은 일을 시키면 파일제법(波逸提法, pācittiya)[6] 위반을 초래한다.(Vin III.207,23) 가사를 받을 때도 같은 패턴을 갖는다.(Vin III.210,14) 또 다른 예는, '한쪽 수계자'에게 공인되지 않은 훈계를 할 경우 단지 두까타를 위반할 뿐이지만, 비구니에게 할 때는 파일제법 위반에 해당한다.(Vin IV.52,4) 일몰 후에 훈계하는 것도 마찬가지다.(Vin IV.55,18) 이 구절들은 '한쪽 수계자'가 완전히 수계한 비구니로 여겨지기에는 미흡하다는 점을 의심할 여지없이 말하고 있다.

---

5 역주: Skt. duṣkṛta, 가벼운 죄.

6 역주: 자백을 요하는 죄, 제5장 비나야 p.200, 203 참조.

요컨대, 법장부와 상좌부 비나야의 최종 비구니 수계 절차에 따르면, 여성 후보자는 먼저 비구니로부터 계를 받은 후 상위 수계의 완성을 위해 비구 앞에 서게 된다. 반면 근본설일체유부 비나야에서는 두 승단이 함께 모여 상위 수계를 수여한다.

세 가지 비나야 버전에 공통된 핵심 요소는, 비구니의 수계가 비구의 협력에 달려 있다는 것이다. 사실 수계에 관한 법장부와 근본설일체유부 비나야 버전의 구루다르마에는 비구 승단만 언급되어 있다. 상좌부 비나야에서 비구 승단 단독의 수계 수여 가능성은 계를 수여할 만한 어떤 비구니 승단도 없는 상황에서 붓다에 의해 선포된 규칙으로써 명시적으로 인정된다. 이러한 것들은 세 가지 사원 전통에 따라 어떻게 비구니 수계가 이루어지는지 평가할 때 유념해야 할 기본적 매개변수이다.

비구니 수계의 스리랑카 전승

실론의 연대기 디파밤사Dīpavaṃsa는 근자에 개종한 스리랑카 왕이 왕비 아눌라Anulā와 그녀의 추종자들의 수계 수여를 인도 아소카Aśoka 왕의 아들인 비구 마힌다Mahinda에게 요청했다고 전한다. 이에 대한 마힌다의 대답은 다음과 같다. '대왕이시여, 비구가 여자의 수계를 수여하러 가는 것은 맞지 아니하옵니다.'(Dip 15.76, Oldenberg 1879:84,19) 비록 상좌부 비나야에서 여성의 행자 수계 수여가 비구니에 의해서 행해졌다고 말하고 있지만, 같은 텍스트는 비구가 같은 일을 했을 거라는 것을 확실히 배제하지는 않고 있다. 다만 주석에서는

금지가 뚜렷하게 나타난다.(Sp V.967,21)

맥락에서 벗어난 마힌다의 발언이 이런 주석을 낳았을 개연성이 있다. 그렇더라도 이 답변은 그 맥락 안에서 읽어야 할 것이다. 그것은 비구가 전혀 수계를 하러 갈 수 없다는 포괄적 진술이 아니다. 대신, 스리랑카의 왕이 그 요청을 했을 때, 뒤에 있는 인도에서는 비구니 승단이 활발하게 존재했다는 상황을 반영한다고 읽어야 한다. 따라서 스리랑카에 비구니 수계 전승이 제대로 이루어지려면 비구니 수계 수여와 여성 후보자를 훈련할 수 있는 비구니를 인도에서 데려오는 것이었다. 연대기 디파밤사에 따르면, 이런 일이 실제 일어났는데, 마힌다의 누이인 비구니 상가미타Saṅghamittā와 한 무리의 비구니들이 인도에서 스리랑카로 이 목적으로 온 것이다.

이런 식으로 시작된 스리랑카 비구니 법통이, 이 스리랑카 섬의 사원 공동체를 송두리째 말살시킨 전쟁과 정치적 혼란이 있었던 11세기에 사라진 것으로 보인다.(Slilling 1993:34) 그 무렵에는 인도에서도 비구니 승가가 소멸한다. 우리가 현재까지 알고 있는 것은, 그 당시 비구니 승가의 법적 제도화는 다른 동남아시아 상좌부 국가에서 존재하지 않았다. 초모Tsomo(2014: 345)는 '버마, 캄보디아, 라오스, 몽골, 태국, 티베트에서 여성을 위한 완전한 수계 법통이 세워졌다는 결정적인 증거가 없다'라고 요약했다.

상좌부불교 국가에서 온전한 비구니 수계 수여의 선택권이 없기 때문에, 재가불자와 승려 사이 어딘가의 영역에 자리하는 여성의 출가 형태의 삶으로 나타났다. 이 삶은 통상 여덟 아니면 열 개의 계율을 갖고, 삭발, 그리고 구별이 되는 옷의 착용을 포함하고 있다.

캄보디아, 라오스에서 속세의 삶을 포기하기를 원하는 여자들은 흰옷을 입고 태국에서는 매치maechi[7]; 미얀마에서는 핑크색 실라신 thilashin[8]; 스리랑카에서는 비구들도 사용하는 종류의 승려 색깔의 다사실 마타dasasil mata를 착용한다. 다른 형태의 여성 출가자 교단들이 상좌부불교 국가에서 나타났는데, 완전한 수계를 받을 수 있는 남성에 비하면 여러 가지 면에서 불이익을 받는 존재라는 점을 공유하고 있다.(Anālayo 2013: 162-169)

중국으로의 비구니 수계 전승

5세기 초 남아시아와 동남아시아로부터 중국으로 눈을 돌린 한 무리의 비구니들이 스리랑카에서 중국으로 여행했다.(T 2063 at T L.939c12; Guang Xing 2013) 그때까지는 비구에 관한 다른 비나야 전통이 중국에 전해 내려왔었다.(Funayama 2004) 비구니 수계 법통은 아직 중국에 도달하지 않았음이 분명하고 지역 비구니들은 비구에게서만 계를 받았다. 그 한 무리의 스리랑카 비구니들 가운데 많은 사람이 여행 도중 피살되었다는 게 확실하고, 살아서 도착한 비구니들은 수계의식을 거행하는 데 필요한 정족수를 채우기에 부족했다. 4년 뒤 다른 무리의 비구니들이 스리랑카에서 도착했다. 먼저 도착해서 그동안 중국어를 익힌 비구니들과 함께 이들 스리랑카 비구니들은 많은 수의 중국 비구니들에게 계를 수여했다.

---

7 역주: 흰색 원피스 같은 법의.

8 역주: 핑크색 장삼.

8세기 무렵 황제의 칙령에 따라 법장부 비나야가 모든 중국 불교 사원에 도입된 게 확실하다.(T 2061 at T L.793c26; Heirman 2002: 414) 따라서 이때 이후 계를 수여하거나 다른 법적 행위를 이행할 때 이 비나야를 따랐다.

법적 측면에서 이러한 수계전승 행위를 평가할 때, 비나야 전문가 군나바르만Guṇavarman[9]이 이전에 중국에서 행해진 여성 후보자들에게 비구니계를 수여한 것의 합법성을 확인한 것은 의미심장하다. 비록 그때 비구, 비구니 양쪽 모두의 승가가 없었던 탓으로 비구에 의해서만 수계가 이루어지긴 했어도. 이와 관련된 구절에서 군나바르만이 다음과 같이 말했다고 전한다. '중국은 양쪽 승단이 없었다. 때문에, 수가 많은 공동체(비구)로부터 수계가 이루어진 것이다.'(T 2063 at T L.941a18) 또 다른 구절에는 중국 비구니들이 비구한테서만 계를 받은 것은 마하프라자파티 고타미가 만든 선례를 따랐다는 설명을 군나바르만이 승인했다고 기록되었다.(T 2063 at T L.939c17) 중국 비구니들이 스리랑카 비구니들의 질문에 답하여 설명하기를, 자기들이 비구 공동체에서만 비구니계를 받은 것은, '마하프라자파티가 여덟 가지 구루다르마를 통하여 비구니 수계를 얻었던 경우와 같고, 석가족(Śākyan) 500인의 여자들에 대해서는 마하프라자파티가 최고 선임자였다. 이것은 우리의 귀중한 선례이다.'라고 했다.

군나바르만은 이 해석에 동의했다.(T 2063 at T L.939c19) 중국 비구니들의 말 첫 부분은 구루다르마를 가리키고 있고, 나머지 부분은,

---

9 역주: 구나발마求那跋摩로 음사, 5세기 인도 카슈미르 왕자이자 불교학자, 유송劉宋 시대에 많은 경전을 한역.

비록 마하프라자파티가 비구와 비구니 양쪽 승단에서 수계를 받지 못했어도, 그녀가 비구니들 가운데 최고 선임자라는 점이 고려되었고, 따라서 적법하게 수계를 받을 자격이 있다는 점을 암시하고 있다. 따라서 이 말은 구루다르마 자체가, 특히 어떤 여성 후보자가 상위 수계를 비구 공동체로부터 받을 때 (위에서 논의된) 따르는 법적 근거라는 점을 가리킨다고 해석하는 게 최선일 것이다.

아니면, 중국 수계의 선례가 얼마간은 마하프라자파티 고타미의 수계 조건을 규정한 비나야의 근거, 여덟 가지 구루다르마를 그녀가 수용한 행위에 있었다고 생각하는 것도, 똑같이 승인받을 수 있을 것이다. 그런데 여기서 누군가는 그런 명제를 동의해주는 군나바르만 같은 비나야 마스터를 기대하지 않을 수 있을 것이다. 왜냐하면 구루다르마를 수용하는 방법으로 계를 수여하는 것은, 붓다 자신에 의해서만 집행될 수 있었고, 붓다의 입멸 이후 더는 선택 사항이 아니었기 때문이다. 따라서 구루다르마 그 자체, 특히 비구니 수계는 비구에 의해서 이루어져야 한다는 규정이, 스리랑카 비구니들의 도착 이전 중국에서 이행된 비구니 수계의 법적 근거를 만들었다고 생각해야 하는 게 더 타당해 보인다.

군나바르만은 비구니를 위해 법장부 비나야 텍스트를 중국어로 번역했다고 기록되었다.(T 1434 at T XXII.1065b16; T 2059 at T L.341a26) 이 사실은 그 자신이 법장부 전통에서 수계했을 개연성이 있고, 수계의 법적 매개변수라는 측면에서 그렇게 말했을 것이다. 또 다른 비나야 전문가 도선道宣[10]도 법장부 비나야 주석에서 중국 최초의 비구니 수계가 비구 공동체에서만 이루어진 게 유효한 절차였다고 결론 내린

다.(T1804 at T XL.51c15; Shin 2000;254 Heirman 2015)

비록 군나바르만이 이전에 받은 수계가 유효하다고 생각했어도, 그는 스리랑카 비구니들로부터 다시 받은 중국 비구니들의 수계를 승인했다(T2063 at TL.939c21): '계를 또 받는 것은 유익하며 좋다.'

이것은 상좌부 주석 전통에 있는 달히캄마(daḷhīkamma)로 알려진 절차와 유사한 기능을 가진 것으로 보이는데, 문자 그대로 '힘을 실어 주는 행위'이다.(Kieffer-Pulz 2010:223f) 이 경우에는, 스리랑카 비구니들의 수계는 중국 비구니들의 법적 유효성 요청에 힘을 실어 준 것이다. 하이르만Heirman(2010: 9)은 스리랑카 비구니들에 의해 거행된 중국 비구니들을 위한 수계의식은 중국 비구니 수계의 유효성에 대한 광범위한 논의를 종식할 것 같다고 말했다. 비록 아담엑Adamek(2009: 9)에 따르면, 중국 비구니 승가가 적법한지 아닌지에 대한 논란은 아직도 반향을 불러일으키고 있다고 하지만.

스리랑카 비구니들에 의해 수여된 수계에 관한, 당시 채택했던 실제 절차에 대한 더 이상의 정보는 없다. 스리랑카 비구니들이 법장부 비나야를 근거로 삼았을 거라고 추측됐다.(Levi & Chavannes 1916: 46; Heirman 2001: 297) 이 시사점을 평가하려면 스리랑카 비구니의 동기를 눈여겨보아야 한다.

맨 처음 중국에 도착한 한 무리의 스리랑카 비구니들은 비구니 법통의 전수에 대한 소망으로 충분히 고취되었을 것이다. 불과 몇 년 전에 중국의 순례자 법현法顯[11]이 스리랑카를 방문했다.(T2085

10 역주: 596-667, 중국 당나라 승려.

11 역주: 337~422, 중국 동진의 승려, 장안을 출발하여 중앙아시아를 경유, 인도로

at T LI.864c10) 이 방문은 비나야 텍스트를 구하려는 그의 원래 목적의 긴 순례의 한 부분이었다.(T 2085 at T LI.857a8) 법현이 스리랑카에 머무는 동안, 중국의 여성 승려들의 상황에 관한 소식이 퍼졌을 것이고, 비구니 수계 법통을 전수하겠다는 소망이 첫 번째 무리의 스리랑카 비구니들에게 당시에는 길고 위험한 여행을 착수하는 동기를 부여했을 개연성이 높다. 사실 광흥廣興에 따르면(2013: 116), '군나바르만이 첫 번째 무리의 스리랑카 비구니들과 함께' 중국에 도착했다는 것이다. 이것은 그들의 여행 동기가 비구니 수계 법통을 중국에 전수하는 데에 있다는 개연성을 더 높여준다. 두 번째 무리의 경우도 중국에서 수계 수여에 필요한 정족수를 채우기 위한 동기였다고 봐야 한다.

이 점을 고려하면, 비구니 수계 법통을 전수하기 위해 그렇게 위험한 여행에 착수한 후, 스리랑카 비구니들이 상좌부 사원 법규와 공개적으로 충돌하면서 수계를 수여할 개연성은 없어 보인다. 5세기 초는 붓다고사Buddhaghosa가 상좌부 주석을 개정하던 시기였다. 수계에 관한 근본 개념은 비나야의 팔리어 주석 형태로 기록된 것보다 먼저 성립되었음이 틀림없다.

상좌부 비나야 주석에 따르면, 수계식에서 팔리어와 다른 언어의 사용은 말할 것도 없고, 팔리어 식사式辭에서의 틀린 발음은 수계의 적법성을 무효로 만든다.(Sp VII.1399,3: Hinüber 1994) 정확한 팔리어 공식에 관한 이런 우려의 후속 조치는, 급기야 단지 수계의 완전한 적법성을 확실히 하기 위하여, 같은 말을 두 가지 다른 방식의 발음을

들어가 약 10년간 불적佛蹟을 순력巡歷하고 산스크리트어를 배우며 율전律典을 구하였다. 기행문 불국기佛國記가 있다.

사용하여 수계를 두 번 해야만 하는 것으로 위안 삼는 데까지 가게 되었다.(Bizot 1988:49; Kieffer-Pülz 2013: 1715-1718) 이러한 요구를 고려하면, 스리랑카 비구니들이 중국어로 수계의식을 거행했을 것으로 생각하기 어렵고, 하물며 다른 비나야를 바탕으로 했을 리 없다.

그렇지만 중국 후보자에게 팔리어로 수계의식을 수행하는 방법을 가르쳤다고 해도, 그것이 상좌부 수계 법통의 완전한 전승을 가져오지는 못했을 것이다. 왜냐하면 그러기에는 상좌부 비구의 협력이 필요할 수 있었기 때문이다. 따라서 당시 스리랑카 비구니들에 의해 수여된 수계는 어쨌든 상좌부불교의 법적 요구 사항을 충족하지 못했을 것이다.

이 법적 요구의 충족은 단순히 과거 중국 상황의 문제만이 아니라 현재의 배경과도 깊은 관련이 있다. 즉 근본설일체유부와 상좌부불교 전통에서 비구니 승가의 부활을 그토록 어렵게 만드는 것은, 바로 다른 비나야 전통을 포괄하는 방식으로 수계를 받거나 허가하는 법적 타당성의 문제이다.

수계의 유효한 법적 요건

불교 사원의 법적 절차는 붓다가 선포했다고 믿어지는 법에 근거를 둔다. 비나야의 관점에서 볼 때, 붓다 자신만이 입법 권한을 가지고 있다. 몇 가지 비나야가 전하는 에피소드에 따르면, 붓다가 자신의 입멸 이후에는 사소한 규칙들은 폐기해도 된다고 확실히 허락했다.(Anālayo 2015b) 이런 일은 일어나지 않았다. 왜냐하면 한자리에 모인 비구들이 바라제목차에서 어떤 규칙은 사소하다고 생각해야 하고, 따라서 폐기할 수 있는지에 관한 합의가 이루어질 수 없다는 것을 알았기 때문이다.

합의가 이뤄지지 않아 행동에 나서지 못하는 것은 '조화로운' 법적 행위의 기본적인 필요성, 즉 참석한 모든 사람의 의견 일치를 반영한다. 또한 이 에피소드는 현대까지 이어지는 불교 사원법의 중심적 특성, 말하자면 불변성을 예증하고 있다. 만연한 법적 보수주의는 이 에피소드에 담긴 태도의 거의 불가피한 결과다.

상위 수계를 수여할 때의 법적 유효성을 위한 필수적 요소는 온전히 수계한 비구들이 수계의식을 거행하기 위해 모이는 영역의 적법한 경계로 여겨진다. 이 영역의 경계, 즉 시마(sīmā)[12]는, 각각의 비나야가 규정하는 유형의 표지標識로 세워져야 한다. 이러한 표지들은 계단戒壇(sīmā) 의식의 정확한 거행을 통해서 결정되어야 한다. 의식 거행이 정확하게 이루어지지 않거나 잘못된 표지를 사용하면 이 경계(계단) 안에서의 법적 행위가 무효가 된다. 그러한 의례적 요구에서 우리가 유념해야 할 일반적 원칙을, 휘스켄Hüsken과 키퍼-퓔츠Kieffer-Pülz가 다음과 같이 간결하게 공식화한다. '법적 행위와 의식 거행은 … 불교 사원 규율의 경우, 동전의 앞뒷면과 같다.'

법장부, 근본설일체유부, 상좌부 비나야들은 유효한 계단(sīmā)으로서 인정되는 표지가 서로 다르고, 텍스트에 있는 계단 의식의 형식 백갈마白羯磨(karmavācanās)도 다르다.(Chung & Kieffer-Pülz 1997) 실

---

12 역주: 계단戒壇, 결계結界, 경계境界로 번역, 경계 구역 안에서 비구들이 계율에 관련되는 의식을 거행한다.

제로 이 비나야 가운데 하나에 따라 법적 행위를 수행하면 다른 비나야 관점에서는 유효하지 않다는 것을 의미한다.

적법하게 세워진 계단 안에서 같은 승단(samānasaṃvāsa)에 소속된 온전하게 수계한 비구들이 법적 행위를 수행하기 위해서 모여야 한다. 같은 승단에 소속되었다는 개념은 다른 승단, 즉 부동주不同住(nānasaṃvāsa) 또는 어느 승단에도 소속되지 않은 불공주不共住(asaṃvāsa) 개념에 대립하는 것이다. 비나야에서 가장 심각한 위반 행위로 인정하는 바라이죄波羅夷罪(pārājika)를 범한 승려는 더는 승단에 소속되지 못하는 불공주不共住가 되며(Anālayo 2016b), 공동체가 수행하는 법적 행위에서 완전히 자격이 박탈된다. 다른 승단인 부동주不同住에 소속되는 또 다른 예는, 어떤 승려가 승가 공동체에 의해서 자격이 정지되거나, 또는 어떤 승려가 어느 특정 행위가 위반이 성립되느냐에 대해서 승단과 의견을 달리해서, 승단에서 나와 그를 따르는 추종자들과 함께 법적 행동을 수행할 때이다.

비나야 경전들은 다른 비나야의 존재에 관하여, 그리고 이 다름의 결과적 상황에서 오는 문제를 명시적으로 인정하지 않는다. 그렇지만 비구계와 비구니계가 비나야마다 다르다는 점에서 보면(Pachow 1955; Kabilsingh 1984), 이 다름의 결과적 상황은 비나야가 다른 승단, 즉 부동주不同住의 존재라는 제목으로 인식하는 것과 일치한다. 엄밀한 법적 관점에서 볼 때, 서로 다른 승단에서 온 사람들은, 나중에 그들 각자의 사원 전통의 모든 구성원으로부터 유효하다고 인정될 수 있는 점을 성공적으로 주장할 수 있는 법적 행위를 함께 수행할 수 없다.

다른 승단에 속한 사람의 참여에 의존해서 거행한 법적 행위의 무효성이 근본설일체유부와 상좌부 비나야에 명시되어 있다. 근본설일체유부의 카르마바스투(Karmavastu)는 이런 식으로 법(Dharma)과 율(Vinaya)에 상반되는 법적 행위를 나열하고 있다.(Dutt 1984: 204,10; Tsering 2010: 167f) 덧붙인다면, 비구니 수계 절차 중에 묻게 되는 상위 수계의 적격성에 대한 지장이 발생할 수 있는 질문 가운데 하나는 후보자가 다른 승단 소속인가이다.(Schmidt 1993: 253,21; 16b2; Härtel 1956: 79,13,22)

비록 다른 승단에 소속되어 있다는 것이 상좌부 비나야의 수계 절차의 일부로 조사되어야 하는 부적격 사유 가운데 하나는 아니지만, 상좌부 승가 조례에서는 다른 승단 사람의 참여에 의존하여 거행한 법적 행위가 무효라고 간주한다.(Vin I.320,15)

상좌부와 근본설일체유부 전통에서 이러한 법적인 문제들에 맞서 비구니 승단을 부활하려는 시도는 평가할 필요가 있다.

비구니 수계의 부활

상좌부 전통에서 비구니 수계를 되살리려는 시도에는 긴 역사가 있다. 태국에서 그런 시도는 1928년 승가 조례의 선포로 이어졌는데 오늘날까지도 효력이 있다. 이 조례에서 태국의 비구는 어떤 비구니 수계에 참여하거나, 여성 후보자에게 행자 수계 또는 사미니계를 주는 행위가 금지되어 있다.(Seeger 2006/2008: 159f)

미얀마에서는, 스리랑카에서 수계한 버마 비구니들의 귀국을 둘러싼 논란이 급기야 2004년에 더 이상의 비구니 수계 논의 금지로

마무리되면서 상황이 교착 상태에 이르렀다.(Kawanami 2007: 233f)

스리랑카에서는 1988년 보드가야(Bodhgayā)에서 법장부 비구니의 도움으로 수계의식을 거행한 것이 전환점이 되었다(Li 2000); 이보다 먼저 시도된 수계는 1988년 미국에서 아이야 키마Ayyā Khemā의 수계, 그리고 사르나스Sārnāth에서 1996년 비구니 쿠수마Kusumā의 수계가 있다. 1988년 보드가야에서 수계를 마친 후, 새내기 비구니들은 상좌부 비구만으로 집행된 두 번째 수계를 받았다. 이렇게 법장부 전통 비구니의 도움을 받은 수계와 상좌부 비구에 의해서만 이루어진 두 번의 수계 조합은 상좌부 비나야 관점의 법적 문제를 성공적으로 해결한 것처럼 보인다.(Anālayo 2013, 2014, 2015a 2017)

그 후보자들은 양쪽 공동체로부터 이중으로 수계를 받는 등 최선을 다했다. 보드가야에서 받은 수계가 적법한 것이었다면, 상좌부 비구로부터 다시 계를 받은 것은 앞에서 언급한, '힘을 실어 주는 행위'인 달히캄마(daḷhīkamma)의 역할을 한 셈이다. 다른 곳에서 계를 받은 승려는 그러한 공식적 행위를 통하여 자기가 소속되고 싶은 어떤 특정 공동체의 인가를 얻을 수 있다.

만약 보드가야에서 거행된 이중 수계가 상좌부 전통에 따라 요구되는 다양한 법적 사항을 하나 또는 그 이상을 충족시키지 못해서 무효라고 생각된다면, 이것은 현재 상좌부 전통에서는 여성 후보자에게 적법한 계를 수여할 비구니 승가가 존재하지 않는다는 것을 의미한다. 이것은 또한 붓다가 '나는 비구에게 비구니의 상위 수계를 수여할 권한을 부여한다'라고 규정한 상좌부 비나야에 따라 주어진 규율을 함축한다. 보드가야에서 주어진 수계에 뒤이어 상좌부 비구 단독으로 주어진 수계가 비구니 승단을 성공적으로 설립한 것이다.

스리랑카의 비구니 승가는 그 후 꾸준히 성장하여 재가불자의 승인을 얻었다.(Mrizik 2014) 비록 태국에서는 아직 1928년에 제정된 승가 조례가 효력이 있지만, 외국에서 계를 받은 몇몇 비구니 공동체가 생겨났고 대중의 승인도 성공적으로 얻었다.(Itoch 2013; Delia 2014)

티베트 전통으로 돌아가 법적인 관점에서 보면, 비구니 승가가 존재하지 않을 때 비구로부터만 주어지는 수계도 마찬가지로 적법하다고 주장할 수 있다. 근본설일체유부 비나야의 경우 이 원칙은 비구니 수계에 관한 구루다르마 버전에 기술되어 있는데, '여성은 출가와 상위 수계를 받아 비구니가 되는 것을 비구에게 기대해야 한다'고 규정하고 있다.

근본설일체유부 비나야의 비구니 수계에 관한 구루다르마가 티베트 전통의 비구니 승가의 부활을 위한 법적 근거로 신뢰할 수 있다는 제안은, 근본설일체유부 비나야의 티베트 버전에서 구루다르마가 반복되는 상황에서 더 많은 힘을 얻는다. 이 반복은 비구니 수계가 어떻게 거행되어야 하는지에 관한 서술 끝부분에 나온다. 수계의식이 끝나면, 새롭게 비구니가 된 사람(들)은 몇 가지 도덕 행위와 예절의 필수적인 측면을 배워야 하며, 이러한 가르침의 맥락에서 여덟 가지 구루다르마를 반복해야 한다.(D 6da 118b7; Q 1035 ne 114b2; Tsedroen & Anālayo 2013) 법적인 관점에서 보면, 이 마지막 시점에서 수계에 관한 구루다르마가 발견되는 상황은 비구 비구니 양쪽 공동체가 수계를 공포함으로써 무효로 되는 규정이 아니라 수계의식에 관한 최신 절차의 일부가 된다.

이런 방식으로 1998년 보드가야에서 수계한 스리랑카 상좌부 후보자에게 채택된 절차와 유사한, 즉 법장부 비구니로부터 주어지는 수계와 근본설일체유부 비구만으로 주어지는 수계의 또 다른 수계 조합은 또한 티베트 전통에 법적으로 허용되는 해결책을 제공할 것이다.

달라이 라마는 오랫동안 비구니 수계를 추진하려고 노력해 왔으나 그의 노력은 전통 안으로부터의 폭넓은 저항을 받았다. 2007년 함부르크 대학교에서 비구니 수계라는 주제의 한 회의에서 그는 다음과 같이 설명했다(Dalai Lama 2010: 268, 277):

> 비구니 수계의식의 재건에 관해서는 … 비록 제가 이것이 일어나기를 소망하지만, 이것은 원로 스님들의 합의가 필요한 일입니다. 원로 스님들 가운데 몇 분은 강하게 반대하고 계십니다. 만장일치의 동의가 없고, 그것이 문제입니다. … 근본설일체유부의 비구니 수계 재건에 관해서라면, 우리가 승가의 분열을 피해야 하는 것이 매우 중요합니다. 우리는 티베트 승가 안에서 폭넓은 하나의 합의가 필요합니다. 그리고 비구니 수계뿐 아니라 이에 따르는 문제 또한 본격적으로 검토할 필요가 있습니다.

2015년 1월 카르마파Karmapa[13]는 티베트 전통에서 비구니 승가의 재건을 공표했다.(Tsedroen 2016)

---

13 역주: 카큐종Karma Kagyu, 지파의 수장.

결론

불교 사원 전통의 수계를 둘러싼 법적 복잡성은 아마도, 근본설일체유부와 상좌부 전통에서의 비구니 승가의 부활 시도가 단순히 비구들이 자신들의 우월한 지위를 여성에게 내주려고 하지 않으려는 저항을 극복하는 문제만이 아니라는 것을 이해할 수 있게 만들 것이다. 비록 비구들의 그런 태도는 물론 그 상황에 영향을 주고 있기는 하지만. 다만 사원법의 특성을 고려하면, 사원법 준수의 토대에 도전하는 절차에 대한 저항은 어느 정도 예상된 일이다.

종종 성차별의 전형으로 보였던 구루다르마 규율은 이제 그 교착 상태의 법적 해결책을 제공하는 것으로 판명되었다. 법장부 비나야의 수계에 관한 구루다르마는 중국의 첫 비구니 수계의 법적 토대를 제공한 것으로 보인다. 이것은 위에서 제안한 대안적 해석에도 (내 견해로는 개연성이 낮은) 바탕을 둔 것인데, 이에 따르면 여덟 가지 구루다르마의 수용은 법적 토대를 제공할 것이며, 이 경우 구루다르마의 선포 자체도 법적 선례로서 역할을 한다는 것이다.

티베트 근본설일체유부 비나야에 있는 같은 구루다르마는 티베트 전통에서 비구니 승가의 부활 가능성을 제공하고 있다. 이미 성공적인 상좌부 비구니 승가 부활의 경우, 이 가루담마(garudhamma)가 공식화된 방식의 결과로 초래된 후속 평결과 결합하여 비구니 승가 부활이 요구하는 법적 토대를 제공한 것도 역시 가루담마이다.

이런 식으로 사원법 텍스트 안에서 비구에 대한 비구니의 의존성은 수계한 여성의 지위가 수계한 남성의 지위보다 위계상으로 낮다고 암시하는 동시에 소멸한 비구니 승가의 부활을 가능하게 만드는 것이기도 하다. 반대로, 소멸한 비구 승단은 비슷한 방법으로 부활시킬 수 없다.

이것은 구루다르마의 성차별적 특성을 학술적 저술 또는 대중적 글쓰기에서 반복되어 강조되는 점을 보완한다. 구루다르마가 성차별적이라는 점을 부인하려는 의도는 없으며(다른 비나야 계율에서처럼), 그러한 차별을 인정하는 것은 말할 것도 없고, 구루다르마에 간직되어 있는 남성 승려에 대한 의존성이 오늘날까지 존재하는 세 가지 사원 전통에서 비구니 법통의 법적 토대를 제공하는 것으로 보인다는 점은 주목할 가치가 있다.

감사의 말씀

나는 이 장의 초고 버전에 비평해 주신 앨리스 콜렛Alice Collett, 비구 담마디나Dhammadinnā, 안 하이르만Ann Heirman, 그리고 애미 랜젠버그Amy Langenberg에게 빚을 졌다.

인용 문헌

Adamek, W. L. (2009) A niche of their own: the power of convention in two inscriptions for medieval Chinese Buddhist nuns. *History of religions*, 49 (1), 1-26.

Anālayo (2011) Mahāpajāpatī's going forth in the Madhyama-āgama. *Journal of Buddhist ethics*, 18, 268-317.

Anālayo (2013) The revival of the bhikkhunī order and the decline of the sāsana. *Journal of Buddhist ethics*, 20, 110-193.

Anālayo (2014) On the bhikkhunī ordination controversy. *Sri Lanka international journal of Buddhist studies*, 3, 1-20.

Anālayo (2015a) The Cullavagga on bhikkhunī ordination. *Journal of Buddhist ethics*, 22, 401-448.

Anālayo (2015b) The first saṅgīti and Theravāda monasticism. *Sri Lanka international journal of Buddhist studies*, 4, 1-17.

Anālayo (2016a) *The foundation history of the nuns' order*. Bochum: Projektverlag.

Anālayo (2016b) The legal consequences of pārājika. *Sri Lanka international journal of Buddhist studies*, 5, 1-22.

Anālayo (2017) The validity of bhikkhunī ordination by bhikkhus only, according to the Pāli Vinaya. *Journal of the Oxford Centre for Buddhist Studies*, 12, 9-25.

Bizot, F. (1988) *Les traditions de la pabbajjā en Asie du sud-est, recherches sur le bouddhisme khmer, IV*. Göttingen: Vandenhoeck & Ruprecht.

Chung, J., and Kieffer-Pülz, P. (1997) The karmavācanās for the determination of sīmā and ticīvareṇa avippavāsa. In: T. Dhammaratana and Pāsādika (eds), *Dharmadūta: mélanges offerts au vénérable Thích Huyên-Vi à l'occasion de son soixante-dixième anniversaire*. Paris: Édition You-Feng, 13-55.

Clarke, S. (2009) When and where is a monk no longer a monk? On communion and communities in Indian Buddhist monastic law codes. *Indo-Iranian journal*, 52, 115-141.

Dalai Lama XIV (2010) Human rights and the status of women in Buddhism. In: T. Mohr and J. Tsedroen (eds), *Dignity and discipline, reviving full ordination for Buddhist nuns*. Boston: Wisdom, 253-279.

Delia, N. (2014) Mediating between gendered images of 'defilement' and 'purity', continuity, transition and access to spiritual power in a northern Thai Buddhist monastic community for women. MA dissertation, University of Hamburg.

Dutt, N. (1984) *Gilgit manuscripts, Mūlasarvāstivāda vinayavastu.* Volume III, part 2. Delhi: Sri Satguru.

Funayama, T. (2004) The acceptance of Buddhist precepts by the Chinese in the fifth century. *Journal of Asian history*, 38 (2), 97-120.

Guang X. (2013) Maritime transmission of the monastic order of nuns to China. In: S. Amatayakul (ed.), *The emergence and heritage of Asian women intellectuals.* Bangkok: Institute of Thai Studies and Institute of Asian Studies, Chulalongkorn University, 111-120.

Härtel, H. (1956) *Karmavācanā: formulare für den Gebrauch im buddhistischen Gemeindeleben aus ostturkestanischen Sanskrit-Handschriften.* Berlin: Akademie Verlag.

Heirman, A. (2001) Chinese nuns and their ordination in fifth century China. *Journal of the International Association of Buddhist Studies*, 24 (2), 275-304.

Heirman, A. (2002) *Can we trace the early dharmaguptakas?* T'oung pao, 88, 396-429.

Heirman, A. (2010) *Fifth century Chinese nuns: an exemplary case.* Buddhist studies review, 27 (1), 61-76.

Heirman, A. (2015) Buddhist nuns through the eyes of leading early Tang masters. *The Chinese historical review*, 22 (1), 31-56.

Bhikṣuṇī Ordination 133

Hüsken, U., and Kieffer-Pülz, P. (2012) Buddhist ordination as initiation ritual and legal procedure. In: U. Hüsken and F. Neubert (eds), *Negotiating rites.* Oxford: Oxford University Press, 255-276.

Itoh A. (2013) The emergence of the bhikkhunī-saṅgha in Thailand: contexts, strategies and challenges. PhD dissertation, École Pratique des Hautes Études.

Jaini, P. (1991) *Gender and salvation: Jaina debates on the spiritual liberation of women.* Berkeley: University of California Press.

Kabilsingh, C. (1984) *A comparative study of bhikkhunī pāṭimokkha.* Delhi: Chaukhambha Orientalia.

Kawanami H. (2007) The bhikkhunī ordination debate: global aspirations, local concerns, with special emphasis on the views of the monastic community in Burma. *Buddhist studies review*, 24 (2), 226-244.

Kieffer-Pülz, P. (2010) Presuppositions for a valid ordination with respect to the restoration of the bhikṣuṇī ordination in the Mūlasarvāstivāda tradition. In: T. Mohr and J. Tsedroen (eds), *Dignity and discipline, reviving full ordination for Buddhist nuns*. Boston: Wisdom, 217-226.

Kieffer-Pülz, P. (2013) *Verlorene Gaṇṭhipadas zum buddhistischen Ordensrecht, Untersuchungen zu den in der Vajirabuddhiṭīkā zitierten Kommentaren Dhammasiris und Vajirabuddhis*. Wiesbaden: Harrassowitz Verlag.

Kishino R. (2015) The concept of sdom pa in the Mūlasarvāstivāda-vinaya: on possible misunderstandings of the Brahmacaryopasthāna-saṃvṛti. *The bulletin of the Association of Buddhist Studies*, Bukkyo University, 20, 147-192.

Lévi, S., and Chavannes, É. (1916) Les seize arhat protecteurs de la loi. *Journal asiatique*, 11 (8), 5-50 and 189-304.

Li Y. (2000) Ordination, legitimacy and sisterhood: the international full ordination ceremony in Bodhgaya. In: K. L. Tsomo (ed.), *Innovative Buddhist women: swimming against the stream*. Richmond, UK: Curzon, 168-198.

Mrozik, S. (2014) 'We love our nuns': affective dimensions of the Sri Lankan bhikkhunī revival. Journal of Buddhist ethics, 21, 57-95.

Oldenberg, H. (1879) *The Dīpavaṃsa, an ancient Buddhist historical record, edited and translated*. London: Williams and Norgate.

Pachow, W. (1955) *A comparative study of the prātimokṣa, on the basis of its Chinese, Tibetan, Sanskrit and Pali versions*. Santiniketan: Sino-Indian Cultural Society.

Schmidt, M. (1993) Bhikṣuṇī-Karmavācanā, Die Handschrift Sansk. c.25(R) der Bodleian Library Oxford. In: M. Hahn (ed.), *Studien zur Indologie und Buddhismuskunde: Festgabe des Seminars für Indologie und*

Buddhismuskunde für Professor Dr. Heinz Bechert zum 60. Geburtstag am 26. Juni 1992. Bonn: Indica et Tibetica, 239-288.

Seeger, M. (2006 [2008]) The bhikkhunī ordination controversy in Thailand. *Journal of the International Association of Buddhist Studies*, 29 (1), 155-183.

Shih, H.-C. (2000) Lineage and transmission: integrating the Chinese and Tibetan orders of Buddhist nuns. *Chung-Hwa Buddhist journal*, 13 (2), 503-548.

Skilling, P. (1993) A note on the history of the bhikkhunī-saṅgha (II): the order of nuns after the parinirvāṇa. *The World Fellowship of Buddhists review*, 30 (4) and 31 (1), 29-49.

Tsedroen, J. (2016) Buddhist Nuns' ordination in the Mūlasarvāstivāda tradition: two possible approaches. *Journal of Buddhist ethics*, 23, 165-246.

Tsedroen, J., and Anālayo (2013) The Gurudharma on bhikṣuṇī ordination in the

Mūlasarvāstivāda tradition. *Journal of Buddhist ethics*, 20, 743-774. 134 Bhikkhu Anālayo

Tsering, T. (2010) A lamp of vinaya statements, a concise summary of bhikṣuṇī ordination. In: T. Mohr and J. Tsedroen (eds), *Dignity and discipline, reviving full ordination for Buddhist nuns.* Boston: Wisdom, 161-181.

Tsomo, K. L. (2014) Karma, monastic law, and gender justice. In: R. R. French and M. A. Nathan (eds), *Buddhism and law, an introduction.* New York: Cambridge University Press, 334-349.

von Hinüber, O. (1994) Buddhist law and the phonetics of Pāli, a passage from the Samantapāsādikā on avoiding mispronunciation in kammavācās. In: O. von Hinüber (ed.), *Selected papers on Pāli studies.* Oxford: Pali Text Society, 198-232; first published in German in 1987.

Waldschmidt, E. (1951) *Das Mahāparinirvāṇasūtra, Text in Sanskrit und tibetisch, Verglichen mit dem Pāli nebst einer Übersetzung der chinesischen Entsprechung im Vinaya der Mūlasarvāstivādins*, vol. 2. Berlin: Akademie Verlag.

Yao F. (2015) The story of Dharmadinnā, ordination by messenger in the Mūlasarvāstivāda vinaya. *Indo-Iranian journal*, 58, 216-253.

추천 도서

Anālayo (2013) The revival of the bhikkhunī order and the decline of the sāsana. *Journal of Buddhist ethics*, 20, 110-193.

Anālayo (2016a) *The foundation history of the nuns' order*. Bochum: Projektverlag.

Heirman, A. (2001) Chinese nuns and their ordination in fifth century China. *Journal of the International Association of Buddhist Studies*, 24 (2), 275-304.

Hüsken, U., and Kieffer-Pülz, P. (2012) Buddhist ordination as initiation ritual and legal procedure. In: U. Hüsken and F. Neubert (eds), *Negotiating rites*. Oxford: Oxford University Press, 255-276.

Kieffer-Pülz, P. (2010) Presuppositions for a valid ordination with respect to the restoration of the bhikṣuṇī ordination in the Mūlasarvāstivāda tradition. In: T. Mohr and J. Tsedroen (eds), *Dignity and discipline, reviving full ordination for Buddhist nuns*. Boston: Wisdom, 217-226.

Tsedroen, J., and Anālayo (2013) The Gurudharma on bhikṣuṇī ordination in the Mūlasarvāstivāda tradition. *Journal of Buddhist ethics*, 20, 743-774.

제7장 보살도의 변화

초인, 성자, 사회 복지가

바브라 클레이튼 Barbra Clayton

서론

보살(bodhisattva)이라는 용어는 문자 그대로 '깨어나는 존재' 또는 '깨달음을 위한 존재'이며, 그 어원은 불분명하지만, 원래 '지향하다' 또는 '헌신하다'라는 뜻의 보디삭타bodhisakta에서 유래했을 것이다.(Harvey 2007: 58; Apte: 1600)[1] 보살은 붓다의 최상의 완전한 깨달음, 즉 무상정등정각無上正等正覺(anuttarā-samyaksaṃbodhi)의 성취를 목표로 하는 사람을 가리킨다. 스승의 도움 없이 법(Dharma)을 발견하고 법을 상실한 세계에 법을 소개하는 존재다. 비록 상좌부 전통에서는

---

1 나는 이 장의 초고를 논평해 주신 데보라 윌즈Deborah Wills에게 감사드리며, 그리고 폭넓고 사려 깊게 비평해 주신 스티븐 젠킨즈Steven Jenkins에게 특히 감사드린다. 모자란 부분과 잘못된 부분은 온전히 내 것이다.

보살도가 선택 사항으로 생각되기도 하고, 몇 가지 초기 문헌에서는 대승 전통의 '큰 수레'라고 제안하고 있지만(Nattier 2003:176), 후기 대승 전통 문헌에서는 보살도는 모든 수행자가 받들어야 하는 목표라고 말한다. 사실 이 문헌에 있는 대승(mahāyāna)이라는 용어는 '보살의 수레' 또는 완전한 깨달음을 목표로 하는 사람이라는 뜻의 보살승(bodhisattva-yāna)과 같다. 이 용어는 '제자들의 수레'라는 성문승聲聞乘(śrāvaka-yāna), 즉 붓다의 가르침을 해탈과 더 한정적인 아라한 지식을 얻으려는 데에 사용할 의도를 가진 사람, 그리고 독각불의 수레인 연각승緣覺乘(pratyeka-yāna), 즉 붓다의 가르침의 혜택 없이 스스로 해탈한 존재들과는 대조를 이룬다.

보살도(mārga)의 특성과 기간에는 다양한 의견이 있지만, 일반적으로는 종종 여러 단계(bhūmi)[2]와 연계하여 성취하는 여러 가지 덕 또는 완전함, 즉 바라밀(pāramitās)의 함양을 수반하는 엄청난 횟수의 생애가 필요하다고 이해된다. 비록 보살도에 관한 모든 설명이 모든 요소를 포괄하지는 못하지만, 보살행(bodhisattva-cārika) 또는 보살행의 과정(bhadracarya; Edgerton, s.v. 'bhadracarya')이라고 불리는 이 길은 서원(praṇidhāna, praṇidhi, pratijñā, saṃvara), 계戒(śīla), 덕 또는 완전성, 즉 바라밀(pāramitās), 그리고 헌신적인 실행을 포괄한다. 몇 가지 초기 보살도 문헌에서는 강조되지 않은 것으로 보여도(Nattier 2003:145-149), 많은 보살도 텍스트는 고통으로부터 모든 중생을 해방하려는 이타적 열의, 보살도의 토대에 요구되는 정신적 열정인 '깨달은

---

2 역주: 보살지菩薩地, 십지경(Daśabhūmika Sūtra)에는 보살도 성취의 수준을 나타내는 열 가지 단계(보살 십지)를 열거하고 있다.

마음' 또는 보리심菩提心(bodhicitta)의 중요성을 강조하고 있다. 이것은 나중에 인도 대승 전통에 그리고 지금은 더 넓은 대승 전통에서 보살도의 이상과 보편적 자비 사이의 중심적인 연관성을 가리킨다. 이런 자비는 고통으로부터 중생을 해방하려는 보살의 결의를 표현하는 특성이다. 이 점은 아마도 산티데바(Śāntideva)[3]의 잘 알려진 시에서 가장 웅변적으로 표현되었을 것 같다:

> 우주가 지속되는 한, 세계가 지속되는 한,
> 세상의 고통을 없애며 살겠노라.(BCA 10:55)

질문: 참여 불교와 보살도

현대 불교에서 보살의 이타주의는 사회적, 정치적 세계에 적극적인 참여를 수반하는 것으로 받아들여 왔다. 이런 '사회적 참여 불교'는 특히 20세기 중반부터 시작된 현대 불교의 주목할 만한 특징들 가운데 하나로 확인된다.(Mcmahon 2008: 14) 틱낫한Thich Nhat Hanh 스님은 '교육, 경제, 정치 등등 영역에서의 불교의 역할'에 관한 그의 이해를 명확하게 하려고 1954년 '참여 불교'라는 용어를 만들었다.(Nhat Hanh 2008: 30)

'참여 불교'라는 용어의 정확한 정의에 대해서 아직 논란이 있지만, 이 용어는 일반적으로 인간에게 불행을 초래하는 사회적, 정치적,

3 역주: 적천寂天, 8세기 인도 승려, 시인, 철학자.

경제적 조건, 즉 고통의 집단적 원인에 대해서 인식하고 대답하는 불교의 현대적 한 형태와 연관된다. 크리스토퍼 퀸Christopher Queen이 시사했듯이, 참여 불교는 '고통과 고통의 소멸'은 고통받는 사람 혼자만의 책임이 아니라고 인식한다.(Queen 2013: 328) 참여 불교는 고통의 원인을 단지 개인적인 것이 아닌, 체제적 원인으로 다루며, 사회적 변화에 영향을 미치는 행동주의를 특징으로 한다.(이 책 23장과 24장 참조)

이러한 발전을 참작하면서, 이 장에서는 보살도가 지지하고 양성한 이타주의와 현대의 사회 참여 사이의 관계를 탐구할 것이다. 스티븐 젠킨즈Stephen Junkins가 그의 저서 '보살은 빈곤을 완화하나?'(2003)에서 수많은 인도 대승 경전(주류 출전뿐만 아니라)을 끌어와 이 문헌들이 참여 불교 의제를 지지하고 있고, 적어도 빈곤 완화와 관련되었다고 설득력 있게 주장한다. 그런데 아모드 렐리Amod Lele는 이에 답하여, 산티데바의 저술에서 증거를 끌어 사용하며, 보살은 물질이 초래하는 고통에 대한 직접적인 대처를 지향하지 않는다고 주장했다.(2013) 나는 이 논란을 확대하여 참여 불교가 정의되고 범주화되는 방법에 관한 최근의 비평을 고려하며 논란이 되는 문제에 관하여 정제된 이해를 제시하려고 한다. 나는 현대 이전의 텍스트에서 어떤 종류의 사회 참여가 주창되었는지를 묻는 것은 정당하지만, 그 문헌 안에서 '참여 불교'가 얼마나 이해되었었는지에 의존해서 참여 불교를 찾는 것은 시대착오적일 수 있다고 주장할 것이다.

이 논쟁에 제기된 문제는 '참여 불교는 물려받은 불교 전통의 현대적 표현을 반영한 것인가?', 아니면 '그것은 혁신적 발전으로서 가장 잘 이해될 수 있나?'라는 질문의 버전으로 쉽게 해석할 수 있겠다. 암베드카B.R. Ambedkar가 부른 것처럼, 참여 불교는 집단적 고통과 목표에 관련된 '새로운 수레(navayāna; 신승新乘)'인가?(Queen 2003: 23) 아니면, 미국의 학자이며 수행자인 데이비드 로이David Loy가 틱낫한 스님을 언급하며 주장한 대로 불교는 항상 참여해 오고 있는 것일까?(Loy 2003: 17, Temprano 2013: 264에서 인용)

참여 불교가 '오래된 것'인가 '새것'인가의 문제는 참여 불교가 '전통적'인가 아니면 '현대적'인가 하는 논쟁으로 되돌아온다. 이런 이분법은 토마스 프리먼 야널Thomas Freeman Yarnall이 참여 불교학자들을 '전통주의자'와 '현대주의자'로서 갈라놓은 범주를 반영한다.(2003: 286f) 야널에 따르면, 전통주의자는 현대 불교의 사회 참여를 불교 전통의 연속으로 보는 사람들이고, 반면에 현대주의자는 이전 전통과의 단절을 강조하는 사람들이다.(Yarnall 2003:287)

이 논쟁에 대해 언급하며 제시카 메인Jessica Main과 롱다오 라이Rongdao Lai는(2013:10f) '참여 불교'라는 호칭이 설명 범주로서보다는 규범적 범주로서 문제의 여지를 남기며 사용되어졌다고 지적하며, 많은 참여 불교의 설명에서 추정된 함의와 긍정적 평가를 비판했다. 그들은 더 나아가, 사회 참여 불교가 전통적이냐 현대적이냐 하는 질문은 합법성에 관한 규범적 관심을 반영하는 경향이 있으며, 현대 참여 불교 그룹이 불교도로서의 정체성을 확립할 필요의 한 부분이라고 경고한다. 그들은 참여 불교 그룹은 실행을 위한 혁신적 접근, 즉 사회적, 정치적 행동은 그 자체가 불교 수행의 표현이며, 이것은 새롭거나 혁신적인 것이 아니고, 원래 불교에 충실한 접근이라고 주장하고 싶어 할 거라고 했다. 이것은 참여 불교의 특성이 전통적이냐 아니면 현대적이냐에 관한 논쟁이 어떤 주어진 불교 수행 또는 단체의 진정성을 승인하느냐 불신임하느냐 하는 규범적 의제를 함축할 수 있다고 시사한다.

템프라노Temprano(2013)는 참여 불교의 학술적 논의에 초점을 두고, 참여 불교의 특성이 함의하는 규범을 비슷하게 조명하며, 달라이라마 그리고 틱낫한 같은 학자이자 수행자들은 '전통주의자' 경향이 있는데, 그들에게는 과거의 수행들과 현대적 참여와의 연속성을 강조할 이유가 있다고 주장했다. 그러면서 템프라노는 서구 학계의 '모더니스트' 학자, 또는 학자이며 수행자들이 불교 신앙과 수행을 설명하는 학술적 프로젝트에서 일탈하여, 어떻게 아시아 불교의 신앙과 수행에 대한 권리를 비하하고 박탈하는 오리엔탈리즘[4]의 관점에 빠져 불교를 현대적이며 서구적으로 표현하는 것을 정당화하는가를 보여주는가에 특히 관심을 가졌다.(또한 Quli 2009도 참조)

그렇다면 나는, 인도 보살 문헌 안에서 참여의 특성을 탐구하면서 현대 참여 불교 운동이나 활동을 합법화하거나 훼손하지 않겠다는 점을 명확히 해두는 게 중요하겠다. 나는 참여 불교가 오래된 것인가 새로운 것인가 또는 전통적인가 현대적인가 하는 주장을 목표로 하지 않겠다. 나는 많은 현대 참여 불교의 노력에 확실히 공감하지만, 참여 불교는 반드시 좋고, 불교 수행 또는 이념이 사회적 개입을 수반하지 않거나 아니면 개입으로 추정되지 않는 불참여 불교는 반드

4 역주: 18, 19세기 유럽 제국주의 문화적 태도에 의해 형성된 동양에 대한 편향적 해석.

시 나쁘다고 추정하지 않을 것이다. 내가 하는 일은 현대 이전의 보살도의 견해와 보살도에 대한 현대 참여 불교의 믿음 사이에 있는 연속성과 차이점을 조사하는 것이다.(Temprano 2013: 272 참조)

메인Main과 라이Lai는 참여 불교를 하나의 분석적 범주로서 구성하려고 시도하면서, 더 나아가 참여 불교는 현대성의 산물인 논리와 종교적 비전을 포괄한다고 시사했다.(2013: 8) 그들은 널리 이해되고 있는 불교의 이타주의와 참여 불교 사이의 차이를 명확하게 구분한다. 양쪽 모두 가난한 사람들에게 음식과 쉼터 제공과 같은 구체적인 행동을 포괄하고 있지만, 참여 불교는 사회적 활동을 세속주의에 대한 저항의 일부로서, '세속적 영역 안에서의 사회적 행위를 하나의 불가결한 종교적 수행의 형태'로 본다. 종교는 개인의 영역으로 격하되어야 한다는 관념이다.(8) 이 견해에서는, 참여 불교는 현대성과 세속화에 대한 반응으로 정의된다. 그렇지만 메인과 라이의 정의는, 참여 불교라는 용어는 가난한 사람에게 베푸는 이타적 봉사와 함께 체제적인 변화를 일으키는 정치적 행동주의를 포괄할 때 가장 이해가 잘 된다는 크리스토퍼 퀸Christopher Queen의 주장과는 대조되며, 퀸은 이것이 현대적 발전이라는 데 동의한다.(Queen 2003: 22)

이를테면, 여기에 지침이 되는 질문들은, 우리가 인도 대승불교 문헌에 있는 보살들을 어떤 의미로 참여 불교도로 보는가? 보살도의 가치와 덕은 어떤 종류의 사회적 세계와의 관련을 의미하는가? 보살들은 그들의 이타주의를 실용적 방식으로 표현하도록 요구받거나 기대되는가? 보살은 고통의 집단적, 사회적 원인을 고려하고 대처하는가? 대승 보살 문헌에서 옹호하는 덕과 현대 불교도에 의해 옹호되는 사회 활동 사이의 관련성은 무엇인가? 현대 참여 불교 실천가들은 대승 보살 문헌을 어떻게 해석하는가?

접근

대승 문헌에 접근할 때 이 문헌들이 엄청난 다양성을 반영하고 있는 점을 유념하는 게 중요하다. 나티어Nattier가 시사했듯이, 대승 문헌은 우리가 대승 문헌들을 함께 연계할 때 나타나는 만화경 같은 각양각색의 특징을 나타내는데, 이것은 어떤 하나의 텍스트로써는 나타내지 못한다. 그러므로 모든 대승 텍스트들이 보살도를 다루는 게 아니고, 보살도를 다루는 모든 텍스트는 같은 구성 요소를 가지고 있지 않다.(Nattier: 192; Williams 1989: 204) 이러한 모든 버전을 적절하게 반영하는 게 불가능할 것이기에, 이 장에서는 보살의 이력을 나타내는 두 가지 의미심장한 경전과 한 개의 현대 주해에 중점을 둘 것이다. 논의될 경전은 법경경法鏡經(Ugraparipṛcchā-sūtra)과 산티데바의 저술이며, 산티데바의 현대 주해는 저명한 서구의 불교 법사이자 작가인 페마 쵸드론Pema Chödrön[5]이 주석한 것이다.

법경경은 '우그라Ugra의 질문'인데, 아마도 1세기로 거슬러 올라가는 가장 초기 대승 경전 가운데 하나이다. 법경경은 대승 전통 형성 시기의 중요한 작품이라고 여겨진다.(Nattier 2003: 45) 이 경은 널리 인용되고 논평되며 인도와 중국에 큰 영향을 끼쳤다. 나의 분석 연구는

5 역주: 1936~, 미국의 티베트 불교 전통 승려.

나티어Nattier의 연구와 이 경전의 중국어, 티베트어, 몽골어 번역 버전을 바탕으로 이루어졌다.

법경경은 붓다와 높은 지위의 재가불자, 집안의 주인 그리하파티 gṛhapati[6] 우그라 보살 간의 보살도에 관한 대화로 구성되었다.(24) 이 텍스트의 전체적 메시지는 재가불자라 할지라도 보살도의 예비적인 부분은 수행할 수 있다는 것이다. 왜냐하면 성불이라는 최종 목표를 성취하기 위해서 그는 승려가 되어 가능한 한 빨리 계를 받아야 하는 처지이기 때문이다.[7] 승려로서, 그는 석가모니 붓다의 생을 본보기로 삼아야 하고, 많은 시간을 황야에서 금욕 수행을 해야 한다. 법경경은 주로 전통적인 붓다의 가르침을 바탕으로 한 단순하지만 고된 수행을 제시하지만, 완전한 깨달음이라는 다른 무엇보다 중요한 대승불교의 목표를 향한다.(Nattier 2003: ch.7) 법경경에서 열거한 길에는 내가 보여주기를 희망한 것과 흥미로운 유사성을 가지고 있을 뿐 아니라, 위대한 인도의 스승 산티데바가 제시한 길과는 다른 점도 있다.

산티데바에 관해 역사적으로 입증할 수 있는 것은 거의 없지만,[8] 전통적인 성인전에서는 그가 7세기 아니면 8세기 초 위대한 날란다 Nālandā 승가 대학과 연계된 학자이자 승려였다고 주장한다. 산티데바의 저술이라고 알려진 입보리행론入菩提行論(Bodhicaryāvatāra)[9]과

---

6 역주: 가라월迦羅越로 음역하거나 거사, 장자, 가주家主로 번역.

7 이 텍스트와 산티데바의 작품에 있는 남성 중심적 초점 때문에, 이러한 현대 이전 텍스트의 보살을 논의할 때 나는 남성 지칭 대명사를 사용하기로 했다.

8 산티데바가 저술했다는 텍스트들을 한 사람의 저술로 돌리는 데에는 어려움이 있다는 Garfield, Jenkins, Priest(2016) 논의 참조.

학처요집學處要集(Śikṣāsamuccaya)[10]은 인도의 대승사상의 성숙한 단계를 표현하고 있으며, 티베트에, 특히 그담(gdams) 전통[11]에 많은 영향을 주었다. 보살도의 특성이 이 두 작품의 주제이다.

입보리행론은 '깨달음으로 들어가는 길'을 뜻하는데, 보살도의 주제를 다루는 장편 서사시다. 이것은 종교적 시가의 걸작으로 간주되며, 인도의 주석가 쁘라즈냐카라마티(Prajñakaramati: 950-1030)의 주석 산스크리트어본이 하나, 그리고 티베트어본 열 편이 남아 있는 것을 포함하여 인도와 티베트에 많은 주석을 끌어냈다.(Harrison 2007: 215) 입보리행론은 오늘날까지 영향을 지속하고 있는데, 그동안 수없이 번역되었고, 학자들과 현대 불교 수행자들의 관심을 끄는 주제이다.(예: Batchelor 1979, Crosby & Skilton 1996, Wallace & Wallace 1997) 이것은 14대 달라이 라마가 특히 좋아하는 텍스트로서 그가 자주 인용하고 영어로 번역한 다섯 권의 주석집을 출판하기도 했다.(Gyatso 1988, 1994, 1999, 2005, 2009) 이 텍스트는 어린이들을 위한 삽화집으로 만들어지기까지 했다.(Townsend 2015) 표준 입보리행론에는 총 10장 안에 913개의 게송이 있고, 산티데바의 다른 작품으로 여겨지는 학처요집 다음에 저술되었다고 생각된다.(Harrison 2007: 224-227) 이 장은 바이다Vaidya(1960)가 출판한 산스크리트 판본을 크로스비Crosby와 스킬턴Skilton(1996)이 번역한 책에 의존하고 있다.

학처요집은 주로 대승 경전의 시가 선집인데, 보살의 수행, 즉

9 역주: 입보살행론入菩薩行論으로도 불린다.

10 역주: 대승집보살학론大乘集菩薩學論이라고도 불린다.

11 역주: 카담Kadam 종파로도 알려짐.

식샤(śikṣā)[12]에 대한 주제를 담은 대략 27개의 근본-게송(mūla-kārikā)으로 구성되었다. 비교적 최근까지 이 텍스트는 다른 문헌에서 압도적으로 많은 부분을 인용하여 만들어져서 본래의 논거는 거의 반영하지 않은 것으로 생각되었다. 그런데 해리슨Harrison(2007)이 이 텍스트의 많은 게송이 다른 텍스트에서 온 걸로 잘못 추정한 사실을 발견했으며, 추가로 학처요집 안에 있는 133개의 게송이 산티데바의 작품이라고 시사하여 학처요집에 대한 수정된 이해가 필요하다는 점을 가리킨다. 찰스 굿맨Charles Goodman의 새로운 번역(2016)은 1922년 벤달Bendal과 라우즈Rouse의 번역을 개정한 것인데 환영할 만하다. 이 장은 벤달의 산스크리트어 판본에 의존한다.(독자들의 편의를 위해 참고로 나는 벤달과 라우즈의 영어 번역도 삽입하는데, 이 번역본은 문제의 소지가 많기로 악명 높다는 점을 독자들이 유념해야 한다; Harrison 2007: 216 참조)

이 두 가지 텍스트들은 대승의 요소들을 유사하게 공유하기 때문에 보살의 경력을 들여다보는 유용한 창을 제공해준다: 무엇보다 서원, 계율, 그리고 주요 덕성(바라밀)의 함양을 포괄하는 보살도에 집중적인 초점을 둔다.

그뿐만 아니라, 법경경은 아주 초기 대승의 보살도 이해를 반영하는 반면(Nattier 2003: 191), 산티데바의 저작들은 완전히 발전된 대승 전통을 나타낸다. 법경경과 산티데바 모두 인도와 티베트 불교 전통에 영향을 미쳤으며, 법경경은 동아시아에서 중요해졌다. 이 텍스트들을

12 역주: 교훈, 지식, 훈련.

사용한 고대 공동체들은 다양한 해석과 강조점을 둔 수많은 텍스트를 가졌을 것이기에, 우리가 이 법경경과 산티데바의 저작들이 보살도 발전의 모든 면을 반영한다고 추정하는 것은 신중해야 한다. 그렇지만 이 두 텍스트에 초점을 두면 우리는 보살도에 관한 두 가지 중요한 관점에 대한 통찰을 얻을 수 있고, 또한 인도 대승 시대의 초기와 후기의 징후뿐만 아니라 중요한 교리에 대한 여러 가지 견해를 알 수 있다.

법경경의 보살도

모든 불자는 보살도를 행하거나 행해야만 한다는 보다 전형적인 대승의 이념에서 벗어나서, 법경경은 보살의 경력은 오직 극소수만 보유하고 있는, 완전한 깨달음을 얻은 붓다가 되는 영웅적 사명이 있는 특출하게 야심적인 수행자의 정신적 선택이라고 추정한다. 다른 선택은 아라한에 이르는 성문聲聞(śrāvaka)의 길인데, 존경할 만하지만 덜 훌륭한 정신적 목표이다.

성문 수행은 여러 가지 방식으로 보살 수행과 겹치기 때문에, 이렇게 덜 훌륭한 성문 수행 선택은 보살이 성문의 목표인 아라한의 자리로 추락할 수 있다는, 일종의 보살의 정신적 위험 요소를 제시한다. 보살도를 완성하기 위해서는 상상할 수 없는 많은 생애가 필요하다. 왜냐하면 보살도는 붓다 특유의 탁월한 통찰력과 엄청난 양의 공덕을 요구하기 때문이다. 그 공덕은 붓다의 덕목을 성취하는 데 필요할 뿐 아니라, 그런 덕목의 신체적 발현, 즉 확연히 구별되는 위대한 사람인 대장부(mahāpuruṣa)의 상相(lakṣaṇa), 경이로운 붓다의 신체적 발현에 필요하다.(Powers 2009; Mrozik 2007 인도 불교의 도덕성과 신체 사이의 관계 참조)[13] 아라한과阿羅漢果는 다시는 환생을 수반하지 않기 때문에, 보살들이 생각할 때 아라한과는 성불의 목표가 달성될 수 없음을 뜻할 수 있다. 이런 연유로 성문의 길은 성불로 가는 보살의 긴 여정에 선제적 위험으로 나타난 것이다.(Nattier 2003: 140-141) 이것이 사실인 게 분명한 것은 법경경의 회향廻向(pariṇāmanā) 이념에 있다. 회향이라는 용어는 통상 '이전'으로 번역되는데, 자신의 선행 결과를 남의 혜택으로 헌정하는 보통의 대승 수행과 연계한다. 그렇지만 법경경에서는, 공덕이 남에게 헌정되어 물질적 보상이나 더 나은 환생으로 다시 나타나지 않고, 무상 정각 또는 성불의 달성을 향해 나타난다.(Nattier 2003: 114f.; Kajiyama 1989)

보살도의 완성을 위해서 엄청난 횟수의 생애가 요구되는 것에는, 그것을 수행하는 데 필요한 자기희생적 동기를 암시한다. 법경경은 보살이, 석가모니 붓다가 그랬듯이, 끝없이 윤회(saṃsāra)하는 삶을 살아야 하는 엄청난 부담을 기꺼이 떠맡을 것이라고 강조한다. 그 보살의 이미지는 본생담(Jātaka)에서 비친 석가모니의 자기희생 이야기를 흉내 내며, 스칸다즈(skandhas, 인간을 형성하는 정신과 육체의 집합)[14]의 부담(bhārahārin)을 기꺼이 지겠다는 사람인데, 이러한 환생

13 역주: 여러 경전에서 붓다의 특징적 형상을 32상으로써 설명한다.

14 역주: 온蘊이라 번역하며 오온五蘊으로 구성되어 있다. 즉 물질적 이미지 색온(色蘊, rupa), 감각 수온(受蘊, vedana), 지각 또는 표상 상온(想蘊, samjna), 마음의 작용 행온(行蘊, sankhara), 의식 식온(識蘊, vijnana)이다.

이 지속되는 존재는 대승 텍스트들의 일반적 주제이다.(Nattier 213n. 36; Ohnuma 2007ch1,2)

그런데 나티어Nattier는, 법경경에서는 보살의 자기희생의 핵심적 동기가, 나중에 발견되는 산티데바의 방편과 같은 동기, 즉 모든 중생을 구하는 자비로운 동기에서라기보다는 가장 뛰어난 존재, 붓다가 되려는 욕망에 있다고 주장했다. 법경경에서 옹호되는 보살도는, 자비는 함양되어야 하지만 그것은 어떻게든 부족한 존재들, 즉 천하고, 법(Dharma)을 배우는 데 느리고, 계를 어긴 자 또는 보시하지 않은 자들에게 향해야 한다고 말한다.(Urga 5D, 8B, 17A, 24B; Nattier의 법경경 번역 참조) 이것은 대자대비(mahākaruṇā)로 불리지만, 보살과 연계하는 모든 중생을 향한 보편적 자비는 아니다.

보살 경력의 시작은 종종 특정 서원의 채택으로써 표시된다. 법경경에서는 보살도의 시작이 네 가지 서원과 연계된다. 서원의 일반적인 동의어 '갑옷(saṁnāha)'을 사용하여, 보살은 다음에 나오는 서원을 자신에 장착하는 사람으로 묘사된다:

> 구제받지 못한 사람들을 내가 구하리라.
> 해탈하지 못한 사람들을 내가 해방하리라.
> 위안을 얻지 못한 사람들을 내가 위안하리라.
> 아직 최종 열반(parinirvāṇa)에 이르지 못한 사람들에게 내가 열반 성취를 이루게 하리라.(Ugra 2C)

이러한 서원들은 다른 텍스트들에서도 나오는데(예, 도행반야바라밀경, 묘법연화경), 이는 붓다의 행동에 대한 설명에서 연유한 것으로 보인다.(Kagawa 1989, Nattier 2003: 149 n.27; 151) 법경경에 이런 서원이 있는 것을 보면, 비록 자비의 함양이나 보리심(bodhicitta)이 보살행의 주요한 초점이 아니더라도, 고통받는 모든 중생을 구하겠다는 관심은 아직도 보살의 중요한 동기로 여겨졌음을 시사한다.

법경경은 보살 수행을 둘로 나눈다: 재가 보살의 수행과 승려 보살의 수행이 그것이다. 이런 보살 수행은 두 가지 단계(bhūmi)의 수행으로서 취급되는데, 승려 단계가 재가자의 단계보다 확연히 높고 더 바람직한 것으로 여겨진다.

재가 보살의 수행은 세 가지가 있다: 의식儀式 행위, 도덕-수칙, 무착無着의 함양이다. 의식 행위에는 귀의례歸依禮와 세 부분으로 된 회과悔過 의식(triskandhaka)을 거행한다. 여기에는 여러 다양한 요소로 구성되지만, 원칙적으로는 다음을 포함한다. (1) 과거의 비행을 고백하고 참회한다. (2) 붓다의 목표 안에서, 법륜을 돌리며, 남의 공덕을 기뻐한다. (3) 가르침을 청한다.(Nattier 2003: 162-168)

윤리적 수칙에는 전통적인 오계(pañcaśīla)와 열 가지 선행, 즉 십선업법十善業法 (daśa-kuśala-karmapatha)을 결합한 11가지 수행 규칙인 학처學處 (śikṣāpada) 목록을 포괄한다. 이 계율은 보살에게 다음 사항을 삼가라고 명한다: (1) 살생; (2) 주어지지 않은 물건 취하기; (3) 음행; (4) 거짓말; (5) 취하게 하는 물질 섭취; (6) 비방; (7) 거친 말; (8) 한가한 잡담; (9) 탐욕; (10) 악의; (11) 붓다 이외의 신에 대한 숭배를 포함한 잘못된 견해이다.(Ugra 7A) 이 수칙들 가운데 가장 관심을 둔 것은 음행이다. 결혼한 재가 수행자도 모든 성행위를 피하도록 권장되는데, 심지어 자기 부인과도 그렇다. 그가 성행위를 즐기는 대상은 덧없고, 불결하며, 추한 노파이며, 진실로 모든 해로움과 비행의 원천이라고 여긴다.(Ugra 13; Wilson 1996: 인도 불교의 금욕주의와 여성 혐오 사이의 관계 참조)

승려 보살의 수행은, 다른 사람들과의 접촉을 피해 황야에 거주하며 그의 네 가지 한정된 소유물(즉 가사, 발우, 오두막, 약품)로써 만족을 함양하는 네 가지 고귀한 전통(āryavaṁśa)에 중점을 두며, 그의 높은 야망에서 연유한 겸손을 유지한다.(Nattier 2003: 127-136) 황야는 다양한 수행, 즉 팔정도, 초능력(ṛddhi; Dayal 1932: 106-121 참조), 여섯 가지 종류의 마음챙김, 무아 진리의 이해(25 H), 보리심과 선근(kuśalamūla) 유지를 이루는 데 필요한 이상적인 장소로서 발전되었다. 더구나 황야에서의 고립은 보살의 핵심 덕목인 육바라밀六波羅蜜을 함양할 수 있게 촉진한다: 즉 보시布施(dāna), 지계持戒(śīla), 인욕忍辱(kṣānti), 정진精進(vīrya), 선정禪定(dhyāna), 반야般若(prajñā)이다.(25L) 법경경의 바라밀 목록에는 숙련된 방편(upāya-kauśalya)은 없다. 법경경에서는 숙련된 방편이 법(Dharma)을 가르칠 때 쓰이는 방편으로서가 아니고, 선정 상태(특히 사선정四禪定)를 유지하면서 그들에게 흔히 일어나는 업과로서 천상계 가운데 하나로 더 높게 환생하거나 아라한과의 깨달음 같은 결과로의 추락을 피하는 능력을 말한다. 황야에서의 생활은 이런 중요한 명상 능력을 촉진한다.(25B)

법경경에서는 보시바라밀을 제외한 나머지 바라밀을 다소 피상적인 태도로 다루었다. 더구나 이 경에서는 보시바라밀을 승려 보살보다는 재가자 수행에 중점을 두었다.(163) 이전에 보시의 수혜자가 사원 공동체라는 점을 강조했던 것과 비교하면, 법경경에서는 수혜자를 전혀 밝히지 않거나, (사원이 아닌) 거지에게 보시하는 것에 초점을 둔다는 면에서 구분된다.(Nattier 2003: 112; Ugra11) 따라서 공덕을 얻는 수단으로 승가에 대한 보시를 강조하기보다는, 법경경에서는 포기(tyāga)를 배우고 그것을 실천하는 방법으로서 보시를 강조한다.(Nattier 2003:163-166) 마찬가지로 승려 보살도 궁극적 형태의 포기, 즉 그의 몸과 생명에 대한 집착을 포기함으로써 보시바라밀을 완성할 수 있다.(25L)

대체로, 법경경의 보살도에 대한 이해는 세속적 삶의 포기와 세상 사람들과 물질에 대한 집착의 포기라는 두 가지 중요한 주제를 반영한다. 보살도를 구성하는 기본적인 수행은 사회로부터의 이탈, 명상, 도덕적 자제, 의식적 헌신이다. 나티어는 이렇게 길고 어려운 여정을 이행하는 데 필요한 정신력은 엘리트 올림픽 선수나 해병대 신병의 여정과 비교할 만한, 붓다의 칭찬과 고귀한 존재의 존경을 받을 만한 몇 안 되는 정신력이라고 시사했다.(Nattier 2003: 147) 그렇지만 그 목표가 우주에서 가장 위대한 존재가 되는 것이라면, 우리는 한걸음 더 나아가 그 정신력을 영광스럽고 출세간적인 위대한 사람인 대장부(mahāpuruṣa)의 신체, 그리고 완전한 미덕의 힘을 가진 초인적 존재가 되고자 원하는 사람의 정신력과 비유해야 할 것이다.

산티데바의 보살도

산티데바의 두 저술을 비교하면, 보살도의 구조 안에 있는 명확한 유사점을 볼 수 있다.(Clayton 2006: 144n.8) 산티데바는 보살의 경력은 보리심의 생성과 보살 서원의 채택으로 시작한다고 보았다.(Śiks: ch. 1: BCA: chs 1-4) 이는 다음으로 입보리행론(chs 5-9)에 있는 완전성 함양으로 이어지는데, 이것은 학처요집(Śikṣ; chs 2-15)에 있는 자아, 소유, 공덕을 보호하고 정화하는 과정에 해당한다. 이 길은 모든 존재에게 혜택이 되는 공덕 회향(pariṇāmanā)의 함양과 봉헌으로 절정을 이룬다.(Śikṣ: chs 16-19; BCA: ch. 10; Crosby & Skilton1996: xxxiv) 입보리행론은 산티데바의 가장 원숙한 표현을 반영했다고 여겨지고 있으며, 학처요집은 기본적으로 입보리행론과 연합하여 사용되었으리라고 여겨지는 경전 선집이기에 이에 따르는 요약에 초점을 둔다. 입보리행론은 보살 지망생들에게 안내서 역할을 한다. 입보리행론은 보살도 여정의 동기는 모든 중생을 고통에서 해방시키려는 이타적 소망이며, 이 목표를 실현하는 데 필요한 덕목의 완성은 모든 현상의 속성이 공하다는 점을 이해하는 데 있음을 강조한다. 따라서 이 텍스트는 보리심의 이념과 지혜의 완성을 강조한다.

첫 세 개의 장은 산티데바 이전부터 널리 퍼진 대승 의식인 '최상의 경의(anuttara-pūja)'라고 불리는 전례典禮의 요소들로 구성되었다.(Crosby & Skilton 1996: 8-11) 이 유연한 요소들의 7층 구조는 법경경에서 인용한 회과 의식과 연관되었다. 이 의식은 보살 서원을 채택하는 통과-의례이자, 이 서원을 재확인하는 보살의 마음가짐을 함양하는 방편 모두로 볼 수 있다.(Gómez 1995: 183f.; cf. Śikṣ[15]

15 학처요집(Śikṣ)에 대한 참조는 게송(kārikās)(K.) 또는 Bendall의 산스크리트어 판본의 페이지와 줄 번호이다. 영어 번역에 대한 참조는 Bendall and Rouse의

K. 25; 289.12; 290.1; 316.14, 15; Clayton 2006: 61)

의식의 요소들은 다양할 수 있으나 첫 부분은 대개 송경의식으로 되어 있으며, 실제로 입보리행론은 '깨어난 마음'을 칭송하는 장으로 시작한다. 이것은 산티데바가 보리심, 또는 중생의 슬픔을 덜어 주고 그들을 윤회로부터 해방하는 이타적 의도(BCA 1.7)가 보살도의 기반이라고 제창한 것이다. 산티데바는 다른 존재를 위한 불성을 찾는 이념의 첫 번째 예를 기억에 남을 만하게 '어두운 밤에 번갯불'이라고 비유했다.(BCA 1.5) 첫 번째로 떠오르는 보리심은 순수한 행복의 씨앗으로서, 그리고 고통받는 세상의 치료제로서, 소중히 여기고 가꾸어야 한다.(1.26)

2장과 3장은 예불 의식의 다른 요소, 즉 붓다에 대한 숭배, 귀의례, 잘못에 대한 고해, 공덕의 기쁨, 가르침을 청함, 그리고 중생을 버리지 말아 달라고 붓다에 드리는 간청을 담고 있다. 산티데바는 마지막 요소를, 일련의 심오한 열망 가운데 하나로서 공덕의 회향으로 나타낸다: '나는 여기 기술된 모든 일을 다 함으로써 얻는 선업으로 모든 중생의 고통을 덜게 하리라. 내가 아픈 이의 약이 되리라. 병이 없어질 때까지 내가 의사가 되고 보호자가 되리라. … 내가 가난한 사람들의 고갈되지 않는 재물이 되리라.'(BCA 3.6-7) 3장은 깨어 있는 마음의 분발(bodhicittotpāda)에 관한 부분으로 끝나고, 4장은 '깨어 있는 마음' 지키기에 관한 것인데, 세상의 복지를 위해 깨어 있는 마음을 생성하는

1922년 판(BR로 축약됨)의 페이지이다. 입보리행론에 대한 참조는 장과 절을 나타낸다. Crosby와 Skilton(1996)의 영어 번역을 참조와 함께 Shastri(1988)의 BCA 산스크리트어 판을 참조했다.

보살의 결의 강화에 중점을 두고 있다.(BCA 3.23) 따라서 첫 네 장은 모든 중생을 구하겠다는 보살의 이타적 의도를 의례적으로 불러일으키고 공고히 하는 것과 관련이 있다.

5장에서 9장까지는 보살이, 보살의 중요한 덕성, 즉 전통적인 순서대로 점진적으로 터득해야 하는 여섯 가지 완전성, 즉 육바라밀(보시, 지계, 인욕, 정진, 선정, 반야)을 어떻게 함양해야 하는지를 설명한다. 산티데바는 전반적으로 보살도의 요점으로서 정신적 변화에 초점을 둔다는 점을 가리키며, 보시(dāna)와 도덕성 또는 도덕률(śīla)은 두 개의 게송으로 간소하게 취급하고, 외적 행위로써보다는 정신적 특성 면에서 정의한다. 완전한 보시는 자신이 가진 모든 것을 업과業果와 함께 모든 사람에게 양도하는 마음가짐을 통해서 일어난다.(BCA 5.10) 마찬가지로, 도덕성 또는 도덕률은 '포기한 마음'을 가졌을 때 완성된다.(BCA 5.11) 도덕성은 훈련된 몸과 말의 행위가 수반되고, 승가 계율인 바라제목차(prātimokṣa)의 예절과 규칙 준수를 반영하지만, 이러한 규율의 토대는 마음을 다스리는 데 있다. 왜냐하면 발정난 코끼리가 야생에서 돌아다니는 것이, 길들지 않은 마음만큼은 세상을 파괴하는 원인이 되지 않기 때문이다.(BCA 5.2; 5.85, 88-89; cf BR 1922: 125) 그리하여 이 장의 나머지 부분은 마음챙김(smṛti; 염念; 정신적 신체적 상태와 일반적 목적을 생각하는 능력), 그리고 알아차림(samprajanya, 몸, 마음, 상황의 즉각적인 알아차림)의 정신 훈련에 초점을 둔다.(Crosby & Skilton 1996: 31) 산만해진 마음은 자신과 남에게 고통을 일으키는 번뇌(kleśas)에 취약하기에 이런 정신 수행은 보살의 자비심을 유지하는 데 필수적이다. 산티데바의 해석이 반영된 자비의 중요성은, 만약 자비나 행위의 동기가 유익하다면 도덕률을 위반할 수도 있다는 것이다.(5.84, Jenkins 2010, Clayton 2006:102-109, Harvey 2000: 135-138)

인욕(kṣānti), 정진(vīrya), 선정(dhyāna), 그리고 반야(prajñā)의 완성에 관한 주제는 6장부터 9장에 차례로 있다. 인욕은, 중생을 버리도록 이끌고 자신이 남을 돕겠다는 열망의 뿌리를 자르는 잘못(mūlac-cheda-doṣa)이기 때문에 보살에게는 집착이나 음욕(rāga)보다 훨씬 더 나쁜 근본적인 번뇌 중 하나인 증오(dveṣa)의 해독제로 생각된다.(Śikṣ 164.14-15) 산티데바는 보살들에게 육체적 고통에 맞서는 인내뿐만 아니라 남한테서 받는 마음의 상처나 모욕을 견디는 인내를 함양해야 한다고 가르친다. 그는 화나게 만드는 사물이나 조건에는 특정 자아가 없다고 주장하며 인욕을 정당화하기 위해 연기 교리를 언급한다.(BCA 6.22-33) 행위에는 스스로 원인이 있는 독립적인 행위자가 없으므로, 보살은 다른 사람의 나쁜 행위 그 자체가 복잡한 원인과 조건의 결과로 생긴, 번뇌의 귀결로 보아야 한다. 따라서 분노는 정당하지 않을 뿐만 아니라, 보살이 그의 길에서 고통과 장애와 마주치면, 오히려 집착을 극복하고 인욕을 연습할 기회로 삼아야 한다. 따라서 자신의 적이라 할지라도 미덕의 소중한 원천으로 존중해야 한다.(BCA 6.99-107)

인욕의 완성을 바탕으로 보살은 정진(vīrya), 즉 '열의', '용기', '에너지', '열정'을 계발할 입장이 된다. 노력(utsāha)과 동의어인 에너지는 보살이 어떤 유익함이나 덕을 함양할 때도 필수적이다: 바람 없이는 움직임도 없듯이, 보살에게 용기나 에너지가 없으면 진전을 이룰 수 없다. 산티데바는 처음에 열의의 반대 자질(나태, 비열한 것에 집착, 낙담, 자기 비하)을 설명한 다음 그것들에 저항하는 방법을 설명한다.(6.2-29) 예를 들면, 나태의 원인 중 하나는 윤회하는 존재의 고통에 대한 무관심이라고 얘기하며(6.3), 산티데바는 사람으로 환생하는 것이 얼마나 소중한지 상기시킨다.(6.14) 그리고 악행(pāpa)을 저지르면 그 결과로 지옥으로부터 도망칠 수 없을 때의 생생한 그래픽 이미지와 함께 죽음의 필연성과 예측 불가능성을 설명한다. 반대로, 정진의 완성을 성취하려면 법(Dharma)에 대한 욕구를 함양해야 하며, 보살의 과업을 성취할 수 있는 건전한 자부심으로 무기력과 일탈에 빠지지 않도록 부지런하게 끊임없이 경계하고 보살로서의 자신의 행위에 기뻐해야 한다고 말한다.

정신 수양의 필요성은 이 텍스트 전반에 걸쳐 반복되는 주제이지만, 8장에서는 명상적 몰입의 완성, 즉 선정이 초점이다. 선정이라는 용어는 적정寂靜(śamathā) 명상 수행을 통해서 성취하는 높은 단계의 의식을 지칭하기 위해 초기불교 전통에서 사용된 기술적인 용어이며, 산티데바에게는 흔들리지 않고 고요한 마음은 보살이 '번뇌의 독이빨'로부터 자유로워지는 데 필요한 통찰의 전제조건이다.(8.1) 산티데바는 선정 그 자체를 발전시키는 테크닉에 중점을 두기보다는 세상과 사회생활을 포기하고 자신을 고독하게 '격리'해, 법경경에서 발견되는 숲속 생활에 가치를 둔다. 실제로 학처요집은 숲속 생활의 덕목에 대해서 법경경의 구절을 인용한다.〔Ugra (25F) at Śikṣ 198.6-19〕 선정은 숲속에서의 물리적 격리를 통한 몸의 격리(8.5-38), 그리고 마음의 격리(8.39-89)로서, '고립으로부터 태어난다(viveka-ja)'로 설명된다.

격리는 무엇보다 여자에 대한 집착의 극복이 필요하며, 몸의 추악함에 대한 명상을 통해서 달성될 수 있다.(aśubha-bhāvanā; 8.41-69)

어떻게 마음을 고요하게 만드는지 설명하면서, 산티데바는 특히 티베트 전통에서 중요해진 두 가지 수행을 옹호하는 보리심의 함양으로 눈을 돌린다. 이 두 가지 수행은 '자신과 남의 평등'(BCA 8.90-119), 그리고 '자신과 남의 교환'이다.(BCA 8.120-173; Garfield, Jenkins, Priest 2016; The Cowherds 2016; Lele 2015) 자신과 남의 평등 또는 동일성(parātma-samatā)의 수행은 학처요집 마지막 장의 한 부분에서도 약간 변형되어 나온 것을 볼 수 있다. 이 사상은 원래 불설여래부사의비밀대승경佛說如來不思議秘密大乘經(Tathāgatagūhya sūtra)에서 파생된 것으로 알려졌으나, 지금은 산티데바의 독창적인 것으로 나타났다.(Harrison 2007: 220,242,243) 이 수행은 산티데바가 보살도의 두 가지 근본적인 요소인 지혜와 자비 사이의 연결이라고 보는 점을 보여준다. 이 수행은 진아眞我의 본성을 관조하고 고통의 보편적 특성을 보는 것을 바탕으로 이루어진다. 자신과 남이 강의 두 개의 제방처럼 오직 상대적으로만 존재한다는 것, 그래서 모든 것과 마찬가지로, 자신도 조건부이며 무상한 존재라는 것을 알게 되면, 자아에 관한 진리(ātma-tattva)를 알게 될 것이다. 이 통찰을 통해 우리는 모든 고통은 환상에 불과한 자아에 대한 집착에서 유래한다는 점을 깨닫게 될 것이고, 남들도 자신의 자아와 마찬가지로 단지 무상하고 조건부의 몸과 마음의 복합체라는 점을 알 수 있을 것이다. 자아가 공하다는 것을 알면, 남의 고통과 행복도 자신의 고통과 행복만큼 중요하다는 것을 알게 되며 남의 고통과 행복을 같이 경험한다: '모두 똑같이 고통과 행복을 경험한다. 나는 나 자신처럼 남을 돌봐야 한다.'(BCA 8.90) 왜냐하면 본질적인 자아란 없기 때문이며, 나의 고통을 특권화할 도덕적 근거가 없기 때문이다. '나와 남들이 다 같이 두려움과 고통을 싫어할 때, 내가 남들이 아닌 나 자신을 보호할 정도로 특별한 점은 무엇이란 말인가?'(BCA 8.94) 남들을 돌보는 것이, 사실은 자신을 보호하는 일보다 더 중요하다. 왜냐하면 세상이 고통(duḥkha)의 불로 타오르고 있을 때, 자신만의 행복에 무슨 즐거움이 있을 수 있겠는가? 자신의 몸이 불에 타고 있다면 손톱 한 개가 타지 않는다고 즐거울 수 있겠는가?(Śikṣ 361.15-16; Clayton 2006: 65,93) 남들이 고통을 받는 동안에는 행복은 없다는 인식은 모든 중생의 이로움을 위해 윤회하는 세상(saṃsāra)에 남겠다는 보살 서원의 근거이다.

자비는 무아를 이해하는 데에 있다는 생각은 산티데바의 지혜(prajñā)를 보는 관점에서 강화되는데, 산티데바는 지혜를, 모든 현상은 연기의 법칙에 따라 일어나기 때문에, 내재하는 존재가 없다는 공(空, śūnyatā) 사상의 이해와 동일시했다. 9장은 공성관空性觀에 관한 중관파(Madhyamaka)의 견해를 밀도 있게 표현한 것으로 악명 높으며, 다른 불교적 입장 또는 비불교도 입장을 귀류논증학파歸謬論證學派(Prāsaṅgika)의 귀류법歸謬法[16]적 방법으로 비평하는 많은 축약된 논쟁을 포함하고 있다. 사람과 사물에 대한 집착과 혐오의 바탕인

---

16 역주: reductio ad absurdum; 어떤 명제가 참임을 직접 증명하는 대신, 그 부정 명제가 참이라고 가정하여 그것의 불합리성을 증명함으로써 원래의 명제가 참임을 보여주는 간접 증명법.

근본적인 망상에 맞서기 위해서는 모든 현상의 공성을 이지적으로 이해해야 할 뿐만 아니라 직접적으로 파악해야 한다. 오직 공성의 통찰을 통해서만이 고통의 근원인 번뇌(kleśas)의 뿌리를 잘라낼 수 있고, 마침내 나머지 미덕을 완전히 성취할 수 있다.(Śikṣ 242.1-6; BR 225) 따라서 보시(dāna)의 본질은 자비(karuṇā)이고 공이다.(Śikṣ K.23) 그러므로 완전한 깨달음을 얻기 위해서는 보살은 모든 현상의 공성에 대한 직접적 통찰과 함께 위대하고 보편적인 자비를 깨달아야 한다.

마지막 장에서는 보살 수행의 공덕을 일체중생의 이로움에 봉헌한다.

법경경과 산티데바의 비교

우리가 살펴본 대로, 법경경에서 대표되는 핵심 가치는 포기와 무착無著이다. 법경경에서도 자비, '동족' 감정, 친절(maitri)을 어느 정도는 옹호하지만(Nattier 2003: 116, 304,306), 우리가 산티데바에서 발견하기로는, 그가 완전한 깨달음을 얻기 위한 이타적 열망으로서 이해한 보리심에 필수적으로 요구되는 자비에 대한 명확성과 중심적 초점은 없다. 산티데바에게 불성을 정의하는 두 가지 특질은 위대하고 보편적인 자비(mahākaruṇā)와 궁극적으로 공성의 관조에 의존하는 지혜이다. 공덕의 이전, 즉 회향(pariṇāmanā)의 해석도 대조적이다. 법경경에서 회향은 세속적 이익이나 아라한이 되겠다는 목표가 아니고, 붓다의 무상정각을 향해 자신의 선한 행위의 공덕을 이전하는 명상적 기술이다. 산티데바에게 회향은 자신의 공덕에서 오는 혜택을 남의 혜택으로 돌리는 더 일반적인 대승적 이전과 연계한 의미가 있다. 산티데바가 이타주의에 강한 중점을 두면서 남을 위해 자신의 단점을 극복하고, 불성을 성취하며, 그리고 완전성 또는 덕성의 함양에 초점을 맞추는 것을 보면, 산티데바의 비전은 법경경의 초인적 형상이라기보다는 성자의 형상을 더 닮았다.

입보리행론의 현대적 독해

페마 쵸드론(Pema Chödrön, 1936-)은 쵸기암 뜨룽파 린포체(Chögyam Trungpa Rinpoche, 1939-1987)의 가르침과 연계된 티베트 불교의 서구화된 형태의 샴발라(Shambhala) 불교 전통의 저명한 법사이다. 쵸드론은 완전한 수계를 받은 불교 비구니가 된(1981) 첫 서구 여성들 가운데 하나로서, 그리고 감포 사원(Gampo Abbey; 북미의 첫 번째 티베트 불교 사원)의 수석 법사이며, 아마도 서구 불교의 가장 중요한 인물 가운데 하나인 쵸기암 뜨룽파의 법통에서 가장 영향력 있는 법사일 것이다. 쵸드론은 열다섯 권 넘는 책을 출판했고, 이 책들과 함께 잡지와의 인터뷰, 대중 강연, 온라인 강좌 등을 통한 그녀의 불교 전통 해석은 서구 청중들에게 폭넓게 전달되고 있다. 2007년에 그녀는 '잃을 시간이 없다: 시의적절한 보살도 안내서(No Time to Lose: A Timely Guide to the Way of the Bodhisattva)'를 출판했는데, 이 책은 특히 19세기 티베트 요기 파트룰 린포체(Patrul Rinpoche, 1808-1887)의 주석을 바탕으로 그녀가 입보리행론을 주석한 것이다. 쵸드론의 보살도의 특성과 구조에 대한 해석은 이미 논의된 입보리행론 주석에 반영된 것을 따르기에, 나는 그녀의 해석에서 무엇이 새로운 점인가에 초점을 두어 논의하겠다.

경전 텍스트들과는 대조적으로, 쵸드론은 보살도 수행자는 재가자일 것으로 추정한다. 법경경이 재가자의 보살도에 대해서 언급하고, 그리고 경 전체에 걸쳐 재가자가 어떻게 수행해야 하는지의 물음에 대한 응답으로 구성되기는 하지만, 법경경의 응답은 비록 재가자가 보살도의 예비적 부분은 이행할 수 있어도, 깨달음을 얻기 위해서는 비구가 되어야 하며, 실제로 재가 보살은 깨달음을 얻지 못한다는 것이다. 마찬가지로, 산티데바의 날란다 대학 청중들에는 몇몇 재가자도 포함되었겠지만, 산티데바의 의중에는 승려들을 염두에 두었던 것으로 보이며, 전설적인 첫 입보리행론 낭송은 승려들에게 들려준 것이다.(de Jong 1975) 그러나 쵸드론의 산티데바의 현대적 독해는 '보통' (짐작건대 승려가 아닌) 사람들을 대상으로 하며(x), 청중들은 재가자로 구성되어 있고, 이들은 보살이거나 보살이 될 수 있는 사람들을 묘사한 것이라고 암묵적으로나 명시적으로 가정한다.

쵸드론의 입보리행론 독해가 산티데바가 사회 참여를 옹호한 것으로서 항상 명시적으로 해석하지는 않지만(예 108f), 전반적으로 그녀의 주석은 사회 참여 측면에서 분명하게 구성되었다. 이 텍스트 서문의 제목은, 입보리행론이 사람들에게 '오늘날의 세계 상태'에 대처할 수 있게 돕고(xvii), 현대 사회의 문제들에 대한 답을 제공한다는(xiv) 쵸드론의 해석이 반영된 '우리 같은 사람들도 변화를 만들 수 있다'이다. 그녀는 보살을 분명히 세상을 변화시킬 수 있는 존재로 본다.

그녀는 산티데바의 가르침을 통해서 '우리 같이 보통 사람들도 도움이 절실하게 필요한 세상을 바꿀 수 있다'라고 말한다.(x) 주석을 결론지으며, 쵸드론은 입보리행론이 우리가 우리의 최대 잠재력을 실현할 수 있게 도와주고, 격동하는 세상에서 효율적이며, 책임감 있고, 자애로운 시민, 평화의 중재자가 되도록 도와줄 수 있다는 점을 반복한다.(360) 보리심은 모든 중생의 치유를 바라는 열망이며, 이 세상을 긍정적으로 변화시킬 수 있는 '큰 마음'이고, 그녀가 마틴 루터 킹에 비유하는 마음 자세라고 설명한다.(xiv)

사회 참여 측면에서의 입보리행론의 이러한 틀은, 그녀의 주석의 여러 사례에서 표면화한다. 예를 들면, 모든 중생을 구하겠다는 보살의 원대한 포부를 설명할 때, 그녀는 모든 중생 개개인의 고통을 해방하는 일은 실용적으로 불가능하다는 반론에 대해 고찰한다. 이에 대한 응답으로, 쵸드론은 뉴욕에서 빈곤 완화와 노숙자 문제로 일하고 있는 유명한 참여 불교 신자 버나드 글래스먼 로시Bernard Glassman Rosh의 예를 제시한다. '로시는 노숙자 문제를 끝내는 방법이 없다는 것을 알고 있었다. 그렇지만 그는 자기의 일생을 바쳐 노력하고 있다. 이것은 보살의 열망과 유사한 것이다'라고 쵸드론은 말한다.(15) '잘못에 대한 처방 행위'의 예를 들면서, 그녀는 전시에 자신이 범한 행위로 인한 죄의식으로 괴로워하는 베트남전 참전 미국 퇴역 군인에게 틱낫한 스님이 해준 권고를 예로 들었다. 스님의 권고는 그 제대병이 베트남으로 가서 괴로워하는 사람들의 고통을 달래주라는 것이었다.(38) 쵸드론에게는 그런 사회 참여가 보살의 의도와 행위를 예증하는 것이다.

쵸드론 독해의 맥락

이는 보살도에 대한 모든 현대적 독해가 사회 참여적 경향을 반영한다고 제안하는 것은 아니다. 예를 들면, 달라이 라마의 산티데바에 대한 주석은 보살의 고결한 개인의 특성으로서 이타주의와 지혜를 함양하는 데에 초점을 두며, 이는 보살을 성자로 해석하는 보살도와 연결하는 해석과 더 일치한다.(예: Gyatso 2009) 그렇기는 해도 나는 보살은 '참여적'이고 사회 변화를 위해 일한다는 추정이 현대 불교에 널리 퍼져 있다고 주장하고자 한다. 예를 들어 입보리행론에 맞춘 그림책에서는 우리가 입보리행론에서 살펴본 정신적 특성으로서의 보시 개념을 강조하기보다는, 보살은 그의 신하들의 고통을 줄여주는 왕으로 그려졌다.(Townsend 2015: 20; BCA 5.13,14 토론 참조) 이런 보살의 '참여적' 독해는 다른 곳에서도 분명히 나타난다: 데이비드 로이David Loy가 말한 '새로운 불자의 길'의 개념은 사회 경제 변화와 뒤섞인 개인의 변화를 추구하는 형태이다(2015); 틱낫한 스님의 '상즉종相卽宗(Order of Inter-being)'에서는 수행자가 전통적 불교의 도덕률을 바탕으로 만든 14개의 계율을 수용하지만, 그 계율은 사회와 환경 문제에 대처하는 폭넓은 인식과 행위를 지향한다(Nhat Hanh 2005); 앨런 시놐Alan Senauke의 작품에서는 현대의 보살은 사회와 정치의 병폐를 '포용'하고 완화한다고 추정된다.(2010)

경전 속의 참여와 현대 참여

이제 우리는 우리가 시작했던 질문으로 돌아갈 수 있다. 즉 인도 대승 텍스트들에서는 세속 사회에 대한 어떤 종류의 사회 참여를 의미하는지, 그리고 이 점과 현대 불교 사회 운동 및 보살도에 대한 주석에서 사회 참여가 어떻게 해석되는지 사이에는 어떤 함수가 있는가?

이것을 검토하기 위해서, 우리는 사회적 관심사와 가장 밀접하게 관련된 두 가지 바라밀, 즉 보시바라밀과 지계바라밀을 더 자세히 살펴볼 필요가 있다. 산티데바는 샌들로 비유한 몇 구절의 게송으로 보시와 지계의 완성을 요약한다.(BCA 5.9-14) 산티데바는 다음과 같은 질문들을 고려한다: 빈곤이 만연한데 어떻게 완성된 보시바라밀을 갖춘 붓다가 있을 수 있나? 어디로 가야만 중생이 죽임을 당하지 않는 곳으로 갈 수 있으며, 어디로 가야 적이 없는 곳으로 갈 수 있나? 그가 대답하기를: 땅은 단지 내 샌들의 가죽에 덮여 있을 뿐이다. 이와 마찬가지로 내가 바깥세상 일을 통제할 수 없기에 나는 나 자신의 마음만을 통제할 것이다.(BCA 5.13, 14) 여러분이 편안하게 걷기 위해서 여러분의 발만 가죽으로 덮으면 되고 땅 표면 전체를 가죽으로 덮을 필요가 없는 것처럼, 보살은 바깥세상이 아닌 자신의 마음을 다스리면 된다.(BCA 5.14) 따라서 보시는 모든 사람에 대한 모든 것을 양도하는 정신적 자세로 정의된다.(BCA 5.10) 마찬가지로 지계는 세속적 행위를 자제하는 마음가짐이다.(BCA 5.11) 나머지 덕목인 인욕, 정진, 선정, 그리고 지혜바라밀도 정신 상태의 본성으로 정의된다. 따라서 산티데바가 중점을 둔 보살도를 구성하는 덕성은 정신적 변화와 마음의 자질이라는 측면으로 정의되며, 세상을 우선으로 변화시키는 게 아니다. 학처요집의 마지막 게송은 보살도의 모든 면은 정신 수행의 다양한 형태에 의존한다는 점을 확실히 상기시킨다.(K.27; 356 8-9; BR 313)

이와 유사하게 나티어Nattier는 법경경에서의 보살의 자비는 현실적 용어를 나타낸 게 아니라고 시사한다.(Nattier 2003: 135) 법경경은 보살의 황야에서의 수행을 강하게 지지하며, 보살이 구현하는 자비와 보살도가 요구하는 사회와의 단절을 조율하는 잠재적 문제를 인식하는 것처럼 보인다. 그런데 이 텍스트는 보살이 중생을 성숙시키는 데에 무관심한 게 아니고 그들 자신의 선근善根을 쌓는 데 헌신한다고 주장한다.(Ugra 25L) 보살의 이상은 사회에 참여하기보다는 사회에서 철수하는 것이다. 보살은 고립되어야 하는데, 이렇게 하면 단지 자신만을 위한 게 아닌, 모든 중생을 위한 선근을 만들 것이기 때문이다.(25E)

따라서 이 텍스트들의 추정은 보살이 아직 완전한 깨달음으로 가는 길에 있는 동안은, 그리고 아직 수행 중일 때는, 진정으로 중생을 도울 처지가 되지 못한다는 것이다. 먼 장래에 보살도의 가장 높은 단계에 도달했을 때, 남을 향한 구체적이고 실질적인 측면에서 자비를 표현할 수 있다고 뜻하는 것으로 보인다.(Nattier 2003: 135) 그때가 오면 보살은 중생을 도우러 사회로 돌아가야 한다. 특히 법(Dharma)을 설하는 방식으로 도와야 한다.(25M) 그때까지는, 나중에 깨달음의 성취를 통해 모든 중생의 이로움이 되는 가장 큰 원천이 되기 위해 보살은 자신을 갈고닦으며 공덕 쌓기에 초점을 맞추어야 한다.

사실상 초기 보살 경전(예, 법경경)과 후기 성숙한 인도 대승 논장(입보살행론) 모두, 보살의 길에서 보살로서 남을 적극적으로 돕거나 물질적 고통을 해소하기보다는, 자신의 정신을 함양하는 데 우선하여 관심을 가져야 한다는 데 일치한다. 보살이 남을 위해 할 수 있는 최선은 완전한 깨달음으로 가는 길을 따르는 것이고, 이 이상적인 길은 상당 기간의 사회적 격리와 불참여를 수반한다.

그런데 만약 이런 텍스트들이 사회 참여나 변화와 관련이 없다면, 누군가는 왜 법경경에서는 재가 수행자가 거지에게 보시를 실천해야 하는 점을 강조하냐고 물을 것이다. 법경경에서 보시는 승려 보살보다는 재가 보살에게 더 필요한 수행이라고 말한 점을 상기하라.(Nattier 2003:163) 집안의 가장인 보살은 요청이 있을 때 거지에게 적선해야 한다. 그리고 만약 그가 주기를 꺼린다면, 그는 거지에게 그가 아직 대승의 초보자일 뿐이며, 여전히 '주지 않음'에 메어 있고, 여전히 자신의 물질적 부에 집착하고 있다고 사과해야 한다.(15B) 그러므로 재가 보살은 분명코 궁핍한 사람들에게 관대해야 한다. 그런데 나티어가 지적한 점은, 대부분의 보시 경우에서 수혜자를 밝히지 않고, 그리고 '공덕의 분야'로서, 주는 목적에도 관심을 두지 않는데, 다른 텍스트들에서도 이 점은 분명하다. 이것은 주는 것이 목표가 아니고 주는 행위 자체의 수행을 강조한 것임을 시사한다: 무언가에 대한 '포기' 대 어떤 특정 대상에게 '주기'이다.(163) 따라서 실제로는 재가불자가 포기(tyāga)를 배워야 하는 필요성에 관한 것이다. 더구나 보시 수행의 근거는 보시의 혜택이 거지에게 가는 것이 아니고 보시하는 보살에게 돌아간다는 측면으로 설명된다: 보시를 통해서 보살은 그의 부에서 물질을 추출하여 도량과 관대함으로 발전시킬 것이다.(6B) 비록 알코올이라 할지라도, 보통은 금지된 것이긴 하지만, 보살의 보시바라밀을 성취하는 데 도움이 된다면, 주는 것이 허용된다.(7A) 따라서 나티어는 법경경에 표현된 보시를, 물질적 도움이 필요할지도 모르는 사람들에 관한 염려에서 비롯된 실행에 초점을 둔 게 아니고, 포기의 자세를 함양하는 정신적 수행, 특히 아직 세속을 포기하지 않은 사람에게 중요한 수행이라고 보았다.

산티데바도 보시의 가치에 관해 비슷한 관점을 공유하는 것으로 보인다. 보시는 기본적으로 어떻게 수혜자를 실질적으로 도울 수 있는가에 놓인 게 아니고, 보시가 보살과 수혜자의 정신적 함양을 위해 무엇을 하느냐에 달려 있다고 본다. 산티데바는 보시가 보살이 포기와 무착을 배우도록 돕는 수행이라고 보는데, 이것은 우리가 산티데바가 보시바라밀을 정의했을 때 보았던 방법과 같다. 그런데 보시는 중생을 불법(Dharma)에 귀의하게 하는 방법의 하나이기도 한데, 이것은 결국 보살이 줄 수 있는 최고의 선물이다. 알코올, 성적인 호의, 또는 무기와 같이 해가 되는 것을 주어서라도 중생을 설득하여 보살에게 끌어 온다면 금지를 위반할 수도 있다.(Lele 2013) 그러한 끌어들임은 중생을 마음챙김과 알아차림, 또는 수혜자의 '선근(kuśala-mūla)' 등과 같은 정신 발전의 토대로써 어떻게 해서든 발전 또는 변화시킨다.(Lele 2013: 716) 따라서 만약 수혜자에 대한 염려가 있다면 그것은 물질적 부에 관한 배려라기보다는 주로 정신적인 관심이다.

우리가 살펴본 경전 텍스트에 있는 사회 참여의 전반적인 그림은

다음과 같을 것이다: 윤회하는 세상(saṃsāra)은 총체적으로 구제할 길이 없다.(기독교의 표현을 빌리면, 가난한 자는 항상 우리와 함께 있으리라.) 아무도 가난, 범죄, 전쟁, 또는 불평등을 영원히 없앨 수는 없다. 그러한 병폐들은 무한한 환생 영역에 있는 중생에게 일상적이기 때문이다. 그러므로 중생을 돕는 제일 좋은 방법은 중생이 조건부 존재의 불만스러운 본성에 대처하도록 돕는 것이며, 그리고 그렇게 하는 데 가장 최고의 방법은, 그리고 모든 중생이 도달해야 하는 길은, 붓다가 되는 것이다. 붓다가 되기 위해 길을 가고 있는 보살은 다른 무엇보다도 먼저 붓다의 특성을 함양하고 완성하는 데 집중할 필요가 있다. 여기에는 때로 다른 중생을 실질적인 방식으로 돕는 것이 포함될 수 있다. 그러나 고통스러운 중생을 돕는 그런 적극적 도움은, 보살의 덕의 완성이나 깨달음에 도달하는 데 필요한 다른 자질에 이바지하거나, 또는 보살이 중생을 불법에 귀의하게 할 수 있지 않은 한, 보살도의 한 부분만 형성할 것이다.

이것은 보살이 빈곤을 완화하거나 다른 형태의 물질적 고통을 해결하도록 대처하라고 지시받지 않았다는 얘기는 결코 아니다. 사실 법경경과 산티데바 모두 보살이 배고픈 자에게 음식을 주고, 가난한 자에게 재물을 주고, 병자에게 약을 준다고 서술하고 있다. 하지만 이것은 종종 중생의 욕구를 충족시키는 것이면 무엇이든 제공하는 목적과 함께한다. 렐리Lele가 지적했듯이, 그런 선물에는 화환, 백단-향유, 장신구 등이 포함될 수 있는데, 이는 가난한 자에게 보시하는 것은 많은 보시 가운데 하나에 불과하다는 점을 시사한다.(Śikṣ 325f.; BR 251f.; BCA X. 20,22; Lele 2015: 721) 빈곤을 완화하려는 소망의 표현이 동물들이 잡아먹히는 위험으로부터 자유로워지려는 소망과 아귀가 음식을 먹는 소망과 함께 나란히 나타나는 점은 주목할 만하다.(BCA 10.17-18) 이는 보살의 관심이 고통을 유발하는 구조를 변경하는 것이 아니라, 개별적인 중생의 욕구와 필요를 충족시키는 데 있음을 시사한다. 말하자면, 보살이 가난한 사람들에게 필요한 것을 주기를 원해야 한다는 것은 동물들이 잡아먹히지 않기를 바라는 것이 포식을 종식하라는 요구가 아닌 것과 마찬가지로 빈곤 퇴치의 요구가 아니라는 것이다.

더욱이 산티데바에서 가난한 사람에게 보시하는 예가 나오는 부분(입보리행론 3장과 10장)은 공덕의 봉헌에 초점을 두었다. 즉 선업과 일체중생에게 이로움을 주는 모든 원천을 이전하는 보살의 자세에 초점을 둔 것이다. 이러한 맥락에서, 산티데바는 행위 그 자체를 규정하기보다는 보살이 함양해야 하는 자세와 의도에 대해 명시하고 있다. 즉 중생의 물질적, 실질적 필요를 제공하려는 욕구를 키우는 것은, 모든 면에서 중생을 충족시키려는 보살의 진정한 소망, 즉 '모든 소원을 들어주는 마법의 나무'(BCA 3.19)가 되고자 하는 소망의 함양 일부이다. 비록 그런 의도에 따르는 실제 행위와 물질 제공은 인정되어야 하지만(Jenkins 2003: 42 참조), 여기에는 윤회하는 세상의 고통을 인식하거나 그것의 구조적 원인을 바꾸려는 관심을 가리키는 것이 없다. 이런 면에서 볼 때, 어떤 물질적 공양도 깨달음을 완전히 충족시키지 못한다는 산티데바의 환기를 기억하는 게 중요하다.(Śikṣ K.22; 273.12) 법경경에서도 역시 재가 보살이 그의 모든 소유를 나누어 주도록 격려한다. 그러나 모든 물질의 제공은 단순히 출가자가 되려는 생각보다는 크게 뒤진다. 왜냐하면 왕에서부터 사기꾼까지 누구라도 물질적 선물을 줄 수 있지만, 세속을 떠난 보살들은 자신들의 부를 도덕성, 배움, 그리고 정화된 행위의 '본질적' 특질과 교환하기에 그렇다.(20A)

일상적 고통의 실용적 완화에 대해서 대체로 긍정적 시각이 나타나지만, 그것은 일시적 처방으로 보인다. 즉 그것은 윤회하는 세상에서 중생의 고통을 덜어 준다는 점에서는 중요하지만, 고통에서 그들을 완전히 해방하지 못하기 때문에, 보살의 궁극적 목표를 반영하지 못한다. 번봄Birnbaum이 그가 중국 대승 경전을 읽은 것을 바탕으로 지적했듯이, 보살 서원은 종종 음식, 쉼터, 약을 제공하고 위해로부터의 보호와 같은 매우 실질적인 방법으로 중생을 돕는 결의를 포괄하지만, 최우선 목표는 완전한 깨달음을 성취할 수 있도록 중생을 도와 그들이 고통으로부터 해탈하는 것이다.(Birnbaum 2009: 34) '보살 서원은 중생들에게 단지 삶을 영위하고 물질적으로 더 편안하도록 돕는 데에 중점을 두지 않는다. 결국, 어떤 의미에서 물질에 익숙해지는 것은 근본적으로 결함이 있는 상황에 솜씨 좋은 적응일 수 있다.'(Birnbaum 2009: 34) 그는 더 나아가, 그런 적응이 만약 윤회하는 삶의 본질에 대한 착각에 힘을 실어 준다면 문제가 될 수 있을 거라고 말한다. 보살의 목표는 단지 중생이 윤회의 영역에 익숙하게 만드는 데 있지 않고 그들을 윤회에서 해방시키는 데 있다.

이런 궁극적 목표와 붓다가 되려는 보살 자신의 당면한 목표는 보살의 사회 참여 본질에 중요한 매개변수를 설정한다. 우리가 여기서 살펴본 텍스트들에는 젠킨스Jenkins가 제시한 물음, '보살은 빈곤을 구제하는가?'(2003)에 대해서 무조건 '예' 또는 '아니오'가 아니고, 보살이 길 어디에 있는가, 어떤 덕을 함양하고 있는가, 그 덕이 보살과 수혜자에게 어떤 영향을 주나, 또 그 덕으로 수혜자를 불법에 귀의하게 할 수 있는가에 달려 있다고 답을 제시할 것이다. 결과적으로, 보살도에는 가난한 사람들 개인의 고통을 완화하고 그들의 물질적 필요에 대처하는 게 수반되기는 하지만, 빈곤 그 자체의 퇴치나 다른 형태의 사회적 고통을 제거하는 데에 초점을 맞추는 것으로 보이지는 않는다.

보살이 사회 참여적인가라는 물음에 대한 이런 조건부 대답은 렐리Lele와 젠킨스Jenkins의 서로 전혀 다른 견해를 해명하는 데 도움이 된다. 젠킨스는(2003) 빈곤의 완화와 물질적 필요의 충족에 관한 관심이 광범위한 인도 불교의 주류와 대승 전통 출전 모두에서 분명하게 드러나며, 그런 관심은 정신 발전의 필수 조건이라고 주장하는 반면, 렐리는 이러한 텍스트들에서 그런 이념이 있다는 증거가 거의 없다고 주장했다.(2013: 720-725) 이러한 두 가지 입장은, 우리가 만약 젠킨스는 불교 전통에 있는 빈곤에 대한 시각(그리고 사회 참여를 암시함으로써)을 더 폭넓게 평가했고, 렐리는 산티데바와 보살도가 요구하는 점에 특별히 중점을 두었다고 생각하면 화해될 수 있다. 즉 젠킨스는 인도 불교 논거 자료에는 빈곤이 사회적 병폐이고 그것이 정신적 진전에 장애가 될 수 있다라는 일반적인 관념이 있는 점을 보여주고, 렐리는 산티데바의 관점, 즉 빈곤은 장애가 아니고 오히려 정신 성장의 긍정적 요인이 될 수 있다는 점을 견지한다. 나는 여기에서의 차이를, 산티데바의 충고는 무착, 관용, 참을성과 같은 자질의 함양이 필요한 보살과 물질적 부가 정신 성장에 장애가 되는 사람을 향하며, 더 나아가 한정된 물질로 사는 단순한 삶은 자산이 될 수 있다는 점이라고 믿는다. 이와 대조적으로 젠킨스의 출전은 인도 불교의 더 일반적인 인식, 즉 기본적인 물질적 욕구를 충족하지 못하는 의미의 빈곤은 거의 모든 사람에게 법(Dharma)에 대한 흥미와 법을 추구하는 능력에 장애가 된다는 인식을 반영하고 있다고 믿는다.[17] 이런 인식은 아마도 빈곤으로 인해 사회적, 도덕적 퇴보가 일어나는 것을 막도록 왕들에게 권고한 불교 출전에 가장 명확하게 반영되었을 것이다.(Jenkins 2003: 43-45) 그런 인식이 담긴 출전은, 우리가 고통의 원인을 사회나 국가에서 찾을 공산이 있는 이념, 현대 참여 불교 운동가들이 관심을 두는, 일종의 고통의 제도적 원천에 대한 것이다. 다른 한편으로는, 법경경과 입보리행론에서는 사회적 병폐에 직접 대처하는 것이 수행 도중에 있는 보살에게는 최우선 과제가 아니기에 그러한 문제에 대해 초점을 맞추지 않는다.

일상에서의 참여

이것은 보살이 수행 도중에 있을 때는 근본적으로 사회에 참여하지 말아야 함을 가리키는가? 보시나 지계와 같은 덕의 완성은 근본적으로 사원에서의 고립으로부터 함양되는 정신 자세라는 이념은 그렇게 말할 것이고, 그리고 일체중생의 이로움을 위해 공덕을 봉헌하는

---

17 여기서 논의되는 빈곤에는 많은 다른 의미가 있고 이 점은 앞으로 세밀하게 찾아내는 연구가 뒤따라야 할 것이다. 이 점은 James Mark Shilds가 지적해 주었다.

보편적인 대승 전통에서도 그렇게 반영되는 것 같다. 이것은 보살 수행이 실질적인 취지를 갖지 않은, 단지 상상에만 그치는 봉헌이라고 해석하고 싶게 만들 수도 있다.

그렇지만 번봄Birnbaum(2009)은, 이런 종류의 결의는 대승 수행의 중심에 놓여 있고, 다른 사람들의 이로움을 위하여 보살의 모든 재능, 자원, 그리고 능력을 헌신하는 것이며, 이것이 실제로 의미하는 보살의 사회 참여는 사회 참여 불교가 수반하는 범위보다 훨씬 더 광범위하다고 주장한다.(32f) 우리는 이런 종류의 광범위한 참여를 산티데바에 의해서 옹호된 것을 볼 수 있는데, 그는 보살은 어떤 상황에서든 다른 존재의 행복을 생각해야 한다고 말했다: 앉을 때는 모든 중생이 지혜를 갖고 앉기를 소망하며, 씻거나 이를 닦을 때도 모든 중생이 더러움으로부터 깨끗해지도록 소망해야 한다.(Śikṣ K.26; 348.17) 이것은 틱낫한 스님이 참여 불교의 '첫 번째 의미'라고 부르며, 일상생활의 매 순간에 구현되는 불교의 종류라고 설명한 것과 유사하다. '여러분이 이를 닦는 동안에도 불교는 거기에 있어야 합니다. 여러분이 운전하는 동안에도 불교는 거기에 있어야 합니다. 여러분이 슈퍼마켓 안에서 거니는 동안에도 불교는 거기에 있어야 합니다.'(Nhat Hanh 2008:31)

우리가 탐구한 경전 텍스트들은 이처럼 넓은 의미의 참여를 지지한다. 이 넓은 의미의 참여는 자신과 남의 실체가 공하다는 이해를 바탕으로 이루어져야 하기에 더욱 요구되는 감각이다.(2009: 36) 그러나 이런 경전 텍스트들은 틱낫한 스님이 설명한 두 번째 참여 유형, 즉 '참여 불교'와 더 일반적으로 연관되는 기후변화, 전쟁, 사회적 갈등과 같은 세속 사회의 문제에 대처하는 행위는 가리키지 않고 있다. 틱낫한 스님이 '모든 불교는 참여다'라고 말한 것은, 그가 일상생활의 모든 행위가 불교의 이상과 태도에 연관되었다는 그의 참여의 '첫 번째 의미'를 말한 것이고, 사회 구조를 바꾸는 행위인 두 번째 참여 유형을 가리키는 게 아니라는 점을 명확하게 해두는 것이 무엇보다 중요하다.(참조. Temprano 2013: n.3)

참여의 스펙트럼

그렇다면, 불교 전통에서 '참여'가 의미하는 것의 스펙트럼을 생각해 보는 게 유익할 것이다. 스펙트럼의 한쪽 끝에는 일상생활에서의 참여가 있다. 그것은 틱낫한 스님의 '첫 번째 의미'의 참여로서 모든 일상 행위는 이타적인 의도가 스며 있어야 한다. 이런 형태의 참여는 보살도 일부로서 나타났다. 그러나 예를 들어, 숲속에서 남들과 완전히 격리되어 수행하는 보살에 의해서만, 숲속에서 행하는 보살도로써만 이루어지는 참여라면, 비록 그것이 가르쳐 주는 이타적 태도가 보살의 사회 참여를 함축하고 있더라도, 이런 참여는 진정한 '사회' 참여 불교 그 자체의 형태는 아니다.

이 스펙트럼 중간 어디쯤 우리는 우리가 불교의 이타적 봉사라고 부를 수 있는, 다른 중생들의 필요와 욕구를 충족시키는 이타적 행위를 올려놓을 수 있겠다. 이런 종류의 참여는 산티데바에서는 대부분 염원의 형태로 나타났지만, 법경경에서는 분명히 재가 보살의 실제 수행으로 승인되고 제시된다. 이 두 가지 출전 모두 중생의 결핍과 소망을 충족시키는 방식으로써뿐만 아니라, 중생을 불법에 귀의하게 하여 정신적인 이로움을 주고, 보살에게는 그런 덕을 완성하는 방법으로써 이타적 봉사가 이루어져야 한다고 요구한다. 비록 필요에 따른 이러한 봉사는 어느 정도는 사회적 상호 접촉, 아니면 적어도 다른 중생들과의 상호 접촉을 수반하기는 해도, 그러한 봉사는 개개인의 필요와 욕구에 대처하는 것이기에 우리가 그것을 스펙트럼의 다른 한쪽 끝에서 찾을 수 있는 사회적으로 참여하는 불교라고 생각하지 않을 수 있다.

'사회적으로 참여하는 불교'는 틱낫한 스님의 두 번째 유형의 참여에 해당하고, 집단적 고통과 그것의 사회적 원인에 대처하는 행위를 포괄한다. 스펙트럼 위에 있는 다른 두 가지 형태의 참여와 더불어 이러한 행위들 자체는 불교의 정신적 수행을 구성할 것이다. 이것은 많은 현대 불교 전통과 연계되는 구조적이며 제도적인 고통에 대한 참여의 형태인데, 입보살행론에 대한 쵸드론Chödrön의 해석과 보살의 행동주의자적 역할에 대한 그녀의 추정을 반영하고 있다. 현대에서 이런 참여의 중요성은 아마 현대성 안에 있는 체제적이며 제도적인 고통의 중대성에 대한 높아진 이해를 반영한 거라고 본다. 그런데 이런 종류의 사회 참여를, 왕들에게 충고를 제시한 현대 이전의 불교 텍스트들에도 찾을 수 있다. 비록 이것이 마인Main과 라이Lai가 참여 불교를 정의할 때 현대성에 대한 대답이 수반되어야 한다는 그들의 사회 참여 해석과는 부합되지 않는다고 해도, 이런 사회적이고 제도적인 고통(duḥkha)에 관한 현대 이전의 불교 이념이 있는 문헌을 더 자세히 들여다보는 미래의 연구에는 유익할 것이다.(Jamspal 2010: 특히 ch.6)

한 생애 안에서의 보살도

고통의 집단적 원인의 중대성에 대한 인식이 높아진 것 외에도, 보살의 사회 참여에 대한 현대적 해석을 설명하는 데 도움이 되는 다른 요소는, 환생 개념에 대한 거부 또는 그것의 축소 경향, 그리고 보살은 그들의 자비를 표현하려면 완전하게 될 때까지 기다려야 하는 존재가 아니라는 의미와 상응한 이념이다. 현대 이전의 경전 텍스트들에서는 보살도를 달성하려면 억겁의 세월이 걸려 사실상 무한한 환생이 추정되고, 따라서 그런 서사적 여정을 택하는 의지가 보살의 영웅성을 만드는 부분이 된다. 이런 수많은 생애가 필요하다는 관점에서는 보살은 붓다가 되기 위해 가능한 한 빨리 자신의 함양에 초점을 두어야 할 필요가 있다.

현대적 독해에서는, 보살의 여정에 대한 원대한 비전이, 어떻게 하면 이 생애 안에서 보살도의 모든 이상과 덕에 최선으로 부응할 수 있는가 하는 초점과 함께, 깨달음 성취에 대한 축소된 비전, 아니면 아마도 흐릿한 비전과 함께 한 생애 안으로 줄어든다. 따라서 산티데바는 환생에 대한 믿음, 그리고 행위의 결과가 성숙한다는 업의 교리를 강조하는 반면(BR 283; Clayton 2006: 61), 쵸드론은 업보에 대한 비-신화적이며 심리학적인 해석을 제시한다. 예를 들면, 산티데바가 보살 서원을 어기면 더 낮은 영역(즉 축생, 아귀, 지옥 영역)으로 환생한다고 경고할 때, 쵸드론은 이것이 자신의 서원 이행을 주저하면 '슬픔으로 이어진다'를 뜻한다고 해석한다.(2007: 79) 그녀는 아귀 영역을 ~에 대한 채워질 수 없는 결핍, 결코 충족할 수 없는 정신적 빈곤이라고 설명한다.(79) 낮은 영역의 고통, 구속, 부상, 찢긴 상처는 불편에 대해서 습관적으로 반응하는 집착의 거북함과 같으며, 낮은 영역으로 추락(BCA 4.12)은 우리 자신의 방식에 더 확고하게 굳어지는 것이라고 설명한다. 따라서 쵸드론은, 이 점에서 종종 쵸기암 뜨룽파 린포체를 따르는데, 업보를 이 생애 안에서 일어나는 마음의 습관적 행위의 인과적인 면으로, 그리고 환생 영역은 이 생애 안의 심리적 상태로서 해석한다. 우리는 여기서 세속화의 결과로서, 과거와 미래의 생을 경시하거나 생략하는 이런 경향, 업보를 순화시키는 충동, 그리고 세속적 과학 세계관에 순응하기 위해서 불교의 가르침을 비-신화적으로 만드는 욕구를 볼 수 있다.(McMahon 2008: ch.1)

보살도에 관한 경전의 관점과 세속화된 현대적 관점과의 차이에 대한 이해를 돕기 위해, 우리는 보살을 우주비행사로서 비유해 볼 수 있겠다. 현대 이전의 텍스트들에 있는 보살은 지구에 사는 모든 생명체가 하나의 병 때문에 고통받고 있는데, 그 병은 화성에서 발견되는 희귀한 광물로써만 치유된다고 들은 사람과 같다. 그 보살의 전반적인 관심은 모든 중생의 행복이기는 하더라도, 그들을 진정으로 도우려면 그는 먼저 우주비행사가 되어야만 한다. 보살이 할 수 있는 가장 중요한 일은 도울 수 있는 존재가 되도록 해주는 훈련에 완전히 집중하는 것이다. 비록 가끔 자기 주위에 있는 병자를 보살피기도 하고, 비록 로켓의 연료가 그의 과거 생애 동안 얻은 방대한 공덕의 저장고라고 하더라도,[18] 지금 그는 우주비행사의 다양한 자질과 전문 지식의

18 이 공덕은 물론 다른 중생을 도와줌으로써 얻었을 것이다. 이 점을 상기시키고 공덕을 연료에 비유한 스티브 젠킨즈Steve Jenkins에게 감사드린다.

발전에 먼저 초점을 두어야 한다.

이와 대조적으로, 보살의 현대적 관점은, 자신이 치유력이 있는 광물 일부를 소유한 사실을 알게 되어, 모든 중생이 죽기 전에 가능한 한 빨리 지구의 모든 중생에게 그 광물을 나누어 주어야 하는 훈련 중인 우주비행사이다. 이처럼 보살은 자기 주변에 있는 중생에게 직접 그 광물을 건네주는 데 관심이 있을 뿐만 아니라, 보살은 그 치료제를 지구 전체에 배포해야 하는데, 그러자면 대중 전달 매체와 수송 시스템이 필요하다. 현대의 보살은 그 치료제를 온 세계에 균등하게 배포하는 일을 방해하는 모든 체제적이고 제도적인 장벽을 인식하고 있고, 보살은 그 장벽에 대처하는 데에 집중해야 한다. 보살은 우주비행사가 되어 화성에 도달하려는 목표보다 훨씬 작지만, 현재 자기의 목표가 달성되리라는 확신이 없을 수 있다. 그러나 보살은 단지 현재 자기가 할 수 있는 것을 해야 한다. 현대 이전의 경전에 있는 보살은 오랜 시간을 통하여 수많은 생애가 소요되는 엘리트 수행 프로그램 안에 있지만, 현대의 보살은 지금 즉시 사회복지사이자 사회운동가가 되어야 한다.

결론

여기서 살펴본 텍스트들은, 보살도가 가장 희귀하고, 경이롭고, 완전한 존재인 붓다가 되려는 높은 엘리트의 목표에 집중하는 존재로부터 이타적 동기에 중점을 두는 존재 그리고 그런 존재를 특징짓는 비길 데 없는 지혜를 가진 존재로 진화해 왔을 수 있음을 시사한다. 물론 법경경에 있는 초인 윤리에도 이타주의가 없는 것은 아니다. 그러나 보살도 수행은 붓다의 이타주의를 능동적으로 표현하기보다는 붓다의 자질 함양을 지향한다. 법경경이 말하고 있듯이, 황야에 살면서 선정의 완성을 성취하는 출가 보살은 중생의 성숙에 무관심하지 않으면서 자신의 선근을 쌓는 데 헌신한다.(25L) 이러한 덕성을 성취한 후에 보살은 법(Dharma)을 설하기 위해 사회에 다시 돌아와야 한다.(25M) 그러나 사회에서 그의 역할은 종교적 스승에 있고 사회 변화를 위해 일하는 사람으로서가 아니다.

이와 대조적으로, 산티데바는 모든 다른 중생을 위한 이타주의와 깨달음의 성취를 강조한다. 그리고 그는 보살 자신의 덕성 함양에 초점을 두며, 초인의 비전보다는 성자의 형상을 더 닮은 비전을 그린다. 사실 자기희생적 이타주의가 반영된 산티데바의 이상은 어떤 사람들에게는 보살을 그리스도 형상과 비교하는 영감을 준다.(Nhat Hanh 2007; Lopez & Rockfeller 1987) 산티데바의 '모든 중생이 불행한 곳에 빠지는 것보다 나 혼자 고통을 겪는 것이 낫기 때문에, 보살은 수없이 많은 후세에서 낱낱의 불행한 상태에서 살겠다는 결의를 해야 하며 … 모든 중생의 해탈을 위해서…'라는 주장은 이런 이타주의를 지향하고 있다.(Śikṣ 181.1-4; BR 256) 이런 자비로운 결의를 구현하는 존재, 붓다가 되는 일에 대한 산티데바의 관점은, 첫째, 의식 수행을 통하여 이런 의도의 함양에 초점을 두어야 하며, 다음으로는, 붓다를 특징짓는 덕성을 완성하고, 모든 중생의 이로움을 위해 자신의 모든 재능과 자원을 제공하며 절정에 달해야 한다는 것이다.

쵸드론의 보살도에 대한 현대적 해석에는, 보살 수행자가 승려가 아니고 평범한 재가자가 되어야 하는 전제가 있으며, 보살은 이타적 봉사와 사회 참여라는 측면 모두에서 자비로운 방식으로 세속 사회에서 지속해서 참여한다. 쵸드론의 산티데바 독해가 함축하는 것은, 많은 현대 참여 불교 사상가들이 명시한 것으로서, 말하자면 보살은 고통의 개인적이고 심리적인 원인뿐만 아니라 고통의 구조적 체제적 원인에 맞서야 한다는 것이다. 쵸드론의 마하트마 간디와 마틴 루터 킹과 같은 인물의 비유가 나타내는 것은, 보살이 초인이나 성자로서라기보다는 이상적인 사회운동가로서 더 그려지고 있다.

우리는 공덕의 회향이라는 개념을 통해서 우리가 살펴본 텍스트들에 있는 보살도의 차이를 추적할 수 있다. 법경경에서 공덕의 회향은 자신이 닦은 선근 공덕으로 얻은 세속적 이익 또는 아라한과를 더 어렵고 오랜 세월이 소요되는 성불의 목표로 전이함을 뜻한다. 여기 법경경에서는 공덕의 회향이 선정 숙련과 동일시되는데, 초인 보살의 기량이나 권능 가운데 하나로서 여길 수 있다. 산티데바에서는 공덕의 회향이 자신의 모든 재능, 능력, 그리고 자원을 남의 행복을 위해 제공하겠다는 의지와 소망을 뜻한다. 따라서 여기에서의 회향은 성자의 이타적인 무착을 반영한다. 쵸드론의 회향에 대한 해석은, 공덕의 이전 또는 봉헌은 자기-몰두 그리고 소유욕을 극복하는 수행이라고 보는 산티데바의 해석과 궤를 같이한다. 그렇지만 그녀는 이 생각을 가지고 한 걸음 더 나아가, 이런 '마음을 부드럽게 하는' 방식은 세계평화를 향한 가장 의미심장한 발걸음이라고 제안하며(342), 이어서 이런 성스러운 수행에 광범위한 사회 변화를 위한 의미를 부여한다.

나는 '참여'의 다양한 형태를 확인했다: 남들에게 이로움을 주겠다는 의도에서 일상생활 행위에 주입된 참여에서부터, 중생의 필요와 욕구를 충족시키는 이타적 봉사, 사회적 병폐 밑에 깔린 원인을 해결하기 위한 노력에 이르기까지. 나는 처음 두 가지 형태의 참여가 어느 정도는 법경경과 산티데바의 보살도에 분명하게 드러났다고 제안했다. 체제적 고통에 대처할 필요성에 대한 확실한 인식은 부족하더라도, 현대 이전의 텍스트에서 왕들에게 조언을 제공함으로써 고통의 구조적 원인에 대한 해결 선례가 나타난다고 보인다. 만약 우리가 이런 의미에서 참여 불교에 대한 문헌 출전을 찾고 있다면, 우리는 보살도에 주된 관심을 가진 사람들보다 통치술을 다루는 사람들에게서 찾을 수 있을 것이다.

인용 문헌

Batchelor, S. (trans.) (1979) *A guide to the bodhisattva's way of life*. Dharamsala: Library of Tibetan Works and Archives.

Bendall, C., and Rouse, W. H. D. (1922) *Śikshā-samuccaya: a compendium of Buddhist doctrine*. Reprint, Delhi: Motilal Banarsidass, 1990.

Birnbaum, R. (2009) In search of an authentic engaged Buddhism. *Religion east and west*, 9 (October), 25-39.

Chödrön, P. (2007) *No time to lose: a timely guide to the way of the bodhisattva*. Edited by Helen Berliner. Boston: Shambhala.

Clayton, B. (2006) *Moral theory in Śāntideva's Śikṣāsamuccaya: cultivating the fruits of virtue*. London: Routledge.

Cowherds (2016) *Moonpaths: ethics and emptiness*. Oxford: Oxford University Press.

Crosby, K., and Skilton, A. (trans.) (1996) *Śāntideva: the Bodhicāryāvatara.* Oxford: Oxford University Press.

Dayal, H. (1932) *The bodhisattva doctrine in Buddhist Sanskrit literature.* Reprint, Delhi: Motilal Banarsidass, 1999.

De Jong, J. W. (1975) La légende de Śāntideva. *Indo-Iranian journal*, 16 (3), 161-182.

Garfield, J. L., Jenkins, S., and Priest, G. (2016) The Śāntideva passage Bodhicaryāvatāra VIII. 90-103. In: Cowherds, *Moonpaths: Ethics and Emptiness.* Oxford: Oxford University Press, 55-76.

Gómez, L. (1995) A Mahāyāna liturgy. In: D. Lopez, Jr (ed.), *Buddhism in Practice*, Princeton, NJ: Princeton University Press, 183-196. The Changing Way of the Bodhisattva 159

Goodman, C. (2016) *A training anthology of Śāntideva: a translation of the Śikṣāsamuccaya.* Oxford: Oxford University Press.

Gyatso, T., the 14th Dalai Lama (1988) *Transcendent wisdom: a commentary on the ninth chapter of Shantideva's guide to the bodhisattva way of life.* Reprint: Ithaca, NY: Snow Lion, 2009.

Gyatso, T., the 14th Dalai Lama (1994) *A flash of lightning in the dark of night.* Boston: Shambhala.

Gyatso, T., the 14th Dalai Lama (1999) *Healing anger.* Ithaca, NY: Snow Lion Publications.

Gyatso, T., the 14th Dalai Lama (2009) *For the benefit of all beings: a commentary on the Way of the Bodhisattva.* Translated by the Padmakara Translation Group. Revised edition. Boston: Shambhala.

Gyatso, T., the 14th Dalai Lama, and Jinpa, T. (2005) *Practising wisdom: the perfection of Shantideva's bodhisattva way.* Edited by T. Jinpa. Boston: Wisdom.

Harrison, P. (2007) The case of the vanishing poet: new light on Śāntideva and the Śikṣāsamuccaya. In: K. Klaus and J.-W. Hartman (eds), *Indica et Tibetica: Festschrift für Michael Hahn: Zum 65. Geburtstag Von Freunden und Schülern Überreicht.* Vienna: Arbeitskreis für Tibetische und Buddhistische Studien, 215-248.

Harvey, P. (2000) *An introduction to Buddhist ethics.* Cambridge: Cambridge University Press.

Harvey, P. (2007) The bodhisattva career in the Theravāda. In: C. Prebish and D. Keown (eds), *Encyclopedia of Buddhism.* London: Routledge.

Jamspal, Lozang (trans.) (2010) The range of the Bodhisattva, A Mahāyāna sūtra (Ārabodhisattva-gocara): *The teachings of the Nirgrantha Satyaka.* Paul G. Hackett (ed), Treasury of the Buddhist Sciences Tengyur Translation Initiative Associated Texts CK 164 (Tōh. 146). New York: The American Institute of Buddhist Studies, Columbia University Center for Buddhist Studies, Tibet House.

Jenkins, S. (2003) Do bodhisattvas relieve poverty? In: C. Queen, C. Prebish, and D. Keown (eds), *Action dharma: new studies in engaged Buddhism.* London and New York: RoutledgeCurzon, 38-49.

Jenkins, S. (2010) On the auspiciousness of compassionate violence. *Journal of the International Association of Buddhist Studies*, 33 (1-2), 299-331.

Kagawa T. (1989) Shi guzeigan no genryū [The origins of the universal vow]. *Indogaku bukkyō kenkyū*, 30 (1), 294-302.

Kajiyama Y. (1989) Transfer and transformation of merits in relation to emptiness. In: M. Katsumi (ed.), *Studies in Buddhist philosophy.* Kyoto: Rinsen Book Company, 1-20.

King, S. B. (2005) *Being benevolence: the social ethics of engaged Buddhism.* Honolulu: University of Hawai'i Press.

King, S. B. (2009) *Socially engaged Buddhism.* Honolulu: University of Hawai'i Press.

Lele, A. (2013) The compassionate gift of vice: Śāntideva on gifts, altruism, and poverty. *Journal of Buddhist ethics*, 20, 702-734.

Lele, A. (2015) The metaphysical basis of Śāntideva's ethics. *Journal of Buddhist ethics* 22, 249-283.

Lopez, D. S., Jr, and Rockefeller, Steven C. (eds) (1987) *The christ and the bodhisattva*. Albany: SUNY.

Loy, D. R. (2003) *The great awakening: a Buddhist social theory*. Boston: Wisdom.

Loy, D. R. (2015) *A new Buddhist path: enlightenment, evolution and ethics in the modern world*. Boston: Wisdom.

Main, J., and Lai, R. (2013) Introduction: reformulating 'socially engaged Buddhism' as an analytical category. *The eastern Buddhist*, 44 (2), 1-34.

Mrozik, S. (2007) *Virtuous bodies: the physical dimension of morality in Buddhist ethics*. Oxford: Oxford University Press.

Nattier, J. (2003) *A few good men: the Bodhisattva path according to the Inquiry of Ugra (Ugraparipṛcchā)*. Honolulu: University of Hawai'i Press.

Nhat Hanh, T. (2005) *Interbeing: fourteen guidelines for engaged Buddhism*. 2nd revised edition. Berkeley, CA: Parallax Press.

Nhat Hanh, T. (2007) *Living Buddha, living Christ*. 20th anniversary edition. New York: Riverhead Books.

Nhat Hanh, T. (2008) History of engaged Buddhism: a dharma talk by Thich Nhat Hanh—Hanoi, Vietnam, May 6-7, 2008. *Human architecture: journal of the sociology of selfknowledge*, 6 (3), 29-36.

Ohnuma, R. (2007) *Head, eyes, flesh, and blood: giving away the body in Indian Buddhist literature*. New York: Columbia University Press.

Padmakara Translation Group (trans.) (1997) *The way of the bodhisattva*. Boston: Shambhala.

Powers, J. (2009) *A bull of a man: images of masculinity, sex, and the body in Indian Buddhism*. Cambridge, MA: Harvard University Press.

Queen, C. S. (1996) Introduction: the shapes and sources of engaged Buddhism. In: C. S. Queen and S. B. King (eds), *Engaged Buddhism: Buddhist liberation movements in Asia*. Albany: State University of New York Press, 1–44.

Queen, C. S. (2003) Introduction: from altruism to activism. In: C. S. Queen, C. Prebish, and D. Keown (eds), *Action dharma: new studies in engaged Buddhism*. London and New York: RoutledgeCurzon, 1–35.

Queen, C. S. (2013) Socially engaged Buddhism: emerging patterns of theory and practice. In: S. M. Emmanuel (ed.), *A companion to Buddhist philosophy. Chichester*, UK: John Wiley and Sons, 524–535.

Quli, N. E. (2009) Western self, Asian other: modernity, authenticity and nostalgia for 'tradition' in Buddhist Studies. *Journal of Buddhist ethics*, 16, 1–38.

Senauke, A. (2010) *The bodhisattva's embrace: dispatches from engaged Buddhism's front lines*. Berkeley: Clear View Press.

Shastri, D. D. (ed.) (1988) *Bodhicāryāvatara of Śāntideva with the commentary Pañjikā of Prajñākaramati*. Bauddha Bharati 21. Varanasi: Bauddha Bharati.

Temprano, V. (2013) Defining engaged Buddhism: traditionists, modernists, and scholastic power. *Buddhist studies review*, 30 (2), 261–274.

Townsend, D. (2015) Shantideva: how to wake up a hero. Boston: Wisdom.

Vaidya, P. L. (ed.) (1960) *Bodhicaryāvatāra of Śāntideva with the commentary Pañjikā of Prajñākaramati*. Buddhist Sanskrit Texts XII. Darbhanga, India: Mithila Institute.

Wallace, V., and Wallace, B. A. (trans.) (1997) *A guide to the bodhisattva way of life by Śāntideva*. Ithaca, NY: Snow Lion.

Williams, P. (1989) *Mahāyāna Buddhism: the doctrinal foundations*. Abingdon, UK: Routledge.

Wilson, L. (1996) *Charming cadavers: horrific figurations of the feminine in Indian Buddhist hagiographic literature*. Chicago: University of Chicago Press.

Yarnall, T. F. (2003) Engaged Buddhism: new and improved? Made in the USA of Asian materials. In: C. S. Queen, C. Prebish, and D. Keown (eds), *Action dharma: new studies in engaged Buddhism*. London and New York: RoutledgeCurzon, 286–344.

추천 도서

Chödrön, P. (2007) *No time to lose: a timely guide to the way of the bodhisattva*. Edited by Helen Berliner. Boston: Shambhala.

Crosby, K., and Skilton, A. (trans.) (1996) *Śāntideva: the Bodhicāryāvatara*. Oxford: Oxford University Press.

Goodman, C. (2016) *A training anthology of Śāntideva: a translation of the Śikṣāsamuccaya*. Oxford: Oxford University Press.

Gyatso, T., the 14th Dalai Lama (2009) *For the benefit of all beings: a commentary on the Way of the Bodhisattva*. Translated by the Padmakara Translation Group. Revised edition. Boston: Shambhala.

Jenkins, S. (2003) Do bodhisattvas relieve poverty? In C. Queen, C. Prebish, and D. Keown (eds), *Action dharma: new studies in engaged Buddhism*. London and New York: RoutledgeCurzon, 38-49.

King, S. B. (2005) *Being benevolence: the social ethics of engaged Buddhism*. Honolulu: University of Hawai'i Press.

King, S. B., and Queen, C. S. (eds) (1996) *Engaged Buddhism: Buddhist liberation movements in Asia*. Albany: State University of New York Press.

Lele, A. (2013) The compassionate gift of vice: Śāntideva on gifts, altruism, and poverty. *Journal of Buddhist ethics*, 20, 702-734.

Main, J., and Lai, R. (2013) Introduction: reformulating 'socially engaged Buddhism' as an analytical category. *The eastern Buddhist*, 44 (2), 1-34.

Nattier, J. (2003) *A few good men: the Bodhisattva path according to the Inquiry of Ugra (Ugraparipṛcchā)*. Honolulu: University of Hawai'i Press.

제8장 중관파의 윤리

브론윈 핀니건Bronwyn Finnigan

서론

중관파中觀派(Madhyamaka)는 유식유가행파唯識瑜伽行派(Yogācāra)와 더불어 대승불교 철학의 두 가지 주요 학파 중 하나이다.[1] 중관파는 나가르주나[2]의 저술 중론中論(Mūlamadhyamakakārikā; MMK)에서 표명된 공관론空觀論(śūnyavāda) 철학으로 가장 잘 알려졌고, 인도, 티베트, 그리고 중국의 걸출한 주창자들의 저명한 법통을 가지고 있다. 중관파 학자들이 주로 형이상학적이고 의미론적 주제에 관심을 두고 있지만, 중심인물들은 윤리적 문제도 다룬다. 특히 산티데바[3]의

---

1 이 장의 초고에 대해서 조언해 주신 Sara McClintock, Tom Tillemans, 그리고 이 책의 편집인들에게 깊은 감사를 드린다.

2 역주: Nāgārjuna, 용수龍樹 c.150–c.250 CE, 인도 대승불교 사상가, 학자, 철학자.

입보리행론入菩提行論(Bodhicaryāvatāra)은 중관파 전통 안의 윤리를 가장 폭넓게 다룬다. 이 텍스트의 영향력은 대단해서 현대의 달라이 라마는 이것을 불교 윤리 사상의 전형이라고 말한다.(Gyatso 2004, 2009)

공(śūnyatā)에 대한 중관파의 분석이 역사적 중관파 학자들이 견지하고 주장했던 윤리적 주장과 약속에 어떻게 영향을 미치는지 비판적으로 조사하는 데 중점을 둔 철학 문헌이 증가하고 있다. 현대 논쟁에는 두 가지 주요 위치가 있다. 첫 번째는 중관파의 공개념이 체계적인 윤리적 판별에 대한 헌신과 일치하는지에 대한 일반적인 주제에 관한 것이다. 두 번째는 입보리행론에서 산티데바가 제시한 무아(anātman)의 형이상학적 분석이 보살의 자비 또는 이타주의를 위한 타당한 이유를 수반하거나 제공하는가를 묻는다. 두 번째 주제는 폴 윌리엄스 Paul Williams(1998)에 의해 촉발되었는데, 그는 이러한 존재론적인 고찰은 이타주의에 합리적 근거를 제공하는 데 실패했을 뿐만 아니라, 산티데바의 이러한 주장도, 그것의 논리적 귀결을 따르면, 실제로 보살도의 기반을 훼손한다고 강하게 주장했다. 불교 전통 안에 이 텍스트가 놓인 중요성을 감안할 때, 윌리엄스의 이런 주장은 당연하게도, 산티데바의 견해를 긍정적으로 해석하여 합리적으로 재구성하고, 그로 인해 중관파의 형이상학적 분석과 모든 중생의 고통을 위해 대자대비를 실행하는 대승 보살의 이상 사이의 관계를 긍정적으로 해석하려는 목적의 문헌 저술의 증가를 자극했다.

---

3 역주: Śāntideva, 687-763. 적천寂天, 인도 승려, 시인, 철학자.

많은 사람이 중관파 윤리를 긍정적 관점에서 합리적으로 재구성하는 데 목표를 두지만, 이것이 무엇이 되어야 하느냐에 대해서는 상당한 의견 차이가 있다. 이 장은 이런 문헌들을 비판적으로 조사할 것이며, 많은 부분의 불일치가 중관파 관점의 두 가지 진리 교리에 대한 대립하는 해석에서 나온 점을 논증할 것이다. 특히 관습적 진리 또는 관습적 실재慣習的實在(saṃvṛtisatya)에 대한 대립하는 관점과 더불어, 관습적 참과 거짓, 그리고 관습적 선과 악을 구별하는 데 인정되는 추론 형식에 대해서 논할 것이다. 이것을 끌어내기 위해서, 이 장은 중관파의 공관론에 대한 일반적인 소개와 함께, 인도와 티베트의 역사적 중관파 사상가들에 의해 발전되고 논란이 되어 온 관습적 실재의 본질에 관한 다양한 입장을 설명하면서 시작하겠다. 그런 다음 이런 서로 다른 개념들을 사용하여 위에서 말한 현대의 두 가지 논쟁의 위치를 탐색할 것이다.

예비 배경

나가르주나의 중론은 중관파의 기본 텍스트이다.(영어 번역과 주석은 가필드Garfield 1995, 웨스터호프Westerhoff 2009, 그리고 시더리츠Siderits & 카쓰라Katsura 2013에서 찾아볼 수 있다.) 이 텍스트는 모든 사물의 본질, 즉 내재적 본성(svabhāva)이 공하다는 관점의 확립을 추구한다.

내재적 본성 개념은 붓다의 무아(anātman) 교리를 설명하려는 초기 불교에 뿌리를 두고 있다. 아비달마(Abhidharma) 문헌(인도 불교의 초기 학술적 문헌)은 부분-전체론(mereology)[4]적 존재론을 제시하는

데, 이는 개념적으로 구성되는 (보편, 부류, 종류, 유형) 전체가 법(dharma)이라고 부르는 존재론적으로 단순하고 분리할 수 없는 실재實在로 환원할 수 있다고 생각되었다. '환원 가능'한 수준은 '관습적 실재(saṃvṛtisat)'로 명명되었는데, 이 수준의 실재는 부분적으로 사회적 언어적 관습에 의존하여 구성되었다고 여겨졌기 때문이다. '환원된 수준'은 '궁극적 실재窮極的實在(paramārthasat)'로 지정되었는데, 마음에 지배받지 않는 실재라고 생각되었다. 사람은 더 원초적 (심-신) 요소로 분석할 수 있는 복합적 존재인 한, 궁극적 실재가 아닌 관습적 실재이다. 또한, 이제 진리는 존재하는 것의 문제라는 의미론적 원리를 아비달마 학파(Ābhidharmikas)의 덕으로 돌리는 것도 흔한 일이 됐다.(Tanaka 2014, Cowherds 2011) 더 구체적으로 말하면, 관습적 진리는 관습적으로 존재(에 관한 서술)하는 것이고, 궁극적 진리는 궁극적으로 존재(에 관한 서술)하는, 즉 분리할 수 없는 단순한 독립체이다. 따라서 어떤 사람이 어떤 시간 어느 장소에 존재하는 (이에 관한 서술) 것은, 관습적으로는 참일 수 있으나 궁극적으로는 거짓이다.

이런 형이상학적이며 의미론적 분석을 타당하게 만들려면, '환원할 수 있는 수준'의 분석과 '환원된 수준'의 분석을 구별하는 어떤 기준이 필요하다. 아비달마 학파에 따르면, 궁극적 실재의 기준은 내재적 본성의 소유이다. 이 개념을 어떻게 정확하게 해석해야 하느냐에는 약간의 논란이 있다. 특히 아비달마 학파가 내재적 본성이 어떤 사물의

---

4 역주: 형식적 존재론의 한 분야로서 부분과 전체의 관계를 다루는 공리적 1차 이론을 가리키는 말.

독립적 존재를 보장한다고 주장하는지에 대한 논쟁이 역사적으로도 있었고 현재에도 있다.(Robinson 1972, Harvey 1994, Westerhoff 2009, Siderits 2007, Tanaka 2014, Tillemans 2016) 나가르주나에 대한 해석에서, 어떤 사물이 내재적 본성이 있다고 말하는 것은, 그 사물이 그것에 내재한 고유한 본질적 속성이 있고 그 사물이 독립적 존재로 설명될 수 있다고 말하는 것으로 보인다. 따라서 이 본질적 속성은 사물의 수치적 동질성을 확보하고, 궁극적 실재의 진정한 복수성을 설명한다. 이 본질적 속성은 또한 더는 환원될 수 없는 존재(분석의 기반), 또는 분석해서 모순으로 용해되지 않는다는 의미에서 분석에 맞선다고 여겨진다.

중론에서 나가르주나는, 내재적 본성이라는 개념은 또 다른 붓다의 중요한 가르침인 연기緣起(pratītyasamutpāda) 교리에 부합되지 않는다는 점을 보여주기 위해 일련의 귀류법(prāsaṅga)[5]적 논거를 제시한다. 나가르주나는 어떤 사물이, 모순을 무릅쓰고, 그 사물의 존재를 위해 내재적 본성과 다른 사물에 인과적으로 의존하는 연기를 동시에 갖는 것은 불가능하다고 주장한다. 존재하는 모든 것은 서로 인과적으로 의존하기에, 모든 존재에는 내재적 본성이 없어야 한다는 것이다.(MMK 24.29) 만약 내재적 본성의 소유가 궁극적 실재의 기준이라면, 궁극적으로 아무것도 존재하지 않는다는 논리가 따라온다. 더구나 궁극적 진리가 궁극적 실재에 근거하거나, 대응하거나, 또는 그것

5 역주: reductio ad absurdum; 어떤 명제가 참임을 직접 증명하는 대신, 그 부정 명제가 참이라고 가정하여 그것의 불합리성을 증명함으로써 원래의 명제가 참임을 보여주는 간접 증명법.

에 관한 것이라면, 그때는 궁극적 진리가 없다는 논리가 뒤따른다. 이 논리에 따르는 함의는 어려운 질문들을 제기한다. 예를 들면 '이 논리는 전혀 아무것도 존재하지 않는다는 의미를 함축하는가?' 이 논리가 궁극적 실재를 말하는 것이고, 따라서 궁극적 진리에 관해서 서술한 것처럼 보일 때, 무엇이 이런 논리의 진리를 확보하나? 더구나 이런 주장은 붓다가 가르친 진리의 의미론적 토대를 제거하는 게 아닌가? 나가르주나는 이러한 개연적인 함의를 피하는 관건은 관습적 진리와 궁극적 진리 사이의 차이를 바르게 이해하는 데에 있다고 주장한다.(MMK 24.8)

이 두 가지 진리, 즉 관습적 진리와 궁극적 진리에 대한 나가르주나의 견해를 어떻게 가장 잘 해석하느냐에는 엄청난 논란의 소지가 있으며, 인도와 티베트에서의 많은 주석에서 논쟁의 주제가 되었다. 적어도 하나의 해석 문제는 중관파 윤리의 본질에 대한 동시대의 논쟁과 관련이 있다. 이 문제는 나가르주나의 추론이 타당한 주장의 결과로서 긍정적 명제를 확립하는지의 여부에 관한 것이다. '확립했다'라는 견해는 자재논증-중관파自在論證中觀派(Svātantrika Madhyamaka)[6]로 알려진 브하바비베카Bhāvaviveka[7]에 의해서 방어되었으며, '확립하지 못했다'라는 견해는 귀류논증-중관파歸謬論證中觀派(Prāsaṅgika Madhyamaka)[8]로 알려진 찬드라키르티Candrakīrti[9]에 의해

6 역주: 자립논증파自立論證派 또는 의자기파依自起派 등으로도 번역.

7 역주: 청변淸辯, c.500-c.570, 인도 중관 사상가.

8 역주: 필과성공파必過性空派 또는 구연파具緣派 등으로도 번역.

9 역주: 월칭月稱, c.600-c.650, 불교학자.

방어되었다. 나중에 티베트 중관파 주석가들 사이에서 어떻게 이 두 가지 견해의 차이를 해석해야 최선인가로 격렬하게 나누어졌다.(Dreyfus & McClintock 2003) 어떤 주석가들은 그 차이가 단지 수사학적 차이가 반영된 대단찮은 것으로 생각하고〔예: Bu ston rin chen grub, 1290-1364 in Dreyfus & McClintock 2003; Gorampa(1429-1489) in Tillemans 2003〕, 다른 주석가들은 상당한 의미가 있다는 생각을 견지한다. 예를 들면, 총카파Tsongkhapa[10]는 그 차이가 관습적 진리의 본질에 대한 다른 설명에 달려 있다고 영향력 있게 주장한다.(Tsongkhapa 2002, Tillemans 2003)

중관파 윤리에 관한 현대의 논쟁은 모두 관습적 진리 개념과 연관되었지만, 여기에는 이것이 무엇을 의미하는지에 대한 미묘한 차이도 있다. 이 결과, 의견 불일치가 실질적인지, 아니면 가정된 설명으로 인한 모호성인지 항상 명백한 것은 아니다. 이 영역을 탐색하는 데 도움이 되도록, 나는 중관파 사상가들에 귀속된 관습적 진리의 본질과 그것의 합리적이고 인식론적인 분석 가능성에 대한 세 가지 뚜렷한 철학적 입장을 개별화할 것이다. 나는 특히, 톰 틸레먼즈Tom Tillemans(2016)를 따라 귀류논증-중관파에 귀속되고 그가 '전형적 귀류논증파'와 '비전형적 귀류논증파'로 각각 명명한 두 가지 뚜렷한 철학적 입장을 구별할 것이다. 나는 이러한 입장들을 자재논증-중관파의 입장과 비교할 것인데, 이는 총카파에 의해 브하바비베카Bhāvaviveka로 귀속되는 의미로 해석할 것이다. 나는 이러한 철학적

10 역주: 종객파宗喀巴, 1357-1419, 티베트 승려, 철학자, 겔룩종의 시조.

입장들이 귀류논증파 그리고 자재논증파라는 이름에 가장 걸맞은 자격이 있다고 입증하거나, 이런 철학적 입장들이 어떤 특정 역사적 중관파 사상가의 관점을 정확히 반영한다고 입증하려는 의도는 없다. 나의 목표는 단지 관습적 진리의 본질에 관한 철학적 입장들의 스펙트럼, 그리고 그 철학적 입장들이 각각 중관파 윤리에 관한 현재의 논쟁에 어떻게 영향을 미치는지에 대해서 살펴보겠다.

스펙트럼의 한쪽 끝에는 틸레먼즈Tillemans가 '전형적 귀류논증파'라고 부른 입장이 놓여 있는데, 그의 견해로는, 찬드라키르티Candrakīrti에 대한 인도와 티베트의 전통적이며 '일반적'인 해석이다.(2016: 5) 이 견해에 따르면, 중론이 내부적 일관성이 없다고 보여준 의미론적 근거를 전제로 하기 때문에, 중관파가 궁극적 실재에 대한 긍정적 명제를 타당한 논증의 결과로 수용하는 게 불가능하다.(Westerhoff 2009: 183, Tillemans 2016: 3, Ruegg 1981: 78) 따라서 중관파는 방법론상 부득이 그들의 반대론자들에게 귀류법적 논증을 사용할 수밖에 없었지만, 자기들만의 논지는 없었다.(Huntington 2003) 이 사상은 관습적 실재에 관한 견해를 배제하는 것으로 생각되지 않는다. 그렇기는 하지만, 이것은 '전형적 귀류논증파'가 합리적이거나 인식론적인 분석을 거치지 않고 단지 '세상이 인정하는 것', 즉 세간극성世間極成(lokaprasiddha) 그대로를 수용하도록 방법론적으로 제한한다.(Candrakīrti PPMV 18.8, in Tillemans 2011: 151, Ruegg 1981) '전형적 귀류논증파'는 보통의, 일상적 사람들이 폭넓게 수용하는 기준과 언어에 따라 수용하고 수행하지만, 정당화하는 지위나 토대에 관한 더 깊은 철학적 질문에는 관여하지 않는다.

관습적 진리로의 이런 접근 방법은 자재논증-중관파로 분류되는 철학자들에게 호되게 비판받았다. 예를 들면, 까말라쉴라Kamalaśīla[11]는, 이런 접근은 단지 그 내용이 인정되었다는 이유만으로 붓다가 고통의 뿌리라고 말씀하신 잘못된 견해까지 포함한 모든 신념이 참일 것이라고 터무니없이 함의한다고 불평했다.(Tillemans 2011, 2016) 이런 접근 방식은 대립하는 신념들을 판단하는 어떠한 지적인 수단을 제시하지 않고 관습적 진리를 단순한 믿음으로 단조롭게 만든다. 자재논증-중관파에 따르면, 중관파가 붓다의 가르침에 대한 그럴듯한 특성을 제시하는 것으로서 여겨지려면, 거짓으로부터 관습적 진리를 구별하는 어떤 합리적 방법을 제시할 필요가 있다.

자재논증파로 알려진 철학자들이 이 과제에 답하는 데에는 다양한 방법이 있다. 중관파 윤리 문헌에서는 좀처럼 이러한 차이들이 고려되지 않았다. 이런 윤리적 문헌에서 자재논증파라고 언급될 때는, 총카파가 바바비베카에게 부여한 위치라고 이해되는 경우가 많다.(Tillemans 2003) 이 장에서 나는 이 철학적 입장을 선택하기 위해서 자재논증파라는 용어를 사용할 것이다. 총카파의 해석으로는, 자재논증 지지자들은 이중-귀류 존재론을 재도입하면서 위 과제에 대답하지만, 둘 다 뚜렷한 관습적 실재 방식으로 분류한다. 따라서 관습적 실재라는 주장은 만약 그것이 정당한 인식론적 수단(pramāṇa, 예: 인식, 또는 타당한 추론)에 의해 확립될 수 있다면 관습적 진리가 된다.

---

11 역주: 연화계蓮華戒, c.740-795, 인도 날란다 대학교수, 승려. 스승인 샨타라크쉬타(Śāntarakṣita, 적호寂護, 725-788)와 함께 티베트 왕 트리송데첸Trisong Detsen의 초청으로 티베트로 가서 삼예 사원을 창건.

그렇지만 총카파의 해석에 따르면, 이러한 인식론적 수단의 존재론적 근거는 관습적인 내재적 본성(svabhāva)의 소유 여하에 따라 구별되는 실체의 더 근본적인 관습적 실재로서 생각되었다. 따라서 자재논증파는 나가르주나의 중론에 의해 철저히 훼손된 내재적 본성이라는 개념의 재도입이라는 대가를 치르고 진리를 단순한 믿음으로 단순화하는 문제를 극복한 것처럼 보인다.

틸레먼즈가 도움이 되게 구별한 것처럼, '전형적 귀류논증파'와 자재논증파의 양극단 사이에는 내재적 본성 개념의 재도입 없이 관습적 진리에 대한 합리적 분석 가능성을 추구하는 일련의 중관학파가 있다. 틸레먼즈는 이 철학자 그룹을 '비전형적 귀류논증파'라고 부르고 총카파를 그들을 대표하는 수장이라고 여긴다. 귀류논증파가 잠정적으로 수용할 수 있는 관습적 실재에 관한 주장을 분석하는 몇 가지 기준이 있다. 적어도 둘이 있는데 아래와 같다:

(1) 논리적 또는 개념적 통일성과 일관성은 나가르주나가 상대편의 논지를 반박하기 위해 고수했다는 점에서 이 두 가지는 기준의 명백한 후보이다. 따라서 예를 들어, 그것이 만약 일관성이 없거나 널리 수용되는 다른 신념과 불일치하거나 모순되는 관습적 실재에 관한 주장은 거짓일 수 있다.

(2) '널리 수용되는 인식론적 기준'에 대한 호소는 또한 '세상이 인정하는 것(lokaprasiddha)'에 대한 헌신과 일치할 수 있다. 찬드라키르티는 존재론적 주장의 참을 확립하기 위해 '세상 사람들'이 널리 수용하는 최소한 네 가지 인식론적 수단을 생각했다. 즉

> 경험적 관찰(pratyakṣa), 추론(anumāna), 경전에 기록된 신뢰할 만한 증언(āgama), 그리고 유사성(upamāna; Ruegg 1981)이다. 따라서 만약 관습적 실재에 관한 주장이 적어도 이러한 인식론적 수단 가운데 하나에 의해 검증될 수 없다면 거짓이 될 수 있다.

관습적 실재의 본질과 분석에 대한 이러한 다양한 중관파의 접근 방식에 관해 말할 수 있는 것은 훨씬 더 많다. 그러나 우리가 중관파의 윤리에 관한 현대의 논쟁에 어떻게 영향을 미치는지 생각하기에는 이 정도로도 충분하다.

공, 그리고 체계적인 윤리 구분

중관파 윤리의 본질과 가능성에 관한 동시대 논쟁의 한 장은, 공관론(śūnyavāda)에 헌신하는 것이 선과 악, 옳고 그름, 미덕과 악덕 사이의 체계적인 윤리적 구분을 수용하고 촉진하는 것과 일치하는지에 관한 것이다. 중관파는 대승불교 전통 안의 한 학파이다. 주요 인도 중관파 철학자들은 각각 대승의 윤리적 가치를 촉진하는 학술 논문을 썼다. 〔몇 가지 예로써, 아르야디바Āryadeva[12]의 대승광백론본大乘廣百論本(Catuḥśataka), 나가르주나의 보행왕정론寶行王正論(Ratnāvalī), 그리고 찬드라키르티의 대승광백론본 주석이 있다.〕 이들 가치의 중심에는 보살의 이상이 있다. 보살은 다른 존재의 고통에 대한 자비(karuṇā)로

12 역주: 제바보살提婆菩薩, 3세기 인도 불교 철학자.

써 동기 부여받아, 모든 고통을 덜어 주기 위해 윤회(saṃsāra)하는 환생의 영역에 머물기로 서원하고(예: 보리심 완성), 도덕의 완성, 즉 바라밀(paramita)을 함양한 사람이다.

역사적 인도 중관파 사상가들은 단순히 대승의 특정 가치를 수용하고 촉진하지 않았다. 그러나 그들은 도전받지 않는 승가 율법(Vinaya)이나; 도덕적 또는 비도덕적 정신적 요소인 심소心所(caitta)의 특정 아비달마 목록을; 그리고 행위를 평가하고 동기를 부여하는 근거로서 업(karma)의 역할과 업의 결과를 수용했다. 따라서 역사적 중관파 사상가들은 공관론이 윤리나 윤리 추론에 어떤 큰 영향을 주지 않는다고 생각한 것으로 보인다. 실제로 그들은 공관론이 도덕적 허무주의(ucchedavāda)를 수반하지 않는다고 주장했다. 그러나 그들의 이런 견해가 옳았을까? 이런 결론을 뒷받침하려면 어떤 주장이 제기될 수 있었나? 그리고 중관파 사상가들은 그들이 추정한 윤리적 구별을 어떻게 정당화할 수 있었나?

중관파는 어떤 행위, 자질, 정신적 요소가 본질적 속성을 소유하는 것 때문에 궁극적으로 선하거나 악하다고 일관되게 주장할 수 없다. 그런데도 그들은 윤리적 구분이 관습적인 문제이며 관습적 실재에 대한 견해를 갖는 것이 공관론과 일치한다고 주장할 수 있었다.(그리고 종종 주장했다.) 이것이 윤리적 견해를 갖도록 보증할 수는 있겠지만, 일반적으로 그리고 그것만으로는 아직 중관파가 지지하는 특정 윤리적 구분에 대한 이유를 제시하지 못한다. 중관파는 어떤 관습적 행위, 자질, 정신적 요소(예: 자비, 관용, 불살생)는 관습적으로 선하고, 어떤 다른 요소(예: 이기심, 질투, 살생)는 관습적으로 악하게 생각되는 이유가 무엇이라고 제시할 것인가?

틸레먼즈에 따르면(2010-2011), 귀류논증파는 '세상이 인정하는 것(lokaprasiddha)'에 호소하여, '세상'의 근본적인 도덕적 직관을 도덕적 주장에 대한 정당화의 근거로 취급함으로써 이러한 구분을 정당화할 수 있다는 것이다.(364) 이런 틸레먼즈의 주장은 핀니건Finnigan과 타나카Tanaka(2011)가 표시한 의문에 대한 답으로 제시된 것이다. 핀니건(2015)은 이 언급의 대상을 '전형적 귀류논증파'로 간주하고, 이 답변이 다양한 해석 범위에서 불만족스럽다고 생각하는 이유를 제시했다. 예를 들면, 만약 '세상'의 도덕적 직관이 이 직관을 가진 모든 개인이 공유하는 일련의 도덕적 직관을 뜻한다면, 광범위한 문화 내부 및 문화간 도덕적 불일치가 있다는 사실은 그런 합의된 일련의 도덕적 직관은 있을 수 없다는 생각이 그 이유가 된다고 주장한다.(771) 대신에, 만약 이 주장을 어떤 일련의 신념과 가치를 가진 한 무리의 직관하는 개인들에게 맥락적으로 설정한다면(예: 온 세상 사람들보다는 불교도의 관습적 신념과 직관), 타자의 견해를 비판하고 자신의 견해를 수정할 가능성을 약화하는 보수주의를 함의할 수 있는 문제의 소지가 있다.(772-773)

아마도 가장 그럴듯한 해석은, 고통은 나쁜 것이며 방지되어야 한다는 널리 수용되는 도덕적 직관에 윤리적 구별을 근거로 제시하는 해석일 것이다. 다양한 가치, 규범, 규칙에 관하여 광범위한 도덕적 불일치가 있을 수 있겠으나, 누구도 아픔과 고통이 본질적으로 좋으며 비-도구적인 선이며 이를 조장해야 한다고 주장하지는 않을 것이다. 고통은 나쁘다는 직관은 붓다의 가르침 사성제四聖諦와 일치되는 것 같다. 그 첫 번째 진리는 고통의 사실(고苦)을 말하고 나머지 세 가지〔고통의 원인을 진단(집集)하고, 고통의 소멸 가능성을 추론(멸滅)하며, 그리고 이 목표를 성취하는 방법 제안(도道)하는〕도 고통이 바람직하지 않음을 전제로 한다. 그러나 이 견해에는 한계가 있다. 전형적 귀류논증파의 '세상이 인정하는 것'에 따르는 이러한 주장들의 참을 만드는 근거는 그런 주장들에 대한 광범위한 수용이다. 전형적 귀류논증파는 보통 사람들이 통상적으로 수용하는 것에 대한 합리적 또는 인식론적 분석에 관여하지 않는다. 따라서 참이 믿음을 평가하는 기준이 되기보다는 믿음이 참의 조건이 되는 것이다. 이것은 붓다의 가르침이 널리 퍼진 망상에 대한 교정책을 제공한다기보다는 오직 다수의 믿음을 복제할 때만 참이 된다는 얘기가 될 수 있다. 이는 붓다의 깨달음과 통찰의 보편성과 안정성을 훼손할 뿐 아니라, 이러한 감각의 개념들도 박탈한다. 통찰, 깨달음, 그리고 지혜는 단순히 다수의 의견으로 압축된다. 이것은 불만스러운 결과이다.

이런 주장은 전형적 귀류논증파를 대상으로 한다. 그렇지만 우리는 모든 중관파가 전형적 귀류논증파가 아니며, '세상이 인정하는 것'이 긍정적 분석 없이 다수의 견해를 수동적으로 묵인한다고 해석될 필요가 없다는 점을 안다. 더 자유로운 접근 방식은 세상에서 통용되는 인식론적 기준으로 관습적 주장에 대한 합리적 평가를 인정할 수 있을 것이다. 이런 관점은 우리가 '비전형적 귀류논증파'의 입장들 가운데 하나로 간주한 것이다. 이 관점에서는 붓다는 모든 중생이 직면한 심리적 문제, 즉 그들이 다양한 형태의 고통에 취약하다는 점을 정확하게 진단했다고 주장할 수 있다. 붓다의 분석에 따르면,

가장 눈에 잘 띄는 인간 고통의 형태는 다음에 기술된 긴장 사이에서 일어난다:

1. 자기 자신과 자신이 소유하고 사랑하는 것에 깊게 자리 잡은 갈애渴愛(tṛṣṇā), 집착(rāga), 그리고 그 지속성에 대한 믿음, 그리고
2. 모든 것이 연기緣起(pratītyasamutpāda)적이고 따라서 무상(anitya)하다는 사실

세계 시민의 대다수는 이런 인간 조건의 심리적 분석에 찬성하지 않을 수 있다. 하지만, 그런데도 이것은 경험적 관측, 귀납적이고 유추적 추론, 그리고 신뢰할 만한 증언과 같은 허용된 인식론적 방법으로 검증될 수 있다.

그렇지만 여전히 문제는 남는다. 이러한 인식론적 방법들은 (심리학적) 사실에 대한 서술적 주장은 잘 정당화할지 모른다. 그러나 도덕적 특성(선과 악, 옳고 그름)을 확인하는 데에는 적합하지 않은 것 같다. 그렇다면 어떻게 '비전형적 귀류논증파'가 다수의 견해를 단순하게 수용하는 것을 넘어, 그들의 구체적인 평가상의 구분을 정당화할 수 있을까?

한 가지 가능성은 그것들의 목표와 관련하여 평가된다고 주장하는 것이다. 즉 열반이다. 열반의 특성을 나타내는 데에 몇 가지 방법이 있고 따라서 이 평가 관계를 생각해 내는 것도 몇 가지가 있다. 예를 들어, 만약 열반을 단순하게 고통의 종식으로 해석한다면, 행위,

자질, 그리고 정신적 요소는 이 목표의 도구가 되는 범위에서 (또는 목표의 결과로 야기될 때) 선하거나 옳다고 주장할 수 있을 것이다. 만약 열반을 행복의 살아 있는 상태로 해석한다면, 우리는 대안으로 행위 등등이 이런 삶의 방식을 이루는 범위에서 선하거나 옳다고 주장할 수 있을 것이다. 불교 수행의 목표에 대한 이러한 독특한 개념들은 배타적일 필요는 없지만, 중첩되거나 다양하게 관련될 수 있을 것이다.(Finnigan 2014, 2017a)

또한 이러한 뚜렷한 목표들과 관련된 평가적 주장에 대한 규범적 힘의 근거를 만드는 몇 가지 방식이 있을 것이다. 예를 들면, 규범적 힘은 욕망에 근거할 수 있으므로, 만약 여러분이 열반 성취를 원하지 않는다면, 이 목표의 도구적 또는 구성적인 행위 또는 자질에 관한 평가적 주장은 여러분에게 어떤 규범적 호소도 할 수 없다. 그 대신에 규범적 힘이 타고난 성향에 근거할 수도 있으며, 우리의 반응과 감성적 응답에서 확실히 드러나듯이, 사실 우리 모두 열반(고통의 종식이든, 아니면 살아 있는 행복 상태이든)을 성취하려고 노력한다. 어느 쪽이든, '비전형적 귀류논증파'는 평가적 구분 그 자체는 일반적인 인식론적 방법을 사용해서 평가되지는 않지만, 규범의 근거와 관련된, 목표에 대한 욕망 또는 목표에 대한 선천적 갈망은 경험적으로 검증될 수 있는 서술적 심리학이라고 주장할 수 있을 것이다.

이 주장은 '비전형적 귀류논증파'의 관점에서 중관파 윤리를 그럴듯하게 표현한 것으로 보일 수 있다. 이것은 공관론과 인식론적으로 제한된 '세상이 인정하는 것'의 개념 모두와 부합된다. 그런데도 이것은 일반적으로 불교도에게, 특히 산티데바 중관파에게 잠재적인 문제의 소지가 있는 중요한 두 가지를 함의하고 있다.

첫째, 위의 설명은 업의 작동이 일반적인 인식론적 방법을 사용해서 검증되지 않는다고 생각되기 때문에 평가적 주장을 정당화하는 방법으로서 업과業果에 대한 호소를 배제하는 것으로 보인다. 어떤 철학자들은 이것이 최선이라고 주장한다.(Batchelor 2011, 2015; Tillemans 2010-2011, 2016) 그렇지만 이것은 의미심장한 함의를 내포하고 있다. 역사적 중관학파는 보살이 다른 중생의 고통을 완화하기 위한 중요한 방법으로서 업을 언급했을 뿐 아니라, 업의 공덕(puṇya) 개념을 자주 호소했다.(Keown 2001, Velez de Cea2004, Adam 2005) 산티데바의 입보리행론(Bodhicaryāvatāra)과 학처요집(Śikṣāsamuccaya) 모두, 다른 중생의 이로움을 위해 직접적인 신체적 또는 물질적 도움보다는 자신들의 업의 공덕을 축적하고 공유하는 보살의 역할을 강조한다.(Clayton 2006, Goodman 2009) 이러한 주장과 추정은 '비전형적 귀류논증파'의 평가 기준에 부합하기 위해서는 근본적으로 수정되어야 할 수도 있을 것이다.

둘째, 위에 제시된 설명은, 평가적 주장이 욕망에 의존하는 가언명령[13]의 형태를 취하거나, 또는 우리의 행동을 함축적으로 알려주는 목표에 규범적으로 근거하고 있음을 시사한다. 그렇지만 어떤 사람은 산티데바가 어떤 특정 평가적 입장(예: 종종 이타주의 또는 공정한 자선을 뜻하는 대자대비)은 실재實在에 대한 바른 이해를 수반한다고 주장하는 것으로 해석한다. 즉 존재론을 바르게 이해하면 다른 중생

13 역주: 어떤 특정 목적을 승인하는 사람에게만 의미가 있는 명령.

의 고통을 없애야 할 이유를 알 수 있을 뿐 아니라, 중생을 도울 수밖에 없게 된다는 것이다.(Harris 2015) 윌리엄즈Williams(1998)는 이런 주장이 틀렸다는 것을 입증하려는 매우 영향력 있는 논쟁을 일으켰다. 산티데바에 대한 윌리엄즈의 분석은 중관파 윤리의 특질에 관한 많은 현대 논쟁의 중심에 있으므로 자세하게 고찰해 볼 가치가 있다. 전 항에서의 경우와 같이, 관습적 진리의 특질에 대한 대립적 견해들은 현재의 문헌에 나타난 다양한 입장들을 고찰할 때 조직원리로서 기능할 것이다.

자아의 공성이 이타주의에 합당한 이유를 제공하나?

산티데바는 입보리행론(BCA 8.101-103)에서 우리의 자성自性(ātman)이 공하다는 사실은 우리가 공평한 자비를 행해야 한다는 결론에 이르게 한다고 주장하는 것으로 보인다.[14] 그는 다음과 같이 말한다:

> (기다리는) 줄 같은 의식의 연속체, 군대 같은 구성 요소의 조합은 실재하지 않는다. 고통을 경험하는 사람은 존재하지 않는다. 그 고통은 누구에게 속한단 말인가?(101)

> 예외 없이, 어떤 고통도 그 누구에게도 속하지 않는다. 고통은

---

14 이 텍스트의 영어 번역본은 Batchelor(1998), Crosby & Skilton(1996), Wallace & Wallace(1997), Padmakara Translation Group(2006)에서 볼 수 있고, 이 장은 Crosby & Skilton의 번역을 인용했다.

> 단지 고통스럽다는 이유만으로도 물리쳐야 한다. 여기에 무슨 한계가 있겠는가?(102)

> 누군가 왜 고통은 방지해야 하는 것인가라고 묻는다면, 아무도 그것에 반론을 제기하지 않을 것이다. 고통은 방지되어야 하는 것이라면, 모든 고통은 방지되어야 한다. 그렇지 않으면, 고통은 자아에 속하게 된다. 누구에게나.(103)

이 게송을 재구성하면 아래와 같은 주장이 될 것이다:

> (1) 자아(ātman)는 없다: '우리'는 단지 심-신적 요소의 복합물일 뿐이며, 복합물은 실재가 아니다.
> (2) 항목 (1)을 고려하면, 나의 고통과 너의 고통을 구분하는 근거가 없고, 고통은 주인이 없다.
> (3) 고통은 나쁜 것이며 방지되어야 한다.
> (4) 항목 (2)와 (3)을 고려하면, 모든 고통은 방지되어야 하며(우리는 공평하게, 이타적으로 행동해야 한다.), 또는 어떤 고통도 방지해서는 아니 된다.(우리는 공평하게 냉담해야 한다.)
> (5) 모든 고통은 방지되어야 한다.(우리는 공평하게, 이타적으로 행동해야 한다.)

윌리엄즈Williams에 따르면, 이 주장은 이기주의의 존재론적 근거를 제거하는 데에 달려 있다. 자아가 없으므로 나의 고통과 너의 고통을 구별하는 근거가 없게 된다. 그러므로 이기적 사리 추구로 자신의 고통만을 물리치는 것은 비합리적이며, 따라서 우리는 합리적 일관성의 이유로 인해 공평하게 자비로워야 한다. 윌리엄즈는 동의한다. 그렇지만 이 주장의 첫 번째 전제를 해석하는 두 가지 가능한 방법이 있는데, 둘 다 이 결론을 확보하지 못한다고 말한다:

> 1(a) 산티데바는 자아의 궁극적 실재인 자성(ātman, 사람의 지속적이고, 불변하는, 본질로 이해되는)을 부정하지만, 사람들이 관습적으로 실재한다는 것은 인정한다.

윌리엄즈에 따르면, 만약 이것이 산티데바가 뜻한 것이라면, 이기적인 사리 추구의 근거를 없애지 못하기 때문에 그의 주장은 성립되지 않는다. 여전히 관습적 자아의 이익에 특전을 줄 수 있기 때문이다.

> 1(b) 산티데바는 자아의 궁극적 실재와 관습적 실재 모두를 부정한다. 존재하는 모든 것은 다만 인과관계의 심리적-물질적 요소이다.

이 해석은 이기적 자기 이익에 대한 가능한 모든 존재론적 근거를 제거하며, 윌리엄즈의 견해로는 산티데바의 주장이 작동하는 유일한 방식이다. 그러나 윌리엄즈가 주장한 대로, 이 해석은 일반적인 윤리적 거래에 끔찍한 결과를 가져다준다. 자아와 타자의 구별을 없앰으로써, 보살이 남을 위하는 목적으로 자신의 업 공덕을 희생하겠다는 보살 서원을 무의미하게 만든다. '타자'가 없으므로 보살의 자비나 이타적 관심의 대상이 없는 것이다. 행위자의 개념을 제거함으로써, 평가받을 수 있거나 축적할 보살의 행위도 없는 것이다. 따라서 남의 고통을 없애주는 일에 헌신하는 행위도 없는 것이다. 윌리엄즈는 이 견해가 끔찍한 윤리적 함의를 하고 있을 뿐 아니라, 개성에 대한 잘못된 형이상학적 관점을 전제한다고 생각했다. 그는, 예를 들어 요소들의 집합물로 환원시켜 사람을 분석하는 것은, 사람이라는 개념을 전제한다고 주장한다. (즉 부분의 무작위 집합에서 파생한 전체가 아니라, 부분들이 전체와 연관되어 식별된다.) 윌리엄즈는 산티데바가 어느 쪽도 수용할 수 없는 진퇴양난에 직면했다고 결론지었다. 결과적으로, 산티데바는 이타주의의 합리적 근거를 제시하는 데 실패했을 뿐 아니라, 윌리엄즈에 의하면, 산티데바가 주장하는 논리적 귀결을 따르면 보살도를 파괴한다는 것이다.

이런 윌리엄즈의 주장에 대한 대부분 현대의 응답은, 산티데바가 해석 1(b)를 의도하지 않았다는 것이다. 이러한 응답들은 주로 전제 (1)에 관련된 혼란에 대한 반향으로부터 나타났다. 이 전제는 아비달마 존재론 관점의 궁극적 진리에 관한 서술을 가장 솔직하게 읽은 것으로서, 오직 인과적으로 얽힌 심-신적 요소만 실재하고 사람은 실재하지 않는다고 해석한 것이다. 그런데 산티데바는 중관파다. 왜 중관파가 아비달마의 존재론적 입장으로 주장했을까? 어떤 사람들은 이 분명한 사실에 대해서 방법론적 설명을 제시한다.(Siderits 2000, 2015) 다른 사람들은 이것이 전제 (1)을 읽는 데 최선이 아니라고 하며, 대신 중관파와 더 어울리는 대안적 해석을 제시한다. 나는 아래의 세 가지 대안적 해석을 논의할 것이다. 이 중 어떤 것도 아비달마나 중관파가 해석 1(b)을 수용했을 거라고는 말하지 않는 것 같다. 중관파가 사람의 관습적 실재를 수용했고, 아비달마도 역시 수용했다. 또한 산티데바가 다른 곳에서 마치 관습적 자아가 있는 것처럼 써온 것이 알려졌다.(Clayton 2001, 2006, Harris 2015) 더구나 어떤 사람은 1(b)가 함의하는 것이 윤리적으로 너무 처참하므로, 산티데바의 해석으로 돌리지 않는 것이 더 관대할 거라고 주장한다.(Harris 2015)

해석 1(b)를 거부함으로써 윌리엄즈가 제시한 딜레마의 한쪽 문제는 피할 수 있더라도, 그것으로 다른 한쪽의 문제를 성공적으로 해석할 수 있는 것은 아니다. 전제 (1)을 1(a) 측면에서 해석하는 것도 몇 가지 이유로 문제의 소지가 있다.

첫째, 우리는 전제 (2)와 1(a)에서 수반된 함의를 어떻게 해석해야 하는가? 위에서 살펴본 대로, 이 전제들은 아비달마 관점에서 본 궁극적 실재에 관해서 가장 솔직한 해석으로 보인다. 이 견해에서는, 고통(일종의 베다나vedanā[15])은 궁극적 실재의 적절한 구성 요소로서, 사람을 심-신으로 환원할 수 있는 집합 요소다. 사람, 주체, 행위자는 궁극적으로 실재하지 않기 때문에, 고통도 궁극적으로 어떤 사람 안에서 또는 어떤 사람을 위해 일어나지 않는다. 중관파가 이 전제를 수용할 수 있는지는 확실하지 않다. 궁극적 실재에 관한 서술이라고 해석하지 않을 것은 확실하다. 왜냐하면 우리가 알고 있듯이,

15 역주: 감각, 수受.

중관파는 특징적으로 어떤 것이 궁극적으로 존재하는 것을 부정하기 때문이다.(아비달마에 따라 이 개념을 가졌다는 점에서) 자재논증-중관파가 이 전제들을 (사려 깊게 수정하여) 관습적 실재에 관한 주장이라고 해석한다면, 이 전제들을 합리적으로 수용할 가능성이 있다. 그렇지만 '전형적-귀류논증파'의 관점에서는 사람과 고통의 사례들은 동일한 존재론적 위치에 있게 된다. 즉 대다수 평범한 사람들에 의해 수용되는 관습적 실재의 구성 요소이다. 이 관점에서는 전제 (2)는 거짓이다. 상식이 고통과 명백한 실체와의 사이를 구별한 것이다.

'비전형적-귀류논증파'는 어떨까? 이 질문에 대한 답은 우리가 어떻게 주체가 없는 고통을 이해하는가에 달려 있을 것이다. 이 주장을 이해하는 방법은 적어도 두 가지가 있는 것으로 보인다. 첫째, 고통은 사람에게 귀속되는 정신적 사건이 아니라는 주장(고통이라는 사건과 사람의 두 독립체 사이가 귀속 관계로 가정될 때)이다. 둘째, 고통은 고통을 겪는 주체에 의해서 감지되거나 경험되지 않고 그냥 일어난다는 주장이다. 윌리엄즈는 산티데바의 주장이 요구하는 생각에 맞는 것으로 두 번째 해석을 택하면서, 이것은 말이 안 된다고 주장한다. 윌리엄즈에게는, 의식적 정신 상태는 필연적으로 주관성의 요소를 포괄한다. 즉 현상적 내용은 항상 주체에게 또는 주체를 위해 나타난다고 주장한다. 클레이튼(2001)은 이에 응답하여, 주체가 없는 고통의 이념을 거부하는 것은, 모든 불교를 효과적으로 무시하는 것이며; 불교 통찰의 핵심은 주체가 없는 경험의 신비라고 했다.(86) 이것은 반드시 참일 필요는 없다. 저명한 유식유가행파(Yogācāra) 그리고 인식-논리학파(Pramāṇavāda)[16]의 사상가들은 일상적인 의식 경험은 현상적 내용과 그것의 주체적 경험 모두를 포괄한다는 생각을 견지했다.[17] 이 이념의 한 버전은 비록 이 장에서 논의된 자재논증파의 형태와 일치하지 않는 것으로 보이지만, 몇몇 저명한 유가행-자재논증-중관파(Yogācāra-Svatantrika-Madhyamaka)[18] 학자들, 예를 들면 샨타라크시타(Śāntarakṣita, 적호寂護, 725-788) 그리고 까말라쉴라(Kamalaśīla, 연화계蓮華戒, 740-795)에 의해 수용되고 옹호되었다. 그럼에도 불구하고, 의식의 본질에 관한 평범한 직관을 반영한 범위에서는 전형적 귀류논증파의 '세상이 인정하는 것(lokaprasiddha)'의 개념과 부합할 수 있다. '비전형적 귀류논증파'의 경우는 더 도전적이다. 이 논제에 대한 유명한 분석[자증지自證知 (svasaṃvedana)[19]로 분석된 주관성]은 총카파에 의해서 거부되었지만, 이 견해에 반대하는 총카파의 주장에는 관습적 진리의 수준에서 주체가 없는 고통의 개념은 정당화되지

---

16 역주: 7세기 무렵 인도의 불교 논리학자 다르마키리티Dharmakīrti; 법칭法秤 등에 의해 형성된 학파.

17 이 생각은 주체-객체의 이중성을 갖는 일상적 경험의 개념에 포착된다. Vasubandhu(역주: 세친世親, 4-5세기 간다라 출신 인도 승려, 학자)의 삼성론三性論(TSN), Dignaga(역주: 진라陳那, 480~540, 인도 불교 연역적 논리학, 인식론 창시)의 집량론集量論(Pramāṇa-samuccaya), Dharmakīrti(역주: 법칭法稱, 6세기 또는 7세기 인도 날란다 대학 불교학자)의 양평석量評釋(Pramāṇavārttika) 참조. 이 견해에 대한 개요와 부차적 문헌에 관련된 참고 사항에 관한 간단한 설명은 Finnigan(2017b) 참조.

18 역주: 티베트 불교 전통에서 중관파 입장을 궁극적 진리로 보았으며, 그리고 동시에 유가행파의 견해도 같이 보았다.

19 역주: 인식주체, 인식대상, 그리고 인식의 결과는 서로 다른 것이 아니다는 견해.

못할 것이라는 이유가 있다.(Garfield 2006, Williams 2013) 이러한 이유로, 전제 (2)는 일련의 중관파 견해로써는 문제의 소지가 있는 것으로 보인다.

우리는 전제 (3)의 상태, 즉 '고통은 나쁜 것이며 방지되어야 한다'에 대해서도 물어볼 수 있겠다. 만약 전제 (3)이 궁극적 실재에 관한 서술이라고 해석된다면, 중관파에게는 용납되지 않을 것이다. 관습적 진리로서는 수용될까? 대부분의 보통 사람들이 수용하는 평범한 도덕적 직관의 범위에서는 '전형적 귀류논증파'에게 수용될 수 있다. 사실 이것은 '누구도 반론을 제시하지 못할 것이다!'라고 말하는 산티데바의 특질을 읽는 한 방법일 것이다.(BCA 8.103) 이 관점이 '비전형적 귀류논증파'에게 수용될까? 그들의 응답도 '전형적 귀류논증파'의 관점과 아주 같을 것이다. 그렇지만 이 점은 '비전형적 귀류논증파'가 관습적 주장은 참으로서 입증되어야만 한다고 생각하는지, 아니면 단순히 합리적이고 인식론적으로 거짓이라고 입증할 수 없다고 생각할지에 달려 있을 것이다. 아마도 부합성의 합리적 기준은 전제 (3)을 입증할 것이다.(전제 (3)의 부정보다는 널리 수용되는 다른 도덕적 직관과 더 부합될 것이기에) 그러나 이러한 규범적 평가라기보다는 서사적 진실 문제에 관한 전제가 인식론적 기준에 의해서 입증될 수 있을지는 불확실하다. 그렇지만, 만약 관습적 주장이 이러한 인식론적 방법들에 따라 단순한 거짓이라고 입증할 수 없는 처지라면, 그때는 전제 (3)은 관습적 진리로서 합리적으로 세워질 수 있을 것이다.

산티데바의 경우는 흥미롭다. 우리는 전제 (3)을 환원적 존재론(관습적 실재의 범위 안에 있는 것이긴 해도)을 가정하는 관점에서 합리적으로 분석한 관습적 주장으로서 제시해 왔다. 아비달마의 맥락에서 보면, 환원적 분석은 마음에 의존하지 않는 실재를 드러내기 위해 사회적, 언어적, 개념적 구조를 제거한다. 흥미롭게도 이 환원은 가치 평가적 고려 사항은 제거하지 않는다고 생각한다는 것이다. 아비달마 사상가들은 궁극적 실재를 구성하는 정신적 요소들은 근본적으로 유의성誘意性[20] (긍정적, 부정적, 또는 중립적)이 있다고 추정한다. 따라서 고통은 궁극적으로 나쁘지만, 우리가 고통은 나쁘다고 판단하기 때문에서가 아니고, 몸에 표시되고 우리의 회피적 반응이 확실하게 나타나는 사실처럼 고통의 궁극적 유의성이 부정적이어서 그렇다는 것이다. 이것은 매력적인 생각이지만 논란의 소지가 크다. 이것은 고통은 나쁜 것이며 방지되어야 한다는 주장과 동등한 것인지 불확실하다. 그렇지만 아비달마와는 달리 자재논증파는, 환원이 관습의 영역 안에서 일어난다는 견해를 분명하게 견지하는 점을 놓고 보면, 이러한 문제들을 피할 수 있다. 따라서 그들에게는 모든 사회적, 언어적, 개념적 구조의 제거는 관습적 실재로 환원된 수준에서 일어난다는 점은 의문의 여지가 없다.

전제 (3)이 모든 중관파로부터 수용될 수 있는 것으로 보이는 가운데에서도, 우리는 여전히 전제 (4)가 수반하는 문제로부터 결론에 이르기까지는 의문을 제기할 수 있다. 전제 (4)는 모든 고통의 제거와 어떤 고통도 제거하지 않음 사이의 선언명제選言命題[21]이다. 결론은 이 선언지選言肢 가운데 하나를 시인한다. 이런 시인에는

20 역주: 서로 반응하거나 영향을 주고받는 사람이나 사물의 포용력.

21 역주: 두 가지 명제의 어느 한쪽이 참임을 주장하는 기호 논리학.

무슨 이유가 있을까? 왜 인간 본성에 대한 적절한 이해는 우리의 관심을, 예를 들어, 고통의 발생에 관해 전혀 신경 쓰지 않게 하고, 모든 고통을 제거하도록, (아니면 이기심을) 확대하도록 이끄는 이유는 무엇인가?(Harris 2011) 전제 (3)이 여기에 필요한 이유를 제공한다고 주장할 수 있겠다. 왜냐하면, 우리가 이미 모든 중관파에 의해서 관습적 진리로서 수용될 수 있다고 시사했듯이, 고통은 나쁜 것이며 제거되어야 하는 것이기 때문이다.

비록 우리가 전제 (4)와 결론 사이의 함의를 인정한다고 해도, 윌리엄즈는 전반적인 논거가 구조적 결함을 지니고 있다고 주장한다. 즉 그 논거는 '그 경우는 무엇이다'라는 서사적 진실로부터 '우리가 어떻게 처신해야' 하는지에 관한 어떤 규범적 주장을 추론하려고 시도한다는 것이다. 이렇게 '사실'에서 '당위'를 도출하려는 시도는 오류라고 흄에 의해서 훌륭하게 규명되었다.[22] 그렇지만 전제 (3)은 이런 비난을 피하는 데 필요한 규범적 요소가 끼워져 있는 것으로 보인다. 즉 '고통은 나쁜 것이며 방지되어야 한다'라는 규범적 주장은 결론에 연관된 규범적 과제를 수행하고 있다고 보이며, 인간의 공성에 관한 서술적 주장이 아니다.

끝으로, 비록 사실-당위 이원론 문제가 해결될 수 있더라도, 여전히 이 주장은 윌리엄즈가 제시한 전제 1(a)에 관한 근본적인 쟁점과 마주치게 된다. 즉 우리가 만약 이 해석을 택한다면, 자기 이익만을 추구하는 이기주의로 복귀하게 되어 결국 산티데바의 주장을 약화시

22 역주: 스코틀랜드의 계몽주의 철학자이며 역사학자 데이비드 흄(David Hume, 1711-1776)이 규명한 유명한 사실-당위 이원론 이론 Is-ought problem.

키게 되는데, 우리는 어떻게 이 복귀되는 이기주의를 피할 수 있느냐이다.

중관파는 입보리행론(BCA 8.101-103)으로부터 재구성한 주장에 있는 몇 가지 전제를 수용할 수 있을 것으로 보이지만, 전부는 수용할 수 없다고 보인다. 그렇다면 이것은 윌리엄즈가 맞고 산티데바가 틀렸다는 것을 의미하나? 꼭 그렇다는 것은 아니다. 우리는 여전히 이 입보리행론의 게송에 담긴 이념이 이 전제들과 부합되도록 최선으로 재구성되었는지 물어야 할 것이며, 아니면 산티데바의 사상에서 찾을 수 있는 더 나은 주장이 있는지를 물어보아야 한다. 우리는 또한 그의 게송이 최선으로 해석되어 제시된 주장에 전부 담겨 있는지도 물어야 한다. 이 장은 산티데바의 사상에 대한, 최근에 출현한 문헌에 있는 세 가지의 대안적 재구성을 고찰하며, 이 재구성들과 공, 관습적 진리, 자비, 그리고 공평한 자선에 대한 중관파의 이해 사이에 있는 관계에 더 타당한 설명을 제시했는지 평가하면서 결론을 내릴 것이다.

'우리는 모두 하나'라는 관습적 자아 주장

첫 번째 대안은, 입보리행론(BCA 8)에 담긴 추가 게송 구절을 사용하여 온건한 이기적 사리 추구를 일관되게 허용하는 방식으로 윌리엄즈가 재구성한 논거를 수정하는 것을 정당화한다. 이 대안에 따르면, 1(a)에서 복원된 관습적인 사람들의 감각, '우리'가 모두 별개의 사람이라는, 수정되지 않은 상식적 개념이 아니다. 오히려 '우리'는 하나로,

전체로의, 통일된, 통합적인 관습적 자아의 측면일 뿐이라는 '깨우친' 견해로 수정된 관점이다. 이 개념 버전은 웨틀리슨Wetleson(2002)에 의해 방어되었다.(같은 결론에 이르는 다른 논쟁은 Priest 2015 참조) 웨틀리슨은 그가 발견한 다음 게송의 한 유기체적 은유로부터 수정된 관습적 자아에 대한 증거를 끌어냈다:

> 만약 여러분이, 고통을 막아야 할 사람은 고통이 있는 사람이라고 생각한다면, 발이 아픈 것은 손의 아픔이 아닐 텐데 왜 한쪽이 다른 한쪽을 보호해 주는가?(BCA 8.99)

> 손과 사지는 신체 일부이기에 사랑받는 것과 같은 방식으로 왜 체현된 중생들은 우주 일부를 형성하는데도 똑같이 사랑받지 못하는가?(BCA 8.114)

웨틀리슨에 따르면, 이 유기체적 은유는 사람들 사이의 관계에까지 확대되어, 통일되었지만 다면적인 관습적 자아로서의 더 포괄적인 유기체의 면모로 이해할 수 있다는 것이다. 이 생각의 확실한 이점은, 이기적 사리-추구와 부합되고, 따라서 산티데바에 대한 윌리엄즈의 주요 도전적 과제를 피할 수 있다는 점이다. 우리는 모두 동일한 자아의 부분이기 때문에, 자신의 행복에 관한 관심은 자신의 행복의 한 부분으로서 남의 행복에 관한 관심이 포함된다.(2002: 52) 이 주장의 결론은 우리가 이제는 공평하게 자애로워야 한다기보다는, 오히려 부분적으로 자애로워야 한다는 것이다. 왜냐하면 이 부분성의 수정된

범위는 모든 중생을 포괄하기 때문이다.

이 설명은 산티데바에 대한 윌리엄즈의 주요 반대를 극복했음에도 불구하고 중관파의 관점에서는 몇 가지 문제를 안고 있다. 첫째, 이것은 윌리엄즈의 전제 (2)를 근본적으로 수정했다는 점을 함의하고 있다. 더는 모든 고통이 주체가 없다는 점에서 유사한 것이 아니라, 이제 고통은 내 것이라는 점에서 유사하다는 점으로 바뀐 것이다.(Williams 1998) 고통은 나의 것이라고 말하는 것은, 일반적으로 고통이 나에 의해서 경험된다는 의미를 취한다. 그렇지만 내가 모든 고통을 경험한다고 말하는 것은 매우 반직관적이다. 이것은 우리가 남이 겪는 고통을 말 그대로 겪지 않거나 못한다고 널리 추정되고 있을 뿐 아니라, 이런 (관습적) 사실은 우리의 태도, 반응, 그리고 행동에 영향을 주고 있다. 전제 (2)의 이러한 수정은 세상에서 널리 받아들이는 것에만 동의하는 '전형적 귀류논증파'에게는 분명코 받아들여질 수 없다.

같은 이유로, '전형적 귀류논증파'는 웨틀리슨의 '하나'의 관습적 자아로 바뀐 개념을 거부할 것으로 보인다. 사람들은 모두 하나의 통합된 존재라는 측면으로서라기보다는, 분리되어 구별되는 존재라고 더 널리 믿어지고 있다. 이 개념이 자재논증파에게 수용될 수 있는지도 불확실하다. 그들은 방법론적으로 확대된 통합체와 상반되는, 환원된 관습적 존재론 안의 관습적 주장에 근거하기 때문이다.

'비전형적 귀류논증파'는 어떨까? 그들은 통합된 관습적 실재를 수용할 수 있을까? 이에 대한 답은 관습적 존재에 대해 가정된 기준에 달려 있을 것이다. 웨틀리슨에 따르면, 관습적 주장은 합의에 따라서

(2002: 43) 그리고 언어 사용에 따라(48) 검증된 실용적 생각을 바탕으로 결정된다. 따라서 관습적 실재에 대한 기준은 사회 구조의 집단적 승인의 문제로 보인다. 그렇지만 이 견해에는 두 가지 문제가 있다. 이 기준에 따라 '하나'로서의 자아를 관습적 실재로서 설명하기 위해서는, 집단적 합의('전형적 귀류논증파'가 수용하는 의미의 '세상이 인정하는 것')에 관한 구조가 있거나, 아니면 합의해야 하는 구조가 있어야 한다. 우리가 지금까지 논의했듯이 이것은 전자를 충족하지 않는다. 또한 이 기준은, 우리가 그들의 견해의 특성을 얘기했듯이, 널리 통용되는 인식론적 규범을 진리의 기준으로 취하는 '비전형적 귀류논증파'를 충족시킬 만큼 확고하지 못한 것으로 보인다. '하나'로서 통합된 자아 개념이 경험적 관측과 귀납적 추론의 기준으로서 충족되고, 따라서 수용되어야 하는지를 보여주기 위해서는 더 많은 논의가 필요하다.

'타당한 차이가 없다' 또는 '합리성' 주장

입보리행론 8.101-103에 담긴 주장을 윌리엄즈가 재구성한 논쟁에 대한 두 번째 대안은 입보리행론 90-98에 있는 게송에서 뽑은, 더 축약된, 산티데바의 사상을 더 그럴듯한 것으로 만드는 것으로 보인다. 이 주장의 버전은 윌리엄즈Williams(1998: ch. 2), 페팃Pettit(1999), 클레이턴Clayton(2001), 웨틀리슨Wetleson(2002), 그리고 가필드Garfield, 젠킨즈Jenkins, 프리스트Priest(2015)에서 찾을 수 있다. 이 주장은, 너와 나 사이에는 너의 고통보다 나의 고통을 우선하여 방지해야 하는 것을 정당화할 만큼의 타당한 차이가 없다는 생각에 쟁점을 둔다. 우리는 이 주장을 다음과 같이 재구성할 수 있겠다:

(1) 자기 본위의 이기심은, 자신의 이익을 남의 이익보다 우선시하는 것을 정당화하는 어떤 타당한 차이가 있는 자아가 있다고 추정하게 한다.

(2) (1)은 거짓이다. 자신의 이익을 남의 이익보다 우선시하는 것을 정당화하는 타당한 차이가 있는 자아는 없다.

(3) 고통은 나쁘며 방지해야 한다.

(4) (2)와 (3)을 놓고 볼 때, 나의 고통을 방지하는 것이, 너의 고통을 방지하는 것보다 특권을 부여해야 할 이유가 없다.

(결론) (4)를 놓고 볼 때, 이기심은 비합리적이고, 합리적 일관성의 이유로, 차별 없이 고통을 방지해야 한다.

클레이턴Clayton이 지적했듯이(2001), 이것은 무차별 논거의 구조와 같다. 나는 도덕적으로 관련된 의미에서 특별하지 않기 때문에, 나의 고통이 너의 고통보다 중요하다고 생각하지 말아야 하고, 그래서 나는 너의 고통을 나의 고통만큼 여겨야 한다. 이 주장의 장점의 하나는, 우리가 논의했듯이, 중관파의 관점에서는 미심쩍은 '주인 없는 고통'을 상정하지 않은 점이다. 이 주장은 또한 윌리엄즈의 이기심 문제를 정면으로 다루며, 공평한 자비에 관한 독립적 증거를 제시하기보다는, 증명의 부담을 이기주의자에게 전가하는 것으로 보인다.(Pettit 2000, Garfield, Jenkins, Priest 2015) 그렇지만 이 주장의 타당성은 (2)가 참이냐에 달려 있다. 이 전제를 수용하는 데에 어떤 이유가 있으며, 그 이유는 중관파가 용납하지 않는 관습적 실재의 관점을 요구하는가?

입보리행론(BCA 8.94)에서 산티데바는, (관습적인) 고통 방지와 관련하여 사람들의 동등한 고려를 정당화하기 위해서, 유사하다고 생각하는 두 가지 이유를 제시한 것으로 보인다. 그 첫째 이유는 입보리행론의 게송 94-96에 담겨 있다:

> 나는 남들의 고통을 없애야 한다. 왜냐하면 남들의 고통은 나 자신의 고통과 같기 때문이다. 또한 나는 남을 도와야 한다. 왜냐하면 남들의 존재 본성은 내 존재의 본성과 같기 때문이다.(BCA 8.94)

> 내가 행복을 좋아하고 남들도 같이 그러하다면, 나 자신만을 위한 행복을 추구할 만큼 특별한 것은 무엇인가?(BCA 8.95)

> 내가 두려움과 고통을 싫어하고 남들도 같이 그러하다면, 나 자신은 보호하고 남들은 보호하지 않을 특별한 것은 무엇인가?(BCA 8.96)

이런 수사학적 질문에 대한 의도된 답은 '없다'이다. 나에게는 나의 고통 방지가 너의 고통 방지보다 특권을 가진다는 생각을 보증하는 어떤 특별한 점이 없다. 왜? 우리는 행복은 추구하고 고통은 피하려고 시도하는 중생의 본성에 관련하여 유사하기 때문이다. 우리가 이것이 결론에 대한 충분한 이유라고 생각하든 그렇지 않든, 만약 이 주장이 이성적 성찰, 인식론적 분석, 또는 거의 모든 보통 사람들이 널리 수용하는 평범한 직관을 근거로 수용하는 관습적 진리로 해석된다면, 모든 중관파가 수용할 수 있는 이유가 되는 것으로 보인다. 더구나 이 주장이 붓다의 사성제 전제조건의 중심이라는 점, 그리고 모든 중관파가 붓다의 가르침과의 부합을 추구한다는 점을 놓고 볼 때 이 주장은 모든 중관파가 수용하기를 원하는 이유가 될 것으로 보인다.

그러나 이것이 산티데바가 제시한 유일한 이유는 아니다. 다음의 게송은 약간 다른 이유를 제시한다: '만약 남들의 고통이 현재 나를 괴롭히지 않는다는 이유로 내가 남들의 고통을 막아주지 않는다면, 현재 나를 괴롭히지 않는 미래의 나의 고통으로부터 왜 내 몸을 보호해야 하는가?'(BCA 8.97) 여기서 산티데바는 자기중심적 이기심은 미래 지향적이라고 지적한 듯하다. 우리가 막으려고 모색하는 고통은 현재 우리가 겪고 있는 고통이 아니고 미래에 일어날 고통이다. 그런데 산티데바는 미래의 자신은 현재 자신의 존재와 동일하지 않다는 점에서 미래의 자신은 현재의 타인(존재의 특성을 가진)과 유사하다고 시사하는 것으로 보인다. 그리고 그는 이 사실에 따라서, 미래 자신의 고통을 막는 것이, 현재 남들의 고통을 막는 일보다 우선할 아무런 이유가 없다고 추론한다. 두 가지 모두 내가 겪는 고통이 아니기 때문이다. 더구나 그는 '그러나 미래의 자아는 나일 것이다'라고 말하는 것은 잘못된 구성이기에 잘못이라고 주장한다.(BCA 8.98)

중관파가 이 두 번째 이유를 수용할 수 있을지는 불분명하다. 첫째,

이것은 아비달마 관점의 궁극적 실재에 관한 주장을 가장 직설적으로 읽은 것으로 보이기 때문이다. 아비달마에 따르면, '우리'는 단지 순간적이고 덧없는 심신 요소의 연속체일 뿐이다. 어떤 현재의 '나'(관습적으로 불리는)의 궁극적 구성 요소는, 어느 미래 시제의 '나'(관습적으로 불리는)의 궁극적 구성 요소와 같지 않을 것이며, 따라서 말 그대로, '나'라는 말은 이 순간의 사람과 다음 순간으로 넘어간 사람이 같다고 분별하지 못한다. 이 존재론을 놓고 볼 때, (a) 현재의 나와 미래의 나, (b) 현재의 나와 현재의 너 사이의 '비-정체성'의 유추적 유사성을 곧바로 추론할 수 있다.

우리가 아는 바와 같이, 중관파는 그렇게 해석한 궁극적 실재를 부정하고 있으며, 따라서 이 이유를 궁극적 진리의 서술로서 수용할 수 없다. 만약 관습적 실재에 관해서 합리적으로 개정한 주장이라고 해석한다면, 자재논증 중관파는 수용할 수 있을 것이다. 그렇지만 '전형적 귀류논증파'의 '세상이 인정하는 것(lokaprasiddha)'과는 부합하지 않을 것이다. 대다수 사람이 그들의 시간과 여러 생애를 통해서 영원히 변하지 않고 존재하는 영혼 또는 본질(ātman)을 가지고 있다고 믿지 않을지 몰라도, 지금 구체화한 존재로서의 우리 자신은(피할 수 없는 변화에도 불구하고), 몇 가지 중요한 측면(예: 기억, 몸)에서, 구체화한 다른 사람의 존재와 연속되지 않는 방식으로, 미래에도 구체화한 존재로서 지속될 것이라는 추정이 일반적이다.

이 두 번째 이유가 합리성의 규범과 긴장 관계에 있을 뿐 아니라, 우리의 합리적 능력을 훼손할 수 있다고 함의한다는 점을 놓고 볼 때, 이것이 '비전형적 귀류논증파'의 '세상이 인정하는 것'과 부합하는지는 불확실하다. 지속성을 가진 자아에 대한 믿음(관습적인)은 우리의 많은 일상 행동(예: 우리가 이를 닦는 것은 남의 이를 닦는 것이 아니고 우리 자신의 이를 닦는 것이며, 우리가 미래에 겪을 수밖에 없는 충치를 예방하는 것이다; Williams 1998)의 많은 것을 형성할 뿐 아니라, 그렇지 않으면, 우리 자신과 관련된 도구적 추론의 형태를 계획하는 우리의 능력을 약화할 것이라고 가정할 수밖에 없어 보인다.(Wetleson 2002)

더구나 해리스Harris가 지적했듯이(2015), 우리가 남들을 돌보는 도덕 직관이 있는 만큼, 우리는 적당한 양의 이기심을 허용하는 도덕 직관도 있다. 어느 정도의 자기 관리는 종종 도덕적으로 칭찬할 만하다고 생각한다. 예를 들면, 우리는 암을 예방하기 위해 금연을 한다든지, 비만과 관련된 병을 막기 위해 운동을 하든가, 운전하기 전에 법적 허용치를 초과하는 음주를 자제하는 사람들을 칭찬한다. 이런 행위들이 행위자의 미래뿐 아니라 남들에게도 이로운 것이지만, 우리는 보통 이런 예방적 행위의 실행이 온전히 그들 자신의 미래 행복을 위한 것이라고 해도 그 행위자를 나무라거나 비난하지 않는다. 따라서 일부 도덕 직관과 관련하여, '미래의 자신은 나일 것'이라는 사실은 특정 형태의 행위를 수행하는 타당한 이유로서 여겨지는 것으로 보인다. 해리스는 이 점을 산티데바에게 입증 책임을 다시 전가하는 근거로 삼았다. (관습적인) 사람들의 유사성을 강조하는 것은 특정 도덕 직관을 지지할 수 있지만, 차이점을 강조하는 것은 다른 사람들을 지지한다. 왜 후자는 불합리하고 전자는 그렇지 않은지 그 이유를 보여주는 새로운 논의가 필요하다.

이 논의 마지막 문제는, 이 재구성에 대한 텍스트 지원이 계송

101-103 이외의 구절에서 끌어왔다는 점이다. 따라서 같은 문제와 관련된 일련의 다른 게송 구절들로부터 공평한 자비에 관한 다른 쟁점을 재구성함으로써 윌리엄즈가 게송 101-103에 제기한 문제는 막아낸 것으로 보인다. 아마도 이 대안적 논거가 더 타당할 수 있겠지만 (특히 Garfield, Jenkins, Priest 2015가 그런 것처럼, 전제 (2)를 정당화하기 위해 제시된 첫째 이유에만 초점을 둘 때), 윌리엄즈가 101-103에서 아주 부당하다고 발견한, 문제의 소지가 있는 요소들을 뺀 사실 때문에 타당하다고 보이는 것이다.

심리적 변화를 위한 명상 기법

이 장에서 고려할 세 번째 대안(그러나 유일하게 남은 가능성은 결코 아닌)은, 입보리행론의 게송 8.101-103절이 '우리는 공평하게 자비를 베풀어야 한다'라는 점을 증명하기 위한 주장을 제공한다는 점을 부인한다. 이 대안에 따르면, 이 게송은 오히려, 명상적 맥락에서, 우리의 많은 부정적 정서를 뒷받침하는 자아에의 집착, 또는 아집을 약화하는 데 도움이 될 고려 사항을 제기한다고 읽어야 최선이라는 것이다. 따라서 이 구절의 목적은 공평한 자비의 합리성을 확립하는 데에 있지 않고, 명상 수행에 몰입할 때 남을 위한 자비심을 실제로 생성하도록 도움을 주려는 데에 있다.

이 제안의 한 버전은 페팃Pettit(1999)에 의해 처음으로 제시되었는데, 그는 저명한 티베트 겔룩파 사상가들, 특히 총가파Tsongkhapa가 두 가지 문제의 소지가 있는, 제거할 필요가 있는 '자아' 감각을 구별한 것으로 확인한다. 그 첫째는 자성, 즉 아트만(ātman)으로, 의식적 인식의 주인으로서 사건과 별개로 존재하는, 순간에서 순간으로 완전하게 구현하는, 지속적 실체가 있다는 철학적 견해다. 그런데 그 두 번째는 주로 무의식적으로 내재하는 아집 감각으로서, 겔룩파는 이것이 우리의 부정적 정서의 기저를 이루며, 주체가 정서적 압박 상황에 놓이면 드러날 수 있는 것으로 생각한다. 페팃은 이 아집 감각을 '자아에 대한 본질적 오해'(1999: 132) 또는 '정서적으로 갈등하는 자아'(132)라고 불렀다. 이 관점에서의 평범한 관습적 삶은, 평범하고 순수한 사람들의 감각(실제적이며 윤리적 거래에 유용한)과 우리의 부정적 정서를 알려주는 문제의 소지가 있는 잘못된 자아 감각의 혼합으로서 이해되어야 한다.

우리가 만약 이 구별을 인정한다면, 산티데바의 사상을 단지 명상 수행의 맥락에서, 본질에서 잘못 생각된 자아를 약화하는 데 도움을 주고 도덕 심리의 긍정적 변화에 이바지하는 제안을 제공하는 것으로서 읽을 수 있다. 예를 들면, 어떤 사람이 자신의 습관적인 이기적 성향을 인식했을 때(아니면 어떤 특정 사례에서 이기적 성향이 나타날 때), 우리는 무아적 존재라는 생각을 상기하면, 우리의 이 정서적 상태를 구성하는 아집을 약화하는 데 도움이 되며, 그로 인해서 아집을 비이기적 또는 남들에 대한 자비로운 관심과 같은 다른 심리적 상태로 변화시키는 데 도움이 될 수도 있다. 웨스터호프Westerhoff에 따르면(2015), 단순히 이런 생각을 상기하는 (또는 이 생각이 옳다고 믿는) 것만으로는 변화를 불러오기에 부족하다. 요구되는 것은, 이 주장의 참에 대한 '명상적 깨달음'이다. 이것은 우리가 무엇을 해야 하는지에 대한 믿음이 아니라, 우리가 감정을, 습관적으로 어떻게 반응하는지를 암시하는 행동 경향으로서 이해하는 점을 고려할 때, 오히려 '실제로' 무엇을 하면서 얻는 변화라고 주장되는 것이다. 이런 변화는 또한 감정이 우리의 현상학과 관련이 있다는 가정을 고려하면, 세상을 경험하는 방식을 바꿀 것으로 생각된다.

산티데바 게송 구절의 이런 대안적 읽기에는 몇 가지 장점이 있다. 첫째, 산티데바가 서술적 사실로부터 규범적 결론을 추론하는 오류에 빠졌다는 윌리엄즈의 비난을 피한다. 이 설명에서, 어떤 심리적 상태(예: 어떤 주장의 참을 깨닫는 것)는 행동적 함의를 가진 다른 심리적 상태를 생성하는 데 도움을 주는데, 두 심리 상태 모두는 서술적 사실의 문제이다.(Harris 2011; Westerhoff 2015) 둘째, 산티데바의 주장은 이기주의의 근거를 제거하는 데 실패했기에, 결론을 증명하는 데 실패했다는 윌리엄즈의 비난을 피한다. 왜냐하면 이것은 결론을 증명할 목적의 주장이라고 더는 생각하지 않기 때문이다. 셋째, 게송 101-103을 해석하는 이런 방식은 '주인 없는 고통'이라는 이념이 일으키는 문제를 피하며, 이 해석이 함의하는 아비달마 스타일의 환원을 피한다. 왜냐하면 이 해석은 중관파에게 이런 생각들을 수용하라고 요구하지 않기 때문이다. 대신 중관파는 단지 이런 생각들을 긍정적 논지로 인증하기보다는, 심리적 변화를 목표하는 숙련된 방편(upāya)의 입장으로 활용한다고 주장할 수 있다. 넷째, 이 대안적 읽기는 왜 이런 게송 구절이 '선정禪定의 완성'이라는 제목의 장에 수록되었는지를 설명할 것이다. 마지막으로, 이 대안적 읽기는 도덕심리에서의 자아개념, 그리고 아집의 역할에 관련된 더 광범위한 불교의 주제들을 제시함으로써 더욱 광범위한 불교 문헌의 보완을 약속한다.

앞선 대안들과 마찬가지로, 이번 입보리행론 101-103 읽기도 문제의 소지가 없는 게 아니다. 한 가지 문제는, 이것이 산티데바의 게송에 담긴 이념을 정확하게 재구성한 것으로 생각되느냐에 관련된다. 윌리엄즈에 의해 지적되었듯이(1999), 페팃은 (a) 철학적 자아(ātman)에 대한 믿음, 그리고 (b) 우리의 부정적 정서에 의해 암시되는 내재하는 자아 감각 사이의 구별을 산티데바보다 후대인 14세기와 16세기 사이의 티베트 겔룩 중관파 저술의 덕으로 명시적으로 돌리고 있다. 7세기의 산티데바 자신이 이 게송을 쓸 때 이런 구별을 염두에 두었는지는 불분명하다.

이 재구성은 또한 산티데바의 게송에서 전제한 것보다 더 정교한 감정의 분석을 함의하고 있는 것 같다. 게송 101-103에서 고통은 단순하고 구조화되지 않은 정신적 발생으로 인식된 것으로 보인다. 그렇지만 이런 심리적 변화는 어떤 의도적 태도나 믿음에 의해 구성되는 행동적 성향으로서의 감정 분석이 필요하다. 따라서 정신 상태의 본질에 대한 전제에 불일치가 있는 것으로 보인다.

누군가는 (a)와 (b) 사이를 가르는 진정한 구별이 있는지 물을 수 있겠다. 예를 들어, (b)는 때때로 불변과 자아-본질을 붙들고 있는 자아를 구체화하는 잠재적 성향으로 특징지어진다. 그렇지만 이것 또한 아트만의 개념이 구상되는 방식이기도 하다. 따라서 이 둘 사이에 실질적인 차이가 있다고 보이지 않는다. 만약 이것이 맞다면, 누군가는 이전의 반대에 저항하기 위해 이 사실을 이용할 수 있겠다. 즉 (a)와 (b) 모두 자아 부정을 함의하고 있다고 주장할 수 있고, 따라서 산티데바의 생각에서 후자의 의미를 도출하기 위해서 후기 티베트 철학자들의 구별이 필요하지 않다.

그렇기는 하지만, 누군가는 (a)와 (b) 모두에서의 자아-부정 의미가 순수하고 수용할 만한 관습적 자아의 개념을 허용하는지 궁금해할 것이다. 페팃이 재구성한 대로, (b)는 부정적 감정을 구성하는 자아감이다. 윌리엄즈(1999)는, 누군가는 이것을 긍정적 감정, 또는 정서적으로 중립적이지만 일상적이고 실제적인 거래에 필요한 자아감과 구별할 수 있는지 의심을 보일 수 있다고 한다.(149) 만약 확실한 구별이 없다면, 누군가는 (b)를 없애는 것이, 모든 관습적 자아 개념(주체, 행위자, 그리고 자아와 남 사이의 구별을 포함)을 없애는 결과가 될지 걱정할 것이다. 이런 함의를 피하기 위한 한 가지 방법은 (b)와 순수하고 수용할 만한 관습적 자아의 개념 사이의 구별은 관습적 자아라는 뚜렷한 의미로 구별되는 게 아니고 관습적 자아에 대한 뚜렷한 태도(예: 자아 집착 또는 아집)로 구별된다고 주장할 수 있을 것이다. 따라서 (a) 아트만ātman을 없애는 것은, 관습적 자아 존재 개념이 아니고 자아에 대한 집착 또는 아집 같은 태도로서 해석한 (b)를 없애는 것이다. 그렇지 않으면, (b)는 (a)의 한 형태이기에, (b)는 주체와 행위자로서의 순수하고 수용할 만한 관습적 자아의 개념과는 다른, 우리의 광범위한 관습적 믿음과 부합하지 않는다고 주장할 수도 있다.(Westerhoff 2015) 그러므로 이 주장은 일관성과 일치성이라는 합리적인 규범과 부합되지는 않는 자아의 관습적 개념을 거부하지만, 일관성 있는 자아라는 개념은 유지되는 비전형적-중관파에게는 열려 있을 것이다.

마지막으로, 우리는 무아적 존재라는 '명상적 깨달음'이 어떻게 정확하게 다양한 정신적 태도와 행동을 바꾸는 기능을 하는지 설명하기 위해서는 더 많은 말을 해야 할 것이다. 무엇을 믿는 것과 그것을 이해하고 진리를 깨닫는 것 사이에는 본질적 차이가 있다고 보이는데, 이 생각은 흥미롭다. 그러나 이런 독특한 개념이 다양한 형태의 정신적 태도와 행동 반응과 어떻게 관련되어 있는지에는 부연 설명이 필요하다. 만약 그 주장이, 깨달음은 단순히 이기심을 없애고 자비심을 생성하는 데에 '도움'을 제공하는 것에 관한 것이라면, 문제가 되지 않을 것이다. 그렇지만, 만약 그것이 이런 변화의 충분한 원인이라고 주장한다면 설명의 필요성은 더욱 절실해진다.

인용 문헌

Adam, M. T. (2005) Groundwork for a metaphysic of Buddhist morals: a new analysis of puññaand kusala, in light of sukka. *Journal of Buddhist ethics*, 22, 61-85.

Batchelor, S. (1998) *Guide to the Bodhisattva's way of life*. 6th edition. Dharamsala: Library of Tibetan Works and Archives.

Batchelor, S. (2011) *Confession of a Buddhist atheist*. New York: Spiegel & Grau.

Batchelor, S. (2015) *After Buddhism: rethinking the dharma for a secular age*. Princeton, NJ: Yale University Press.

Clayton, B. (2001) Compassion as a matter of fact: the argument from no self to selflessness in Śāntideva's Śikṣāsamuccaya. *Contemporary Buddhism*,

2 (1), 83-97.

Clayton, B. (2006) *Moral theory in Śāntideva's Śikṣāsamuccaya: cultivating the fruits of virtue*. New York: Routledge.

Cowherds (2011) *Moonshadows: conventional truth in Buddhist philosophy*. New York: Oxford University Press.

Crosby, K., and Skilton, A. (1996) Translator's introduction. In: K. Crosby and A. Skilton (trans.), *The Bodhicaryāvatāra*. Oxford: Oxford University Press, xxvii-xlii.

Dreyfus, G., and McClintock, S. L. (2003), T*he Svātantrika-Prāsaṅgika distinction*. Boston: Wisdom.

Finnigan, B., and Tanaka, K. (2011) Ethics for Mādhyamikas. In: Cowherds, *Moonshadows: conventional truth in Buddhist philosophy*. New York: Oxford University Press.

Finnigan, B. (2014) Examining the bodhisattva's brain. *Zygon*, 49 (1), 231-241.

Finnigan, B. (2015) Madhyamaka Buddhist meta-ethics: the justificatory grounds of moral judgments. *Philosophy east and west*, 65 (3), 765-785.

Finnigan, B. (2017a) The nature of a Buddhist path. In: J. H. Davis (ed.), *A mirror is for reflection: understanding Buddhist ethics*. New York: Oxford University Press, 33-52.

Finnigan, B. (2017b) Buddhist idealism. In: K. Pearce and T. Goldschmidt (eds), *Idealism: new essays in metaphysics*. New York: Oxford University Press, 178-199.

Garfield, J. L. (1995) *The fundamental wisdom of the middle way: Nāgārjuna's Mūlamadhyamakakārikā*. New York: Oxford University Press.

Garfield, J. L. (2006) The conventional status of reflexive awareness: what's at stake in the Tibetan debate. *Philosophy east and west*, 56, 201-228.

Garfield, J. L., Jenkins, S., and Priest, G. (2015) The Śāntideva passage: BodhicāryāvatāraVIII.90-103. In: Cowherds, *Moonpaths: ethics and emptiness*. New York: Oxford University Press, 55-76.

Goodman, C. (2009) *Consequences of compassion: an interpretation and defense of Buddhist ethics*. New York: Oxford University Press.

Gyatso, Tenzin (XIV Dalai Lama) (2004) *Practising wisdom: the perfection of Shantideva's bodhisattva way*. Boston: Wisdom.

Gyatso, Tenzin (XIV Dalai Lama) (2009) *For the benefit of all beings*. Boston and London: Shambhala.

Harris, S. (2011) Does anātman rationally entail altruism? On Bodhicaryāvatāra 8: 101-103. *Journal of Buddhist ethics*, 18, 92-123.

Harris, S. (2015) Demandingness, well-being and the bodhisattva path. *Sophia*, 54, 201-216.

Hayes, R. P. (1994) Nāgārjuna's appeal. *Journal of Indian philosophy*, 22, 299-378.

Huntington, C. W., Jr (2003) Was Candrakīrti a prāsaṅgika? In: G. Dreyfus and S. McClintock (eds), *The Svātantrika-Prāsaṅgika distinction*. Boston: Wisdom, 67-92.

Keown, D. (2001) *The nature of Buddhist ethics*. Hampshire, UK: Palgrave.

Pettit, J. (1999) Review of Altruism and Reality. *Journal of Buddhist ethics*, 6, 120-137.

Priest, G. (2015) Compassion and the net of Indra. In: Cowherds, *Moonpaths: ethics and emptiness*. New York: Oxford University Press, 221-240.

Robinson, R. H. (1972) Did Nāgārjuna really refute all philosophical views? *Philosophy east and west*, 22, 325-331.

Ruegg, D. S. (1981) *The literature of the Madhyamaka school of philosophy in India*. Wiesbaden: Otto Harrassowitz.

Siderits, M. (2000) The reality of altruism: reconstructing Śāntideva. *Philosophy east and west*, 50 (3), 412-424.

Siderits, M. (2007) *Buddhism as philosophy: an introduction*. Aldershot, UK: Ashgate.

Siderits, M., and Katsura Shōryū (2013) *Nāgārjuna's middle way: Mūlamadhyama-*

kakārikā. Boston: Wisdom.

Siderits, M. (2015) Does Buddhist ethics exist? In: Cowherds, *Moonpaths: ethics and emptiness*. New York: Oxford University Press, 119-140.

Tanaka, K. (2014) In search of the semantics of emptiness. In: J. Liu and D. Berger (eds), *Nothingness in Asian philosophy*. London: Routledge, 55-63.

Tillemans, T. J. F. (2003) Metaphysics for Mādhyamikas. In: G. Dreyfus and S. L. McClintock (eds), *The Svātantrika-Prāsaṅgika distinction*. Boston: Wisdom, 93-124.

Tillemans, T. J. F. (2010-2011) Madhyamaka Buddhist ethics. *Journal of the International Association of Buddhist Studies*, 33 (1-2), 359-381.

Tillemans, T. J. F. (2011) How far can a Mādhyamika Buddhist reform conventional truth? Dismal relativism, fictionalism, easy-easy Truth, and the alternatives. In: Cowherds, *Moonshadows: conventional truth in Buddhist philosophy*. New York: Oxford University Press, 151-166.

Tillemans, T. J. F. (2016) *How do Mādhyamikas think?* Boston: Wisdom.

Tsong-ka-pa (2002) *The great treatise on the stages of the path to enlightenment*. Vol. 3. Translated by Lamrim Chenmo Translation Committee. Edited by G. Newland. Ithaca, NY: Snow Lion.

Velez de Cea, A. (2004) The criteria of goodness in the Pāli nikāyas and the nature of Buddhist ethics. *Journal of Buddhist ethics*, 11, 123-142.

Westerhoff, J. (2009) *Nāgārjuna's Madhyamaka: a philosophical introduction*. Oxford: Oxford University Press.

Westerhoff, J. (2015) The connection between ontology and ethics in Madhyamaka thought. In: Cowherds, *Moonpaths: ethics and emptiness*. New York: Oxford University Press, 203-220.

Wetleson, J. (2002) Did Śāntideva destroy the bodhisattva path? *Journal of Buddhist ethics*, 9, 1-30.

Williams, P. (1998) *Studies in the philosophy of the Bodhicaryāvatāra: altruism and reality*. Delhi: Motilal Banarsidass.

Williams, P. (1999) Reply to John Pettit. *Journal of Buddhist studies*, 6, 138-153.

Williams, P. (2013) *The reflexive nature of awareness: a Tibetan Madhyamaka defence*. London: Routledge

추천 도서

Arnold, D. (2015) Madhyamaka Buddhist philosophy. In: *The internet encyclopedia of philosophy*. Available from: http://www.iep.utm.edu/b-madhya [Accessed 28 December 2015].

Candrakīrti (2003) Catuḥśatakaṭīkā. In: *Four illusions: Candrakīrti's advice to travelers on the bodhisattva path*. New York: Oxford University Press, 109-208.

Cowherds (2015) *Moonpaths: ethics and emptiness*. New York: Oxford University Press.

Nāgārjuna (1975) Ratnāvalī. Translated by J. Hopkins, L. Rinpoche, and A. Klein. In: *The precious garland and the song of the four mindfulnesses*. New York: Harper and Row.

Shantideva (1996) *The Bodhicaryavatara*. Translated by K. Crosby and A. Skilton. Oxford: Oxford University Press.

Tillemans, T. J. F. (2016) *How do Mādhyamikas think?* Boston: Wisdom.

Williams, P. (1998) *Studies in the philosophy of the Bodhicaryāvatāra: altruism and reality*. Delhi: Motilal Banarsidass

제9장 정토종 윤리

마이클 콘웨이Michael Conway

서론

동아시아에서 가장 대중적이고 널리 행해지고 있는 불교 봉헌 형태 가운데 하나인 정토불교는 불교의 윤리 문제를 고려할 때 다양한 복잡성을 가진 흥미로운 문제들을 불러일으킨다. 왜냐하면 정토불교의 기본 경전들이 깨달음의 전제조건으로서 도덕적 행위 또는 윤리적 행위의 필요성을 부정하기 때문이다. 무량수경無量壽經에서는 아미타불의 이름을 듣고, 불국정토에서 태어나기를 간절히 원하는 것만으로도 그 영역에서의 깨달음을 불러온다고 말한다.(이러한 진술은 18번째 서원과 그 이행 구절에서 나온다. T 360, 12: 268a26-28; 12: 272b11-13) 관무량수경觀無量壽經은 평생 심각한 악행을 저질렀던 사람들도, 단지 임종할 때 아미타불을 열 번 염불하면 깨달음의 성취가 가능하다고 시사한다.(T 365, 12: 346a16-26) 아미타경阿彌陀經은 단지 하루나 일주일 동안 지속해서 염불하면 다음 생에서의 성불이 충분히 보장된다고 간주하며(T 366, 12: 347b10-15), 그리고 다른 하찮은 일에 관여하는 것은 아미타불 정토에 태어나는 목표를 달성하기에 무익하다고 폄하한다.(T 366, 12: 347b9-10) 이런 구절들은 불교 윤리에 관해 영어로 된 많은 담론들이 당연시하는 몇 가지 불교에 관한 가정(비도덕적 행위에 대한 응보의 기능, 그리고 계율(śīla) 준수의 중요한 역할과 같은)에 의문을 제기할 뿐만 아니라, 역사적으로도 정토불교 신봉자들이 '이 세상에서 어떻게 살아야 하나?'라는 중요한 윤리적 물음에 대해서 다양하고 매우 미묘한 대답을 하도록 만들었다.

동아시아에서 정토불교 신앙의 중요성과 넓은 보급에도 불구하고, 그리고 이 질문에 대해서 역사를 통해 다양한 정토 사상가들에 의한 다양한 답들이 제시되었음에도 불구하고, 상대적으로 정토불교 윤리에 관한 영어로 된 학문적 연구는 거의 없다. 현존하는 대부분의 연구는 신란親鸞[1]과 그의 정토진종淨土眞宗에 초점을 두고 있는데, 이는 특히 자신의 깨달음을 달성하려는 인간의 시도에 대해 무익함을 강조하는 정토진종의 반복적인 주장이고, 따라서 더 전통적인 불교 유형에서 보여주는 지위와는 다른 지위로서 윤리적 행위의 주체를 강등시키는 것이다. 이런 연구의 대부분은, 정토종의 승려나 신자들에 의해서 정토종과 맞물린 윤리적 질문에 대한 답을 찾으려는 시도, 또는 어떻게든 현재의 관심사와 연관된 독특한 정토종 윤리를 제시하

1 역주: 1173-1263, 일본 가마쿠라鎌倉시대의 불교 승려로 악인정기설惡人正機說을 주장하며 새로이 정토진종淨土眞宗을 열었다.

려는 시도로써 쓰였다.[2] 종교학자들 그리고 종교 사상도 정토불교의 주제에 진출했고(예: Pye 1989, Kasulis 2001, Lews & Amstuz 1997), 가장 의미심장한 것으로는 유고 드씨Ugo Dessi의 '현대 정토불교의 윤리와 사회'(Ethics and Society in Contemporary Shin Buddhism 2007)인데, 현대 정토종의 교리연구 안에서의 윤리적 주제 담론의 윤곽을 폭넓게 보여주고, 그리고 일본의 정토종 추종자들의 사회 참여의 주요 관점을 소개하고 있다. 일부 학자들은 현대성에 대한 정토종의 응답을 검토하는데, 대개는 정토종 개혁가인 키요자와 만시清澤 滿之[3] 사상의 역할에 초점을 둔다.(Blum 1988, Johnston 1991, Unno 1998, Main 2012)

정토진종 전통 밖의 정토불교 윤리를 검토하는 연구는 거의 없다. 찰스 존즈Charles Jones가 송대(宋代, 960-1279) 이후의 중국 정토불교가 어떻게 위에서 소개한 구절들의 함의를 해석했는지에 대해 고찰한 짧은 논문을 썼지만, 9세기가 넘는 기간에 걸친 얘기가 15페이지도

---

2 정토종 연구를 위한 국제 협회의 저널인 '정토(The Pure Land)'는 이런 종류의 논문에 이바지했는데, 예를 들면 Ishihara 1987, Tanaka 1989, Taniguchi 1999가 있다. 본원사本願寺-파(현재 일본 정토종 두 가지 주요 종파 중 하나) 안에서 더 권위적인 목소리는 '태평양 세계(Pacific World)'에 나타났는데, 특히 Shigaraki 2001, 2009, Tokunaga & Bloom 2000이다. 오타니-하 파(또 다른 주요 종파)의 대표 Ama Toshimaro도 정토종 윤리의 논술을 제시했다.(2001, 2002) '참여 정토불교'(1998)에 기고한 Kenneth Tanaka, Gregory Gibbs, Shigeki Sugiyama도 이 범주에 들어간다.

3 역주: 1863-1903, 진종眞宗오타니-하파大谷派 소속 정토종 개혁가. 도쿄 대학에서 서양 철학 전공.

안 되게 짧았고, 중국의 다양한 정토 사상가들의 윤리에 관한 생각은 고사하고, 정토 사상이 중국에서 어떻게 발전했는가에 관한 고찰은 시작조차 하지 못했다.(Jones 2003) 신란의 스승 호넨法然[4]의 사상이 함의하는 윤리, 그리고 그의 많은 제자 사이에 발전된 다른 종파의 사상들은 아직 자세하게 탐구되지 않았다. 비록 파비오 람벨리Fabio Rambelli가 악한 자가 염불함으로써 구원을 받는 것은 나쁜 짓을 할 자격증을 갖는 것이라고 진술하여 비난받은 호넨의 제자들 가운데 몇 명의 근본적이며 거의 혁명적인 특질을 논의하고 있지만(2004), 호넨의 후계자들 가운데 몇 명의 사상 안에서 결정적인 구원의 요소로서 계율에 재편입하는 중요성에 관한 논의뿐 아니라, 호넨 자신이 계율을 지키는 일이 불국정토에 태어나기 위한 필수적인 수행이 아니라고 저술한 훨씬 후에, 재가 추종자들에게 수계를 내린 일 등은 영어로는 검토되지 않고 있다. 이처럼 정토불교의 중요성 고찰, 그리고 정토불교 전통이 불교 윤리 전반에 걸친 우리의 해석에 무엇이라고 말해야 할지에 관한 비옥한 토양이 많이 있다. 신란의 사상은 확실히 통찰력이 풍부하고, 그리고 가장 유연한 마음까지도 사로잡을 만큼 복잡하지만, 이것이 정토불교 신앙의 유일한 형태가 아닐 뿐 아니라, 그의 결론이 750년 역사의 정토진종 체제 안의 일원적 권위를 갖고 있지도 않다.

이 장에서는 정토 사상과 서구에서 불교 윤리를 규명하는 연구 과제에 종사하는 학자들 사이에 대화의 장을 열어주기 위한 희망으로,

4 역주: 1133-1212, 정토 사상 개혁가, 독립적인 일본 정토종 지파 창시.

정토 경전의 관점에서 윤리적 문제에 대하여 다양한 해답이 제시되었음을 지적하는 것을 목표로 한다. 이제까지 소개된 대다수 학술 논문에서 가장 눈에 띄는 점은, 불교 윤리 또는 도덕철학의 논의에 헌신하는 더 넓은 서구 학문 분야에 관여하는(비판적으로든, 아니면 건설적으로든) 데 실패했다는 점이다. 역으로, 불교 윤리 주제를 검토하는 대부분의 학자는 정토 사상에 거의, 아니면 전혀 주목하지 않고 있다. 거기에는 양측이 사실상 같은 불교에 관해서 얘기하고 있다고 상상하기 어려울 정도로 소통의 실패가 있다고 보인다. 이 실패의 책임은 부분적으로 정토진종 측에서 제시한 표현 방법에 놓인 게 확실하다. 우리가 어떻게 살아야 하는가에 대해 불교가 우리에게 말하는 바가 무엇인지에 관한 질문에 답하는 데 열의를 가진 불교 윤리학자들은 아미타불의 원력을 통해 구원받는다는 정토진종의 개념은, 그들의 연구에 의존할 여지를 남기지 않는 점에 당연히 실망할 것이고(Pye 1989:165), 아니면 신란의 사상은 윤리 강령을 만드는 데 본질적으로 꺼린다거나(Dessi 2007:51), 아니면 기본적으로 정토진종의 사회윤리는 일반적인 계획이나 강령으로 표현되는 어떤 것이 아니고, 그들 스스로 발견한 특정 상황에 따른 자신들의 결정에 바탕을 둔, 신심信心[5]을 증득한 사람들이 착수하는 어떤 것이거나(Ama 2001:49), 아니면 다시 한 번 정토진종은 일종의 독특한 개성과 연계되었거나, (그러나) … 이 정토진종 개성의 본질은 교리적 또는 강령적 규정이라기보다는, 인류학적 관찰에 따르는 문제이다.(Lewis & Amstutz 1997:150) 정토진종 주석가들은 신란이 800년

---

5 역주: citta-prasāda, 정화된 마음.

전에 마주치고 설득력이 있게 해결한 문제라고 믿기 때문에, 계율이 불교 수행에서 중심적 역할을 한다는 끈질긴 가정에서 소외되었다.

이 장의 목표는 이 논의를 재구성하여 양측이 적어도 같은 테이블에 앉도록 하는 것이다. 첫째, 계율(śīla)은 불교에서 필수적이다라는 주장과 정토불교에서는 아니라는 주장 사이에 숨을 쉴 공간을 만들기 위해, 나는 역사를 통해서 더 넓은 정토불교 전통에서, 그리고 정토진종 전통 그 자체 안에서도 복수의 윤리 사상이 있었다는 점을 보여주기를 희망한다. 신란은 불교 수행의 전통적 형태를 부정하는 매우 독창적인 결론을 만들었기에, 나는 신란 이전과 이후의 정토불교가 어떻게 다른지를 보여줌으로써, 생산적인 논의를 이끌 수 있는 미래 연구의 가능한 길을 가리키기를 희망한다. 둘째, 나는 신란이 그의 독특한 정토불교의 견해를 가르치기 위해서 사용한 어휘가 많은 부분 불교 윤리학자들의 우려에 공명하는 불교 어휘라는 점을 지적할 것이다. 비록 신란은 도덕 행위에 관한 강령 만들기를 거부했지만, 그는 여전히 행위의 지침으로서 업과業果, 공덕, 그리고 지혜와 같은, 즉 영어로 된 모든 불교 윤리 논의의 중심 주제에 깊은 관심이 있다. 이런 고려 사항은 내가 생각하기에 벌써 오래전에 이루어졌어야 한다고 보이는 논의의 토대를 마련하기 위한 것이다.

정토불교 전통 안의 긴장: 아미타불의 원력과 인간의 노력

정토불교 전통은 사상의 토대로서 무량수경無量壽經 (영어권 학계에서는 종종 Larger Sukhāvatīvyūha Sūtra로 부름)을 택한다. 이 경전은 완전한 보살, 법장보살法藏菩薩(Dharmākara)[6]에 대해서 이야기한다. 그는 일련의 서원을 세워 보편적인 해방, 즉 자비의 대승적 이상을 실현하겠다고 약속한다. 그리고 이 경전은 아미타 보살이 먼 과거에 이런 서원을 달성하고 무량광불無量光佛(Amitābha: 헤아릴 수 없는 빛을 뜻함), 그리고 무량수불無量壽佛(Amitāyus: 헤아릴 수 없는 수명을 뜻함)이라는 이름의 붓다가 되었다고 설명한다. 이 경전은 어떻게 법장보살이 세운 다양한 서원이 성취되었는지 자세히 서술하고 있다. (주석가들은 나중에 경전의 이 부분을 '성취 구절'로 부르게 되었다.)

이 경전은 그의 원력으로 중생의 업에 개입하고 업의 방향을 바꿀 수 있는 중생 밖의 외적인 한 인물을 상정함으로써, 아미타불의 해탈 원력과 사람들의 행위 사이의 관계에 긴장을 조성한다. 중생이 해탈의 원력에 도달하려면 무엇을 해야 하는가? 만약 중생이 해탈의 힘에 도달하고 나서, 성불의 목표까지 그 힘이 일관되게 작용하도록 보장하려면 중생은 무엇을 해야 하는가? 어떤 인간 행위가 그런 원력의 혜택 가운데 하나에 실격될 위험이 있는가? 윤리 주제에 관한 정토 전통 안의 논의는 이런 긴장에서 일어난 이와 같은 문제들을 중심으로 다룬다. 해탈을 불러오는 원력과 인간 행위 사이의 상대적 관계에 대한 번역 주석가의 견해는 그런 윤리적 질문에 대한 답을 알려주고 결정한다.(Jones 2003 참조) 이 항에서는 그 원력에 부여된 비중이 인도의 정토 전통이 발전하는 동안에도 반드시 일관되지는 않았음을 보여줄 것이다.

---

6 역주: 아미타불의 전생 수행자 시절 이름.

이 장의 서두에서 언급한 무량수경은 현존하는 다섯 가지의 한역본 불설무량수경 가운데 하나일 뿐이다. 이 다섯 가지 한역본 가운데 가장 이른 것이 완성된 시기는 3세기 중엽으로 보이고, 가장 최근의 번역은 송대宋代(960-1279)에 완성되었다. 다양한 개정판은 번역 당시의 스냅숏을 우리에게 제공한다. 이 경전들은 전반적 내용 면에서 상당히 다르고(예를 들면, 두 가지는 아미타불의 서원을 24개, 둘은 48개, 하나는 36개를 가지고 있다), 표현된 메시지의 박력이라는 면에서도 다르다. 이 장의 목적 때문에 초기 번역본 대아미타경이 특히 중요한데, 여기서는 분명히 윤리적 행위가 구원을 초래하는 서원의 힘을 받는 데 필수 전제조건이 되지만, 반면에 그런 전제조건이 번역 해석 과정에서 '믿음'이 해탈의 결정적 요인으로 되어 호넨, 신란, 그리고 그들의 중국 선구자들의 사상적 토대가 될 만큼 위치를 바꾼다.

대아미타경에서 나타난 법장보살의 24개 서원 가운데 다섯 개는 아미타불 정토에 환생할 중생에 관한 것이다. 네 번째 서원은 무수한 시방세계 제불이 찬탄하는 아미타불의 명호를 듣고 기뻐하는 사람들은 자비심을 일으키고 불국정토에 태어난다는 것이다.(T 12: 301b8-13) 스물네 번째 서원은 아미타불의 무량수광(붓다의 지혜를 상징)과 마주친 사람들은 자비심으로 선행을 하게 되며(T 12: 302b13), 결국 정토에 가게 된다고 말한다.(완전한 서원은 T 12: 302b9-14에 나타난다.) 이 두 개의 서원은 아미타불의 이름과 빛의 형태로 작용하여, 현생과 정토의 생 모두에서 수행자 안의 변화를 초래하는 아미타불의 원력을 분명히 강조하고 있다. 우리는 이런 작용을 마주친 사람들의 생에서, 이런 작용이 윤리적 행위를 초래(작선作善)한다고 말하는 점에 주목해야 한다.

비록 해탈과 도덕에 효과적인 이런 아미타불의 원력에 대한 강조가 정토 사상 발전 초기 무대에도 나타나긴 했지만, 다른 세 가지 서원은 대신 정토 환생을 초래하는 인간 행위의 중요성을 강조하고 있다. 이 세 가지 서원 모두에서, 정토에서 태어나기를 염원하는 사람들은 각자의 다양한 업의 수용력에 근거하여 다른 수준의 선을 행해야 한다고 말하고 있다. 법장보살의 다섯 번째 서원에서는, 과거에 악행을 저지른 사람들은 자신들을 잘 다스리고, 잘못을 참회하고, 깨달음을 위해 선을 행하고, 계율과 경전을 받들라고 말한다.(T 12: 301b16-17) 그런 사람은 다시는 삼악도三惡道 (지옥, 축생, 아귀) 영역으로 돌아가지 않을 것이라는 서원이 행해진다.(T 12: 301b18-19) 여섯 번째 서원에서는, 선남선녀들이 나(법장보살)를 이용하여 더욱 선을 행하도록 격려하고(T 12: 301b23), 가장들은 불탑에 공양하고, 승가를 재정적으로 지원하고, 욕망을 뿌리 뽑는 것과 같은 선을 행하도록 기대한다.(T 12: 301b23-25) 법장보살은 이와 같은 가장들은 정토에 태어나 보살이 될 것을 서원한다.(T 12: 301b25) 일곱 번째 서원은 보살도를 걷도록 명 받은 사람들이며, 육바라밀을 행하고, 출가자가 되며, 경전과 계율을 비방하지 않고, 삼가야 하는 규칙들을 순수하게 받드는 사람들인 '선남선녀들'을 향한 것이다.(T 12: 301b28-c1) 이와 같은 사람은 정토에 태어나서 퇴보하지 않는 단계의, 즉 성불이 보장된 보살이 될 것이다.

이런 세 가지 서원은 아미타 불국토에 태어남을 목표로 하는 수행자들의 다양한 조건을 설정하는데, 본질적으로 각자 다른 수준의 선을 행하는 그들의 업장 잠재력에 근거한다: 악행을 저지른 사람에게는 더 이상의 악을 삼가는 것으로, 재가 추종자들에게는 선한 가장으로서 할 수 있는 행위로써, 그리고 그렇게 해야 하는 위치에 놓인 사람들에게는 승려 생활을 선택하는 것과 같은 조건이다. 가장 고귀한 열매, 즉 성불의 확실한 보장은, 승려 생활을 하며 육바라밀을 행하는 사람들에게만 열려 있다. 낮은 수준의 수행자들은, 비록 그들도 이런 서원들의 작용을 통하여 어느 정도의 혜택을 받지만, 오직 성불로 가는 그들의 오랜 노력의 과정에서만 도움을 받는다.

아미타경에서 선행, 특히 승려 보살의 선행에 대한 이런 우선순위는, 우리가 위에서 소개한 서원에 해당하는 성취 구절에 주목하면 더 분명해진다. 첫째, 단지 아미타불의 이름만 들은 사람들에게도 불국토 환생을 약속하는 유일한 서원인 네 번째 서원 성취에 대한 구절에는, 성취로서 읽힐 수 있는 구절이 없다는 점이다. 둘째, 법장보살의 네 번째와 여섯 번째 서원에 대한 성취 구절은 육바라밀보다 낮은 수준의 선행을 바탕으로 정토에 환생한 사람들 모두 마음속으로 생각하기를 '나는 내가 삼가야 하는 규칙을 받들고, 내가 했던 것보다 더 선하게 행해야 했던 것을 몰랐던 것을 후회한다.'라고 진술하며 끝낸다.(T 12: 310b4; 12: 310c21-22)

대아미타경의 관점에서는, 분명히 선행은 성불을 이루는 필수 요소이다. 서원의 힘은 보충적이며, 서원 효과의 정도는 수행자가 불교 수행에 참여하는 정도에 따라 정해진다. 선행이 장려되고 악행은 막는 이런 입장은 이 경전의 마지막 장에서 특히 두드러지는데, 탐, 진, 치 삼독을 근거한 다섯 가지 악행의 결과로 얻는 악업에 대해서 생생하게 자세히 설명하고, 다섯 가지 선행의 훌륭한 업과를 추구하도록 장려한다.(T 12: 313b26-316b22)

선행과 원력의 상대적 효험의 이러한 이해가 뚜렷하게 바뀐 것은 이후 인도에서 2백 년 동안에 상당히 이루어졌다. 무량수경이 한문으로 번역된 5세기 초 무렵에는, 인간을 성불로 인도하는 서원의 역할이 결정적으로 전면에 부각되었고, 인간들의 선행은 부차적인 역할을 맡게 되었다. 이 경전에 있는 48개 법장보살 서원은 대아미타경에 나타난 요소의 많은 부분을 담고 있지만, 재배열되고 개편된 요소들이다. 수행자들의 등급 사이의 차이는 경시되었고 이에 따라 그들에게 주어지는 혜택은 평준화되었다. 다시 말하면, 정토로 인도될 사람들을 위한 세 가지 서원(18번째, 19번째, 그리고 20번째; T 12:268a26-b5; Inagaki 1995:34; Gómez 1996: 167-168)에서 악인, 가장, 승려 사이에 확실한 구별이 없다. 제시된 수행들은 훨씬 덜 상세하다. 18번째 서원은 단지 신실한 믿음과 정토에 태어나고 싶은 소망을 담은 열 번의 염불만을 요구한다.(T 12:268a26-27) 19번째는 '다양한 형태의 덕을 수행'하는 사람들은 그들이 죽으면 아미타불을 만난다고 말한다.(T 12:268a29-b2) 20번째는 '덕의 뿌리를 심는' 사람들은 궁극적으로 정토에 환생하고 성불의 목표를 성취한다고 말한다.(T 12:268b3-5) 더 나아가, 육바라밀을 행한 사람뿐 아니라 정토에 태어나는 모든 사람은 이 번역본의 11번째 서원을 근거로 퇴행하지 않는 단계에 들어가는 게 보장된다고 말한다. 속되게 말하면, 이 경전의 버전은 적은 노력으로 본전을 뽑는 제안이라고 말할 수 있겠다. 18번째 서원은 믿음만을 요구하고, 11번째 서원은 그 믿음을 가진 사람은 정토에 태어나서 불도 성취가 확실하다고 보장한다.

무량수경의 '성취 구절'도 꽤 다르다. 무수한 붓다에 의해 설해진 이름을 듣는 것이 정토의 환생을 초래하는 중심 요소로 제시된다.(T 12:272b9-13; Inagaki 1995:54; Gómez 1996: 186-187) 성취 구절에는 수행자들에게 주어진 다른 조건은 거의 없으며, 수행자들은 단순히 믿음으로 기뻐하고, 한순간의 생각으로 정토에 태어나려는 열망을 실현하도록 그들의 덕을 진지하게 인도한다.(T 12:272b11-13) 그렇지만 우리는 이 구절과 함께 18번째 서원이 '오계를 범한 사람들과 바른 법(dharma)을 비난한 자들'에 대한 경고가 포함되었다는 점을 주목해야 하는데(T 12:272b13-14), 서원의 효험 영역 확대를 보여주면서도, 수행자들에게 여전히 일정의 윤리적 한계 안에 남아 있기를 요구하고, 어떤 죄들은 서원의 힘보다 무겁게 나타나고 있다.

비록 수행자의 세 가지 등급에 대한 구절이 여전히 무량수경에도 나타나지만(T 12:272b15-c10; Inagaki 1995:54-55; Gómez 1996: 187-188), 대아미타경에서와는 달리 중요한 역할을 하지 않는다. 구절들 자체가 상당히 단순화되고, 정토에 환생한 후, 전생에서 더 선행을 할 수 있었다는 후회를 언급하지 않고 있다. 서로 다른 성취 수준에도 불구하고, 모두 정토에 태어나고, 모든 중생의 궁극적 깨달음 약속하는 이 경의 11번째 서원에서는 그런 차이의 중요성이 상쇄되고 있다. 오계를 범한 업보가 무량수경에 여전히 나타나지만, 8세기로 넘어가는 시기에 번역된 무량수여래회無量壽如來會에서는 없다. 이는 경전의 주제에 적절하지 않다고 보여 결국 없어졌다는 점을 가리킨다.

이런 모든 변화가 보여주는 것은, 불설무량수경이 점차 중생들

안에서 성불을 불러오는 아미타불의 원력을 강조하는 반면, 깨달음에 영향을 주는 인간 행위의 역할은 경시하는 것이다.[7] 그러나 이 초점의 전환은 성불에 이르는 수많은 조건에 '원력' 개념을 첨가함으로써 발생하는 긴장을 전혀 해소하지 못했다. 그러나 불교 수행자의 도덕적 행위의 효과와 필요성을 반추할 기회를 제공했고, 특히 중국 당대(唐代, 618-907)와 일본 가마쿠라시대(613-681)에는 무량수경에 나타난 원력의 최고 효능에 관한 메시지, 그리고 관무량수경에서 중죄인에게도 정토 환생과 궁극적 성불을 약속한 점들과 함께, 어떤 사상가들에게는 인간의 능력으로 성불에 이르는 격차를 줄인다는 관념을 근본적으로 부정하도록 이끌었고, 오직 업의 상황 안에서의 아미타불의 개입으로서만 성불할 수 있다고 생각하게 했다. 다음 항에서 우리는 그런 사상가, 선도善導(道)[8]의 생각을 고찰할 것이다.

인간 선행의 한계에 대한 성찰: 선도와 독에 오염된 선

무량수경에서 강조한 아미타불의 원력은 6-7세기 지금의 중국 산시성

---

7 불설무량수청정평등각경佛說無量壽清淨平等覺經에 있는 서원(T. 12:281a-c, esp. 281c2-9)도 이런 변화를 뒷받침하기에 흥미롭지만, 여기서는 제한된 지면 관계로 소개하지 못한다.

8 역주: 613~681. 중국 당대唐代 승려. 정토 사상에 대한 그의 저술이 중국, 한국, 일본, 베트남에 영향을 주었고 특히 일본의 호넨法然과 신란親鸞을 포함한 후기 정토 대가들에게 큰 영향을 미쳤다. 삼국유사에서는 그가 고구려에 불교를 전래한 인물이라고 기록했다. 저서로는 관무량수경의 주석서 '관무량수경소觀無量壽經疏'를 비롯하여 법사찬法事讚, 관념법문觀念法門, 왕생예찬往生禮讚 등이 있다.

山西省에서 활동하던 소수의 정토 신봉자들에 의해 주목받고 주석되었다. 이 기간에 중국 전역에 걸쳐 정토불교에 관한 관심이 높아졌고, 아미타불에 대한 봉헌도 늘어났다. 이 시기의 저술들 가운데에는 담란曇鸞[9], 도작道綽[10], 그리고 선도의 저술이 현재까지 남아 있는데, 이들은 아미타불의 서원과 그 서원의 함의에 대해서 의미 있는 언급을 한 중요한 저술들이다.[11] 선도善導는 특히 해탈을 불러오는 아미타불 원력의 효능과 중생 스스로 해탈을 성취하려고 시도할 때 마주치는 어려움 모두에 대해서 주목했지만, 그 역시도 우리가 전 항에서 보았던 아미타불의 작인作因과 중생의 작인 사이의 긴장 속에 사로잡혀 있었다. 사실 그의 저술 관무량수경소觀無量壽經疏의 몇 구절은 선을 행하고 악행을 중단하라는 대아미타경의 훈계와 거의 흡사하게 들린다. 이 긴장에 대한 선도의 반응, 그리고 그 긴장 속 그의 움직임은 관무량

9 역주: 476?~542, 중국 남북조 시대 양나라 정토교의 선구자. 보리 유지菩提流支(Bodhiruci)로부터 관무량수경을 받아 정토교에 귀의하였다. 저서에 정토왕생론주淨土往生論註, 찬아미타불게讚阿彌陀佛偈가 있다.

10 역주: 562~645, 중국 수隋나라 승려. 대반열반경大般涅槃經에 정통. 산서성 서하西河 현중사玄中寺에서 담란의 비문을 보고 감동하여 48세에 정토종에 귀의하였다. 저서로 안락집安樂集이 있다.

11 이 시대의 대표적 번역 주석가로서 정영사淨影寺의 혜원(慧遠, 523-592, T 1745, 1749), 그리고 가상사嘉祥寺의 길장(吉藏, 549-623, T 1744, 1752)의 무량수경 그리고 관무량수경에 대한 주석이 있지만, 이들 모두 근본적으로 법장보살(Dharmākara) 서원의 중요성을 간과하고 있다. 천태종 지의智顗(538-597)와 그의 제자들도 아미타불에 대해서 주석했고(예: T 1750), 그리고 아미타불에 초점을 둔 명상을 그들의 수행 요법(지의의 마하지관摩訶止觀, 예: T 1911, 46: 12a19-13a23)과 통합시켰지만, 법장보살의 서원에 관한 논의는 비교적 드물다.

수경 말미에, 석가모니 붓다가 설한 정토에 태어나는 데 필요한 믿음의 세 가지 측면에 대한 그의 주석에서 가장 뚜렷하게 나타난다. 이 항에서는 훗날의 불교 윤리를 고찰하는 논의가 이루어질 수 있는 통찰을 목적으로 관무량수경소에 있는 그의 주석을 탐구할 것이다.

이 세 가지 믿음 측면(진실한 마음, 깊은 이해심, 정토 환생의 열망으로 덕을 지향하는 마음)에 대한 그의 논의는 붓다가 설한 처방에 따라 처신하는 몇 가지 강력한 훈계가 담겨 있다. 비록 그는 '계율'이라는 말은 사용하지는 않았지만, 선행을 장려하고 악을 피하도록 매우 권장한다. 예를 들어, 진실한 마음에 대한 그의 주석을 보면:

> 자신에게 정말로 이로운 두 가지 형태가 있다: 첫째, 진실한 마음으로 자신과 남의 여러 가지 악, 그리고 불결한 지역 등등을 모조리 막고 버려야 한다. 그리고 제 보살이 여러 가지 악을 모두 막고 버리는 것처럼, '나도 그러하리라'라고 생각하라. 세 가지 형태의 행위(몸, 말, 마음)에서 진실한 마음으로 반드시 악을 버려야 한다. 또한 선을 행할 때는 반드시 진실한 마음으로 해야 한다.(T 1753, 37: 271a10-25)

여기서 선도는 아미타불에 대한 믿음(위에서 논의한 진실한 마음)은 자신의 선행뿐 아니라 남에게도 선행을 권장하는 보살의 이상을 실현하기 위해 부단히 노력하는 강력한 윤리적 헌신을 수반한다는 점을 분명히 말하고 있다. 깊은 이해심에 관한 그의 주석 구절은 다음과 같이 말한다:

> 깊은 이해는, 모든 수행자와 다른 사람들이 부처님의 말씀을 일심으로 믿고, 자신의 복덕은 전혀 염려하지 않고, 부처님께서 포기하라고 하신 것을 포기하고, 부처님께서 하라시는 대로 수행하며, 부처님께서 남기라고 하신 것을 남기기를 공경하는 마음으로 소망하는 것이다. 이를 가리켜 부처님의 가르침을 따르고, 부처님의 뜻을 따르는 것이라고 말한다. 이것을 부처님의 서원을 따른다고 말하는 것이다. 그런 사람을 부처님의 진정한 제자라고 부른다.(T 37: 271b6-10)

선도는 여기서 다시, 아미타불에 대한 믿음은 붓다의 말씀에 따라 살고, 붓다가 가르친 대로 똑같이 행하고, 붓다가 권장한 행위를 이행하고, 붓다가 금하는 것을 피하며 살려는 간절한 소망을 포함한다고 주장한다. 이는 도덕 기준을 유지하고, 명상에 몰두하는 것을 포함한 붓다의 모든 가르침을 꾸준히 실천에 옮기려는 노력의 의지를 포함하는 것으로 보인다.

한편 이런 대담한 선언이 있는 같은 페이지에, 이 내용과는 문자 그대로 다른 행간, 즉 해탈을 초래하거나 아미타불 정토에 태어나는 원인에 도움이 될 수 있는 수행자가 만드는 윤리적 능력에 관한 선도의 깊은 회의의 목소리가 담긴 구절들이 발견된다. 그는 다음과 같이 기술한다:

> 안으로 거짓되고 비어 있는 사람이 겉으로 똑똑한 척하며 열심히 선행에 종사하지 말라. 탐욕, 분노, 사악한 거짓말, 악의에 찬

> 속임수가 끊임없이 일어나며, 악한 본성을 멈추기 어렵다. 그것은 뱀이나 전갈과 똑같은 것이다. 사람이 세 가지 형태(몸, 말, 마음)의 행위를 일으킨다고 해도, 그 행위들은 '독에 오염된 선행', 또는 '공허한 거짓 실행'이라고 불린다. 그 행위들은 '진실한 행위'라고 부를 수 없다. 이런 믿음을 가지고 이런 식으로 실천한다면, 몸과 마음을 다잡고 밤낮으로 뛰어다니고, 자신의 머리 위의 불을 끄려는 사람처럼 미친 듯이 행한다고 해도, 그 모든 행위는 '독에 오염된 선행'이라고 부르는 것이다. 어떤 사람이 독에 오염된 선을 지향하며 불국토에 태어남을 추구한다면, 이것은 필연적으로 불가능한 것이다.(T 37:270c29-271a7)

여기서 선도의 비판 요지는 인간 편에서의 부정직한 행위에 반대하는 것이다. 말하자면, 선도는 안으로 숭고한 의도가 아닌 다른 동기에 의해서 도덕적으로 처신하는 문제를 논의하고 있다. 그가 말하는 독은 인간의 이기심, 탐욕, 자기-중심적 속성이다. 우리는 이 독을 불교의 표준 공식인 삼독, 즉 탐, 진, 치라고 부를 수 있겠다. 뱀과 전갈의 이미지는 그것들이 미치는 거리 안에 있는 어떤 것에도 덤벼드는 것인데, 인간 앞에 나타나는 다양한 자극에 욕망이나 혐오로 반응하는 무지한 인간 마음의 본성을 은유한다. 선도의 관점에서는, 인간이 이행하는 선행은 무지와 자기-중심적 동기에 의해 지속해서 오염되어 도덕적으로나 해탈을 추구하는 데에 진실한 선이 되기에 실격이라는 것이다. 여기서 선도의 입장은, 윤리에 관한 더 넓은 담론으로, 이타주의의 인간 잠재력 논의 안에서 소통의 관점을 제시한 것으로 보인다.

그의 다소 비관적인 견해는 아미타불 원력의 특성에 관한 그의 이해를 알려주는 것으로, 선도의 또 다른 입장, 즉 불교 윤리에 있는 업의 역할에 대한 논의에 추가될 수 있는 것이다. 그는 인간이 이기심 없이 그리고 자애롭게 진실한 행위를 하는 역량이 있다고 기대하지 않는다. 왜냐하면 그는 인간의 행위와 보살 이상의 완전체이며 탐욕, 분노, 또는 적의가 한 번도 일어나지 않은 존재인 법장보살(Dharmākara)의 자비롭고 순수한 행위와 대비시켜 놓았기 때문이다.(T 12:269c11) 선도는 위의 구절을 계속한다:

> 왜 이것이 그 상황에 해당하는가? 아미타불이 그의 인과적 단계에서 보살행에 몰두할 때 그가 행한 세 가지 형태의 행위 모두는 생각할 틈 없이, 매 순간, 진실한 마음으로 행했기 때문이다.(T 37:271a7-9)

선도는 무량수경을 근거로, 완전한 보살로서 수행 시작부터 이미 업의 속박과 번뇌를 극복한 존재인 법장보살을 제시한다. 자신의 수행을 통해서 완성한 법장보살의 서원과 덕은 탐, 진, 치를 소유한 인간의 서원과 덕과는 완전히 다른 업의 지위라고 말할 수 있다. 선도의 관점에서는, 완전한 지혜를 바탕으로 하고, 인간 욕망의 독에 오염되지 않은 선행만이 진정으로 순수하다고, 또는 선하다고 말할 수 있으며, 그리고 그런 순수한 선만이 청정한 아미타불 정토 영역에 들어갈 수 있게 이끌고, 궁극적으로 완전한 깨달음으로 인도한다는 것이다. 이런 선은 삼독을 가지고 있는 인간에 의해 이행되는 선과는 근본적이고 실질적으로 다른 업의 지위를 갖는다. 법장보살의 행위는 순수하고 오염되지 않았지만, 반면에 평범한 인간의 행위는 인간 욕망으로 이행된 행위라는 바로 그 사실로 인해 오염되고 때 묻은 것이다. 이 입장은 우리에게 보살의 이상적 자비, 이기심 없는 행위가, 숙련되지 않은 업 그리고 불건전한 정신 상태의 다양한 결과로 인한 지금 상태 그대로인 보통 사람의 마음에서, 또는 우리의 현재 상태에서 진정으로 실행될 수 있을까 하는 의문을 품게 만든다.

이에 대한 선도 자신의 답은 간단하지도, 명확하지도 않다. 한편으로는, 그는 우리가 법장보살 자신이 수행한 '진심' 안에서 수행하는 목표를 세워야 한다고 서술한다. 이 대답은 위에서 일부 소개한 대로, 수행자에게 진심 어린 노력으로 불교 수행을 통해 업의 속박을 극복하고 법장보살이 제시한 이상을 본받으라고 요구한다. 선도 자신의 도덕 결벽증은 그가 진짜로 그렇게 하려고 시도했다고 암시하고 있다.(Nogami 1970: 160 참조) 중국의 많은 선도 추종자들과 일본의 호넨의 제자 중 일부는 아미타불에 대한 믿음의 진정한 표현은, 진정으로 이기심 없이 자비를 베풀려고 노력하고 도덕적 삶에 대한 붓다의 가르침과 직접적으로 일치하는 '진심'이 상징하는 대로 사는 것이라고 믿으며, 선도의 도덕 권고를 책에 쓰인 그대로 받아들였다. 이 추종자 그룹에게는, 18번째 서원이 요구하는 믿음은, 자신의 무지와 이기적 욕망을 극복하려고 시도하는 거의 초인이나 할 수 있는 지극히 높은 장벽처럼 보였다. 이런 정토 사상의 한 줄기는 도덕 행위 그리고 업연의 속박을 돌파하려는 인간의 노력이 믿음의 조건이 되는 강령을 택하는데, 호넨 법통을 따르는 현대 일본의 일부 정토종에서 나타난다. 그들에게 염불 또는 아미타불의 명호를 부르는 것은 쉬운 수행이지만, 법장보살의 '진심'과 일치하는 참되고 진실한 믿음을 개발하는 것은 '모든 어려움 중 가장 어려운 어려움이다.'(T 12:279a17)

그렇지만 다른 한편으로는, 선도의 주장 중에는 아미타불의 원력만이 우리의 악한 본성을 돌파하고 우리 안에 내재하는 진정으로 순수한 동기를 끌어오는 능력이 있다고 시사하는 요소가 있다. 비록 그는 수행자들에게 붓다의 말씀, 그리고 '진심'과 일치하는 선을 행하도록 권면하지만, 그 또한 그런 순수한 선은 인간에게는 진정으로 불가능하다는 견해를 취하는 것으로 보인다. '독에 오염된 선' 구절은, 탐, 진, 치를 소유한 인간이 할 수 있는 어떤 것도 필연적으로 그 탐, 진, 치에 의해 알려지고 형성된 것으로써 이루어진다는 견해를 택하는 게 확실하다. 더 나아가, 석가모니 붓다의 심오한 해석에 대한 그의 주석이 아미타불 신앙의 중심 항목이다. 선도는 다음과 같이 썼다:

> (심오한 해석에 대한) 두 가지 형태가 있다. 첫째, 자신을, 억겁의 세월 동안 끊임없이 잠기고, 끊임없이 윤회하며 생과 사를 넘나들고, 해탈에 이르는 업연이 전혀 없는 사악하고 평범한 존재라고 결연히 그리고 깊게 인식하는 것이다. 둘째, 아미타불의 48가지 서원이 중생을 포용한다는 것, 그리고 우리가 의심이나 망설임 없이 아미타불의 원력에 맡기면, 정토 환생이 확실하게 이루어진다는 것을 결연히 그리고 깊게 인식하는 것이다.(T 37:271a27-b2)

여기에 제시된 해석의 첫 번째 요소는, 헤아릴 수 없는 과거 생의 행로에서 쌓인 불건전한 업장業障을 극복하는 무게와 힘을 생성할 수 있는 업연은 절대로 없다는 것이다. 이 구절에서, 선도는 단순히 석가모니 붓다가 세운 도덕 기준과 일치하는 행위만으로는 태곳적부터 생성된 업장을 상쇄하기에 턱없이 모자란다고 보는 것 같다. 업 상황의 순수한 무게는 그런 행위에 실제 전혀 영향 받지 않고, 오직 본질에서 다른 어떤 것, 법장보살의 억겁에 걸친 수행으로 실현된 업의 순수성으로만 영향 받는다. 여기서 선도는, 원력을 업장과 균형을 이루는 유일한 효과적인 균형추로 내세우며, 업의 속박에서 벗어나는 유일한 방안으로 제시한다.

우리가 여기서 주목해야 할 것은, 선도가 원력에 의지해야 하는 필요성에 관해서 개인적인 허약함 또는 결점 같은 종류의 결과로서는 설명하지 않았다는 점이다. 즉 더 고급 수행자나 숙련된 수행자들에게는 문제의 소지가 없을 것 같은 주제이다. 그가 본 문제는 업의 속박 구조, 우주의 본성, 업의 구조 안에 있는 인간 본성에 놓여 있다. 위의 구절에서 '능력'이라는 말 대신 '업연'이라는 용어의 사용은 이것을 확실하게 가리키고 있다. 위에서 소개한 '독에 오염된 선' 구절을 함께 보면, 선도는 오염과 순수, '독에 오염된 선'과 참된 선, 무지한 자기-본위와 이타적이고 자비로운 행위 사이에 있는 업의 간격에 다리를 놓으려는 인간 행위의 완전한 무익함을 넌지시 알려주려는 것 같다. 그러나 심오한 해석의 두 번째 요소는 인간의 행위로써 그 간격에 다리를 놓을 필요가 전혀 없고, 대신에 아미타불의 작용(특히 염불의 형태로)이 그것을 극복하는 역할을 한다고 가리킨다.

비록 아미타불의 형상을 소개함으로써 복잡해지긴 했어도, 선도가 마주한 문제는 구조적으로 최근 불교 윤리 논의에 오른 업연에 의한 행위와 조건 없는 열반 사이의 관계 문제와 지극히 유사하다. 인간에 의해서 심어진 업연이 과연 열반에 이를 수 있느냐 하는 주제는 초월적 업연이라고 일컬어지는데, 불교의 모든 실천론의 핵심을 찌르는 문제다. 선도와 다른 정토 사상가들은 그 질문에 몰두하고 답을 제시했는데, 현재 유사한 문제와 마주한 현대 불교 윤리 이론가에게 흥미를 줄 것으로 보인다. 비록 오염된 인간의 행위가 진정한 순수로 이어지는 게 불가능하더라도, 여래의 자비로운 본성 그 자체가 겉보기에는 이어질 수 없어 보이는 간격에 다리를 놓는다는 선도의 대답은, 불교도들이 전통적으로 이 문제에 대한 해결책으로 제시한 많은 해결책 중 하나로서 흥미로울 수 있다.

정토종이 제시한 업장의 해결책은 선도에서 시작한 것도 아니고, 선도에서 끝난 것도 아니다. 담란과 도작 모두 이 해결책에 상당히 몰두했고, 그들의 동시대에서 이 생각에 대한 비판에도 관심을 기울였다.(T1957, 47:10b12-12b1; 영어 번역본은 Inagaki 2014:55-66 참조) 그들의 논의 또한 현대의 논쟁에 이바지할 것으로 보인다. 이 해결책은 중국 정토불교 윤리와 관련된 이념을 철저히 제시했다고 보기에는 거리가 있다. 이것은 수행의 전통적 관점을 유지하는 중국의 불교 종파에 통합된 정토 신앙을 완전히 무시했을 뿐만 아니라, 자체의 배타주의적 요소 안의 윤리와 관계된 많은 문제 가운데 하나를 겨우 지적하고 있을 뿐이다. 18번째 서원의 배제조항 문제, 그리고 그것에 대한 중국 사상가들의 해석은 특히 여기서 언급할 만하다. 담란은 이 문제를 떠맡았고(T1819,40:833c20-834c26), 선도도 그랬는데(T 1753,37:277a22-277b11), 각각은 서원 자체의 넓고 차별 없는 본성을 강조하면서, 서원을 어떤 윤리적 규범과 기준을 유지하는 권고로 보았다. 이런 논의는 불교 윤리 분야에 이바지할 모든 문제인데, 나는 미래 학계에서 이들이 탐구되기를 간절히 희망한다.

내가 이 항의 시작 부분에서 말했듯이, 선도는 해탈의 전제조건으로서 윤리적 행위의 요구(이 경우는 아미타불 신앙의 요소 또는 표현), 그리고 아미타불 원력의 해탈 작용 사이의 긴장을 해결하지 못한다. 위에서 소개된 뒤의 두 구절은 비록 그가 거의 끊어질 때까지 긴장의 끈을 잡아당겼음을 가리키지만, 그는 수행자들에게 계율과 어떤 윤리적 규범을 지키며 성실히 수행할 것을 지속해서 권면한다. 이것들은 아미타불 원력의 접속에 필수적인 것으로 제시되지 않았지만, 완전히 무시되지도 않았다. 따라서 후대 정토 신봉자들 일부는 이 항의 첫 부분에서 나타난 구절에 담긴 메시지에 초점을 두고 정토로 가는 길의 많은 요소 가운데 하나인 도덕 향상에 지속해서 참여했다. 반면에 호넨, 그리고 특히 신란과 같은 다른 이들은 이 항의 후반부에 나타난 구절의 함의에 초점을 두어, 인간의 본성이 자기중심적이며 이기적이라는 점을 놓고 볼 때 도덕 행위는 아미타불 원력에 접근하는 조건이 될 수 없다고 결론을 내리고, 진정한 해탈에 오히려 방해될 수 있다고 보았다.[12] 다음 항에서 우리는 신란이 아미타불 원력이 현세에 작용하

12 신란이, 아미타불의 원력을 통해 법장보살의 '진심'이 인간에게 수여된다는 점을 가리키는 선도의 저술을 일본어로 창의적으로 번역하면서, 어떻게 위에서 소개된 구절들을 재편했는지에 관한 논의는 Nasu(2006)를 참조하라. Nasu의

는 방법을 재고하기 위해서 어떻게 선도로부터 힌트를 얻었는지에 대해서뿐만 아니라, 신란의 주장이 불교 윤리 문제를 고찰하는 학자들에게 던진 함의에 대해서도 생각할 것이다.

긴장의 내면화: 신란 사상에서의 부여된 공덕, 무-의도적 자비, 변혁적 지혜

내가 서론에서 말한 바와 같이, 신란 사상의 윤리적 함의는 이 시점까지 학계의 가장 많은 관심을 받았다. 유고 드씨Ugo Dessi의 책 첫 번째와 두 번째 장은 다양한 교리상의 문제와 동시대 지지자들이 취한 관점을 위한 주요 출처 텍스트에 대한 좋은 개요를 제공할 뿐만 아니라, 역사를 통하여 정토진종 제도 안에서 일어난 윤리 사상의 변천에 대한 통찰을 제공한다. 케네스 타나카Kenneth Tanaka의 '참여 정토불교' 장에서는, 신란에 따르면, 믿음을 증득한 사람에게는 '지속적인 대자대비 수행', 그리고 이것과 관계있는 '은덕에 대한 보답'이라는 두 가지 개념의 이로움이 생긴다는 점에 대해서 아주 상세히 논의하고 있다. 이 두 가지 개념이 우리가 이 세상을 어떻게 살아야 하는지의 물음에 대한 신란의 대답의 핵심을 형성하고 있고, 특히 정토진종 역사 대부분을 통한 이 종파의 사회윤리를 알려주고 있으므로, 신란의 윤리관을 연구하려는 어떤 시도도 이 부분을 읽는 것으로 시작해야

논의는, 신란이 어떻게 선도의 저술에서 인간의 행위 및 태도와 아미타불 원력의 작용 사이의 긴장을, 아미타불의 다른 능력을 근거해서 일어나는 순수한 믿음의 표현으로서 이 구절을 읽음으로써 그 긴장을 무너뜨렸는가를 보여준다.

한다.

신란 사상에서 윤리에 대한 논의는 신란의 제자 유이엔唯圓(1222~1289)이 쓴 소책자 탄이초歎異抄[13]에서 신란의 몇 가지 대담하고 기억에 남을 만한 말을 수록한 덕분에, 상대적으로 접근성이 좋아지고 광범하게 대중화됨으로 인해 복잡해졌다. 그중 몇 가지만 보면: '나, 신란에게는 단 한 명의 제자도 없다.'(T 2661, 83: 729b1-2) '왜냐하면 나는 어떤 종교적 수행을 할 능력도 없고, 지옥이 내 집이기 때문이다.'(T 83: 728c3-4) '만약 착한 사람도 정토에 태어난다면, 나쁜 사람은 얼마나 더 많이 태어날까?'(T 83: 728c16-17) '우리는 업연이 우리에게 촉구하는 무엇이든 할 것이다.'(T 83: 731c28-29)

이런 충격적인 선언은 윤리 영역의 엄청난 함의를 하고 있을 뿐만 아니라, 신란의 윤리적 관점 측면을 제시한 많은 사람의 마음을 사로잡았다. 그렇지만, 이 선언이 갖는 단호함과 힘 때문에 논의 가능성을 차단하고, 불교 사상가로서의 신란의 몇 가지 미묘한 요소를 어느 정도 감춰 버린 점이 있다. 이런 신란의 말을 접하게 되면, 자신은 종교적 수행 역량이 있다거나 선행을 할 능력이 있다고 생각하는 사람들은 대화에서 완전히 차단당하는 것이다.

그런 의미에서 신란의 교행신증敎行信証[14]은, 비록 탄이초만큼 얻기 쉽거나 읽기 쉬운 것은 아니지만, 훨씬 더 접근하기 쉽다. 이 책은 승려 독자들을 겨냥하고 특히 다른 불교 종파 승려들을 목표했기에(탄이초가 재가자와 정토진종 수계자가 읽는 교재를 목적으로 저술한 것과 다르

13 역주: 유이엔이 스승 신란의 가르침을 기록한 책.

14 역주: 원제목은 현정토진실교행증문류顯淨土眞實敎行證文類로서 모두 6권이다.

게), 불교의 학문적 관례 그리고 종파 간의 담론을 마음에 두고 쓴 책이다. 그러므로 더 넓은 불교 윤리 학문 분야와의 일치점과 대화를 모색할 때, 교행신증에서 제시된 신란의 사상에 초점을 두는 것이 바람직하다.(유이엔이 탄이초에서 제시한 '인상적인 어구'에 초점을 두는 대신)

교행신증에서 신란은 인간 행위와 아미타불 원력의 작용 사이의 긴장을 다음과 같이 주장하며 무너뜨린다:

> 수행이든 믿음이든 다 합쳐서, 아미타 여래의 서원에 대한 청정심을 향한 덕행의 달성으로 얻어지지 않는 것은 절대로 없다. 이 원인보다 더한 (깨달음의) 원인은 없다.(T 2646, 83: 603c27-29; CWS, vol.1: 93)

다시 말하면, 신란은 깨달음의 성취로 이끄는 인간 경험의 모든 것은 아미타불 원력으로 얻은 결과이고 인간의 노력으로 만들어지는 것이 아니라는 것이다. 교행신증의 대부분은 아미타불의 '공덕 회향'이 그 공덕을 받은 사람들에게 그들이 죽기 전에 당장 완전한 열반을 성취하도록 이바지하는 방식을 설명하는 데 할애된다.(T 83: 609b18; CWS, vol.1: 123)

아주 간단히 말해서, 이 저술에서 신란은 평범한 인간의 자유의지나 추론적 사고 수준의 의식과는 다른 심오한 경지에서 아미타불의 가르침에 관해 들은 사람의 관점과 삶의 방식 변화를 일으키는 종교적 언어의 변형되는 힘, 즉 아미타불에 관한 가르침에 관해서 설명한다.

신란은 아미타불의 덕을 듣고 감동하여 믿음을 갖고 아미타불의 가르침에 기뻐하는 사람은 즉시 정토 환생을 성취하고 다시는 퇴행하지 않는 단계에 들어갈 것이다라고 말하는 무량수경 제2권 시작 부분의 17번째와 18번째 서원 성취 구절의 중요한 주장에 논거를 둔다.(T 12: 272b-13; Inagaki 1995:54; Gómez 1996: 187) 이 구절들을 근거로, 신란은 아미타불 공덕(아미타불의 이름에서 가장 간결하게 나타나는)에 관한 가르침은 세상에 대한 17번째 원력의 결과이고, 18번째 원력에 대하여 듣고 감동하는 (그리고 변화하는) 과정을 그는 '아미타 여래 서원의 청정심 공덕 회향 성취'라고 부른다.(T83: 603c28)

이 주장을 펴기 위해, 그리고 신란에게는 '원대한 열반 성취'의 진정한 원인인, 믿음의 실현 방정식으로부터 인간의 자유의지(자기-중심적이고, 오염된 본성, 그리고 그 결과로 참으로 순수한 어떤 것을 창조하기에 부족한)를 완전히 배제하기 위해, 신란은 불교의 기본적 공덕-회향功德迴向(pariṇāmanā)[15] 개념을 아미타불의 원력을 통하여 아미타불의 공덕이 인간에게 돌아간다고 극단적으로 재해석한다. 그 공덕 회향은 기본적으로 두 가지 형태를 취한다: 아미타불의 공덕을 설명한 가르침, 그리고 그 가르침을 들은 사람들 안에서 그 가르침에 대한 심오한 반응(인간의 믿음으로 내면에서 일어나는 서원의 마음)이다. 우리는 모두 어떤 사람의 말을 듣거나 글을 읽는 것이 얼마나 우리가 세상을 보는 방식에 영향을 주는지 안다. 그리고 또한 나는 그런 인식과 변화는 자유의지나 추론적 사유보다 더 즉각적으로 일어난다고 생각한다.

---

15 역주: 불교에서 자기가 닦은 선근공덕善根功德을 다른 사람이나 자기의 불과佛果로 돌려 함께하는 일을 지칭하는 용어.

아미타불 원력의 결과로 일어난 믿음을 논의하면서, 신란은 이런 비-자유의지적 요소는 통찰력을 가지고 있고, 그것 때문에 인간의 자유의지(자기-중심적 탐욕에 오염된)와 추론적 생각(무명에 오염된)을 제거하고 깨달음 성취의 조건을 갖춘다고 지적한다. 그런데 이렇게 함으로써 신란은, 인간의 행위와 대아미타경과 신란의 저술에서 우리가 보았던 아미타불 원력 사이에 있는 분명한 긴장을 옮겨, 긴장의 내면화라는 의미에서, '서원의 마음'과 인간의 '평범하고 오염된 의식' 사이의 긴장을 설정한다.

내가 서론에서 인용한 정토진종 주석가들은 인간의 자유의지와 추론적 사유의 효능을 부정한 신란에게 주로 초점을 두고 있지만, 그것은 윤리적 함의에 대한 더 이상의 논의를 억압하고 있는 것으로 보인다. 그러므로 여기서 나는 신란이 그 주장을 위해 공덕의 회향이라는 생각을 채택한 점을 지적하고 싶다. 내게는 '공덕'이라는 용어는 윤리적 주제를 논의하는 데 중요한 의미를 다분히 내포하고 있는 것처럼 보인다. 왜냐하면 공덕은 실천의 공로에 따라 어떤 사람에게 부여되는 긍정적인 도덕 또는 정신 자질을 언급하기 때문이다. 엄밀하게 말하면, 일본어 쿠도쿠功德는 산스크리트어 구나guṇa[16]와 일치하지만, 의미론적으로는 광범위하여 산스크리트어 퓨나puṇya도 공덕을 번역할 때 종종 사용된다.(비록 퓨나는 복덕福德이라는 말과 더 가깝게 일치하지만) 이 공덕이라는 개념은 종종 거대한 업(karma)의 은행 계좌에 보관된 어떤 신비한 정신적 자본의 한 종류로 생각되는 것으로

16 역주: 인도철학에서 말하는 만물의 속성, 또는 성질. 한자로는 덕德, 또는 공덕功德으로 번역한다.

보이는데, 공덕의 양도(또는 '공덕의 이전', 어떨 때는 회향으로 번역)는 한 은행 계좌에서 다른 계좌로 이체하는 것처럼 그려지는 개념이다. 적어도 신란의 공식에서는, 공덕은 아미타불의 이름을 듣는 사람의 자질과 능력의 변화를 언급하는 이런 종류의 수명이 짧은 업 은행의 부보다 훨씬 더 구체적인 의미를 지닌다.

교행신증의 믿음에 관한 장에서, 신란은 아미타불 원력이 가져다주는 믿음을 증득한 사람이 받는 열 가지 혜택을 열거한다.[17] 이 열 가지 혜택과 다양한 경전 구절(T 83: 608b4-609c10)에 근거하여 신란이 살을 붙인, 붓다의 진정한 불제자에 관한 설법은 이 세상에서 믿음을 가진 사람이 어떻게 살아야 하는지에 대한 신란의 해설이다. 신란은 인간의 자유의지와 이성은 필연적으로 탐욕과 무지로 오염된다고 이해했기 때문에, 그는 '우리가 이 세상에서 어떻게 살아야 하나?'라는 질문의 틀로 만드는 것은, 우리가 주는 어떤 대답도 우리의 제한된 관점으로 인해 오염될 것이므로 불충분하다고 주장하면서 반대할 것이다. 그렇지만 교행신증의 이 부분에서, 그는 '믿음을 증득한 사람이 이 세상에서 어떻게 사는가?'라는 질문에 그가 믿음이라고 부른 통찰의 비-자유의지적 경험이 수행자의 삶을 어떻게 바꾸는지 보여주

17 열 가지 혜택: (1) 보이지 않는 힘으로 보호받게 된다. (2) 최고의 덕을 부여받는다. (3) 악이 선으로 바뀌게 된다. (4) 모든 붓다로부터 보호받게 된다. (5) 모든 붓다로부터 칭송받게 된다. (6) 무량수광으로부터 보호받게 된다. (7) 큰 기쁨을 얻게 된다. (8) 자신이 공덕의 빚을 지고 있다는 것을 알게 되고 받은 공덕에 보답하게 된다. (9) 대자대비를 지속해서 수행하게 된다. (10) 분명한 확신 단계에 들어가게 된다.(T.83: 607b21-26; CWS vol.1:112)

는 많은 경전 참고 문헌을 제시하며 아주 자세히 대답한다. 이런 구절들은 전통적으로 그 질문에 대한 참고 자료라는 점에서 역할을 해왔기에, 나는 그중 몇 가지를 다음과 같이 언급하겠다.

신란이 열거한 두 번째 혜택은 '최고의 덕을 부여받는다'이다.(T 83: 607b22) 신란에게는, 아미타불의 덕에 대한 가르침의 경청이 불러오는 통찰은, 수행자 안에 아미타불의 덕과 똑같은 덕을 가져다주는 것이다. 정토 경전들은 아미타불과 아미타불의 정토가 가지고 있는 다양한 긍정적인 정신적 특질들에 대한 찬양으로 가득 차 있다. 이 혜택의 의미와 신란이 이 세상에서 보편적으로 작용하는 아미타불의 원력을 설명하기 위해 사용한 '공덕의 회향'이라는 용어가 함의하는 것은, 긍정적인 정신적 특질들(자애, 연민, 무차별, 인간애 등등)이 믿음을 증득한 사람들에게서 나타난다는 것이다. 이 특질들은 자기-중심적 무명으로 오염되는 자유의지와 자기-인식의 수준에서는 작동되지 않고, 대신 성격적 특성과 세상에 대한 태도와 가까운 더 근본적인 수준에서 기능한다.

다시 말하면, 아미타불에 관한 가르침과 아미타불 정토 그리고 정토에서 무엇이 참으로 좋고 가치 있는가에 대한 경청은, 이 세상에서의 수행자들의 행동 방식을 알려주는, 수행자들의 내면 가치의 재구성(비-자유의지적)으로 이어진다. 아미타불과 법장보살의 이상에 관한 가르침을 듣고 감복한 사람들은 아미타불과 법장보살의 가치를 자신들이 구하고 추구해야 하는 어떤 것으로서, 의식적 노력의 수준에서 이루어지기보다는 무엇이 좋은지 수행자들에게 알려주고 스며드는 일련의 전제조건으로서 더 받아들이게 된다. 루이스Lewis와 암스투츠

Amstutz의 저술 '인류학적 관찰'에서, 그들이 발견한 '독특한 인격'은 사실 신란의 교리 체계 '덕을 부여받는다'라는 개념에 굳건히 뿌리박고 있다. 그런데 신란이 그 개념에 틀을 씌운 용어로 틀을 만들면, 이 개념은 적어도 불교 윤리 안에 있는 업이나 덕에 대한 다른 논의와 동일한 일반적 지평에 놓인다고 보일 수 있다. 이런 일련의 이념들 사이의 교차점과 단절에 대한 고찰은 분명 환영받을 것이다.

믿음의 증득이 얻는 열 가지 혜택 가운데에, 신란은 '대자대비를 지속해서 수행하게 된다.(상행대비常行大悲)' (T 83: 607b25; CWS, vol. 1:112) 그리고 '자신이 공덕의 빚을 지고 있다는 것을 알게 되고 받은 공덕에 보답하게 된다.(지은보덕知恩報德)' (T 83: 607b24-25; CWS, vol.1: 112)도 열거했다. 케네스 타나카Kenneth Tanaka가 이 두 가지 구절에 대해서, 그리고 신란이 교행신증에서 인용한 도작과 선도의 저술 출처에 대해서 이미 논의했기 때문에, 나는 여기서는 이에 대해 길게 고찰하지 않겠다. 믿음을 가진 사람들은 그들의 모든 행위에서 일종의 비-자유의지적인 자비를 표현하는 방식으로 살아간다고 말하는 것으로 충분하다.

상상하기 쉽지 않을 수 있지만, 신란은 도작을 인용하여 '서로서로 격려하여 염불하는 사람들은 모두 대자대비를 실천하는 사람들이라고 부른다'라고 구체적으로 말하며 설명한다.(T 83: 608c21-22; CWS, vol.1: 119) 다시 말하면, 아미타불의 이름과 아미타불의 덕을 지속해서 칭송하고, 다른 사람들에게 같은 일을 하도록 격려하는 사람들은 대자대비의 행위자 기능을 하게 된다는 것이다. 신란은 더 나아가 선도가 창의적으로 해석한 구절을 제시하며, '받은 공덕에 보답하게 된다'라는 개념을 '타자를 보편적으로 변화시키는 대자대비'를 일으킨다고 정의한다.(T 83: 609a1-2; CWS, vol.1: 120) 여기서 주목할 다른 관점은 보덕報德이라는 용어의 사용이다. 이 말은 아미타불의 공덕을 받은 사람은 덕이나 덕행으로써 공덕의 빚을 갚는 것을 가리킨다.

그러나 우리가 명심해야 하는 것은 신란이 이 모든 것을 믿음의 혜택으로서 제시한 점이다. 다시 말하면, 신란은 그 혜택들이 아미타불의 가르침을 듣고 감복함으로써 자연스럽게 자란 결과물이라고 말한다. 그 혜택들은 오로지 믿음을 전제로 하는 것은 아니지만, 대신 인간의 자유의지를 바탕으로 하지 않고 인간 안에서 작용하는 순수한 아미타불의 원력을 통해서 이루어지는 결과다.

신란의 저술에서 설정된 아미타불의 원력과 인간 행위 사이의 새로운 형태의 긴장은 신란이 교행신증의 한 페이지(T 83: 609b17-19)에서 믿음을 가진 사람을 '미륵불과 동등하다'라고 부르고, 문자 그대로 두 페이지 뒤에 아래와 같이 탄식하는 매우 미묘한 상황을 만들어낸다.

> 신란, 나는 얼마나 슬프고 멍청한 고집불통인가! 욕망의 넓은 바다에 빠지고, 명리를 구하다 큰 산에서 길을 잃고, 바르게 자리 잡은 사람들과 함께하는 즐거움도 없고, 진정한 깨달음 성취에 다가가는 기쁨도 없다.(T 83: 609c11-13; CWS, vol.1: 125)

신란은, 아미타불의 공덕과 원력을 받았다는 관점에서는, 대자대비의 행위자로서 미륵불과 동등하며, 죽는 순간에 완전한 열반 성취를 확신하지만, 그러나 그의 자기-인식 수준에서 볼 때, 그의 자아는 평범하고 일상적 의식(말하자면, 그의 추론적 마음)에서 나타나는 것처럼, 자기-중심적 욕심과 욕구에 사로잡혀 있다고 말할 수 있다.

이런 이중성과 그 이중성이 창출하는 긴장은 신란 사상의 핵심 요소이다. 비록 그 이중성과 긴장이 정토진종의 윤리적 주제에 대한 논의를 상당히 복잡하게 만들기는 하지만, 수행자의 삶을 통하여 지속되는 역동적 과정의 자기-성찰적 정신 성장과 발전 가능성도 창출한다. '서원의 마음'이나 '평범하고 오염된 마음' 그 어느 것도 완전히 우선권을 갖지 못한다. 대신 아미타불의 공덕이 서서히 그리고 부드럽게 평범한 마음을 재형성하고, 마음을 거기에 표현된 아미타불의 가치에 적응시킨다.

마지막으로, 나는 불교 윤리 주제에 상당히 중요한 점을 가지고 있다고 보이지만, 지금까지 학계에서 거론되지 않았던 믿음의 혜택 가운데 다른 하나, '악이 선으로 바뀌는 이익'을 소개하고 싶다.(ten'aku jōzen no yaku, T 83: 607b22-23; CWS, vol.1: 112) 교행신증의 서문에서 신란은, 궁극적 덕을 완전하게 부여받은 경이로운 이름은 악을 덕으로 바꾸는 진정한 지혜라고 썼다.(T 83: 589a9-10) 게다가 수행의 장에서, 그는 낙방문류樂邦文類[18]의 '연금술사의 한 방울 미약이 쇠를 바꾸어 금으로 만들고, 한마디 진리의 말씀이 악업을 선업으로 바꾼다'라는 말을 인용한다.

18 역주: 남송의 승려 종효宗曉가 극락세계에 관한 불경들을 모아 엮은 책.

이 두 가지 구절 모두에서 신란은 아미타불의 이름과 그 이름에서 표현된 지혜는 업의 가치를 부정에서 긍정으로 재지정하는 힘이 있다고 썼다.(지혜가 변화시키는 힘에 관한 신란의 견해에 대한 논의는 Conway 2015를 참조) 이는 신란이 어떤 특정 행위에 정해지는 가치에 관하여 완고한 결정론적 입장과는 거리를 멀리 두고, 대신 선과 악의 본성에 대해서 훨씬 더 유연한 견해를 가지고 있음을 시사한다. 아미타불의 지혜를 비추어 볼 때, 어떤 특정 행위의 의미는, 반드시 '악한 행위'는 필연적으로 '악한 결과'를 초래하지 않게 변형될 수 있다. 붓다의 지혜(어떤 것도 내재하는 본성이 없다고 보는 무차별의 지혜)가 주는 관점은 분명히 사악해 보이는 행위도 긍정적인 업의 의미가 있는 어떤 것으로 바꿀 수 있는 것이다.

이러한 점에서, 부왕을 시해하고, 석가모니 붓다를 불교 공동체 수장의 역할에서 물러나도록 음모한 (18번째 서원에 있는 5가지 극악무도한 행위 중 2가지 악행) 아자타사트루Ajātaśatru 왕자[19]의 이야기에 신란이 주목한 것은 특히 흥미롭다. 신란은 아자타사트루가, 그가 지은 죄로 지옥에 떨어지는 공포에 떨고 있다가 석가모니 붓다의 설법을 듣고 나서, 어떻게 지옥에 갇힌 중생들을 구하기 위해 기쁘게 지옥에 가도록 변했는지 묘사한 열반경 부분을 길게 인용한다.(T 83:609c23-614c9; 신란이 지옥에 가겠다는 의지를 표명하는 부분은 T 83: 613a26-27) 부왕을 시해한 악행은 아자타사트루가 붓다의 지혜와

19 역주: BC.492-460 또는 5세기 초, 아자타사트루(한역: 아사세阿闍世)는 부왕 빔비사라(Bimbisara, 빈파사라頻婆娑羅로 한역, 붓다의 후원자)를 옥에 가두고 왕위 찬탈 후 시해하였다.

의 만남을 통하여, 억겁으로 이어지는 가장 끔찍한 지옥에서의 고통이 약속된 현재의 공포와 고통의 근원에서 자비로운 행위의 기회로 변모한다. 이런 붓다의 지혜가 지닌 변화시키는 힘에 대한 신란의 견해는, 지혜의 본질에 대한 대승적 이해에 굳건히 바탕을 두고 있고, 그러기에 전반적으로 불교 윤리의 더 넓은 분야, 특히 업의 논의를 위한 함의를 갖는 것처럼 보인다. 왜냐하면 이 견해는 우리에게 공空의 지혜라는 관점에서 누가 정말로 어떤 것은 절대적으로 '나쁜 업' 또는 '악행'이라고 확실하게 규정할 수 있느냐는 질문을 하도록 강요하기 때문이다.

요컨대 신란의 사상은, 비록 그 가능성에 대한 탐구가 이제 겨우 시작에 불과하지만, 현재의 불교 윤리 논의에 말할 수 있는 많은 잠재력을 가지고 있다. 신란은 선과 악, 옳고 그름에 관한 주제에 많은 관심이 있으며, 불교사상과 전통에 깊이 뿌리 내린 이러한 문제에 대해 하나의 답을 제시했다. 서구에서 규범적이고 성찰적인 사업으로서의 불교 윤리 분야가 성숙하게 발전됨에 따라 업, 덕, 그리고 붓다의 지혜가 지닌 변화하는 힘과 같은 문제에 사려 깊은 성찰로 상당한 관심을 기울인 신란과 같은 사상가의 생각에 참여하는 것은 많은 이점을 얻을 수 있다.

결론

우리가 살펴본 바와 같이, 정토불교 전통은 아미타불의 해탈 원력과 그 원력을 받은 인간 사이의 긴장으로 특징지어진다. 이 긴장은 그 전통 안에 있는 윤리적 주제의 고찰을 다양한 방식으로 복잡하게 만들고 색깔을 입힌다. 어떤 의미에서는, 아미타불의 복잡한 요소는 정토 전통의 대표자들이 만든 윤리와 인간의 책임 문제에 대한 성찰에 풍요로움을 더한다. 특히 그 긴장은 인간에게, 업보의 부담에도 불구하고 보살의 이상적 자비를 진정으로 실현하는 인간 능력에 대해 불굴의 시선으로써 고려하도록 허용한다.

내가 언급한 바와 같이, 이 논문은 매우 광범위한 전통의 일부에 불과한 생각의 조그만 견본에 불과하다. 제한된 공간에서의 내 논술은, 나머지 전통은 말할 것도 없고, 선도와 신란도 제대로 다루지 못했다. 신란의 사후 정토진종 안의 윤리 사상 발전은 이전 학계에서 어느 정도는 다루어진 중요한 주제이다. 하지만 신란의 후예로서 그의 사상이 정토진종 역사의 많은 부분을 통해 거의 신란만큼 중요하게 된 렌요蓮如[20] 같은 인물의 윤리 문제의 입장, 그리고 정토진종의 현대 사상가로서 그의 사상이 특히 2차 세계대전 이후 오타니-하파(진종대곡파眞宗大谷派) 안의 교리연구에 기조를 확립했던 키요자와 만시淸澤 滿之(Rogers & Rogers 1996; Blum & Rhodes 2011: 77-91; Haneda 2014: 33-39 참조)에 대해서는 아직 제대로 다루어지지 않았다. 키요자와의 제자 소가 료진曾我 量深[21]의 과거 업의 특성과 기능, 그리고 과거 업에 대한 인간의 책임에 관한 생각은 불교 윤리의 일반적 논의에 무언가 추가할 수 있는 또 다른 주제이다.(Blum & Rhodes 2011:139-156 참조)

---

20 역주: 1415-1499, 신란의 후예, 정토진종 중흥조.

21 역주: 1875-1971, 정토진종 오타니-하 지파의 영향력 있는 사상가, 오타니대학교 총장 역임.

이 장은 내가 서두에서 말한 바와 같이, 정토 사상과 불교 윤리의 더 넓은 분야 사이의 대화가 이제 막 시작되었기에, 향후 연구의 가능성이 있는 주제들의 세탁 목록으로써 끝마치게 된다. 현대 불교 윤리학자들과 마찬가지로 정토 사상가들도 그들의 삶과 그들에게는 진정한 불교 해결책으로 보이는 인도 불교 개념이 함의하는 것과 치열하게 씨름했기에, 그들의 생각은 오늘날 그 분야가 마주한 일부 문제를 해결하는 데 도움이 될 수 있을 것이다. 비록 그 텍스트들이 거의 기이할 정도의 복잡성을 가지고 있어 매우 도전적이지만, 이나가키 히사오稲垣尙夫(1929~) 그리고 드니스 히로타(Dennis Hirota, 1946~) 같은 학자들의 노력 덕분에 그 텍스트들이 대부분 영어로 번역되었다. 나는 그런 문제에 관심 있는 학자들이 그 텍스트들을 자원으로 활용하기를 희망한다. 비록 그 텍스트들은 해야 할 일과 하지 말아야 할 수칙에 대한 간단한 목록은 없지만, 그 문제들, 그리고 인간 경험의 복잡성과 기꺼이 씨름하려는 사람들에게 제공할 무언가는 확실히 가지고 있다.

인용 문헌

Ama Toshimaro (2001) Towards a Shin Buddhist social ethics. *The Eastern Buddhist*, 33 (2), 35-51.

Ama Toshimaro (2002) Shin Buddhism and economic ethics. *The Eastern Buddhist*, 34 (2), 25-50.

Blum, M. L. (1988) Kiyozawa Manshi and the meaning of Buddhist ethics.

The Eastern Buddhist, 21 (1), 61-81.

Blum, M. L., and Rhodes, R. F. (2011) *Cultivating spirituality: a modern Shin Buddhist anthology*. Albany: State University of New York Press.

Conway, M. J. (2015) Medicinal metaphors in a soteriology of transformation: Shinran's view of the power of the nenbutsu. *Ōtani daigaku Shinshū sōgō kenkyūjo kiyō*, 33, 13-25.

Dessì, U. (2007) *Ethics and society in contemporary Shin Buddhism*. Berlin: Lit Verlag.

Gibbs, G. (1998) Existentializing and radicalizing Shinran's vision by repositioning it at the center of Mahayana tradition. In: K. K. Tanaka and E. Nasu (eds), *Engaged Pure Land Buddhism: essays in honor of Professor Alfred Bloom*. Berkeley: WisdomOcean Publications, 267-315.

Gómez, L. O. (1996) *The land of bliss: the paradise of the Buddha of measureless light*. Honolulu: University of Hawai'i Press.

Haneda, N. (trans.) (2014) *December fan: the Buddhist essays of Manshi Kiyozawa*. Second edition. Los Angeles: Shinshu Center of America.

Inagaki, Z. H. (trans.) (2014) *Collection of passages on the land of peace and bliss: AN LE CHI by Tao-ch'o*. Singapore: Horai Association International. Ethics in Pure Land Schools 203

Ishihara, J. S. (1987) A Shin Buddhist social ethics. *The Pure Land*, 3, 14-33.

Jones, C. B. (2003) Foundations of ethics and practice in Chinese Pure Land Buddhism. *Journal of Buddhist ethics*, 10, 1-20.

Johnston, G. L. (1991) Morality versus religion in late Meiji society: Kiyozawa Manshi. *Japanese religions*, 16, 4, 32-48.

Kasulis, T. P. (2001) Shin Buddhist ethics in our postmodern age of mappō. *The Eastern Buddhist*, 33, 1, 16-17.

Lewis, S. J., and Amstutz, G. (1997) Teleologized 'virtue' or mere religious 'character'? A critique of Buddhist ethics from the Shin Buddhist point of view. *Journal of Buddhist ethics*, 4, 138-159.

Main, J. L. (2012) 'Only Shinran will not betray us': Takeuchi Ryō'on (1891–1967), the Ōtani-ha administration, and burakumin. PhD dissertation, McGill University.

Nasu, E. (2006) 'Rely on the meaning, not on the words': Shinran's methodology and strategy for reading scriptures and writing the Kyōgyōshinshō. In: R. K. Payne and T. D. Leighton (eds), *Discourse and ideology in medieval Japanese Buddhism*, 240–258. New York: Routledge.

Nogami S. (1970) *Chūgoku jōdo sanso den*. Kyoto: Bun'eidō.

Pye, M. (1989) The source and direction of ethical requirements in Shin Buddhism. *The Pure Land*, 6, 165–177.

Rambelli, F. (2004) 'Just behave as you like; prohibitions and impurities are not a problem': radical Amida cults and popular religiosity in premodern Japan. In: R. K. Payne and K. K. Tanaka (eds), *Approaching the land of bliss: religious praxis in the cult of Amitābha*. Honolulu: University of Hawai'i Press, 169–201.

Rogers, A. T., and. Rogers, M. L. (1996) *Rennyo shōnin ofumi: the letters of Rennyo*. Berkeley: Numata Center of Buddhist Translation and Research.

Shigaraki, T. (2001) The problem of the true and the false in contemporary Shin Buddhist studies: true Shin Buddhism and false Shin Buddhism. *Pacific world*, 3, 27–52.

Shigaraki, T. (2009) Shinjin and social praxis in Shinran's thought. *Pacific world*, 11, 193–217.

Sugiyama, S. J. (1998) The essence of Shinran's teaching: understanding to praxis. In: K. K. Tanaka and E. Nasu (eds), *Engaged Pure Land Buddhism: essays in honor of Professor Alfred Bloom*. Berkeley: WisdomOcean Publications, 285–315.

Tanaka, K. K. (1989) Ethics in American Jodo-Shinshū: trans-ethical responsibility. *The Pure Land*, 6, 91–116.

Tanaka, K. K. (1998) Concern for others in Pure Land soteriological and ethical considerations: a case study of Jōgyō daihi in Jōdo Shinshū Buddhism. In: K. K. Tanaka and E. Nasu (eds), *Engaged Pure Land Buddhism: essays in honor of Professor Alfred Bloom*. Berkeley: WisdomOcean Publications, 88-110.

Taniguchi, S. M. (1999) Examination of the meaning of ethics and practice in Jodo Shinshū: a critical and practical examination from the Nikaya textual point of view. *The Pure Land*, 16, 147-171.

Tokunaga, M., and Bloom, A. (2000) Toward a pro-active engaged Shin Buddhism: a reconsideration of the teaching of the two truths (shinzoku-nitai). *Pacific world*, 2, 191-206.

Unno, M. T. (1998) Shin Buddhist social thought in modern Japan. In: K. K. Tanaka and E. Nasu (eds), *Engaged Pure Land Buddhism: essays in honor of Professor Alfred Bloom*. Berkeley: WisdomOcean Publications, 67-87.

Zotz, V. (1989) Shin Buddhism and the search for new ethics in the West. *The Pure Land*, 6, 117-126.

추천 도서

Ama Toshimaro (2001) Towards a Shin·Buddhist social ethics. *The Eastern Buddhist*, 33 (2), 35-51.

Blum, Mark L. (1988) Kiyozawa Manshi and the meaning of Buddhist ethics. *The Eastern Buddhist*, 21 (1), 61-81.

Dessì, Ugo. (2007) *Ethics and society in contemporary Shin Buddhism*. Berlin: Lit Verlag.

Kasulis, Thomas P. (2001) Shin Buddhist ethics in our postmodern age of mappō. *The Eastern Buddhist*, 33 (1), 16-17.

Lewis, Stephen J., and Amstutz, G. (1997) Teleologized 'virtue' or mere religious 'character'? A critique of Buddhist ethics from the Shin Buddhist point of view. *Journal of Buddhist ethics*, 4, 138–159.

Pye, M. (1989) The source and direction of ethical requirements in Shin Buddhism. *The Pure Land*, 6, 165–177.

Tanaka, Kenneth K., and E. Nasu, eds (1998) *Engaged Pure Land Buddhism: essays in honor of Professor Alfred Bloom*. Berkeley: WisdomOcean Publications.

제10장 법화경의 윤리관

진 리브즈Gene Reeves

서론

법화경은 중국, 한국, 일본에서 불교의 가르침을 받아들인 초기부터 동아시아 불교의 중심이 되어 왔다. 전통은 역사적, 그리고 현대적으로 너무나 중요하기에, 전통을 고려하지 않고 불교를 이해한다고 주장하는 것은, 불교가 실제로 무엇이다라는 불교의 경험적 실체를 극히 가볍게 만드는 것이다. 법화경의 관점은 하나의 관점에 불과하지만, 불교 전체를 이해하기 위해서는 법화경은 극히 중요하고 필수적이기까지 하다. 영어로는 '로터스 수트라The Lotus Sutra'라고 부르지만, 중국을 비롯한 동아시아에서는 그런 용어를 사용하지도 않고, 그 말 자체가 경전을 가리키지도 않는다. 정식 명칭은 묘법연화경妙法蓮華經이다. 이것의 축약된 이름은 법화경으로 가장 자주 쓰인다. 영어로는 '다르마 플라워 수트라Dharma Flower Sutra'이다.

적어도 내 견해로는 법화경은 기본적으로 이야기책이다. 비록 법화경이 때로 분명하게 교리적인 주장을 하면서, 철학적이고 심지어 형이상학적 추론을 만들지 않을 수 없기는 해도, 어떤 것에 대한 체계적인 관점을 제공하는 것이 이 경의 목표가 아니다. 비록 법화경이 윤리적 관심에 이끌려 만들어진 매우 윤리적인 책이긴 해도, 체계적 윤리에 가까운 것은 포함하지 않는다. 이는 법화경의 관점이 쉽게 고착되지 않는다는 것을 뜻한다. 비록 법화경은 윤리적 태도에 매우 관심이 있지만, 그것의 윤리관은 하나 이상의 관점을 사용하기 때문에 전통적인 서구의 철학적 범주에 포착되지 않는다.

법화경은 기본적으로 구원론적이다. 이것은 법화경의 주요 관심사가 단순히 이해나 순종에 있지 않고, 구원에 있다는 점이다. 붉은 실처럼 이 텍스트를 꿰뚫고, 함께 모으고, 하나로 통합하는 주제는, 누구나 붓다가 될 수 있다는 확신, 도달 가능한 최고의 성취이다. 특히 추상적 관념을 좋아하는 사람들에 의해서 종종 표현되는 보편적 불성의 교리이다. 그러나 법화경이 진정으로 관심을 가지는 것은 '모든 사람'에 관한 추상적 관념이 아니고, 우리 각자에 있는 불성의 실현에 관심을 두는 것이다. 법화경이 '누구나' 붓다가 될 수 있다고 말하는 것은, 특히 당신이 될 수 있다.

여기서 불성을 우리 안에 있는 일종의 호문쿨루스homunculus[1]나 존재 같은 것으로 생각해서는 안 된다. 법화경에서 확인되는 것은,

1 역주: 극미인極微人.

붓다가 될 가능성이다. 충분한 생애들이 주어진다면, 그 가능성은 다른 일과 마찬가지로 필연적인 것으로 볼 수 있다. 법화경에 관하여 알아야 할 또 다른 중요한 점은, 매우 반관습적인 것을 피하지 않는 점이다. 법화경이 동아시아 불교에서 널리 대중적이었고 대승의 가르침과 관련이 있어서, 법화경의 가르침이 얼마나 반관습적인가, 아니면 적어도 반관습적이었었나를 잊기 쉽다.

11장에서, 다보불多寶佛이 다보탑 안에서 갑자기 일어나 법화경을 설하는 석가모니 붓다를 찬탄하고, 얼마 지나지 않아 다보탑 안에서 둘이 나란히 앉는다. 이 이야기는 부분적으로 과거에 입멸한, 심지어 소멸한 붓다가 얼마든지 현재에 살아 있을 수 있다고 사람들을 설득할 때 사용된다. 따라서 석가모니 붓다는 최종 열반에 들어갔어도 현재에 살아 있을 수 있는 것이다. 이 점을 강조하기 위해, 법화경은 같은 장소에서 동시에 두 명의 붓다가 살아서 나타날 수 없다고 말하는 전통을 무시한다.

12장에서, 한 어린 용녀龍女가 저명한 수좌 성문聲聞(śrāvaka)[2]과 한 보살의 관습적 반대에 맞서 빠르게 붓다가 될 수 있다는 것을 증명함으로써, 여자는 붓다가 될 자격이 없다는 관습적 불교의 지혜를 부정한다. 그리고 12장에서 또한, 석가모니 붓다의 사촌이자 불교 세계에서 줄곧 악의 대명사로 알려진 데바닷따(Devadatta, 제바달다提婆達多)도 붓다가 될 거라고 석가모니 붓다가 말함으로써, 구제받을 가망이 없는 악한 중생의 존속에 관한 관습적 가르침을 거부하거나

---

2 역주: 불법을 듣고 스스로의 해탈을 위하여 출가한 수행자를 뜻하지만, 일반적으로 제자, 그중에서도 뛰어난 제자를 가리킴.

무시한다.

우리 모두 불교와 불교 조직에서 자격 인증이 매우 중요하다는 것을 안다. 상좌부불교, 한문 경전을 근거한 불교, 티베트 스타일 불교, 새로운 형태의 일본 불교에서도, 어떤 종류의 지도자로서든, 또는 제대로 된 법사에 이르기까지, 인정받기 위해서는 자격 인증을 받아야 한다. 그러나 법화경 10장에서는 여자를 포함하여 누구라도 동등하게 불법佛法을 가르칠 수 있다고 분명히 말하고 있다. 지금은 비록 끔찍하게 놀랄 일은 아니지만, 이 가르침이 처음 법화경에 나타났을 때는 매우 파격적이었고, 그때 이후 대부분 무시되었다.

법화경에서 전통적 불교의 가르침을 무시하거나 경시하는 또 다른 사례가 많이 있다. 예를 들면, 우리는 모두, 도솔천(兜率天, Tuṣita)에 머물며 붓다가 되기를 기다리고 있지만 아직은 붓다는 아닌 미륵보살과 같이, 붓다와 보살은 차이가 있고 다르다는 걸 안다. 그런데도 법화경은 그 차이를 경시하는 중요한 한 방식으로써, 묘음보살妙音菩薩(Gadgadasvara Bodhisattva)과 관세음보살觀世音菩薩(Avalokiteśvara Bodhisattva)[3] 모두 붓다의 화신이라고 주저 없이 말한다. 만약 보살이 붓다로 나타나고, 붓다가 보살로 나타난다면, 형식적 차이 외에 다른 게 무엇일까?

법화경이 전통적 가르침을 무시하거나 경시할 때는, 그럴 수 있다고 추정되는 가르침들에만 그렇게 했을 거라고 여겨왔다. 그래서 예를

---

3 관세음보살(Avalokiteśvara), 세상의 울음에 주시하는 존재. 동아시아에서는 종종 이 이름이 관음으로 줄여 부른다. 관세음보살의 정확한 의미는 논란의 여지가 있지만, 동아시아에서는 문자 그대로 '세상의 소리를 관하다'이다.

들면, 전통적 불교 윤리는 오로지, 아니면 적어도 폭넓게 계율에 근거한 의무론義務論적[4]이라고 널리 추정되어 왔다. 만약 법화경이 계율에 주목하지 않을 때는, 그 계율의 효능과 적절성이 그럴만하다고 추정되기 때문이라고 주장할 수 있다. 따라서 법화경은 법화경 이전의 경전들처럼, 모든 불교 윤리와 같이 의무론적이고 계율을 근거한다고 주장할 수 있다. 따라서 우리는 법화경이 불교 윤리가 말하지 않는 것을 가르친다고 주장하는 학자들을 볼 수 있다. 그런 견해에 대해 단정적으로 반박하기는 어렵지만, 법화경이 윤리에 관해 말하는 것을 이해하기 위해서는, 내 생각으로는, 경 자체가 말하는 것이 무엇인지 살펴보는 게 좋을 것 같고, 특히 법화경에 있는 우화들 또는 다른 이야기들이 윤리적 행위에 관하여 말하는 것을 살펴보아야 한다고 생각한다.

내가 '윤리적 행위'라고 말한 것은, 내 생각으로는, 윤리는 궁극적으로 관심을 가져야만 하는 것이기 때문이다. 윤리는 기본적으로 사람이 어떻게 처신해야 하는지에 대한 가르침으로 구성되었다. 윤리는 근본적으로 이론에 관한 것이 아니며, 어떤 행위가 의무론이나, 공리주의나, 추정한 미덕이나, 이론에 근거했는지 아닌지에 관한 것이 아니다. 따라서 법화경의 윤리는 어떻게 하면 선하게 될지에 관한 이론을 제시하지 않는다. 이론이라기보다는 어떻게 하면 선하게 되는지에 관한 몇 가지 생각이나 권고인데, 그 생각이나 권고는 항상 단일 이론으로, 또는 관점으로조차도 잘 통합되지 않는 것이다. 예를 들면,

---

4 역주: Deontological Ethics, 행위의 결과와는 상관없이 도덕 행위의 본래의 가치인 '규범에 복종해야 할 의무'를 주장하는 도덕 이론.

법화경의 윤리는 전통적 계율을 법화경의 근본적 관점으로 취하지 않고서도, 그런 계율의 유용성을 옹호할 수 있다.

법화경의 윤리관

법화경의 윤리는 가부장적이라고 말해도 될 것 같다. 다시 말하면, 아버지가 제일 잘 안다는 윤리다. 여기에는 그럴 만한 이유가 있다. 법화경에는 아버지와 그의 자녀들, 또는 아버지와 아들, 아니면 아버지 같은 왕에 관한 우화들이 있다. 그 우화들은 법화경에서 아마도 가장 유명한, 불난 집에서 수레를 주겠다는 약속으로 아이들을 구하는 이야기로부터 시작한다. 그런 우화들은 제4장을 구성하는 부유한 아버지와 가난한 아들 이야기, 그리고 착한 의사 우화, 아마도 어느 정도는 상투 속의 보석 이야기까지가 포함된다. 이런 이야기들에서 아버지 모습은, 보통 실제 아버지와 같이 가장 잘 아는 사람이고, 그의 지혜로 길을 찾고, 널리 숙련된 방법으로 자식들이 자기의 길을 따르도록 해서 거기에서 이로움을 얻도록 하는 사람이다. 이런 이야기 어디에도 아내, 또는 어머니, 아니면 어떤 종류의 여자라는 암시조차도 없다.

이것들은 물론 우화인데, 그 우화 속 아버지 인물은 언제나 붓다이기도 하다. 여기서 '아버지가 가장 잘 안다'라는 말은 '붓다가 가장 잘 안다'이다. 주인공이 꼭 아버지 그 자체가 아닐 때도 법화경에는 아버지답고 권위적인 역할을 하는 이야기들이 있는데, 이를테면 한 무리의 기진맥진한 순례자들이 깨달음을 얻은 한 안내자에 의해 결국

구출된다는 환상적인 성곽도시 이야기가 그것이다. 데바닷따 이야기 조차도, 데바닷따는 모르는 것을 붓다는 알고 있기에 이런 요소가 있다. 붓다의 전생 이야기들이 자주 그러듯이, 이 이야기는 훗날 데바닷따가 되는 한 선지자의 지혜로부터 이로움을 얻는 한 왕을 묘사한다. 위대한 지혜가 있기에 붓다는 다른 사람들이 어떻게 생각하든지 데바닷따가 붓다가 될 것이라고 선언할 수 있다.

이런 이야기들을 관통하는 윤리는 확실히 가부장적이다. 그런 이유로 선한 일을 하는 것은 붓다의 가르침을 따르는 것이다. 만약에 이 이야기들이 전부라면, 이것이 법화경의 윤리가 될 것이다. 그러나 분명히 그렇지 않다.

묘장엄왕

우선, 우리에게는 법화경 거의 끝부분 27장에 있는, 흥미롭기는 하나 많이 무시되는 묘장엄왕妙莊嚴王과 그의 가족 이야기가 있다. 이 이야기에서, 부분적으로 붓다의 모습을 가진 왕은 그의 두 아들에 이끌려 그 왕이 살았던 시절과 장소에 계시던 붓다를 따르는데, 먼 훗날 붓다께 그의 두 아들이 그의 좋은 친구라고 선언하게 된다. 왜냐하면 왕이 아들들로부터 많은 것을 배웠기 때문이다. 이 두 아들은 부왕과 왕비에게 모두 집을 떠나 붓다를 따라야 한다고 설득한다. 따라서 이 이야기는 가부장적인 면과는 정반대이다. 아들들이 아버지와 어머니를 가르쳐 붓다를 따르도록 설득했기 때문이다. 더구나, 어머니 정덕淨德 왕비는 이 이야기에서 매우 중요한 역할을 한다. 아들들이 아버지에게 공손하게 감동을 주고 설득하도록 설득한 사람이 바로 그녀였던 것이다. 그녀는 이 가족의 핵심 인물 같은 사람이고, 그 남자들 사이에서 중심적이고, 심지어 조용히 권위적인 역할까지도 한 사람이다.

우리는 이 이야기가 그저 전의 다른 이야기들과 맞지 않는다고 결론지을 수도 있다. 그리고 적어도 가부장제에 관해서는 맞지 않다는 것이 사실이다. 그러나 이 이야기를 아마도 더 유용하게 보는 관점은, 이 이야기를 일종의 캡핑 스토리[5]로 보는 관점인데, 법화경의 이야기들을 전반적으로 다른 관점, 즉 무-가부장적 아니면 어쩌면 반-가부장까지도 포함하는 관점으로 볼 수 있다.

용녀 공주

법화경에서 가장 눈에 띄지 않는 이야기 가운데 하나로부터 우리는 이제 아마도 이 경전에서 가장 인기 있는, 매우 빠르게 붓다가 된 용녀 공주 이야기로 넘어간다. 법화경의 현재 구성에서 이 이야기는 12장 데바닷따 장에 나타난다. 이 이야기의 해석에는 복잡함과 차이점이 있지만, 주요 줄거리와 목적은 상당히 명확하다.

주인공은 어린 소녀이다. 그녀는 용왕의 딸이지만, 이 이야기 안과 밖에서 아무도 그녀의 공주로서의 존재, 또는 인간이 아닌 용이라는 존재에 대해서 별로 신경 쓰지 않는다. 내가 아는 한, 동아시아 불교

5 역주: Capping story, 이야기 끝에 더 좋은 이야기를 함.

미술에서 그녀는 언제나 사람으로 그려진다. 이 이야기와 해석 안에서 관심을 둘 만한 점은, 그녀가 어리고 경험이 없다는 데에 있고, 그러므로 빨리 붓다가 될 수 없고, 그리고 특히 소녀이고 여자이기 때문에 절대 붓다가 될 자격이 없다는 점이다. 아마도 비교적 후기 판본일 가능성이 있는 법화경의 이 이야기가 내포하는 확실한 목표는 '여자도 붓다가 될 수 있다'를 가르치기 위함이다.

그런데 이 이야기에는 우리의 목적에 맞는, 또 다른 매우 흥미로운 측면이 있다. 이 이야기 속에서 두 사람, 지적보살智積菩薩 그리고 성문 사리불舍利弗(Śrāvaka Śāriputra)은 보살과 성문을 대표하여 그려졌는데, 즉 그들은 승려를, 확대하면 일반적 남성을 대표한다. 그들은 비록 다른 소속일지라도 높이 존경받는 원로 승려들이다. 이 이야기의 클라이맥스에서 그 어린 소녀가 붓다에게 값진 보석을 건네자 붓다는 흔쾌히 받으신다. 그리고서 그녀는 두 남성 장로에게 몸을 돌려 붓다께서 그 보석을 빨리 받으셨는지 아닌지 묻는다. 그리고 두 장로가 긍정하자, 그녀는 두 장로의 신통한 눈을 사용하여 그녀가 더 빨리 붓다가 되는 것을 지켜보라고 이른다. 그들이 그렇게 하고, 그들은 경탄한다.

여기서 중요한 점은 어린 소녀가 이 두 장로를 가르친 것이다. 그녀는 그들에게 단순히 무언가를 말한다는 의미로 가르치지 않고, 어린 소녀가 붓다가 되고, 그것도 빠르게 될 수 있다는 점을 보여줌으로써 그들의 이해를 실제로 변화시킨다.

여기서 가부장적 윤리는 어떻게 되었나? 우리가 분명히 법화경의 어떤 이야기들은 가부장적 윤리를 내보인다고 말할 수 있지만, 모든 경전에서는 사실이 아니며, 또한 우리가 쉽게 생각할 수 있는 법화경 전체로서도 사실이 아니라는 것은 확실하다.

다른 사례들

법화경에는 선행이 계율이나 규칙을 근거로 또는 가부장적인 행위로 해석될 수 없는 또 다른 이야기들이나 구절들이 있다. 마음에 즉시 떠오르는 하나는 20장에 있는 상불경보살常不輕菩薩의 길고 유명한 이야기다. 우리가 들은 바로는, 그 스님은 경을 읽거나 외는 데 힘쓰지 않았지만, 그냥 다른 사람들에게 다가가서, 그가 만나는 사람 누구도 빼지 않고 존경한다고 말하고, 그리고 그들도 붓다가 될 것이라고 말했다. 그리고 이 이야기는 상불경보살이 다른 남자들, 원로들, 윗사람들만 존경한 것이 아니고, 그가 만난 모든 사람을 동등하게 존경했다고 역설한다. 여기에 가부장제는 없다.

가부장적 윤리를 찾기 불가능한 다른 사례는 법사들의 장에 있다. 여기에서 붓다는 앞에 있는 큰 무리의 비구, 비구니, 남자, 여자 그리고 다른 존재들이 함께 있는 대중들을 가리키며, 만일 이들 가운데 누구라도 법화경의 게송 한 구절이라도 듣고 잠시라도 기뻐하는 사람이 있다면 붓다가 될 것이라고 약왕보살藥王菩薩에게 말한다. 이 장 전체를 통하여 남자와 여자 모두를 포함하는 언어를 사용하기 위해 많은 주의를 기울인다.

끝으로, 이 경전의 후반부에는 묘음보살과 관음보살 이야기가 있다. 이 이야기들은 기본적으로 우리가 어디서 이 보살들을 만날 수 있는지에 관한 것이다. 묘음보살 이야기와 특징은 역사적으로 그리 중요하지 않았지만, 법화경 관음보살의 장은 역사적으로, 그리고 동아시아 불교 발전과 미국 불교 발전 면에도 엄청나게 중요한 역할을 해왔다.(동아시아, 특히 중국불교에 미친 관음의 영향에 관한 탁월한 설명은 Yü 2001 참조) 신자들이 관음보살을 곤경에 처한 사람들의 기도에 응답하는 일종의 신으로 취급하는 것이 드문 일은 아니지만, 나는 이 이야기의 더 중요한 목적은 우리가 어디에서 관음보살을 만나고 볼 수 있는지 가르쳐주는 데에 있다고 믿는다. 그리고 관음보살이 현신하고 보일 수 있는 장소에는 여러 종류의 여성들이나 소녀들의 몸과 사람들이 포함된다. 우리는 관음보살도 붓다가 될 수 있다고 들었기 때문에, 그리고 우리는 많은 사람에게는 그녀가 붓다였고, 그리고 오늘날까지도 그녀가 붓다라는 점을 알기에, 우리는, 우리 또는 누구라도, 우리의 할머니 안에서, 또는 통로 건너편의 어린 소녀 안에서도 붓다를 만날 수 있다고 해석해야 한다.

여기에도 이 텍스트의 저자들은 붓다는 남성의 형상으로서만이 아니고 여성의 형태로도 찾을 수 있다고 우리가 이해하도록 약간 신경을 쓴 것처럼 보인다. 중국 불교 예술에서 가장 흔한 모습이 여성 관음이라는 사실은 놀라운 일이 아니다. 그렇다면 여기에도 역시 우리는 어떤 종류의 가부장적 윤리와 먼 거리에 있다.

우리는 또한 윤리적 행위에 관해 말하는 이 이야기들 어디에도 불교 계율을 따르도록 훈계를 받는 사람이 없다는 사실에 주목하고 싶을 것이다. 따라서 법화경 일부는 확실히 가부장적이지만, 거기에는 아닌 부분도 확실하게 있다. 그렇다면, 법화경의 윤리가 의무론적인 것도 아니고 가부장적인 것도 아니라면 그것이 무엇일까?

보살도

도쿄에 있는 릿쇼코세이카이立正佼成會[6] 대성전으로 오르는 계단에서 올려다보면, 가장 친숙한 대승 보살들의 장엄한 그림 석 점을 볼 수 있다. 오른쪽에는 사자를 타고 있는, 지혜를 상징하는 문수보살이 있고, 왼쪽에는 소를 타고 있는, 자비를 상징하는 미륵보살이 있다. 그리고 가운데에는 여섯 개의 엄니가 있는 흰 코끼리를 타고 있는, 일상생활의 지혜와 자비의 화신인 보현보살[7]이 있다.

문수보살의 지혜는 극히 난해하고 추상적인 무언가로 해석해서는 안 되고, 오히려 지성에 가까운 무언가로 해석해야 한다. 여기에는 뇌 수술과 같은 고도로 발전된 기술, 또는 다른 사람들의 행위나 동기를 고려하는 심리적 통찰력을 포함하는 실용적 지식이 포함된다. 달리 말하면, 문수보살의 지혜는 유용하며 실용적이다.

그러나 보살은 지혜로운 것 이상이 있어야 한다. 누군가는 동굴 어딘가에 앉아 지혜를 전혀 활용하지 않고 지혜로울 수 있다. 보살은 남을 위한 자비에 의해 행동한다. 보살의 지혜는 차갑고 초연한 것이 아니며, 남과 깊은 유대감에 뿌리를 둔, 진정으로 남을 돕겠다는

---

6 역주: 니와노 니쿄오庭野日敬(1906-1999) 등이 조직한 재가자 종교운동, 주로 법화경에 초점을 둔다.

7 보현보살普賢菩薩(Samantabhadra)은 Universal Sage Bodhisattva, Universal Worthy, Universal Virtue 등으로 영역된다.

깊은 열망에 이끌린 것이다. 지성과 자비가 어떤 구체적인 방식으로 구현되지 않는다면 무가치한 것이다. 보현보살을 '현자'로 부를 수 있다. 왜냐하면 그는 지혜롭기도 하고, 선하기도 하기 때문이다. 보현보살은 일상의 행위와 관계 속에서 보살도가 살아 있도록 만드는 이상을 나타낸다.

물론 그런 일들을 상징하는 많은 방법이 있다. 릿쇼코세이카이 대성전을 돌거나 통과해서 법륜각法輪閣에 들어가면 또 다른 위대한 대승 보살인 관세음보살상과 마주칠 것이다.

천수관음이라고 불리는 이 장엄한 관음상은 내가 토쿄를 처음 방문했을 때 릿쇼코세이카이의 설립자 니와노 니쿄오庭野日敬로부터 소개받았다. 여기에서 보통 42개의 손으로 표현되는 천 개의 손은 각각 어떤 기술이나 특별한 능력을 나타내는 도구나 상징을 지닌다. 관음보살은 종종 독실한 신자들이 신과 같은 존재로 모시고, 관음이 손에 쥐고 있는 힘은 고통받는 사람들을 돕는 데 사용하는 힘이라고 이해한다. 그러나 니와노는 내게, 보살을 우리에게 은혜를 베푸는 신으로 취급해서는 안 된다고 말했다. 그보다는, 보살을 우리가 무언가 할 수 있는 본보기로서 보아야 한다고 했다. 만약 관음이 사람들을 도울 수 있는 천 가지의 기술이 있다면, 이것은 우리가 다른 사람을 돕는 천 가지의 기술을 개발해야 한다는 의미라고 했다!

대성전 앞에 있는 문수보살, 미륵보살, 보현보살과 같이 관음보살도 깊은 자비와 지성적 지혜를 가졌다고 이해된다. 그리고 이 보살상이 세워짐으로 인해서, 관음보살은 우리의 일상 속에서 지성과 자비의 구현과 사역을 상징한다.

릿쇼코세이카이 회원 서약은 '우리는 보살도를 따라서, 우리의 가족과, 공동체와, 나라와, 세계에 평화를 가져올 것을 다짐한다'라고 말한다. 따라서 법화경의 윤리는, 적어도 릿쇼코세이카이에서는 개인, 가족, 공동체, 그리고 마지막으로 세계에 평화를 가져오는 자비로운 행위의 윤리로서 해석된다. 따라서 법화경의 윤리는 세계평화로서 해석되는 최고선을 가진 목적론적인 것으로 여겨진다.

남을 돕기

서구에서는 흔히 보살은 열반의 기쁨에 들어갈 수 있지만 자신의 행복을 뒤로 미루고 속세로 돌아가 이기심 없는 마음으로 남을 돕는 사람이라고 말한다. 그러나 열반을 연기한다는 그런 생각은 확실히 법화경뿐만 아니라 내가 아는 다른 경전에서도 찾아볼 수 없다. 법화경에서 보살은 모든 사람이 구원받지 못하면 자기도 구원받을 수 없다는 것을 잘 알 만큼 지혜로운 사람이다. 달리 말하면, 보살은 상호연관성과 상호의존성을 잘 알고 있다. 그 또는 그녀는 완전히 무욕한 존재는 아니지만, 지성적이고 자비로우므로 남을 돕기 위해 세상에서의 일을 지속한다.

그러나 남을 돕는 일이 매우 중요하기는 하지만, 개인적인 문제를 가진 사람을 개별적으로만 돕는 데 국한되어서는 안 된다. 법화경은 두 가지 일로서 보살행을 되풀이해서 얘기한다: 개인을 변화시키는 일과 정토이다. 다시 말하면, 우리는 사람들이 사회환경과 자연환경에 크게 영향 받는다는 점을 인식해야 한다는 것이다. 이 점이 릿쇼코세이카이 설립자 니와노가 왜 세계평화 운동에 역점을 두는지, 그리고 무엇보다 평화를 위한 종교의 창립자가 되고, 종파를 초월하여 일본 종교의 지도자들을 이끌게 되었는지에 대한 중요한 이유 가운데 하나라고 나는 믿는다.

오늘날에는 틱낫한 스님Thích Nhất Hạnh[8]과 술락 시바락사Sulak Sivaraksa[9] 등 덕분에, 불교의 가르침과 수행이 개인적인 문제에 관련된 문제뿐만 아니라 공공, 또는 사회적으로나 정치적으로 중요한 문제와도 관련이 있는 국제적인 참여 불교 운동으로 일어나고 있다. 법화경의 관점에서는 이것은 당연히 그래야 하는데, 우리는 먼저 사회 참여적이지 않은 불교를 가질 수 있고, 그런 다음 사회 참여를 일종의 이차적 또는 삼차적인 문제로서 추가할 수 있다고 가정해서는 안 된다. 법화경의 관점에서 볼 때 불교는 필연적으로 사회-참여적이다.

그렇지만 법화경이 오직 현대에만 사회적, 정치적 중요성을 지닌 것으로 여겨진 것이 아니다. 전근대 중국의 많은 지역에서, 때때로 기존 질서에 반항하는 집단들이 있었는데, 종종 '백련교白蓮敎'[10]라는 이름으로 행해졌다. 그러한 운동은 글을 모르는 농민들에 의해 주도되었는데, 실제로 우리가 그들에 대해 알고 있는 전부는, 그들을 경멸하

---

8 역주: 1926-2022, 베트남 승려, 시인, 평화운동가, 상즉종相卽宗(Order of Interbeing) 창시, 플럼 빌리지 전통 창립자.

9 역주: 1933-현재, 태국 사회운동가, 교수, 작가, 태국 NGO 창립자. 참여불교의 아버지로 알려짐.

10 역주: 중국, 송·원·명·청에 걸친 민간종교의 일파. 12세기, 남송의 모자원茅子元이 창시.

고 헐뜯었던 유식한 승려와 재가자들이 쓴 글을 통한 것이다.

일본에서도, 특히 도쿠카와德川時代(1603~1867) 말기에는 봉건 정권에 대한 소극적 저항을 구현한 '감사의 순례'가 있었는데, 때로 폭동으로 바뀌어 사회적, 정치적 권위에 반항하는 노골적인 반란이 되었다. 열광적인 종교적 광란으로 특징지어지는 그런 운동, 또는 봉기는 매우 비체계적이었지만 분명히 일련종日蓮宗[11], 그리고 이에 따라서 법화경과 관련이 있다. 이런 사회개혁에 대한 열정은, 천태종과 일련종 모두에서 크게 영향을 받고 법화경을 기초 교재로 택한 릿쇼쿄세이카이의 새로운 종교운동에까지 어느 정도 영향을 미치게 되었다.

불교 수행

나는 그 과정에서 어디에서 어떻게 되었는지는 모르겠지만, 많은 사람에게 불교의 '수행'은 명상과 밀접하게 연관되거나 명상으로 정의되기까지 했다. 명상은 인도가 인류에게 준 위대한 선물 가운데 하나다. 명상은 온갖 종류의 인간 조건에 놀라운 일을 할 수 있다. 많은 사람이 십중팔구 명상 수행을 통해 이로움을 얻을 수 있을 것이다. 그리고 붓다가 명상 도중에 깨달음을 성취했으므로 불교도에게는 명상이 특별히 중요하다. 그러나 불교도에는 특별히 명상적인 데가 없다. 자신이 불교도라고 자처하는 대다수 사람이 명상하지 않는다.

---

11 역주: 13세기 일본 승려 니치렌日蓮(1222-1282)의 가르침과 법화경을 바탕으로 한 불교 종파.

그들에게 불교 수행은 많은 것일 수 있지만, 그것은 명상이 주가 아니다.

법화경에서 명상과 집중은 중요하지만, 특별히 두드러지지는 않는다. 또한 거기에는 비록 억겁의 시간 동안 명상해서 얻은 공덕이, 단 한 순간만이라도 영원한 붓다의 생에 관하여 듣고 받아들이는 만큼의 공덕, 즉 자신의 삶에 붓다가 구현되는 것을 의미하는 공덕을 만들 수 없다고 말한다.

그런데, 만약 명상이 법화경에서 주요 불교 수행이 아니라면, 그것이 무엇인가? 많은 수행이 장려되고 있다. 특히 법화경을 받아들이고 포용하며, 외어서 낭송하는 송경誦經, 경을 필사하는 사경寫經, 경을 가르치고 해설하고, 경의 가르침에 따라 사는 것 등이다. 그러나 법화경이 옹호하는 수행들 가운데 가장 특별한 것은, 보통 '보살도'라고 말하는, 다른 사람들을 향하는 처신의 방식이다. 보살도는 법화경의 불교 수행을 포괄하는 비전이다.

보살행의 길

법화경에서 우리가 보는 주요 구절은 아래와 같다:

> 진정한 법(Dharma)을 구별하는,
> 보살행의 길
> 갠지스강 모래처럼 많은 게송에서
> (부처님께서) 가르치신 법화경 (Reeves 2008: 202)

여기서 우리는 보살도는 행위의 길이라고 알게 된다. 어떤 종류의 행위일까? 기본적으로 보살행은 중생을 구하고, 해방하며, 도와주는 모든 행위이다.

법화경에서 남을 위한 가장 중요한 섬김은 법화경 자체를 포용하도록 이끄는 것이다. 이 경에서 붓다는 다음과 같이 설한다:

> 약왕보살이여, 비록 재가자든 비구든 많은 사람이 보살도를 걷고 있다고 해도, 만약 그들이 법화경을 보고, 듣고, 읽고, 외우고, 사경하고, 포용하고, 공양하지 못한다면, 그들이 보살도를 잘 걷고 있지 못한다고 알아야 합니다. 그러나 그들 중 누군가가 이 경을 듣는다면, 그는 보살도를 잘 걸을 수 있을 것입니다. 만약 불도를 구하는 어떤 중생이 이 법화경을 보거나, 듣고, 그리고 경을 들은 다음 경을 믿고, 이해하고, 포용한다면, 그가 무상정각에 가까워졌음을 그대가 알아야 합니다.(Reeves 2008: 230)

그러나 사람들을 이 경전 자체로 인도하는 것이 남을 구하는 유일한 방법이라는 어떤 좁은 의미로 이 경전의 가르침을 해석해서는 잘못이다. 법화경은 보살도를 실천하는 적절한 방편을 사용한 비유로 가득 차 있다. 불난 집에서 아이들을 나오게 하려고 보상을 약속하는 아버지가 있고, 다른 아버지는 아이들에게 해독제를 먹이려고 죽은 척하기도 한다. 또 다른 아버지는 야망이 없는 아들을 점점 더 큰 책임으로 인도한다. 한 여행 안내자는 힘든 여정 속에 휴식이 필요한 사람들에게 쉴 곳을 주기 위해 마법으로 도시를 불러 나타나게 한다. 어떤 사람은 그의 가난한 친구의 옷에 값진 보석을 꿰매 달아준다. 아주 강력한 힘을 가진 한 왕은 그의 병사가 큰 무훈을 세울 때까지 자신의 상투 속에 엄청나게 귀중하고 독특한 보석을 감춰 놓는다. 이 이야기들 어디에도, 또는 법화경의 다른 이야기들 어디에도 법화경 자체에 대한 언급은 없다.

적절한 행위의 방법

이 이야기들이 보여주는 것은 남을 돕는 실용적이고 적절한 행위이다. 우리가 법화경에서 반복적으로 듣는 얘기는, 이런 행위는 듣는 사람의 조건에 따라 숙련되고 적절해야 할 필요가 있다는 것이다. 왜냐하면, 사람들은 저마다 다르고, 그들의 조건이 다르기 때문이다. 비가 엄청나게 다양한 식물들의 각각 다른 조건에 따라 양분을 주어 키우듯이, 붓다는 사람들이 무엇이 필요한가에 따라 법(Dharma)을 베푼다.

어떤 행위를 적절하게 만드는 것은 무엇인가? 불타는 집의 비유에서 아버지는 아이들을 불에 타고 있는 집에서 나오게 하려고 수레를 주겠다고 약속한다. 그런데 실제 아이들에게 보상으로 주어진 것은, 약속했던 수레보다 훨씬 호화로운 모델이었다. 이 이야기 말미에서, 붓다는 사리불에게 그 아버지가 거짓말을 했는지 하지 않았는지 묻는다. 사리불은 아버지가 거짓말하지 않았다고 대답하며, 아이들에게 더 작은 수레를 주었다고 해도 거짓말한 것은 아니라고 말한다. 왜? 단지 그 전략이 통했기 때문이다. 불타는 집에서 아이들을 제때 나오게 하여 그들의 목숨을 구했기 때문이다.

여기에는 두 가지가 관련되었다: 행위가 효과가 있었고, 그 행위가 목숨을 구하는 데에 효과가 있었다는 점이다. 어떤 사람들은 불교 윤리는 확실히 주로 자신의 내면의 문제, 즉 윤리적인 것, 또는 선한 것은 기본적으로 내적 의식, 마음챙김, 또는 자비심의 문제라고 생각한다. 그러나 이런 암시는 법화경에서 찾기 힘들다. 법화경에 있는 이상은 지혜, 통찰, 자비, 실천의 조합이다. 현대 전문용어로 말하면 법화경 역시 결과 지향적이다. 물론 법화경 이야기들 속에서 아버지들이나 부모들이 그들의 자식들에게 관심이 있고 그들을 구했다는 점이 중요하지만, 그보다 더 중요한 것은, 그렇게 하여 성공할 방법들을 생각해 낼 만큼 현명했다는 점이다. 윤리적 행위는 숙련되고 적절한 행위이며, 숙련되고 적절한 행위는 항상 효과적인 행위이다.

참으로 법화경에는 많고 많은 숙련된 방편의 예가 있는데도, 성공하지 못한 숙련된 방편은 하나도 없다. 따라서 숙련된 방편이라는 개념은 법화경에서 시도되고 있는 것에서의 성공을 포함하는 바로 그러한 경우일 것이다.

법화경 12장에서 볼 수 있는 데바닷따 이야기는 매우 교훈적이다. 이 이야기에 따르면, 우리의 적이라 할지라도, 그들의 의도와는 상관없이, 만약 우리가 그렇다고 여기면 우리에게 보살이 될 수 있다. 많은 불교 문헌에서 악의 화신인 데바닷따가 법화경에서는 도움을 준 존재로서 붓다로부터 감사를 받는다. 붓다는 '나의 착한 친구 데바닷따 덕분에, 나는 여섯 가지 초월적 수행, 즉 친절, 자비, 기쁨, 불편부당 등등을 완전히 발전시킬 수 있었다'라고 말한다.(Reeves

2008: 249) 우리는 붓다가 데바닷따를 보살로 만들면서 데바닷따와의 경험을 통해 배웠다고 들었지만, 이것이 데바닷따 자신의 의도가 어떤 식으로든 작용한 것이라고 시사하지는 않는다. 좋은 의도는 그 자체로 좋을 수 있다. 그러나 좋은 의도가 항상 제일 중요한 것이 아닐 수 있다. 더 중요한 것은, 종종 효율성이며, 남을 돕거나 구하는 효율성이다.

숙련되고 적절한 방편으로서의 불교

법화경은 구원의 본질에 관해서 모호한 점이 많다. 우리는 붓다가 모든 중생을 구하겠다는 서원을 했다고 듣는다. 그러나 붓다가 되는 것, 최고의 깨달음 등으로 다양하게 불리는 그 상태의 본질은 분명하지 않다. 그렇긴 해도, 법화경에 있는 이야기들을 살펴보면 그렇게 복잡하지 않거나, 적어도 항상 복잡하지는 않다. 어떨 때는 중생들이 불이나 독으로부터, 말 그대로 죽음으로부터 구원받는다. 다른 경우들은 비천한 존재, 가난, 가난에 안주하는 태도로부터 구원받는다. 이 모든 경우에 관련된 것은, 보살이 되고 붓다가 될 잠재력을 이루지 못한 실패의 극복이다.

기본적으로 법화경에서 보살이 된다는 것은, 남들을 돕는 적절하고 숙련된 방편을 사용한다는 것을 의미한다. 그리고 마지막으로 그것은 불교 그 자체이다: 사람들이 더 충족한 삶을 살도록 돕기 위해 개발된 엄청나게 다양한 방법들이고, 사람들이 상호의존적이라는 점에 비추어 삶을 살아간다고 이해되는 방법들이다. 법화경은 대부분 아버지,

친구, 심지어 아들 또는 안내자와 같은 누군가가 다른 누군가에게 그들 자신의 삶에 더 많은 책임을 지도록 돕는 이야기에 관한 것이다. 법화경은 '사방으로 찾아봐도 너는 붓다의 숙련된 방편 외에는 다른 수레(방편)를 찾을 수 없을 것이다'라고 말한다.(Reeves 2008: 128)

릿쇼쿄세이카이 설립자 니와노가 말했듯이, '보살행의 근본정신은 자신과 남 사이의 (단일성)에 있다.'(Niwano 1976: 330) 비록 그 단일성이 완벽한 것은 아니지만, 보살의 마음이 자비로운 보시의 마음이 아니고 자발적인 공감일 때가 있다. 논쟁과 다툼이 일어나는 것은 우리가 서로 독립된 것처럼 보이지만 기본적으로는 모든 인간의 공통성, 모든 중생의 공통성이 있다는 사실을 깨닫지 못하기 때문이다.

따라서 적절하고 숙련된 방편을 통한 보살행은 곧바로 불교가 무엇이다라고 설명하는 것, 또는 기본적인 불교 수행이 무엇이다라는 설명인 동시에 우리의 삶이 어떻게 되어야 한다는 처방전이며, 선에 이바지하기 위해 우리가 어떻게 처신해야 하는지에 대한 가르침이다. 그것은 계율이나 계명을 지키라는 뜻의 처방전이 아니고, 우리와 남들의 구원을 목적으로 도움이 될 수 있는 길을 찾기 위해, 지성적이고, 창의적이며, 영리하기도 하라고 권고하는 의미의 처방전이다. 따라서 법화경은 약 처방전, 또는 우리를 위한 종교적 방법이며, 따라서 극히 실용적이다.

내가 법화경을 이해하기로는, 숙련된 방편이 어떤 더 높은 가르침이나 진리로 대체할 수 있는 낮은 가르침이라고 생각하는 것은 심각한 잘못이라는 점이다. 법화경에서 '숙련된 방편'이라는 용어는 환영받고, 갈채받고, 찬탄받는다는 뜻으로 사용되지 않은 적이 없다. 법화경에는 '단순한' 숙련된 방편은 없다. 물론 거기에는 숙련된 방편이 역할을 하는 큰 목적이 있다. 그러나 숙련된 방편이 역할을 하는 목적이나 진리가 포괄하는 것이 다른 가르침이 아니다. 그것은 오직 석가모니, 그리고 바로 당신과 나와 같은 사람들에서만 구현될 수 있는 붓다처럼, 교훈적인 행위를 포함한 구체적인 가르침 안에서만 발견할 수 있는 법(Dharma)이다.

세계-긍정 수행

이 보살 수행의 가르침은 근본적으로 세계-긍정적이다. 이것은 단순히 고통을 견뎌야 하고 견딜 수 있는 이 사바세계娑婆世界[12]가 바로 석가모니 붓다의 세계라는 것을 의미한다. 그가 이 세계에서 보살이며, 우리에게 보살이 되도록 격려하는 세계이다. 이 세계는 우리의 고향이며 또한 석가모니 붓다의 고향이다. 왜냐하면 그가 바로 이 세계에서 역사적 붓다로서뿐만 아니라 만물의 붓다로서 현신했기 때문이다. 그리하여 사물들, 우리 자신, 우리의 이웃, 우리와 이웃하고 있는 나무들을 포함한 평범한 사물들은 비록 근본적으로 공허하지만 공허하게 보이지 않고, 근본적으로 경이로운데도 불구하고 경이롭지 않게 보이고, 어떤 의미에서 근본적으로 환상인데도 불구하고 환상처럼 보이지 않고, 어느 정도는 근본적으로 악한데도 불구하고 악하지 않게 보인다. 사바세계는 사물 안에, '관습적' 존재 안에, 모든 사물에

12 역주: sahālokadhātu, 대승불교에서 속세를 가리킴, 근본적으로 존재의 총합.

존재하는 법(Dharma)이다. 사바세계는 붓다가 사는 무상하고 변화하는 세계다. 그러므로 이 온 세계는 통찰과 자비와 존경으로 다루어져야 한다.

온 세계에서 언제나 편재遍在하는 우주적 붓다를 단언하는 경전이 역사적 붓다나 세속적 세계를 배척하지 않고, 니치렌日蓮이 확실하게 보았던 그대로(Nichiren 1985, 79ff. 참조), 사바세계의 지고한 중요성을 단언하는 것은 약간 아이러니하다. 그리고 그 중요성은 우리가 역사적 붓다로부터 가르침을 받아 우리 자신의 행위와 삶 안에서 붓다의 삶을 구현하도록 부름을 받은 곳, 바로 이 세계에 있다는 것 그 이상도 이하도 아니다. 이는 왜 릿쇼쿄세이카이의 일상적 예불 의식 일부가 소위 도량관道場觀 (도를 닦는 장소에 대한 묵상)인가의 이유이다: '이곳을 단순한 도량이라고 해석해서는 안 된다. 이곳은 붓다가 무상정각을 성취한 곳이다. 이곳은 붓다가 법륜을 굴린 곳이다. 이곳은 붓다가 완전한 열반을 성취한 곳이다.'(Kyoden 2009) 그리고 이곳은 모든 장소를 의미한다.'

이와 관련하여 법화경에서 공관空觀 개념을 거의 사용하지 않은 점에 주목하는 것은 타당하다. 물론 모든 사물은 독립적 존재로서 공허하다. 그러나 거기에 공간이 있기에 공허하다. 말하자면, 붓다가 될 잠재력으로 발전될 공간 때문이다. 만약 사물이 실재가 있다면, 진정으로 성장하거나 변화할 수 없다. 그러나 사물들에는 실재성이 없으므로, 영향받을 수 있고 또 남들에게 영향을 줄 수 있다. 공성에 대한 강조는 대승 경전에서 찾을 수 없다. 왜냐하면, 법화경에서는 모든 것이 중요하지만, 그런 공성은 아무것에도 중요하지 않은 일종의 허무주의로 되기 쉽기 때문이다. 붓다는 모든 중생을 구하려고 일한다. 가난한 상불경보살까지도 사람들에게 다가가서 그들 모두도 붓다가 될 거라고 말했는데, 비록 처음에는 별로 성공하지 못했으나, 결국 헤아릴 수 없는 많은 사람을 변화시켜 최고의 깨달음의 상태에서 살 수 있게 만들었다.(Reeves 2008: 128) 그리고 이것은 말할 것도 없이 상불경보살이 훗날 석가모니 붓다가 된다는 이야기다.

법좌

법화경 신봉자들은 그들이 항상 보살도를 실천해야 한다고 믿는다. 남에게 친절하고 도움이 되는 것이 습관이 되어야 한다. 그러나 법좌法座[13] 수행은 특별한 보살도 특히 종교적 실천에서 보살의 이상을 의도적으로 적용하는 보살도이다. 법좌 수행에서 릿쇼코세이카이의 회원과 손님들이 비교적 작은 원으로 둘러앉고, 매우 평범하지만 중요한 주제, 그리고 일상의 문제, 종종 장모와의 관계, 또는 상사와의 관계, 또는 배우자와의 관계와 같은 대인관계 성격을 띠는 문제에 서로 도움을 주기 위해 불교의 가르침을 적용하려고 노력한다. 법좌에 가져오는 주제가 무엇이든, 이 그룹에 모인 사람들은 그들이 할 수 있는 범위 안에서 진정한 배려와 실질적 도움으로 서로를 위한 보살이

---

13 법좌는 한자로 法座라고 쓰며 글자 그대로 법(Dharma)의 자리이다. 필자가 생각하기에는 이 용어가 일본의 다른 재가불자 조직 레이유카이靈友會에서 유래한 것이며, 릿쇼코세이카이와 다른 많은 재가불자 조직들이 여기서 갈라져 나왔다.

된다.

그러므로 법화경의 관점에서는 완전한 불교 수행은 필연적으로 행위-지향적이며 사회적이다. 그밖의 모든 것, 예를 들면, 염불, 의식, 설법, 명상, 제도 등은 남을 구하고, 일종의 모두가 붓다인 평화롭고 아름다운 세상을 창조하는 도구이다.

붓다가 되는 보살

보살이라는 말은 종종 일종의 지위 또는 서열로 해석되며 붓다의 바로 아래 서열로 해석된다. 그리고 법화경과 다른 곳에서, 보살은 빈번히 붓다의 수행원이 된다. 이런 용례도 유용할 수 있지만, 내가 생각하기에 보살의 존재를, 보살이 성취한 지위로서 보기보다는 훨씬 더한 일종의 활동, 존재와 행위의 방식으로 보는 게 더 중요하다고 본다. 선생이 누군가를 가르치지 않고, 누군가가 가르침을 받지 않는다면 그 사람은 진정한 선생이 아니듯이, 보살이 남을 돕는 보살도를 실천하지 않는다면 진정한 보살이 아니다. 달리 말하면, 보살행은 상호관계를 포괄하며; 관계적 행위이며; 오직 다른 사람과 이루어지는 어떤 것이다.

붓다가 사리불에게 먼 훗날 그 자신의 불국토와 시대를 가질 붓다가 될 것을 보증하자, 사리불은 처음으로 자신이 단지 성문(śrāvaka)일 뿐만 아니고 보살이기도 하다는 점을 깨닫는다.(Reeves 2008: 101-110) 여기서 보살은 서열이 아니고, 붓다가 되는 길에 있다는 것을 가리키는 존재 방식이고 삶의 방식이다. 따라서 법화경은 종종 '불도'라는 용어를 '보살도'와 균등한 대체어로 사용한다.

> 그대가 수행하는 것은
> 〔붓다가 제자 가섭(Kāśyapa)에게 말씀하신다〕
> 보살도입니다.
> 여러분이 점차 수행하고 배우면서
> 여러분 모두는 붓다가 될 것입니다.(Reeves 2008: 168)

이것은 붓다가 되기 이전의 석가모니 붓다를 뜻했던 '보살'이라는 말의 초창기 사용과 완전히 일치한다. 그러나 법화경에서 붓다는 처음부터 보살도 수행을 하면서 헤아릴 수 없이 많은 억겁의 시간을 살았노라고 얘기한다.(Reeves 2008: 193)

법화경에서는 무엇보다 석가모니 붓다가 보살이라는 점이 절대적으로 중요하다. 즉 셀 수 없는 억겁의 세월 동안 남들을 돕고 이끄는 보살 수행을 한 사람이라는 점이다. 이 경전에서 엄청나게 긴 붓다의 생을 묘사할 때마다, 그가 해왔던 명상이 아니라(적어도 일차적으로는 아니고), 그가 다른 사람을 가르치고 인도하고 이에 따라 그들을 보살로 변화시키고 보살도의 신봉자로 만드는 일을 묘사한다. 이것이 법화경의 이상적 윤리다.

상불경보살

보살도 수행은 확실히 붓다 또는 심지어 전통적 의미의 보살에만 국한되지 않는다. 법화경 마지막 여섯 개의 장은 이 경전의 편집과정에서 일종의 부록으로서 추가되었다는 게 일반적인 믿음인데, 관음을 포함한 개별 보살들에 대한 꽤 독자적인 설명을 담고 있다. 어떤 의미에서 비록 이 보살들이 꼭 우리의 모델은 아닐지라도, 우리 자신이 보살이 될 수 있는 무엇을 암시했다고 이해된다.

그 보살들 가운데 법화경 외에서는 잘 알려지지 않은 상불경常不輕이라는 이름의 스님이 있다.[14] 왜 그는 상불경이라고 불리게 되었을까? 그 스님은 그가 만나는 사람마다 공손하게 절하고 칭찬하며 말하기를, '저는 당신을 깊이 존경합니다. 저는 감히 당신에게 무례하거나 오만하지 않을 겁니다. 왜냐구요? 여러분 모두는 보살도를 행하고 계시고, 확실히 붓다가 되실 것이기 때문입니다.'(Reeves 2008: 338)

그렇다면 여기서, 모든 사람은 어느 정도는 보살도를 실천하고 있다. 따라서 성문들도 또한 보살이다. 물론 거의 모든 사람이 자기 자신이 보살인지 모르지만, 그럼에도 불구하고 그들은 보살이다. 그리고 가장 중요한 것은, 법화경을 읽는 모든 독자가 물론 보살이라는

14 이 보살의 이름은 궁금증을 부른다. 법화경의 산스크리트 버전에서는 그의 이름은 사다파리부타Sadāparibhūta로 불리는데, '항상 업신여김을 당하다.' 또는 '항상 경멸당하다.'라는 뜻이다. 그런데 한역에서 그는 상불경常不輕이라고 불리는데, 그 뜻은 '결코 가볍게 취급당하지 않는다'이다. 그 자체로 이 이름은 '결코 경멸하지 않는(never despising)'을 의미하는 것으로 받아들일 수 있으며, 왜 이 이름이 영어로 번역될 때 'Nevr Despise'로 되었는지 이유이다. 그러나 서로 경멸하는 사람들은 거의 없다. 그래서 이 장 자체의 확실한 의도는 우리는 남에게 결코 무례해서는 안 되고, 결코 남을 깔보거나 경시해서는 안 된다는 점을 가르치는 것이다.

것이다. 우리의 이해나 공덕이 아무리 사소하다고 하더라도, 우리의 수행이 아무리 대수롭지 않더라도, 얼마쯤은, 아마도 작겠지만, 우리는 이미 보살이다. 그리고 우리는, 다른 사람들을 자신들 안에 있는 가능성을 깨닫도록 인도하는 우리의 보살도 실천을 통해 성장시키기 위해 부름을 받는다. 끝으로, 보살이 되는 것은 지위나 서열로서보다는 다른 사람들과의 관계에서 활동하는 문제이기에, 보살이 되는 데에 승려일 필요가 없고 불교도일 필요조차도 없다. 누구나 법사가 될 수 있는 것처럼 누구나 보살이 될 수 있고, 심지어 '보살'이라는 말을 들어보지 못했어도 보살이 될 수 있다. 어떤 의미에서, 이런 종류의 불교에서는, '보살'은 '선행' 또는 '윤리적인 것'이라는 의미를 함축하고 있다.

불도

따라서 보살도는 적어도 두 가지 의미에서 불도이다. 보살도는 붓다가 되는 길이고, 붓다의 실천이기 때문이다. 그러나 이 두 가지 의미는 두 가지 겉모습일 뿐이다. 즉 법화경에서 붓다는 모든 중생을 구하겠다는 그의 '원래의' 또는 '근본적인' 서원의 이행을 추구하기 위해 어느 때나 어느 곳에서나 항상 일하고 있다고 이해된다. 그러나 붓다가 이 세상에서 어떻게 일하느냐 하는 것은 초자연적 간섭을 통해서가 아니고, 구체적인 보살행의 구현으로 일한다.

다른 사람들을 존중하는 것은, 단지 상불경보살의 다소 피상적 방법으로써만이 아니라, 더 효과적인 방법들을 통해서, 즉 남들의 얘기를 진심으로 경청하고, 그들의 슬픔과 기회 모두를 돌보며, 그들의 불성을 발전시키는 데 적절한 어떤 방법으로든 그들을 돕는 일들을 포괄하지만, 이와 동등하게 중요한 것은, 그들로부터 배우고, 그들이 우리를 위해 보살이 되도록 열어두어야 한다.

법화경 25장에서, 관음보살은 다른 사람들을 돕는 데 필요한 것에 따라 다양한 형상을 취할 수 있다고 말한다. 예를 들면, 만약 어떤 사람이 구원받기 위해 붓다의 형상을 가진 누군가가 필요할 때는 관음보살이 붓다의 형상으로 나타나 그 사람을 가르친다. 이와 마찬가지로, 관음보살은 왕, 천신, 인도의 신 인드라Indra[15] 또는 이슈와라 Īśvara[16], 부유한 노인으로 혹은 부유한 노인의 부인으로, 평범한 시민으로, 관리, 성직자, 비구, 비구니, 남자 재가자, 여자 재가자, 소년 혹은 소녀, 또는 모든 종류의 천상계 존재의 모습으로 나타난다.

이것은, 우리가 돕고 싶은 사람들에게 우리의 접근 방식을 적용해야 할 뿐 아니라, 이와 마찬가지로 중요한 것은, 만약 우리가 그 보살을 볼 수 있다면 누구라도 우리를 위한 보살이 될 수 있다는 것을 뜻한다. 만약 우리가 한순간이라도 붓다의 눈을 가질 수 있다면, 우리는 곳곳에서 보살들을 볼 수 있을 것이고, 이 세상이 보살들로 가득하다는 것을 볼 것이며, 그들로부터 우리가 배울 수 있고 셀 수 없는 방식으로 우리를 도울 수 있는 존재들을 볼 것이다. 따라서 우리는 보살도를, 남을 돕는 존재가 되는 것으로, 그리고 남들로부터 도움받는 존재로

---

15 역주: 우레와 비를 주관하는 베다Veda의 주신主神, 불교에서는 불법佛法의 수호신으로 수용되어 제석천帝釋天이라고 한역.

16 역주: 최상의 우주적 영혼.

열려 있는 존재가 되는 것, 양면 모두로 이해할 수 있다.

법화경에서, 붓다는 많은 일을 하지만 그 가운데 아마도 가장 중요한 일은 그가 다른 사람들에 있는 붓다를 보는 그의 능력일 것이다. 붓다가 사리불이나 데바닷따 같은 사람들에게 이러저러한 이름으로, 어느 불국토, 어느 시기에, 청정한 불법의 영역을 가지고 억겁의 세월 동안 붓다가 될 것이라고 보증했을 때, 붓다가 했던 것은, 오늘 저녁에 비가 올 거라고 우리가 예측할 수 있는 방식의 '예측'이 아니고, 어떤 사람들이 보살행을 통하여 붓다가 될 가능성을 항상 내재한, 그들 존재의 핵심에 있는 불성을 보증한 것이다. 따라서 보살도는 다른 사람들을 위해서 보살이 되는 일뿐만 아니라, 우리가 마주치는 개개인의 보살을 인지하는 일이다.

법화경에서 이것이 의미하는 것은 윤리적으로 되는 것이다. 즉 평화로운 세상을 궁극적 목표로 삼아 보살도를 실천함으로써 우리와 우리 주변에 있는 사람들에게 평화를 가져오는 것이다.

인용 문헌

Kyoden: *sutra readings* (2009) Tokyo: International Buddhist Congregation.

Nichiren (1985) The selection of the time. In: *The major writings of Nichiren daishonin*, volume 3. Tokyo: Nichiren Shoshu International Center.

Niwano N. (1976) *Buddhism for today: a modern interpretation of the Lotus Sutra*. Tokyo: Kosei Publishing Company.

Reeves, G. (trans.) (2008) *The Lotus Sutra: a contemporary translation of a Buddhist classic*. Boston: Wisdom

추천 도서

Niwano N. (1976) *Buddhism for today: a modern interpretation of the Lotus Sutra*. Tokyo: Kosei Publishing Company.

Reeves, G. (ed.) (2002) *A Buddhist kaleidoscope: essays on the Lotus Sutra*. Tokyo: Kosei Publishing Company.

Reeves, G. (trans.) (2008) *The Lotus Sutra: a contemporary translation of a Buddhist classic*. Boston: Wisdom.

Tamura Y. (2014) *The Lotus Sutra: truth·life·practice*. Trans. G. Reeves and M. Shinozaki. Boston: Wisdom.

Teiser, S. F., and Stone, J. I. (eds) (2009) *Readings of the Lotus Sutra*. New York: Columbia University Press.

ter Haar, B. J. (1999) *White lotus teachings in Chinese religious history*. Honolulu: University of Hawai'i Press.

Yü Chün-fang (2001) *Kuan-yin: the Chinese transformation of Avalokiteśvara*. New York: Columbia University Press.

제11장 선불교의 윤리

크리스토퍼 아이브스Christopher Ives

서론

도겐道元[1] 선사는 언젠가 제자들에게 '비록 계율과 식사 규칙은 지켜져야 하지만, 그것을 최우선으로 여기고 그것을 바탕으로 삼아 수행하는 잘못을 범해서는 아니 되며, 그것을 깨달음의 방편으로 삼아서도 아니 된다'라고 가르쳤다.(Masunaga 1978: 6 개작)[2] 그는 또, '계율을 엄격하게 지킨다는 것은, 옛 조사들께서 하셨던 대로, 단지 참선에

---

1 역주: 1200-1253, 일본 조동종曹洞宗 창시자.

2 필자는 이 장과 '불교 윤리 저널 12(2005)'에 게재한 'What's compassion got to do with it? Determinants of Zen social ethics in Japan'과의 통합을 허락한 '불교 윤리 저널'의 편집자, 그리고 이 장의 초고에 피드백해 주신 Steve Hein께 감사드린다.

집중하는 것이다. 참선할 때 지켜지지 않는 계율이 무엇이며, 만들어지지 않는 공덕이 무엇이란 말인가?'라고 말했다.(Masunaga 1978: 7) 그는 심지어 '모든 것을 내려놓고, 선과 악, 옳고 그름을 생각하지 말아라'라고까지 말했다.(Yokoi and Victoria 1976: 46)

우리는 이런 말들을, 다른 대부분의 형태의 불교와는 달리, 선불교는 윤리를 깨달음으로 가는 길의 한 부분으로서 인정하지 않고, 무엇이 선한지 또는 악한지 생각하기를 거부하고, 단순히 참선에만 집중하기로 선택했음을 암시한다고 해석할 수도 있을 것이다. 관습에 콧방귀를 뀌는 괴짜 승려들의 이미지와 결부되어, 이런 말들은 우리에게 선불교는 어떻게든 윤리를 부인하거나, 어떤 의미에서 윤리 '저 너머'에 존재한다고 생각하도록 이끈다. 실제로 우리는 그런 주장을 종종 듣는다.

그렇지만 역사적으로 선종 지도자들은, 비록 가끔 독특한 방식으로 그렇게 했지만, 통상 불교 윤리의 핵심 요소로서 계율, 자비, 보살의 이상에 가치를 두었다. 이 장의 개요의 주요 초점인 일본의 경우, 도겐과 에이사이榮西[3] 같은 사상가의 윤리적 입장은 전반적으로 선적禪的 접근, 유교, 그리고 다른 요소에 의해 형성되었다. 그 결과, 전통적인 일본 선종에서 역할을 했던 오계와 같은 구조는 다른 불교 분야에서 기능했던 구조와 어떤 면에서는 다르다. 최근에 폭력, 성차별, 환경 악화에 대응하여, 선불교, 특히 서구의 선불교는 계율, 그리고 다른 불교 윤리의 요소들을 종종 전통적 선불교와 다른 방법으

---

3 역주: 明菴榮西, 1141-1215, 일본에 임제종臨濟宗을 소개, 일본 임제종 창건.

로 재해석해 오고 있다.

초기불교와 상좌부불교의 계율

도겐이 계율을 깨달음으로 이끄는 도구로 보아서는 안 되고, 계율을 따르기 위해서는 선악을 분별하지 않고 단지 참선에 집중해야 한다고 주장할 때, 그는 계율에 대한 다른 많은 불교의 관점에서 벗어나고 있다. 놀랄 것도 없이, 다른 다양한 종교 전통과 같이, 불교는 획일화된 구조가 아니고, 윤리, 명상, 의식儀式, 그리고 깨달음 같은 불교의 핵심 요소는 다양한 방식으로 해석됐고 실행되었다. 윤리의 경우, 불교는 다양한 종류의 계율과 그 역할에 대한 다양한 견해를 포괄한다.

지나치게 단순화할 위험을 무릅쓰고, 우리는 초기 및 상좌부불교에서는 계율이 절제적 윤리로 기능한다고 말할 수 있다.(de Silva 1990: 15) 예를 들면, 처음에 받는 오계는 통상 '나는 자제할 것을 서약합니다'라는 표현으로 구성되는데, 여기에 다섯 가지 행위가 뒤따른다: 살생, 주어지지 않은 물건 취하기, 성적 비행, 거짓말, 부주의를 유발하는 취하게 하는 물질 사용. 행자로 승가에 입문할 때, 그(보통 그녀가 아니고 그)는 다섯 가지 계율을 추가로 서약하는데, 6) 정해진 시간 밖의 식사(오후 7시 이후), 7) 유흥 참석, 8) 보석 착용과 향수 사용, 9) 높고 호화로운 침상에서의 수면, 10) 금이나 은의 취급이다. 그가 승가 공동체에서 완전한 수계를 받은 비구가 되면, 그는 바라제목차波羅提木叉(pātimokkha; Skt. prātimokṣa), 즉 227세트의 지침으로 구성된 상좌부 승가법, 비나야(Vinaya)를 따라야 한다. 한 달에 두 번 포살布薩

(uposatha; Skt. poṣadha)이라고 불리는 날에는 다른 비구들과 함께 모여 바라제목차를 낭송하고, 회개할 처신에 대한 위반을 고해하고 거기에 합당한 벌을 받는다.

초기불교와 상좌부불교에서 계율은 외적으로 불건전(또는 비-숙련)한 행위를 절제하는 역할을 한다. 수행자는 불건전한 행위로 이끄는 불건전한 마음 상태를 관조하면서, 그 반대, 즉 고통으로부터의 해탈을 이끄는 건전한 정신 상태를 함양하며 이런 절제를 지킬 것을 서약한다. 예를 들어, 수행자는 탐, 진, 치 삼독을 없애고, 건전한 정신 상태인 관용, 자비, 지혜로 바꾸려고 시도한다. 이 절제의 윤리는 자주 인용되는 법구경法句經(Dhammapada)의 게송에서 표현된 것처럼 마음을 정화하는 데 이바지한다:

> 불건전한 행위를 삼가고
> 건전함을 함양하고
> 마음을 정화하는
> 이것은 모든 것을 깨달은 이(붓다)의 가르침이다.

상좌부불교 학자 루퍼트 겟힌Rupert Gethin은 아래와 같이 썼다:

> 불도의 목표는 해로운 행위를 일으키는 불건전한 동기를 근절하는 것이다. 이를 성취하기 위해서는 마음이 훈련(정화)되어야 한다. 훈련 일부는 말 그대로 훈련의 원칙 또는 토대(學處, Skt. śikṣāpada; Pāli. sikkhāpada)로서 다양한 계율 준수가 포함되는

> 데, 마음을 자제하여 저속하고 불건전한 행위로부터 되돌려 나오기 위한 노력이다.(2005: 170)

더 간단하게 말하면, 수행자들은 더 저속한 형태의 악행을 절제하기 위한 수행 규칙으로서 계율을 준수한다.(2005: 172)

도겐의 말에서 알 수 있듯이, 도겐은 계율에 달리 접근한다. 그리고 우리는 이런 일탈의 많은 부분이 6세기 중국에서 출현한 선불교의 교리적 환경 덕분이라고 돌릴 수 있다. 우리가 살펴볼 것이지만, 선불교가 계율에 접근하는 방식이 도겐이 처음은 아니다.

중국의 교리 환경

선불교는 6세기 초 중국에서 도교, 유교, 그리고 그밖의 중국 문화의 요소들에 의해 영향 받은 풍부한 교리적 환경에서 발현했다. 그 당시 중국의 초기 선불교와 다른 형태의 불교를 형성한 일련의 교리들은, 대승 이론의 두 가지 진리(二諦)[4], 공관空觀, 그리고 불이不二 사상으로 구성되었는데, 각각은 윤리적 영향을 끼쳤다. 모든 사물의 변하지 않는 본질 또는 영혼은 '공'하다고 주장하는 공관 교리는, 중국과 일본의 많은 불교도들에게 불건전한 정신 상태인 번뇌(kleśa)가 실재하지 않고 '공'하다고 암시했는데, 실제로 존재하지 않는 번뇌를 없애려고 노력하는 것은 번뇌를 더 구체화하는 것이기에, 대신 마음을

4 역주: dva satya, 진제眞諦와 속제俗諦, 나가르주나의 중론에 나오는 개념. 이 책 제8장 중관파의 윤리 참조.

편안하게 하여 청정한 원시적 상태로 돌아가도록 했다.(Poceski 2006: 30) 이제二諦 교리는 관습적 진리[5]와 '공'의 절대적 진리[6] 사이의 구별을 만든다. 이 체계에서 순수와 불순, 선과 악, 열반과 윤회(saṃsāra)와 같은 윤리적 범주는 관습적 수준에서 얻을 수 있으나, 모든 범주의 '공성'과 '불이'가 지배하는 절대적 수준에서는 존재하지 않는다. 따라서 죄와 업보를 포함한 모든 현상은 원칙의 영역 또는 구체적 현상 너머의 절대적 영역에서 자성自性(svabhāva)이 없으므로, 실제로 일어난 악행에 대한 참회의 필요성을 떨어뜨린다.(Heine 2008: 161) 그리고 '불이'의 측면에서는, 대승 계율은 '번뇌는 깨달음이고, 윤회는 열반과 다르지 않다는 관념'에 영향을 받았다.(Faure 1998: 89) 물론 여기에 나타나는 철학적, 윤리적인 문제는, 희귀한 종교적 경험 안에서 머무르지 않고, 어떻게 윤리적 범주와 차별성을 관습적 차원, 즉 사회생활 차원에서 심각하게 받아들일 것인가 하는 문제이다.

6세기 중국에서 출현하여 12세기와 13세기 일본에 소개되는 동안 선불교 윤리를 더 복잡하게 만든 것은 일련의 겹쳐지는 교리인데, 즉 불성佛性, 본각本覺, 그리고 여래장如來藏(tathāgata-garbha: 붓다의 배아 또는 자궁)이다. 비록 이 교리들 각각은 다중 해석과 논쟁을 낳게 했지만, 큰 틀에서 보면 모든 중생은 근본적으로 깨우쳐 있고, 그리고 이런 이유로, 해야 하는 종교적 수행은 깨우치지 않은 마음을 깨우치도록 정화하거나 바꾸는 데 있지 않고, 원래부터 가지고 있는 순수한 깨달은 마음을 깨닫고 표현하는 데 있다고 주장한다. 이 깨달음의

5 역주: 속제俗諦 또는 세제世諦.

6 역주: 진제眞諦 또는 제일의제第一義諦.

실현은, 미래의 깨달음을 추구하는 것에서 지금 바로 여기에 내재한 자신의 깨달음을 확인하는 방향 전환을 통하여 일어난다. 시각적 은유를 사용하면, 수년간 지속된 수행과 점진적 변화를 통해서 아득한 지평선 너머의 깨달음을 수평으로 관망하는 대신, 갑자기 얼굴을 돌리거나 갑자기 아래로 향하고, 자신의 내면을 들여다봐 내재하는 깨달음을 실현하는 것이라고 말할 수 있겠다. 이 급진적 방향 전환을 '돈오頓悟'라고 하는데, 초기 선불교 지성 역사의 많은 부분이 돈오와 점수漸修에 관한 논쟁을 중심에 가져다 놓았다.[이뿐 아니라 '돈頓'의 정확한 함의가 '갑자기(sudden)'인지 아니면 때때로 번역되는 '뜻밖에(abrupt)'인지의 논쟁도 있었다.](Gregory 1987 참조)

도겐

동아시아에서 유포된 이런 교리들을 비추어 볼 때, 선불교가 세워지고 700년이 지난 후 지금 우리는 도겐道元의 계율에 대한 입장을 이해할 수 있다. 도겐이 13세기에 중국에서 돌아와 일본 조동종曹洞宗을 세웠을 때, 그는 선택할 수 있는 몇 가지 계율들을 가지고 있었다. 그의 선택에는 모든 불교도가 지켜야 하는 5계; 상좌부불교에서 행자가 처음 받는 10계; 그리고 승려뿐만 아니라 재가불자도 대상으로 한 일련의 보살계로 구성된, 범망경梵網經에 있는 십중대계十重大戒와 48경계四十八輕戒이다. 사찰을 설립하기 위해 그는 또한 상좌부불교 바라제목차에서 227개의 지침, 또는 동아시아 불교에서 주요 승가 규칙으로 따르고 있는 법장부의 사분율四分律(Dharmaguptaka Vinaya)

에 있는 250개의 지침에서 도출할 수 있었다.

도겐은 그가 '불조초전보살계佛祖初傳菩薩戒'로 편찬한 보살십육정계菩薩十六淨界 옹호에 앞장섰다. 보살십육정계의 첫 번째 세 가지는 맨 처음 불·법·승의 삼보三寶에 귀의하는 삼귀의례三歸依禮로 시작된다. 그다음 묶음 삼취정계三聚淨戒는, 위에서 게재한 법구경의 게송을 재가공한 대승적 자비의 고양을 따라 악을 근절하는 모든 규칙의 준수(섭률의계攝律儀戒), 모든 선을 닦는 법(섭선법계攝善法戒), 그리고 모든 중생의 해탈(섭중생계攝衆生戒)로 구성되어 있다. 다음으로 도겐은 범망경에 있는 대승 십중대계를 그대로 가져와 목록을 만들었는데, 처음 다섯 가지는 상좌부불교의 5계와 같고, 나머지 다섯 가지는 '어떤 것을 삼간다'로 구성되었다: 6) 남의 허물을 논의, 7) 남을 중상하여 자신을 칭찬, 8) 법(Dharma) 재산에 인색, 9) 분노와 원망에 굴복, 10) 삼보를 비방.

도겐은 그가 수증일여修證一如라고 표현한 렌즈를 통해 계율을 보았는데, 즉 수행(修)과 깨달음 또는 확증(證)과의 일치를 뜻한다. 이 접근에서 도겐은 좌선 수행은 미래의 깨달음을 위한 방편이 아니고, 자신에 내재한 지금 여기에 있는, 다시 말하면, 위에서 논의한 돈오頓悟를 불러오는 불성을 깨닫고 표현하는 최적의 방편이라고 해석했다. 더 정확히 말하면, 우리가 좌선에 정진할 때, 이 명상 행위가 바로 깨달음이고, 수행과 깨달음 사이에 어떤 전형적인 수단-목적 관계는 성립하지 않는다는 것이다. 좌선이 내재하는 불성을 확인하는 가장 직접적이고 효과적인 방편이라고 한다면, 좌선은 계율 수행을 포함한 불도의 다른 분야보다 우선하는 것이다.

계율을 지키는 것보다 참선이 우선한다는 표현은 도겐의 수문기隨聞記[7]에 다음과 같이 표현된다: '범망경을 주야로 독송하고 계율을 엄하게 따르는 일은, 곧 옛 조사들께서 그리하셨듯이, 단지 좌선 수행에 집중하는 일이다. 좌선하고 있을 때 어떤 계율이 받들어지지 않으며, 어떤 공덕이 지어지지 않겠는가?'(Yokoi and Victoria 1976: 7) 이 구절과 함께 도겐은 '오직 좌선하라. 그러면 자연스럽게 발전할 것이다.'(8) 윌리엄 보디포드William Bodiford는 도겐이 불교의 가르침 세 가지 측면(계, 정, 혜) 모두가 좌선 수행 안에서 동시에 발견된다고 반복해서 강조했다고 논평했다.(1993: 169) 이 점이 초기 일본 선불교에서 유포되었던 '선계일치禪戒一致'를, 도겐의 경우에는 '선과 계율의 일치'로서가 아니고 '좌선과 계율의 일치'라고 읽어야 하는 이유이다.

그렇지만 이것은 도겐이 계율을 거부했다는 뜻이 아니다. 좌선이 우리 안에 있는 불성을 확인하는 것처럼, 계율을 따르는 것은 일상적 행위에서 불성을 증명하고 구현하는 것이다. 다시 말하면, 계율은 깨달은 존재(붓다)가 어떻게 행위를 하는지 가리키며, 그리고 어떤 사람이 계율에 따라 행위를 할 때는 자신의 불성을 표현하는 것이며, 붓다가 하는 행위를 하는 것이며, 붓다가 되는 것이고, 깨달은 존재가 되는 것이다. 도겐은 그의 제자들의 이러한 노력을 지원하기 위해, 제자들에게 완전히 깨달은 사람들, 붓다인 사람들(깨달은 존재)을 모방하고 그들을 따라서 행하도록 인도했다. 예를 들면, 수문기에서

7 역주: 원제는 정법안장수문기正法眼藏隨聞記, 도겐의 제자 코운 에죠孤雲懷奘(1198-1280)가 스승의 가르침을 필록한 것으로 후대 사람들이 기록하여 보관한 도겐의 법어집.

그는 '옛 조사들의 행위를 신뢰하라'라고 강조한다.(Yokoi and Victoria 1976: 7) 그리고 이 말이 수반하는 뜻을 상세히 말한다: '너희 마음을 한 가지에 집중해라. 옛 사례들을 받아들이고, 조사들의 행위를 공부하고, 수행의 한 가지 형태에 깊이 파고들도록 하라.'(8)

이런 권고는 도덕률이었을 뿐 아니라 다른 지침에도 적용되는데, 이는 일반적으로 엄밀한 의미에서의 계율과 관련되기보다는 조화로운 사원 생활에 필요한 승가 조례를 세우는 다른 지침이었다. 도겐은 주요 사원 법규로서 중국의 선원청규禪苑淸規를 존중하는 가운데에도 사원 생활에 관한 다수의 논설을 썼는데, 여섯 가지는 나중에 그의 사원 법규인 영평청규永平淸規로서 편찬되었다. 그는 또한 그의 걸작 정법안장正法眼藏의 많은 분책에서 적절한 사원 생활을 논의했다. 그의 관점에서 염불, 절, 차 공양, 식사 준비, 허드렛일, 귀빈 접대, 이 닦기, 목욕, 배변 등 사원 생활의 세부 사항에 관한 지침은, 비구들을 통제하는 기능이기보다는 깨달은 사람들은 그런 행위를 어떻게 행했는지 보여주기 위한 것이다. 이러한 방식으로 행동할 때, 승려들은 자신의 타고난 불성을 표현하는 것이며, 그들은 깨달은 존재이며 깨달음으로 행동하고 있다는 것이다. 법사이며 영평청규의 번역가인 댄 타이겐 레이턴Dan Taigen Leighton은 '선불교 공동체의 목적은 … 불성의 실재를 온전히 구현하는 것이다.'(1995: 5) 레이턴은 또한 다음과 같이 언급한다: 도겐은 '공동체 활동과 조화롭게 그저 일상에 순응하면서 품위 있는 처신을 유지하는 것이 바로 깨달음의 실현이며(9), 깨달음이 좌선에서 가장 강력하게 확인되는 한, 사원 법규는 '좌선의 경험을 기반으로 하는 조화로운 생활 방식을 설명한다'라고 주장한다.(16) 윌리엄 보디포드William Bodiford가 지적한 대로, 도겐은 심지어 '선불교 사원 법규 이행은 계율보다 더 중요하다. … 진정한 계율의 표현은 사원 생활의 일상을 통해서만 실현될 수 있다'라고 주장하기에 이르렀다.(1993: 170)

도겐은 사원 생활을 조율하는 계율과 형식을 따르는 그의 엄격함 속에서, 주요 측면에서 도덕을 의례화했다. 김희진은, 도겐의 경우 규칙, 예절, 미덕 및 행실에 관한 세심한 지시, 권고 및 훈계는 승려들의 외적 행위를 제한하는 규칙이 아니고, 불성과 절대적 공성空性의 표현과 행위라고 썼다.(1987: 173) 이러한 도덕의 의례화는 도덕이 내재화하고 있던 시기에 동아시아에서 일어나고 있었다. 도겐 연구학자 스티븐 하이네Steven Heine는 다음과 같이 지적한다:

> 바라제목차(Prātimokṣa)는 수행 중인 승려의 외적 행동을 규제하기 위해 고안되었다. 반면 천태종과 초기 선불교의 관점에서 이 문제는, 평범하고 상대적인 진실 수준으로 격하되었다. 절대적 또는 궁극적 진리의 관점에서, 계율의 완전한 실현이 있는데, 이는 바라제목차에서 표현된 외적 지침의 필요를 완전히 무효화하거나, 단지 마음의 본질적인 내적 상태에 대한 일종의 은유적 반영으로 볼 수 있다.(2005: 18)

요컨대, 도겐은 보살십육정계와 일련의 다른 사원 내 행동 규정 방식에 엄격했기에, 행동에 대한 기준을 높게 설정하지만, 그는 이러한 지침을 주로 미래의 깨달음 상태로 이끄는 자기 정화 과정의 첫 번째 단계로서 자신을 억제하는 수단으로 옹호하지 않았다. 그보다는 오히려, 지침을 지키는 일은 이미 가지고 있는 불성을 표현하거나, 더 정확하게는, 더 잘 표현하는 일이다.

도겐의 접근 방식을 요약하는 또 다른 방법은 불성, 본각本覺, 그리고 수증일여 교리를 바탕으로, (단순히) 규범적이지 않고, 깨달은 사람이 어떻게 행동하는지 설명하는 서술적 계율로 접근한다고 말하는 것이다. 즉 깨달은 사람은 해를 입히지 않고 자비로우며, 도둑질하지 아니하고 너그러우며, 거짓말하지 아니하고 진실하다고 서술한다. 그의 접근 방식은 계율에 따라 행동할 때 자신의 불성을 표현하거나 이행한다는 점에서 수행遂行적이다.

계율에 대한 접근 방식을 설명하면서 도겐은 수계受戒에 대해서도 논의했다. 그는 정법안장의 분책에서 수계를 다루며, 자신 이전의 깨달음을 얻은 사람들과 조사들에 관하여 언급한다: '그분들은 부처님 자신이나 부처님 제자 중 한 분으로부터 직접 수계를 받으셨다. 이 두 가지 경우 모두 그분들은 도道의 본질을 물려받으셨다.'(Yokoi and Victoria 1976: 85) 도겐 버전의 계율을 수여하고 받는 의식에서, 계율을 수여하는 사람은 이렇게 말한다. '그대는 악을 버리고 선에서 위안을 구하였으니 이미 불교의 계율이 이행되었다.'(86) 이런 관점에서는 계율을 받으면 계율이 이행되는 것이고, 더 극적으로 얘기한다면, 수계의식은 깨달음을 수여함으로써 도의 본질을 전하는 것이다. 윌리엄 보디포드는 '개인의 계율은 태도나 행위를 지배하지 않고 불성의 특질을 설명한다. 따라서 수계는 불도의 시작이 아니라 그 정점을 의미한다'라고 언급했다.(2005: 206)

이러한 접근 방식을 취한 것은 도겐만이 아니라는 점에 주목하는 것이 중요하다. 보디포드가 언급한 것처럼, 계율에 대한 몇 가지 믿음이 일본 전역에서 공유되었는데, 다음과 같은 믿음이 포함되었다:

> 계율을 선포하는 붓다가 궁극적인 붓다이며…; 궁극적 붓다의 각 계율은 통합되고 모든 것을 포용하는 실재, 즉 불성을 표현한다. 따라서 수계의식의 목표는 이 불성의 적절한 확인 의식이다.…(2005: 186)

이러한 접근에서 '계율은 구원의 수레이다.(계승일치戒乘一致)'(187) 그 결과, 도겐 이후의 조동종 불교에서는 계율을 실제 준수하거나 적용하기보다는, 깨달음을 주는 것으로 간주되는 수계에 더욱 집중하게 되었다. 우리는 계율을 수여하는 수계식에서 이 점이 강조되는 것을 보는데, 대규모 재가자들의 집단 수계식이든, 아니면 달램이 필요한 지역의 혼령에게 주어지는 수계식이든, 또는 장례식에서 망자에게 부여되는 수계의식을 통해 더는 슬퍼해줄 사람 없는 위험한 혼령으로 다시 환생하지 않고 그 망자가 붓다가 되어 유족들의 기도를 듣고 혜택을 베푸는 경우 등에서 이 점을 볼 수 있다.(Bodiford 1993: 185-208) 이런 움직임과 동시에 조동종에서는 계율에 대한 논쟁이 벌어졌다. 예를 들면, 멘잔 주이호面山瑞方[8]는 승려들이 계율을 단순히 받아들이는 것이 아니라 계율을 따라야 한다고 주장했다.(Riggs 2015: 198)

---

8 역주: 1683-1769, 일본 도쿠가와 시대 조동종 선승.

에이사이

계율에 대한 도겐의 접근 방식은 조동종 선불교가 일본에서 계율을 보는 방식에 영향을 주었지만, 도겐이 중국으로 여행하기 수십 년 전에 중국으로부터 임제선종臨濟禪宗을 소개한 일본 승려 묘안 에이사이明菴榮西(또는 요사이)의 경우에서는 다른 입장을 볼 수 있다. 에이사이의 접근 방식은 중요한 점에서 초기불교 (및 상좌부불교) 계율을 상기시킨다. 그의 저술 흥선호국론興禪護國論에서 에이사이는 '선종은 다른 어떤 것보다 계율을 지키는 것이 우선한다고 간주한다'(Eisai 2005: 121)라고 쓰고, 선원청규禪苑淸規를 인용한다: '선 수행, 그리고 도의 탐구에는 계율과 사원 규율(Vinaya)이 최우선이다.(계율위선戒律爲先)' 그러나 어떤 계율을, 그리고 어떤 사원 법규를 그가 추천했는가? 에이사이도 도겐처럼 자신의 계율을 생각해 냈을까? 그리고 그는 계율의 역할을 무엇이라고 보았을까?

에이사이는 당시 범망경의 계율을 강조하는 일본 천태종에서 시자로서 수행을 시작했지만, 선승들이 법장부율法藏部律(Dharmaguptaka Vinaya)의 250가지 지침과 범망경의 58가지 지침 모두 준수하는 것을 옹호한다. 이러한 입장에서 그는 비나야(Vinaya)의 지침을 통해 자신을 절제하고 수행하며, 범망경에 있는 보살계에 따라 남에게 자비롭게 대응해야 하는 것의 중요성을 주장했다: '외적으로는 잘못을 방지하기 위해 절제의 계율을 실천하면서, 내적으로는 자비로 다른 사람을 이롭게 하는 일을 선종의 신조라고 한다. 이를 가리켜 불법佛法이라고 부른다.'(Eisai 2005: 115-116) 이처럼 도겐과는 다르게 에이사이는 두 가지 지침을 모두 따르라는, 선원청규가 옹호하는 점을 따랐다.

이러한 입장을 취하면서, 에이사이는 자신의 선 브랜드를 '율장(Vinaya) 지지 선'이라고 불렀다. 천태종에서 범망경 계율만 사용하는 것에 대한 반응으로, 그는 자기의 '율장 지지 선'은 천태종이 잃어버린 어떤 것이고, 그래서 자기가 불교의 개혁과 부흥에 참여하고 있다고 주장했다.(Bodiford 2005: 196)

에이사이는 계戒, 정定, 혜慧의 세 가지 면으로 조직된 팔정도八正道를 따르면서, 계율을 명상과 지혜의 기초로 보았다. 그가 인용한 선원청규 구절에서 '선 수행과 도를 구하는 데에는 계율과 사원 법규가 선행한다.' 그리고 그 다음에, '위법행위를 그만두지 않고, 금지된 행위를 피하지 않고 어떻게 붓다가 되며 조사들처럼 행동하겠는가?' 라는 질문이 뒤따른다. 이런 관점에 따라 에이사이는 이렇게 쓴다. '깊은 선정(dhyāna)에 도달하려면 도덕 수행에 의존해야 한다.'(2005:149; 개작) 자신의 견해를 뒷받침하기 위해 에이사이는 천태종 텍스트 마하지관摩訶止觀을 인용한다: '악의 박멸은 지혜의 정화에 달려 있다. 지혜의 정화는 명상의 정화에 달려 있다. 명상의 정화는 사원 계율의 정화에 달려 있다.'(Welter 2006: 99; Eisai 2005: 110 참조) 그는 또한 원각경圓覺經을 인용한다: '모든 무애無碍하고 순수한 지혜는 선정禪定에서 일어난다. … 선정(의 힘)을 깨닫고 싶다면, 비나야(계율) 수행을 해야 한다.(Welter가 인용 2006: 95)' 요컨대, 에이사이는 승려가 단순히 계를 '수계'해서는 안 되고, 계율을 '보호'하거나 '지키는' 호계護戒를 해야 한다고 믿었는데, 달리 말하면, 계율을 따르라는 말이다.(Welter 2006: 105) 우리는 에이사이가 두 가지 계율을 따르는 것에 대해 이런 주장을 했을 때, 일본의 종교적 관점에서 '법의 종말(末法)' 교리가 널리 퍼져 있었고, 그러한 말세에 계율을 온전히 따르는 것은 불가능하다고 다른 개혁자들에게 선언하도록 이끌었다는 점을 덧붙여야 할 것 같다.

에이사이는 계율의 준수를 옹호면서도, 단순히 명상 상태와 지혜를 함양하는 데 필요한 기초로써 계율을 되살리려고 한 것만은 아니었다. 그는 또한 동료 불교도들의 도덕적 해이에 대해서도 염려했다. 알버트 웰터Albert Welter가 쓴 것처럼, 에이사이의 관점에서 참선은 불교의 도덕 규율이 무너진 일본의 타락한 상태에 대한 치료법을 의미했다.(1999: 64) 이런 타락은 승려의 불도 발전과 승가의 도덕적 건강을 넘어서는 결과를 가져왔다. 당시의 다른 불교도들처럼, 에이사이는 사회의 안녕과 국가의 안전은 올바른 불교 성직자에게 달려 있다고 믿었다. 왜냐하면, 만약 승려들이 도덕적으로 건전하지 않다면, 그들이 행하는 의식과 행동은 일본을 보호하도록 신들을 자극하는 데 효과적이지 않을 것이기 때문이다. 에이사이는 '이 땅에 도덕적 행위를 위한 계율을 지키는 사람들이 있는 한 신들이 나라를 보호할 것이다'라고 썼다.(2005: 79) 웰터는 다음과 같이 설명한다:

> 불교도와 일본 고유의 신들은 재난으로부터 불교 국가들을 보호하고 방어하는 역할을 했다. 이 신들은 불교 성직자에 의해 거행되는 의식과 기도를 통해 소환되었다. 나라를 대표하는 신들의 개입 의지는 그들을 소환한 사람들의 도덕적 특성에 의해 결정된다고 믿었다.(Welter 1999: 65)

이러한 맥락에서 에이사이는 자신의 다양한 선禪이 국가를 보호하는 가장 좋은 방법을 제공한다고 주장했다. 그의 주요 저술 홍선호국론興禪護國論의 제목에서 알 수 있듯이, 그는 통치자가 선불교를 후원하고 도덕적인 선불교 지도자가 차례로 호국 의식을 거행하면 일본이 번성하고 모범적인 불교 국가가 될 것이라고 주장했다. 이러한 맥락에서 에이사이는 천황의 통치를 촉진하고, 천황에게 빚을 갚고, 지역 신들의 보호를 확보하기 위한 일련의 의식을 규정했는데, 이 신들은 다시 한번 도덕적인 승려들이 의례를 적절히 거행하는지 승인하기 위해 지켜볼 것이라고 했다.(Welter 2008: 113-138)

에이사이는 또한 승려들이 계율을 따름으로써 나라뿐 아니라 불교를 지탱한다고 믿었다: '도덕적 계율(戒)과 승가 규율(律)은 붓다의 가르침이 오래도록 머물게 하는 원인이 되는 것이다. 이제 선종은 계율과 사원 법규를 원칙으로 삼고 있다. 그러므로 이것은 붓다의 가르침과 오래도록 함께한다는 의미가 있다.'(2005: 109-110)

이런 이유로 에이사이는 계율 준수를 옹호하는 데 엄격했다.(2005: 166) 어느 시점에서 그는 '계율을 어기는 사람들과 어울려서는 안 된다.' 그리고 사원 생활에 대해서, '보름마다 비나야 규칙을 암송하기 위한 포살(poṣadha) 집회 때, 다른 수행자들에게 자신을 열어 보여야 한다. 도덕을 어기는 사람들은, 바닥에 머무름을 허용받지 못하는 큰 바다의 시체들처럼 쫓겨나야 한다'라고 썼다.(Eisai 2005: 169)

비록 에이사이는 단순히 계를 받는 것뿐만 아니라 계율을 보호하거나 엄격하게 준수하는 것은 옹호하지만, 수계가 통치자와 국가를 안전하게 만들 것이라는 말을 제외하고는, 계율을 어떻게 특정 상황이나 사원 밖의 사회 문제에 적용해야 하는지는 논하지 않고 있다.

에이사이 시대 이후 임제선종臨濟禪宗에서는, 주로 임제선종의 틀 안에서 활동하는 최근 일본 선 사상가, 스즈키 다이세츠 테이타로鈴木大拙 貞太郎(1870-1966), 히사마츠 신이치久松 眞一(1889-1980), 아베 마사오阿部 正雄(1915-2006)들에 의해 계율이 거의 언급되지 않는다는 사실에서 반영된 바와 같이, 계율이 일반적으로 조동종 전통보다도 덜 취급되었다. 그리고 수 세기에 걸쳐 임제종 인물들이 계율에 대해 논할 때, 그들은 종종 에이사이보다 도겐에 가깝게 들렸다. 임제종 승려 고칸 시렌虎關師鍊(1278-1346)은 그의 저술 선계규禪戒規에서 주장하기를, 대승 계율은 행동을 규제하는 것과는 반대로 깨달음을 구현한다고 했다. 그리고 윌리엄 빌포드William Bodiford가 고칸의 입장을 요약한 것처럼, '계를 받는 목적은 도덕성을 심어주는 것이 아니라 모든 중생이 자연스럽게 소유하는 본질적인 불성을 확인하는 것이다.'(2005: 200)

현재 일본 임제선종 사원 생활에서 계율은 거의 역할을 하지 않는다. 수행 중인 승려들은 계율이나 승가 법규를 공부하지 않는다. 그리고 비록 십계가 공안公案[9] 커리큘럼의 끝부분에 나타나지만, 십계는 윤리적 구성이 아닌 공안으로 작용한다. 그리고 에이사이가 포살 모임에 관해 글을 썼음에도 불구하고, 현재 그러한 계율을 암송하거나 위반을 고해하기 위한 의식이 거행되지 않고 있다. 더구나, 참회문이 사원에

9 역주: 공안公案은 선불교, 특히 임제종에서 선을 시작하는 사람들에게 정진을 돕기 위해 사용하는 간결하고도 역설적인 문구나 물음으로, 선가에서 스승이 제자에게 깨우침을 얻도록 인도하기 위해 제시한 문제, 인연화두因緣話頭.

서 자주 낭송되고 있음에도 불구하고, 공식적인 회개는 이루어지지 않고 있다. 참회문은 다음과 같다:

> 나의 끝없는 욕심과 악의와 무지로 인해
> 내 몸과 입과 마음에서 비롯된
> 오래전부터 내가 저지른 모든 악행,
> 이제 나는 그 모든 악행에 대해 참회합니다.

그 대신 우리가 흔히 접하는 것은, 어떻게 좌선과 좌선이 조성하는 통찰력이 윤리적으로 변화시키는가에 관한 주장이다. 하쿠인[10]은 그의 '좌선화찬坐禪和讚'에서 이렇게 썼다. '계율 준수, 회개, 베품, 수많은 선행, 바른 삶의 방식, 이 모든 것은 좌선에서 나온다. 따라서 하나의 진정한 삼매는 악을 소멸시킨다. 그것은 업을 정화하고 장애물을 용해한다.'(Low 1988: 89) 더 최근에는 아베 마사오가, 주로 그의 임제종 체계에서, 좌선을 공(śūnyatā)에 대한 깨달음의 한 형태로서의 사토리(悟り)[11] 경험을 지향하는 것으로 묘사했다. 사토리를 증득한 사람에게 지혜와 자비가 부여되는데, 깨달은 사람은 서원(Skt. praṇidhāna)과 효율적인 행위(carita) 또는 능숙한 방편을 통하여 자동으로 다른 사람을 해방하는 기능을 한다.(Abe 1991: 58)

일반적으로, 일본의 선종 불교도들은 수 세기 동안 도겐이 정리한

10 역주: 白隱 慧鶴, 1686~1768, 일본 선불교에서 가장 영향력 있는 인물 중 하나, 임제종이 소멸하기 직전 그것을 부활시킨 인물.

11 역주: 일본 선불교에서 자신의 불성을 깨닫는 경험.

보살십육정계, 또는 에이사이가 주창한 더 큰 세트의 계율을 받았지만, 도겐이나 에이사이는 불교도들 개인의 삶과 대인관계에서 구체적인 계율을 어떻게 실천할 것인지에 대해 거의 말하지 않았다. 또한 역사적으로, 그들은 어떤 체계적이고 비판적인 방식으로 사회 정치적 상황에 그들의 계율을 적용하지도 않았다.

그러나 선불교의 윤리는 계율과 좌선에서 얻을 수 있는 열매에 의해 소진되지 않는다.

자비

선불교가 대승불교의 한 형태인 한, 그 전통은 자비에 대한 언급으로 가득 차 있다. 승려들의 수행에는 '중생이 아무리 많더라도 모두 해방하겠다'라는 다짐으로 시작하는 사홍서원四弘誓願의 빈번한 낭송이 포함된다. 자신 이외의 누구에게도 의존하지 않는다는 선불교의 수사학에도 불구하고(임제록의 살불살조殺佛殺祖 구절에서처럼), 자비로운 보살 관세음보살에 대한 존경과 의존은 선불교의 염불에서 흔히 볼 수 있다. 관세음보살은 반야심경의 시작 부분에서 고통받는 인간의 고통을 자비롭게 들으며, 열 가지 붓다의 이름, 즉 십불명十佛名에서 '대자대비한 보살'로 나타나며, 연명십구관음경延命十句觀音經, 관음화찬觀音和讚, 특히 관세음보살에 봉헌된 관음경觀音經 등에서 찬양되며, 법화경 25장 관세음보살보문품에서는 아래와 같은 구절을 포함한다:

그의 진실한 시선, 순수한 시선,
위대하고 포괄적인 지혜의 시선,
동정의 시선, 연민의 시선-
우리는 끊임없이 그에게 간청하고,
끊임없이 경외심을 가지고 우러러봅니다.(Watson 1993: 305)

스즈키 쇼산鈴木正三[12]은 만민덕용萬民德用에서, 그가 '불교의 수행은 계율을 엄격하게 지키는 것이며, 붓다와 조사들의 가르침에 결코 거스르지 않는 것이다. 비뚤어진 마음을 없애고 선한 마음을 갖는 것 … 그리고 모든 사람이 깨달음에 이르도록 자비심을 갖고 바르게 이끄는 것이다'라고 쓸 때 계율과 자비 모두를 받들었다.(Tyler 1977: 56-57)

그러나 몇 가지 요인이 선불교의 윤리적 자원으로서의 자비를 복잡하게 한다. 대승 텍스트는 행위자의 의도가 자비로우면 계율을 어기는 것을 허용하는데, 이는 살생까지도 자비로운 폭력이라는 개념을 낳았다. 예를 들어, 대반열반경大般涅槃經(Mahāparinirvāna-sūtra)에서 역사적 붓다는 전생에서 법을 중상하는 몇 명의 브라만을 죽임으로써 그들의 행동에 따르는 업보를 면하게 해주었다고 말한다.(Williams 1989: 161 인용) 아마도 남전南泉이 고양이를 반으로 자르고[13], 구지俱胝[14]가 시자의 손가락을 잘랐던 선 공안에서 표현된 자비였을

12 역주: 1579-1655, 쇼군 토쿠가와 레이야수德川家康 휘하의 사무라이, 승려.

13 역주: 당대唐代 선승 마조도일馬祖道一의 제자인 남전보원南泉普願(748-834)의 남전참묘南泉斬猫 사건.

것이다. 2차 세계대전 동안 선불교 거물들은 일본군의 행동을 정당화하기 위해 자비로운 살인에 대한 수사학을 효율적으로 사용했다.(Ives 2009b: ch. 1 및 Victoria 2006 참조) 여기에서 작동하는 것은, 하느님이 아브라함에게 그의 아들 이삭을 희생하여 제사를 지내라고 명했을 때 아브라함이 명을 받은 것처럼(창세기 22:1~19), 도덕의 영역에서 종교의 영역으로 믿음의 도약을 해야 한다는 키에르케고르Kierkegaard의 '윤리의 목적론적 정지'와 유사할 수 있다.

누군가는 자비 기능의 목적인目的因(telos)으로서 타인을 깨우치게 하는 일이 선불교의 최고선最高善(summum bonum)이라고 주장할 수도 있지만, 깨달음이 최고선이라 할지라도 자비 자체가 필연적으로 '도덕적'인 어떤 것을 의미할까?(종교적 선을 위한 비도덕적 도구가 되는 것과는 대조적으로) 자비가 타인을 돕거나 해방하려는 의도를 가진 동기와 관련있는 한 자비는 도덕적 무게를 지니고 있지만, 칸트Kant는 동기뿐만 아니라 행위도 고려하라고 훈계하며 여기에 끼어들 가능성이 크다.

적어도 하나의 다른 복잡한 요소가 있다. 타자의 고통을 인지하고 개선하라는 광범위한 요청을 하는 것 외에는, 선불교의 자비 교리는 거의 구체적이지 않다. 이 점에서, 기독교 윤리학자들이 신학적 미덕이라고 부르는 사랑과 같은 자비는 정의에 대한 고려와 결합할 필요가 있다. 더군다나 다른 사람을 돕거나 구하는 것을 가장하여 해로운 일을 하는 경우가 드물지 않다. 이러한 이유로 자비는, 자비에 의해

14 역주: 구지일지俱胝一指, 9세기 중국 선사.

동기가 부여된 행위를 인도할 다른 것이 필요하다. 그리고 전통적으로 선불교와 다른 대승불교는 이와 관련하여 지혜(prajñā)를 구했다.

이 점은 우리가 제자들에게 작용하는 선사의 개인적 윤리에서 사회의 복잡한 문제에 대응하는 사람들의 사회윤리로 넘어갈 때 특히 중요하다. 예를 들어, 우리는 다른 사람들(또는 환경)의 최선의 이익이 무엇인지, 또 그러한 이익을 촉진하는 행위가 무엇인지, 그리고 도덕적, 종교적 목적을 추구하기 위해 부도덕한 수단이 사용될 수 있는지에 대한 일종의 지침이 필요하다. 요컨대, 자비로운 의도는 칭찬할 만하지만, 기존의 문제를 분석할 때, 해결책을 개념화하고, 어떤 행위가 이러한 해결책으로 이어질 것으로 가장 기대될 수 있는지 파악할 때는 어떤 다른 무언가가 필요하다. 한 가지 가능성은, 전통적인 공식에서 자비를 수반하는 지혜를 기반으로 하고, 그 너머에 있는 풍부한 지식과 정보를 갖춘 '지혜'다.(예: Ives 1992 참조)

이러한 문제 중 일부는 선사의 이미지 및 행위와 관련하여 발생했다. 전통적으로, 특히 임제종 선불교에서, 선사는 완전한 깨달음을 얻은 존재로 간주하여 카리스마와 권위가 부여된다. 그들이 완전히 깨어 있는 한, 그들은 자신을 스스로 억제하거나 정화할 필요가 없으며 그들의 행위가 그들의 깨달음을 표현한다고 종종 추정됐다. 그리고 그들이 그들의 완전한 깨달음에 동반된다고 믿어지는 자비와 지혜를 구현하는 한, 그들은 자비로운 의도와 지혜로운 판단력으로 행동하고, 그러기에 그들은 보살 기능의 일부로써 계율을 위반할 수 있다.

선불교의 이러한 표현은 선사가 비윤리적이고 지혜가 부족해 보이는 행위를 했다는 사실에 비추어 면밀한 조사가 필요하다. 예를 들어,

우리는 제2차 세계대전 중 수반된 살육과 파괴, 그리고 일본 군국주의를 정당화한 선불교를 어떻게 이해할 것인가? 겉으로 깨우친 선사들이 제자들을 성적으로 학대하는 것을 어떻게 받아들일 수 있을까? 한 가지 방법은 그들이 완전히 깨어 있지 않았다고 말하는 것이다. 왜냐하면 그들이 깨어 있었다면 그러한 일은 하지 않았을 것이기 때문이다. 또 다른 방법은, 좌선과 깨달음이 사람을 도덕적으로 무장시킨다는 수사학을 버리는 것이다. 그리고 단순히 좌선과 그 깨달음이 실존적으로는 해방적이지만, 반드시 윤리적으로 변혁적인 것은 아니라고 주장하는 것이다.

말할 필요도 없이, 깨우친 선사가 비윤리적으로 여겨지는 행위를 한 다음에 그 선사를 지혜롭고 자비로운 사람으로 묘사하는 것은 선불교 공동체에서 문제를 일으킬 수 있다. 이런 묘사는 선사가 그의 행위를 숙련된 방편(upāya)으로서, 지혜롭고 자비로운 기능으로 정당화함으로써 책임을 회피하기 위해 사용할 수 있는데, 이런 그의 방편은 계율과 일치할 것으로 기대해서는 안 된다. 또 이런 묘사는 제자들이 스승이 하는 일을 받아들이도록 유도하여 스승에게 질문하거나 도전할 의지를 없애거나 도전할 수 없게 만들어, 그들을 조력자로 만들 수 있다

계율의 사회적 적용에 대한 성찰의 결여와 자비에 대한 구체성이 부족한 상황에서, 일본 역사상의 선불교 인물에 의한 사실상의 사회윤리 형성과 선불교의 실제 사회 정치적 입장은 자비를 어떻게 해석하느냐에 따른 다양한 다른 요인들에 의해 결정됐었는데, 대승불교 안에서의 표면적 기본 덕목을 강화, 완화, 굴절, 심지어 위반한 것으로

볼 수 있다.

실제 가치

수 세기 동안 일본의 선불교 안에서 기능했던 이상적인 윤리와 반대되는 실제 윤리를 이해하려면, 수행자들을 윤리적으로 형성하는 데 계율, 좌선, 자비보다 더 큰 역할을 했을 가능성이 있는 가치와 수행을 조사해야 한다. 예를 들어, 임제선종의 목록은 사원 생활이 도덕적 파급 효과와 함께 일련의 가치를 전달하고 강화하는 점을 보여준다.

1. 절제: 개인의 욕망을 버리고 자신을 사원 제도에 맡겨 함양되는 절제
2. 간소: 전통적인 방식 안에 있는 한, 승려 지망생들은 수도장 문에 도착할 때 법복, 발우, 면도기, 짚신, 밀짚모자 및 기타 몇 가지 소지품만을 휴대
3. 검약: 양치질과 세안하는 물의 엄격한 제한, 법복 만들 때 자투리 남기지 않는 이상적 재단, 그리고 승려들이 배급자로부터 받은 모든 음식을 먹고 차로 발우를 씻은 다음 그 차를 마시는 발우공양(참가자가 세 개의 발우를 사용하는 의식화된 식사)의 엄격한 제한에서 볼 수 있듯이, 아무것도 낭비하지 않으며, 최대한 버리지 않고 자기가 사용할 만큼 마음껏 사용하는 것에 대한 서약
4. 울력: 수행의 일부로서 이루어지는 육체노동

5. 업무를 철저하고 미학적으로 즐기는 방식으로 수행
6. 근면: 예를 들어, '근면하라, 근면하라'라는 후렴구로 끝나는 대등국사유계大燈國師遺誡의 낭송으로 강화되는 개인의 실천에 적용되는 근면
7. 인내: 노 선사가 자주 권면하는 인내, 또는 직일直日 스님[15]이 접심接心[16]의 고통을 이겨내라고 격려하는 인내, 그리고 좌선하다 죽더라도 좌선하겠노라는 수사학, 그리고 단독 철야 좌선 정진의 옹호
8. 겸손: 예를 들어, 의식화儀式化된 절(拜)에서 구현된 겸손
9. 참회: '참회게懺悔偈'에 의해 전달되는 자기비판
10. 존중과 순종: 승려가 직일 스님, 조실 스님, 주지 스님, 및 본사 관리자의 엄격하고 종종 도전적인 지시에 복종하는 존중과 순종
11. 존경: 장상들에게 경의를 표하는 존경심
12. 자연에 대한 물리적인 친밀감과 자연의 아름다움에 대한 공감(비록 가까이에 있는 자연은 종종 길들고, 소형화되고, 양식화된 자연이지만. 예를 들어, 꽃꽂이, 분재목 및 수석 정원; Ives 2005a 참조)

여기서 크게 다가오는 것은, 다른 사람들로부터 받은 은혜와 그 은혜로 인해 빚지게 되는 부가 가치이다. 불교 텍스트들은 일반적으로

---

15 역주: 사찰에서 그날의 질서 유지를 책임지고 보살피는 일을 맡은 직임職任, 한국 선방의 입승立繩과 같은 역할.

16 역주: 선종에서 수행승이 선의 교의를 보이는 일, 용맹정진과 유사.

네 가지 종류의 은혜(四恩)와 빚의 관점에서 다룬다: 1) 통치자, 2) 부모, 3) 모든 중생, 4) 삼보(불, 법, 승). 스즈키 쇼산은 맹안장(盲眼杖: 맹인의 편안한 지팡이)에서 '모든 중생'과 '삼보'를 '스승'과 '천지'로 대체한다.(Tyler 1977: 37-38) 실제 선 수행에서 보은과 감사는 보리달마(매년 10월 5일에 열리는 달마기), 사찰 창립자(개산기開山忌), 자신의 부모, 음식 만드는 수고로 수행하는 승려들을 지원하는 사람들, 그리고 현재의 천황 또는 수호 천황에게 표현된다. 영롱집玲瓏集에서 타쿠안澤庵[17]은 봉건 다이묘에 대한 빚에 주의를 환기한다.

> 이에 관해서, 주군을 섬기게 된 때부터, 등에 걸친 의복, 옆구리에 차고 다니는 칼, 신발, 가마, 말과 모든 물건이, 주군의 호의로 인하지 않은 것은 하나도 없다.(Wilson 1986: 49; 각색)

하쿠인은 그의 저술 원라천부遠羅天釜 (양각 찻주전자)에서 다음과 같이 쓴다:

> 범인이 신민으로 산다는 것은, 주군의 음식을 먹고, 그에게서 얻은 옷을 입고, 그가 준 띠를 매고, 그로부터 얻은 칼을 차는 것이다. 그대는 먼 곳에서 물을 길어올 필요가 없다. 그대가 먹는 음식이 그대를 성장시킨 것이 아니다. 그대가 입은 옷은 그대가 그대를 위해 짠 게 아니다. 진실로, 그대의 온몸 모든

17 역주: 澤庵 宗彭, 1573-1645, 일본 전국시대와 초기 에도시대의 고승, 임제종 주요 인물.

부분은 주군의 은혜에 의존하고 있다.(Yampolsky 1971: 53)

스즈키 쇼산은 맹안장에서 '너의 목숨이 네 주군의 너그러움에 빚지고 있다는 것을 익히 알고, 네 몸을 바쳐 네 주군을 섬겨라'라고 쓴다.(Tyler 1977: 32) 제2차 세계대전 이전과 대전 중의 선불교 거물들의 선언은 천황에 대한 빚과, 군 복무를 통한 그 빚의 상환 필요성에 대한 언급으로 가득 차 있다.

실제로는 여러 가지 은혜에 빚을 지고 있다는 강화된 인식은 그 은혜에 대해 감사를 느껴야 하며, 그리고 더 중요한 것은, 물론 그 부채가 계율과 자비의 더 광범위한 요구로 정당화될 수 있다고 보이는 것과 경쟁할 수 있는 보은의 방법을 모색해야 한다.

선불교 안의 유교

선불교가 겸손, 순종, 보은에 부여한 가치에는 유교의 흔적이 있는데, 유교는 틀림없이 일본에서 수 세기 동안 선불교의 사회 윤리의 주요 결정 요인이었다. 가마쿠라막부鎌倉幕府(1185~1333)와 무로마치막부室町幕府(1336~1573) 시대의 선승들은 송宋의 성리학을 도입했고, 그들의 사찰을 성리학 연구의 중심지로 만들었다. 그리고 저술과 강연을 통해서 사무라이 통치자와 천황에게 유교 사상을 전파했다.(Araki 1993) 도쿠가와막부德川幕府(1603-1868) 시대의 선도적인 선사들은, 재가자들에게는 대중적인 담화 가나법어仮名法語를 통해서, 그리고 정치 지도자들에게는 서찰과 논문을 통해 유교적 가치를 전달했다. 예를 들면, 스즈키 쇼산은 유교적 4층 구조 사회계층과 유사하게 만들어진 그의 만민덕용萬民德用에서 유교적 가치로써 서로 다른 일련의 집합, 즉 무사, 농부, 공예가, 상인(사농공상)에 대한 지침을 설정한다. 타쿠안은 그의 저술 부동지신묘록不動智神妙錄 (움직이지 않는 지혜의 신묘한 기록), 그리고 영롱집에서 유교와 불교의 통일성에 관한 그의 전반적인 담론, 유불일치儒佛一致의 일부로서 충성, 효도, 자비심, 그리고 정직이라는 유교의 핵심 가치를 옹호한다. 메이지明治 시대 이마기타 고센今北洪川[18]은 그의 저술 선해일란禪海一瀾에서 그런 통일성을 주장한다.(Morinaga 1987) 제2차 세계대전 중에 선불교의 인물들은 유교적 제국주의 사상을 널리 유포시키는 데 손뼉을 치며 도움을 주었다.

이러한 가치관과 사회적 입장에서, 선불교는 대중적인 이미지와 달리, 일본 역사에서 급진적이거나 체제 전복적인 참여자가 아니라 '보수적인' 참여자이다. 우리는 이러한 선불교의 보수적 특성의 증거를 선불교가 업業을 취급하는 관점을 보여주는, (과거, 현재, 미래) 삼계에 걸친 인과법칙(三世因果說)에서 볼 수 있다.

업

어떤 불교도들은 업보가, 적어도 응보적 정의와 보상적 정의의 의미에서 부정적이든 긍정적이든 사람들이 마땅히 받아야 할 만한 정의의

18 역주: 1816-1892, 일본 임제선종 선사, 성리학자.

불교적 공식을 제공한다고 주장했다. 사회경제적 차이를 볼 때는, 선종 인물들은 일반적으로 이러한 방식으로 업을 해석했다. 선승이며 교수이자 윤리학자인 이치가와 하쿠젠[19]과 다른 사람들이 지적했듯이, 선종 윤리 사상은 평등과 차이의 개념과 함께 업보의 교리를 전개해 왔다. 선종 사상가들은 불성佛性을 공유한다는 교리에서 평등을 찾았다: 사람들은 모두가 불성을 소유하고 있다는 점에서 (또는 도겐이 선호하는 것처럼) 평등하다. 그들은 부, 권력, 지위, 건강, 성별의 다양성에서 차이를 발견했다. 이치카와가 말했듯이, 전통은 '인간은 오직, 우리 모두 불성을 소유하고 있으므로 붓다가 될 가능성이 있다는 점에서 평등하다. 서로 다른 사회적 지위, 능력, 환경은 전생의 선행과 악행의 업과다'라는 교리를 유지한다.(Ichikawa 1970: 16-17, 각색) 간단히 말해서, 역사적 선종 사상가들은 업보의 관점에서 사회적 차이를 설명하고, 수용하고, 정당화했다.

이치카와는 하쿠인을 불성의 근본적 수준(그의 저술 좌선화찬坐禪和讃의 첫줄은 '중생은 근본적으로 부처님이다'라고 쓰였다)에서 평등을 주장하면서도, 업보가 사회적 지위를 결정한다는 개념을 받아들인 사상가의 대표적인 예라고 지목한다. 예를 들어, 시행가施行歌 (나눔 실천의 노래)에서 하쿠인은 불평등을 당연시한다:

> 이 세상에서 재물과 명예를 가진 사람들은 그들이 전생에 심은 씨앗의 열매를 거두고 있다. … 금생의 삶은 전생의 씨앗에

19 역주: 市川 白弦, 1902-1986, 임제종 승려였다가 환속, 사회운동가, 철학자.

> 달려 있다. 그리고 내생은 금생의 씨앗에 달려 있다. 부와 명예의 양은 뿌린 씨앗의 양에 달려 있다. 금생에는 우리가 뿌릴 씨앗이 별로 많지 않기에 좋은 씨앗을 골라 심어라. … 남이 버린 음식을 찾아가야 하는 사람들은 전생에 자신의 밭에 씨를 충분히 뿌리지 않았다. 그래서 지금 그들은 거지가 되었다.(Shaw 1963: 179, 181; 각색)

이렇게 생각하는 사람이 하쿠인 혼자만이 아니다. 무소 소세키夢窓疎石[20]는 그의 저술 몽중문답집夢中問答集에서 빈곤의 업보를 정당화한다. '금생의 가난은 전생의 탐욕에 대한 업보다.'(Ichikawa 1993: 1: 495) 그리고 스즈키 쇼산은 만민덕용에서 '귀천, 고하, 빈부, 득실, 그리고 장수와 단명의 차이는 모두 전생의 업에 기인한다.'(Tyler 1977: 71, 각색) 일본인들에게 첨부된 메시지는 '인생에서 그대들의 분수를 알아라'이다.(Tyler 1977: 35)

사회경제적 차이와 공유된 불성 밑에 깔린 평등 사이의 긴장을 완화하기 위해, 선종과 다른 불교 사상가들은 '차이는 다름 아닌 평등'이라는 개념을 전개했다.(차별즉평등差別卽平等) 이치카와는 이러한 구성을 통해 청중이 사회적, 정치적, 그리고 경제적 삶에 스며드는 차이와 차별을 수용하게 하고, 이 차이와 차별은 더 깊은 종교적 평등에 부차적인 것으로 간주하도록 몰아붙였다고 주장한다. 일부 불교도들은 차별을 개선하려는 시도가 마치 업의 자연법칙을 위반하

---

20 역주: 1275-1351, 임제종 선사.

고, 공유된 불성의 깊은 종교적 평등을 무시하는 사회적 차원의 잘못된 평등 추구인 것으로 몰아 세속적 영역에서 불평등을 개선하려고 하는 사람들을 공격하기 위해 '악의 평등(惡-平等)'의 개념을 휘두르고 있다.

권력자들과의 공생

일본 선종의 사회윤리의 사실상 보수적 성격은 선종과 일본의 지배세력과의 관계에서도 분명하다. 보호와 후원의 대가로, 선불교 지도자들은 통치자들에게 건강, 전투의 성공, 나라의 법과 질서, 국가안보와 같은 이익을 보장하기 위해 의식을 거행해 왔다. 이런 일본 선종의 특징은, 우리가 보았듯이, 영역을 보장하는 최고의 방법으로 선을 옹호한 에이사이와 함께 시작되었다. 나중에 다른 저명한 선 지도자들도 정부를 지원하는 데에 에이사이에 합류했다. 도겐은 고사가 천황後嵯峨天皇[21]에게 영역 보호를 목적으로 호국정법의護國正法義(현재는 존재하지 않음)라는 제목의 논문을 올렸다고 전해진다. 다음 세기에는 무소 소세키가 아시카가 막부足利幕府[22]와 협력하여 '영역의 보호'를 위해 66개의 지역 사찰 '안국사安國寺'를 세웠다; 비록 이 사원들이 표면적으로는 아시카가가 집권하도록 만든 전쟁에서 죽은 사람들을 추모했지만, 이 지역 사찰들은 또한 아시카가 휘하 사무라이 지도자들이 영토의 변방을 방어하고 백성들을 감시할 수 있는 요새

---

21 역주: 1220-1272, 일본 제88대 천황.

22 역주: 1336-1573, 무로마치 막부室町幕府로도 알려짐.

역할도 했다.

그러나 일본의 이러한 역사적 패턴은 선종의 제도에만 국한되지 않는다는 점에 유의하는 것이 중요하다. 국가와 '교회'의 분리를 옹호하는 정치철학의 흐름과 달리, 6세기에 불교가 일본에 소개된 때부터 종교는 일반적으로 정부와 얽히게 되었다. 불교 지도자들은 거의 예외 없이 일본 통치자들과 통치자들의 노력을 적극적으로 지원했으며, 오히려 더 자주 그들은 이 지원을 그들의 의무로 여겼다. 이러한 불교와 통치 권력 사이의 지속적인 공생은 '군주의 법과 불법의 상호의존(왕법불법상의王法佛法相依)'과 같은 표현에 요약되어 있다. 여기서 '불법'은 다르마나 붓다의 가르침을 가리킨다. 이런 식으로 협력하는 불교를 가리키는 용어는 '호국불교護國佛教'이다.

선종의 경우 이런 공생은, 이치가와 하쿠젠이 자기가 처한 상황에 따라 행동한다는 '순응주의順應主義'라고 명명한 사상에 의해 악화되었다. 그는 이 순응주의 사상을 선종의 창시자로 추정하는 보리 달마의, 상황에 따라 행동하라는 것을 가리키는, 수연행隨緣行 개념으로까지 추적한다. 보리 달마는 그의 안심법문安心法門에서 다음과 같이 말했다고 알려졌다:

> 현명한 사람은 자신이 아니라 상황에 자신을 맡긴다. 이러한 이유로, 집착하거나 거부하거나 반대하거나 순종하는 일이 없다. 어리석은 자는 상황을 따르지 않고 자신에 의지한다. 그렇기에 집착하고 거부하고, 반대하고 순종한다.(Broughton 1999: 79; 각색)

3세기 후, 임제는 '진정한 도인'의 특징을 묘사하면서(Jp. Rinzai d. 866) 이런 식으로 말한다. '도인은 단지 상황에 따라 자신의 과거 업보를 소진한다. 상황이 오는 대로 자신을 맡기고 (인연 따라) 옷을 입는다. 걷고 싶을 때 걷고, 앉고 싶을 때 앉는다.'(Sasaki 1975: 9-10, 각색) 우리는 이러한 공생과 '순응주의'의 현대적 사례를 제2차 세계대전 중 일본에서 선종 지도자들이 그들의 글, 성명서 및 기타 행동을 통해 일본 군국주의와 제국주의를 지지했던 사례에서 본다.(Ives 2009b, Victoria 2003, 2006)

그렇지만 전후 선 사상가들은 이러한 윤리적 함정을 비판하고, 더 비판적인 선의 사회적 윤리가 수반할 수 있는 것을 개념화하기 시작했다. 재가 선사이자 교토대학 교수인 히사마츠 신이치久松 眞一[23]는 일본 민족국가와의 공생으로부터 선의 해방을 지지하고, 선을 깊이, 너비, 길이의 3차원적 틀에서 재정립할 것을 주장했다.

> 깊이의 차원에서, 인간 존재의 근거로서의 자아,
> 무형의 자아를 깨우치고;
> 너비의 차원에서, 전 인류의 입장에 서서
> 인간 전체로서의 인간 존재;
> 길이의 차원에서,
> 초역사적으로 역사를 창조하여,
> 깨어난 인류의 역사(Abe 1981: 143)

---

23 역주: 1889-1980, 철학자, 선불교 학자, 다도 명인, 교토대학교 교수, 하버드대학교 명예교수.

이치가와 하쿠젠은 기독교 윤리학, 서양철학, 마르크스주의 사상을 끌어와 역사적 선종의 사회적 입장과 쇼와昭和시대 초기(1926–1945)의 제국주의 및 전쟁과의 협력을 비판했다. 그는 위에서 언급한 '순응주의'에서 해방되고 선종에 비판적 엄격함을 주는 선종의 개혁을 촉구했다.(Ives 2009b)

최근 수십 년 동안 조동종 학자 하카마야 노리아키袴谷憲昭와 마츠모토 시로松本史朗는 선종의 상황 순응에 대한 또 다른 비평을 제기했다.(Shields 2011 참조) 그들은 연기 및 무영혼 교리로 있는 그대로의 상황을 식별하고 분석하기 위해서 이성과 언어를 사용하는 '비판불교'를 치켜올린다. 그들은 이러한 초기불교의 입장과 후기 '주제불교'를 비교하는데, 이는 불성佛性(buddha-dhatu)과 여래장如來藏(tathāgata-garbha)과 같은 교리가 상정하는 경이적인 현상적 실체의 아래와 이전에 존재하며, 말하자면 초월적 언어로 형언할 수 없는 경험에서 직관할 수 있는 통일된 토포스topos[24] 또는 토대를 통해 이루어진다. 이 '주제 불교'의 접근 방식은, '무비판적 화합 또는 조화를 위하여 비판적인 식별을 단념하고 … 실제 역사적 차이의 실체를 경시하거나 심지어 부정하는 경향이 있다. 따라서 현 상황을 확인하고 사회적 비판의 필요성을 부정한다.'(Hubbard 1997: 98) 하카마야와 마츠모토는 이 '주제' 성격의 선종과 다른 형태의 일본 불교는 비판과 반대를 희생한 대가로 '관용'과 '조화'를 찬양하고, 따라서 2차 세계대전 및 일본 역사의 여타 기간에 권위주의를 조장하거나, 그렇지 않다면

24 역주: 정형화된 주제.

가능하게 만들었다고 주장한다.(Shields 2011: 54)

히사마츠, 이치카와, 하카마야, 마츠모토 등 일본의 선불교 윤리학자들의 난제는, 그들의 선불교가 역사적으로 관습적 규범의 수용을 내재한 일본 종교였기 때문에, 선불교의 원천인 대승 전통의 보편적 자원을 기반으로 하는, 때로는 편협한 일본 도덕성을 초월하는 규범, 즉 지배적인 도덕적 입장을 비판하는 근거를 제공하는 규범으로서 기능할 수 있는 불교 가치를 기반으로 하는, 윤리적, 정치적 입장을 결코 체계적이고 엄격하게 공식화한 적이 없다는 사실이다. 핵심적인 측면에서, 그러한 (재)공식화는 현대의 선불교 윤리, 특히 서구에서 볼 수 있는 것의 많은 부분을 특징짓는다. 〔그렇긴 해도, 일본의 선종 윤리가 유교에 의해 물들여졌듯이, 서양의 선불교 윤리는 비-불교적 윤리적 전통과 자원, 즉 철학적 윤리(덕 윤리, 의무론, 공리주의 포함), 사회정의 이론, 인권 이론, 환경주의, 페미니즘과 여성주의 이론에 의해 착색되었다.〕

서구의 현대 선불교 윤리

선불교에 대한 초기 미국과 유럽의 관심은 도덕률 폐기론적인 성격을 시사하는 선불교의 이미지로 스며들었다: 사회를 거부하는 사기꾼 은둔자와 관습적인 도덕에 대해 우상 파괴적으로 행동하는 깨우친 선사의 이미지였다. 선불교가 서양 땅에 뿌리를 내리면서 이 이미지는 희미해졌고, 진지한 수행자들은 그들이 새로운 유형의 선불교 제도를 세우고 그들을 둘러싼 세상 문제에 대응하면서 윤리적인 자원을 활용했다.

일반적으로 서양의 선불교 지도자들은 계율을 진지하게 받아들였다. 일부 선불교 법사들은 도겐의 접근 방식을 따랐다. 샌프란시스코 선 센터의 전 선사 리처드 베이커(Richard Baker, 1936-)는 '계율은 깨달은 마음의 구현이자 표현이다'라고 썼다.(1993: 162) 캣스킬의 '산 선원(Zen Mountain Monastery in the Catskills)'의 창립자 존 대이도 루리(John Daidō Loori, 1931-2009)는 '본질에서, 계율은 붓다의 삶, 붓다가 세상에서 어떻게 역할을 하는지를 정의 한 것이다. 계율은, 깨달은 존재는 어떻게 자신의 삶을 살고, 다른 인간과 관계를 맺고, 도덕적, 윤리적 결정을 내리고, 일상생활에서 지혜와 자비를 구현하는지 정의한다'라고 썼다.(2002: 133-134)

선불교 법사들은 또한 계율을 더 도구적으로 해석하는 면에서 에이사이를 모방했다. 베트남의 선사 틱낫한(Thich Nhat Hanh, 1926-2022)은 '계율 수행은 … 우리가 더 침착하게 집중할 수 있도록 도와주며, 더 많은 통찰력과 깨달음을 가져다준다'라고 썼다.(1993: 8) 베이커에 따르면 '계율은 우리가 개인적으로, 사회를 위하는, 지구를 위하는 출발점이다. 왜냐하면 계율은 실용적인 지혜와 효율적인(숙련된) 자비를 개발하는 데 필요로 하는 필수적인 근거이기 때문이다.'(1993: 158)

그렇지만 서양에서의 계율에 대한 현대적 접근 방식의 가장 두드러진 점은, 사회 문제에 대한 계율의 적용이다. 틱낫한 스님이 '참여불교'라고 칭한 것의 한 부분으로서, 선불교도는 계율과 불교 윤리의 다른 요소들에 따라 일하고 있다. 그리고 어떤 경우에는, 즉 전쟁, 여성이 직면한 도전, 환경 문제와 여타 문제에 반응하면서 계율의 내용과 기능 두 가지 모두를 재해석한다.

전쟁

수 세기에 걸쳐 선종 인물들은 다양한 방식으로 일본 사무라이들을 지원했으며 싸움터에서 선-수행이 도움이 된다고 주장했다. 이와 관련하여 유명한 이야기들은, 몽골의 침략에 직면하여 호조 도키무네北條 時宗(1251-1284)의 고문 역할을 한 중국의 선사 무학조원無學祖元(1226-1286); 검사劍士 야규 무네모리柳生 宗矩(1571-1646)에게 선종 정신을 무심, 무념, 불굴, 부동의 지혜로 설한 일본의 선사 타쿠안澤庵宗彭(1573-1645); 그리고 제2차 세계대전이 발발하기 이전과 대전 중의 민족주의 담론에서 선불교의 무공에 관한 주장을 한 현대 선사들이다. 이러한 사무라이들과 그들의 검술, 그리고 선과의 밀접한 관계를 '검선일여劍禪一如'라고 불렀다.

일본 이외의 선불교는 최근 몇 년 동안 사무라이 통치자와 공생하는 일본 패턴에서 벗어났다. 베트남 전쟁 중 틱낫한과 몇몇 스님들은 5계를 14개의 '마음챙김 수행'으로 확장한 '상즉종相卽宗(Tiếp Hiệ)'[25]을 출범시켰는데, 대부분 갈등과 전쟁을 줄이는 것을 목표로 한다. 이 계율들은 자신의 정치적 견해에 대한 집착, 편협함, 다른 견해 강요, 노여움으로 인한 행위, 이간질, 고통으로부터의 외면 등에 관한 것이며, 열두 번째는 다음과 같다:

---

25 역주: 틱낫한 스님이 세운 불교 공동체 영어로는 Order of Inter-being.

> 전쟁과 갈등으로 인해 많은 고통이 발생한다는 사실을 인식하고, 우리는 가족, 지역 사회, 국가 및 세계에서 평화 교육, 마음챙김 명상 및 화해를 촉진하기 위해 일상생활에서 비폭력, 이해 및 자비를 함양하기로 결의한다. 우리는 죽이지 않고, 다른 사람들이 죽이도록 내버려 두지 않겠다고 결의한다. 우리는 생명을 보호하고 전쟁을 예방하는 더 나은 방법을 찾기 위해 우리 승가(불교 공동체)와 함께 깊은 성찰을 열심히 행할 것이다.(Nhat Hanh 1998: 21)

선불교 법사 로버트 에이트킨(Robert Aitken, 1917-2010)과 넬슨 포스터(Nelson Foster, 1951-)는 1978년 불교 평화 우의회(Buddhist Peace Fellowship)을 설립하는 데 중요한 역할을 했다. 선불교 법사 버니 글래스먼(Bernie Glassman, 1939-)은 폭력의 현장(아우슈비츠Auschwitz 포함)에서 '증인'으로 참여해 오고 있는 평화중재자 승단(Zen Peacemaker Order)을 설립했고, 팔레스타인과 이스라엘 사이에 평화로운 공존을 촉진하기 위한 프로젝트를 조직했으며 비폭력 훈련을 제시했다. 글래스먼은 다음과 같은 네 가지 서약으로 계율을 강화했다: '나는 다음 사항을 서약합니다: 1. 생명 존중; 2. 지속 가능한 공정한 경제; 3. 모두를 위한 평등한 권리; 4. 지구의 관리'(평화중재자 승단 규칙).

여성이 직면한 과제

여성에 대해서 지배적인 유교적 견해와 동아시아의 다른 요인들에 영향을 받은 선불교는 일반적으로 여성을 폄하하고 종속시켰다. 임제 선종 선사 반케이盤珪永琢(1622-1693)는 구어체 설법에서 '여자는 아주 사소한 일에도 쉽게 화를 내고 망상을 일으킨다'라고 말했다.(Haskel 1984: 55) 맹안장에서 스즈키 쇼산은 다음과 같이 쓴다:

> 여성은 … 다른 여자에게 집착한다. 자신에 대한 집착이 깊고 악의적이며, 그리고 시기심이 많다. … 여자의 본성은, 이제, 깊이 뒤틀려 있다. 여자의 욕심은 엄청나고, 이기심은 뿌리 깊고, 여자는 옳고 그름을 알 때까지 미혹에 빠진다. 말은 교활하고 마음은 얄팍하다. 여자에게 굴복할 때 당신이 하는 일은 환생의 업보로 돌아간다. 당신이 여자를 반대하면 그 여자는 당신의 철천지원수가 될 것이다. 어쨌든 여자는 한심할 정도로 무지하다는 점을 알아라.(Tyler 1977: 46-47)

많은 조동종 선 사상가들은 여성을 월경과 출산 시의 피 때문에 오염되었고 오염시키는 것으로 여겼다. 그리고 선승들이 의식儀式으로 개입하지 않으면, 업보로 인해 피의 웅덩이 지옥에 떨어질 운명이라고 생각했다.(Williams 2005: 50-53)

여성에 대한 선불교의 견해는 서양에서 바뀌었다. 많은 저명한 선불교 법사들이 여성이다. 최근 북미의 여성들은 과거 여성 선불교

인물들의 새로운 계보 목록을 만들었는데, 이 문서는 여성 수행자가 수계를 받을 때 사용됐다.(Fowles 2014) 지난 10년간 선불교 기관 내의 성희롱과 성적 학대 사례는 마땅히 받아야 할 관심과 대응을 받았다. 사원과 명상 센터에서는 교사의 올바른 행동과 불만 처리 절차에 대한 지침을 공식화했다. 한 선불교 공동체에서 있었던 여성들 학대 보고에 대한 대응으로 한 무리의 선불교 법사들이 2012년 11월에 증인 평의회를 결성하여 관련자들의 증언을 듣고 요약 보고서를 작성했다. 2015년 1월 북미에서 92명의 선 법사들이 '학대에 맞서는 공개서한'에 서명했다.

환경 문제

서구 선불교는 기후변화와 기타 환경 문제에 다양한 방식으로 대응해 왔다. 50년 이상 동안 개리 스나이더Gary Snyder[26]는 환경 문제에 대한 이러한 관심의 선구자였다. 샌프란시스코 그린 걸취 팜 선 센터(Green Gulch Farm Zen Center)[27], 캣스킬에 있는 선 마운틴 사원(Zen Mountain Monastery)[28], 그리고 남부 캘리포니아에 있는 선 마운틴

26 역주: 1930-, 미국의 사상가, 시인, 환경 운동가, 시 부분 퓰리처상 수상(중국 고전 영역).

27 역주: 일본 조동종 선사 스즈키 순류鈴木 俊隆가 캘리포니아 뮤어 비치에 창건한 선원, 일명 창룡사蒼龍寺.

28 역주: 1980년 존 대이도 루리John Daido Loori가 뉴욕주 캣스킬Catskill 산에 세운 사찰. 일명 도심사道心寺.

사원(Zen Mountain Monastery)과 같은 선불교 기관들은 스스로를 녹색 공동체로 만들기 위한 조치를 취했다. 존 대이도 루리John Daidō Loori는 선 마운틴 사원에서 '선 환경 연구소(Zen Environmental Studies Institute)'를 시작했다. 선 불교도들은 또한 '로체스터의 선 센터(Zen Center of Rochester)'에서 '지구 살리기 의식'을 거행하거나, 넬슨 포스터Nelson Foster가 이끄는 '링 오브 본 젠도Ring of Bone Zendo 배낭 안거(산과 강 접심接心)', 그린 걸취 팜Green Gulch Farm 선 센터의 정원 안에서 죽은 식물과 동물을 위한 위령제, 그리고 틱낫한 스님이 이끄는 환경 운동가를 위한 안거 등을 포함한 새로운 수행 형태를 만들었다.(Kraft 1994)

2015년 5월에 많은 선 법사들이 최초로 백악관을 방문한 불교 사절단에 참여했는데, 거기서 선불교 사상가 데이비드 로이(David Loy: 일본 선종 삼보교단三寶敎團의 법사)와 다른 새로운 그룹 '생태 불교'가 포함된 그룹이 만든 '기후변화에 대한 불교인 선언'을 발표했다. 2015년 파리 기후 회의를 몇 달 앞두고 틱낫한 스님의 추종자들이 '세계 지도자들에게 보내는 불교도의 기후변화 선언문'에 불교 지도자들이 서명하도록 하는 데에 중요한 역할을 했다.

크리스토퍼 리드Christopher Reed(Reed 1990: 235)가 공식화한 환경 수칙과 '상즉종'의 '마음챙김 수행'에서 알 수 있듯이 선불교도 또한 계율을 생태학적 방향으로 옮겼다. 상즉종 승단의 열한 번째 지침은, '우리의 환경과 사회에 엄청난 폭력과 불의가 행해지고 있다는 것을 인지하고, 우리는 인간과 자연에 해로운 직업을 가지고 살지 않겠다고 서약한다.' 그리고 열셋째 지침은, '착취, 사회적 불의, 도둑질, 억압으로 인한 고통을 인지하고, 우리는 자비를 함양하고 사람, 동물, 식물, 광물의 복지를 위해 일하는 방법을 배울 것을 서약한다'라고 되어 있다.(Nhat Hanh 1998: 20-21) 틱낫한 스님은 '지구 게송'을 지었는데, 그중 하나는 다음과 같다:

이 음식 접시에서,
나는 온 우주를 본다.
나의 존재를 지지하는.(1990b: 195)

선불교도들은 또한 단행본, 선집, 저널과 대중적인 불교 출판물 기사를 통해 환경 문제에 대해 광범위하게 저술하고 있다. 선불교의 이런 '녹화綠化'에서 선불교도들은 경전, 교리, 윤리적 가치, 의식 관행 등의 일련의 출처를 활용한다. 예를 들어, 선불교 사상가들은 종종 명상이 얼마나 사람과 자연이 더 깊이 연결되어 둘이 아니라는 불이不二적 경험 방식을 생성하는지, 더 나아가 자연을 소중히 여기고 더 많이 보호하도록 이끄는지 찬양한다. 더그 코디가Doug Codiga는 '숙련된 선 수행자는 모든 현상과 함께 정체성을 깨닫기 위해 노력할 것이다'라고 썼다.(108) 그리고 틱낫한 스님은 '우리는 우리의 진정한 자아가 될 수 있어야 합니다. 이 말은 우리는 강이 될 수 있어야 하고 숲이 될 수 있어야 함을 뜻합니다. … 이것은 불이적 방식으로 보는 시각입니다'라고 주장했다.(1990a: 68-69) 선 환경론자들은 종종 도겐의 정법안장正法眼藏의 몇 가지 소책자 산수경山水經, 그리고 계성산색谿聲山色 (계곡의 소리, 산의 형태) 등을 활용한다. 그들은 또한 중국 은자 시인 한산寒山[29]과 일본 은자 시인 료칸良寬[30]에서 영감을 얻기 위해 의지한다.

그렇지만 그들의 분석과 주장에 논란이 없는 것은 아니다. 예를 들면, 비평가들은 역사적 불교 교리와 수행은 이런 선불교 작가들이 쓴 것처럼 생태학적이 아니라고 주장한다. 이 작가들은 그들의 선 수행의 첫 번째 순위로 가져온 환경윤리를 지지하기 위해 불교 자료를 선택적으로 조사함으로써 자기-본위-해석(eisegesis) 행위에 몰두했거나, 아니면 단순히 그들이 기후 위기와 같은 문제에 적용할 때 이러한 출처를 왜곡하고 있다는 것이다.(Ives 2009a 및 2016)

사회 참여 선불교도들은 빈곤, 인종차별, 기업-권력(Loy 2003: ch. 4, and Ives 2005b), 그리고 여타 문제들에 대해서도 언급하고 있다. 그리고 이러한 문제에 대한 대체로 진보적인 선불교 윤리 접근 방식이 향후 수십 년 동안 영향력을 행사할지는 두고 봐야 할 것이다. 모든 전통과 마찬가지로, 선禪은 수 세기에 걸쳐 문화에서 문화로 변화해 왔으며, 아마도 선불교 사상가들은 다가올 세기에도 계속해서 새로운 윤리적 입장을 표명할 것이다.

인용 문헌

Abe M. (1981) Hisamatsu Shin'ichi, 1889-1980. *The Eastern Buddhist*, 14 (1), 142-149.

29 역주: 9세기, 생몰 미상, 불교와 도교 도인.

30 역주: 良寬大愚, 1758-1831, 조동종 선승.

Abe M. (1991) Kenotic God and dynamic sunyata. In: J. B. Cobb, Jr and C. Ives (eds), *The emptying God: a Buddhist-Jewish-Christian conversation*. Maryknoll, NY: Orbis Books, 3-65.

Araki K. (1993) *Bukkyō to jukyō (Buddhism and Confucianism)*. Tokyo: Kenbun Shuppan.

Baker, R. (1993) Notes on the practice and territory of the precepts. In: T. Nhat Hanh (ed.), *For a future to be possible: commentaries on the five wonderful precepts*. Berkeley: Parallax Press.

Bodiford, W. M. (1993) *Sōtō Zen in medieval Japan*. Honolulu: University of Hawai'i Press.

Bodiford, W. M. (2005) Bodhidharma's precepts in Japan. In: W. M. Bodiford (ed.), *Going forth: visions of Buddhist vinaya*. Honolulu: University of Hawai'i Press, 185-209.

Broughton, J. (1999) *The Bodhidharma anthology: the earliest records of Zen*. Berkeley: University of California Press.

De Silva, P. (1990) Buddhist environmental ethics. In: A. H. Badiner (ed.), *Dharma Gaia: a harvest of essays in Buddhism and ecology*. Berkeley: Parallax Press, 14-19.

Eisai (2005) A treatise on letting Zen flourish to protect the state. Translated by G. Tokiwa. In: J. R. McRae et al. (eds). *Zen texts. Berkeley: Numata Center for Buddhist Translation and Research*, 45-240.Ethics in Zen 243

Faure, B. (1998) *The red thread: Buddhist approaches to sexuality*. Princeton: Princeton University Press.

Fowles, M. (2014) Roused from a dream: restoring Zen's female lineage. Tricycle (Summer), n.p. Available from: https://tricycle.org/magazine/roused-dream/ 〔accessed 18 January 2016〕.

Gregory, P. N. (ed.) (1987) *Sudden and gradual: approaches to enlightenment in Chinese thought*. Honolulu: University of Hawai'i Press.

Haskel, P. (trans.) (1984) *Bankei Zen: translations from the record of Bankei*.

New York: Grove Press.

Heine, S. (2005) Dōgen and the precepts, revisited. In: D. Keown (ed.), *Buddhist studies from India to America: essays in honor of Charles S, Prebish*. London: RoutledgeCurzon, 11-31.

Heine, S. (2008) *Zen skin, Zen marrow: will the real Zen Buddhism please stand up?* New York: Oxford University Press.

Hubbard, J. (1997) Topophobia. In: J. Hubbard and P. L. Swanson (eds.), *Pruning the bodhi tree: the storm over Critical Buddhism*. Honolulu: University of Hawai'i Press, 81-112.

Hubbard, J., and Swanson, P. L. (eds) (1997) *Pruning the bodhi tree: the storm over Critical Buddhism*. Honolulu: University of Hawai'i Press.

Ichikawa H. (1970) The problem of Buddhist socialism in Japan. *Japanese religions*, 6 (3) (August), 15-37.

Ichikawa H. (1993) *Ichikawa Hakugen chosaku-shū* (The collected works of Ichikawa Hakugen). 4 volumes. Kyoto: Hōzōkan.

Ives, C. (1992) *Zen awakening and society*. London and Honolulu: Macmillan/University of Hawai'i Press.

Ives, C. (1992) (2005a) Japanese love of nature. In: B. R. Taylor (ed.), *The encyclopedia of religion and nature*, volume 1. New York: Thoemmes Continuum, 899-900.

Ives, C. (2005b) Liberation from economic dukkha: a Buddhist critique of the gospels of growth and globalization in dialogue with John Cobb. In: C. Cornille and G. Willis (eds), *The world market and interreligious dialogue*. Eugene, OR: Cascade Books, 107-127.

Ives, C. (2009a) In search of a green dharma: philosophical issues in Buddhist environmental ethics. In: C. Prebish and J. Powers (eds), *Destroying Mara forever: Buddhist ethics essays in honor of Damien Keown*. Ithaca, NY: Snow Lion Publications, 165-186.

Ives, C. (2009b) *Imperial-way Zen: Ichikawa Hakugen's critique and lingering questions for Buddhist ethics*. Honolulu: University of Hawai'i Press.

Ives, C. (2016) A mixed dharmic bag: current debates about Buddhism and ecology. In: W. Jenkins and M. E. Tucker (eds), *Routledge handbook of religion and ecology*. New York: Routledge, 43-51.

Kim, H.-J. (1987) *Dōgen Kigen, mystical realist*. Tucson, AZ: University of Arizona Press.

Kraft, K. (1994) The greening of Buddhist practice. *Crosscurrents* 44 (2), 163-179.

Leighton, T. D. (trans.) (1995) *Dōgen's pure standards for the Zen community: a translation of Eihei Shingi*. Albany, NY: State University of New York Press.

Loori, J. D. (2002) *The eight gates of Zen: a program of Zen training*. Boston: Shambhala.

Low, A. (1988) Master Hakuin's gateway to freedom. In: K. Kraft (ed.), *Zen: tradition and transition*. New York: Grove Press, 88-104.

Loy, D. R. (2003) *The great awakening: a Buddhist social theory*. Boston: Wisdom.

Masunaga R. (trans.) (1978) *A primer of Sōtō Zen: a translation of Dōgen's Shōbōgenzō Zuimonki*. Honolulu: University of Hawai'i Press.

Morinaga S. (ed.) (1987) *Zenkai ichiran* (One wave on the Zen sea). Tokyo: Hakujusha.

Nhat Hanh, T. (1990a) *Being peace*. Berkeley: Parallax Press.244 Christopher Ives

Nhat Hanh, T. (1990b) Earth gathas. In: A. H. Badiner (ed.), *Dharma Gaia: a harvest of essays in Buddhism and ecology*. Berkeley: Parallax Press, 195-196.

Nhat Hanh, T. (1993) Introduction. In: T. Nhat Hanh (ed.), *For a future to be possible: commentaries on the five wonderful precepts*. Berkeley: Parallax Press, 1-4.

Nhat Hanh, T. (1998) *Interbeing: fourteen guidelines for engaged Buddhism*.

3rd edition. Berkeley: Parallax Press.

Poceski, M. (2006) Guishan jingce (Guishan's admonitions) and the ethical foundations of Chan practice. In: S. Heine and D. S. Wright (eds), *Zen classics: formative texts in the history of Zen Buddhism*. New York: Oxford University Press, 15–42.

Reed, C. (1990) Down to earth. In: A. H. Badiner (ed.), *Dharma Gaia: a harvest of essays in Buddhism and ecology*. Berkeley: Parallax Press, 233–235.

Sasaki, R. F. (trans.) (1975) The record of Lin-chi. Kyoto: Institute for Zen Studies.

Shaw, R. D. M. (trans.) (1963) *The embossed tea kettle: Orate Gama and other works of Hakuin Zenji, the Zen reformer of the eighteenth century in Japan*. London: George Allen & Allen.

Shields, J. M. (2011) *Critical Buddhism: engaging with modern Japanese Buddhist thought*. Richmond, UK: Ashgate.

Tyler, R. (trans.) (1977) *Selected writings of Suzuki Shōsan*. Cornell University East Asia Papers, 13. Ithaca, NY: Cornell China-Japan Program.

Victoria, B. (2003) *Zen war stories*. New York: RoutledgeCurzon.

Victoria, B. (2006) *Zen at war*. 2nd edition. Lanham, MD: Rowman & Littlefield.

Watson, B. (trans.) (1993 *The Lotus Sutra*. New York: Columbia University Press.

Welter, A. (1999) Eisai's promotion of Zen for the protection of the country. In: G. J. Tanabe, Jr (ed.), *Religions of Japan in practice*. Princeton: Princeton University Press, 63–70.

Welter, A. (2006) Zen Buddhism as the ideology of the Japanese state: Eisai and the Kōzen gokokuron. In: S. Heine and D. S. Wright (eds), *Zen classics: formative texts in the history of Zen Buddhism*. New York: Oxford University Press, 65–112.

Welter, A. (2008) Buddhist rituals for protecting the country in medieval Japan: Myōan Eisai's 'Regulations of the Zen School'. In: S. Heine and D. S. Wright (eds), *Zen ritual: studies of Zen Buddhist theory in practice*. New York: Oxford University Press, 113-138.

Williams, D. (2005) *The other side of Zen: a social history of Sōtō Zen Buddhism in Tokugawa Japan*. Princeton: Princeton University Press.

Williams, P. (1989) *Mahāyāna Buddhism: the doctrinal foundations*. New York: Routledge.

Wilson, W. S. (trans.) (1986) *The unfettered mind: writing of the Zen master to the sword master*. New York: Kodansha International.

Yokoi Y., and Victoria, D. (trans.) (1976) *Zen master Dōgen: an introduction with selected writings*. New York: Weatherhill.

Yampolsky, P. B. (trans.) (1971) *The Zen master Hakuin: selected writings*. New York: Columbia University Press.

ZPO Rule (n.d.) Available from: http://zenpeacemakers.org/zpo-rule/ [accessed 30
December 2015].

추천 도서

Bodiford, W. M. (2005) Bodhidharma's precepts in Japan. In: W. M. Bodiford (ed.), *Going forth: visions of Buddhist vinaya*. Honolulu: University of Hawai'i Press, 185-209.

Bodiford, W. M. (1993) *Sōtō Zen in medieval Japan*. Honolulu: University of Hawai'i Press. Ethics in Zen 245

Heine, S. (2005) Dōgen and the precepts, revisited. In: D. Keown (ed.), *Buddhist studies from India to America: essays in honor of Charles S. Prebish*. London: RoutledgeCurzon, 11-31.

Heine, S. (2008) *Zen skin, Zen marrow: will the real Zen Buddhism please stand up?* New York: Oxford University Press.

Ives, C. (2009) *Imperial-way Zen: Ichikawa Hakugen's critique and lingering questions for Buddhist ethics*. Honolulu: University of Hawai'i Press.

Leighton, T. D. (trans.) (1995) *Dōgen's pure standards for the Zen community: a translation of Eihei Shingi*. Albany, NY: State University of New York Press.

Nhat Hanh, T. (ed.) (1993) *For a future to be possible: commentaries on the five wonderful precepts*. Berkeley: Parallax Press, 1–4.

Welter, A. (2006) Zen Buddhism as the ideology of the Japanese state: Eisai and the Kōzen gokokuron. In: S. Heine and D. S. Wright (eds), *Zen classics: formative texts in the history of Zen Buddhism*. New York: Oxford University Press, 65–112.

제12장 탄트라 윤리

가레스 스파험Gareth Sparham

탄트라 불교 도덕률이란 무엇인가?

탄트라 불교 도덕률에 대한 논의는 처음부터 출처의 확인이 필요하다. 기독교, 유교, 또는 이슬람의 도덕률에서처럼 일반화된 체계의 의미로서 출처가 발견되어야 하는데, 사실 그 출처가 발견될 수 있다면, 그것은 주로 10세기 후반과 11세기 초기 인도 불교의 탄트라 문헌에서일 것이다. 탄트라 불교 신앙을 가진 인도인, 부탄인, 네팔인 또는 티베트인의 생활 공동체의 풍습이나 관행을 연구함으로써 얻을 수 있는 귀중한 지식이 있다는 것, 그리고 과거의 공동체 삶의 잔류물, 그들의 묘비, 건축물 등을 선별하여 얻을 수 있는 다양한 지식이 있다는 것은 맞다. 그러나 비록 그러한 조사가 필요하다고 할지라도, 맥스 니홈Max Nihom(1994: 9)이 다소 신랄하게 지적했듯이, 특히 탄트라의 연구에 관해서라면, 고급 텍스트에서 모은 다소 덜 엄격한 지식과 대조되는, '실물 교재(realia)'에서 조심스럽게 걸러낸 것에서 이론적으로 특권화된 (더 과학적인 해석) 지식을 기대하는 것은 환상이다.

> 불교든 힌두교든, 실물 교재에 대한 현재의 관심은 대중문화에 관한 학문적 연구의 높은 지위의 반영에 불과하다. … 보편적으로 중요한 것은 고급문화 또는 엘리트주의 문화의 정의定義 구획에 속하는 어떤 것으로 이루어지는 것이고, 실물 교재의 중요성은 오직 실물 교재가 언급하는 보편성의 인지가 이루어진 후에야 인식될 수 있다.

뚜렷한 탄트라 도덕률을 체계화한 10세기 후반과 11세기 초기의 인도와 티베트 탄트라 불교 텍스트들은 개인행동을 통제하는 방법(즉 무엇을 하고, 어떻게 말하며, 어떻게 생각하는지)에 관한 지침으로 구성되었는데, 평범한 싯디(siddhis, 성취)와 비범한 싯디[1]가 돌아가는 축으로서 되어 있다. 싯디를 묶는 바깥 테두리는 삼매(samādhi: 정신적 몰입의 깊은 요가 상태)다. 싯디의 바퀴살은 비-개념적 지식인 대승 보리심菩提心(bodhicitta), 그리고 특별한 행복감이다. 평범한 싯디에는 왕과 같은 사람들이 사용하는 활동이 포함된다.(예: '다르마의 적'을 물리치거나, 적시에 내리는 비를 막거나 전염병을 일으킬 수 있는 초인적인 존재를 진정시키

1 역주: 명상과 같은 수행을 통해 얻는 부양, 염력, 심령 및 샤먼 능력 등과 같은 현대 과학으로 설명되지 않는 특수 능력을 포함한 성취.

는 마법의 주문과 같은) 모든 평범한 싯디는 비범한 싯디—깨달음 또는 보리菩提—에 포함되는데, 즉 주로 남들에게 불교의 해탈 교리를 가르침으로써 그들에게 이익을 줄 수 있는 가장 좋은 수레(수단)를 제공하는 고귀한 개인적 지위다.

탄트라 불교 도덕률은 시대를 초월한 법은 아니다. 그리고 비록 그것이 자연에 따르기는 하지만, 아래에 설명된 것처럼, 도덕률을 범하는 것이 창조신의 의지나 말에 어긋나는 것은 아니다. 오히려 탄트라 불교의 도덕률은 미셸 푸코Michel Foucault가 (그리스 및 라틴) 고전문학에서 발견한 그리스 도덕과 유사한 도덕 심리학을 설명하고 있다. 고대 그리스인들이 윤리적 자아의 구조에 관심을 가졌다는 푸코의 관찰은 탄트라 불교에도 똑같이 적용된다.

> 그리스 철학이 시기상조로 권고한 성적 금욕은 역사적으로 잇따라 일어난 다양한 형태의 억압에 관한 법의 무한성에 뿌리를 두고 있지 않다. 그것은 규율의 역사라기보다 도덕적 경험의 변형을 이해하는 데 더 결정적인 역사에 속한다: 개인이 윤리 행위의 주체로 자신을 만들 수 있게 하는 자아와의 관계 형태의 정교화로 이해되는 윤리의 역사이다.(1986: 251)

그렇다면 탄트라 불교 도덕률은 어떤 사람이 자신을 끊임없이 더 높은 행위, 즉 정신적 엘리트의 노블레스 오블리주를 위해 개조해야 할 필요가 있다는 점을 전제로 한다. 대중 속에서 용서되는 것은, 통치자 또는 정신적 엘리트에게는 마땅히 경멸의 대상이 되는 것이다.

그것은 '오직 엘리트 수행자들을 위한' 도덕이다.(Wedemeyer 2013: 152)

탄트라 불교의 체계적 도덕률

체계적인 탄트라 불교 도덕률을 제시하는 후기 주석의 주요 출처는 금강정탄트라(Vajraśekhara-tantra)이다.[2] 스티븐 바인스버거Steven Weinberger(2003: 96-98, 102, 204)에 따르면, 이 텍스트는 중국에 탄트라 불교를 전파한 중요한 인물인 아모가바즈라Amoghavajra[3]와 연관된 금강정경金剛頂經(Vajroṣṇiṣa)이라고 불리는 18개의 텍스트 그룹 중에서 두 개의 개별 텍스트로 구성된 단일 작업이다. 이 두 텍스트, 또는 이 텍스트들의 초기 버전이 오늘날 우리가 가지고 있는 금강정경으로 편집된 시기는 명확하지 않지만 아마도 8세기 초에서 8세기 후반일 가능성이 있다. 바인스버거는 다음과 같이 쓴다(2003: 205):

> … 금강정경은 밀교적 서원과 서약에 대한 광범위한 표현을 포함하고 있기에 인도 탄트라 불교 발전의 중요한 랜드마크를 나타낸다. … (그것의) 표현은 그 깊이뿐만 아니라, 개별적인

---

2 gyur로 더 잘 알려진 Sde dge(D 482) 판에서 이 텍스트의 이름은 gsang ba rnal byor chen po'i rgyud rdo rje rtse mo(vajraśekharamāhaguhyayogatantra)이다.

3 역주: 불공不空(705-774), 우즈베키스탄 사마르칸트에서 인도 상인의 아들로 출생, 부친 별세 후 10세 때 당나라로 간다. 금강정경을 포함 수많은 경전을 한역.

각 붓다 가족에게 요구하는 활동과 금지된 활동에 대한 설명이 탄트라 불교 자체에서 발견되는 최초의 유형일 것이기에 주목할 만하기 때문이다.

현존하는 산스크리트어 판본 상푸타–금강정경(Saṃpuṭa-Vajraśekhara[4]: 10세기 중반에 작성된; Szántó 2012: 50)에서 가져온 것으로 보이는 한 구절은, 수행자의 오온五蘊의 하나하나가 붓다로 변한 다섯 붓다에게 하는 일련의 삼매야계三昧耶戒(samaya)[5]를 나타낸다. 비슷한 구절이 불정존승다라니경佛頂尊勝陀羅尼經 (Sarvadurgatipariśodhana Tantra)[6]에서도 발견된다.

변화된 오온과 관련된 다섯 가지 삼매야계 세트는 평범한 몸과 말과 생각을 근본금강정경根本金剛頂經(Tattvasaṃgraha-tantra: 금강정경(Vajraśekhara)의 뿌리 경전)에 있는 다른 만다라 (maṇḍalas)의 신들의 몸과 말과 생각으로 바꾸는 일에 충실하겠다는 서약이다. 함께 행하는 삼매야계들은 본존요가本尊瑜伽(devatayoga)[7]의 특정 수행에 대한 단순한 규칙을 초월하는 원시 체계적 도덕률을 형성한다.

상푸타Saṃpuṭa에서 발견된 금강정탄트라(Vajraśekharatantra: 현존하는 산스크리트어 버전의 금강정탄트라 자체는 없다)에 있는 관련 구절에

---

4 도쿄 대학 온라인에서 볼 수 있다. 2016년 1월 접속. http://picservice에서 New 427, Old 324 at http://picservice.ioc.u-tokyo.ac.jp/03_150219~UT-library_sanskrit_ms/MF14_52_003~ MF14_52_003/?pageId=001

5 역주: 밀교에서 전교관정傳敎灌頂(abhiṣeka) 직전에 받는 서원 또는 계.

6 역주: Tattvasaṃgraha Tantra 또는 Uṣṇīṣa Vijaya Dhāraṇī Sūtra의 다른 이름.

7 역주: deity yoga; 천신요가로도 번역.

서 처음에 삼매야계가 사다나(sādhana: 성취의 방편)라고 말한다. 크리스찬 웨드메이어Christian Wedemeyer(2013: 174)는, 옐 벤터Yael Bentor를 따라서, '사다나의 구조가 수계의식을 포함한 모든 탄트라 의식의 의례적 양식을 구성한다'라고 본다. 모든 탄트라 의식은 '사다나의 가장 중요하고 일차적인 의식 패턴에 기초할 뿐만 아니라 실제로 그 안에 내포되어 있다.' 토마스 얀날Thomas Yarnall(2013: 78-84, 201)은 총가파Tsongkhapa[8]의 15세기 초기 작품에 따라서 사다나에서 의식이 일어나는 곳을 보여준다.

다음은 상푸타-금강정탄트라에서 관련 구절을 요약하고 번역한 것이다. 탄트라 수행자(mantrin)는 처음으로 신의 거주지에 들어갔을 때, 문자 A를 시각화한다. 거기에다 달, 그리고 달 위에 오고저五鈷杵[9]를 시각화한다. 그런 다음, 예불과 절을 하며 수행자는 붓다와 보살에게 예식으로, '저에게 주의를 기울여 주십시오(samanvāharantu mām)'라고 말한다. 청원하는 사람은 자기 이름을 아뢰고 다음과 같이 말씀드린다; '삼세불三世佛(nātha)께서 중생을 변함없이 걱정하시는 것과 똑같이, 제가 깨달음을 성취할 때까지 저도 보리심의 동기를 함양하겠습니다.'

이 의식에 따라 사다카(sādhaka: 탄트라 수행자)는 다섯 붓다 각각에 특정한 삼매야계三昧耶戒(samaya)에 따라 서원을 한다. 이 붓다들은 평범한 사람의 오온五蘊(five skandhas)의 화신을 나타낸다. 첫 번째

8 역주: 1357-1419, 종객파宗喀巴, 티베트 불교 승려, 철학자.

9 역주: 다섯 가닥 금강저金剛杵(vajra), 승려들이 불도를 닦을 때 쓰는 도구인 방망이.

서원은 붓다의 수행으로부터 태어난 물리적 법신 비로자나불毘盧遮那佛(Vairocana, samvaraṃ buddhayoga jam)에게 한다. 수행자는 비로자나불과 관련된 일련의 삼매야계의 첫 번째 서원 '저는 보살의 삼중 수행계(trividhāṃ śīlaśikṣāṃ)를 지키겠습니다. 저는 불, 법, 승 삼보를 굳게 지키겠습니다.'라고 말한다. 이것은 일반적으로 불교에 대한 충성 서약을 구성하는데(Szántó 2012: 33), 이후에 사다카(수행자)는 보살지지경菩薩地持經(Bodhisattvabhūmi)의 세 가지 범주의 도덕률에 서원한다.(아래에서 더 자세히 설명됨)

아촉불阿閦佛(Akṣobhya, mahābuddhakūlodbhave)은 식온識蘊 (viňňāṇa, 의식)의 화신이다. 수행자는 아촉불과 관련된 두 번째 서원을 '저는 금강저(vajra), 종鐘, 수인手印(mudrā)을 굳게 지키겠습니다'라고 말한다. 금강저는 방편(upāya)의 상징이며, 종은 지혜(prajñā)의 상징이다. 이 둘을 하나로 통합하는 것이 수인이다. 수인의 두 번째 의미는 이 통합과 동시에 태어난 큰 행복을 의미한다.

보생불寶生佛(Great Ratna, sambhava)은 수온受蘊(vedanā, 느낌)의 화신이다. 서원은 '하루에 여섯 번씩 네 가지 보시를 하겠습니다'이다. 네 가지는 물질적 보시, 위험으로부터의 해방, 붓다의 가르침, 보시를 하는 사람과 받는 사람이라는 개념으로부터 해방이라는 보시다.

위대한 연화蓮花 가족[10]인 아미타불阿彌陀佛(Amitābha)은 상온想蘊(saṃjñā: 지각, 명호)의 화신이다. 서원은 다르마(Dharma)에게 한다. 이것은 무한한 계시, 또는 무수한 탄트라로 끝날 수 있다. 이것은

10 역주: 금강승(밀교)에서의 오방불五方佛을 뜻함, 즉 비로자나불, 아미타불, 아촉불, 보생불, 아미타불, 불공성취불.

(믿는다는 의미에서) 외법(비-불교, 또는 적어도 비-밀교적)의 비밀스러운 다르마(밀교)와 삼승三乘 (bāhyaguḍkatriyānika)을 지키겠다는 서원이다. 반야바라밀다(Prajñāpāramitā) 문헌에서는 삼승은 성문승聲聞乘(śrāvakas), 연각승緣覺乘(bāhyaguḍkatriyānika), 보살승菩薩乘(bodhi-sattvas)이다. 이것은 비-탄트라 대승의 기초 또는 더 오래된 불교 경전의 차용이다. 즉 아비삼디(abhisamdhi)[11]와 아비프라야(abhipra-ya[12]: 즉 액면 그대로 받아들이든 그렇지 않든, 화자의 말 뒤에 숨은 실제 의도를 가지고 특정한 사람, 시대, 상황에 대한 경전의 분류)와 네야르타(neyārtha)[13] 및 니타르타(nitārtha)[14]: 해석이 필요한 것과 명시적인 것) 해석학을 통한 경전이다.

여기에서 나는 탄트라를 알리는 원칙으로서의 가현설假現說[15]에 대한 더 자세한 논의는 제쳐두겠다. 탄트라 불교의 맥락에서 그러한 논의는 하느님 아들의 고통이 실제적인 진짜 고통인지 아니면 보는 사람에게 이익을 주기 위한 환영의 시현인지에 관한 것이 아니고, 붓다의 화신(kāya)이 진짜인지 아닌지가 될 것이기 때문이다. 금강정경에서 아미타불의 삼매야계(본질에서 지배적 연설)는, 모든 다양한 불교의 가르침(그리고 심지어 비-불교적 가르침일지라도)을 신성하고

11 역주: 네 가지 숨겨진 의도.

12 역주: 네 가지 특별한 의도.

13 역주: 임시로 해석되는 뜻.

14 역주: 명백한 뜻.

15 역주: docetism, 그리스도 가현설, 지상의 그리스도는 천상의 영적 실재자實在者로서의 그리스도의 환영이라는 2세기경의 설.

똑같이 중요한 것으로 유지하겠다는 약속으로서, 가르침과 의미의 교리를 전제로 하며, 그 교리 자체로는 진리를 전달하지 않고, 단지 그것을 보거나 듣는 사람들과 그들의 이익을 위해 맞추어진 이타적인 세계로 나타난 가르침과 의미를 상정한 서원이라고 말하는 것으로 충분하다.

다섯 번째 불공성취불不空成就佛(Amoghasiddhi Buddha)은 행온行蘊(saṃskāra, 의지)의 화신이다. 다른 네 가지 스칸다가 어떤 형태로든 행위를 통합하는 한, 다른 네 가지 스칸다 모두가 이 의지 스칸다의 세부 사항이 되는 것이 일반적으로 여겨진다. 불공성취불에 대한 서원은 모든 강령을 다 지키겠다는 것이다. 이에 더하여, 수행자는 가능한 한 많이 푸자(pūjā)[16]를 하겠다고 서원하는데, 특히 이것은 개별 천신(devatā; Tib. yi dam)의 특정한 사다나(sādhana: 성취의 방편), 즉 천신(붓다)의 형상으로 될 자기 자신에 대한 예불을 포함한다. 따라서 최종 삼매야계는 본존요가에 한다.

보살의 도덕률

10세기의 마지막 무렵에 쓰인 체계적인 탄트라 불교 도덕률을 제시하는 텍스트는 비나야(Vinaya)와 보살지지경에서 제시된 도덕 강령 너머에 있는 금강정경에 있는 도덕 강령이다. 그래도 본질에서 그것은 아래에 설명된 본존요가에 대한 서원과 함께 보살지지경에서 제시한

16 역주: 예배, 명예, 경의의 뜻인데, 신들에게 예배드림을 뜻한다.

도덕률이다. 이것은 보살의 도덕률을 비로자나불의 여섯 가지 삼매야계(다섯 삼매야계 세트 중 첫 번째를 함께 구성하는 여섯 가지) 가운데 세 가지로 통합한 것을 의미한다.

보살의 도덕률에 관해서는 내가 다른 곳에서 설명한 바와 같이(Sparham 2005), 먼저 보살은 심리적으로 활동적인 도덕적 기준을 가지고 있어야 한다.(푸코의 윤리적 자아 구축과 유사) 이 기준은 그 또는 그녀가 존경받는 다른 사람들에게서 구현된 이상을 가지고 있는 곳에서 운용된다. 그것은 당황의 긍정적 감정을 경험할 때 작동되는 브야파트라퍄(vyapatrāpya, Tib. khrel yod; 부끄러움, 당혹감)를 억제하거나 활성화하는 정신의 심소心所(caitta)를 전제한다. 사회적 수계의식(parataḥ samādāna)은 그러한 정신력을 키우는 데 필요한 복합적 요소이다: 더 정확히 말해서, 존경받는 이상적인 사람들에 의해 받아들여지고, 그들과 교유하면서 함양되는 것이다. 흐리(hrī; tib. ngo tshar; 자존심, 수치심, 참慚)라고 불리는 억제하거나 활성화하는 정신력은 수치심의 감정과 같은 경험이 있을 때 작동한다. 흐리hrī는 도덕적 기준을 자신의 가장 순수한 열망을 구현하는 자신만의 것을 요구한다.

이것만으로는 서원한 도덕률의 완전한 심리학을 구성하지 못한다. 이것은 의심할 여지가 없이 깨달음의 감동적인 경험(이른바 대승적 태도)을 구성하고 있지만, 수행修行이 이루어지는 모든 장소(śikṣāpada; 학처學處)와 상황에서 서약한 도덕률의 효과적인 작동을 설명하지는 않는다. 이를 위해서는 실패 후 '교정'하려는 욕구, 모든 사사건건의 상황에서 실패를 피하고자 하는 마음챙김(smṛti; 염念)을 동반한 윤리적 자아에 대한 찬탄(ādara; 찬탄, 존중, 배려) 등의 충동이 지속적으로 요구된다. 찬탄과 마음챙김 모두는 억제하거나 활성화하는 정신력이며 도덕적 행동을 구성하는 네 가지 정신력의 복합 요소이다.

보살지지경의 도덕률의 장은 도덕률에 대한 이러한 일반적인 설명을 세 가지 범주로 나눈다: 서원한 도덕률(saṃvaraśīla), 건전한 불법佛法을 축적하는 데 관련된 도덕률(kuśaladharmasaṃgrāhakaśīla), 중생을 돕는 일에 관련된 도덕률(sattvārthakriyāśīla)이다. 이들은 비로자나불의 세 가지(불, 법, 승에 대한 서원과 함께) 삼매야계(서원)이다.

첫 번째 범주는 초기불교에 자세히 설명된 도덕률, 즉 승가 공동체의 네 가지 부문인 비구bhikṣu, 비구니bhikṣuṇī, 우바새upāsaka, 우바이upāsikā의 행위에 대한 규범을 법전화한 것, 즉 비나야(Vinaya)다. 이 공동체 부문의 도덕률은 7개 또는 8개로 더 확장될 수 있다. 이것은 개인의 행위를 다스리기 위한, 특히 방종, 파렴치, 감각의 만족 추구로부터의 통제를 위한 일련의 규칙이나 법으로 성문화된, 서약된 도덕률이다. 보살의 도덕률 안의 이런 기본적 도덕률은 더 큰 이타적인 도덕 프로젝트의 일부로 재구축된다.

두 번째 범주에는 완전히 깨달은 존재를 구성하는 육체적, 정신적 특성(dharma, 법)의 개발에 대한 규칙이 포함된다. 여기에서의 육체적 특성은 단일한 언어 또는 물리적인 단일한 몸으로 제한되는 것이 아니고, 다르마에서 혜택을 얻는 사람들의 성향에 따라 무한한 형태로 변하는 무한한 몸으로 구성되며, 다르마를 듣고 싶어 하는 사람들을 위해 모든 언어로 된 완벽한 설법으로 구성된다. 마찬가지로 정신적 특성은 무한한 지식, 친절, 숙련된 방편이다. 이 모두는 목적(중생의 행복)을 위한 방편이다. 이 방편은 절대적인 것에 참여하지 않으며, 이타적 원리인 보리심(bodhicitta)이 지시하는 중생의 행복을 넘어서는 목적은 없다. 이 범주의 보살 도덕률은 특히 탄트라 불교의 도덕률을 분명히 예상하거나 이를 위한 여지를 남긴다.

세 번째 범주(Zimmermann 2013에 반하여)는 일반적인 이타주의를 성문화하는데, 이타적 행위는 이타적인 사람들이 자신을 개발하거나 '교육'하는 노력에만 국한하지 않고, 다른 사람들이 단지 원하기 때문에 남들이 원하는 것을 하고, 자기들도 필연적으로 도움을 받는 사람이 될 수 있다는 통찰을 반영한다. 아상가Asaṅga[17]의 보살지지경(Bodhisattvabhūmi)은 보살 도덕률이 '성숙한 중생'을 위한 것이라고 말한다. 즉 그들이 도덕과 실천에 대한 불교의 가르침을 받아들이도록 만드는 것이다. 이 세 번째 범주를 모든 이타적 행위를 법제화한다고 간주하는 것은 옳지 않다. 세 가지 범주 도덕률이 함께 이타적 도덕률 전체를 설명한다. 세 가지 범주 중 첫 번째를 대승 도덕률을 구체화한 서원 도덕률로서 해석하고, 다른 두 가지 도덕률들을 경건한 열망으로 해석하는 것도 옳지 않다.

덧붙이면, 18개의 무거운 위반(18중계) 및 46개의 가벼운 위반(48경계)에 대한 계율 조항이 있다. 보살들은 더 오래된 비나야 율법에서처럼 상세한 수계의식에서 서원하고, 중대한 위반은 보살 공동체로부터의 배척을 수반한다. 그러나 오래된 비나야와는 다르게, 이 배척이 일반적인 사회 영역에서 일어나지 않고, 위반자가 더는 보살들의

17 역주: 무착無著, 4세기 인도 승려, 그의 이복형제 바수반두(Vasubandhu, 世親, 316~396CE)와 함께 유식학파 창시자이다.

승가의 일원으로 여기지 않는, 극히 일부 사람들만 이해하는 진실(dharmatā)의 영역에서 일어난다.

탄트라 불교 도덕률

아쉬바고사Aśvaghoṣa[18]가 티베트어로 번역한 '금강승근본실패金剛乘根本失敗(vajrayā-namūlāpattisaṃgraha)'(요약본)는 산스크리트어본과(Lévi 1929: 266) 두 가지 티베트어 번역본이 현존하는데, 체계적인 탄트라 불교의 도덕률을 제시한다. 이것은 실패(āpattis: 실패, 몰락, 위반)의 틀로 담긴 14개 항목의 규약이다:

> 연꽃으로 장엄한 내 스승의 발에 완전한 경의로 절하며, 나는 탄트라에서 말하는 14개 근본 실패를 설명할 것이다. 금강총지金剛總持(Vajradhara)[19]께서는 싯디(siddhis)가 스승들에게서 흐른다고 말씀하셨다. 그러므로 첫 번째 근본 실패는 싯디의 폄하라고 일컬어진다. 두 번째 실패는 여래(Sugatas)의 명령을 어김에 있다고 한다. 오방불五方佛(Jinas)께서는 세 번째 실패는 화를 내서 바즈라(vajra) 친척들에게 잔인함을 드러내는 것이고, 네 번째는 중생 사랑을 포기하는 것이라고 하셨다. 다섯 번째는 다르마의 뿌리인 보리심을 포기하는 것이고, 여섯 번째는 자신이

18 역주: 일명 브하비데바Bhavideva, 한역 마명보살馬鳴菩薩, c.80-c.150CE, 설일체유부 혹은 대중부 불교학자, 시인, 사상가.

19 역주: 궁극적 태초의 붓다.

> 나 다른 사람의 교리 체계의 이론을 비난하는 것이며, 일곱 번째는 공개적으로 미성숙한 중생의 비밀에 대해 말하는 것이며, 여덟 번째는 본질적으로 다섯 붓다인 오온을 경멸하는 것이며, 아홉 번째는 다르마의 본질적인 청정함에 의문을 제기하는 것이다. 열 번째는 악인에게 계속 애착을 갖는 것이며[20], 열한 번째는 이름 없는 다르마에 대한 망상이고, 열두 번째는 믿음이 있는 중생의 마음을 상하게 하는 것이다. 열세 번째는 서원한 대로 행하지 않는 것이며, 열네 번째는 본질이 지혜로운 여성을 경멸하는 것이다.

14가지 주요 실패 외에도 8가지 사소한 위반(sthūlāpatti) 목록도 있다. 이 규약에 대한 짧은 인도 주석은 티베트어 번역본으로만 남아 있는데, 그 짧은 목록에 내용을 거의 추가하지 않았지만, 이 주석은 적어도 인도의 일부 지역에서는 탄트라 불교 도덕 규약이 특정한 본존 요가(deity yoga)에만 한정하지 않고 수용되고 있었음을 보여준다.

이 규약은 인도 북동부에서 10세기 후반에 처음 공식화되었는데, 티베트인과의 접촉이 이 규약의 공식화에 대한 촉매 역할을 했을

---

20 이것은 sde dge Zi179b2 gdug pa rtag tu byams ldan pa (snar thang Ru127b7-128a1 gdug la rtag tu byams sems ldan) / byed pa de ni bcu par 'dod라고 표현되어 있다. 산스크리티어 버전(duṣṭamaitrī sadātyājyā daśamī tatkṛtau matā)은 아마도 '친절함을 버린 사람들이 항상 배척당하는 것은 아니다. 열 번째는 그렇게 한 것으로 받아들여진다'라고 말하는 것으로 보인다.

것이다. 아티샤(Dīpaṃkaraśrījñāna Atiśa: 980년 인도 북동부에서 태어나서 1054년 티베트에서 열반, 근본적 실패에 대한 주석 중 하나를 저술함)가 티베트인들에게, 비록 탄트라 규약이 두 하위 불교 도덕 규약과 필연적으로 조화를 이루고 있기는 해도, 탄트라 규약의 도덕률 폐기론적 태도는 엘리트 전용으로 남겨졌으며, 엘리트 중에서도 재가자 엘리트 전용이라는 점을 보여주기 위해 '도의 등불(bodhipathapradīpa)'과 그 주석서(Sherburne 2000)를 저술한 것은 잘 알려졌다.(Sherburne 2000: 283-306) 그는 비구와 비구니에게 네 가지 봉헌(abhiṣeka; 관정灌頂: 본질적으로 성적인 접촉과 함께 성취되는)의 마지막 두 가지, 비밀(guhya; 밀密)과 지식(jñāna: 지智)을 주어서는 안 된다고 명시적으로 말한다. 왜냐하면 불교의 타락으로 이어질 것이기 때문이다.

본존 요가 그리고 사물의 본성에서의 도덕률

남아시아에는 사람의 수만큼 신이 있고(Smart 1977), 각각의 신에게는 규칙, 즉 금욕적인 준수사항(vrata)이 있다고 한다. 이러한 준수사항에는 금식, 성적 접촉 자제, 특정 의복 착용, 특정 종교적 장소에서 순례 및 예배, 목욕 의식 등이 포함되며, 종교적 달력의 특정 날짜와 관련될 수 있거나, 더 오랫동안 이루어지는 준수사항이거나, 혜택을 받으려는 시도(예: 자녀)와 관련되거나, 또는 질병이나 재정적 어려움을 피하려는 시도와 관련된 준수사항이 있다. 이러한 준수사항들에 더하여, 다르마샤스트라(Dharmaśāstra)[21] 문헌에는 힌두 사회의 다른 집단과 비교하여 집단의 의식儀式적 순수성을 다스리는 규칙이 성문화되어 있으며, 거기에는 특히 베다의 불의 의식과 관련된 정통 브라만 성직자의 행동을 다스리는 엄격한 규칙이 있다. 각각의 경우, 이러한 활동을 다스리는 규칙들이 시간에 얽매이거나 특정한 사람이나 상황에 구속되기 때문에 체계적인 탄트라 도덕 규약의 지위를 얻지 못한다.

탄트라 불교에서 본존 요가(Deity Yoga)는 상상을 통해 오온五蘊을 (지혜와 방편의 통일체로 이해하여) 탄트라 불교의 선택된 신으로 변형시키는 수행이다. 사다카(skandhas; 탄트라 수행자)가 신이 되는 변화를 실현(적어도 수행자의 생생한 상상 속에서)하며 만드는 서원(samaya)은 탄트라 불교에 나열되어 있다. 이러한 서원은 처음에는 체계적이지 않지만, 나중에는 체계적인 탄트라 불교 도덕 규약의 기초가 된다.

알렉시스 샌더슨Alexis Sanderson(2009: 165-166)은 브라만 정통주의 내에서의 일반적인 도덕 폐기론적 행동의 기원에 관하여 다음과 같이 쓴다:

> 브라만 정통 자료에 따르면 이 (브라만 살해) 범죄를 저지른 사람은 12년 동안 사회에서 벗어나 화장터에 살면서 음식을 구걸하고 해골 지팡이와 해골 그릇을 들고 다니는 경우에만 죄에서 벗어날 수 있다고 규정한다.

---

21 역주: 법과 행위에 관한 산스크리트어 문헌의 한 장르이며, 다르마에 관한 논서. 베다Vedas에 기반을 둔 다르마수트라와는 달리, 이 텍스트들은 주로 푸라나Puranas에 기반을 두고 있다.

샌더슨과 그의 제자들은, 초기의 '브라만 살해자'를 위한 정화 의식의 초기 역할에서 '해탈을 위해 영혼을 바치거나 준비하는 의식'의 역할로 변한 이 특별한 금욕적 수행, 브라타(vrata)의 진화를 추적한다.(191) 주딧 퇴르쵸크Judit Törzsök는 초기 쉐이비즘(Śaivite)[22] 종파인 카팔라카스(Kāpālakas)종의 카팔라브라타(kapālavrata) 또는 파수브라타(paśuvrata)라고도 불리는 위대한 금욕준수(mahāvrata)에 관해서 설명하면서, 금욕주의자에 대해 '그는 최고의 초월적 신, 시바(Śiva)가 가진 모든 자질을 소유할 것이다'라고 말한다.(2014: 360)

특별히 선택된 불교 신의 온전한 '수행'(몸, 말, 마음, 행위를 본질에서 모방하여)을 약속하는 특정 불교 서원의 기능은 쉐이비테 마하브라타(Śaivite mahāvrata)와 기능적으로 유사하다. 다시 말하면 수행자(sādhaka)가 시바 신(Śiva)과 결합하는 서원과 같다. 특정 신(본존 요가)에 대한 서원이라는 점에서는 불교의 규율 준수나 쉐이비테의 준수 모두 유사한 방식으로 기능한다.(그러나 베더마이어Wedemeyer 2011: 354-360; 2013는 쉐이비테 텍스트의 금욕 준수와 불교의 텍스트 카리야브라타(caryāvrata) 또는 브라타카리야(vratacaryā)의 금욕적 준수 사이에는 차이가 있다고 주장한다.)

탄트라 불교와 힌두교 탄트라(phyi rol pa)의 차이점은 지혜와 수단에 관한 것이지 본존 요가의 관점이 아니라는 점은, 이전에 티베트 불교 주석 문헌에서 발견된 바와 같이, 현대 학문만의 독특한 관점으로 받아들여서는 안 된다. 본존 요가의 부재 또는 존재는 불교와 비-불교

22 시바 신을 최고 존재로 숭배하는 주요 힌두 전통.

탄트라를 구별하는 것이 아니라 탄트라 대승 불교와 비-탄트라 불교를 구별하는 표시이다.(예: Hopkins 1987: 115 참조)

힌두 마하브라타에서 수행자(sādhaka)가 시바 신과 결합(sāmyam)하겠다는 서원은, 특별히 선택된 신에게 (몸과 말과 마음과 행동으로) 온전히 수행하기로 약속하는 불교 삼매야계(서원)와 같이 기능하는 브라타(vrata, 금욕 수행)일 수 있는데, 내가 이 장에서 사용해 온 의미로서는 체계화된 탄트라 도덕 규약이다. 확실히 후기 쉐이비교(Śaivism)에서는 시바 신의 궁극적인 본성을 중심 관심사로 삼아, 마하프라타는 특정 시간이나 수행에 한정된 기원에서뿐만 아니라 가장 깊은 수준에서 사물의 자연스러운 방식에 뿌리를 두고 있는 것일 수 있다. 20세기 인도 불교 작가 쿠누 린포체Khunu Rinpoche(1999: 137)는 보리심을 찬탄하며 다음과 같이 말한다.

> 현존하는 가장 위대한 신으로 선포된
> 브라마(Brahmā), 비슈누(Viṣṇu),
> 그리고 인드라(Indra) - 그들은 모든 이익과 행복의 원천인,
> 보리심을 가지고 있나?(게송 317)

그는 그 힌두 신들이 보리심을 가지고 있다면 다른 이들의 이익을 위해 똑같이 '불교'의 신들이 될 것이라는 뜻으로 말한다.

위에서 설명한 체계적인 불교 탄트라 도덕률과 그것의 도덕률 폐기론적 행위에 관여하는 규칙에 대하여 저자는 사물의 기본 본성에 내재하여 있다는 의미에서 자연스러운 규약으로 묘사한다.

불교 비나야, 보살계, 탄트라 불교 법전에는 두 가지 종류의 억제(saṃvara, Tib. sdom)가 포함된다: (1) 자연적인 (기본의 의미에서) 부도덕(prakṛtisāvadya; Tib. rang bzhin gyi kha na ma tho ba)－예를 들면 살생, 그리고; (2) 특정한 사회적 관행에 대한 개인적 약속을 어기는 부도덕－예를 들어, 완전한 수계를 받은 비구가 정오 이후에 식사하는 경우이다.

탄트라 불교에서 금욕 준수는, 자연적인 부도덕과 사회적으로 규정된 부도덕 사이의 다른 점과 같은 방식으로 체계화된 도덕률과 다르다. 비록 둘 다 공(śūnyatā)의 공리를 감안하면, 똑같이 자의적이며 최종 실체의 근거가 없는 반면, 후자는 기관, 국가 또는 특정 사회 구성원의 행동을 다스리는 (구속) 결과이고, 전자는 자연적(무제한)이다.

체계적인 탄트라 불교 도덕률은 최고의 규율 체계라는 의미에서 규율 자체를 '자연적인' 규율로 구성한다. 야생마는 자연 속에서 제멋대로 달리지만, 그렇다고 해서 모든 규율이 부자연스러운 것이 아니다. 초원에서 자유롭게 달리는 야생마의 낭만적인 관점이 무엇이든, '자연 속'의 '자연'이 '인정사정 봐주지 않는' 은유를 계속하자면, 체계적인 불교 탄트라 도덕률(예: 도시의 파괴, 수용되는 관습의 범위 밖의 섹스 등)의 행동 규약에 따라 다스려지는 사람에 대한 규칙을 포함한 도덕률 폐기론적 형태의 행위는 또 다른 의미에서 자연스러운 행위이다.

탄트라 불교는 자연을 '그것이 사물의 본성에 있다'라고 특징짓는다. 즉 기본적인 실재를 '무분별無分別(nirvikalpika)', '분별하지 않음', 즉 '불이不二 (advaya)'로 본다. 분별(vikalpa)이라는 단어는 나누다, '생각을 형성하다'라는 뜻이다. 불이라는 단어(영어의 '둘'을 뜻하는

'two와 동족어인 dvi에서 파생)는 주체/객체 분기의 완전한 붕괴를 의미한다. 이 자연 상태, 버려진 상태, 자유의 상태, 물처럼 자유롭게 달리는, 내적 주체/객체의 이중성이 없이 자신의 길을 찾는 상태는 자발성(anābhoga; 무공용無功用)에 의해 특징지어진 자연스러운 상태이다.

일반적으로 말한다면, 지혜의 통합성('공관'과 그것을 아는 마음) 그리고 탄트라 불교에 명시된 방편(보편적 이타적 원리)은 정통(힌두교) 텍스트에서는 발견되지 않는다. 힌두 정통 아스티카āstika[23]인 인도 사상가 샹카라짜리야Śaṅkarācārya의 궁극적 실재에 대한 견해는 붓다의 탄트라가 제시한 견해에 가장 가까운 것으로 간주되지만, 여전히 불교의 지혜를 허무주의로 특징짓고 다음과 같이 말한다(Brahmasūtrabhāṣya 2.2.31):

> 나는 (불교) 공관 발의자들의 입장을 반박하며 위엄을 세우지 않겠다. 왜냐하면 공관은 모든 기준에서 금지되어 있기 때문이다.

만약 모든 도덕적 또는 부도덕한 행동이 가장 작은 선행부터 가장 큰 선행까지, 가장 근본적인 악에서부터 가장 미약한 악에 이르기까지, 아무 근거도 없이 동등한 것이라면, 만약 사물에 그것이 무엇이다

---

23 역주: 베다 성전의 권위와 브라만계급의 우위성을 인정하는 정통적인 인도-사상가에 대한 호칭. 한편 베다성전의 권위를 부정한 비-브라만 계통의 이단파는 나스티카nāstika라고 불린다.

라고 하는 내재하는 것이 없다면, 만약 모든 것이 허구라면, 도덕이나 부도덕에 대한 절대적인 근거가 없다. 이것은 샹카라짜리야에게는 허무주의이다.

그렇지만 위에서 설명한 체계적인 도덕을 공식화한 사람들에게 이 지혜 또는 공관은 목적을 위한 수단이라는 의미에서 방편(upāya)으로 균형을 이룬다. 위에서 설명된 아쉬바고사Aśvaghoṣa(일명 브하비데바Bhavideva, 마명보살馬鳴菩薩)의 덕으로 여겨지는 체계적인 도덕 규약의 네 번째에서 여섯 번째까지 위반에 대한 규칙은 이 점을 매우 명백하게 밝히고 있다: 넷째 위반은 중생에 대한 사랑을 버리는 것이고, 다섯째 위반은 다르마의 뿌리인 보리심을 버리는 것이고, 여섯째 위반은 자신이나 다른 사람의 교리 체계의 이론을 비난하는 것이다. 우파야(upāya), 즉 숙련된 방편은 허무주의를 피하면서 연기緣起 원리를 통해 궁극과 밀접하게 연결되어 있다. 방편과 연기는 함께 사물의 본성에 대한 설명을 제공한다: 비록 방편이 절대적 선이나 악에 참여하지 않더라도, 방편은 궁극적으로 임의적이다. 비록 이 점 때문에 방편을 뒷받침하는 궁극적 실재보다 덜 중요한 것은 아니지만.

체계적인 탄트라 불교 도덕률의 핵심은 그 방편이 절대적 근거가 없는 실재를 보완하기 위해 얼마나 자의적이면서도 또 필요한 것인가 하는 점이다. 이 모든 것은 마술사가 만들어낸 마법의 유령처럼 허구이다. 따라서 목적을 위한 수단으로 사용될 수 있는 것과 사용될 수 없는 것에 대한 절대적인 옳고 그름이 없고, 절대적인 금지 사항이 없다. 수단은 그러한 현상을 보는 사람들에게 무엇이 유익한가에 따라 달라진다. 궁극적으로 진정한 실재가 없으므로, 실재가 수단을 결정하지 않는다. 다른 사람의 복지가 우선이기에 목적을 위한 수단으로 이루어질 뿐이다.

탄트라 불교에서 견해는 종鐘(ghaṇṭā)으로 표현되거나 구현되며, 여성과 관련이 있다. 숙련된 방편은 금강저金剛杵(vajra: 양방향으로 뻗어 있는 끝에 달린 5개의 갈래로 된 두 세트의 구형 용구)로 표현되거나 구현되며, 남성과 관련이 있다. 종과 금강저(공과 방편의 불이不二 지혜)의 통합은 탄트라 불교의 사다나(sādhana, 성취의 방편) 그리고 봉헌(abhiṣeka) 의식의 시작에 초점을 둔다. 스승은 청원자에게 달의 원반(공을 상징) 위에 금강저를 시각화하고 그 형상 안에서 지혜와 방편의 통합을 명상하도록 지시한다. 모든 유익한 탄트라의 모습은 그것에서 비롯된다.

티베트의 삼법

인도의 마스터 아티샤Atiśa가 티베트에 와 머무를 즈음 티베트인들은 이미 탄트라 윤리에 관한 획기적인 작품들을 저술하고 있었다. 롱좀(Rongzom, Rong zom chos kyi bzang po, 일명 다르마바드라Dharmabhadra, 1012-1088)의 '간결하고 긴 서약(dam tshig mdo rgyas)'은 13세기 초에 더욱 완전하게 발전된 '삼법三法(sdom gsum)' 장르를 예견하고 있다. 롱좀은 '보살 서원을 하는 사람은 바라제목차(prātimokṣa) 서약을 공유해야 하고 탄트라 서원을 하는 사람은 보살 서원과 바라제목차 서약 모두를 해야 한다. 이것은 행위(kriyā) 탄트라뿐만 아니라 요가 탄트라에서도 마찬가지이다'라고 말한다.(1999: 248-249) 티베트어

번역본에서 금강정경을 인용한 후 그는 아래와 같이 이어간다:

> 따라서 전통적인 일반 서원은 후기 전통에 속한 사람들이 공유하는 초기 전통 서원으로 해석된다. 전통에서 나온 이 특별한 서원은 (1) 방편과 지혜로 알려진 도덕률(spyod pa, caryā)로서 공유된 것뿐만 아니라, (2) 공유되지 않은 심오하고 넓은 서원의 특별한 도덕률이다.

티베트에서 '삼법'을 정의하는 텍스트는 샤캬 판디타(Sakya Pandita, sa skya paṇḍita kun dga' rgyal mtshan)[24]의 '삼법의 명확한 구별'(Sdom Gsum Rab Dbye; Rhoton 2002)이다. 이것은 그의 삼촌 드라크파 걀트센(Drakpa Gyaltsen, grags pa rgyal mtshan, 1147-1216; Tatz 1986)이 지은 대승불교와 밀교의 도덕 규약에 대한 더 짧은 설명을 확장한 것이다. 샤캬 판디타의 '삼법의 명확한 구별'은, 비부티찬드라(Vibhūticandra: 1200 무렵 활약)가 드라크파 걀트센의 샤캬 종파에 반대하는 드리쿵(Drikung, 'bri gung) 사원의 자리에 머무는 동안에 쓴 짧지만 영향력 있는 저술—sdom gsum 'od kyi phreng ba, trisamvaraprabhamala(sde dge rgyud) Tshu54v-56v—의 비판에 맞서 삼촌 드라크파 걀트센의 견해를 옹호한다.(Stearns 1996; Sobisch 2002) 샤캬의 작품은 비부티찬드라의 텍스트와 함께 비나야, 대승불교 및 탄트라 불교 도덕률 사이의 관계를 논의하는 정의 가능한 티베트 장르로서 삼법의 설립을

24 역주: 1182~1251, 티베트 불교 학자이자 영적 지도자.

나타낸다.

비부티칸드라는 바라제목차, 보살 서원, 그리고 밀교(rig 'dzin)의 서원(sdom pa)들이 받아들여지고, 지켜지고, 어겨지고, 그리고 동시에 누군가가 두세 개의 법으로 다스리는 것이 가능한지를 설명한다. 법은 세 가지 유형의 사람으로서가 아닌 한 사람을 위한 법으로 이해해야 한다. 그는 탄트라 법 최고의 수레는 완전한 수계를 한 승려를 위한 것이라고 말한 다음 각각의 하위법(gnas 'gyur)은 단일 실체(ngo bo gcig)를 유지하면서 상위법으로 변환되며, 그러므로 더 높은 서원을 어길 때는 낮은 서원도 어기게 된다는 샤캬의 입장에 반대한다. 비부티칸드라는 하위법(정신 상태를 알려주는 규제 패턴으로 이해되는)은 아뢰야식阿賴耶識(ālayavijñāna, 여덟 번째 축적 의식)의 힘처럼 남아 있으며, 태양의 빛에 의해 가려진 작은 천체의 빛과 마찬가지로 남아 있다고 말한다. 하위법들은 있기는 하지만 상위법이 작동하는 동안에는 작동하지 않는다. 그는 또한 아쉬바고사Aśvaghoṣa와 랄리타바즈라Lalitavajra를 인용하여, 그들은 '침투당한 법(khyab byed)'과 '침투하는 법(khyab bya)'으로서 연관되는 확증적 사실이라며, 물을 주는 땅과 묘목처럼 하위법과 상위법은 서로 관련이 없다고 말한다.[25]

총카파Tsongkhapa는 도덕률에 관한 세 편의 텍스트를 남겼다. 그는 탄트라 도덕률을 당연한 것으로 받아들였다. 그러나 내가 다른 곳에서 주장한 것처럼(Sparham 2005), 그는 그것을 기본 비나야 도덕률이

25 Sobisch(2002)는 후기 작가, 특히 고람파(go rams pa bsod nams seng ge, 429-1489)의 견해를 바탕으로 비부티칸드라Vibhūticandra와 샤캬Sakya 사이의 공방에 대해서 자세한 설명을 제공한다.

훼손되지 않도록 세 가지 법으로 나누어 별도의 책자로 분리한다. 이 점은 아티샤Atiśa의 '도의 등불'과 유사하다. 그런데 그는 탄트라의 도덕률을 위한 최고의 수레는 완전한 수계를 받은 비구라고 말하면서 비부티칸드라를 따르지만, 이론상의 엘리트를 위한 최상승最上乘의 지위를 유보한다. 그 때문에 아마도 위반 행위는 명상하는 사람의 생생한 상상 속에서만 실행되어야 한다고 암암리에 시사하는 것으로 보인다.

15세기부터, 삼법을 불도 전체를 설명하는 수레(수단)로 사용한 작품들은, 티베트 종파별 견해의 작지만 중요한 차이점을 전달하는 교재(yig cha)가 되었다. 그중에서도 샤캬 판디타의 '삼법의 명확한 구별'에 대한 고람파Gorampa의 두 개의 주석은 매우 중요하다.(Sobisch 2002) 응가리 팡첸(Ngari Panchen, mnga' ris paṇ chen padma dbang rgyal, 1487-1542)의 '세 가지 서원 확인'(Ngari Panchen 1996)에 대한 닝마(Ningma, rnying ma) 종파 민링 로첸(Minling Lochen, smin gling lo chen)의 다르마스리(Dharmaśrī, 1654-1717)의 긴 주석은 매우 중요하다. 마지막으로 잠괜 콩트뤨(Jamgön Kongtrül Lodrö Tayé, byams dgon kong sprul blo gros mtha' yas, 1813-1899)의 '지식의 보고(shes bya kun khyab)'의 도덕률에 관한 부분이 영어 번역본으로 나와서 접할 수 있게 되었다.(Jamgön 2003) 주목할 만한 것은 콩트뤨이 '수계의 서원은 입문 전이 아니라 입문이 끝날 때 이루어진다'라고 말한 것은 (2003: 227), 이후의 티베트 주석 문헌의 초점은 체계적인 탄트라 도덕률이 있는지 없는지에 관한 것이 아니고, 수계 등의 세부 사항에 두었다고 예시한다.

인용 문헌

Foucault, M. (1986) *The use of pleasure: the history of sexuality*, volume 2. Translated by R. Hurley. New York: Vintage.

Hopkins, J. (1987) *Deity yoga in action and performance tantra*. Ithaca: Snow Lion.

Jamgön Kongtrul Lodrö Tayé (byams dgon kong sprul blo gros mtha' yas) (2003) *The treasury of knowledge*, book 5: *Buddhist ethics*. Translated by K. Rinpoché Translation Group. Ithaca, NY, and Boulder: Snow Lion.

Khunu Rinpoche (1999) *Vast as the heavens, deep as the sea*. Somerville, MA: Wisdom.

Lévi, S. (1929) Autour d'Aśvaghoṣa. *Journal asiatique* (Oct.-Dec.), 266-267.

Ngari Panchen Pema Wangyi Gyalpo (1996) *Perfect conduct*: ascertaining the three vows. Commentary by His Holiness Dudjom Rinpoche. Translated by Khenpo Gyurme Samdrub and Sangye Khandro. Boston: Wisdom.

Nihom, M. (1994) *The Kuñjarakarṇadharmakathana and the Yogatantra*. Publications of the De Nobili Research Library. Volume 21. Vienna: De Nobili Research Library.

Rhoton, J. D. (trans.) (2002) *A clear differentiation of the three codes. Essential distinctions among the individual liberation, great vehicle and tantric systems. The sDom gsum rab dbye and six letters*. Albany: State University of New York Press.

Sanderson, A. (2009) The Śaiva age: the rise and dominance of Śaivism during the early medieval period. In: S. Einoo (ed.), *Genesis and development of tantrism*. Tokyo: University of Tokyo, Institute of Oriental Culture, 41-349.

Sherburne, R. (ed.) (2000) *The complete works of Atiśa*. New Delhi: Aditya Prakashan.

Smart, N. (1977) *The long search*. Boston: Little, Brown.

Sobisch, J.-U. (2002) *Three-vow theories in Tibetan Buddhism*. Wiesbaden: Dr Ludwig Reichert.

Sparham, G. (trans.) (2005) *Tsongkhapa, Tantric ethics: an explanation of the precepts for Buddhist Vajrayāna practice*. Boston: Wisdom.

Stearns, C. (1996) The life and Tibetan legacy of the Indian Mahāpaṇḍita Vibhūticandra. *Journal of the International Association of Buddhist Studies*, 19 (1), 127-168.

Szántó, P.-D. (2012) Selected chapters from the Catuṣpīṭhatantra. D.Phil. thesis, Oxford University.

Tatz, M. (trans.) (1986) *Asanga's chapter on ethics, with the commentary of Tsong-kha-pa, the basic path to awakening, the complete bodhisattva*. Studies in Asian Thought and Religion, volume 4. Lewiston/Queenston: The Edwin Mellen Press.

Törzsök, J. (2014) Kāpālikas. In: K. A. Jacobsen, H. Basu, and A. Malinar (eds), *Brill's encyclopedia of Hinduism*, volume 3. Leiden: Brill, 355-361.

Wedemeyer, C. K. (2013) *Making sense of tantric Buddhism*. New York: Columbia University Press.

Weinberger, S. N. (2003) The significance of yoga tantra and the compendium of principles (tattvasaṃgraha tantra) within tantric Buddhism in India and Tibet. PhD dissertation, University of Virginia.

Yarnall, T. E. (2013) *Great treatise on the stages of mantra (sngags rim chen mo). Critical elucidation of the key instructions in all the secret stages of the path of the victorious universal lord, great Vajradhara. Chapters XI—XII: the creation stage by Tsong Khapa Losang Drakpa. Introduction and translation*. New York: American Institute of Buddhist Studies, Columbia University.

Zimmermann, M. (2013) The chapter on right conduct in the Bodhisattvabhūmi. In: U. T. Kragh (ed.), *The foundation for yoga practitioners: the Buddhist Yogācārabhūmi treatise and its adaptation in India, East Asia, and Tibet*.

Harvard Oriental Series, volume 75. Cambridge, MA and London: Harvard University Press, 872–883

추천 도서

Cozort, D. (1986). *Highest Yoga Tantra*. Ithaca, NY: Snow Lion.

Dorje, G. (2012) The rNying-ma interpretation of commitment and vow. In: T. Skorupski (ed.), *The Buddhist forum*, volume 2: seminar papers 1988–90. Tring, UK: The Institute of Buddhist Studies, 71–96. Tantric Ethics 259

George, C. S. (ed. and trans.) (1974) *Candramahāroṣaṇa tantra. Chapters I–VIII: a critical edition and English translation*. New Haven: American Oriental Series Monographs, 56.

Lessing, F. D., and Wayman, A. (eds and trans) (1968) *Mkhas grub rje's Fundamentals of the Buddhist Tantras*. Indo-Iranian Monographs, volume 8. The Hague: Mouton.

Pinte, K. (2011) Shingon Risshū: esoteric Buddhism and vinaya. In: C. Orzech, H. Sørensen, and R. Payne (eds), *Esoteric Buddhism and the tantras in east Asia*. Leiden: Brill, 845–853.

Snellgrove, D. (1987) *Indo-Tibetan Buddhism*. Boston: Shambala.

Steinkellner, E. (1978) Remarks on tantristic hermeneutics. In: L. Ligeti (ed.), *Proceedings of the Csoma de Korös memorial symposium*. Bibliotheca Orientalis Hungarica, volume 23. Budapest: Akadémiai Kiadó, 445–458.

Törzsök, J. (1999) The doctrine of magic female spirits: a critical edition of selected chapters of the Siddhayogeśvarīmata (tantra) with annotated translation and analysis. D.Phil. thesis, Oxford University.

Törzsök, J. (2014) Nondualism in early Śākta tantras: transgressive rites and their ontological justification in a historical perspective. *Journal of Indian philosophy*, 42 (1), 195–223.

Tsong-ka-pa (1977) *Tantra in Tibet: the great exposition of secret mantra*, volume 1. Translated and edited by J. Hopkins. London: George Allen and Unwin.

Tsong-ka-pa (1981) *The yoga of Tibet: the great exposition of secret mantra*, volumes 2 and 3. Translated and edited by J. Hopkins. London: George Allen and Unwin.

Wedemeyer, C. K. (2011) Locating tantric antinomianism. *Journal of the International Association of Buddhist Studies*, 34 (1-2), 349-419.

第13장 남아시아와 동남아시아 불교 윤리

줄리아나 에센 Juliana Essen

서론

남아시아와 동남아시아의 상좌부불교 국가의 윤리를 다루는 인류학 문헌은 다섯 가지 범주로 나눌 수 있으며, 여기서 윤리는 특정 목표를 지향하는 바른 행위를 위한 지침으로 정의된다: (1) 국가 윤리 또는 정치 윤리; (2) 해탈의 윤리 또는 사원 윤리; (3) 사회 및 환경 윤리를 포함한 참여 윤리; (4) 재가자를 위한 업의 윤리; (5) 일부 현대 도시불교 운동에서 강조하는 세속적 이익의 윤리이다. 이러한 범주는 역사적으로 인류학적 학문을 점유했던 논쟁을 강조하는데, 불교가 비정치적이고, 순전히 개인적 또는 비사회적이며, '큰' 전통과 '작은' 전통으로 나눌 수 있는 세상과 등진 종교라는 주장에 반대하는 논쟁이다. 이론과 태국의 풍부한 민족지학적 증거를 모두 다루는 이 검토는 그 지역의 윤리적 불교 수행의 다양성과 복잡성을 보여준다.

국가 윤리(정치 윤리)

남아시아와 동남아시아의 불교에 관한 많은 인류학 문헌은 불교와 국가 사이의 관계를 다루고 있는데, 주로 불교를 '특히 비정치적이고 반정치적인' 종교로 보는 막스 베버Max Weber의 견해(1958: 206)에 대항하기 위한 것들이다. 탐비아S. J. Tambiah[1]의 광범위한 역사 및 민족지학적 연구에 따르면, 불교를 정치와 동일시하고, 결국 불교 정치를 사회와 동일시하려는 경향은 남아시아 불교 왕국의 깊은 구조적 경향이었다.(1978: 112) 그의 고전적 작품 '세상을 정복한 사람과 세상을 등진 사람'에서 탐비아는 베버와 그를 따르는 이들의 입장과 달리, 초기불교는 불교에 정통한 사람들(virtuosi)의 해탈 추구뿐 아니라 세속 세계의 과정에 대한 발전된 시각도 가졌다고 논증한다.(1976: 515) 기원전 3세기에 아소카Aśoka 왕의 눈부신 치세는 이런 현세적 이미지의 실현이자 이후의 모든 상좌부불교 왕국을 위한 헌장으로 여겨진다.

승가와 정치 사이의 전통적인 관계에서 외부 침입과 내부 무질서로부터 종교를 보호하는 일은 왕의 의무였다. 그 대가로 승가는 통치자의 정당성을 지지한다. 피터 잭슨Peter Jackson은 다음과 같이 설명한다:

---

1 역주: 1929-2014, 스리랑카 출신 사회 인류학자, 하버드 대학교수 역임, 특히 남아시아 종교, 정치 인류학 전문.

> 과거와 현재 모두에서 태국 불교의 합법적 기능의 근본은, 국가의 복지가 붓다의 해탈 메시지를 가르치고 실천하는 다르마의 복지와 밀접한 관련이 있다는 믿음이다.(1989: 12-13)

태국 왕권의 역사는 일반적으로 태국에서 1767년 그의 군대가 미얀마의 침략으로부터 수도인 아유타야Ayuttaya를 탈환한 후 왕위에 오른 탁신Taksin 왕과 함께 시작된다. 탁신 왕은 (현 수도 방콕의 강 건너) 톤부리Thonburi에 도읍을 다시 세우고 승가를 재건하는 데 관심을 돌렸다. 탐비아에 따르면, '불교교육과 학문의 육성과 승가의 정화는 왕의 종교적 신심과 헌신의 전통적인 표현이었다; 바로 그 이유로 그런 일들은 왕권을 정당화하는 효과적인 수단을 나타냈다.'(1978: 38)

태국 역사상 가장 중요한 종교 개혁가는 라마 4세 몽쿳 왕(Mongkut Rama IV, 재위 1851-1868)이다. 그의 통치는, 27년 동안의 그의 비구로서의 경험, 그리고 태국에 대한 서구의 문화적, 정치적 충격의 고조에 영향을 받았다. 그의 팔리어 경전에 관한 연구는, 불교 경전과 태국에서의 실제 수행 사이의 불일치를 인식하도록 이끌었다. 그의 몬Mon 사원 수행에서의 체험은 이 규율이 원래의 불교 수행에 더 가깝다고 확신하도록 만들었다. 그의 미신 배제와 서양 과학 지식에 대한 강한 관심으로 인해서, 라마 4세는 불교사상과 실천을 합리화하고 불교의 세계관을 비-신화화하기 위해 노력했다. 커쉬Kirsch에 따르면:

> 이용 가능한 모든 증거는 몽쿳 왕이 단순히 기존의 태국 사회의

긴장에 반응하거나, 불교와 영향력 있는 현대 세계와의 조화를 추구하지도 않았다고 말한다. 그의 개혁에 대한 주된 추진력은 분명히 순전히 종교적인 것으로 보인다.(1978: 62-63)

몽쿳의 뒤를 이은 그의 아들 라마 5세 출라롱콘(Chulalongkorn, Rama V, 재위 1868~1910)은 유럽 식민지주의의 경제적, 정치적 압박에 대응하여 절대군주제를 공고히 하였다. 불교는 소박한 군주국의 존재감을 증폭하는 데 중요한 역할을 하였다. 1902년에 제정된 출라롱콘의 승가 법은 승가를 처음으로 전국적인 단일 조직으로 통합하여, 탐마윳 종단(Thammayut Order, 1830년대에 몽쿳에 의해 설립)을 승가 안의 행정 엘리트로 발전시켰다. 탐마윳 종단은, 방콕 관료들이 세속적인 지방 생활을 통제하는 것과 유사하게, 지방에서 불교에 대한 군주의 지배력을 확장하는 기능을 했다. 라마 5세는 수도로부터 통제하고 지방을 포괄하는 국가적 승가가 국가의 정치-문화 통합에 도움이 될 것으로 생각했다. 그것은 불교와 사원 조직의 지역적 다양성을 하나의 국가 표준 형식으로 통합하려는 의도였다.

이것이 이러한 불교 정치 윤리 행사가 보편적으로 받아들여졌다고 말하는 것은 아니다. 이와 관련하여 카말라Kamala는 다음과 같은 중요한 질문을 던진다(1997): 지방의 승려들은 방콕의 권위 주장에 어떻게 반응했는가? 방콕의 종교 통제에 대한 지역의 저항은 때때로 공개적이고 폭력적이었다. 20세기 전반부에는, 북동부 지역에서 푸 미분(Phu Mi Bun, 공덕을 지닌 사람들, 또는 신성한 사람들)이 이끄는 수많은 봉기가 있었지만, 모두 군대에 의해 진압되었다. 다른 저항은 더 미묘했다. 외딴 지역의 승려들은 단순히 그들의 전통적인 방식을 계속하고 방콕의 지시를 무시했다. 일부 지역 승려들은 현지 문제(예: 건설 공사, 약초, 마을 중재, 축복)에 관여하면서 표준화된 팔리어 시험을 치르고 방콕의 사원 제도를 받아들였다. 또 다른 승려들은 명상에 더 많은 시간을 할애하고 싶어 광야로 물러났다. 카말라는 방콕 엘리트들이 '현대 교육'이라는 명목으로 현지 관습과 언어에 자기들의 규칙과 언어를 강요하면서 식민 세력처럼 행동했다고 시사한다.(44)

보다 최근에 학문적 관심은 불교 국가의 고전적 또는 역사적 연구에서 사회 진보에 접근하는 불교 국가 접근 방식으로 옮겨왔다. 실제로 그러한 불교의 도덕 통치를 보여주는 현대의 사례가 적어도 두 가지가 있다. 가장 잘 알려진 것은, 부탄의 국민총생산지수(GNP)에 대한 대안으로, 통화적 용어로 표현되는 사회적 진보의 척도로 가장 널리 사용한 것이다. 1972년 부탄의 왕 지그메 싱게 왕추크Jigme Singye Wangchuck는 국민총행복지수(GNH: Gross National Happiness) 접근법을 도입하여 불교 국가의 재정 이외 요소의 가치를 복지의 진정한 지표로 선언했다. 특히 GNH는 문화적 전통, 건강한 환경, 반응하는 정부를 유지하는 가운데, 경제적 번영의 평등한 분배를 촉진한다. GNH 모델은 불교계와 그 너머에서 찬사를 받았으며(예: Sivaraksa 2009), 학자, 실무자, 활동가(예: Braun 2009)들 사이에서 사회 진보의 척도로서 어떻게 행복을 운영할지에 대한 많은 논의를 불러일으켰다. 국민총행복지수 접근법에 대한 비판도 있다는 것은 확실하다. 부탄의 총리 췌링 토브가이Tshering Tobgay는 행복이 급증하는 국가 부채와 증가하는 청년 실업과 같은 시급한 문제에 집중하는 것을 방해한다고 주장했다.(Kelly 2012) 그럼에도 불구하고, GNH는 어떻게 국가 정책이 불교 윤리에 의해 형성될 수 있는지 예증하고 있다.

불교에서 영감을 받은, 덜 알려진 현대 도덕 통치 방식은 자족 경제이다. 태국 왕이, 세계 경제 위기(태국에서 비롯된)가 시작된 이후, 1997년 12월 4일 그의 연례 생일 연설에서 나중에 자족 경제로 알려진 그의 '새로운 이론'을 처음으로 공개 발표했다. 수십 년 동안 멈출 수 없을 것 같은 성장에 던져진 그러한 충격으로부터 빠르게 회복하기 위해, 왕은 사고방식의 변화를 제안했다: '호랑이가 되는 것은 중요하지 않습니다'라고 그는 동아시아 기적적 경제의 '다섯 번째 호랑이'로 인정받기를 열망하는 이들에게 선언했다. '우리에게 중요한 것은 자급자족 경제를 갖는 것입니다. 자립 경제는 생존하기에 충분할 만큼 갖는 것을 의미합니다.'(Senanarong 2004: 4 인용)

왕의 '새로운 이론'은 사실 새로운 것이 아니라, 수십 년에 걸친 관찰과 실험의 정점이었다. 그는 60년이 넘은 그의 통치 초창기부터 백성들의 생활 방식을 직접 보려고 태국 왕국 전역을 정기적으로 순회했다. 1960년대부터, 왕은 소규모 농부들이 전국적으로 급속히 확산한 근대화로부터 혜택을 받기는커녕 경제적, 사회적, 환경적 비용 부담을 더욱 무겁게 지고 있다는 사실에 주목했다. 그가 목격한 고통에 대한 응답으로, 왕은 대안적 개발 접근 방식을 공식화하고, 농촌 인구의 편안한 생활을 구축할 수 있는 농업 기술을 실험하기 위하여 센터를 설립했다. 개인 소유의 잉여가 증가함에 따라, 농부들은 상품을 보다 효율적으로 생산하고 교환할 수 있는 네트워크를 구축하도록 권장되었다.(ORDPB 2004; UNDP 2007) 비록 왕의 신농업 이론은 제일 가난한 지역 이산Isan에서 싹을 틔웠지만, 확산하는데는 실패했다.

그렇지만 경제 위기의 여파로 태국인들은 전국적으로 국가의 발전 경로를 재평가하고 대안을, 특히 불교에서 영감을 받은 대안들을 고려하고 있었다. 따라서 1997년 국왕의 생일 연설 이후 정부 산하 단체, 특히 국가 경제 및 사회 개발 위원회는(2000) 즉시 왕의 아이디어를 실행 가능한 정책 체계로 설명하고 법전화하기 시작했다. 처음에는 개인과 회사 수준에서 마음챙김 인간 개발을 촉진한 다음, 안정화될 때 전문화된 생산과 유통 단위의 네트워크 또는 공동체, 그리고 저축 협동조합 및 종자 은행과 같은 기타 관련 기관으로 확장하기 위한 일련의 의사 결정 지침이 등장했다. 그와 동시에 새롭게 명시된 자족 경제 접근 방식은 국가와 세계 경제에도 광범위하게 적용되기에 충분했다. 불교적이면서 동시에 실용적인 이 지침에는 지혜와 성실을 필요조건으로 하는 세 가지 구성 요소, 즉 절제, 합리성, 자기-면역이 포함되어 있다. 자족 경제는 자본주의와 양립할 수 있다는 점에서 강점을 찾는다. 즉 개인, 기업, 또는 국가는 종교적 또는 철학적 신념과 관계없이 이 윤리적 활동 모델을 채택할 수 있으며, 글로벌 자본주의의 맥락 내에서 여전히 이것을 포괄적으로 수행할 수 있다. 현시점에서 자족 경제 접근법은 개인, 협회, 그리고 태국 전역에 흩어져 있는 마을에 의해 시행되고 있지만, 아직 구체적인 국가 경제 계획으로 제시되지 않고 있다. 이 사례는 지역과 세계뿐 아니라 정치와 경제에서 불가분의 관계로 얽혀 있는 오늘날의 현실을 강조하며 똑같이 유연한 도덕적 통치 윤리를 요구한다.

해탈의 윤리(사원 윤리)

비록 인류학자들은 역사적으로 사회-정치적 조직에 더 관심이 많았지만, 그들은 또한 사원 윤리 수행의 학술적 논의에도 의미 있는 공헌을 했다. 가장 중요한 것은 민족지학적 연구에서 숲, 도시, 마을 거주 승려 사이를 구분함으로써 해탈을 지향하는 불교 윤리에 대한 보다 완전한 이해를 제공한 점이다.

한 가지 주목할 만한 차이점은 직무에 관한 것이다. 즉 학문연구 대 명상이다.(Tambiah 1984) 이상적으로는 깨달음에 이르는 길은 지적인 이해 또는 지혜(Pāli. paññā, 혜慧), 도덕률(sīla, 계戒), 명상(samādhi, 정定)을 결합한다. 그러나 어떤 것이 더 효과적인지에 대해서는 의견이 분분하다. 스리랑카에서는 기원전 1세기에 수백 명이 모인 승려들 사이에서 불교의 기초가 연구인지 수행인지에 대한 논쟁이 벌어졌다. 연구가 종교의 영속을 위한 필요충분조건이라고 선언되었다. 그러나 그 평결에 동의하지 않은 사람들은 그들의 명상 추구를 계속했고, 사원 생활은 서로 다른 길로 분리되었다. 카말라 티야반니치Kamala Tiyavanich는 20세기 태국의 숲에 사는 승려들의 삶에서 명상의 역할에 대해 논의한다.(1997) 그녀의 책 제목 '상기(recollection)'라는 단어는 붓다, 붓다의 가르침, 승려 신분, 윤리적인 삶과 같은 중요한 종교적 주제를 상기하거나 묵상하는 행위를 말하는 팔리어 불교 용어 아누싸티anussati에 해당하는 영어이다. 아누싸티와 그것과 관련된 용어 사티(sati, 마음챙김)는 숲에 사는 승려의 종교적 수행의 필수적인 부분이다.(Tiyavanich 1997: 12)

도덕률과 관련하여 숲의 승려와 도시 승려 모두 정식 비나야 율법에 규정된 227항목의 계율을 준수할 의무가 있지만, 숲의 승려들이 금욕주의에 더 기울어진다. 이 계율은 탐, 진, 치로 이끌어 승려들의 해탈 추구를 방해하는 생각이나 행위를 금지하는데, 즉 7가지 필수 항목을 제외한 물건의 소지, 경제적 거래, 비방하는 말, 성행위, 음식 즐기기, 높은 침상에서의 수면, 감각을 자극하는 물질 섭취 등을 금지한다. 도덕 규약은 또한 승려가 부정적인 갈망을 극복하는 데 도움이 되는 수행을 제안한다. 짐 테일러Jim Taylor(1993)에 따르면, 숲에 사는 승려의 특징은 도시의 학자풍 승려보다 비나야 율법에서 선택 사항인 금욕적 수행을 더 많이 따른다고 한다. 그러한 관행 중 하나는 많은 영향력 있는 승가 관리자들이 비단 가사를 입는 것과는 다르게 누더기로 만든 가사를 입는 것이다. 또 다른 선택적 수행인 만행萬行은 숲 승려 전통의 중요한 특징이자 금욕주의의 상징이다. 숲 승려들은 참을성, 인내, 강인함을 기르기 위해, 명상하기에 좋은 조용한 곳을 찾기 위해, 욕망을 극복하고 무착無著을 추구하기 위해, 또는 멀리 떨어진 순례지나 다른 명상 마스터를 방문하기 위해 만행을 한다.(1993: 165-166) 탐비아를 따라 테일러도 숲 승려 수행을 이상으로 생각한다:

> 숲 승려의 외존성外存性 체제, 그리고 그들의 승가와 정부의 중심으로부터의 주변성(이것이 그들의 개성에 부여한 엄격한 비세속적 금욕 추구를 통해 얻은 카리스마를 설명한다)에 상관없이 그들은 '가장 위대한 성취자'이다.(1993: 11)

여담이지만, 윤리 강령의 존재가 윤리적 행위를 보장하지 않는다. 태국에서는, 점증하는 승가의 도덕적 오염과 물질주의 사례가 지속해서 그 신뢰성을 약화하고 있다. 승가 내 '욕심에 얼룩진 부패' 이야기들이 국내 및 국제 언론에 정기적으로 나타난다. 이러한 사례는 기본 서약의 무시에서부터 불법 행위에 이르기까지 다양하다: (1) 경찰이 한 승려의 비밀 연애 잠자리를 급습한 곳에서 여성 속옷, 음란 잡지, 위스키병들이 발견됐다(연합 언론 2000년 10월 27일); (2) 삭발한 머리를 숨기기 위해 가발을 쓰고 노래방 바에서 흥청대는 두 승려의 놀라운 위업(연합 언론, 2000년 10월 27일); 그리고 (3) 어린 산악부족 소녀들을 성폭행한 혐의로 방콕 인근의 한 큰 사원의 주지 체포(The Times, 1998년 6월 21일자). 태국 불교 사원의 물질주의와 상업주의도 부상하고 있다. 기부금은 종종 잘못 관리되거나 정교하고 화려한 사원 시설에 낭비된다. 더군다나 아주 외진 사원에서조차 에어컨, 냉장고, 텔레비전과 기타 현대문명의 이기들을 흔히 볼 수 있는데, 이는 승려의 청빈 서약을 위반하는 것이다. 성 추문처럼 돈과 관련된 스캔들이 언론에 대서특필된다. 예를 들면, 방콕의 번화한 동부 교외에 있는 왓 랏 프라오Wat Lat Phrao 사원에서 가족을 위한 장례 의식을 찾는 노점상들은 승려의 높은 사례비를 감당할 수 없어서 발길을 돌려야 했다.(The Times 1998년 6월 21일)

숲에 사는 승려와 도시에 거주하는 승려 사이의 차이로 돌아가서, 세 번째로 중요한 차이점은 은둔의 삶 대 활동적인 재가자-중심적 삶이다.(Tambiah 1984) 위에서 언급한 스리랑카의 토론에서처럼, 승려는 인도주의적 봉사에 관여해야 하는지 아니면 개인의 해탈에만 관심을 가져야 하는지에 관한 주제가 떠올랐다. 라훌라Rahula(1956)는 한 여성 신도의 집이 불에 탔을 때 동정하지 않았던 수도승 쿨라핀다탸 티사Cullapindatiya Tissa에 대한 이야기를 논의에 가져와 말한다. 그는 그저 탁발하기 위해 평소처럼 다음 날 아침에 나타났다.(Tambiah 1970: 67에서 인용) 이 이야기는 수행 불교의 근본적인 역설 중 하나를 보여준다: 속세로부터 승려를 분리하기 위해 고안된 규칙은, 승려가 물질적 지원을 전적으로 재가자에게 의존하기 때문에 효과적일 수 없다.(Obeyesekere 1968) 비록 라훌라는 논쟁했던 승려들의 의견이 나누어졌다고 말하지만, 역사적인 이상은 바나바시(vanavasi, 숲에 거주하며 평신도에 대한 의무 없이 명상에 참여)보다는 그라마바시(gramavasi, 도시와 마을에 거주하며 연구와 지역 사회 및 종교 활동에 몰두)가 되었다. 태국에서 확립된 관점은, 승려들은 적어도 재가자에 대한 의례와 정신적인 의무가 있으며, 사회적 의무도 있을 수 있다는 것이다.(1976)

비록 일반적으로 숲에서 사는 승려와 도시 거주 승려로 구분하여 후자는 특징적으로 학문을 강조하지만, 마을 승려들도 자신들만의 범주를 가질 자격이 있다. 마을 승려들은 공동체 안에 내재한 위치의 특성상 은둔적 명상 생활 방식이나 순전히 지적인 생활에만 전념할 수 없다. 대신, 그들은 지역 사회의 필요에 주의를 기울여야 한다. 전통적으로 마을 승려들은 교육자(현대적 학교 제도 이전), 사소한 분쟁의 중재인, 가정 문제의 상담사, 전통 의술의 의사, 건축 기술자, 조각가, 그리고 우물 파기, 점쟁이, 점성술사와 같은 많은 역할로 재가자 생활에서 활동해왔다. 정부의 사회 서비스 확장으로 이러한 세속적 기능 대부분의 중요성이 크게 줄어들었다.(Mulder 1996: 118) 그러나 사원은 여전히 신년 축하, 화장, 승려들이나 다른 많은 집단에 기부하기 위한 크라틴kratin 축제 등과 같은 세속적, 종교적 행사 장소로서 마을의 사회생활 중심에 있다. 그러한 활동이 해탈을 지향하는 교리상으로 파생된 윤리적 행위인지, 타인에 대한 인본주의적 관심에서 기인한 것인지는 불분명하다.

참여 윤리

동기와는 관계없이, 타인에 대한 이러한 윤리적 관심은 이제 참여 불교 또는 사회적 참여 불교라는 이름을 얻기에 충분히 널리 퍼져 있다. 일부 불교학자들은 속세를 등진 종교의 사회 참여에 대한 정당성에 의문을 제기하기도 한다. 인류학자들은 특히 '불교의 보편적 자비는, 삶의 수레바퀴 안에서 모든 개인의 생존을 위한 투쟁의 무의미함을 통해 볼 때 단지 감성이 통과하는 단계 중 하나일 뿐이며, 진보적인 깨달음의 표시이지 적극적인 형제애의 표현은 아니다'라는 막스 베버 Max Weber의 주장(1958: 213)에 반박한다. 베버에 대해, 참여 불교도 자신들은 '참여 불교의 원리와 심지어 기법 중 일부는 불교의 창시자 시대부터 전통 속에 잠복해 있었다'라고 주장한다.(Eppsteiner 1988: xiii) 예를 들면 '그라마바시gramavasi의 이상을 가져라'이다. 그러나 비록 이러한 참여 윤리가 교리상으로 도출되지 않았다고 하더라도, 점점 더 많은 불교도는 환경 악화, 경제적 투쟁, 사회적 가치의 변화라는 일상적인 경험에 따라 행동에 동기를 부여받고 있다. 붓다 시대 이후부터 불교도들이 해온 것처럼 그들은 변화하는 사회경제적, 자연적 환경에 맞게 종교적 해석과 수행을 적응시킨다.

참여 불교는 태국에서 풍부한 역사가 있는데, 주로 붓다다사 비구 Buddhadasa Bhikkhu[2]의 가르침에서 영감을 받은 것이다.(Swearer 1989; Santikaro 1996) 붓다다사는 개인적 깨달음 추구를 고립된 개인들 가운데 하나가 자기들의 최고의 선을 추구하는 것으로 인식하지 않았다. 더욱이 개인들은 단지 공유된 환경에서만 사는 것이 아니고, 그들은 사물의 자연적 질서에 내재한 공동체의 필수적인 한 부분이다. 따라서 개별 부분의 선은 전체의 선에 입각하고 그 반대의 경우도 마찬가지다.(Swearer 1989) 수도승 쿨라펀다탸 티사가 불에 탄 집에서 탁발하지 못한 데서 알 수 있듯이, 적어도 물질적 현실의 조건들은 참여를 강요한다. 또는 만물의 상호의존성(paṭicca-samuppāda, 연기)에 대한 진정한 이해에서 비롯되는 자비에서 참여가 따를 수 있다. 탐비아는 붓다다사의 지적 경력의 중심적 목적에 대해 요약한다: '붓다다사가 강력하게 반박하고 부정하려 했던 것은 숙명론, 즉 세상의 비-실재성 때문에 행위를 중단하는 것이며, 이에 따라서 특정 고정 관념적 논평가들에 의해 불교에 귀속되는 사회적 무관심에 대한 것이다.'(Tambiah 1978: 130) 붓다다사는 행동가가 아닌 사상가로 남았지만, 그의 정치적 중요성은 그의 아이디어에서 영감을 받은 태국의 저명한 사회 비평가이자 활동가이며 '참여불교국제네트워크' 창립자인 술락 시바락사 Sulak Sivaraksa[3]와 같은 개인들의 행동에 남아 있다.

---

2 역주: 본명 Phra Dharmakosācārya(Nguam Indapaññо), 1906-1993, 태국 금욕주의 승려, 불교 교리와 태국 민속 신앙의 재해석으로 유명.

태국의 사회 참여 불교는 정부 영역 밖에서 활동하는 개발 승려들의 작업에서 가장 잘 예시된다. 1970년대 후반에 많은 시골 마을의 승려들은, 수년간 정부의 국가 경제 개발 계획에 따라 살아온 후에, 마을 사람들의 생활은 이전보다 더 나빠졌다는 것을 깨달았다. 그들이 지역 불교 전통에 기반한 대안적 개발 모델을 모색했을 때, 경제적 개선이 유일한 목표는 아니었다. 그들은 또한 물질주의의 성장, 도덕적 타락, 농촌 제도의 퇴보로 간주하는 것에 대한 대안으로 마을 문화를 보존하고 공동체적 가치 증진을 희망했다.(Seri 1988) 1984년, 솜분Somboon(1988)은 다음과 같은 이유를 제시하는 72명의 개발 승려의 활동에 관한 연구를 수행했다: (1) 개발 활동에 참여하는 것은 사회에 봉사하는 승가의 책임과 일치한다. (2) 종교와 승가의 번영은 사회의 번영에 달려 있다. (3) 세속적인 발전이 너무 빨리 진행되어 사람들이 지나치게 물질주의적으로 되었기 때문에 사람들이 종교를 등한시한다.

더 자세한 내용을 추가하면, 태국 언론인 사니트수다 에카차이 Sanitsuda Ekachai는 한 특정 개발 승려의 경험에 관해 다음과 같이 쓴다:

> 삼막키Samakkhii 사원의 주지 난 수타실로Nan Sutasilo는 개발이 마을을 위한 도로와 전기를 뜻한다고 생각했었다. 그는 자신이 얼마나 틀렸는지 금방 깨달았다. 가난과 후진성에 맞서 싸우기로

3 역주: 1933~, 태국의 사회운동가, 교수, 작가, 태국 NGO 'Sathirakoses-Nagapradeepa Foundation' 창설자.

> 결심하고, 그는 주저하는 마을 사람들에게 도시로 연결하는 새로운 도로를 건설하기 위해 그들의 집과 땅을 포기하도록 설득했다. '개발'은 빠르게 흘러들어왔다. 오토바이 소리가 마을에서 포효하기 시작했다. TV 안테나가 빠르게 전봇대를 따라갔다. … 텔레비전에 광고된 전기밥솥, 청바지, 립스틱, 샴푸, 향기로운 비누와 기타 소비재는 마을 사람들의 삶에 없어서는 안 될 부분으로 자리잡았다. … 그리고 마을 사람들은 더 깊이 빚에 빠져들었다.(1994: 202-203)

주지가 마침내 '진정한 적'이 개인들 자신의 갈망임을 이해했을 때(붓다의 가르침 그대로), 그는 소비주의의 맹공격에 맞서는 '정신적 면역'을 구축하기 위해 접근 방식을 변경했다.

보다 최근에, 일부 태국 승려들은 특히 환경 문제에 집중했다. 수잔 달링튼Susan Darlington(1998)은 개발 승려 현상에서 '생태 승려'가 등장했다고 시사한다. 태국 승려들이 처음으로 개발에 대한 환경적 우려를 그들의 행동에 구체적으로 반영한 것은, 1985년 태국의 가장 중요한 순례지 중 한 곳인 치앙마이Chiang Mai의 도이-수텝Doi Suthep 산에 관광과 경제 발전을 촉진하기 위해 케이블카를 건설하자는 제안에 대한 반응이었다. 불교와 생태 사이의 관계에 대한 국제적 학술 논쟁이 진행 중이지만, 스폰셀Sponsel과 나타데차-스폰셀Natadecha-Sponsel(1992)은 불교가 실제로 태국의 환경 위기 대처와 관련이 있다고 생각한다. 수잔 달링튼Susan Darlington(1998; 2012)은 그러한 연관성을 부정하는 대부분의 연구가 환경 위기에 적극적으로 참여하려는 불교도들의 의식적인 노력을 조사하지 않았다고 주장한다.

달링턴의 지적에 따르면, 환경을 보호하는 태국 승려들의 일을 얘기할 수 있는 사례가 많다는 것이다. 아잔 퐁삭Ajaan Pongsak은 치앙마이 근처 사원의 주지였는데 마을 사람들과 함께 빠르게 사막화되는 땅을 관개하고 재조림했으며, 마을주민과 공무원, 그리고 영구자연 센터의 다른 승려들을 대상으로 환경교육 프로그램을 운영했다. 현재 전국적으로 그들의 지역 사회에서 퐁삭의 모범을 따르는 수십명의 승려가 있다.(Brown 1992) 다른 사례에서 프라 솜키트Phra Somkit는 숲을 위해 자신의 마을에서 의연금을 모으고, 사찰 소유 토지에서 자연 통합 농장 모델을 유지하며, 정기적으로 아이들을 데리고 생태명상 산책을 한다.(Sanitsuda 1994) 테일러Taylor(1998)는 프라 프라작Phra Prajak, 루앙 포 난Luang Phor Naan 및 루랑 포 캄키안Luang Phor Khamkian 등의 유사한 작업에 대해 논한다. 프라크루 피탁Phrakhru Pitak은 그의 NGO(비정부조직) '우리는 난Nan 주州를 사랑한다'를 이용하여 그의 지역 공동체 너머에 있는 청중에게 다가간다. 피탁의 보존 프로그램에는 많은 활동이 포함되어 있지만, 그중에서도 그와 다른 승려들이 사용한 '나무 수계' 의식은 위협받는 숲을 보호하기 위한 대중적인 항의 행위가 되었다. 이 의식에서 나무들은 승려의 사프란 가사로 덮이고 변형된 수계의식이 거행된다. 태국인들은 이 나무를 자르는 것을, 승려를 죽이는 일과 같은 종교적 벌점의 형태로 볼 것이다; 따라서 이 의식은 태국인들에게 자연이 인간만큼 존중되어야 함을 상징적으로 상기시키는 데 사용된다.(Darlington 1998)

많은 숲 승려들이 그들의 전통이 국가의 숲과 함께 빠르게 감퇴함에 따르는 필요 때문에 환경 운동가가 되었다. 차이야품Chaiyaphum의 왓 파 수카토Wat Paa Sukhato는 이 지역에 유일하게 남은 숲을 가진 숲 사원의 전형적인 예다. 방콕 근처의 숲 사원의 한 주지는 그가 상상한 대로 사람들이 불법을 듣기 위해 그에게 오지 않는다고 생각한다. 그들은 나무 심는 법을 배우기 위해 그를 찾아온다.(Sanitsuda 1988) 태국의 환경보호주의에 관한 책에서 테일러(1998)는, 북동쪽 지역 두 명의 숲 보호 지향적인 승려, 프라 밴 타나아카로Phra Baen Thanaakaro와 프라 완 우타모Phra Wan Uttamo의 작업에 대해 논의한다. 숲 승려들은 자연에 대해 좀 더 도구주의적인 관점을 취하는 경향이 있다. 숲은 내면의 영적 여정에 있는 사람에게 다르마의 통로다. 더 나아가, 붓다다사 비구는 다르마와 자연을 동일시하고, 자연의 가르침에 조화를 이루는 것이 다르마와 하나가 되는 일에 버금간다고 본다. 사실 자연을 뜻하는 태국어 담마찯(thammachat)은 담마(thamma: Dharma; 법)를 어근으로 가지고 있다. 그렇다면, 붓다의 견지에서는 자연 파괴가 다르마 그 자체의 파괴다.(Santikaro 1996)

이러한 사원의 참여 사례는 불교의 사회 및 환경 윤리 존재에 대한 강력한 증거를 제공한다; 그러나 재가자 참여로부터 더 강력한 증거가 나올 수 있다. 주로 재가자 조직인 태국의 '산티 아소케(Santi Asoke) 불교 개혁 운동'의 윤리적 신념과 실천은 스리사 아소케(Srisa Asoke)라는 한 공동체에 대한 1년 동안에 걸친 민족지학적 연구에 기록되었다.(Essen 2005) 아소케 그룹의 철학의 핵심에는 자본주의에 대한 날카로운 비판, 특히 태국 사회의 근본적 문제인 만연한 탐욕, 경쟁, 착취에 대한 비판이 있다. 그들의 관점에서는, 서구 문화의 세계적 흐름에 영향을 받은 현대의 '사회적 선호'와 자본주의는 인간의 고통과 자연의 파괴를 가중한다는 것이다. 이러한 세력에 대항하기 위해, 아소케 운동은 불교와 태국의 윤리와 가치에 기반한 아소케 고유의 발전모델인 공덕주의 또는 분니욤(bun-niyom)을 제안한다. 1997년 경제 위기 동안 7개의 아소케 공동체가 번성했고, 계속해서 그렇게 잘 되고 있다는 사실은 공덕주의의 성공에 대한 증거이다.

공덕주의의 원칙은 '적게 소비하고, 열심히 일하라. 그리고 나머지는 사회에 줘라'라는 슬로건에 표현되어 있다. 이 슬로건은 공허한 미사여구가 아니라, 아소케 주민들에 의해 매일 수많은 방법으로 행해지고 있다. 첫째, 주민들은 불교의 계율(최소한 가구주의 기본적인 5계이지만 종종 최대 10계까지)을 준수하며, 공동 자원을 공유(예: 조리, 식사 및 텔레비전 시청은 공동 회관에서 함께)하고, 그리고 서구의 환경 칙령인 '네 가지 R운동〔The Four Rs: 재활용(recycle), 재사용(reuse), 수리(repair), 거부(reject)〕'에 따라 소비를 제한한다. 슬로건의 두 번째 구성 요소 '열심히 일하라'에 대해 말하자면, 아소케 주민들은 시골 공동체에서 스스로를 부양해야 하므로 가장 확실하게 열심히 일한다. 많은 사람이 바른 생활의 공덕주의 버전인 '나라를 구하는 3대 공약'을 통하여 그렇게 하고 있다. 이러한 세 가지 공약, 즉 자연 농업, 화학 물질 없는 비료, 그리고 폐기물 관리는 유기 폐기물이 농작물을 위한 비료로 퇴비화되는 회로를 형성한다. 즉 사람들이 농작물을 먹고 그 배설물은 다시 농작물의 비료가 된다. 세 번째 구성 요소인 '나머지는 사회에 줘라'는 불교의 기둥인 무아無我를 수련하는 것이다. 아소케 운동은 그들의 잉여 시간, 에너지 및 자원을 내어줌으로써 태국 사회의 물질적, 정신적 발전을 여러 가지 방법으로 돕는다. 예를 들면, 그들은 공덕주의 개념을 추진하면서 대중에게 건강한 음식과 유용한 상품을 저렴한 가격으로 제공하는 채식 레스토랑과 비영리 시장을 운영한다. 가장 시간-에너지-자원 집약적이고 외향적인 활동 대부분은 아소케 삶의 방식에 있는 무료 교육훈련이다. '다르마는 사람을 만들고, 사람은 국가를 만든다'라는 세미나에서 일반 태국인에게 특정 지식과 불교 도덕률(아소케)과 직업, 특히 세 가지 공약 분야의 기술을 가르친다.

적게 소비하고, 열심히 일하고, 나머지는 사회에 기부함으로써 아소케 운동은 형식적이며 실질적 합리성에 의해 알려진 환경 및 사회 윤리의 모범을 보여준다. '나라를 구하는 3대 공약'은 무농약 농업을 통해 그들의 물질적 생존이 직접적으로 의존하는 환경을 보존하기 위한 실용적인 윤리를 설명한다. 그들의 서양식 환경 칙령인 '네 가지 R운동(The Four Rs)'의 채택은 또한 이러한 실천이 그들이 무아(anattā)를 성취하기 위한 수단인 소비를 최소화하는 데 도움이 되기 때문에 도구적 윤리를 반영한다. 그러나 그들의 자연의 고유한 가치에 대한 인식은 또한 실질적인 윤리를 암시한다. 스리사 아소케 Srisa Asoke에 있는 한 스님은 여러 해 전에 이주한 산림 거주자를 언급하면서 그들의 복잡한 세계관을 설명했다:

> 아소케 사람들은 풍요와 완전함을 이루기 위해 환경을 건설하고 개발하려고 노력한다. 잘 자라는 토양, 성실, 숲이 우거진 그늘, 부드러운 산들바람, 아름다운 경치, 선의의 풍요로움, 일하는

> 에너지, 다르마 안의 즐거움, 그리고 업의 심오함, 악행, 오온(五蘊: 색, 수, 상, 행, 식), 자연스러운 일을 하는 것의 느낌을 불러일으키기 위해서 노력한다.(개인 통신)

그러한 정서는 필요에 의해서뿐만 아니라 마음챙김을 통해 생겨나며, 자연의 즉각적인 사용 또는 교환 가치에 구애받지 않고 견디는 더 깊은 윤리를 불러일으킨다.

아소케 그룹은 도구적이면서 동시에 실질적인 사회적 윤리를 비슷하게 구현한다. 이 그룹의 주는 것에 대한 강조는, '불교는 사회적 책임을 일으키지 않는다'라는 베버Weber의 주장을 반박하지만, 이 윤리의 동기는 추가 분석이 필요하다. 첫눈에, 아소케 구성원들의 다른 사람들을 도우려는 열망은 연민 또는 카루나[4]에 의해 설명되는 숭고한 불국토 중 하나이며, 보편적으로 인정된, 그 자체로 가치 있는 불교 윤리이다. 그러나 몇 달 동안 아소케 주민들과 대화하는 동안 카루나는 거의 언급되지 않았지만, 공덕(bun) 또는 공덕 쌓기(tombun)는 하루에도 여러 번 나왔다. 왜냐하면, 공덕 쌓기는 더 나은 환생과 궁극적인 깨달음을 낳고, 그들의 주고자 하는 추동력은 더 도구주의적일 수 있기 때문이다. 그렇기는 하지만, 공덕 쌓기 행위를 하면서도, 교육 세미나, 기숙 학교, 그리고 대중을 위한 시장을 통해서 아소케의 삶의 방식을 전파하기 위한 노력도 또한 사람들의 삶을 개선하려는 순수한 열망에서 영감을 받는다. 이러한 관점에서

---

4 역주: 연민의 마음(karuṇā, 비悲), 보통 mettā(자慈)와 함께 쓰임.

아소케 구성원들은 비록 그들의 행동에 그런 라벨을 붙이지 않더라도, 실제로 자비의 윤리에 의해 동기가 부여된다.

업의 윤리 (재가자를 위한)

산티 아소케 불교 개혁 운동(Santi Asoke Buddhist Reform Movement) 사례연구는 승려가 불교 인구 가운데 소수에 불과하다는 점을 상기시킨다. 평생 종교 활동에 헌신하는 사람은 거의 없으며, 그렇게 하는 사람 중 많은 사람이 어린 시절 먹고 입고 교육받기 위해 가난한 가족들에 의해 사원에 보내졌다. 더 일반적으로는 태국의 젊은 남성은 청소년기와 결혼 사이의 통과 의례로서, 한 하안거 기간[5]에, 수계 관습에 따라 일시적으로 승려가 될 수 있다. 이 수계 관습은 청소년들에게 불교의 지혜, 도덕률 및 명상에 대한 더 높은 훈련을 통한 인격 향상을 기대한다. 이것은 또한 맏아들이 짧은 기간 동안 승려가 됨으로써 어머니에게 공덕을 쌓을 수 있게 하는 효행의 관습이기도 하다. 이 점은 해탈을 지향하는 사람들에게 업 윤리의 힘을 암시한다.

따라서 만약 불교 수행 대부분이 승가 밖에서 일어난다면, 재가불자가 된다는 것은 무엇을 의미할까? 인류학자 닐스 멀더Niels Mulder는 대다수를 차지하는 관습적인 신자들에게 불교는 삶의 방식이자 정체성이며 원초의 '태국다움'을 만든 핵심이라고 본다.(1996: 129) 태국 문화와 사회생활에서 불교가 중심적 위치에 있는 점을 고려할 때,

---

5 역주: 저자는 원문에서 Lenten period라고 표기했는데 하안거를 뜻하는 Vassa를 영어로 Buddhist Lent(불교 사순절)라고 번역하는 데에서 그리 한 것 같다.

인류학 문헌의 중심적 질문은 역사적으로 '이 세상에 뿌리를 둔 일반 대중이 어떻게 속세 포기에 헌신하는 종교를 고수할 수 있을까'에 관한 것이다.(Tambiah 1968: 41) 재가불자 수행에 대해 생각하면서, 탐비아는 통찰력 있는 제안을 한다:

> 우리가 종교 사상과 세속적 이해 사이에 변증법이 있다는 사실을 염두에 두면, 종교 행위의 두 가지 흥미로운 측면, 즉 실존적 불안이 '윤리적'인 것을 생성하는 것과 특정 방식으로 공식화된 '윤리'가 행위자들에 의해 인간 능력의 범위 안에 있는 것으로 보이게 하는 이유를 더 잘 이해할 수 있을 것이다.(Tambiah 1968: 45)

이 역설에 대한 막스 베버의 해법은 공식 교리와 함께 발전하는 대중들의 종교이다.(Max Weber, 1958) 베버를 따라 가나나드 오베이세케레Gananath Obeyesekere[6]는 다음과 같이 주장한다:

> 정통 교리에서는 평신도에 대한 처방이 매우 부적절하여 대중의 요구에 압박을 받아 불교 농민의 (작은) 전통을 발전시켰는데, 일부 요소에는 교리적 정당성이 없다. 이러한 요소들은 적어도 부분적으로는 계속해서 번성해 왔는데, 그 이유는 정통(위대한) 전통이 재가자 구원론에 중점을 두지 않았기 때문이다.(1968: 26)

---

6 역주: 1930~, 스리랑카 출신, 프린스턴 대학교 인문학과 명예교수.

여기서 오베이세케레는 레드필드Redfield에 의해 대중화된 '위대한 전통'과 '작은 전통' 이론을 언급한다:

> 한 문명에는 성찰하는 소수의 '위대한' 전통이 있고, 대체로 성찰하지 않는 다수의 '작은' 전통이 있다. 위대한 전통은 학교나 사원에서 함양되고; 작은 전통은 마을 공동체의 문맹자들 삶에서 스스로 작동하고 스스로 유지된다.(1956: 70)

베버와 오베이세케레 모두는 불교에서 해탈은 오직 승려의 길을 따르는 이들에게만 가능하다고 주장한다; 그러나 오베이세케레는 구원은 선업을 쌓아 더 나은 삶(승려로서)으로 환생하는 사람에게 결국은 가능하다고 허용한다. 또는 대안으로 오베이세케레는 실제 (교리에 반하여) 불교에서는 개인이 마술을 사용하거나 적절한 신에게 호소하여 악업의 영향을 제한할 수 있다고 말한다. 이렇게 해서 작은 전통에 대한 큰 논쟁이 시작된다: 다른 인류학자들은 오베이세케레 연구의 많은 부분을 존중하지만, 그들은 이 특정 이론은 부정확하고 현실을 지나치게 단순화했다고 주장한다.

태국에서 광범위한 민족지학적 연구를 수행한 탐비아는 '영혼 숭배'는 이런 '작은 전통'의 정의보다 더 복잡하다고 주장한다:

> '작은 전통'은 일부 작가들이 '애니미즘'이라고 부르는 현상이며, 불교 이전의 것으로서 확인한 사이비 역사적 추측이다. 더구나 그들은 그것을 불교와 양립할 수 없는 것, 그리고 불교와 함께

> 결합할 수 없는 것으로 다양하게 취급했다. 실상은 그것과 불교와의 관계는 단순하지 않고 반대, 상보성, 연계성, 위계 등을 포함하기에 복잡하다.(1970: 263)

인류학자 찰스 키즈Charles Keyes(1983a)는 더 나아가 오베이세케레의 이론은 남아시아인과 동남아시아인들이 업의 문제가 아닌 일상적인 문제를 해결하기 위해 마법과 영혼을 불러내기 때문에 부정확하다고 주장했다. 가정과 일 모두를 보호하는 현지 영혼을 위한 '영혼의 집'은 태국 어디에나 있다. 이와 유사하게, 모든 도시에는 시민들이 공물을 바치고 물질적 부와 복지를 구하는 지역 수호신을 모시는 사당이 있다. 게다가 이런 영혼들을 기리기 위한 로이Loei 지방의 피이따콘Pii Ta Khon 축제가 열기기도 한다. 일부 성지의 숲 승려의 부적도 또한 교육받은 도시인들 사이에서조차도 꽤 인기가 있다. 이 부적은 착용자를 안전하고, 부유하고, 용감하고, 영리하게 만드는 초자연적인 힘이 있다고 여겨진다.(Tambiah 1984) 마지막으로, 승려들은 종종 축복 의식을 거행하도록 요청받는데, 질병이나 위험을 초래하는 악령으로부터 보호할 목적으로 성수를 뿌리고, 새 집이나 새 자동차의 문 위에 기호를 그리거나 손목에 흰색 끈을 묶는다. 요컨대 '영혼 숭배'와 업보에 관한 생각이 어떤 사람들의 마음속에서 뒤섞일 수 있지만, 그런 관행은 의도적인 윤리적 (또는 비윤리적인) 행위와 관련이 없다.

재가자가 사용할 수 있는 실행 옵션의 문제로 돌아가서, 찰스 키즈는 오베이세케레가 말한 대로 동의한다(1983a): 재가자 생활에 대한 불교의 도덕 규약(sīla)이 모호하고, 그리고 '인간적으로는 규약 조항 그대로 수행하기 불가능하다.…'(Obeyesekere 1968: 27) 그러나 키즈와 탐비아(1968) 모두는 이것이 재가자가 실행할 수 있는 교리상으로 파생된 유일한 옵션이 아니라고 주장한다. 비록 마법이나 영혼 어떤 것도 과거의 업을 바꿀 수 없지만, 개인은 공덕을 쌓는 행위를 통해 미래의 업을 개선함으로써 과거 업의 부정적인 영향과 균형을 맞출 수 있다. 업은 불교가 독점하는 개념이 아니다. 그렇지만 불교는 '선행은 좋은 결과를 가져오고, 악행은 나쁜 결과를 가져온다'와 같은 인과관계의 법칙이 인간의 행동을 포괄하는 본성을 지배한다고 주장한다.(Payutto 1995: 7) 키즈는 좋은 업 또는 공덕은 거의 다양한 양으로 소유할 수 있는 물질로 간주되고, 이승의 세속적 미덕이나 능력으로 전환될 수 있을 뿐만 아니라, 죽을 때 좋은 환생을 보장하기 위해 사용되는 비축물로서 설명한다.(Keyes 1983b: 270)

태국인들은 업을 과거의 악행의 결과인 위바아까암wibaaggaam과 이번 생이나 다음 생에서 자신의 운명을 개선하기 위한 선행을 통해 축적될 수 있는 공덕(bun) 사이의 관계로서 개념화한다. 태국의 산티 아소케 불교 개혁 운동에 관한 민족지학적 연구를 하는 동안에(Essen 2005), 한 아소케 승려는 업의 법칙에 대한 그의 불안한 경험을 공유했다:

> 제가 방콕에서 (스리사 아소케로) 여행을 하다가 수린Surin 지방에 도착했을 때, 사고가 있었습니다. 차량의 불량 차축이 도로 한복판으로 떨어져 나갔던 것입니다. 저는 거의 죽을 뻔했습니

> 다. 제 두개골의 일부가 함몰되었고, 어금니가 느슨해져 피를 흘렸으며, 이쪽 눈이 튀어나왔습니다. 이 눈으로는 볼 수가 없습니다. 저는 운이 좋았죠. (그가 웃는다.) 그래서 저는 위바아까암을 믿습니다. 어렸을 때 집에 있을 때 저는 동물들을 죽이곤 했죠. … (닭의 목) 자르기가 끝났을 때도 닭은 아직 죽지 않았죠. 닭은 꿈틀거리고 몸부림쳤을 것입니다. 우리는 다리를 잡고 막대기로 세게 때렸을 겁니다. 머리가 부러지고 눈이 튀어나오고 붉은 피가 입에서 흘러나왔을 겁니다. 우리는 이 짓을 많이 했어요. 왜냐하면, 농부들이 서로 품앗이로 벼를 수확했고, 우리는 롱캑(long khaek: 방문 일꾼에게 음식 제공)의 풍습에 따라 음식을 만들었습니다. … 저는 위바아까암이 올 만큼 많이 죽였다는 느낌이 있었습니다. 그런데 언제? 저는 언젠가는 사고를 당할까 두려웠고, 사고가 난다면 분명 이런 식일 거로 생각했죠. … 그래서 저는 착한 일 하고, 희생하고, 다른 사람들을 돕는 것이 시급하다고 느꼈습니다. 제가 (업에 관한) 책을 읽었기 때문에, 그리고 저는 제가 업을 만들었다고, 그래서 반드시 업보를 받아야만 할 때가 반드시 올 것이라고 느꼈습니다. 느리든 빠르든, 이번 생 아니면 다음 생이든, 시간문제였죠. 제가 이 사고를 당했을 때 … 큭! 그것은 우리가 죽인 닭들과 같은 이미지였습니다. … 갑자기 저는 '오 호! 이건 위바아까암이다!'(개인 통신)

탄딘탐Than Din Thaam은 이 사고가 발생하기 몇 년 전에 있었던 승려 수계가 그의 생명을 구했다고 믿는다. 따라서 업으로 인한 미래의 고통을 줄이기 위한 '선행'의 긴급성은 재가자가 수도승으로 도약할 정도로 강력한 힘이 될 수 있다.

업은 평범한 사람들이 일상생활에서 경험하는 현상으로서, 붙잡기 어려운 깨달음의 개념보다 공덕을 통해 '훌륭한 불교도'가 되고자 하는 더 강한 동기 부여를 제공하는 것 같다. 따라서 공덕을 만드는 것(tombun)은 태국인 대부분의 불교 수행에 대한 이해의 핵심이다. 태국에서 공덕 만들기 행위의 전형적인 순위는 사원 건축 자금을 전액 지원하고, 승려가 되고, 아들이 승려가 되게 하고, 사원 수리를 위해 돈을 기부하고, 매일 승려에게 음식을 제공하고, 모든 불교 안식일 포살(Uposatha)을 준수하고, 엄격한 오계의 준수가 포함될 것이다.(Tambiah 1968: 69) 재가자 대부분은 도덕률과 명상을 공덕 쌓는 행위로써 낮게 평가하는 경향이 있다. 왜냐하면, 그들은 이러한 수행이 자기들의 능력 밖이라고 여기든지, 아니면 단순히 다른 우선순위가 있기 때문이다.

수잔 달링튼(1990)의 태국 북부 불교 발전프로젝트의 도덕률과 변화에 관한 연구는 윤리적 도식이 사회생활의 맥락에서 고려될 때 우선순위가 어떻게 경쟁하는지 보여준다. 이 개발 프로젝트에 참가한 마을주민들은 이 프로젝트를 진행한 주지가 신봉한 교리적 불교 전통의 '위대한' 원칙을 이상으로 존중하고 지지했다. 하지만 그들이 공유하는 도덕 체계의 요소가 일상생활에서 우선순위를 정하고 실천했던 방식에서 갈등이 발생했다. 주지는 의도와 행동의 개별적 노력을 강조했다; 그러나 북부 시골 사람들에게는 사회적인 것이 다른 무엇보다 중요했다. 달링턴은 다음과 같이 설명한다:

> 실제로, 이것은 마을 사람들이 불교에서 표현되는 개인행동의 이상을 인식하고 심지어 노력하는 동안에도 개인적인 관심사보다 사회적 의무와 관계를 우선시한다는 의미다. 그들은 모든 불교도가 따라야 하는 것으로 기대하는 계율을 받드는 일보다, 환대와 협력의 책임을 완수하는 데에 더 강한 도덕적 필요성을 느낀다.(1990: 8)

대부분 불교도의 사회적 내재성을 고려할 때, 가능한 공덕 만들기 활동으로 돌아가서 베푸는 행위는 특별한 주의를 받을 만하다. 존경받는 태국 학자 승려 프라 라자바라무니Phra Rajavaramuni에 따르면(1990), 상좌부불교 국가에서의 재가자 훈련은 도덕률(sīla)과 정신발달(bhāvana, 수행) 외에도 종교적 기부 또는 보시(dāna)를 공덕 행위의 세 가지 기초로서 〔높은 단계의 사원 수행인 계(sīla), 정(samādhi), 혜(paññā)보다는〕 강조한다. 달링턴의 연구에서 밝혀진 바와 같이, 라자바라무니는 주는 것에 대한 강조는 좋은 사회적 관계에 대한 재가자의 관심과 함께 이루어져야 한다고 제안한다. 다른 학자들(예: Gutschow 2004)은 사원과 가정의 필연적인 상호관계를 지적한다: 한 방향으로 흐르는 물질적 지원(즉 사원에 보시), 그리고 다른 방향으로 흐르는 정신적 지원은 해탈을 위한 최적의 조건을 만든다.

이 두 번째 관점은 불교가 개인의 해탈과 관련되어 있음을 상기시켜 준다. 따라서 베푸는 행위는 공덕을 얻기 위한 재가자 개인에게 가장 쉬운 방법일 수 있다. 공덕은 이번 생이나 다음 생의 더 나은 미래를 위해 그 또는 그녀가 투자할 수 있는 정신적 부의 통화이다. 정신적 부를 최대화하려면 주는 사람은 최고의 수익률을 제공하는 '공덕의 분야들' 중에서 선택해야 한다. 보시의 위계적 개념에 따르면, 보시를 받는 사람이 더 고귀하고 성취가 있을수록 더 높은 공덕의 영역을 차지한다. 그리고 물론 기부를 많이 하면 할수록 그 공덕이 더 커지기에, 위에서 언급한 바와 같이, 새로운 사원 건설은 승려에게 매일 자선을 베푸는 것보다 더 높은 순위를 차지한다.(Tambiah 1968)

흥미롭게도 키즈Keyes는 불교의 개인주의와 재가자의 사회성을 연결하는 관행을 확인했다. 그는 남아시아와 동남아시아의 대중적인 상좌부 전통이 한 당사자에서 다른 당사자로 공덕이 이전된다고 믿는 관행을 포함한다고 설명한다. 예를 들어, 태국에서는 승려로 수계한 남자가 공덕을 어머니에게 이전한다; 연로한 여성은 온 가족을 위한 공덕 만들기(tombun)를 하기 위해 거룩한 날에 사원에 갈 수 있다; 회사는 모든 직원의 이름으로 사찰에 돈을 기부할 수 있다.(아마도 스톡옵션에 대한 불교적 대안) 키즈는 이러한 관행이 사회적 의무를 우선시하는 사람들, 즉 속세를 포기하지 않은 사람들이 불교의 업 이론을 고수하는 것을 가능하게 만든다고 시사한다. 키즈는 다음과 같이 설명한다:

> 업과業果 전이에 관한 생각은 각 개인이 자신의 행동과 그 결과에 전적으로 책임이 있다는 가정에 입각한 완전히 윤리화된 업보 이론의 이념과 분명히 반대된다. … 어떤 사람의 현재 행위에 대한 도덕적 책임이라는 개념은 내가 사회적 명령이라고 부르는 것, 즉 사회 질서 요구에 자신을 헌신하라는 명령에서 파생된

다른 개념에 적용되었다.(1983a, 19-20)

따라서 이런 공덕 이전 행위는 불교를 '단일 개인의 전적으로 개인적인 행위(1958: 206)', '특히 어떤 사회 공동체도 도울 수 없는 자립적인 개인의 절대적으로 개인적인 행위'라고 보는 베버의 제한된 견해(213)가 틀렸음을 드러낸다. 이것은 적응의 구체적인 예일 수 있지만, 재가자 생활을 위한 불교의 관련성을 강조한다.

세속적 이익 윤리

누군가는 이 최종 범주에서 다루어진 이런 관행들에 윤리적이라는 라벨을 붙여도 되는지에 대해서 의문을 품을 수 있겠으나, 두 가지 이유로 여기에 포함된다: (1) 도시 중산층의 부상과 함께 일부 불교도는 불교에서 그들의 삶의 방식과 세계관에 맞는 더 세속적인 견해를 구한다. 그래서 그들에게 이런 관행들은 정말로 특정 목표로 향하는 올바른 행동으로 인도된다; 그리고, (2) 소수의 사회과학자가 그들이 '현대 도시불교 운동'이라고 부르는 것에 관심을 두어 왔고, 따라서 이 문헌에 대한 최소한의 간략한 언급은 이 검토에 포함되어야 한다.

세속적인 불교 윤리를 보여주는 유명 인사의 예는 전 방콕 지사 참롱 스리무앙(Chamlong Srimuang: 역사적으로 아소케 운동과 관련됨)인데, 그는 자기의 통치에 불교 원리를 적용함으로써 '미스터 클린'이라는 별명을 얻었다. 그의 전기는 그의 개인적인 정신 발전이 그와 그의 아내의 경력에 직접적으로 기여했음을 시사한다. 던컨 맥카고

Duncan McCargo(1997)에 따르면, 참롱이 처음 아내를 만났을 때 그녀는 오계를 지키는 독실한 불자였다. 참롱도 그녀와 똑같이 하기로 결심했다:

> 나는 담배와 술, 껌과 사탕을 끊었다. 우리는 시간을 낭비하는 영화를 함께 보러 나가거나 다른 형태의 오락에 탐닉하지 않겠다고 서원했다. 이런 식으로 우리는 서로 도왔고 아내도 공부를 아주 잘했다.(79)

참롱에 관한 자세한 연구에서, 맥카고는 불교의 기준에서 경박하다고 여겨지는 활동을 줄임으로써 이 부부는 학문과 정치적인 성공을 거두었다고 지적한다.

태국의 담마까야Dhammakāya 운동은 아마도 세속적 불교의 가장 극단적인 사례일 것이다. 매주 일요일 50,000명의 재가자가 방콕 전역에서 버스를 타고 이 매머드 현대식 사찰에 와서, 잘 조직된 의식에 참여하고, 드넓은 푸른 잔디밭 위에서 명상 수행을 한다. 왓 탐마까이(Wat Thammakai, 이 운동은 태국에서 알려져 있다)에 따르면, 명상은 사람들이 더 생산적이고 효율적으로 되도록 도와주고, 따라서 더 성공적인 삶을 달성하도록 한다.(Taylor 1989; 1990) 왓 탐마까이 접근법에서, 도날드 스웨어러Donald Swearer(2010)는 새로운 대중 종교운동의 몇 가지 특성을 확인했다. 특히 '직접적인 종교적 경험에 대한 강조; 단순하지만 구체적인 형태의 수행과 가르침; … 물질적 지향; (그리고) 현대인이 되고자 하는 욕망.'(139) 왓 탐마까이는 실제로 현대 불교도들의 입맛에 맞는 것 같다: 이것은 태국에서 가장 빠르게 성장하는 종교운동으로 군부와 정치 지도자들의 지원뿐 아니라 왕실의 후원에도 힘입어 태국 내 곳곳에 28개 센터를 세웠다. 더 퍼져나가, 최초의 국제센터가 1992년 미국에 설립되었으며 현재 세계적으로 38개의 센터가 있다.

이 운동이 지나치게 세속적이라는 비판이 많다. 스웨어러는 '수백만 달러의 자산, 공격적인 모집 방법 및 전도에 대한 상업적 접근 방식으로 종교는 "종교적 소비주의"로 특징지어졌다'라고 지적한다.(2010: 140) 테오도르 매이어Theodore Mayer(1996)에 따르면, 이러한 상향 이동성, 도시 중산층 운동은 정신적 성장을 위한 노력과 물질적 부의 축적 사이에 모순이 없다고 본다. 불교 경제학 학자들(예: Essen 2009)은 부를 축적하는 것이 불교 윤리의 문제가 아니라 사람이 그 부를 가지고 하는 일이라고 반박할 수 있을 것이다. 그러나 1999년에 왓 탐마까이의 주지가 자금 횡령(정확히 9억 5천 930만 바트) 혐의로 피소되었을 뿐만 아니라 상좌부불교 가르침을 왜곡한 것은 이 운동이 윤리적인 불교 행위의 모범이 아니라고 시사한다. 왓 탐마까이의 사례는 불교 이외의 목적을 달성하기 위해 불교사상과 수행을 조작할 가능성에 대한 경고이다.

결론

이 검토는 남아시아와 동남아시아, 특히 태국 불교 윤리의 실천을 탐구하는 이론과 민족지학적 증거를 모두 포함한 인류학 문헌뿐 아니라 기타 사회 과학 문헌을 조사했다. 결코 완전한 것은 아니지만, 특정 목표를 지향하는 바른 행동을 위한 지침으로 정의되는 다섯 가지 의미 있는 윤리 범주를 식별했다: (1) 국가 윤리 또는 정치 윤리; (2) 해탈의 윤리 또는 사원 윤리; (3) 사회 및 환경 윤리를 포함한 참여 윤리; (4) 재가자를 위한 업의 윤리; (5) 일부 현대 도시불교 운동에서 강조하는 세속적 이익의 윤리. 이 검토는 불교가 비정치적이고, 순전히 개인주의적이며, 또는 비사회적이고, '큰' 전통과 '작은' 전통으로 나눌 수 있는 세상을 등진 종교라는 주장에 반대했으며; 그리고 더 나아가 이 지역의 윤리적 불교 수행의 다양성과 복잡성을 보여주었다. 현대 소비주의의 압력과 깊게 자리 잡은 사회 및 환경 문제는 계속해서 증가하고 있으며, 현대 불교도들은 붓다가 가르친 정신(문자가 아니라도)을 실현하는 윤리적 지침이 훨씬 더 필요하게 될 것이다.

인용 문헌

Braun, A. A. (2009) Gross national happiness in Bhutan: a living example of an alternative approach to progress. *Social impact research experience journal (SIRE)*, 1–137. Available from:http://repository.upenn.edu/cgi/viewcontent.cgi?article=1003&context=sire [Accessed 2 December 2015].

Brown, K. (1992) In the water there were fish and the fields were full of rice: reawakening the lost harmony of Thailand. In: M. Batchelor and K. Brown (eds), *Buddhism and ecology*. London: Cassell, 87–99.

Darlington, S. (1990) Buddhism, morality, and change: the local response to development in northern Thailand. PhD diss., University of Michigan.

Darlington, S. (1998) The ordination of a tree: the Buddhist ecology movement in Thailand. *Ethnology*, 37 (1), 1-15.

Darlington, S. (2012) *The ordination of a tree: the Thai Buddhist environmental movement*. New York: State University of New York Press.

Eppsteiner, P. (1988) Foreword. In: S. Sivaraksa, *A socially engaged Buddhism*. Bangkok: Thai Inter-Religious Commission for Development.

Essen, J. (2005) *'Right development': the Santi Asoke Buddhist reform movement of Thailand*. Lanham, MD: Lexington.

Essen, J. (2009) Buddhist economics. In: J. Peil and I. Van Staveren (eds), *Handbook of economics and ethics*. Cheltenham, UK: Edward Elgar Publishers, 31-38.

Gutschow, K. (2004) *Being a Buddhist nun: the struggle for enlightenment in the Himalayas*. Cambridge, MA: Harvard University Press.

Kelly, A. (2012) Gross national happiness in Bhutan: the big idea from a tiny state that could change the world. *The Guardian*, 1 December.

Keyes, C. (1983a) Introduction: the study of popular ideas of karma. In: C. Keyes and E. V. Daniel (eds), *Karma: an anthropological inquiry*. Berkeley: University of California Press, 1-26.

Keyes, C. (1983b) Merit transference in the kammic theory of popular Theravada Buddhism. In: C. Keyes and E. V. Daniel (eds), *Karma: an anthropological inquiry*. Berkeley: University of California Press, 261-286.

McCargo, D. (1997) *Chamlong Srimuang and the new Thai politics*. London: C. Hurst & Co. Buddhist Ethics in South and Southeast Asia 277

Mayer, T. (1996) Thailand's new Buddhist movements in historical and political context. In: B. Hunsaker (ed.), *Loggers, monks, students, and entrepreneurs*. Dekalb, IL: CSEAS, Northern Illinois University, 33-66.

Mulder, N. (1996) *Inside Thai society: interpretations of everyday life*. Amsterdam: The Pepin Press.

National Economic and Social Development Board (2000) An introductory note: sufficiency economy. Paper presented at the 10th UNCTAD Conference, Bangkok, Thailand.

Obeyesekere, G. (1968) Theodicy, sin, and salvation in a sociology of Buddhism. In: E. Leach (ed.), *Dialectic in practical religion*. Cambridge, UK: Cambridge University Press, 12-18.

Office of the Royal Development Projects Board (ORDPB) (2004) The royal development study centres and the philosophy of sufficiency economy. Paper presented at The Ministerial Conference on Alternative Development: Sufficiency Economy, Bangkok, Thailand.

Payutto, P. (1995) *Good, evil, and beyond: kamma in the Buddha's teaching*. Bangkok: Buddhadamma Foundation.

Rahula, W. (1956) *History of Buddhism in Ceylon*. Columbo, Sri Lanka: M. D. Gunasena & Co.

Rajavaramuni, P. (1990) Introduction. In: R. F. Sizemore and D. K. Swearer (eds), *Ethics, wealth, and salvation: a study in Buddhist social ethics*. Columbia, SC: University of South Carolina Press, 1-11.

Redfield, R. (1956) *Peasant society and culture*. Chicago: University of Chicago Press.

Sanitsuda E. (1994) *Seeds of hope: local initiatives in Thailand*. Bangkok: Thai Development Support Committee.

Santikaro B. (1996) Buddhadasa Bhikkhu: life and society through the natural eyes of voidness. In: C. Queen and S. King (eds), *Engaged Buddhism: Buddhist liberation movements in Asia*. New York: State University of New York Press, 147-194.

Senanarong, A. (2004) His majesty's philosophy of sufficiency economy and the Royal Development Study Centres. Paper presented at The Ministerial Conference on Alternative Development: Sufficiency Economy, Bangkok, Thailand.

Seri P. (1988) *Religion in a changing society: Buddhism, reform, and the role of monks in community development in Thailand*. Hong Kong: Arena Press.

Sivaraksa, S. (2009) T*he wisdom of sustainability: Buddhist economics for the 21st century*. Kihei, HI: Koa Books.

Somboon S. (1976) *Political Buddhism in southeast Asia: the role of the sangha in the modernization of Thailand*. New York: St. Martin's Press.

Somboon S. (1988) A Buddhist approach to development: the case of 'development monks' in Thailand. In: L. T. Ghee (ed.), *Reflections of development in southeast Asia*. Singapore: ASEAN Economic Research Unit, Institute of Southeast Asian Studies.

Sponsel, L., and Natadecha-Sponsel, P. (1992) A theoretical analysis of the potential contribution of the monastic community in promoting a green society in Thailand. In: M. Batchelor and K. Brown (eds), *Buddhism and ecology*. London: Cassell, 45-68.

Swearer, D. (1989) Introduction. In: Bhikku Buddhadasa, *Me and mine: selected essays of Bhikkhu Buddhadasa*. New York: SUNY Press.

Swearer, D. (2010) *The Buddhist world of southeast Asia*. Second edition. New York: SUNY Press.

Tambiah, S. J. (1968) The ideology of merit and the social correlates of Buddhism in a Thai village. In: E. Leach (ed.), *Dialectic in practical religion*. Cambridge, UK: Cambridge University Press, 41-121.

Tambiah, S. J. (1970) *Buddhism and the spirit cult in northeast Thailand*. Cambridge, UK: Cambridge University Press.278 Juliana Essen

Tambiah, S. J. (1976) *World conqueror and world renouncer: a study of Buddhism and polity in Thailand against a political background*. Cambridge, UK: Cambridge University Press.

Tambiah, S. J. (1978) Sangha and polity in modern Thailand: an overview. In: B. Smith (ed.), *Religion and legitimation of power in Thailand, Laos, and Burma*. Chambersburg, PA: ANIMA Books, 111-133.

Tambiah, S. J. (1984) *The Buddhist saints of the forest and the cult of amulets: a study of charisma, hagiography, sectarianism, and millennial Buddhism.* Cambridge, UK: Cambridge University Press.

Taylor, J. (1989) Contemporary urban Buddhist 'cults' and the socio-political order in Thailand. Mankind, 19 (2), 112-185.

Taylor, J. (1990) New Buddhist movements in Thailand: an 'individualistic revolution', reform, and political dissonance. *Journal of southeast Asian studies*, 21 (1), 135-154.

Taylor, J. (1993) *Forest monks and the nation-state: an anthropological and historical study in northeastern Thailand.* Singapore: Institute of Southeast Asian Studies.

Taylor, J. (1998) Thamma-chaat: activist monks and competing discourses of nature and nation in northeastern Thailand. In: P. Hirsch (ed.), *Seeing forests for trees: environment and environmentalism in Thailand.* Chiang Mai, Thailand: Silkworm Books, 37-52.

Tiyavanich, K. (1997) *Forest recollections: wandering monks in twentieth century Thailand.* Honolulu: University of Hawai'i Press.

United Nations Development Programme (2007) Thailand human development report 2007: sufficiency economy and human development. Bangkok, Thailand: UNDP.

Weber, M. (1958) *The religion of India: the sociology of Hinduism and Buddhism.* Glencoe, IL: Free Press

추천 도서

Darlington, S. (2012) *The ordination of a tree: the Thai Buddhist environmental movement.* New York: State University of New York Press.

Keyes, C., and Daniel, E. V. (eds) (1983) *Karma: an anthropological inquiry.*

Berkeley: University of California Press.

Queen, C., and King, S. (eds) (1996) *Engaged Buddhism: Buddhist liberation movements in Asia*. New York: State University of New York Press.

Sivaraksa, S. (1988) *A socially engaged Buddhism*. Bangkok: Thai Inter-Religious Commission for Development.

Swearer, D. (2010) *The Buddhist world of southeast Asia*. Second edition. New York: SUNY Press.

Weber, M. (1958) *The religion of India: the sociology of Hinduism and Buddhism*. Glencoe, IL: Free Press

제14장 동아시아 불교 윤리

리처드 매드슨Richard Madsen

역사적 배경 그리고 현대의 변화

동아시아 불교의 대종은 대승불교이다. 중국과 한국, 일본, 타이완의 불교뿐 아니라 세계 각지 중국 화교들의 불교도 역시 대체로 대승불교이다.[1] 대승 전통의 가장 중요한 특징은 보살의 이상을 포용하는 것이며, 자신만을 위한 깨달음이 아닌 모든 중생을 위한 깨달음 성취에 대한 서원이다. 첫 번째 밀레니엄의 시작 무렵 중국에 전승된 대승불교는 당나라(618-905년)의 국교가 되었고, 비록 후대 왕조에서 그 지위를 잃기는 했어도 중국 문화의 중요한 환경으로서 남아 있다. 송나라 때(960-1278), 대승불교는 나중에 성리학이라고 불리게 된 전통을

1 필자는 Jake Lory와 Payton Carrol의 연구 지원에 대해 감사드린다.

형성하는 데 도움이 되었으며, 또한 일반적으로 유교 및 도교와 혼합하여 봉행되었다. 주요 사찰들은 국가의 후원을 받았고, 일반적으로 황제의 통치를 지원했다. 그렇게 함으로써 불교 사원들은 정치 패권적 유교 전통의 윤리 체계를 채택했다. 그러나 '정통적이지 않은' 불교 종파가 있었는데, 이것은 일반적으로 일부 정통 사회 관습에 도전하고 때로는 임박한 미륵불 도래에 대한 기대를 통해 사회 운동에 영감을 불어 넣은 재가자에 의해 주도되었다.(Overmyer 1976) 중국 한족의 불교 전통은 많은 다른 법통과 종파를 만들어냈는데, 그중 지배적인 것은 정토종과 선종이다.

당 왕조 시대에 이러한 법통과 종파가 한국, 일본, 그리고 나중에 베트남에도 전승되어 이 나라들의 문화의 중요한 부분이 되었다. 사회학자 양C. K. Yang이 말한 것처럼, 불교는 일상생활 속으로 깊게 내장되었고 '확산'하였다.(Yang 1961) 환생과 업과 같은 불교의 개념은 일반적인 어휘 일부가 되었다. 사찰에 서 있는 불상과 보살상은 모든 마을과 이웃에서 볼 수 있었다. 하지만 그 불상들은 도교의 신선, 유교의 현자, 민속 전통의 신격화된 영웅들과 공간을 공유했다. 제도적으로 분리된 종교로서의 불교는 약한 존재일 뿐이었다.

물론 동아시아에는 사찰들이 있었지만, 사찰은 보통 인생 패자들의 피난처로 여겨졌다. 승려들은 특별한 서비스를 제공하도록 요청받았는데, 특히 장례식에서 독경하는 요청을 받았다. 재가자는 일반적으로 사원에서 위안을 구하지 않았다. 어느 사찰에서나 비구나 비구니의 서비스를 받기 위한 회원 자격 요건이 요구되지 않았고, 의식 서비스가 이루어질 때마다 간단한 비용으로 이루어졌다. 재가자들은 여러 가지

각기 다른 경우마다 다른 사원에서 다른 신들을 참배했다. 어떤 사람이 아들 낳기를 원할 때는 관세음보살에게 기도하지만, 병을 고치기 위해서는 도교의 신선에게 기도할 수 있었을 것이다. 사찰을 선택하는 것은 하나의 종교적 믿음에 대한 신실한 애착에서가 아니라, 특정 목적에 평판이 좋은 특정 신의 마법적 효능에 이끌려 이루어졌다.(Yang 1961: 328)

불교의 윤리 사상은 사람들의 평생에 걸쳐 두루 영향을 미쳤다. 사람들은 일반적으로 오계의 내용을 알고 있었다. 그들은 내세에 어떻게 될 것인지를 가늠하는 공덕 장부를 유지했다. 무서운 사천왕의 이미지와 지옥에서의 고통 묘사는 악을 피해야 한다는 경고의 교훈을 전달했다. 그러나 사원 계율 밖에서 도덕적 딜레마를 통해 재가자를 안내하는 조직적인 불교의 권위가 없었다. 그리고 사찰 생활은 롤모델이 아니었다. 19세기 말 중국에서 승려들의 대중적인 이미지는 그들이 무지하고 부패했다는 것이었다. 피터 반 데어 비어Peter Van der Veer는 다음과 같이 요약했다: 불교 성직자들은 '무식한 바보로뿐만 아니라 범죄자, 술주정뱅이, 식탐가, 그리고 무엇보다도 성적으로 방탕한 자로 묘사되었다.'(Van der Veer 2011: 148)

19세기 중반부터 제국주의 침략, 정치적 격변, 전쟁, 그리고 혁명의 도가니에서 불교 승려와 재가 추종자들은 전례 없는 현대성의 윤리적 도전에 대처하기 위해 전통을 개혁해야 하는 과제를 안게 되었다. 20세기에 중국 승려 태허太虛(1890-1947)와 그의 추종자들과 같은 개혁가들은 '인간 영역'에서 불교에 대한 새로운 비전을 전파했다.(人間佛教) 이 현대화된 불교는 아시아의 일부 다른 지역에서는 다른 형태를 취하고 다른 이름으로 통용된다. 틱낫한Thich Nhat Hanh은 그것을 '참여 불교'라고 불렀지만, 대만과 홍콩에서 이것을 언급하는 영어 글에서는 일반적으로 '인본주의 불교'라고 불리는 반면, 한국에서는 '대중불교'라고 불릴 수 있다. 이름이야 어떻게 불리든, 이것은 현대 세계의 자본주의적 탐욕, 기술에 대한 망상, 무력화武力化된 분노를 넘어서 불교도들을 안내하는 것을 목표로 한다.

현대 개혁가들은 불교 교리를 재해석하고, 불교 교육을 개혁하고, 승가를 재구성함으로써 불교를 국가 현대화와 민족 구원에 관련시키기 위해 분투했다.(Pittman 2001) 이것은 불교를 보존할 목적뿐만 아니라, 세속적 민족주의에 이바지하기 위함이기도 했다. 이 프로젝트는 전쟁과 혁명에 휩싸였다. 증오와 계급투쟁이 그날을 지배했다. 하지만 20세기 후반기에는, 특히 대만에서 이러한 '인본주의적 불교'의 비전은 진정으로 보편주의적이고 세계화한 비전으로 확장되었고, 동아시아 개발도상국의 신흥 중산층에게 큰 호소력을 갖기 시작했다. 20세기 말까지 현대 동아시아 불교 지도자들은 자신들의 사원을 위한 체계적인 훈련 프로그램을 개발했고, 불교교육과 체계적인 수행을 위한 자체적 자원으로 대규모 재가자 조직을 설립했다.

그들은 또한 불교사상과 가치를 발전시키고 전파하기 위해 대학, 초등 및 중등학교를 설립했다.(Madsen 2007) 비록 일본에서 창가학회 운동이 자체의 정당을 만들기는 했어도, 이러한 동아시아 불교 조직 대부분은 정치에 직접 관여하지 않았다. 지도자들은 자신들의 메시지를 전파하기 위해 현대 매체를 광범위하게 사용했다.

한편 동아시아 전역의 농촌에서는 농민들이 사회적으로 내재한 혼합된 다신교의 일부로서 불교를 계속해서 실행했는데, 새로운 신들이 정기적으로 그 혼합에 추가되었다. 예를 들어, 필자는 최근에 한쪽에는 관음보살, 다른 한쪽에는 마오쩌둥毛澤東의 이미지가 있는 원형 양각 장식을 보았는데, 자비로운 급진주의라 할 수 있겠다!

동아시아 농촌 생활의 다신교적 혼합주의는 20세기 초기에 도시 지역에서 번성했던 '구제적 사회'에서 더욱 정교하고 확장된 형태를 취하게 되었다. 이러한 형태는 불교 교리와 유교, 도교, 심지어 기독교 전통의 윤리적 가르침을 결합했다. 그들은 종종 교리를 발전시키기 위해 샤머니즘적인 점술을 사용했고, 수백만 명의 재가 추종자들을 끌어들였다. 이들 중 일부는, 중국에서 창립되었으나 현재는 특히 대만과 동남아 전역에서 아직 활발하게 활동하고 있으며 신흥 일본 종교의 형태로 남아 있는 영향력 있는 '정일도正一道(Unity Way)'의 후예들을 남겼다. 불교의 영향은, 중국에서는 '사이비 종교'라고 박해를 받아오고 있지만 전 세계적으로는 존재감을 과시하고 있는 파룬공法輪功 같은 기공氣功 그룹에도 분명히 나타나고 있다.(Goossaert and Palmer 2011: 91-121; 306-313) 비록 불교의 가르침이 이 모든 혼합주의적 종교 관행 형태의 중요한 구성 요소이기는 하지만, 이 구성 요소를 분리하고 그 영향력의 실제 범위를 평가하기는 어렵다. 또한 그 혼합주의 형태에서 현대와 포스트모던 산업 사회의 특정한 딜레마에 대한 불교 특유의 해답을 추출하기도 어렵다.

따라서 우리는 이 장의 나머지 부분에서 오래된 전통과 함께 연속성과 변화의 영역을 보여주면서, 수백만 명의 재가 추종자의 도덕적 삶을 형성하게 만든 명확한 대응을 발전시킨 20세기 후반 현대 불교 조직에서 등장한 동아시아 불교 윤리에 중점을 둘 것이다. 널리 퍼진 민속불교의 지배적인 윤리는 행운을 가져다주는 윤리라고 부를 수도 있겠다: 바람직한 환생의 좋은 결과를 얻으려면 선을 행하고 악을 피해야 한다; 악을 피할 수 없다면, 승려나 다른 사람들에게 자신을 대신하여 의식을 거행하도록 비용을 냄으로써 최소한 보상적 공덕을 얻을 수 있다. 그러나 고전적 가르침에 대한 모더니즘적 해석에 기초하여 20세기 불교 개혁가들에 의해 전파된 윤리는 서양 철학자들이 말하는 덕 윤리와 더 유사하다. 즉 자신 안에 묻혀 있는 불성의 잠재성을 실현할 수 있고, 세상을 더 나은 상태로 끌어 올리는 데 도움을 줄 수 있는 보살이 되는 목표에 도달하는 선을 분별하고 실천하는 능력을 꾸준히 확장해야 한다는 것이다.

그러한 불교 윤리에 대한 체계적인 논문은 존재하지 않는다. 내 글은 불교 지도자들의 법문, 그리고 특히 현대 동아시아의 보살 이상의 실현 과제에 대한 수행자들의 응답으로부터 수집되었다. 비록 현대 동아시아 불교에는 교황이 없고, 즉 바른 가르침을 결정하는 단일 권한이 없지만, 공통 주제를 식별하는 많은 불교 마스터의 다양한 가르침이 있다.

불교와 가족

유교 윤리의 상당 부분을 차용한 동아시아의 윤리적 담론의 출발점은 가족 관계다. 현대의 과제는 도시화와 산업화가 초래한 사회 붕괴에 직면하여 그런 관계를 어떻게 유지하는가이다. 그러나 현대의 동아시아 불교도들은 가족을 넘어서서 국가 공동체를 포함한 더 넓은 공동체에 대한 과제, 그리고 마침내 첨단의 전쟁과 생태 파괴로 위협받는 지구와 모든 중생의 운명에 대한 과제에 직면하게 된다.

불교도들은 그러한 과제에 대처하기 위한 일련의 규칙을 개발하지 않았다. 그들은 단순히 오계를 실천하고, 실재實在의 근본적인 상호-연관성에 대한 깊은 인식 함양을 위한 다양한 숙련된 방편을 통해, 대자대비와 진정한 지혜로 새로운 상황에 대응할 수 있는 미덕 함양의 길을 찾는다. 지배적인 윤리는, 적어도 동아시아의 공통된 불교 의식을 형성하는 스승들에 의해 촉진되는 윤리는 덕행이며, 복잡한 도덕 규칙의 적용이 아니라 모든 곳에서 고통받는 중생들에게 치유와 깨달음을 가져다주기 위해 적절하게 동기를 부여받고 현명하게 인도될 수 있는 광범위한 도덕적 자아의 함양이다.

비록 가족을 포기하고 사원 생활에 들어가는 것이 이상적이지만, 현대 동아시아 불교 운동은 많은 재가 추종자들을 동원하고 조직하기를 원한다. 그들은 좋은 가족 구성원이 되는 것, 즉 자상한 배우자나 효성스러운 자식이 되는 것 또한 훌륭한 업의 씨앗이며 재가자들도 불법을 전파하는 데 승려만큼 힘을 가지고 있다고 강조한다.

유교의 윤리적 가르침에 따라, 불교 스승들의 가르침은, 가족 관계는 계약이 아니라 부모/자식, 남편/아내, 형/제 자/매 등의 상호의존적 역할의 원초적 체계에 의해 결정된다는 것이다. 훌륭한 불교도를 위한 윤리적 과제는 가족이 화목할 수 있도록 자애로운 부모, 충실한 배우자, 그리고 책임감 있는 형제자매로서 해야 할 역할을 잘 수행하는 것이다. 남편이 정부와 바람을 피우고 있는 여성이 조언을 구했을 때, 타이완의 정사정사靜思精舍의 (자제회慈濟會 이사장) 쳉엔 스님證嚴法師[2]은 그녀가 인내심을 갖고 남편에게 여전히 충실해야 하며 남편이 사랑하는 사람을 사랑하는 법을 배우라고 대답했다.(Rebirth 1997: 148)

이러한 도전은 현대의 사회적 조건에 의해 새로운 차원으로 제기된다. 현대 도시산업 사회는 가족 역할의 조화로운 연동에 대한 강력한 지원을 제공하지 않는다. 아이들은 교육과 직업을 찾아 먼 곳으로 떠나가고; 아내들은 그들의 증가하는 독립성의 척도를 제공하는 전문직을 맡고; 다양한 경제적, 정치적 기회들은 형제자매들을 단순한 농경사회였을 때 생각할 수 있는 것보다 더 멀리 밀어낸다. 이러한 도전에 직면했을 때, 불교 법사들은 가족 구성원에게 자신의 역할을 계속 수행하되, 큰 자비의 렌즈를 통해 어떻게 역할을 해야 하는지 다시 생각해 보라고 조언한다. 예를 들어 부모에게서 멀리 떨어져 사는 자식들은 계속 효도해야 하지만, (부모와 정기적인 통화로 접촉하는 것 외에) 사회복지기관, 특히 자비로운 불교도가 운영하는 기관을 통해 부모를 도울 방법을 찾아야 한다는 것이다. 남편과 아내는 가부장적 권위가 아니라 상호 존중과 지원에 기반한 관계를 발전시켜야 한다. 이는 효도와 같은 덕의 함양을 통해 이루어지지만, 매우 역동적인 방법으로 보살도를 따라 모두를 위한 큰 자비를 베풀면서 새로운 도전에 지혜롭게 대응할 수 있는 도덕적 성품을 계발하는 것이다.

---

2 역주: 1937~, 타이완의 비구니 스님, 자선단체 불교자제자선사업기금회佛教慈濟慈善事業基金會(줄여서 자제회) 설립.

재가자에 대한 조언에서 제공되지 않는 것은, 해서는 안 되는 일을 규정하는 사원 비나야〔계율〕와 같은 명확한 규칙 세트이다. 권고는 부정적인 경고의 문제라기보다 훨씬 더 긍정적인 격려의 문제이다. '숙련된 방편'이라는 개념은 잘못된 행실에 대한 책망을 자제하는 데 사용된다. 그 노력은 수행자가 앞이 보이지 않는 도전에 적절히 대응하는 지혜와 더 큰 자비를 향하는 길을 따르도록 격려하는 것이다.

공공 영역으로의 가족 윤리 확장

대승불교 윤리의 주요 특징은 모두에게 자비를 확장하려는 의도이다. 따라서 동아시아 불교는 수행자들이 직계 가족의 범위를 넘어서 사랑과 보살핌을 제공하도록 권장한다. 그러나 이를 수행하는 방법에 대한 언어는 가족 내에서의 역할을 수행하는 언어를 반영한다. 도덕적 논리는 가족 관계를 뒤에 남기고 떠나는 것이 아니고, 그 관계를 세상을 대가족처럼 대하면서 세상 전체를 포괄하도록 확장하는 것이다. 타이완 불광산 사원 창립자 싱윤星雲 스님[3]은, '생명의 가치를 완전히 이해하기 위해서는, 우리는 우주를 우리의 부모로서, 그리고 모든 존재 형태를 우리의 형제자매로서 인식해야 합니다'라고 말한다.(Hsing 2003: 19) 가족 윤리가 가족 구성원 각자의 특정 역할 수행에 기반하는 것처럼, 우리는 더 넓은 세상에서 우리에게 놓인 다른 역할이나 우리가 선택한 역할을 수행하기 위해 노력해야 한다.

3 역주: 1927-2023. 타이완 국제불광협회 창설.

> 사람마다 인생의 사명이 다릅니다. … 부모는 자녀 교육을 사명으로 여기고 이를 위해 기꺼이 노력합니다. 어떤 배우자는 파트너의 성공을 돕기 위해 희생합니다. 전쟁터에 있는 군인들은 조국을 위해 죽을 각오가 되어 있습니다. 교사들은 교실에서 평생을 가르치고 강의하며 보냅니다. 의료 전문가들은 생명을 구하고 고통을 완화하기 위해 밤낮을 가리지 않고 일합니다. 종교지도자들은 진리를 전파하고 모든 중생을 해방하기 위해 평생 소박하게 생활합니다. 또한 트럭 기사와 운전자들은 사람과 물건을 밤낮으로 실어 나르고; 언론인과 기자는 진실을 밝히기 위해 목숨을 걸고 있습니다; 그리고 배우들은 관객들을 즐겁게 하려고 공연에서 웃고 울고 있습니다. 그들은 모두 인생에 사명이 있습니다.(Hsing 2003: 45)

비록 이 비전은 세상과 소통하는 오래된 비전의 연속성이기는 하지만, 오늘날 현대 사회를 구성하는 다양한 상호의존적 역할의 수와 복잡성으로 인해 도전을 받고 있다. 예를 들면, 의사가 되는 '사명'은 전근대 치료사가 가졌을 것 이상의, 일정 수준의 전문화, 연구, 과학적 훈련의 정도를 포함한다. 좋은 의사가 되는 것 또한 다른 삶의 영역에서 더 큰 이탈을 수반하는 때도 종종 있는데, 예를 들어 일과 가족 사이의 더 높은 수위의 긴장이다. 마지막으로, 의사의 사명은 비록 병자를 고치면서 선업에 헌신하지만, 의학 연구 과정에서 동물을 죽이는 것과 같은 악업이 포함될 수 있다. 그러나 대부분 대중적인 현대 아시아 불교도들은 과학적 의학의 이점을 포기하고 싫어 하지 않는다. 따라서 불교 지도자들은 동물 실험이 의학 발전에 필요하고, 동물이 가능한 한 인도적으로 다루어진다는 조건에서 의학 실험에서 동물의 희생을 조용히 승인한다.(Madsen 2007: 40) 물론 첫 번째 불교 계율 불살생과 유사한 타협은 현대 군인의 역할과 함께 있다. 여기에서의 원칙은 현대의 전문적인 역할 수행에 포함된 좋은 행위는 그 역할에 부수되는 나쁜 행위보다 더 중요한 행위가 수반되어야 하는 것 같다. 다시 말하면, 불교 윤리는 무엇을 할 수 있는지에 대한 일련의 제한의 틀로 구성되지 않고, 인간 사회에 도움이 되는 자신의 직업적 역할을 가능한 한 최선의 방법으로 수행하기 위한 일련의 권고로 구성된다. 그 목표는 규칙을 세우는 것이 아니고, 미덕을 촉진하고, 모두의 이익을 위해 작동하는 상호 연동 역할을 수행하는 자비로운 개인으로 구성된, 조화로운 사회를 건설하는 능력의 개발이다.

현대 불교를 발전시키기 위한 최근 운동의 명시적 목표는 '세상을 떠나기 위해 세상에 들어간다(入世爲出世)', 즉 괴로움으로 가득 찬 중생을 초월하여 이 세상 자체가 정토로 될 수 있도록 세상을 개혁하는 것이다. 좋은 환생에 대한 희망은 서쪽의 불국정토에서 다시 태어나는 것이 아니라, 보살도를 따르는 무리의 덕행으로 더 좋고, 더 사랑스럽고, 더 협조적인 세상인 지구에서 환생하는 것이다.

그런데 그런 불교가 현대 사회의 정치적 갈등, 전면전, 구조적 경제 불평등, 성생활 이해의 변화, 인종차별, 환경 파괴와 같은 문제를 해결할 수 있는 사회윤리를 갖고 있을까?

정치와 전쟁

동남아시아의 '참여 불교'(일부 대승, 그러나 대부분 상좌부)와 달리, 현대 동아시아 불교는 대부분 직접적인 정치 행동에서 벗어나려고 한다. 예를 들어, 대만의 자제자선회는 5개의 추가 계율을 첨가했는데, 그중 하나는 당파 정치에 관여하지 말라는 것이다. 이것은 이 조직이 선거에서 어떤 후보자도 지지하지 않을 것임을 의미하고, 회원들이 각자의 양심에 따라 투표하여 시민 생활에 참여하도록 독려하고 있다. 그러나 이 조직의 많은 교육 프로그램은, 자비심을 개발하고 정보에 입각한 자비로운 정치적 양심으로 이끄는 세계적인 인식을 개발하도록 회원들을 돕기 위해 의도한 것이다. 선거 유세 중인 모든 정당의 정치인들은 이 단체의 설립자인 쳉엔證嚴 스님(대만의 다른 주요 불교 지도자들과 함께)을 방문하여 국가의 당면한 도덕적 문제에 대해 논의한다. 대부분의 다른 불교 지도자들과 함께 쳉엔으로부터 그들은 오히려 갈등을 제지하라는 충고보다는 도덕적 고양에 대한 권고를 받는다. 예를 들어, 필자는 청엔 스님과 당시 민주진보당 후보로 부통령에 출마했던 아네트 루呂秀蓮(Annette Lu)와의 대화에 참석했는데, 강력한 페미니스트이자 단호한 정치가인 루는 대만에서 옷을 거의 입지 않고 빈랑 너트를 파는 빈랑서시檳榔西施 관행[4]을 비난했다. 부통령 후보는 관행을 금지하는 법안이 필요하다고 제안한 것으로 보였다. 그러나 청엔 스님의 대답은 젊은 여성들이 더 나은

---

4 역주: Betel nut beauty: 타이완 거리의 투명한 유리로 된 판매대에서 노출이 심한 옷을 입은 젊은 여자가 빈랑나무 너트와 담배를 파는 행위.

일자리가 없었기 때문에 그렇게 했으므로, 정부는 더 건전한 기회를 제공하는 것이 나을 것이라고 했다.(필자의 현장 노트 1999)

그러나 일부 불교 단체들은 불교 전통의 어떤 이상과도 화해하기 어려워 보이는 지점까지 협력하여 정치에 적극적으로 참여한다. 20세기 초 일본의 선불교와 정토불교는 모두 일본의 군사적 침략을 지지했다. 불교 종파들은 1937년에 시작된 중국과의 전쟁을 위한 '영적 동원'에 공식적으로 이바지했다. 죽음을 앞에 둔 선종의 결의가 제2차 세계대전 말기 가미카제 조종사 훈련에서 이루어졌다. 선종의 가르침은 항복의 불명예보다는 죽음이 낫다는 생각으로 전쟁 포로에 대한 부당한 처우에 한몫했을 뿐만 아니라, 포로가 된 일본군의 집단자살에도 역할을 했다.(Harvey 2000: 270)

반면에 전후 일본에서는 불교에서 영감을 받은 많은 신흥종교가 평화운동에 적극적인 역할을 하였다. 가장 중요한 단체 중 하나인 창가학회創価學會(1930년대에 설립되었으며 대부분의 다른 불교 단체와 달리 전쟁에 반대했다)는 자체 정당인 공명당公明党(대개는 자민당과의 연립을 형성)을 창당하여 핵무기를 강력하게 반대하였으며, 국제 인권과 다른 문화 간의 이해를 증진하고 다양한 평화 교육 프로그램을 수행한다.(Seager 2006)

경제적 불평등

동아시아 불교도들에게 최고의 이상은 '가족을 떠나서' 물건을 공유하는 곳인 사원에 들어가는 것이다. 그러나 그러한 기관들은 지원해주는 재가자의 보시, 특히 사원을 너그럽게 지원함으로써 큰 공덕을 쌓을 수 있는 부유한 후원자의 보시에 항상 의존한다. 불교도는, 재물이 바른 정신으로 사용되고, 자기의 재물에 대해 집착하지 않고, 도움이 필요한 사람들을 너그럽게 돕는 한, 부에 반대하지 않는다. 사람들에게 필요한 것은 극빈의 고통에서 벗어나는 것인데, 빈곤은 가난한 사람들의 깨달음 추구를 막을 수 있으므로 좋지 않다.

동아시아 불교도들이 대규모 재가자 조직을 만들고자 하는 한, 그들은 다른 시대, 다른 장소의 불교도보다 재가자 조건에 따르는 업의 가치를 훨씬 더 강조하는 경향이 있다. 여기에는 특별히 자신의 가족을 잘 부양해야 할 필요성에 대한 인식이 포함된다. 동아시아의 불교 지도자들은 재산 소유라는 자본주의 체제에 도전하지 않는다. 우리가 보았듯이, 그들은 경제적 부와 빈곤 구조에 도전하는 정치적 비판을 자제한다.

불평등의 과제는 보살도를 따르고 자비의 미덕을 함양함으로써 다루어져야 한다. 보시 수행을 통해 이 덕을 계발한다. 보시할 수 있는 행운에 고마워해야 한다. 왜냐하면 보시가 덕을 함양하고 공덕을 얻는 데 도움이 되기 때문이다. 자제회慈濟會 조직의 신조는 '감사한 마음으로 주고, 기쁨으로 받자'이다.

중국 문화의 유교적 렌즈를 통해 걸러낸 동아시아의 재가자가 대자대비의 보살의 덕을 함양하는 방법은, 자기 가족의 경계를 구성하는 개념을 '모든 인간은 형제다'라는 전 세계를 이상적으로 포괄하는 개념으로 확장하는 것이다. 자제회나 국제불광협회 같은 조직은 전 세계적으로 빈곤과 자연재해로 인한 고통을 극복하는 매우 효과적이고 관대한 프로그램을 운영하고 있다. 뚜렷한 가족의 렌즈를 통해 궁핍한 사람들의 세계를 상상하는 수행은 개인주의적인 스타일의 관대함으로 이어진다. 이 단체들의 불교 자원봉사자들은 단순히 관료적으로 정의된 궁핍한 사람들을 위한 모금에 돈을 기부하는 것이 아니라, 가능하면 대면하여 개인들에게 도움을 준다.

모든 사람이 그러한 실천을 따른다면 상당한 부의 재분배와 빈부격차의 축소가 있을 것이다. 그러나 그러한 보편적인 불교적 덕의 함양이 없다면, 세계화된 자본주의 체제 안에 있는 불평등의 근본 원인은 다루어지지 않을 것이다. 현대경제에 대한 보다 포괄적인 비판은 소비주의에 대한 불교적 비판이다. 이 경제의 엔진이 만족할 줄 모르는 욕망을 자극하는 광고로 인해 주도되는 신분 상승의 끊임없는 경쟁에 의존하는 한, 경제는 불교가 해소하고자 하는 괴로움을 형성하는 괴로움 그 자체의 구현이다. 동아시아 불교 지도자들은 추종자들에게 소비주의 수용의 위험성에 대해 끊임없이 경고한다. 동시에 그들은, 방을 아름다운 꽃으로 장식하고 맛있는 채식과 우아한 다도를 통해 관계를 구축하고, 편안한 품위를 유지하는 단순하지만 우아한 중도적 삶을 옹호한다. 빈곤은 이런 식으로 살 수 없는 것으로 간주되고, 그리고 빈곤은 감사하는 기부를 통해 완화되어야 한다고 본다.

성과 재생산 윤리

'수계' 의식에 공식적으로 채택된 세 번째 불교 계율은 일부일처 결혼 이외에서의 모든 성관계를 포함하는 '비정통적인 성관계'를 금지한다.

섹스는 깨달음을 성취하기 위해서는 마땅히 소멸하여야 하는 욕망을 불러일으키기 때문에 위험하다. 도덕적 이상은 사원 안 공동체에서 사는 완전한 독신 생활이다.

동아시아 불교에서 이러한 성에 대한 부정적인 시각은 중국 문화와의 만남을 통해서 수정된다. 계율은 완전에 이르는 길이며, 불교 지도자의 접근 방법은 불완전한 사람을 비난하기 위한 것이 아니라, 불교 공동체의 지도 아래서의 함양을 통해 그들 자신을 향상하도록 격려하기 위한 것이다. 중국 문화에서, 결혼과 가족은 매우 높은 가치를 지니며, 거의 승려의 소명만큼 좋은 업을 생산할 수 있다. 중국의 문화적 전통은 서구 청교도의 전통과 동등하지 않다. 유교와 도교 모두에서 섹스는 자연스러운 것이며, 충분히 즐길 수 있고, 가능하다면 도교의 방중술을 통해 완성될 수 있는 것으로 본다. 불교 마스터들이 추종자들에게 혼외 성관계에 대해 경고할 때, 그 경고는 성행위 그 자체의 본질적 잘못에 관한 어떤 것이라기보다는, 종종 질투와 갈등, 그리고 그 혼외 성관계로 유발되는 부정적인 감정 측면에 관한 것이다. 동아시아의 불교 지도자들은 매춘을 근절하기 위한 도덕적 십자군 운동에 참여하지 않았으며, 매춘은 실제로 불교의 영향력이 강한 나라에서 번성하고 있다. 매춘 업소에는 때때로 미륵불이나 다양한 보살상이 전시되어 있다. 비록 불교 지도자들이 매춘을 사회의 불건전한 측면으로 보고 있지만, 그들은 대개 더 좋은 직업과 같은 건전한 성매매 대안을 옹호함으로써 문제를 해결하려고 노력한다. 이것은 악을 비난하기보다는 선을 장려하는 숙련된 방편과 일치한다.

동성 성행위는 '사람, 장소, 구멍'이라는 면으로 정의하는 대승 전통을 바탕으로 하는 '비정통적인 성관계'의 범주에 떨어질 것이다. 그러나 현대의 인본주의적 불교 지도자들은 처방보다는 훨씬 더 자비의 윤리에 초점을 맞추고 있으며, 적어도 일부는 동성애 금지가 원래의 불교 경전보다 구시대적인 문화적 이해에 근거한다고 인정한다. 그들은 모든 사람에게 관용의 설법을 강조한다. 불광산 사원 설립자 싱윈星雲 스님은 다음과 같이 쓴다:

> 결혼은 그것을 지지하는 사회의 가치를 반영하는 제도이다. 만약 어떤 사회의 사람들이 더 이상 결혼이 중요하다고 믿지 않는다면, 그들이 결혼제도를 변경하지 못할 이유가 없다. 결혼은 관습이다. 관습은 항상 바뀌질 수 있다. 우리는 이 질문에서 다른 질문들과 같은 핵심점을 찾을 수 있다. 문제의 궁극적인 진실은 개인들은 무엇이 옳은지 스스로 결정할 수 있고 또 스스로 결정해야 한다는 것이다. 타인을 침해하거나 그들이 살고 있는 사회의 법을 어기지 않는 한, 그들은 그들이 옳다고 믿는 일을 할 자유가 있다. 그들이 같이 살려면 결혼해야만 한다고 나나 다른 사람이 말할 일이 아니다. 그것은 그들의 선택이고 그들만의 선택이다.
>
> 동성애에도 같은 분석이 적용될 수 있다. 사람들은 종종 나에게 내가 동성애에 대해 어떻게 생각하는지 묻는다. 그들은 동성애가 옳은지 그른지 궁금해한다. 나는 '그것은 옳은 것도 그른 것도 아니며. 그냥 사람들이 하는 일이다'라고 답한다. 사람들이 서로

> 해를 주지 않는다면 서로의 사생활은 각자의 일이다; 우리는 그들에게 관대해야 하며, 그리고 그들을 거부해서는 안 된다. 그러나 세상이 동성애를 완전히 받아들이기까지는 여전히 시간이 걸릴 것이다. 우리는 모두 다른 사람의 행동을 용인하는 법을 배워야 한다. 우리가 우리의 마음이 온 우주를 포괄하여 확장되기를 희망하는 것처럼, 우리는 또한 우리의 마음이 인간 행동의 다양한 형태를 모두 포괄하여 확장되기를 추구해야 한다. 용인은 관용의 한 형태이며, 지혜의 한 형태이다. 다르마의 어디에서도 사람을 편협하게 이끌어 준 적이 없다. 우리 불교도의 목표는 모든 부류의 사람들을 받아들이는 것을 배우고, 모든 부류의 사람들이 석가모니 부처님께서 가르치신 지혜를 발견하도록 돕는 것이다.(Hsing 2001: 137-138)

대만에서 두 게이 불교도의 첫 번째 결혼식은 2012년 불교 큰스님의 주례로 불교 의식으로 이루어졌다.

동아시아 불교도들은 피임에 대한 걱정은 별로 없지만, 그러나 낙태는 문제가 있는 것으로 여긴다. 태아는 살생이 금지된 살아 있고 지각 있는 존재로 간주한다. 초기 태아보다 완전히 발달한 태아를 죽이는 것이 더 나쁘다. 낙태에 관여하는 사람들의 의도가 그 행위를 다소 가혹하게 만든다. 그러나 현대 상황에 적용되면, '숙련된 방편'의 교리는 때로 모성 또는 가족의 고통을 덜어 주는 더 큰 선을 위해 살생조차도 필요할 때가 있다는 결의론決疑論[5]으로 이어진다. 대만

---

5 역주: casuistry; 윤리와 종교의 일반원리를 특정 구체적인 인간행위의 갈등적

불교 자제병원 원장은, 비록 자기들이 낙태를 승인하지는 않지만, 그 병원 의사 중 누군가의 낙태 치료 결정을 방해하지는 않을 것이다라고 말했다.(Madsen 2007: 81) 또한 정치 참여를 내켜 하지 않는 대부분의 동아시아 불교도들은 낙태를 허용하도록 민법을 억지로 바꾸려 하지 않는다.

그들이 하는 한 가지 반응은, 특히 일본에서는 '태아 귀신'을 위한 제사 의식을 거행하는 것이다. 이 의식은 어머니가 유산된 태아에게 사과함으로써 죄책감을 완화하는 방법이며, 유산된 태아에게 공덕을 전달하여 태아가 신속하게 행복한 환생을 할 수 있도록 한다.(만일 불행한 태아가 낙태한 산모의 자궁으로 돌아간다면, 그 태아는 아주 버릇없는 아이로 자랄 수 있다.) 일본에는 낙태한 여성이 하나씩 모셔 놓은, 죽은 아이를 보살피는 수만 개의 지장보살상이 있는 절들이 있다. 대만에도 비슷한 사찰이 많이 있다. 이 관행은 1970년대 중반 일본에서 시작되었으며, 낙태 행위의 합법화를 목적으로 하지 않고 위법행위를 시행한 사람들의 고통을 자비롭게 경감시키기 위한 것이다.(LaFleur 1992; Moskowitz 2001)

유전공학에 관해서는, 동아시아의 불교 지식인들은 이 새로운 기술의 윤리적 결과에 대해서 이제 막 탐구하기 시작했다. 아직 명확한 합의가 나타나지 않았다. 일반적인 태도는 기술이 그러한 수단을 가능하게 한다고 해서 반드시 따라갈 필요는 없다는 것으로 보인다.

상황에 적용하여 그 해결을 모색하는 방법. 여러 가지의 행위 규범을 해석할 때 자연법칙·시민적 법규·교의적敎義的 격률 등에 관한 광범한 지식을 동원하여 잘못의 정도나 책임의 범위를 밝히는 방법.

타이완 법고산 사찰의 설립자 셩엔聖嚴[6]은 타이완중앙연구원(Academia Sinica) 원장과 이 주제에 관한 대화 중에 다음과 같이 말했다:

> 종교적인 관점에서 사물을 봅시다. … 기술의 부정적인 측면은 많은 무고한 사람들에게 상처를 입힌 것입니다. 20세기에는 3천만 명이 전쟁의 도구로 죽었습니다. … 유전공학의 성취는 문제를 제기하고 있습니다. 부유한 사람들에게 그들이 원하는 아기의 종류를 결정하도록 허용한다면, 인간의 존엄성에 대한 모독이 될 것입니다. 지구는 윤리가 더 이상 가치가 없는 기계가 될 것입니다.(Fang 2000)

여기서 강조하는 점은 기술 자체의 본질적인 특성에 대한 것이라기보다는(비록 유전공학이 인간 배아의 파괴를 요구한다면, 불교도에게 낙태 문제와 같은 질문이 제기되겠지만), 기술의 사회적 영향에 관한 것이다. 유전공학이 소수에게는 행복을, 다수에게는 불행을 낳고, 결과적으로 증오와 갈등에 대한 유혹을 불러일으킬까?

환경윤리

대미언 케이온Damien Keown에 따르면, 고전적인 '자연 세계에 대한 불교의 태도는 복잡하고 때로는 모순된다.'(Keown 2005: 50) 한편으로는, 모든 중생에 대한 친절은 모든 불교 교리의 핵심인데, 불살생이

---

6 역주: 1931-2009, 타이완 임제선종 승려, 학자, 작가.

첫 번째 계율에서 명시되어 있고, 잡힌 동물들을 풀어서 생명을 구하는 의식에서 표현되어 있다. 다른 한편으로는, 불교는 의인관적擬人觀的이다: '가치는 인간에게만 속하고 자연은 다른 누구도 아닌 인간만을 위해 보호되어야 한다.' 그러나 '자애, 연민, 비폭력, 지혜와 같은 덕은 본질적으로 생태학적 관심을 촉진한다.'(Keown 2005: 51) 그러나 어쨌든, 제국 시대에 불교가 동아시아를 지배했을 때도 환경 파괴는 계속되었다.

그러나 현대 동아시아 불교는 결코 모순되지 않는 환경윤리를 생산하는 방식의 지구 생태학에 대한 과학적 이해에 비추어 해석되는 미덕의 전통, 특히 만물에 대한 자비를 끌어들인다. 인본주의적인 불교도들이 '지구 위에 정토'를 창조하는 데 전념하는 한, 그들은 세상에서 도피하는 데 전념하는 것이 아니라 이 세상을 더 나은 곳으로 만드는 것이다. 그들은 환경 과학자들이 경고하고 있는 지구의 파괴를 극복해야 한다. 싱윤星雲에 따르면:

> 오늘날 사람들은 종종 세상의 종말을 언급합니다. … 그러나 지나치게 걱정할 필요가 없습니다. 흔히 세상의 종말로 알고 있는 소위 '말법 시대'는 불교의 관점으로 계산하면 아직도 수천 년이나 남아 있기 때문입니다. … 또한 첫 번째, 두 번째, 세 번째 명상 천계가 삼재로 멸망하더라도, 여전히 재앙이 없는 네 번째 천계가 있습니다. … 그러므로 우리가 바른 인연과 공덕을 가지고 있는 한, 우리는 네 번째 명상 천계에서 살기에 충분한 운이 좋은 사람 중 하나가 될 것입니다. 따라서 두려워하

> 거나 걱정할 필요가 없습니다. 그러는 대신 공덕을 쌓는 것이 좋습니다. 우리가 복을 사랑하고 소중히 여기며, 공덕과 덕을 계속 쌓아 나아가고, 그리고 지구를 보살피는 한, 우리는 지구에 더 긴 수명을 줄 수 있을 것입니다. 그럼에도 불구하고, 지구의 미래는 여전히 인간의 행동에 달려 있습니다. 왜냐하면 세상의 모든 것은 인과법칙을 따르기 때문입니다.(Hsing 2010)

싱윤과 다른 현대 인본주의 불교 마스터들은 모든 존재와 심지어 무생물까지도 불성을 가지고 있다는 고전적인 가르침에 대한 해석(전통적인 불교도 모두는 공유하지는 않는)으로 환경주의에 대한 헌신을 강화한다. '지각이 있는 중생이나 지각이 없는 존재 모두 성불할 수 있는 잠재력을 가지고 있습니다. … 평등에 대한 불교의 교리는 모든 존재를 평등하게 여기며, 인간과 동물만 사랑과 돌봄을 받을 자격이 있는 것이 아니라 산, 강, 대지도 보호할 필요가 있다고 주장합니다.'(Hsing 2010) 또한 현대 불교 지도자들은 환경적 원인에 더하여 연기 교리를 제기한다. 싱윤은 다음과 같이 말한다:

> 세상 만물에는 생명이 있으므로 우리는 우리 자신의 생명뿐만 아니라 다른 중생들의 생명도 소중히 여겨야 합니다. 이 세상에 다른 생명이 없다면 우리의 존재를 허용하는 원인과 조건도 없을 것입니다. '나'는 존재하지 않을 것입니다. 그러므로 우리는 살아남기 위해 우리 존재의 원인과 조건을 사랑하고 소중히 여기며, 만물의 '하나'가 되어, 만물과 '공존'해야 합니다. 상호

> 존중, 지원, 지지만이 지구의 모든 중생을 공존할 수 있게 합니다.(Hsing 2010)

이러한 이론은 수많은 환경 실천의 정당성이 된다. 환경 보호는 아시아 사회의 불교 '브랜드'의 식별 표지로 만들어진 것으로 보인다. 예를 들어, 아시아 전역과 실로 전 세계에서 수백만 명의 자원봉사자를 동원하는 대만 기반 자제재단慈濟財團의 주요 임무는 쓰레기를 재활용하고, 나무를 심고, 수자원 정화를 위한 노력이다. 특히 인상적인 것은 플라스틱 페트병을 따뜻한 담요를 포함한 온갖 종류의 가정용품으로 바꾸는 프로그램이다.

그러나 대부분의 아시아 지역에서 환경 보호에 대한 불교적 접근의 전형은 정치적 수단을 통한 문제 해결을 꺼리는 것이다. 불교적 접근은 좋은 정신적 환경의 배양으로써 자연환경을 살리는 것이다. 즉 자비와 배려 같은 미덕을 함양하고 탐욕과 망상을 극복하기 위해 노력함으로써 자연환경을 보존하는 접근이다. 채식주의는 단순히 고전적인 대승불교가 동물을 죽이는 것에 반대하기 때문에 추진되는 것이 아니고, 육식이 채식주의 식단보다 훨씬 더 많은 자원을 소비하고 훨씬 더 많은 온실가스 생산으로 이어지기 때문에 권장된다.

불교적 분석에서 우리 시대의 주요 생태학적 문제는 인구 증가나 기술 자체에 의한 것이 아니라, 현대 소비주의가 제공하는 만족할 수 없는 욕망의 증가에 기인한 것이다. 셩엔聖嚴 선사는 다음과 같이 말한다:

> 천연자원의 낭비와 생태계 파괴는 편리함과 부에 대한 인간의 심리적 욕구에 기인합니다. '무욕의 만족하는 삶'과 '만족하고 따라서 항상 행복하다'라는 부처님의 가르침을 실천할 수 있다면, 그리고 우리가 기꺼이 우리의 지성을 사용하여 문제를 해결하고 생산적인 작업에 부지런히 참여한다면, 서로 다투거나 자연과 싸우지 않고 아주 행복한 삶을 살 수 있습니다.(Sheng Yen 2000)

그러므로 정신적 구원이야말로 물질적 환경 구원의 열쇠이다. 하지만 지구를 구하는 실천은 그 자체로 더 높은 정신적 자각으로 이끄는 함양의 한 형태가 될 수 있다. 셩엔에 따르면:

> 보통 사람들의 환경과제는 대부분 물질적 측면에 국한되어 있습니다. … 우리가 수행하는 환경과제는 물질적인 수준으로부터 사회와 사상의 정신적 수준으로 더 깊이 들어가야 합니다. 환경보호가 단순한 구호가 되지 않으려면 우리 각자의 종교적 신념과 철학적 사고가 간절한 사명으로 결합되어야 합니다. 그러므로 엄밀히 말하면, 인류의 마음 정화는 악의가 없고 우리에 의해 오염되지 않습니다. 그러나 보통 사람들은 물질적 환경을 보호하는 습관의 함양으로부터 시작하여 그들이 정신적 수준에서 환경주의를 함양할 수 있을 때까지 한걸음씩 나아가는 것이 바람직합니다.(Sheng Yen 2000)

결론

대승 전통에 세워진 동아시아 불교는 중국 한족 사회에서 깊이 뿌리내리고 동아시아의 다른 지역으로 퍼졌다. 동아시아 불교는 유교와 도교의 가르침 및 그 실천과 함께 얽혀 농경 공동체의 지역 관습을 구성했다. 사원의 승가는 이러한 관습적 삶과 거리를 두었고, 재가자들의 의식儀式 서비스를 제공하는 데 사용되었지만, 많은 도덕적 영향을 끼치지는 않았고, 특히 근대에 이르는 몇 세기 동안에 그랬다. 서구 제국주의와 현대화의 압력을 받은 동아시아 불교는 현대 문제에 대한 독립적이고 독특한 접근 방식을 창출하기 위해 지역 관습에서 벗어나 제도적으로, 지적으로 개혁되었다. 이 과정에서 나타난 현대 불교 조직들은 도시 중산층 가운데 많은 추종자를 끌어들였고 상당한 도덕적 영향력을 행사했다. 일반적으로 현대 불교 조직들은 명확한 도덕 규칙의 체계를 제시하지 않고, 오히려 현대성의 모호한 도덕적 딜레마에 맞서 보살도를 따르기 위해 자비를 함양하는 덕 윤리를 장려한다.

인용 문헌

Buddhist Compassion Relief Tzu Chi Foundation (1997) *Rebirth: transformations in Tzu Chi*. Taipei: Still Thoughts Cultural Mission. Available from: http://www.tuvienquangduc.com. au/English/rebirth/25transformations-rebirth.html.

Fang, R. (2000) Keeping the integrity of man intact. *Taiwan info*, 26 May (n.p.).

Goossaert, V., and Palmer, D. (2011) *The religious question in modern China*. Chicago: University of Chicago Press.

Harvey, P. (2000) *An introduction to Buddhist ethics*. Cambridge: Cambridge University Press.

Hsing Y. (2001) *Buddhism pure and simple*. Translated by T. Graham. Trumbull, CT: Weatherhill.

Hsing Y. (2003) *A moment, a lifetime: between ignorance and enlightenment III*. Translated by Ven. Miao Hsi and C. Lai. Hacienda Heights, CA: Buddha's Light Publishing.

Hsing Y. (2010) Environmental and spiritual preservation. Keynote speech at BLIA General Conference, Foguangshan, Taiwan, 2-7 October, n.p. Available from: http://www.bliango.org/2011/06/20/2010-keynote-speech-by-venerable-master-hsing-yun/.

Keown, D. (2005) *Buddhist ethics: a very short introduction*. Oxford: Oxford University Press.

LaFleur, W. R. (1992) *Liquid life: abortion and Buddhism in Japan*. Princeton, NJ: Princeton University Press.

Madsen, R. (2007) *Democracy's dharma: religious renaissance and political development in Taiwan*. Berkeley: University of California Press.

Moskowitz, M. L. (2001) *The haunting fetus: abortion, sexuality, and the spirit world in Taiwan*. Honolulu: University of Hawai'i Press.

Overmyer, D. (1976) F*olk Buddhist religion: dissenting sects in late traditional China*. Cambridge, MA: Harvard University Press.

Pittman, D. A. (2001) *Toward a modern Chinese Buddhism: Taixu's reforms*. Honolulu: University of Hawai'i Press.

Seager, R. H. (2006) *Encountering the dharma: Daisaku Ikeda, Soka Gakkai, and the globalization of Buddhist humanism*. Berkeley: University of California

Press.

Sheng Yen (2000) Environmental protection. Speech given at the Waldorf Astoria, New York, 30 August 2000, as part of United Nations World Peace Summit, n.p. Available from: http://ddmba.org/pages/about-us/founder/speeches/environmental-protection.php.

Van der Veer, P. (2011) Smash temples, build schools: comparing secularism in India and China. In: M. Jurgensmeyer, C. Calhoun, and J. Van Antwerpen (eds), *Rethinking secularism*. Oxford: Oxford University Press, 270-281.

Yang, C. K. (1961) *Religion in Chinese society*. Berkeley: University of California Press.

추천 도서

Chandler, S. (2004) *Establishing a pure land on earth: the Foguang Buddhist perspective on modernization and globalization*. Honolulu: University of Hawai'i Press.

Harvey, P. (2000) *An introduction to Buddhist ethics*. Cambridge: Cambridge University Press.

Keown, D. (2001) *The nature of Buddhist ethics*. Basingstoke, UK: Palgrave.

Madsen, R. (2007) *Democracy's dharma: religious renaissance and political development in Taiwan*. Berkeley: University of California Press.

Pittman, D. A. (2001) *Toward a modern Chinese Buddhism: Taixu's reforms*. Honolulu: University of Hawai'i Press.

Seager, R. H. (2006) *Encountering the dharma: Daisaku Ikeda, Soka Gakkai, and the globalization of Buddhist humanism*. Berkeley: University of California Press.

제15장 현대 티베트 불교 윤리

홀리 게일리 Holly Gayley

서론

오늘날 불교 윤리는 티베트인의 정체성과 얽혀지고 있다. 현재 동부 티베트 유목 지역에서 진행 중인 윤리 개혁 운동에서 학자-성직자들은 일반 티베트인에게 불교 문명 유산에 부응하고, '다르마에 따른 생활 방식(chos dang mthun pa'i 'tsho ba)'을 함양할 것을 촉구하고 있다. 이것은 단순히 전통을 다시 주장하는 것이 아니다. 왜냐하면 복장, 식단, 생계와 관련된 관행의 극적인 변화를 요구하기 때문이다. 새로 공식화된 열 가지 불교 덕목을 지키기 위한 서약이 집단으로 이루어지고 있다. 즉 판매용 도축, 흡연, 음주, 도박, 매춘 업소 출입, 무기를 가지고 싸우는 것 등을 금하는 서약이다. '새로운 열 가지 덕목(dge bcu)'은 2008년 세르타Serta의 라룽 불교 아카데미(Larung Buddhist

Academy)[1]에서 최초로 공포되었는데, 적어도 2010년 이후 쓰촨성 칸체자치주四川省 甘孜自治州의 인근 지역과 그 너머로 퍼져나갔다.

'새로운 열 가지 덕목'은, 티베트고원에서 가장 크고 영향력 있는 사원 제도인 라룽 불교 아카데미의 학자-성직자들의 초지를 둘러싼 분쟁, 에이즈의 위협, 그리고 2000년대 초반에 시작된 서부 개발 캠페인과 같은 국가 주도 시장화 정책의 효과를 포함한 현재의 사회적 문제를 해결하기 위한 광범위한 노력 일부이다. '멸종 위기에 처한 정체성'이라는 수사학이 외국인 혐오증과 종교적 편협함으로 연결되는 현재 동남아시아의 불교 승려 동원과 달리(Gravers 2015), 중국 통치하의 티베트인에게는 2008년 올림픽 저항에 따른 국가의 탄압, 그리고 폭력과 비폭력의 경계에 관한 질문을 불러일으킨 비극적인 소신공양燒身供養의 물결이 이루어지는 상황에도 불구하고 비폭력에 대한 새로운 약속이 있다.(Buffetrille 2012; Makley 2015)

이 장에서는 티베트인을 통합하고 불교적 가치에 부합하는 민족 정체성과 진보에 대한 비전을 제시하기 위한 수단으로서 불교의 윤리적 원칙이 어떻게 새로운 방식으로 정리되고 있는지 탐구한다. 나는 현대 도덕 문제에 대한 불교적 적용을 구상하기 위해 경전적 자료에 의지하기보다는(예: Harvey 2000; Keown 2000), 현대화되는 아시아와 참여 불교의 움직임에 관한 선행 연구에 따라(Queen and King 1996;

---

1 이 장이 출판을 위해 거의 마무리될 무렵, 라룽 불교 아카데미(또는 Larung Gar로 알려짐)는 국가 명령에 따라 철거될 위기에, 그리고 비구와 비구니 거주 인구의 극적인 감소에 직면해 있었다. 참조 www.rfa.org/english/news/tibet/demolition-07212016110342.html, 2016년 7월 21일 게시.

Hansen 2007; Stewart 2016), 불교도들 스스로가 사회 변화에 어떻게 대응하고 있는지에 관심이 있다. 나는 불교 윤리를 정적인 교리나 윤리적 행동 이론의 관점으로서가 아니라, 오히려 중국 티베트 지역에 공존할 뿐만 아니라 히말라야 국경을 넘어 흐르는 경쟁하는 담론과 실천 사이의 유동적이고 변화하는 과정으로 생각한다. 나는 그렇게 함으로써 불교의 구체적인 측면들이 지속되는 논쟁과 변화의 과정에서 어떻게 '중심적 가시성'으로 나타나는지 자세히 주목할 것이다.(Abeysekara 2008: 29)

티베트인의 삶과 정체성에서 불교 윤리의 역할은 학자-성직자의 연설과 글, 공공장소의 포스터나 전단, 소셜 미디어에 떠도는 사진과 비디오, 티베트어 블로그 영역의 토론, 팝 뮤직 비디오를 포함한 문학 및 예술 작품 등에서 촉진되고 경쟁하고 있다. 이러한 다양한 미디어 유형은 2006년 모피 불태우기, 2008년 올림픽 전 시위, 2009년부터 시작된 소신공양의 물결, 그리고 적어도 2010년 이후 동부 티베트에서 '새로운 열 가지 덕목'의 확산과 관련하여 방향을 주도하고, 토론을 촉발하고, 영향을 이끌어내고, 집단적 기억을 예시하는 역할을 해오고 있다.

다음에서, 나는 윤리적 불교의 주체를 형성하는 과정에 깊은 관심을 가지고, 지난 20년 동안 티베트인들 사이의 윤리적 동원의 몇 가닥을 추적할 것이다. 이러한 맥락에서 나는, 자신을 특정한 종류의 사람으로 만드는 자기 성찰적 윤리 프로젝트, 그리고 최근의 도덕 인류학에 관한 연구에 참여하면서(Laidlaw 2002; Zigon 2009; Faubion 2001) 자유의 행사와 관련된 문제를 고려할 것이다. 이러한 프로젝트는 자율적 주체로 추정되는 '자유의지'도, 정치적 의미에서의 해방 과정을 의미하지 않는다는 점에 주목해야 한다. 오히려 사회적, 문화적 매개변수 내에 위치하며 식민 또는 인종 간 지배의 맥락에서 엄격하게 제한되는 자유의 행사는 푸코Foucault가 말한 '자기 배려 기술'[2]에 통합된다.

'자기 배려 기술'은 개인이 단독으로 또는 다른 사람들과 함께 자신의 몸과 영혼, 생각, 행동, 그리고 존재 방식에 관해 자신을 변형하는 작업을 포함하는 실행이다.(Foucault 1994: 225)

불교학자-성직자들은 티베트 문화의 특정 측면을 유지, 개혁하고 국가 현대화 계획의 효과를 완화하는 방법으로써 설득력 있는 연설, 저술, 포스터 또는 비디오를 통해 윤리 개혁을 위한 캠페인을 벌여왔는데, 이러한 그들의 노력은 티베트 블로그 영역에서 세속적 지식인들의 격렬한 비판을 받았다.(Gayley 2016) 자유의 문제는, 사원의 노력을 신자유주의 국가 정책에 맞춰 자신들의 생활 방식을 선택하고 경제적 이익을 추구하는 세속적 문제에 대해 일반 티베트인의 능력을 방해하는 강압적인 침입으로 간주하고 인권에 대한 국제적 담론을 환기하는 온라인 비평에서 중요하다.

나는 현대의 윤리적 동원 범위를 설명하기 위해 사원 주도의 개혁을 대조할 것인데, 동부 티베트의 '새로운 열 가지 덕목'의 출현과 확산에 관련하여 주로 논의하면서, 2009년부터 진행 중인 라카르Lhakar, 즉 '하얀 수요일' 운동과 같은 더 분산된 노력과 대조할 것이다. 고원과 디아스포라(집단 이주 지역)에 걸쳐서, 라카르는 보이콧, 그리고 티베

---

2 역주: 푸코는 '자신을 돌보아라'라는 그리스 용어 'epimeleia heautou'를 인용하여 자기-인식은 그 자체가 목표가 아니고 자신을 돌보기 위한 어떤 것이라고 주장.

트 문화와 불교적 가치 수호와 관련된 개인적인 서약 형태의 문화적 권한 부여와 같은 자발적인 저항 행위를 옹호한다. 나는 또한 2012년에 수천 명의 군중이 라룽 불교 아카데미에 모여 '평화를 위한 부적(zhi bde rtags ma)'을 도입하면서 등장한 비폭력의 뚜렷한 표현을 고려할 것이다.(Gayley and Padma 'tsho 2016) 이 모임에 수반된 연설에서 켄포 리그친 다르게Khenpo Rigdzin Dargyé는 티베트의 통합과 불교 용어로 영웅적 남성성을 표현하면서 내분 종식을 촉구했다. 마지막으로 소신공양의 정치적, 의례적, 윤리적 차원, 그리고 시와 노래에 담긴 그들의 추모를 다룬다. 이러한 움직임을 조사하면서 나는 오늘날 티베트인들이 티베트 문화와 불교 가치의 충성스러운 주체가 되기 위한 윤리적 프로젝트에 적극적으로 참여하고 있는 다양한 방법을 설명하겠다.

덕의 권면

도덕적 권면은 문화혁명과 그 혁명에 이르기까지의 파괴적인 세월 이후 불교와 티베트 문화를 재활성화하기 위한 광범위한 노력 일부였다. 1980년대에 마오쩌둥주의 시대에서 살아남은 불교 지도자들은 다시 한번 밀교를 전수하고 승려와 재가 수행자에 대한 수계를 다시 시작했다. 공적 권한 부여와 같은 의식 행사의 경우는 일반 티베트인들에게 삼보 귀의례와 가족 사당에 매일 공양하는 것과 같은 기본 헌신 실천사항을 준수하도록 격려하는 '덕의 권면(dge ba' bskul ma)'을 전달할 기회였다. 그들은 또한 티베트인들에게 흡연과 음주와 같은

'다르마에 어긋나는 행태'를 버리라고 권면했다.

이러한 유형의 권면은 '진심 어린 충고(snying gtam)', '호소(zhu yig)' 및 단순히 '가르침(bka' slob, slob gso)' 같은 재가자를 위한 조언 텍스트에서도 찾을 수 있다. 조언 문헌(gdams ngag)의 광범위한 범주는, 일반적인 생활 방식에 관한 지침이든, 또는 매튜 캡스타인Matthew Kapstein이 '티베트인의 자기 배려 기술'(1996: 275)이라고 말한 '의학, 천문학, 정치, 요가 또는 명상과 같은 일부 전문 분야에서의 실천을 위한 지침'으로 구성된다. 우리는 또한 푸코Foucault의 윤리관을 바탕으로 제임스 래이드로James Laidlaw가 제시한 용어에 따라 그러한 작업을 '자신을 어떤 종류의 사람으로 만들라는 권고와 명령'(2002: 321-322)이라고 생각할 수 있다. 불교 윤리와 티베트 정체성이 겹치는 명징성의 현대적 맥락에서 보면, 우리는 래이드로의 문구를 수정해서 티베트 문화와 불교적 가치에 충실한 특정 종류의 티베트인으로 자신을 만드는 프로젝트라고 생각할 수 있을 것이다.

윤리적 프로젝트에 대한 이러한 개념은 일반적으로 불교 윤리와 관련된 적절한 행동이나 계율(Skt śīla, Tib. tshul khrims)을 포함하는 도덕 규범을 포괄하기도 하고 넘어서기도 한다. 실제로 푸코에게 윤리는 의복과 처신을 포함한 '존재와 행동의 방식'으로서의 기풍(ethos)에 대한 그리스인의 이해와 더 관련이 있다.(1994: 286) 이 넓은 개념은 '다르마에 부합하는 생활 양식'을 만들어가는 자기-함양을 유도할 정도로 윤리적 분별력에 대한 티베트인 표현의 핵심과 일치하는데, 즉 '무엇을 수용하고 무엇을 거부할 것인가'(Blang Dor)와 일치한다. 특히, 여기에서 조사한 현대 불교 지도자들의 조언 작품들은 세속 교육뿐만 아니라 언어, 복장 및 관습 측면의 문화 보존의 중요성을 강조하면서 도덕적 행위의 영역을 넘어서는 문제를 다룬다.

이러한 성격의 획기적인 작품은 라룽 불교 아카데미의 설립자 켄포 지그메 푼촉(Khenpo Jigmé Phuntsok, 1933-2004)이 1995년에 쓴 '21세기 티베트인을 위한 진심 어린 충고(Dus rabs nyer gcig pa'i gangs can pa rnams la pul ba'i snying gtam)'이다. 위대한 켄포는 닝마파 밀교 가르침의 챔피언이자 불교 모더니즘 초기 옹호자이며 동부 티베트에서 불교 사원을 활성화하는 데 중추적인 역할을 한 인물이었다.(Germano 1998; Gayley 2011) 지그메 푼촉은 그의 조언에서 불교적 가치에 기반을 둔 티베트인들 사이의 공유된 역사, 문화유산, 인격의 고귀함을 강조함으로써 불교 윤리와 티베트인의 정체성 사이의 연관성을 구체화했다.

모택동주의 시대의 폭력성과 모택동 이후의 시장 자본주의 침해를 감안할 때, '멸종 위기에 처한 정체성'이라는 느낌을 표현하면서 그는 다음과 같이 말한다: '이런 변화의 한 가운데에서, 우리 티베트인들은 우리 가치의 유익한 측면, 우리 고유의 학식 체계, 지역 풍습과 습관이 사라지지 않도록 우리 조상들의 가치 있는 전통을 유지해야 합니다.'(Jigs med phun tshogs 1995: 3-4) 이후 같은 작품에서 그는 티베트의 언어, 문명의 유산, 그리고 관습을 티베트인의 '생명력(srog)'으로서 특징짓는다. 따라서 티베트인을 후진으로 묘사하는 중국 공산당(CCP)의 수사 낙후落后(Tib. rjes lus)[3]와는 대조적으로, '우리는 웅대한

3 예를 들면, 달라이 라마 통치 기간인 1950년 이전의 티베트는 일상적으로 '신정하의 봉건 농노제'로 특징지어진다. 이것의 예로, '티베트의 발전과 진보'에 대한

역사를 가진 민족으로서 우리의 고유한 학문 전통으로 전 세계를 이롭게 할 수 있습니다'라고 담대하게 주장한다.(1995: 4) 이로써 티베트인들은 자신의 과거에 자부심을 느끼고 자신을 문화유산의 청지기가 되도록 권유된다.

또한 그는 티베트인들이 '암마(ama)'(엄마)를 배우는 나이에 자비의 보살 관세음보살을 환기하는 만트라 '옴마니 밧메 훔'을 뜻하는 '마니 maṇi'를 배운다는 속담을 인용하여 자비와 같은 불교적 가치를 티베트인의 필수 불가결한 것으로 묘사한다. 그의 판단에 따르면, '그러한 가치를 우리 조상의 소중한 전통의 일부로 유지하지 않는다면, 티베트인은 다른 민족의 모방에 지나지 않게 될 것입니다.' 동화의 위협을 표현하면서, 지그메 푼촉은 티베트 문화유산의 불교적 가치를 과거의 유산이자 21세기로 '나아가는 길(mdun lam)'로서 간주하며 거기에 중요한 지위를 부여한다.

티베트 관습 개혁

지그메 푼촉의 영향은 오늘날 라룽 불교 아카데미의 주역이자 새로운 열 가지 덕목의 설계자인 켄포 출트림 로드뢰Khenpo Tsultrim Lodrö의 글과 연설에서 분명하게 나타난다. 그의 전임자와 마찬가지로, 출트림 로드뢰는 티베트 전통을 과거와 연속적으로 유지하는 동시에 특정 관습을 불교적 가치와 일치하도록 개혁하는 것으로 그의 윤리적 조언

중국 정부 백서(2013년 10월 22일 게시) 참조〈www.china.org.cn/government/whitepaper/2013-10/22/content_30367925.htm〉.

을 구성한다. 실제로, 그는 불교가 처음 티베트에 들어온 제국 시대(7~9세기)로 거슬러 올라가는 공유된 역사에 티베트의 통합을 고착시킨다. 이후 제국이 분열되었음에도, 그의 2004년 저작 '시의적절한 조언: 두 체제를 비추는 거울(Dus su bab pa'i gtam lugs gnyis gsal ba'i melong)'에서 출트림 로드뢰는 티베트인이 현재까지 단절되지 않은 풍습을 통해 자신의 정체성, 독특한 문화 및 생활 방식을 유지해 왔다고 주장한다.

그렇더라도 티베트 본래의 사회 체제는 이제 민족(mi rigs)의 혼합('dres)과 그 혼합된 민족의 문화(rig gnas) 때문에 위협받고 있다.

> 지금부터 가까운 미래에 이르기까지 세계의 다양한 민족과 문화가 뒤섞일 것입니다. 시간이 지남에 따라 얼룩덜룩한 덩어리로 변할 위험이 있습니다. 이미 이에 대한 초기 징후가 있습니다. 지금 이산 민족에 속한 일부 문화는 허공으로 사라지고 있고, 일부는 다른 (문화의 영향으로) 다양한 방식으로 불순하게 섞여지고 있습니다. (많은) 사람들은 그들의 백성과 땅의 경계를 넘어 다른 곳으로 퍼졌습니다. 다양한 변화가 일어나고 있다는 것은 의심의 여지가 없습니다. 이러한 이유로 우리는 확실히 다른 문화와 마주치게 되고 그들의 무수한 잘못된 행태와 만납니다. 이러한 변화 가운데에서 우리는 선조들이 세운 순수한 문화를 지켜야 합니다. 우리는 다른 사람의 좋은 점을 도출하는 (그들 안에서) 동안 다른 사람들의 잘못된 견해와 행동을 막아야 합니다. 이 시의적절한 조치는 매우 중요하고 가치가 있으며

> 우리는 그것에 힘써야 합니다.(Tshul khrims blo gros 2003-2004: 259-260)

이 구절에서 국경을 넘어오는 오염 침투에 대한 티베트 사회단체의 무결성 유지에 관해서 주목하라. 출트림 로드뢰Tsultrim Lodrö의 관점에서 필요한 것은 그러한 위협에 대한 예방책인데, 다른 민족의 잘못된 (그리고 잠재적으로 전염성이 있는) 견해와 행동을 막으면서도, 여전히 그러한 마주침에 대한 긍정적인 측면에는 열려 있는 예방 메커니즘이다. 언급하지는 않았지만, 그의 '뒤섞임'에 대한 우려는 아마도 티베트인의 정체성이 지배적인 중국의 (암시적으로 한족) 문화에 흡수됨을 의미하는 것 같다.

출트림 로드뢰는 이것을 미연에 방지하기 위한 예방적 보호 장치로 불교 윤리를 제안한다. '시의적절한 조언'에서 그는 재가자에게 음식, 복장, 위생, 교육 및 문화 보존을 포함한 다양한 주제에 대해 조언한다.(Gayley 2013) '새로운 열 가지 덕목'의 많은 주안점은 이 작품에서 이미 명백하게 나타나는데, 무기로 싸우지 말고 모피를 입지 말고 술을 마시지 말라는 것과 같은 금지 명령과 함께, 다른 별개의 문제로서 채식주의의 옹호, 티베트어의 장려, 세속 교육의 중요성에 대한 강조가 포함되어 있다. 특정 관습에 대한 개혁을 제안하면서, 출트림 로드뢰는 중국 공산당의 수사학이 가지고 있을 중화민국의 현대성보다는 티베트인들이 오랫동안 유지해 온 불교를 하나의 문명화의 힘으로 간주한다.

대표적인 예는 전통적인 티베트 코트 장식으로 모피를 착용하는 것의 결점에 대한 출트림 로드뢰의 논의이다. 이 관행이 얼마나 전통적인지에 대해 상당한 논쟁이 있지만, 다른 요인 중에서도, 1990년대 후반과 2000년대 초반에 국가의 문화 관광 홍보로 인해, 티베트인은 말 축제 및 기타 공개 행사 기간에 더 큰 크기의 모피 옷을 입고 더 많은 보석류를 착용하도록 권장되었다.(Yeh 2012a) 이러한 추세에 반대하여, 출트림 로드뢰는 모피를 입는 것이 티베트인에게는 아름답게 보일 수 있지만, 다른 민족에게는 얼마나 잔인하게 보일 수 있는지 설명한다. 게다가 모피 착용은, 무한한 환생의 그물망 속에서 언젠가 자신의 어머니였을 모든 생명체에 대한 자비를 설하는 불교적 가치에 어긋나며, 그리고 세속적인 면에서도, 모피 착용은 모피를 구매하는 데 드는 막대한 경제적 비용과 멸종 위기에 처한 종의 소멸에 대한 환경 운동가의 우려가 포함된다. '시의적절한 조언'에서 출트림 로드뢰는 특정 티베트 관습 개혁을 장려하는 설득력 있는 방법으로서 종교적 가치와 세속적 가치를 통합하려고 시도한다.

모피 소각 사건

티베트에서 털가죽 사용에 변화를 주기 위한 지역적인 노력이 있었지만, 2006년 인도 남부의 칼라카크라Kālacakra에서 14대 달라이 라마가 연설했을 때 고원의 많은 티베트인이 참석하여 그 운동이 확산되고, 극적으로 티베트인의 의복 관습을 바꾸기 전까지는 변화가 없었다. 에밀리 예Emily Yeh는 달라이 라마의 영향력 있는 발언 전후의 사건을 추적했는데, 티베트인들이 호랑이 불법 거래의 주요 수요자가 되었다는 사실이 밝혀지자 다양한 환경 운동 단체, 특히 국제 호랑이 캠페인으로부터 달라이 라마에게 압력이 가해졌음을 보여주었다.(2012a, 2013) 환경 운동 단체의 호소에 대한 달라이 라마의 반응은 1980년대 이후 환경운동과 이에 대한 달라이 라마 자신의 옹호에 대한 현대 불교의 수용과 많은 관련이 있다.

그의 발언에서 달라이 라마는 고원의 티베트인들이 큰 털가죽과 과도한 양의 장신구를 착용하고 있는 사진을 보고 부끄러움을 느꼈다고 말하면서, 그는 그러한 과시가 너무나 지나쳐서 티베트인에 대한 세계적 평판의 위협으로 여겼고, 그가 계속 환생하는 것이 가치가 있는지 없는지 궁금하게 만들었다고 말했다. 에밀리 예가 지적했듯이 그의 연설은 '동물을 죽이지 않는 윤리적-종교적 이유에 대한 언급이나 설명'은 없었고, 대신 주로 국가로서의 '티베트인의 수치, 망신 및 티베트인의 평판, 그리고 그들이 다른 민족과 어떻게 비교되는지'의 문제에 관한 것이었다.(2012a: 415) 그렇기는 하지만, 그의 발언은 청중에 대해서 모종의 티베트인으로 변화하라는 명령으로 여기게 될 수 있었다.

달라이 라마에 대한 충성은 2006년 티베트고원 전역에 퍼진 모피 소각 사건에서 극적으로 수행되었다. 이러한 모피 소각은 종종 젊은이들이 호화로운 털가죽을 과시한 다음 불 속에 던져 버리는 급하게 조직한 사건들이었다. 이러한 사건에 대한 이미지와 뉴스는 전화, 입소문, 인터넷 등을 통해 떠돌아 다른 사람들이 따라 할 수 있도록 용기를 주었다. 에밀리 예는 미화 수백만 달러 상당의 털가죽이 '눈부신 탈-상품화' 행위로 불태워졌다고 추정한다.(2013: 339) 그 이후로 몇 가지 예외를 제외하고는 티베트인들이 모피로 장식된 코트를 입고 있는 것을 보기 드물다. 예를 들어, 중국 정부는 아이러니하게도 자체 환경법에 따르면 불법인데도 불구하고, 티베트 뉴스 방송인과 공연단에게 계속해서 모피를 입도록 요구했다.

즉석 서약

이 장에서 설명하는 모피 소각과 기타 움직임에서, 티베트 문화와 불교 기관의 탁월한 대표자로서의 불교 지도자에 대한 충성심은 즉석 서원이나 서약(dam bca′, khas len)을 통해 표현된다. 윤리적 서원과 서약을 하는 것은 티베트인의 중요한 표현을 불교 용어로 나타낸다. 칼라카크라Kālacakra에서 티베트인들은 환경 보호 단체들이 설치한 모피 착용 중단을 서약할 수 있는 부스를 이용했으며(Yeh 2012a), 이와 비슷한 자발적 서약은 모두 현대 티베트 사회에서 윤리적 권고의 특징이 되었다.

1990년대와 2000년대 초반 지그메 푼촉Jigmé Phuntsok의 연설을 녹화한 비디오는, 티베트인들에게 덕을 권면하는 열정적인 웅변가로서의 그와 그의 권고에 대한 응답으로 청중들 사이의 유목민들이 하나 또는 다른 윤리적 계율을 지키기 위한 특별 서약을 하기 위해 손을 드는 모습을 보여준다. '생명을 해방하자'(Tshe thar 2001)라는 단순한 제목의 비디오 컴팩트 디스크(VCD)로 널리 유포된 2000년 라룽 불교 아카데미에서 행해진 연설에서, 지그메 푼촉은 티베트인들에게 도살을 위해 살아 있는 가축 판매를 포기할 것을 요청했는데,

이는 개랑Gaerrang(Kabzung)이 '도살 포기 운동'(2015)이라고 부른 운동이 시작되는 결정적인 순간이었다. 그의 연설에서 지그메 푼촉은 중국 도시에서 도살장으로 끌려가는 가축들의 고통과 기계화된 도살장의 끔찍한 상황을 생생한 말로 설명했다. 그리고 VCD에서 그의 연설은 야크가 자신의 피 웅덩이 속에서 천천히 죽어가는 모습을 담은 후이Hui족의 도살장 영상과 함께 이루어졌다.

불교 지도자들의 이런 설득력 있는 호소와 즉석 서약은 티베트인들 사이의 현대의 윤리적 동원의 중요한 측면을 구성한다. 연설에서든 글에서든 그러한 '덕의 권면'은 청중을 자기 삶의 방식과 행동에 대한 자기성찰과 분별의 윤리적 프로젝트로 초대한다. 군중 속에서 손을 들거나 부스에서 서명함으로써 자발적인 방식으로 이루어진 서약은 사원 주도의 새로운 열 가지 덕목 실천에 대한 접근 방식과 다르다. 왜냐하면, 열 가지 덕목은 사원의 감독과 규제로 마을 전체와 씨족들의 집단적인 서약을 통해 전파되었기 때문이다. 비판론자들의 관점에서 이러한 접근 방식은 일반 티베트인의 자유와 자기 삶의 방식을 선택할 수 있는 그들의 능력을 축소한 것이었다.

동원에 대한 동의

라룽 불교 아카데미 지도자들의 윤리 개혁 노력이 탄력이 붙으면서, 즉석에서 서약하는 제스처가 학자-성직자와 마을 또는 씨족(sde ba, tsho ba) 지도자의 협력을 포함하는 더 신중한 절차로 바뀌었다. 이 변화는 지그메 푼촉Jigmé Phuntsok의 서거와 그의 후계자들, 특히 출트림 로드뢰Tsultrim Lodrö의 지도로 일어났다. 개랑Gaerrang은 와코르Wakhor 마을의 도살 포기에 대한 그의 민족지학적 연구에서 마을 지도자들이 국가 개발 프로젝트의 '핵심적 실행자'와 '전통 부족의 도덕적, 윤리적 요구의 보호자'로서 그들의 충성심이 나눠진 것을 볼 수 있는 발전의 '뒤얽힌 문화적 매듭'을 도표화한다.(2015: 940)

이 딜레마는 서역 개발 캠페인 이후 시장의 힘의 강화와 가축 판매 증가 압력을 놓고 볼 때 도축 포기 운동에서 특히 예민하다. 학자-성직자들이 출트림 로드뢰에게 종교적인 가르침을 위해 와코르 마을을 방문하도록 주선했을 때, 그 마을 지도자들은 2006년에서 2009년 사이 3년 동안 흡연, 음주, 도박 금지와 함께 도살을 위해 가축을 팔지 않겠다는 서약을 각 가정에서 받아 모았다. 출트림 로드뢰는 이 행사를 통해 불교적 가치에 따른 경제 발전의 중요성과 동물을 해치는 사람들의 세세생생에 걸친 업의 인과적 작용을 강조했다. 그는 열성적으로, 구두닦이처럼 일반적으로 더럽다고 생각하는 직업보다 목축하는 것이 더 부끄러운 일이라고 전통적인 직업을 특징지었다.(Gaerrang 2015: 937-938)

다른 곳, 그의 연설 모음집 '우리 시대의 치유-의학(Dus rabs kyi gsos sman)'에서 출트림 로드뢰는 유목 지역의 티베트인들에게 목축하며 유제품이나 양모 생산을 계속하면서 도로 건설이든, 사업이든, 전통 공예든 또는 약초 수확이든 다른 생계 수단을 찾아 가계 소득을 다양화하라고 장려한다. 그가 보기에는, 티베트인이 나아가야 할 길은 다르마와 일치하는 방식으로 시장 경제에 참여하는 것이다. 그는 '집에서 놀고먹는 사람들(las ka mi byed nas rang gar khyim na nyal)'이 필요할 때마다, 특히 돈이 부도덕한 경우에 사용되는 경우, 즉 도박 또는 무기 구매 같은 데에 쓰려고 야크나 양을 파는 사람들을 책망했다.(Tshul khrims blo gros c.2012: 85-87) 그의 관점과 그의 견해에 영합하는 동시대 청중들의 잠재적인 반향에는 나태의 비유와 개인의 '소질素質'이라는 가치 중심 개념과 같은 소수자의 주체성을 형성하는 데 도움이 되는 국가 개발 담론과 주도권이 작용할 수 있다.(Anagnost 2004; Yeh 2007)

열 가지 새로운 덕목

라룽 불교 아카데미 지도자들이 일련의 '새로운 열 가지 덕목'으로 윤리 개혁을 공식화한 것은 초지를 둘러싼 분쟁과 같은 다양한 사회적 문제를 해결하기 위한 불교 윤리의 급격한 사회적 변화에 대한 건설적인 대응으로 간주할 수 있다. 출트림 로드뢰는 에이즈 예방, 동물 복지 옹호, 티베트어 보존을 포함한 여러 관련 캠페인의 최전선에 있었다. 이 건설적인 접근은 새로운 열 가지 덕목이 도입되던 해인 2008년 티베트고원 전역을 휩쓴 시위와 같은 저항 방식에 대해 중요한 대안을 제시한다.

라룽 불교 아카데미에서 공포한 새로운 열 가지 덕목은 다음과 같은 일련의 권고문에 배치된 조례 또는 관습 체계(lugs srol)로 제시된다:

세르타 라룽(Serta Larung)이 공표한 열 가지 덕목 조례

1. 도살용으로 팔지 말 것: 도축될 말, 소, 양, 개를 팔아서는 안 된다.

2. 훔치거나 강도질하지 말 것: (집) 안팎에서 몰래 도둑질하거나 강탈해서는 안 된다.

3. 무기로 싸우지 말 것: 칼이나 총으로 싸우면 안 된다.

4. 창녀와 동침하지 말 것: 중국인이든 아니든 창녀와 동침하지 말아야 한다. 이로 인해 발생하는 무서운 질병으로 현재 많은 티베트 지역이 위험하기 때문이다.

5. 총기나 아편(즉 마약)을 팔지 말 것: 다른 곳에서 다양한 크기의 총을 사서 티베트 내에서 판매하면 안 된다. 아편을 사거나 팔아서도 안 된다.

6. 아편이나 담배를 피우지 말 것: 어떤 종류의 담배나 아편을 피우면 안 된다.

7. 술 마시지 말 것: 어떤 종류의 술도 마시면 안 된다.

8. 도박하지 말 것: 많은 돈이나 귀중품을 걸고 게임을 해서는 안 된다.

9. 사냥 금지: 야생 동물, 포식 동물, 먹잇감을 다양한 방법으로 죽이면 안 된다.

10. 모피를 착용 금지: 표범, 수달 또는 여우와 같은 야생 동물의 가죽을 착용해서는 안 된다.

현세와 내세에서 도살용으로 팔지 말 것 등의 이 열 가지 악습을 버려야 합니다. 도축을 위해 (가축을) 팔지 않겠다는 것과 같은

> 이 열 가지 서약을 통해, 여러분은 현세와 내세 모두에서 복지와 혜택을 경험합니다. 그리고 그것만이 전부가 아닙니다. 동물을 포함한 (모든 중생의) 복지를 보장합니다. 신실한 여러분, 이것은 매우 중요합니다. 이 윤리 체계에 충실해지기를 바랍니다.[4]

'열 가지 덕목 규약'의 언어는 권고적이며 티베트인의 도덕 개선을 촉구한다. 절제와 비폭력에 대한 명령을 결합하여, 인간과 동물 모두에 관한 관심을 포함하여 사회 복지를 보호하는 데 도움이 되도록 티베트인을 권유한다. 그러나 그것은 또한 티베트 재가자들이 따라야 할 별도의 일련의 계율을 묘사하고 있으며, 그 계율의 구속력은 지역에 있는 사원의 보호 아래 이루어진 서원으로 강화된다.

윤리 개혁에 대한 논쟁의 일부는 이 규약이 전통(srol rgyun)에 기초했는지 아니면 학자-성직자에 의해 새로 부여된 법률 또는 일련의 규칙(khrims)으로 구성했는지에 관한 것이다. 그것을 전통으로 제시하면서, 출트림 로드뢰는 7세기 티베트 황제 송첸 감포Songtsen Gampo의 열여섯 가지 인간 관습(mi chos), '전통적인 열 가지 불교의 덕목(lha chos dge ba bcu)', 그리고 국법(chab srid khrims)과 같은 선례를 인용한다.(인터뷰, 2011년 5월)[5] 그 이름과 권위는 불교의 열 가지 덕목에서

4 이 유인물 Gser ljongs bla ma Rung gis gtan la phab pa'i dge bcu'i lugs srol은 라룽 불교 아카데미에 의해 유포되었고, 여기 번역은 나의 논문 '티베트고원의 불교 윤리 재구성'(2013)에서 재생한 것이다. 이 유인물, 그리고 이 유인물과 같은 이름의 설명 텍스트를 공유해 준 Gaerrang(Kabzung)에게 감사드린다.

5 독실한 재가 수행자를 위한 우바새(upāsaka; dge bsnyen) 서원에서 더 많은 선례를 찾을 수 있다. 즉 살인, 도둑질, 거짓말, 사음, 취하게 하는 약을 소비하는 행위

유래하지만, 전통적 계율이 몸(불살생, 불투도, 불사음), 말(거짓말, 중상모략, 거친 말 또는 잡담 금지), 그리고 마음(악의, 탐욕 또는 그릇된 견해를 품지 않음)으로 구성된 것과는 대조적으로 이 새로운 공식은 대체로 공적인 영역에서의 육체적 행위를 강조한다.

윤리 개혁 이행을 감독하고 있는 사원 협회(Dge 'dun mthun tshogs)를 2010년 세르타Serta에서 설립한 툴쿠 텐진 다르계Tulku Tendzin Dargyé에 따르면, 현재, 새로운 열 가지 덕목은 마음과 말의 계율을 지키는 것이 어려우므로 전통적인 덕목을 단순화한 것이라고 한다.(인터뷰, 2014년 7월) 이것은 또한 처음으로 열 가지 덕목의 준수가 규제될 수 있음을 의미한다.

자유 선택의 문제

환생한 라마(sprul sku)이자 학자-성직자(mkhan po)인 불교 법사들은 그들의 연설과 조언의 글에서 도덕적 설득과 권면적 언어를 사용하는 경향이 있지만, '새로운 열 가지 덕목'의 시행은 강압적이라는 비판을 받아왔다. 이것은 윤리 개혁의 개념과 시행의 격차를 반영한다. '새로운 열 가지 덕목'은 라룽 불교 아카데미의 지도자들에 의해 선포되었지만, 지역의 사원들은 그들의 지역 사회에서 서원을 어긴 사람들에게 벌을 내리는 준칙을 조직하고 규제하는 곳이기 때문이다.

등을 금하는 계율 중 하나 이상을 지키는 것이다. 그리고 음주, 도박, 사음 등의 금지 명령과 함께 재가자 행위를 설명하는 불교 경전 Sigālovāda Sūtta가 있다.

위반, 강제 자백, 예불 행사 거부에 벌금이 부과된다는 보도가 티베트어 블로고스피어에서 유포되었는데, '새로운 열 가지 덕목'이 확산하는 영역에서 멀리 떨어져 있는 시닝Xining과 라싸Lhasa와 같은 도시 티베트인들에게 널리 주목받게 되었다. 이미 유통되고 있는 논란이 되는 게시물을 삭제함으로써 검열을 피해 가는 티베트어 블로고스피어의 상대적으로 규제되지 않는 공간을 고려할 때, 세속 비평가들은 공적 영역에서의 종교 역할에 대해 의문을 제기할 기회를 얻었다. 학자-성직자들을 '종교 독재자(chos lugs pa'i sger gcod)'로 낙인찍고 그들의 개혁 노력이 유목 생활 방식에 끼친 잠재적 피해를 지적하기까지 했다. 나는 다른 곳에서 온라인 토론 윤곽의 세부 사항에 대해 논의했는데(Gayley 2016), 여기에서는 몇 가지 하이라이트만 제공하겠다.

전반적으로, 세속적 지식인과 블로거가 제기한 '새로운 열 가지 덕목'과 그 시행에 대한 주요 반대 의견은 유목민의 가축을 도축용으로 판매 금지하는 것은, 그들에게 경제적 피해를 주고, 결과적으로 환경 및 유목 생활 방식에 대한 해로운 영향을 포함하여, 위반자에 대한 가혹한 처벌, 그리고 자유로운 선택을 없앤 것으로 인식된 점이었다. 전직 승려 노트렝Notreng(Rno sbreng 2013)은 자유의 문제를 제기하면서 '새로운 열 가지 덕목'을 유목민들 사이의 자유로운 선택을 존중하지 않는('brog pa mang tshogs kyi rang dbang gi gdam gses la brtsi bkur) '가혹한 규칙'이라고 반대한다.(drag khrims) 여기서 자유는 정치적 독립(rang btsan)의 표준 용어가 함축하는 의미와 다른, 자신에 대한 권한 부여(rang dbang) 또는 통제의 의미가 있다.

가장 열띤 논쟁이 일어난 해는 2012년 11월 시닝西寧시 기반의 지식인이자 페미니스트 작가 잠양 키Jamyang Kyi(그녀의 필명은 스민 드락Smin drug)가 서약을 어긴 누군가의 가족에게 '다르마의 문(chos sgo)'을 닫았던 것을 포함한 일련의 처벌 사건들을 열거한 그녀의 게시물에 이어 일어났다. 그 게시물은 도살용으로 자신의 야크 떼를 팔았던 한 아버지를 묘사하고 있는데, 후일 그의 아들이 병으로 사망하자 어떤 사원에서도 장례식을 수행하지 않았기 때문에 시신을 강에 던져야 했다는 것이다.(Smin drug 2012a) 그 후 같은 달 두 번째 게시물에서 그녀는 '새로운 열 가지 덕목'을 '(보통 사람들의) 욕망과 열망을 방해하고 언론의 (자유를) 제한하는 경직된 전통과 엄격한 종교적 규칙의 억압'이라고 비난했다.(Smin Drug 2012b) 그녀의 게시물은 10,000명 이상의 독자가 조회했으며, 1년 안에 '새로운 열 가지 덕목'에 대한 수십 개의 게시물이 이어졌다.

처벌 문제는 2013년 8월 사원 안뜰에서 '도박꾼(rgyal jog)'과 '도둑(rkun ma)'이라고 쓰인 플래카드가 목에 걸린 일련의 젊은이들의 사진이 유포된 후 다시 전면에 불거졌다. 이 사진들은 잊을 수 없을 정도로 투쟁 세션[6]을 강하게 연상시켰는데, 노트렝Notreng과 같은 블로거는 서둘러 이 사진들을 출트림 로드뢰와 '새로운 열 가지 덕목'과 연관 지어 처벌을 비난했다.

6 역주: 비투대회批鬥大會, 문화혁명 때 계급의 적이라고 몰아 공개적으로 모욕을 주고 고문했던 사건.

> 일반적으로, 누군가가 가축을 풀어주든 말든 육식을 하든 말든 그것은 각자의 일이다. 이 (권리는) 다르마 협회나 다른 권위에 의해 약탈당하여서는 안 된다. 그런데 당신은 사랑과 자비에 대해 말하고 동시에 은밀하게 세금을 설정한다. 이런 것을 '독재'라고 부르지 않는다면 무엇이라고 불러야 할까? 이것이 문화혁명 정신이 아니라면 무엇일까?(Rno sbreng 2013)

그의 주장에는 몇 가지 부정확한 정보가 있으며, 이는 잘못된 정보가 얼마나 쉽게 온라인에서 유포되는지 보여준다. 사진은 라룽 불교 아카데미에서 공포한 '새로운 열 가지 덕목'과 관련이 없고, 대신 위반자를 다루는 자체 버전의 도덕적 교훈과 시스템이 있는 응가와Ngawa의 키르티Kirti 사원에서 나온 것으로 밝혀졌다. 또한, 앞서 언급했듯이 채식주의는 '새로운 열 가지 덕목'의 일부가 아니다. 잘못된 정보와 함께, 진흙탕 싸움은 온라인 토론의 논쟁적 분위기에서 일반적이다. 학자-성직자들은 이중적이고 부패해졌다고 낙인찍히고, 세속 비평가들은 '옛것을 파괴(rning gtor)'하는 홍위병이라고 비난받고, 그리고 일반 티베트인은 속기 쉽고 미신이라는 용어로도 사용되는 맹목적인 믿음(rmongs dad)에 쉽게 빠진다고 특징지어진다.

그러나 노트렝이 지적한 윤리가 '자유 선택'의 문제여야 한다는 점, 그리고, 특히 유목민 가정의 경제적 생존과 복지가 위태로울 때 그렇다는 점은 남아 있다. 흥미롭게도, 출트림 로드뢰는 수도자들에게 채식주의를 장려하면서도, 이 점을 인정하고, 재가자에게는 특별한 종교적 축일에만 육식을 포기하라고 요청했다는 점이다.(Tshul khrims blo gros 2012a) 이에 대해 그가 말한 이유는, 고원의 다양한 지리적 영역에서의 채소 접근 가변성과 건강한 식단을 제공하는 측면에서 개인의 체질 차이를 포함한다.(인터뷰, 2011년 5월) 이런 이유로, 그리고 17대 카르마파Karmapa의 채식주의에 대한 호소로 인해 수도승들은 재가자보다 채식주의자가 되는 경향이 더 많으며, 동부 티베트의 많은 닝마파(Nyingma)와 카규파(Kagyu) 사원의 사원 주방에서 더는 고기를 준비하고 제공하지 않는다.

'새로운 열 가지 덕목'을 옹호하면서, 출트림 로드뢰는 가정에 따라 서원을 할 수도 있고 서원에 참여하지 않을 수도 있으며, 위반에 대한 벌금은 사원의 지속적인 운영이 아닌 재가자를 위한 사회봉사 프로젝트에 지정된다고 지적한다.(인터뷰, 6월 2014) 소수의 가정이 서원하지 않기로 결정한 것은 사실이지만, 사원 중심의 도덕 공동체에 참가하는 것에 못지않게 사회적 비용이 엄청나다. 마오쩌둥주의 시대에 거의 20년 동안 공적 종교 활동이 중단된 후 대부분 복원된, 마을이나 씨족과 사원 사이의 여러 세대에 걸친 연결을 고려할 때, 티베트인들은 그렇게 쉽게 소속을 바꿀 수 없다. 즉석 서약과는 다르게, 관행을 따르지 않음에 대한 사회적 비용은 '새로운 열 가지 덕목'을 지킬 것을 서원하는 자유 선택의 범위에 의문을 제기한다.

라카르 운동

'새로운 열 가지 덕목의 출현'과 동시에 라카르Lhakar, 또는 '하얀 수요일(lhag dkar)'이라고 불리는, 더 느슨하게 조정된 자발적인 운동이 발생했는데, 여기서 흰색은 덕을 의미하고 수요일은 14대 달라이 라마의 소위 '영혼의 날'을 의미한다.(Buffetrille 2012: 3 n.13) 그 시작은 2008년의 시위 기념일을 전후하여 2009년 겨울에 일부 농업 지역에서 티베트인들의 토지 경작 거부와 티베트 신년 축하 행사 취소를 포함한 여러 보이콧으로 거슬러 올라간다. 그러나 그것은 곧 집단적 보이콧에서 티베트인의 정체성과 불교적 가치를 결합한 더 개인화된 표현으로 변모했다.

그런 운동의 측면은 2010년 6월 티베트어 블로그 게시물 Tibet123.com의 '라카르 서약(Lhag dkar dam bca')'에 명시되어 있는데, 매주 수요일마다 티베트어를 사용하고, 티베트 옷을 입고, 채식하도록 티베트인을 초대한다.[7] 이 게시물은 중국의 티베트 지역에서 이 시기에 일어나고 있는 일종의 풀뿌리 노력을 가리키고 있는데, 예를 들어, 수요일에 채식하기로 한 라사Lhasa의 장로 그룹의 결정(Novick 2013)과 티베트인들이 중국어 단어를 티베트어에 섞어 쓰면 자추카Dzachukha 지방에 있는 현지 사원에 1위안씩 기부되는 복전함 등이다.(Phayul 2010)

'라카르 서약' 게시물의 초대는 소셜 미디어의 전형적인 표현 방식인 사전 동의 스타일을 보여준다. 따라서 라카르 서약은 주로 풀뿌리 행동과 개인화된 서약을 기반으로 하는 탈중앙화라는 점에서 '새로운 열 가지 덕목'과 다르다. 사원 주도의 개혁과는 대조적으로, 라카르 서약은 일반 티베트인의 정체성과 불교적 가치를 확인하는 개별적

7 원래 게시물인 'Lag dkar dam bca''는 삭제되었다. 번역은 〈highpeakspureearth.com/2011/white-wednesday-the-lhakar-pledge〉 참조.

관행 일부에서 고안한 시도이다.

이 운동의 온라인상 존재는 Tibet123.com이 폐쇄된 후 망명 기반 웹 사이트 Lhakar.org로 이동했다. (새 사이트는 영어와 티베트어의 이중 언어로 제공되지만, 서약은 중국에 기반을 둔 사용자는 제외되는 페이스북을 통해서만 접속할 수 있다.) Lhakar.org에서 이 서약은 간디식 용어로 비폭력 저항, 비협조, 자립과 같은 행위로 재구성되었다.(lhakar.org/about 참조) 비슷한 맥락에서, 2013년 1월 '티베트 정치 평론(Tibetan Political Review)'의 게시물에서 텐진 도르지Tenzin Dorjee는 라카르 운동을 '티베트 행동주의 지형을 변화시키고 있는 저항의 저류'로 특징짓는다. 그는 다음과 같이 말한다:

> 공적인 항의 행위보다 개인적 저항 행위를 강조하는 라카르는 저항을 탈중앙화시켰다. 집, 직장, 컴퓨터를 저항의 전장으로 취급함으로써, 티베트인들은 제한된 개인적 선택과 일상 활동을 더 많은 사회적, 정치적, 경제적 공간을 개척하기 위한 쐐기로 사용하고 있다. 라카르 실행자는 자유가 베이징 정부의 정책 조정, 또는 마음의 변화에서 올 것으로 기대하지 않고, 중국의 억압적인 상부 구조를 능가할 평행한 자유세계를 조성하는 자신들의 일상적인 생각과 결정, 그리고 행동에서 온다고 기대한다.(Tenzin Dorjee 2013)

이 진술에서, 라카르 운동이 개인적으로 선택할 수 있는 복장, 식단, 생활방식에서 제한적이라 할지라도, 자유의 행사로서 강조된다.

특히 텐진 도르지Tenzin Dorjee는 티베트인의 정체성을 확인하는 일상적인 행위를 권력의 두 가지 다른 구성과 관련하여 분명하게 표현한다: 지배에 대한 저항, 그리고 '자유의 평행한 세계'를 만들기 위한 권한 부여이다.[8] 전자는 이전의 시위와 보이콧의 연속성과 함께 라카르 운동을 식별할 수 있게 하지만, 후자는 문화적 권한 부여의 한 형태로서 개인적인 서약을 강조한다. 레베카 노빅Rebecca Novick은 중국에 있는 티베트인들에게 수반되는 위험을 감안할 때, 라카르 운동을 '저항'과 '비협력'으로 정치화하는 것에 주의를 주었다. 대신 라카르 운동은 사티아그라하[9]라기보다 간디의 스와데시Swadeshi 마을 자립 운동에 가깝다고 주장했다. 아니면, 그녀가 구별을 간결하게 요약한 것처럼, '라카르의 힘'은 '아니오'보다 '예' 안에 더 많이 있다.(2013)

그녀의 관찰에 따르면, 라카르의 서약을 소속 정치권역 내에서 티베트인의 대중 공연을 수반하는 문화적 권한 부여 운동으로 특징짓는 것이 더 정확할 수 있다.(Lokyitsang 2014) 중국의 지배 아래에 있는 티베트인들이 자신이 표적이 된다는 두려움 없이 그들의 행위를 라카르라고 선뜻 공개할 수 없다는 점을 감안할 때, 이 운동이 고원에 얼마나 널리 퍼져 있는지는 불분명하다. 그러나 라카르 운동은 티베트 문화에 대한 지속적 성찰과 함께 페이스북과 락카르-일기라는 블로그

8 이 장의 초기 버전에 대한 Emily Yeh의 논평과 이러한 구분을 제시해 준 그녀에게 감사드린다.

9 역주: Satyāgraha, 간디에 의해 주창된 무저항 불복종 독립운동.

(lhakardi aries.com)를 통해 제공하는 서약으로써 디아스포라에서 번성하고 있다.

나는 티베트인이다

티베트의 정체성 주장은 팝 뮤직 비디오를 포함한 문학 및 예술 형식에서도 볼 수 있다. 1990년대 후반과 2000년대 초 중국의 티베트인들 사이에 VCD 기술이 등장하면서, 팝 뮤직비디오를 통해 티베트의 정체성을 널리 알리게 되었고, 때로는 불교 용어로 티베트인을 위한 통일된 '나아가야 할 길'에 대한 학자-성직자들의 요구를 반영하기도 했다. 이와 관련된 본보기는 티베트의 단결과 사원 교육 과정과 관련된 전통적인 지식 영역 연구를 포함하여, '설산'(티베트의 별칭 gangs ljongs)에 대한 충성을 촉구하며 팝스타 쿵가Kunga가 2004년에 노래한 '티베트 젊은이가 나아가야 할 길(Gangs phrug gi mdun lam)'이다. 더 잘 알려진 곡은 2006년 '렙콩 음악 페스티벌(Rebkong Music Festival)'에서 야둥Yadung, 쿵가 그리고 다른 가수들이 함께 부른 '정신적 귀환(Sems kyi log phebs)'인데, 티베트인의 특성에 빠질 수 없는 용기와 비폭력을 강조하고 티베트인의 단결을 촉구한다. 이러한 방식으로 민족 정체성을 주장하는 것은 정치적 용어가 아닌 문화적 용어로 사용되는 한, 중국 정부의 민족民族(Tib. mi rigs) 개념에 따라 허용된다.

이러한 추세는 계속되고 강화되었다. 2008년 이후, '높은 봉우리, 순수한 땅'이 추적한 '나는 티베트인이다(Nga ni bod yin)'라는 주제의 비디오와 시들이 잇따라 나왔는데,[10] 노빅Novick은 정체성 주장에 대한 주제가 '소외와 압제'에서 '능력이 있고 무엇이든 할 수 있다'로 바뀌었다고 말한다.(2013) 이후 2010년을 전후하여 초중고교의 티베트어 교육 위협에 대한 학생들의 항의에서, 티베트어 보존의 중요성에 대한 뮤직비디오가 전면에 등장했다. 1년 안에, 떠오르는 팝 스타 셰르탄Shertan은 티베트어 문제와 관련된 VCD 세트 하나와 환경 및 문화 보존에 대한 우려를 담은 다른 하나를 헌정했다.[11] 좀 더 밝은 주제로는, 2012년에 라카르-일기에서 샤팔리Shapaley로 알려진 망명 랩 아티스트 카르마 엠치Karma Emchi의 티베트 음식 '짬빠Rtsampa'에 대한 최신 노래를 선보인 것이다. 이 짬빠는 볶은 보리로 만든 티베트 주식인데, 티베트 정체성을 나타내는 대표 음식이다.(Shapaley 2012)

문화적 역량 강화를 위한 이러한 노력은 불교적 가치를 지지하고, 언어와 음식과 같은 지표로 정체성을 드러내며, 그리고 공통의 '앞으로 나아가야 할 길'을 지향하는 특정 종류의 티베트인으로 자신을 만드는

---

10 2010년 2월 4일에 게시된 highpeakspureearth.com/2010/i-am-tibetan 그리고 2016년 5월 1일 접속한 www.scribd.com/.doc/45000460/I-am-Tibetan-Poetry-Booklet 참조. 그리고 이와 관련된 주목할 만한 것은 2011년 배포된 Karma Emchi(Shapaley)의 'Made in Tibet'인데 소셜 사운드 wordpress.com/2011/11/27/spotlight-on-karma-emchi에서 다운로드 가능하다.

11 이 VCD의 노래, Pha skad la bcings ba'i brtse sems 및 Ma yum rtsa thang gi 'bod skul은 높은 봉우리, 순수한 땅. highpeakspureearth.com/2010/two-songs-about-tibetan-unity-mentally-return-and-the-sound-of-unity, 2010년 8월 31일 게시되었고, 또 highpeakspureearth.com/2013 /music-video-the-call-by-sherten, 2013년 11월 6일 게시됨.

프로젝트의 핵심적인 부분이다. 라룽 불교 아카데미의 2011년 포스터는 티베트어의 순수성 유지의 중요성을 극화하여 잘 보여주고 있다. 이 경우 순수성은 중국어 용어를 티베트 언어에 혼합하지 않는 것을 의미하는데, 이 프로젝트를 촉진하기 위해 출트림 로드뢰Tsultrim Lodrö는 세속 지식인과 협력하여 트랙터에서 샴푸에 이르기까지의 현대 용어를 위한 티베트어 신조어 사전을 개발했다.(Rgya bod dbyin 2007) 이미지와 그들의 신조어가 결합한 교육 포스터는 티베트 가정에서 찾을 수 있지만, 이 포스터는 텔레비전에서 반복적으로 재생되는 불교 주제의 중국 문학 고전 서유기의 인기 있는 텔레비전 버전의 등장인물을 배치한다. 그 안에서, 돼지 캐릭터(다소 혼란스러워 보이는)는 '나는 돼지-머리야. 나는 합성어를 할 줄 안다'라고 말하자, 원숭이는 '넌 자기-결정권이 없는 돼지-인간이구나'라고 반박한다.

여기서 핵심어는 자결권을 의미하는 랑축rang tshugs인데, 이 말은 지그메 푼촉Jigmé Phuntsok의 널리 퍼진 구호 '자결권을 잃지 마시오. 다른 사람의 마음을 선동하지 마시오'에서 만들어졌다.(rang tshugs ma shor/gzhan sems ma dkrugs; 이 구호에 대한 설명은 Rig 'dzin dar rgyas c.2004 참조) 이 구호는 2004년 그가 세상을 떠난 후 수년간 수영장 홀, 찻집, 학교 밖에서 발견되었는데, 티베트인들에게 도덕적 청렴성이나 독특한 문화를 잃지 말라고 부탁하고(구호 전반부), 국가 담론의 핵심 용어인 민족 간 조화(민족단결民族團結) 유지를 당부한다(구호 후반부). 이 포스터에서 묘사된 대로, 티베트 문화의 온전함이 훼손되거나 희석된다면 그 결과는 더 이상 이런저런 것이 아니라, 기이한 반인반수의 잡종으로 일탈한다. 티베트인에게 어떤 종류의 사람이 될 것인가라는 선택이 놓인다: 자기 결정권을 가진 언어와 문화의 청지기가 될 것인가, 아니면 타협하고 혼란스러워하며 더는 완전한 티베트인이 아니거나, 그 문제에 관해서는 완전한 인간이 아닌 무엇이 될 것인가.

티베트인을 영웅으로 만드는 것

윤리가 자신을 특정 유형의 사람으로 만들기 위한 자기 성찰적 프로젝트를 포함한다면, '나는 티베트인이다'라는 선언적인 온라인 진술을 넘어 생각할 필요가 있다. 그리고 특히 그 정체성이 불교 용어로 명확히 표현될 때, 어떤 종류의 티베트인인지 조사할 필요가 있다. 지금까지 논의한 바와 같이 현대 티베트인들의 윤리적 주체 형성은 티베트 문화와 불교적 가치에 대한 충성심(la rgya)을 나타내는 것과 관련이 있다. 라카르 운동은 복장, 식단, 언어와 같은 관점에서 티베트 문화를 유지하겠다는 서약을 강조하고 티베트 대중음악은 불교적 가치를 강화하는데, 2012년 라룽 불교 아카데미에서 등장한 이 선도적 문화는 비폭력의 이상을 불러일으키고 새로운 종류의 티베트 영웅을 분명히 설명한다.

2012년 라룽 불교 아카데미에서 연례 '극락정토를 위한 위대한 성취 수행(Bde chen zhing sgrub chen mo)' 기도 축제에 모인 13,000명의 청중에게 한 연설에서, 켄포 리그친 다르계Khenpo Rigdzin Dargyé는 이전의 평화로운 시위와 보이콧에서 표현되었던 비폭력의 불교 원칙을 티베트인 사이의 '내전(nang dme)' 종식을 위한 열정적인 요구로 재구성했다.(Gayley and Padma 'tsho 2016) 연설이 끝났을 때, 청중의 98%가 내전 참여를 중단하고 지방, 지역 및 범-티베트 수준(티베트 중부, 캄Kham과 암도Amdo 포함)의 단결을 진전시키기로 서약했다고 전해진다.

서약의 표시로 15세 이상의 남성에게 목에 두르는 '평화의 부적(zhi bde rtags ma)'이 주어졌는데, 부적 한쪽에는 제10대 판첸 라마Paṇchen Lama의 이미지가 있고 다른 한쪽에는 비둘기가 지구본 위에 날고 있었다. 평화를 위한 세계와 불교를 결합한 상징으로, 비둘기는 여의륜如意輪(Hriḥ) 문양이 새겨진 보리수 잎을 물고 있고, 발톱에는 평화 표지가 매달려 있다. '무기를 가지고 싸우지는 말라'가 이미 '새로운 열 가지 덕목'에 포함되어 있지만, 라룽 불교 아카데미의 지도자들은 평화의 부적에 있는 더 분명한 서약과 물리적인 기억 상기가 유익할 것이라고 결정했다.

'조화로운 관계에 관한 담론(Mthun'brel gyi slob gso)'에 기록된 바와 같이, 2012년 연설에서 리그친 다르계Rigdzin Dargyé는 특정 종류의 티베트인을 구상한다. 국적이나 민족에 대한 충성의 언어를 사용하면서, 그는 무엇이 '국민 영웅(mi rigs kyi dpa' bo)'을 만드는가를 정의한다. 그의 정의의 중심에는 역사적으로 세르타Serta 지역을 둘러싼 골록Golok 씨족과 관련된 포악함과 독립성에 반하는 비폭력 남성성이 있다.(Pirie 2005) 리그친 다르계는 티베트 문화에 대한 그의 문학적 기여를 바탕으로 20세기 초 승려 겐둔 쵸펠Gendun Chöphel을 본보기로서 선택함으로써 '국민 영웅'과 티베트 학식을 연결한다. 리그친 다르계는 도덕주의적 용어로 폭력, 특히 내분을 타락한(ma rabs) 행태로 연관시키면서, 학식과 비폭력을 화합과 진보를 촉진하는 데 도움이 되는 고결한(ya rabs) 목표로 제시한다. 하나의 민족으로서의 티베트인의 평판을 고려한다면, 티베트인이 허리에 칼을 차거나 총을 휴대할 때, 다른 민족들에게 어리석고 후진적으로 보일 것이라고 그는 말한다.(Rig 'dzin dar gyas 2013)

그의 연설에서, 불교는 학자-성직자와 더불어 티베트인에게 도덕적 지침의 역할모델과 원천 모두를 제공하는 문명적 영향력으로 요약된다. 연설 내내 리그친 다르게는 개인이 방목권을 놓고 싸우는 것과 같은 갈등을 통해 얻은 자신의 이익을 희생하고 대신 더 위대한 선을 위해 일하는 영웅적 남성성을 묘사한다. 그 과정에서 그는 '고귀한 인간 탄생(mi lus rin po che)'의 목적을 깨달음의 추구로부터 하나의 민족으로서의 티베트인의 복지와 발전을 위한 일로 재정의한다. 여기서 집단으로서의 티베트인에 대한 충성심은 비폭력적 불교의 이상과 약속된 민족적 통일의 결과를 통해 표현된다. 학자-성직자에 의해 추진되면서, '평화의 부적'이 즉석 서약의 자발적 모델로 돌아온다. 한편 리그친 다르게의 설명은 평범한 티베트인들에게 불교 용어로 영웅적으로 되고 문명화된다는 것이 무엇을 의미하는지에 대한 자기-성찰을 촉구한다.

희생으로서의 소신공양

그 연설에서 언급되지 않았지만, 시와 노래에서 소신공양자를 추모하기 위해 '영웅(dpa' bo, dpa' mo)'이라는 용어가 사용됐는데, 때때로 그 맥락에서 '순교자'로도 번역된다. 가슴 아픈 예는 잠펠Jamphel의 공연 '애국 순교자들(Rgyal gces dpa' bo dpa'mo)'인데, 이는 '충성의 거대한 불꽃으로 타오르는 세상(la rgya' me dpung 'bar ba'i 'jig rten)'의 그러한 영웅들의 용기에 대한 감사를 나타낸 것이다.[12] 소신공양燒身供養은 불교적 반향으로 특징지을 수 있는 티베트어 용어, '신체 공양(lus sbyin)'에 필적하는 궁극적 희생을 포함한다.(Ben 2012; Woeser 2014) 티베트인의 복지를 위해 일하는 사람을 특징짓는, 리그친 다르계가 말한 건설적인 영웅주의와는 달리, 소신공양은 다원적 저항과 희생의 형태이다.

소신공양은 그들 중 어떤 것으로도 환원할 수 없는 정치적, 의례적, 윤리적 차원을 갖는다. 학자들은, 1998년 망명지에서 처음 발생하고 2009년 처음으로 티베트고원에서 실행된 소신공양을 국가를 위해 몸을 희생하는 티베트인 사이의 새로운 형태의 저항이라며, 정치적 성격을 강조해 왔다.(Shakya 2012) 자유의 문제와 관련하여 예Yeh는 '소신공양은 포위된 상태에 있는 자신의 주권 회복이다'라고 지적한다.(2012b) 비록 17대 카르마파Karmapa와 같은 망명한 라마들이 티베트인들에게 그런 관행을 버리라고 당부했지만, 2011년 3월 이후로 티베트인 사이에서 150건 이상의 소신공양이 있었으며 대부분 티베트고원에서 발생했다.[13]

---

12 번역은 highpeakspureearth.com/2013/music-video-patriotic-martyrs-by-jampel을 참조.(2013년 7월 17일에 게시) 여기에서 나는 High Peaks, Pure Earth에서 번역된 제목을 사용했다. 티베트어 문자 그대로 '조국을 소중히 여기는 영웅들과 여걸들'을 의미한다.

의식과 헌신의 틀은 또한 제물 공양으로서의 소신공양에 대한 새로운 이해에서 가장 두드러진다. 소신공양하는 많은 사람이 '달라이 라마 만세'를 부르고 독립을 위한 더 노골적인 외침과 함께 그의 귀환을 요구하는 헌신적 취지로 정치적인 정서를 표현했다.(Woeser 2016: 34-42) 또한 의례 관용구들은 티베트 게송에서 소신공양자를 보통 불상 앞에 올려지는 '버터 등잔(mar me)'으로 코드화하여 발원되었지만, 여기서는 화염에 싸인 신체의 광경을 언급한다.(Robin 2012, Woeser 2014)

이 점에서 모범적인 사례는, 라마 소바Lama Sobha가 남긴 녹음테이프 메시지에서 자신의 소신공양을 달라이 라마에게 바치는 '장수 기원 공양'이자 모든 살아 있는 중생의 고통을 해방하고, 그리고 특히 분노로 인해 죽었을지도 모르는 다른 소신공양자의 영혼 천도를 목적으로 하는 '어둠을 없애는 빛의 공양'이라고 분명하게 밝힌 것이다.(티베트를 위한 국제 캠페인 2012) 달라이 라마를 위해 기도하면서, 그는 용감한 영웅으로서 목숨을 바친 티베트인들을 칭송하며, 인욕의 완성을 예시하는 이야기가 있는 붓다의 전생에 대한 본생담(jātaka)을 불러와 '신체 공양'을 자기희생의 본보기라고 말했다.(Ohnuma 2006) 다른 불교 지도자들과 마찬가지로 라마 소바는 티베트인들에게 티베트 문화를 보존하고, 불교 원리를 실천하고, 티베트인들끼리 싸움을 포기하고 화합을 이루라고 당부한다.

텐진 밍규르 팔드론Tenzin Mingyur Paldron은 라마 소바의 행동,

---

13 www.savetibet.org/resources/fact-sheets/self-immolations-by-tibetans에서 계속 진행하는 티베트인들의 소신공양 추적을 볼 수 있다.

그리고 더 일반적으로는, 소신공양을 고통의 중재를 추구하는 공양으로 본다. 여기서 비폭력과 폭력의 경계가 '우리의 도덕적, 정치적 범주를 넘어서는' 흐릿해진 방식, 그리고 다양한 사회적, 정치적 투쟁에 박수를 보내거나 정당화하지 않는 세속적 자유주의 관행 방식 때문에 모호한데도 윤리적 해석이 전면에 드러난다.(2012, Makley 2015 참조) 저항과 희생의 방식으로서, 소신공양은 하나의 민족으로서의 티베트인의 '나아갈 길'을 위해 불교 윤리와 문화 보존을 통합하려고 시도하는 윤리적 동원에 대한 건설적인 접근과 극명한 대조를 이룬다. 그렇기는 하지만, 소신공양은 티베트 영웅주의와 윤리적 참여의 뚜렷한 (그러나 걱정스러운) 이상을 제공한다.

결론

이 장에서는 고원과 디아스포라 티베트인들 사이의 현대의 윤리적 동원과 정체성 주장의 여러 가닥을 살펴봤다. 여기에는 라룽 불교 아카데미에서 공포한 '새로운 열 가지 덕목', 티베트어 블로고스피어 상의 논쟁, 풀뿌리 주도와 개인 서약의 형태로 고원과 디아스포라를 아우르는 라카르 운동, 민족 정체성과 문화 보존을 촉진하는 문학 및 예술 경향, 그리고 통일성을 고취하고 티베트 남성성을 재형성하려는 시도에서 비폭력의 불교적 가치를 재정의하는 평화를 위한 부적이 포함되었다. 이들 각각은 티베트 문화를 보존하고 윤리적인 불교 주체들을 형성하기 위한 건설적인 접근 방식으로, 시위와 소신공양과 같은 정치적 저항의 방식과 구별될 수 있다.

이 장에서 조사한 건설적인 접근 방식들은 과거와의 연속성을 추구하고 불교의 핵심 가치로서 비폭력을 촉진하는 티베트의 정신(ethos) 또는 '존재 방식과 행동 방식'을 개척하려는 시도이다. 그러나 이러한 접근 방식 간의 주요 차이점은 신조어를 만들거나 채식주의를 장려하거나 코트의 모피 장식을 포기함으로써 실제로 이루어지는 개혁이 수반하는 복장, 식단, 언어에 대한 티베트의 관습을 '유지'하는 정도에 있다. 개혁 옹호는 일반적으로 불교 지도자들의 일이었으며, 이러한 동원의 주목할 만한 점은 사원 중심적이고 집단적인 성격에서 일반 티베트인의 개인적 서약과 행동으로 변형되었는데, 오직 후자만이 디아스포라에 널리 퍼졌다.

티베트 문화를 유지하고 개혁하려는 광범위한 노력의 일환으로, 현대의 윤리적 동원은 티베트 문화의 무결성에 대한 새로워진 충성과 비폭력과 같은 불교적 가치에 대해 적극적으로 헌신하는 특정 종류의 티베트인을 형성하고 있다. 이러한 충성심은 집단행동에 활력을 불어넣고 광범위한 영역에 걸쳐 도덕 공동체를 구성할 수 있는 카리스마 넘치는 불교 지도자들을 중심으로 결집하려는 헌신적인 충동과 결부되어 있다. 그러나 그러한 동원 모두가 일반 티베트인들이 자신과 사회를 변화시키기 위해 자발적으로 채택한 '자기 배려 기술'인지, 아니면 사원 주도의 개혁이 어떤 면에서 그들의 자유를 더욱 제한하게 될지는 여전히 미결의 질문으로 남아 있다.

인용 문헌

Abeysekara, A. (2008) *Colors of the robe: religion, identity, and difference.* Columbia, SC: University of South Carolina Press.

Anagnost, A. (2004) The corporeal politics of quality (suzhi). *Public culture*, 16 (22), 189-208.

Benn, J. (2012) Multiple meanings of Buddhist self-immolation in China—a historical perspective. *Revue d'études tibétaines*, 25, 203-212.

Buffetrille, K. (2012) Self-immolation in Tibet: some reflections on an unfolding history. *Revue d'études tibétaines*, 25, 1-17.

Faubion, J. (2001) Toward an anthropology of ethics: Foucault and the pedagogies of autopoiesis. *Representations*, 74 (1), 83-104.

Foucault, M. (1994) *Ethics: subjectivity and truth.* Translated by R. Hurley. New York: The New York Press.

Gaerrang (Kabzung) (2015) Development as entangled knot: the case of the slaughter renunciation movement in Tibet, China. *The journal of Asian studies*, 74 (4), 927-951.

Gayley, H. (2011) The ethics of cultural survival: a Buddhist vision of progress in Mkhan po 'Jigs phun's Heart advice to Tibetans for the 21st century. In: G. Tuttle (ed.), *Mapping the modern in Tibet.* Sankt Augustin, Germany: International Institute for Tibetan and Buddhist Studies, 435-502.

Gayley, H. (2013) Reimagining Buddhist ethics on the Tibetan plateau. *Journal of Buddhist ethics*, 20, 247-286.

Gayley, H. (2016) Controversy over Buddhist ethical reform: a secular critique of clerical authority in the Tibetan blogosphere. *Himalaya journal*, 36 (1), 22-43.

Gayley, H., and Padma 'tsho (2016) Non-violence as a shifting signifier on the Tibetan plateau. *Contemporary Buddhism*, 17 (1), 62-80.

Germano, D. (1998) Re-membering the dismembered body of Tibet: contemporary Tibetan visionary movements in the People's Republic of China. In: M. Goldstein and M. Kapstein (eds), *Buddhism in contemporary Tibet: religious revival and cultural identity*. Berkeley: University of California Press, 53-94.

Gravers, M. (2015) Anti-Muslim Buddhist nationalism in Burma and Sri Lanka: religious violence and globalized imaginaries of endangered identities. *Contemporary Buddhism*, 16 (1), 1-27.

Hansen, A. R. (2007) *How to behave: Buddhism and modernity in colonial Cambodia, 1860-1930*. Honolulu: University of Hawai'i Press.

Harvey, P. (2000) *An introduction to Buddhist ethics*. Cambridge: Cambridge University Press. International Campaign for Tibet (2012) Harrowing images and last message from Tibet of first lama to self-immolate. Available from: www.savetibet.org/harrowing-images-and-lastmessage-from-tibet-of-first-lama-to-self-immolate, posted 1 February.

'Jigs med phun tshogs, Mkhan po (c.1995) *Dus rabs nyer gcig pa'i gangs can pa rnams la phul ba'i snying gtam sprin gyi rol mo*. Serta: Larung Buddhist Academy.

Kapstein, M. (1996) 'gDams ngag: Tibetan technologies of the self. In: J. Cabezón and R. Jackson (eds), *Tibetan literature: studies in genre*. Ithaca, NY: Snow Lion, 275-289.

Keown, D. (ed.) (2000) *Contemporary Buddhist ethics*. Richmond, UK: Curzon Press.

Laidlaw, J. (2002) For an anthropology of ethics and freedom. *The journal of the Royal Anthropological Institute*, 8 (2), 311-332.

Lokyitsang, D. (2014) 'Speak Tibetan, stupid': concepts of pure Tibetan and the politics of belonging'. *Lhakar Diaries*. Available from: lhakardiaries.com/2014/04/30/speak-tibetanstupid-concepts-of-pure-tibetan-the-politics-of-belonging, posted 30 April.

Makley, C. (2015) The sociopolitical lives of dead bodies: Tibetan self-immolation protest as mass media. *Cultural anthropology*, 30 (3), 448-476.

Novick, R. (2013) Why Lhakar matters: a response. Tibet political review. Available from: www.tibetanpoliticalreview.com/articles/whylhakarmattersaresponsedom, posted 14 January.

Ohnuma, R. (2006) *Head, eyes, flesh, and blood: giving away the body in Indian Buddhist literature*. New York: Columbia University Press.

Phayul (2010) Tibetans protest in Zachukha over spoken language. Available from: http://www.phayul.com/news/article.aspx?id=28518, posted 9 November.

Pirie, F. (2005) *Feuding mediation and the negotiation of authority among the nomads of eastern Tibet*. Halle/Saale: Max Planck Institute for Social Anthropology.

Queen, C., and King, S. (eds) (1996) *Engaged Buddhism: Buddhist liberation movements in Asia*. Albany, NY: State University of New York Press.

Rgya bod dbyin gsum gsar byung rgyun bkol ris 'grel ming mdzod (2007). Chengdu: Sichuan Nationalities Publishing House.

Rig 'dzin dar rgyas, Mkhan po (c.2004) *Chos rje dam pa 'jigs med phun tshogs 'byung gnas dpal bzang po mchog gi mjug mtha'i zhal gdams rang tshugs ma shor/ gzhan sems ma dkrugs zhes pa'i 'grel ba Lugs gnyis blang dor gsal ba'i sgron me*. Serta: Larung Buddhist Academy.

Rig 'dzin dar rgyas, Mkhan po (2013) *Mthun 'brel gyi slob gso*. Serta: Larung Buddhist Academy.

Rno sbreng (2013) Rig gsar kyi me ro gso mkhan de su red. *New youth network*. Available from: www.tbnewyouth.com/article/show-5/201308299927.html, posted 29 August (later removed).

Robin, F. (2012) Fire, flames and ashes: how Tibetan poets talk about self-immolations without talking about them. *Revue d'études tibétaines*, 25, 123-131.

Shakya, T. (2012) Transforming the language of protest. *Hot spots, cultural cnthropology*. Available from: culanth.org/fieldsights/94-transforming-the-language-of-protest, posted 8 April.

Shapaley (2012) Tsampa. Available from: https://www.youtube.com/watch?v=lZE6DHzZUFg, posted 24 October.

Smin drug (2012a) Dge bcu'i khrims dang 'brel ba'i dngos tshul. *Sangdhor*. Available from: www.sangdhor.com/blog_c.asp?id=9290&a=menzhu〉, posted 4 November (website now defunct).

Smin drug (2012b) Dge bcu'i khrims kyi shugs rkyen. *Sangdhor*. Available from: www.sangdhor.com/blog_c.asp?id=9547&a=menzhu〉, posted 27 November (website now defunct). Buddhist Ethics in Contemporary Tibet 313

Stewart, J. (2016) *Vegetarianism and animal ethics in contemporary Buddhism*. New York: Routledge.

Tenzin Dorjee (2013) Why Lhakar matters: the elements of Tibetan freedom. *Tibet political review*. Available from: www.tibetanpoliticalreview.com/articles/whylhakarmattersthееlementsoftibetanfreedom, posted 10 January.

Tenzin Mingyur Paldron (2012) Virtue and the remaking of suffering. *Hot spots, cultural anthropology*. Available from: culanth.org/fieldsights/98-virtue-and-the-remaking-ofsuffering, posted April 8.

Tshe thar srog blu byed rogs (2001) VCD produced by Larung Buddhist Academy, ISRC CNG04-01-417 00/V.J6. Chengdu: Chengdu Yinxiang Chubanshe.

Tshul khrims blo gros, Mkhan po (2003-2004) *Dus su bab pa'i gtam lugs gnyis gsal ba'i me long. In: Yang dag lam gyi 'jug sgo blo gsar yid kyi dga' ston*, volume 2. Hong Kong: Fojiao cihui fuwu zhongxin, 258-349.

Tshul khrims blo gros, Mkhan po (c.2012) *Dus rabs kyi gsos sman*. Serta: Larung Buddhist Academy.

Woeser, T. (2014) Self-immolations are a kind of political resistance. *High peaks, pure earth*. Available from: highpeakspureearth.com/2014/self-immolations-are-a-kind-of-politicalresistance-by-woeser, posted 26 September.

Woeser, T. (2016) *Tibet on fire: self-immolations against Chinese rule*. Translated by K. Carrico. London: Verso.

Yeh, E. (2007) Tropes of indolence and the cultural politics of development in Lhasa, Tibet. *Annals of the Association of American Geographers*, 97 (3), 593-612.

Yeh, E. (2012a) Transnational environmentalism and entanglements of sovereignty: the tiger campaign across Himalaya. *Political geography*, 31, 408-418.

Yeh, E. (2012b) On 'Terrorism' and the politics of naming. *Hot spots, cultural anthropology*. Available from: culanth.org/fieldsights/102-on-terrorism-and-the-politics-of-naming, posted 8 April.

Yeh, E. (2013) Blazing pelts and burning passions: nationalism, cultural politics and spectacular decommodification in Tibet. *Journal of Asian studies*, 72 (2), 319-344.

Zigon, J. (2009) Within a range of possibilities: morality and ethics in social life. *Ethnos: journal of anthropology*, 74 (2), 251-276.

추천 도서

Gayley, H. (2013) Reimagining Buddhist ethics on the Tibetan plateau. *Journal of Buddhist ethics*, 20, 247-286.

Goldstein, M., and Kapstein, M. (eds) (1998) *Buddhism in contemporary Tibet: religious revival and cultural identity*. Berkeley: University of California Press.

Gyatso, T., Dalai Lama XIV (1999) Ethics for the new millennium. New York: Riverhead Books.

Klieger, C. (ed.) (2002) *Tibet, self, and the Tibetan diaspora: voices of difference, PIATS 2000, Tibetan studies: proceedings of the ninth seminar of the International Association for Tibetan Studies*, Leiden 2000. Leiden: Brill.

Kolås, Å., and Thowsen, M. (2005) *On the margins of Tibet: cultural survival on the Sino-Tibetan frontier*. Seattle: University of Washington.

McMahan, D. (2008) *The making of Buddhist modernism*. Oxford: Oxford University Press.

찾아보기

【ㅇ】

【ㅈ】

【ㅎ】

저자 소개

다니엘 코조트 Daniel Cozort : 미국 펜실베이니아 딕슨 대학 종교학 교수. 브라운 대학교에서 학사, 버지니아 대학교에서 석사 및 박사학위 취득. 그의 연구는 티베트 불교 겔룩바종 전승의 이해를 위한 최상승 요가 탄트라(annutara-yoga-tantra), 그리고 귀류논증-중관학파(Prasaṅgika-Madhyamaka)의 관점에 관한 것이다. '최상승 요가 탄트라', '중관학파 특유의 교리', '불교철학' 등을 포함 여섯 권의 책과 다수의 학술 논문, 평론을 저술했으며, 모래 만다라 작업 영화를 제작했다. 2006년부터 학술지 '불교 윤리 저널'의 편집장을 맡고 있다.

피터 하비 Peter Harvey : 영국 선덜랜드 대학교 불교학과 명예교수. 그의 연구는 초기불교의 사상, 수행, 그리고 윤리에 중점을 두고 있다. 영국 불교학 협회 학술지인 '불교학 개론'의 편집인이다. '불교 개론: 가르침, 역사, 수행'(1990; 2013), '이타심: 초기불교에서의 개성, 의식, 열반'(1995), '불교 윤리 개론: 기반, 가치, 수행'(2000) 등을 저술했다.

폴 그로너 Paul Groner : 예일 대학교 박사. 버지니아 대학교 명예교수. 일본 천태종 및 일본 내의 계율과 수계 역사에 특히 관심을 기울여 왔다. 그의 저술로는 '사이쵸(最澄): 일본 천태종 설립'(2000)과 '로겐(良源)과 히에이산(比叡山): 10세기 일본 천태종'(2002) 등이 있다.

저스틴 휘터커 Justin S. Whitaker : 런던 대학교 박사. 독립 민간학자. 관심 연구 분야는 초기불교, 비교철학, 윤리학 그리고 마음챙김 등이다.

더글러스 스미스 Douglass Smith : 위스콘신 대학교, 매디슨 대학교 박사. 독립 민간학자. 초기불교, 세속 불교, 그리고 비교철학이 관심 분야이다.

마틴 아담 Martin T. Adam : McGill 대학교 박사. 캐나다 빅토리아 대학교 종교학

부교수. 불교 윤리에 관한 많은 에세이와 책 챕터를 출판했으며, 팀 워드Tim Ward의 저서 '붓다가 결코 가르쳐 주지 않은 것(What the Buddha Never Taught)'을 연극으로 각색.

찰스 프레비쉬 Charles S. Prebish : 펜실베이니아 주립대학교 및 유타 주립대학교 명예교수,(종교학으로 찰스 레드Charles Redd 석좌교수) 그의 저서 '불교사원 규율'(1975), 그리고 '빛나는 길: 미국 불교 연구와 수행'(1999)은 불교 연구의 고전이라는 평가를 받고 있다. 1993년 캐나다 캘거리 대학교 불교학 누마타 재단 초빙 석좌교수 역임. 2005년 '불교 연구, 인도에서 미국까지: 찰스 프레비쉬에 경의를 표하며'라는 제목의 기념 논문집 발간의 영예를 얻음.

비구 아날라요 Bhikku Analayo : 독일 함부르크 대학교 누마타 불교 연구센터 교수. 1995년 스리랑카에서 비구계 수계, 2000년 스리랑카 피라데니아 대학교와 2007년 독일 마르부르크 대학교에서 교육훈련 연구로 박사학위 수료. 주 연구 분야는 초기불교, 명상, 그리고 불교에서의 여성이다. '비구니 승가 설립의 역사'를 포함한 많은 논문과 책 저술.

바브라 클레이튼 Barbra Clayton : 캐나다 마운트 앨리슨 대학교 종교학(아시아 종교) 부교수. '캐나다 샴발라 불교 공동체'뿐만 아니라 '인도 대승불교의 도덕률'에 관한 여러 논문과 챕터들 외에도 '산티데바의 쉭샤삼뭊까야(수행 문집, Śāntideva's Śikṣāsamuccaya)의 도덕 이론'(2006) 등 저술. 그녀의 최근 연구는 '부탄의 국민행복지수 정책'에 초점을 두고 있다.

브론윈 핀니건 Bronwyn Finnigan : 오스트레일리아 국립대학교 사회과학 연구대학(RSSS) 철학-대학원 강사. 그녀는 주로 서양과 아시아의 철학적 전통에서 메타 윤리학, 도덕철학, 도덕심리학, 그리고 마음의 철학을 연구한다. '달그림자: 불교철학의 관습적 진리'(옥스퍼드, 2010)의 저자 그룹 '카우허드Cowherds'의 일원이며, 불교와 중관파 도덕철학에 관해서 출판했다.

마이클 콘웨이 Michael Conway : 일본 교토 오타니 대학교 정토진종 불교학 강사. 그의 연구는 중국의 뿌리에서부터 일본과 다른 지역에 다시 나타난 정토진종 전통 교리에 관심을 두고 있다. 그의 박사학위 논문은 정토종 역대 일곱 명의 조사들 가운데 제4대 조사 다오추오(道綽)에 관한 것이고, 신란(親鸞) 조사와 정토종 창설에 관한 다수의 논문 출판.

진 리브즈Gene Reeves : 시카고 대학교 미드빌 롬바르드 신학대학, 일본 쓰쿠바 대학교, 중국 인민 대학교 등에서 은퇴. 그는 도쿄 릿쇼코세카이(立正佼成會)에서 거의 30년 동안 몸담고 연구한 학자였으며, 주로 법화경에 관하여 동아시아, 유럽, 그리고 미국에서 폭넓게 강의해왔다. '법화경: 불교 고전의 현대적 번역'(2008)을 번역했으며 '법화경 이야기'(2010)를 저술했다.

크리스토퍼 아이브스Christopher Ives : 미국 스톤힐 대학 종교학 교수. 학문적 연구는 선禪의 윤리에 중점을 두고 있고, 현재 자연과 환경 문제에 다가가는 선에 관해서 연구하고 있다. '선의 왕도: 불교 윤리에 관한 이치카와 하쿠겐(市川白弦)의 비평 그리고 남아 있는 의문'(2009)과 '선각禪覺과 사회'(1992) 등을 출간했다.

가레스 스파험Gareth Sparham : 미시간 대학교와 캘리포니아 대학에서 가르쳤다. 티베트 총카파의 '탄트라 윤리: 금강승 수행을 위한 계율 해설'(2005) 번역. 그의 최근 출판물은 여덟 권으로 만들어진 '인도 티베트의 완전한 지혜(Prajñāpāramitā 반야바라밀다경)' 주석서 시리즈를 포함한 번역서들이다.

줄리아나 에센Juliana Essen : 미네소타 대학교 박사. 평화봉사단협회 CIO. 세계 웰빙 기구 창설자 겸 전무이사였으며 미국 소카 대학교에서 가르쳤다. 불교 경제 윤리, 특히 동남아시아 지역의 경제 윤리가 연구 관심 분야이다. '권리 발전: 산티 아소케 스님의 태국 불교 개혁운동'(2005) 저술.

리처드 매드슨Richard Madsen : 캘리포니아 샌디에이고 대학교 사회학 명예석좌교수, 동 대학교 글로벌 정책전략 대학원 겸임교수, 동 대학교 현대 중국학을 위한 유씨-퓨단 센터 이사. 로버트 벨라와 다른 공저자들과 공동 저술한 책 '좋은 사회와 마음의 습관'은 로스앤젤레스 타임즈 도서상을 받았고, 퓰리처상 심사위원 추천 도서였다. 그는 '한 중국 마을의 도덕과 권력'(1984)을 포함한, 중국에 관한 일곱 권의 책을 단독 또는 공동 저술했는데, 그중 '중국의 가톨릭 신자: 부상하는 시민 사회의 비극과 희망'(1998), '중국의 꿈, 아메리칸드림'(1995)은 라이트 밀즈 상을 받았다. 그가 최근 단독으로 저술한 책은 '민주주의의 꿈: 종교적 르네상스 그리고 타이완의 정치발전'(2007)이다.

홀리 게일리Holly Gayley : 미국 콜로라도 볼더 대학교 종교학과 부교수. 그녀는 1980년부터 티베트고원에서 일어난 불교 활성화에 관하여, 특히 큰스님들이나 학자스님들의 저술에 담긴 젠더, 행위자, 윤리, 정체성 등의 문제에 관심을 두고 연구하고 있다. '골록의 러브레터: 현대 티베트의 탄트라 커플(Love Letters from Golok: A Tantric Couple in Modern Tibet)' (2016)의 저자.

옮긴이 이동수

붓다의 가르침을 배우고 익히는 학인 수행자이다. 경희대학교 문리대 영어영문학과 학부 및 동 대학원을 수료했으며, 현재 번역 활동을 하고 있다. 역서로는 『철학의 본질』, 『실리콘밸리, 유토피아 & 디스토피아』, 『언어와 공동체』를 비롯한 다수의 에세이/논문이 있다.

대원불교 학술총서 14 불교 윤리 1

초판 1쇄 인쇄 2024년 3월 4일 | 초판 1쇄 발행 2024년 3월 12일
다니엘 코조트 & 제임스 마크 쉴즈 편집 | 옮긴이 이동수
펴낸이 김시열 | 펴낸곳 도서출판 운주사
(02832) 서울시 성북구 동소문로 67-1 성심빌딩 3층
전화 (02) 926-8361 | 팩스 0505-115-8361
ISBN 978-89-5746-771-8 93220 값 38,000원
http://cafe.daum.net/unjubooks 〈다음카페: 도서출판 운주사〉